Börsengewinne mit Technischer Analyse
Richard W. Schabacker

BÖRSEN GEWINNE

MIT TECHNISCHER ANALYSE

DIE BIBEL DER CHART-TECHNIK

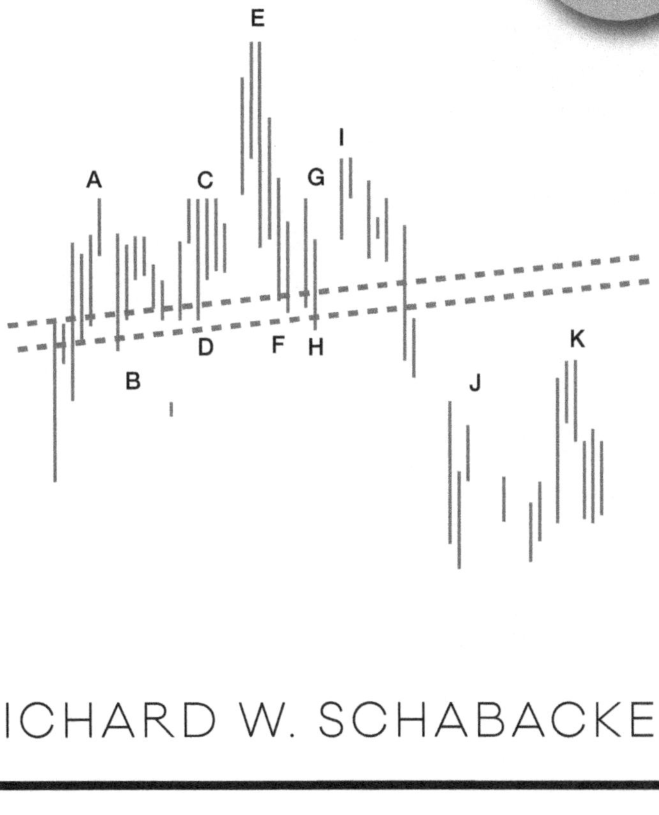

Börsenbuchverlag

RICHARD W. SCHABACKER

Die Originalausgabe erschien unter dem Titel
Technical analysis and stock market profits
The original bible of the technical analysis
ISBN 978-0-85719-916-4

Originally published in the UK by Harriman House Ltd in 2021,
www.harriman-house.com

First published in the United States in 1932 and in Great Britain in 1997.
First published by Harriman House in 2005.

Übersetzung: Egbert Neumüller
Gestaltung Cover: Holger Schiffelholz
Gestaltung, Satz und Herstellung: Timo Boethelt
Lektorat: Sebastian Politz
Druck: CPI books GmbH, Leck, Germany

ISBN 978-3-86470-825-1

Bibliografische Information der Deutschen Nationalbibliothek:
Die Deutsche Nationalbibliothek verzeichnet diese Publikation in der
Deutschen Nationalbibliografie; detaillierte bibliografische Daten
sind im Internet über <http://dnb.d-nb.de> abrufbar.

BÖRSEN MEDIEN
AKTIENGESELLSCHAFT

Postfach 1449 • 95305 Kulmbach
Tel: +49 9221 9051-0 • Fax: +49 9221 9051-4444
E-Mail: info@plassen-buchverlage.de
www.boersenbuchverlag.de
www.facebook.com/plassenverlag www.instagram.com/plassen_buchverlage
www.instagram.com/plassen_buchverlage

Über den Herausgeber dieser Reihe

Donald Mack

Wenn irgendeine Formulierung den Herausgeber der Reihe „Traders' Masterclass" beschreibt, die sich ausschließlich der Aufgabe widmet, Tradern und Anlegern in aller Welt viele der großartigen und raren Klassiker der Technischen Analyse aus der Vergangenheit nahezubringen, würde sie lauten: „ein ewiger Schüler und Student der Märkte". Schüler der Highschool machen irgendwann ihren Abschluss, Studenten am College ebenfalls. Nicht jedoch Studenten der spekulativen Märkte. Das Studium und die Arbeit sind dort niemals abgeschlossen, vor allem wenn ein dauerhaftes Interesse an der Technischen Analyse besteht. Das Interesse des Herausgebers wuchs sprunghaft an, als er Ende der 1970er-Jahre und in den 1980er-Jahren in Los Angeles den einzigen Buchladen in den Vereinigten Staaten eröffnete, der ausschließlich Bücher über Aktien und Rohstoffe verkaufte, und zwar solche, die damals bereits erschienen waren, und solche, die vergriffen waren. Die aktuellen Bücher waren im Allgemeinen unproblematisch und von unterschiedlicher Qualität. Viele der vergriffenen Bücher waren zwar ebenfalls von unterschiedlicher Qualität, aber auf diesem Weg kamen ihm auch viele faszinierende, seltene Werke aus der Zeit der 1920er-Jahre bis zu den 1950er-Jahren unter, die überaus kreativ waren und fabelhafte Technische Analysen sowie ihre Anwendung enthielten, sodass seine lebenslange Wertschätzung für ihre Qualität wuchs.

Es ist wohl kaum nötig zu sagen, dass er seine Aufmerksamkeit mehr auf die alten Bücher richtete als auf die neuen, denn er stellte fest, dass diejenigen alten Bücher, die die Klassiker darstellten, den neuen in vielerlei Hinsicht überlegen waren. Durch den Betrieb des Buchladens kamen selbstverständlich viele Tausend Bücher herein und aus diesen Tausenden von Büchern wurde eine persönliche Bibliothek und Sammlung zusammengestellt, die gut 5.500 Titel zählte. Ein wenig von dem Wissen, das in diesen großartigen Börsenklassikern enthalten war, färbte auf den Herausgeber ab (in Wirklichkeit mehr als ein wenig), und er ist sich sicher, dass es auch auf die vielen heutigen Börsenstudenten und auf die von morgen abfärben wird, wenn auch sie mit den großartigen Klassikern der Technischen Analyse in Berührung kommen, die ihnen dank dieser Buchreihe begegnen werden.

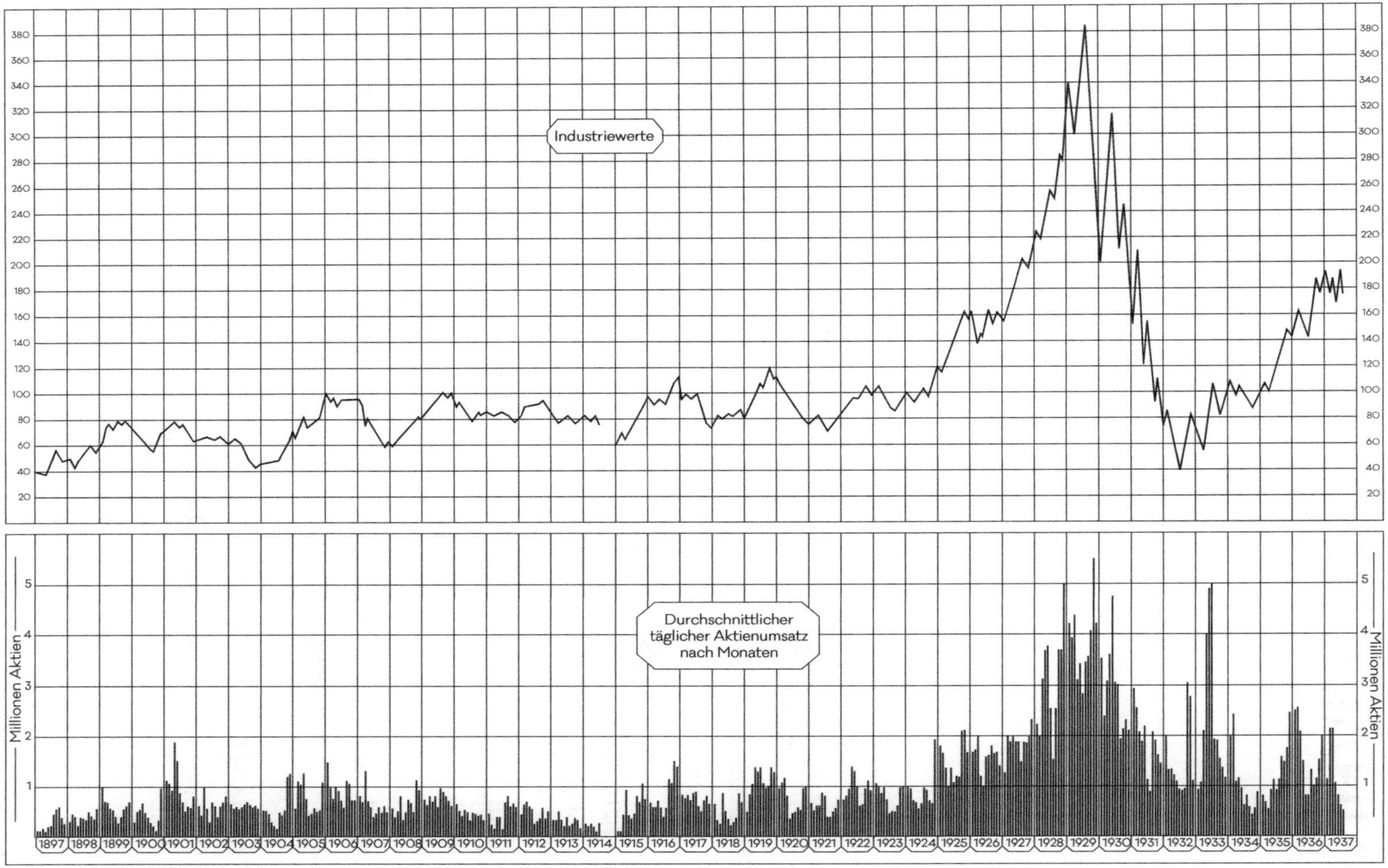

Der Dow Jones Industrial Average

Monatshochs und Monatstiefs der Schlusskurse – 1897 bis August 1937

INHALT

Anmerkung des Herausgebers

Aufgrund der qualitativ schlechten Wiedergabe der Originalcharts hielten wir es für notwendig, jeden einzelnen Chart neu zu zeichnen. Die senkrechten Kursbalken jedes Charts wurden hinsichtlich der Größe und des Datums so originalgetreu wie möglich reproduziert. Die waagerechten Balken (für die Schlusskurse) erwiesen sich als problematisch, und es fiel die Entscheidung, sie nur dann einzubeziehen, wenn der Autor konkret auf ihre Position verwies. Da es im Text keine weiteren Verweise auf die anderen waagerechten Balken gab, waren die Angaben zu den Schlusskursen überflüssig und konnten bedenkenlos weggelassen werden.

Einführung des Herausgebers

„Teil 1 besteht in großen Teilen aus den bahnbrechenden Forschungen und Schriften des verstorbenen Richard W. Schabacker. Wer diese Ausgabe von ‚Technical Analysis and Stock Market Profits' (die letzte – inzwischen vergriffene – Überarbeitung wurde 1937 von dem derzeitigen Autor und von Albert L. Kimball besorgt) studiert, findet auf den Seiten dieses Teils vieles, was ihm bereits bekannt ist, und abgesehen von den Abbildungen nur wenig wirklich Neues."

Aus dem Vorwort zu „Technical Analysis of Stock Trends"
von Robert D. Edwards und John Magee, 1948
[„Technische Analyse von Aktientrends", Börsenbuchverlag, 2022]

Für amerikanische Technische Analysten der Vergangenheit, der Gegenwart und der Zukunft ragt das Jahr 1948 als eines der hellsten Leuchtfeuer heraus, zumal es die soliden Fundamente der modernen Technischen Analyse hervorbrachte. Es war das Jahr, in dem „Technical Analysis of Stock Trends" erschien, geschrieben von den Herren Edwards und Magee – das zentrale Werk, das die Technische Analyse zu einer Zeit lancierte, die sich als reif dafür erwies. Ohne Zweifel ist den beiden Autoren ebenso großer Dank geschuldet wie ihrem rechtzeitig erschienenen Buch, von dem rund 800.000 Exemplare verkauft wurden und das sich in späteren Jahren das Lob als „Bibel der Technischen Analyse" verdiente. Nachfragen bei den engagiertesten Technischen Analysten, die ihr Handwerk seit 1948 erlernt haben, würden bestätigen, was sie diesem Werk persönlich schulden, das entweder dafür verantwortlich war, dass sie mit der Technischen Analyse Bekanntschaft schlossen oder es ihre technische Ausbildung erweiterte.

Aber wie war es zu alledem gekommen? Sicherlich war die Technische Analyse in den 1940er-Jahren seitens der etablierten Investorenzünfte in New York, London, Paris und anderswo noch nicht lange akzeptiert. Zweifellos war es leichter, an dem hergebrachten Glauben festzuhalten, diese Form der Analyse, die Diagramme der Kursentwicklung von Aktien verwendet, stehe faulem Zauber näher als der akzeptierten und anscheinend logischen Methode, die sich um die respektablen Instrumente der Fundamentalanalyse dreht. Um ein Unternehmen zu bewerten, reichte es aus, seine Bilanzen zu analysieren, sein Kurs-Gewinn-Verhältnis auszurechnen, seine Forschung und Entwicklung zu berücksichtigen, seine gemeldeten Umsatzzahlen abzuwägen, die künftigen Aussichten einzuschätzen und so weiter – und so zu einer Grundlage zu gelangen, um das Unternehmen in Bezug auf seinen Aktienkurs zu bewerten. Beim Vergleich mit dem Werkzeugkasten des Technischen Analysten, der Charts, horizontale, vertikale, gewinkelte und gezackte Linien, abstruse Muster, bildliche Formationen und dazu noch Indikatoren,

Oszillatoren und Ähnliches beinhaltet, kam die logische Denkschule der Geldanlage zu dem Schluss, die Technische Analyse sei ein pseudowissenschaftlicher Ansatz, der im Grunde nur auf Zahlen zu Kursen, Zeiten und Handelsvolumina basiere und dem Unternehmen an sich wenig oder gar keine Aufmerksamkeit schenke. Im Gegensatz dazu konzentrierte sich die akzeptierte ernsthafte Investmentanalyse auf die wichtigen Fundamentaldaten des Unternehmens, denn man dachte, darin liege die einzige reale Grundlage für die Bewertung des Aktienkurses eines Unternehmens an den Handelsplätzen, zumal sie für die Fundamentalanalyse das ist, worum es bei der Geldanlage geht.

Blickt man heute zurück, sieht man problemlos, dass die Investmentszene nach dem Zweiten Weltkrieg reif für eine neue Denkweise war, die nicht im Gegensatz zu dem fundamentalen Ansatz stand, der massiv auf das Material zurückgriff, das die Researchabteilungen der großen Brokerfirmen den Kunden zuteilwerden ließen, sondern ihn ergänzte. Die Herren Edwards und Magee füllten dieses Vakuum wissentlich oder unwissentlich dadurch, dass sie ihr zeitgemäßes und in fachlicher Hinsicht maßgebliches Buch veröffentlichten, das dem Feld der Technischen Analyse nicht nur eine organisierte Form und Gestalt verlieh, sondern auch neue analytische Gedanken aufkommen ließ, die in der Nachkriegszeit im Wesentlichen als effiziente Methode genutzt werden konnten, um bei der Geldanlage die Zeitpunkte und die Auswahl zu ermitteln. Dabei sollte jedoch nicht unbemerkt bleiben, dass in den Jahren vor der Veröffentlichung des einflussreichen Buches „Technical Analysis of Stock Trends" viele Bücher veröffentlicht worden waren, die man gewiss als herausragende technische Werke bezeichnen kann, die viele Phasen dieser analytischen Technologie und Denkweise umspannen. Eine nennenswerte Anzahl dieser Bücher und Kurse war so originell und so technisch fortgeschritten wie alles zum Thema Technische Analyse, was seither erschienen ist; so verhält es sich eben mit bedeutendem technischem Denken, egal ob es 1920, 1940, 1997 oder zu einem anderen Zeitpunkt zum Ausdruck gebracht wurde. Das gilt auch für das Buch von Schabacker, denn es ist ebenso wie viele andere hervorragende Werke der Vergangenheit eine wertvolle Ergänzung der persönlichen Bibliothek jedes Technischen Analysten oder jeder anderen Börsenbibliothek. Wir sind überzeugt, dass solche großartigen Klassiker mit ihrem zeitlosen analytischen Wissen nach Möglichkeit niemals von der technischen Bühne verschwinden dürfen. Zu diesem Zweck wird Pitman Publishing, der Verlag, der die Reihe „Master Class Series" herausgibt, viele dieser sehr raren Werke wieder zugänglich machen und eine wachsende Anzahl von Neuzugängen dieser Reihe wichtiger klassischer Schriften aus dem „Goldenen Zeitalter der Technischen Analyse" – dem äußerst produktiven Zeitraum von 1922 bis 1957 – herausbringen.

Kommen wir auf die Zeit nach dem Zweiten Weltkrieg zurück. Es hat den Anschein, dass die Welt der Geldanlage damals offen für das Erscheinen des einen unverzichtbaren analytischen Werkes war, das dieser Zeit der wirtschaftlichen Erholung einen Schub verlieh. Die Geschichte hat gezeigt, dass Edwards und Magee diesen entscheidenden Schub versetzten. Wenn wir uns in ihr Buch vertiefen, sehen wir, dass es in zwei Teile aufgeteilt ist; der größere erste Teil enthält das Hauptthema, also die von Herrn Edwards beigetragenen Beschreibungen von Umkehrformationen, Konsolidierungsformationen, Fortsetzungsformationen, Trendlinien und ihrer Wirkung, Unterstützungs- und Widerstandsniveaus sowie andere Bereiche des technischen Kursgeschehens. Der kürzere zweite Teil von Herrn Magee konzentriert sich auf die praktische Anwendung – was man an den Märkten wann tun sollte. Während der zweite Teil viel allgemeines Wissen über Investment und Trading enthält, das davor und danach in vielen Büchern behandelt wurde, war der erste Teil das, was im Jahr 1948 den eigentlichen Unterschied ausmachte. Im ersten Teil wurde den Privatanlegern und den professionellen Investoren ein Kompendium der Chartmuster, der Formationen und des technischen Geschehens vorgestellt. Hätten sie dieses Wissen sorgfältig studiert und ausgiebig angewandt, hätten sie einige ausgezeichnete Werkzeuge zur Hand gehabt, um jeden Chart fachkundig zu analysieren, den sie im Lichte der Grundsätze der Technischen Analyse untersuchten.

So ausgezeichnet und umfassend dieses Werk von Edwards und Magee auch ist, so offenbart doch eine sorgfältige Lektüre der Einführung und ähnlicher Aussagen auf dem Umschlag, was sie Herrn Schabacker zu verdanken haben. Ihre Aufrichtigkeit und Ehrlichkeit sind zu bewundern, denn sie schreiben offenherzig, dass sie die vielen Facetten der Technischen Analyse, die sie an eine neue Generation weitergaben, nicht selbst entwickelt oder geschaffen haben. Die Leistung ihres hervorragenden Werkes war, dass sie die lebenswichtige Entwicklungsarbeit ihres Leitsterns, der gut zehn Jahre zuvor verstorben war, für die Nachwelt bewahrten, und dass sie viele Tausende in dieser für sie neuen Kunst der Chartanalyse schulten. Dies gibt uns nun Anlass, einen Namen zu erwähnen, der heute fast allen Anhängern und Kennern der Technischen Analyse rund um die Welt unbekannt ist, nämlich den des Mentors von Edwards und Magee, Richard W. Schabacker. Denn Edwards weist darauf hin, dass sich die monumentalen Konzepte und Ideen von Schabackers „bahnbrechenden Forschungen", die in dem vorliegenden Buch „Technical Analysis and Stock Market Profits: A Course in Forecasting" erscheinen, als Grundlage der modernen Technischen Analyse erwiesen haben. Der Herausgeber ist jedenfalls der Meinung, dass dieses Werk von Schabacker das Beste ist, was jemals über die konventionelle Technische Analyse erschienen ist. Das Attribut „konventionell" wurde hier eingeschoben, weil man es im Vergleich zu dem Werk von William D. Gann verwenden muss, das ebenso großartig ist, aber mit einem eher „unkonventionellen" technischen Ansatz verbunden ist.

Es scheint fast unglaublich, dass derart bemerkenswerte Schriften der Anlegeröffentlichkeit so lange verborgen bleiben konnten. Außer Edwards' Einführung zu „Technical Analysis of Stock Trends" ist uns keine andere Bezugnahme darauf bekannt. Diejenigen, die den Markt studieren, sollten wissen, wie dies geschah, denn es ist eine allzu vertraute Geschichte, die genauso für eine große Zahl weiterer bedeutender technischer Werke gilt, die ebenfalls bis heute so gut wie unbekannt geblieben sind; ein unwillkommenes Schicksal, das die Zunft der Technischen Analyse umso ärmer macht. Doch bevor wir uns mit den historischen Gründen und Entwicklungen befassen, die zu dem Mangel an klassischen Schriften zur Technischen Analyse führten, von dem dieses Gebiet seit vielen Jahren geplagt wird, ist es sinnvoll, einen genaueren Blick auf dieses Werk von Schabacker zu werfen, das nach wie vor ein Musterbeispiel für analytische Qualität höchster Ordnung und prägnantem technischen Denken ist – es sollte Studenten der Technischen Analyse in aller Welt als Ideal dienen.

Zentral für Schabackers Börsengeschichte ist seine Zeit als Finanzredakteur der Zeitschrift *Forbes* und später als Herausgeber der wöchentlichen Publikation *Annalist*, einer Beilage der *New York Times*. Im Jahr 1930 schrieb Schabacker sein erstes Buch „Stock Market Theory and Practice“, ein Werk, das seinen Ruf als Investmentautor begründete. Dieses Buch war in gewisser Hinsicht seltsam. Zunächst einmal war es mit einem Umfang von 800 Seiten ein ziemlich dickes Buch. Zwei Drittel dieser Seiten befassten sich mit so pedantischen Themen wie der Funktion von Börsenmaklern am Markt, mit dem Weg, den die Kauf- und Verkaufsorders nehmen, bis sie an die diversen Börsen gelangen, mit Einzelheiten zu den zahlreichen Börsen, wie die Orders bearbeitet werden, wenn sie eingehen und so weiter. Das sind natürlich keine besonders aufregenden Themen und für uns Heutige sind sie noch weniger aufregend, weil der Computer viele der mechanischen Aspekte des Kaufens und Verkaufens verändert hat, auf die die Maklerbüros und Börsen zurückgriffen, um ihre Aufgaben zu erfüllen. Was aber in höchstem Maße unser Interesse hervorrief, war das restliche Drittel des Buches. Denn hier präsentierte der Autor zum ersten Mal überhaupt die Technische Analyse als vollständig organisiertes Sachgebiet und legte die verschiedenen wichtigen Muster, Formationen, Trends, Unterstützungs- und Widerstandsbereiche sowie die damit verbundenen unterstützenden Details umfassend dar.

Bereits zwei Jahre danach, im Jahr 1932, erschien die erste Auflage des vorliegenden Buches. Wir können nur mutmaßen, weshalb der Autor das Gefühl hatte, er müsse ein zweites Werk veröffentlichen, das jenem ähnlich war, das er zwei Jahre zuvor geschrieben hatte. Wir müssen annehmen, dass er zwar der Meinung war, dass sein voriges Buch mit seinen 250 Seiten, die technischen Themen gewidmet waren, zwar das, was er sagen wollte, gut abdeckte, dass er jedoch trotzdem zu dem Schluss gekommen war, es gebe noch viel mehr, was er darlegen konnte, um die Technische Analyse als ernsthaften analytischen Ansatz des Investmentdenkens voranzubringen – eine umfassendere, des Themas würdige Vorstellung. Das Endergebnis war das vorliegende Meisterwerk, von dem wir heute sagen können, dass es gut zu seiner späteren Anerkennung als „Vater der modernen Technischen Analyse“ passt. Und doch sind sich die meisten Technischen Analysten heute immer noch nicht bewusst, welchen Platz Schabacker in der Ordnung der Dinge einnimmt oder welche Beiträge er zu dem geleistet hat, was inzwischen die populärste Form der Investmentanalyse ist, nämlich zur Technischen Analyse. Wir hoffen allerdings, mit dieser Wiederveröffentlichung von Schabackers besten Schriften eine Würdigung vorzunehmen, die die Spinnweben der Anonymität von diesem Mann fegt, der so überaus wichtige Beiträge zu unserer Welt des analytischen Denkens und seiner Anwendung geleistet hat.

Denn für jeden Trader oder Anleger vom blutigsten Anfänger bis zum erfahrensten Fondsmanager kommt der kritischste Punkt, der den Kern jeder Anlageposition bildet, die er hält: wenn er merkt, dass er sich im Zuge des laufenden Trends fragen muss, ob sich diese Position auf einem Höhepunkt befindet und womöglich ein Absturz lauert, oder womöglich an einem Tiefpunkt, auf den ein Anstieg folgt. Je nachdem, ob man eine langfristige, eine mittelfristige oder eine kurzfristige Perspektive einnimmt (was jeweils als relativer Zeitrahmen zu sehen ist), kann eine solche Trendwende den lebenswichtigen Unterschied zwischen einem Gewinn oder Verlust bewirken, der mit der Position erzielt wird. Das gilt auch für jede Kauf- oder Leerverkaufsentscheidung, die man in Erwägung zieht, während die Kursbewegung ihre Windungen nach oben und unten durchmacht. Aus diesem Grund beschloss Schabacker, die Umkehrformationen zu dem Bereich zu machen, dem er in seinem Werk das größte Gewicht beimaß und die größte Aufmerksamkeit schenkte. Dadurch betonte er die Bedeutung dieses Wissens für die Ausbildung von Studenten der Technischen Analyse, die sich von der Dynamik das Marktes überwältigt sehen. (In Wahrheit wissen wir, die wir uns als Studenten des Marktes betrachten, dass wir dazu ausersehen sind, die Analysis University zu besuchen, solange wir marktorientiert sind. Aufgrund des potenziellen Wissensvorrats, den es dort zu erkunden gibt, und da unsere Zeit auf diesem Planeten verhältnismäßig begrenzt ist, kann unsere Lernerfahrung nie ein Ende haben. Die einzige denkbare Abschlussfeier, die wir von unserer Universität erwarten können, findet statt, wenn wir in die „Great Stock and Commodity Markets in the Sky“ aufsteigen.)

Bei der Durchsicht des breiten Spektrums an Umkehrformationen, die in diesem Werk behandelt werden sollten, entschied sich der Autor aus naheliegenden Gründen, diejenige darzustellen, die Umkehrsignale am ehesten exemplifiziert, nämlich die Schulter-Kopf-Schulter-Formation samt den vielen Varianten ihrer Grundkonstruktion. Seine erste Beschreibung richtet sich auf die idealisierte Konstruktion dieses Musters. (So ist das, wenn Muster und Formationen, die in Charts zu sehen sind, zum ersten Mal beschrieben werden. Dass sie „allgemein“ beschrieben werden müssen, kann als selbstverständlich gelten, denn jede Beschreibung beginnt normalerweise mit einer idealisierten Version. Dies muss jedoch notwendigerweise dadurch relativiert werden, dem Studenten klarzumachen, dass für die Realität aller Kursbewegungen, die Mustern folgen, das Gleiche gilt wie für die Natur: Nichts wiederholt sich „exakt“.) Nach dieser Einführung in die Kursbildung beziehungsweise in das Kursgeschehen, die er so präsentiert, wie er es im Laufe des ganzen Werks tut, stellt er die Faktoren vor, auf die man sich getrost verlassen kann, und schenkt den Schönheitsfehlern, den Schwächen und den zahlreichen Dingen, die selbst die beste analytische Prognose durcheinanderbringen können, die gleiche Aufmerksamkeit. Sicherlich steht dahinter nicht der Gedanke, die Analyse zu erschweren (schwierig ist sie sowieso immer), sondern das analytische Denken wirklich darauf vorzubereiten, zu sehen, dass sich der Kurs naturgemäß stets ins Unbekannte bewegt und den Verstand des Studenten vor die Herausforderung stellt, schärfer und genauer auf andere wichtige Faktoren zu blicken, die ebenfalls Hinweise auf die resultierende Bewegung aus dem festgestellten Muster heraus bieten können. Einer der wichtigsten Faktoren, die der Autor besonders betont, ist, dass man das Handelsvolumen genau beobachten sollte (ein Faktor, der sogar von erfahrenen Technischen Analysten oft übergangen wird, weil er zugegebenermaßen schwer in den Griff zu bekommen ist) – ob es im Verhältnis zu den gerade stattfindenden Kurssteigerungen beziehungsweise Kursrückgängen zunimmt, abnimmt oder stagniert. Schabacker behält das lehrreiche Beschreiben der Schulter-Kopf-Schulter-Muster bei, wenn er die anderen Umkehrformationen behandelt, die im Text beschrieben werden: den Rounding Turn, das symmetrische, das rechtwinklige, das fallende, das steigende und das umgekehrte Dreieck, Broadening Tops, Diamantformationen, Rechtecke, Inselumkehr und andere. Damit niemand denkt, alle diese Musterbeschreibungen seien einfach, werden die möglicherweise störenden abweichenden Details im Erscheinungsbild der Struktur jeder Formation nicht übergangen.

Nach den beschreibenden Details in den Kapiteln über Umkehrformationen beinhaltet die nächste Reihe von Mustern, die Aufmerksamkeit verlangen, die Fortsetzungsformationen. Wenn sie ihrem Namen Ehre machen – was recht oft geschieht –, sind sie gleichsam Ruheplätze im Verlauf des Trends, auf denen er Kräfte sammelt, um sich nach oben oder nach unten fortzusetzen, wenn der vorherige Trend intakt bleibt. Auch lassen sie sich im Allgemeinen sehr gut erkennen, denn die Namen der Muster, die in dieser Gruppe zu finden sind, stehen in enger Beziehung zu ihren jeweiligen Formen: Flagge, Wimpel, Rechteck und wieder verschiedene Formen von Dreiecken. Da sich Fortsetzungsformationen gelegentlich in Umkehrformationen verwandeln, können sie manchmal zum Fluch des Chartanalysten werden. Aber egal wie das Marktgeschehen zu irgendeinem Zeitpunkt aussieht, der Markt wird tun, was der Markt eben tun wird, und es zahlt sich nicht aus, dagegen anzukämpfen. Oder, wie einmal klug gesagt wurde: Die Märkte werden tun, was sie tun müssen, um zu beweisen, dass sich die Mehrheit der Marktteilnehmer meistens irrt. Und wieder bindet der Autor in alle seine Beschreibungen jene feinen Punkte ein, bei denen der Trader beziehungsweise Anleger gut daran täte, sie aufzunehmen und als die Art von Hilfe anzuwenden, die er braucht, wenn er sich auf das faszinierende Spiel einlässt, den Kurs, die Zeit und das Volumen zu analysieren.

Mit der gleichen gründlichen Aufmerksamkeit, die den vielen Facetten der Umkehr- und Fortsetzungsformationen gewidmet wurde, quellen die darauffolgenden Kapitel vor Beschreibungen anderer technischer Geschehnisse über – wie Breakaway Gaps, Fortsetzungs-Gaps, Common Gaps, Exhaustion Gaps, Hornformation, Zickzackbewegung, Trend, Trendlinien, Kanäle, Unterstützungs- und Widerstandslinien, Unterstützungs- und Widerstandsniveaus sowie einige andere. Zusätzlich hängt in Schabackers Augen das Handelsvolumen mit vielen Geschehnissen in Charts eng zusammen (etwas, das viele moderne Autoren der Technischen Analyse viel zu allgemein und vor allen Dingen zu leichthin abhandeln). Zusätzlich zu seinen vielen Verweisen im Laufe des Buches auf das Handelsvolumen widmet er einen separaten Abschnitt nur ihm, um seine Bedeutung für die Analyse des Kursgeschehens hervorzuheben. Ein weiteres Werkzeug, das Technische Analysten in ihrem Arsenal haben, ist die gelegentliche Anwendung von Messregeln, um die nächste wahrscheinliche Kursbewegung abzuschätzen – Regeln, die man gut erlernen sollte. Ein Problem, das Charttechniker immer und immer wieder zu plagen scheint, sind Fehlbewegungen und Marktbereinigungen, bei denen es manchmal sehr schwierig ist, den Anschein von dem tatsächlichen Geschehen zu unterscheiden. Garantiert verliert man durch solche Geschehnisse von Zeit zu Zeit Geld. Wieder beschreibt Schabacker diese möglicherweise sehr erschreckenden Kursbewegungen meisterlich und dem großartigen technischen Verstand würdig, den er bei der Erkundung des Themas an den Tag legt; das geht so weit, dass er auf die „Sonnenseite von Fehlbewegungen" hinweist.

Aber sollte dieses Buch wirklich zur besten technischen Literatur aller Zeiten über Aktien- und Rohstoffmärkte gezählt werden, zumal es vor 70 Jahren geschrieben wurde? Haben wir bei der Technischen Analyse nicht gewaltige Fortschritte gemacht, vor allem dank der Computertechnologie, die das Wissen der sogenannten „großen Börsendenker" der Vergangenheit in den Schatten stellt? Die Antwort ist nach Meinung des Verfassers dieser Einführung und nach Meinung vieler anderer Schüler der Börse ein tönendes „Nein". Vom Grundsatz her haben sich die Märkte nicht verändert, und auch die Menschen, welche die betreffenden Märkte bilden, haben sich um kein Jota geändert. Nach wie vor bewegen sich Aktien- und Rohstoffpreise auf ihre jeweils eigene Weise nach oben, nach unten oder seitwärts. Charts von heute kann man mit Charts von jedem Zeitpunkt der Vergangenheit verwechseln, und ließe man alle Namens- und Zeitangaben weg, könnte niemand sagen, um welchen Chart es sich handelt. Die Menschen von heute unterscheiden sich in ihren Hoffnungen, ihren Ängsten, ihrem Streben, ihrer psychischen Veranlagung und in jeder anderen Weise, in der man sie betrachten möchte, nicht von den Menschen von gestern. Für diese Buchreihe war und ist der Herausgeber William D. Gann auf Grundlage des Wissens, das er an uns weitergegeben hat, immer noch der beste analytische Kopf, den spekulative Märkte je irgendwo hervorgebracht haben. Seit seinem Tod im Jahr 1955 werden immer wieder Versuche unternommen, seinen Namen und seine Leistungen zu verunglimpfen (was natürlich leicht ist, wenn seine Verleumder nur in der Lage sind, die oberflächlichen Bedeutungen seiner Schriften zu verwenden und ihnen jegliches Begreifen der tieferen Bedeutung fehlt, die unter diesen Schriften liegt). Er machte es denjenigen, die sich dazu entschieden, tiefer in sein Werk einzudringen, nicht leicht, denn das konnte und wollte er nicht.

Man kann nicht vor der Erkenntnis davonlaufen, dass der Hauptzweck von Aktien- und Rohstoffmärkten – seien es nun die von gestern, heute oder morgen – ausschließlich im Kaufen und Verkaufen besteht. Jeder, der mit seinen Analysen und mit seinem Handel an früheren Märkten mit irgendwelchen Werkzeugen und Herangehensweisen, die er zu seiner Zeit erfolgreich eingesetzt hat, Hervorragendes geschaffen hat, wäre im heutigen Handeln und Anlegen genauso zu Hause; das Kaufen und Verkaufen an spekulativen Märkten hat sich kein bisschen geändert, die Zeit spielt keine Rolle. So ist es auch mit dem vorliegenden Werk von Schabacker. Es ist heute so lebendig, vital und lehrreich wie an dem Tag, an dem es geschrieben wurde, und wird es auf absehbare Zeit auch bleiben. Doch in praktisch all dieser Zeit blieb es abgesehen von dem kurzen Verweis darauf bei Edwards und Magee vollständig unbekannt. Und über diesen Verweis konnte man leichthin hinweggehen, da Exemplare von Schabackers Buch so selten waren. Es stellt sich immer die Frage, wie es sein kann, dass ein derart bedeutendes und außerordentliches Werk auf einem Gebiet, das eine Menge Untersuchungen und Experimente auf sich zieht und wo das Selbststudium im Grunde der einzige Lernprozess ist, derart unbekannt bleiben konnte. Auf einem Gebiet, auf dem diejenigen, die es ernsthaft studieren wollen, wissen, dass sie sich bloß die Werke von W.D. Gann, R.N. Elliott, R.D. Wyckoff und anderen aus der Vergangenheit anzuschauen brauchen, um Techniken und Anwendungen zu finden, die so aktuell wie alles andere sind, was auf dem Gebiet der Technischen Analyse zur Verfügung steht. Die Antwort auf diese spezielle Frage liegt in den physischen Druckmethoden, die zum Zeitpunkt der Veröffentlichung zur Verfügung standen.

Zur Erklärung müssen wir uns die harten Zeiten der Vereinigten Staaten in den 1930er-Jahren anschauen, als die finanziellen Bedingungen schwierig waren. Trotzdem wurden Börsenbücher gedruckt und gekauft, wenn auch in geringeren Zahlen als in den vorangegangenen „Goldenen Zwanzigern“ sowie zu Preisen, in denen sich das belastete Wirtschaftsklima der Zeit niederschlug. Auf dem Gebiet der Veröffentlichungen zum Thema Geldanlage gab es immer noch einen verhältnismäßig kleinen Markt mit lukrativen Aussichten, den man anzapfen konnte und an dem Chancen aufkamen. Viele Autoren waren bereit, einer stattlichen Anzahl von Händlern und Anlegern Material zum Kauf anzubieten. Die Chancen lagen in der Produktion von nützlichen Werken, die bessere Handelssysteme, Methoden, analytische Denkweisen und ein höheres Vorhersagepotenzial versprachen; ihr Studium sollte den Lesern helfen, an den

Trading- und Investmentmärkten größere Gewinne zu erzielen. Um diese Käufer anzulocken, produzierten die Autoren umfangreiche technische Kurse, die sie zu Spitzenpreisen direkt den Endabnehmern anboten und dabei Kapitel über bestimmte Zeiträume zu festgelegten Preisen lieferten, beispielsweise monatlich ein Kapitel zu 25 Dollar, bis die Endabnehmer schließlich den vollständigen Kurs bekommen hatten. Mit dem letzten Kapitel wurde für gewöhnlich ein geprägter Umschlag mitgeliefert und damit war der Kurs abgeschlossen. Meist hatte der Empfänger danach die Möglichkeit, Fragen zum Kursmaterial direkt an den Autor zu richten.

Der vollständige Titel des vorliegenden Buches von Schabacker lautet „Technical Analysis and Stock Market Profits: A Course in Forecasting" – „Technische Analyse am Aktienmarkt: ein Prognosekurs". Dem Titel kann man mit Sicherheit entnehmen, dass es ein Kurs war und dass der Autor vorhatte, ihn auf die oben erwähnte Weise zu veröffentlichen und zu vertreiben. Natürlich fiel die Anzahl der verkauften Kurse insbesondere angesichts des hohen Preisaufschlags verhältnismäßig niedrig aus. Es gab auch einen physischen Grund, der die Zahl der gedruckten und verkauften Exemplare einschränkte, nämlich die Druckmethode, die dafür verwendet werden musste. Bevor der Fotokopierer verwirklicht wurde, war die gängige Methode, Texte auf Papier zu vervielfältigen, bei denen die Druckerpresse unwirtschaftlich war, ein Siebdruckverfahren namens Mimeografie. Dabei wurde eine speziell behandelte Matrize, die den mit einer Schreibmaschine geschriebenen Text enthielt, auf einen großen Metallzylinder gespannt, der von Hand oder von einem Motor gedreht wurde, um eine bedruckte Seite zu erzeugen. Die so gedruckten Seiten wurden dann zu Kapiteln sortiert und an die Käufer versandt. Ein Problem dieses Druckverfahrens war die Matrize mit dem getippten Text, denn durch den darauf ausgeübten Druck wurden die Buchstaben mit der Zeit beschädigt. Daher konnten von einer Matrize selten mehr als 1.000 leserliche Exemplare gezogen werden.

Wir wissen, dass es von diesem Kurs von Schabacker zwei Auflagen gab, eine von 1932 und eine von 1937 (das vorliegende Buch). Bei jeweils circa 1.000 Exemplaren leuchtet es wohl ein, dass nur eine Handvoll Exemplare überlebt hat, nachdem die Zeit über die Jahre ihren Tribut gefordert hat. Schon im Jahr 1948, als Edwards und Magee ihr ausgezeichnetes Buch herausbrachten, muss das Wissen um den ursprünglichen Kurs von Schabacker dahingeschwunden sein. Dass es besondere Gründe und Bedingungen gab, die die Auflage begrenzten, kann man gut nachvollziehen und somit ist leicht zu verstehen, weshalb im Lichte des Wissens der damaligen Zeit und des speziellen Marktes, auf dem dieser Kurs vertrieben wurde, seine Überlebenschancen über die Jahre fast unweigerlich nicht gut standen. Das Überleben dieses Meisterwerks der Technischen Analyse mag zweifelhaft gewesen sein, aber bei der vorliegenden Veröffentlichung vertreten wir die Meinung, dass die Tiefe seines Wissens über das gewählte Thema, seine Klarheit des Ausdrucks bei der Beschreibung zufälliger und wellenförmiger Kursbewegungen und seine exzellente Offenbarung verzwickter technischer Entwicklungen die Mühe lohnen, es der Gemeinschaft der Analysten wieder zuzuführen. Wenn die kommenden Jahre zu der allgemeinen Akzeptanz führen, wie großartig dieser Kurs auf seinem Fachgebiet ist, dann dürfen wir wirklich sagen, dass wir hier eine neue „Bibel der Technischen Analyse“ vor uns haben – „Technical Analysis and Stock Market Profits“ von Richard. W. Schabacker.

Donald Mack
Herausgeber der Buchreihe
2005

Vorwort zur ersten Auflage

Der Aufbau dieses Kurses in zwölf Lektionen beziehungsweise das Studium des technischen Ansatzes des erfolgreichen Aktienhandels kommt der bestimmten und beharrlichen Forderung vieler Interessierter nach Unterstützung bei der Arbeit mit Aktiencharts und bei der Analyse von Märkten nach.

Viele, die die Börse studieren, sind neu in dieser Branche, sie sind Anfänger, die sich ernsthaft auf eine aktive Laufbahn an den Märkten vorbereiten wollen, oder sie wollen diese erst gründlich studieren, bevor sie beschließen, sich aktiv darauf einzulassen. Eine weitere Gruppe sind diejenigen, die bereits mehr oder weniger Erfahrungen am Markt gesammelt haben und denen klar geworden ist, dass man dort zwar viel Geld verdienen kann, aber nicht, indem man ins Blaue schießt, und gewiss nicht, indem man blind anderen nachläuft.

Eine dritte Gruppe besteht aus erfahrenen und oft sehr erfolgreichen Tradern und Anlegern, die wissen, wie wichtig es ist, die technische Seite des Marktes richtig zu beurteilen, um ihre Transaktionen zeitlich so abzustimmen, dass sie den größtmöglichen Gewinn einbringen.

Und schließlich gibt es immer auch Menschen, die nach einem einfachen Schlüssel suchen, nach einer Zauberformel, die ihnen mühelos Reichtümer einbringt.

Für diese letztere Gruppe ist dieser Kurs definitiv nicht gedacht. Es gibt keinen magischen Schlüssel zu Börsengewinnen. Der Begründer von Schabackers Methoden der technischen Prognose hat in seinen vielen Jahren der Recherchen mithilfe der Einrichtungen großer Finanzorganisationen und Nachforschungsorganisationen buchstäblich Hunderte von Systemen und Formeln getestet – nicht nur auf dem Papier, sondern durch tatsächliche Transaktionen an Märkten – und keine verlässlichen Abkürzungen gefunden, keine Systeme, die die sorgfältige, ständige Anwendung der Grundsätze der Technischen Analyse ersetzen könnten.

(Allerdings darf an dieser Stelle durchaus gesagt werden, dass die Forschungen in vielversprechende Richtungen nie aufgehört haben und auch niemals aufhören werden. Diese Wissenschaft ist nicht statisch, auch wenn das grundsätzliche Gesetz von Angebot und Nachfrage, das sie zu interpretieren anstrebt, niemals gekippt werden kann. Der heute vorliegende Kurs beinhaltet mehrere Erweiterungen und Verfeinerungen, die seit seiner ersten Zusammenstellung den „Lackmustest" bestanden haben.)

Deshalb können wir demjenigen, der hoffnungsvoll nach einer einfachen Antwort sucht, nur eines sagen: Du wirst aus dieser Studie nur das herausziehen, was du hineinzustecken bereit bist und so lange immer wieder hineinsteckst, wie du an den Wertpapiermärkten handelst.

Doch der ernsthafte Student dieser Wissenschaft braucht nichts zu befürchten. Wir haben uns alle Mühe gegeben – und das, wie wir glauben, mit angemessenem Erfolg –, jeden Punkt und jede Methode, die hier gelehrt werden, klar zu verdeutlichen, damit sie verstanden und gewissenhaft praktiziert werden können. Komplizierte und in manchen Fällen hochgradig beworbene Theorien, von denen ausgiebige Tests belegt haben, dass ihre Ergebnisse nicht im rechten Verhältnis zu dem Zeitaufwand und zu der Mühe stehen, die ihre Praxis erfordert, wurden dabei vermieden. Stattdessen haben wir uns Mühe gegeben, die Grundprinzipien und Methoden zu erforschen und zu lehren, die jedermann in seiner Freizeit anwenden kann, ohne dass er dafür anderen einen fortgesetzten Tribut für statistische Dienste oder Beratungsdienste zu entrichten braucht.

Kurz gesagt ist dieser Kurs so ausgelegt, dass er sowohl dem Durchschnittsanleger etwas bringt, der nur circa eine Stunde pro Tag und womöglich nur ein paar Hundert Dollar für seine Marktaktivitäten aufbringen kann, als auch dem professionellen Vollzeit-Trader.

Auch haben wir uns bemüht, den Studenten zum eigenständigen Denken anzuregen. Denn es ist fraglos wahr, dass kein Mensch jemals über einen gewissen Zeitraum Börsengewinne erzielt und auch behalten hat, wenn er nicht die Qualitäten des eigenständigen Urteilsvermögens und des eigenständigen Handelns entwickelt hat. Der vorliegende Kurs soll Sie in die Lage versetzen, die Chancen selbst zu erkennen, die Fragen des „Was“ und des „Wann“ für sich selbst zu entscheiden und dann selbstbewusst zu handeln.

Ein durchschnittlich intelligenter Mensch, der in seine Marktanalysen nüchternes Lernen und Fleiß einbringt, kann – und dafür haben wir reichlich Belege – am Aktienmarkt jahrein, jahraus über Haussen und Baissen hinweg zuverlässige Gewinne erzielen. Er wird nicht die ruinösen Verluste erleiden, die über Tausende hineinbrachen – unglaublicherweise sogar in der rauschenden Hausse 1928/1929. Und er wird die interessante Wahrheit entdecken, dass der Aktienhandel die einzige Geschäftstätigkeit ist, bei der sich sowohl in Zeiten des allgemeinen konjunkturellen Rückgangs als auch in Zeiten des Aufschwungs Geld verdienen lässt.

Vorwort von Peter Brandt

Um es frei herauszusagen: Ich verdanke meine erfolgreiche Laufbahn als Börsenspekulant Richard W. Schabacker und dem Buch, das Sie gerade lesen. Ohne die von Schabacker in diesem Werk kodifizierten Grundsätze der klassischen Charttechnik wäre ich wohl wieder im Anzeigengeschäft gelandet, in dem ich beruflich tätig war, bevor ich mich im Jahr 1975 an der Chicago Board of Trade (CBOT) auf das Gebiet des Rohstoffhandels wagte.

Nach meinem Studienabschluss an der University of Minnesota zog ich nach Chicago, um eine Laufbahn bei einer der größten Werbeagenturen der Welt einzuschlagen. Durch die Aktivitäten meiner Kinder schloss ich Bekanntschaft mit einem Mann, der als Sojabohnenhändler an der CBOT tätig war. Er lud mich zum Essen in den 5. Stock der CBOT mit Blick auf den Börsensaal ein. Ich war davon völlig hypnotisiert.

Je mehr er mir über seinen Beruf erzählte, umso mehr begeisterte mich die Vorstellung, Spekulant zu werden. Wie heute gab es auch damals keine Abkürzung zum Trading – jeder fängt an der gleichen Stelle an, nämlich ganz unten. Ich war Mitte 20 und bekam bei Continental Grain Co., der damals zweitgrößten Firma für Getreideexport, ein Anfangsgehalt, das ein Drittel dessen betrug, was ich in der Werbebranche verdiente.

Meine Aufgabe war es, dieses Geschäft zu erlernen und dann Firmenkunden aus der Rohstoffbranche für die Firma zu akquirieren; dafür bekam ich pro Scheffel Getreide weniger als einen Zehntelcent als Provision. Doch mein Ziel war ein ganz spezielles – mir selbst ein Depot aufzubauen und mit dem Handel meinen Lebensunterhalt zu verdienen.

Null – so groß war das gesammelte Wissen, das ich für den Start in die Welt der Rohstoff-Terminkontrakte mitbrachte. Ich wusste nur, dass die Trader im Börsensaal der CBOT und ihre Kollegen an der Chicago Mercantile Exchange offenbar ein kleines Vermögen verdienten, deutsche Autos fuhren, nur sich selbst gegenüber verantwortlich waren und jeden Tag genau wussten, was sie verdient hatten. Ging es etwa noch besser?

Meinem blauäugigen Ehrgeiz standen drei große Hürden im Weg. Erstens war das Rohstoffgeschäft viel komplizierter, als ich am Anfang gedacht hatte. Zweitens musste ich mir nicht nur genügend kommerzielle Kunden beschaffen, um die Lebenshaltungskosten einer jungen Familie zu bestreiten, sondern auch um ein Handelskapital anzusammeln. Am Anfang hatte ich nicht einmal genug Kapital übrig, um einen einzigen Haferkontrakt zu kaufen – das Billigste, was man damals an der CBOT handeln konnte. Und schließlich hatte ich keinen blassen Schimmer, was es bedeutete, auf eigene Rechnung zu traden.

Das Schicksal zeigte mir sein lächelndes Angesicht. Ein paar begabte Trader nahmen mich unter ihre Fittiche und führten mich durch den Lernprozess. Bis zum heutigen Tage empfinde ich die Verpflichtung, anderen beim Umgehen von Fallstricken zu helfen, um diesen Männern für ihre Zuvorkommenheit zu danken. Nach einem Jahr hatte ich eine solide Wissensgrundlage, was den Handel mit Getreide und mit börsengehandelten Terminkontrakten anging.

Die nächste Lücke wurde dank einiger ausgezeichneter Kontakte geschlossen, die ich in meinen Jahren in der Werbebranche zu gehobenen Managern bei Großunternehmen geknüpft hatte, die mit Rohstoffen zu tun hatten. Die massive Hausse Anfang der 1970er-Jahre hatte die meisten Getreide verarbeitenden Großunternehmen kalt erwischt und die Unternehmensleitungen waren nun sehr darauf aus, sich gegen weitere überraschende Preisspitzen abzusichern. Nach ein paar Jahren verdiente ich in diesem Geschäft viel mehr, als ich in der Werbebranche verdient hätte, und ich hatte mein erstes Startkapital für den Handel angehäuft (Continental Grain erlaubte es seinen Angestellten, private Depots zu haben).

In den nächsten Jahren finanzierte und ruinierte ich mehrere Depots, wobei ich jedes Mal eine andere Handelsmethode anwandte – von der Fundamentalanalyse über saisonale Zyklen bis hin zum Day-Trading und anderen Dingen. Das Rohstoffgeschäft zu erlernen war die eine Sache, aber mit Rohstoffen zu handeln war eine völlig andere Welt. Das Trading war ein ernsthaftes Geschäft und so langsam verzweifelte ich daran.

Im Jahr 1979 fragte ich mich ernstlich, ob es für mich überhaupt infrage kam, Rohstoffspekulant zu werden. Da lernte ich Richard W. Schabacker kennen. Natürlich nicht den Mann – der war seit 1935 tot –, sondern seine Grundsätze der klassischen Charttechnik, die er in seinem Buch „Technical Analysis and Stock Market Profits: A Course in Forecasting“ niedergelegt hatte, das erstmals 1932 erschienen war.

Zum ersten Mal kam ich mit der klassischen Charttechnik durch das Buch „Technical Analysis of Stock Trends“ in Berührung, das Robert Edwards mitverfasst hatte, Schabackers Schwager, der eine Ausbildungsstätte zur Weiterführung des Werkes von Schabacker gegründet hatte, der im viel zu jungen Alter von 36 Jahren verstorben war. Ich schulde einem lieben Freund, der mich erstmals mit dem Buch von Edwards (und von John Magee) bekannt machte, enormen Dank. Nach einer kurzen Einführung in das Buch von Edwards und Magee sah ich mich gezwungen, zu den Ursprüngen der klassischen Charttechnik zurückzukehren. Ich verspürte den Drang, die Charttechnik so zu verstehen, wie Schabacker sie ursprünglich dargestellt hatte.

Leider wurde „Technical Analysis and Stock Market Profits“ damals nicht mehr aufgelegt. Es war die Zeit vor dem Internet, als der Zugang zu Informationen noch einiges an Lauferei und Beharrlichkeit verlangte. Bei einem Händler mit seltenen Büchern in Los Angeles beschaffte ich mir eine fotokopierte Fassung. Der Rest ist Geschichte. Ich verschlang das Buch an einem einzigen Wochenende. Ich spürte instinktiv, dass ich für mich den Weg nach vorn als Trader gefunden hatte. Ich sollte zum klassischen Charttechniker werden.

Die Märkte durch die Brille der klassischen Grundsätze der Chartdarstellung zu betrachten (und danach zu handeln) berührte mich zutiefst und verschaffte mir eine ganzheitliche Perspektive auf den Handel, die ich bei anderen Methoden nicht gefunden hatte. Die klassische Charttechnik lieferte mir eine Reihe von Eigenschaften, die gemeinsam zur Grundlage meines Tradings wurden:

1. Eine grafische Perspektive auf größere Kursbewegungen
2. Eine Möglichkeit, sich vorzustellen, wie sich die Kräfte der Käufer und der Verkäufer auf die Kursentwicklung auswirken
3. Zeitpunkte für das Eingehen von Trades
4. Eine Methode, das anfängliche Risiko eines Trades zu ermitteln
5. Ein Verfahren, laufende Trades zu managen
6. Einen Hinweis auf das Ausmaß eines bevorstehenden Trends

Das Trading-Programm, mit dem ich 1979 begann – unter Verwendung klassischer charttechnischer Grundsätze für den Handel mit Rohstoffen und Devisen – existiert bis heute. Es beschert meiner Familie seit 40 Jahren einen äußerst komfortablen Lebensstil und ist die Quelle meines Vermögens.

Ich bin während meiner gesamten Laufbahn ein strenger klassischer Chartist geblieben und habe Schabackers Buch regelmäßig wiedergelesen (ich habe mehrere Exemplare verschlissen). Immer wieder schlage ich konkrete Punkte in diesem Buch nach und bin oft überrascht, wenn eine wichtige, aber nuancierte Klärung eines bestimmten Chartmusters auftaucht. Schabackers Brillanz beeindruckt mich jedes Jahr mehr.

Im Laufe der Zeit habe ich Schabackers klassische Grundsätze der Charttechnik übernommen, wobei ich auf manche Muster mehr Wert lege als auf andere, meinen zeitlichen Rahmen fein abstimme, meine persönlichen Regeln des Risiko- und Trade-Managements anwende und der Liste sogar ein paar eigene Muster hinzugefügt habe. Jedoch bin ich mir stets der Regeln für die Auslegung klassischer Chartmuster bewusst, die in diesem Buch dargelegt werden, und ich handele Schabackers Anleitungen nur selten zuwider.

Sogar noch nach all diesen Jahren und einer derart häufig wiederholten Lektüre von „Technical Analysis and Stock Market Profits“ kommt es vor, dass mich das Buch durch das differenzierte Verständnis einer Chartkonstruktion, über die ich zuvor hinweggegangen war, umhaut. Recht oft kommt es vor, dass ich mich frage, ob Schabacker mir bezüglich einer bestimmten Analyse eines Kursdiagramms zustimmen würde.

Die klassischen Grundsätze der Charttechnik sind nicht jedes Traders Sache. Wenn Sie jedoch von Geometrie fasziniert sind und grafische Darstellungen lieben wie ich, dann kann dieses Buch das wertvollste werden, das Sie je gekauft haben.

Peter Brandt
Arizona 2021

Studie I

Die technische Herangehensweise an den Aktienhandel

- Die Definition eines Aktiencharts
- Ein „Kurs für Fortgeschrittene"
- Rein technisches Geschehen
- Der Niederschlag von Fundamentaldaten im technischen Kursgeschehen
- Aktien, die für die Charttechnik infrage kommen
- Der bildhafte Aspekt von Charts
- Charts als „vollständiges Gedächtnis"
- Technisches Chartgeschehen – eine neue Wissenschaft
- Technische vs. fundamentale Faktoren
- Gründe für konträres technisches Geschehen
- Zusammenfassung des technischen Ansatzes
- Die Warnung vorab
- Man hüte sich vor verfrühten Annahmen
- Kein leichter Weg zum Gewinn
- Zeitungen, die Charts veröffentlichen
- Zeitschriften, die Charts veröffentlichen
- Dienstleister, die Tagescharts verkaufen
- Vorgefertigte Charts
- Die Vorteile der eigenhändigen Erstellung von Charts
- Engerer persönlicher Kontakt
- Die Anzahl der erforderlichen Charts
- Die Auswahl der Aktien
- Chartpapier
- Koordinatenpapier
- Die Konstruktion des Koordinatensystems
- Das Abtragen der Kursdaten
- Das Handelsvolumen
- Die Verschiebung des Volumencharts
- Die Zeitachse
- Feiertage auf der Zeitachse
- Die Darstellung von Ex-Dividende-Tagen und anderen Informationen
- Die mögliche Hinzunahme nützlicher Anmerkungen zum „fundamentalen Geschehen"
- Die Anlage eines neuen Blattes
- Der erforderliche Zeitrahmen

AKTIENKURSBEWEGUNGEN

- Major-Kursbewegungen
- Intermediäre Kursbewegungen
- Minor-Kursbewegungen
- In Monatscharts dargestellte Major-Trends
- In Wochencharts dargestellte Intermediate-Trends
- Die Bedeutung der Untersuchung von Minor-Kursbewegungen

Die Definition eines Aktiencharts

Es gibt wohl keine bessere Möglichkeit, eine Diskussion von Aktiencharts zu beginnen, als sich auf eine Definition derselben zu einigen. Ein Aktienchart ist die bildliche Aufzeichnung der Handelsgeschichte einer Aktie oder einer Gruppe von Aktien. Das ist eine vollkommen einfache Definition unseres Untersuchungsgegenstands und doch allgemein genug, um all die vielen Charts, Abbildungen und Formationen abzudecken, die wir auf den nun folgenden Seiten besprechen werden.

Ein Aktienchart kann natürlich so etwas Einfaches wie die Darstellung der Schlusskurse einer einzelnen Aktie am letzten Handelstag jedes Jahres nur über die letzten fünf oder zehn Jahre sein. Diese bildliche Darstellung würde nicht viel aussagen, auch wenn sie unsere Definition technisch erfüllen würde. Sie wäre die bildhafte Aufzeichnung der Handelsgeschichte der betreffenden Aktie. Sie wäre ein Aktienchart. Sie würde sich nur graduell von dem vollständigsten, detailliertesten und mühseligsten Aktienchart unterscheiden, der sich konstruieren ließe.

Ein „Kurs für Fortgeschrittene"

Für die Zwecke der vorliegenden Studie wird es notwendig sein, von der Annahme auszugehen, dass der Leser mit Aktien und mit Wertpapieren im Allgemeinen bereits recht vertraut ist, außerdem mit Theorie und Praxis des Handels am freien Markt und mit den unzähligen technischen Details, die unser Begriff der „Handelsgeschichte" beinhaltet, also des Handelsverlaufs. In diesem Sinne ist die vorliegende Studie gewissermaßen ein „Kurs für Fortgeschrittene", die am Aktienmarkt agieren, und daher erscheint es nur fair, darauf hinzuweisen, dass man die Grundlagen der Märkte studieren und beherrschen sollte, bevor man es unternimmt, aus dem vorliegenden Kurs Nutzen zu ziehen.[1]

Über diese einführende Verallgemeinerung hinaus wird es indes unser ständiges und kontinuierliches Ziel sein, möglichst sicherzustellen, unser Denken durch eine einfache Sprache zu verdeutlichen, durch ständiges Hervorheben wichtiger Punkte, durch unzählige Beispiele und sogar durch möglicherweise ermüdende Wiederholungen. Vielleicht wird es auch nötig sein, die Nachsicht und Geduld unserer „klügeren Studenten" oder unserer erfahreneren Leser zu erbitten, wenn sie finden, dass wir dazu neigen, alles zu wiederholen, um uns zu vergewissern, dass sie auch wirklich alles verstanden haben.

1 Verweis auf „Stock Market Theory and Practice" von R. W. Schabacker, Forbes Publishing Company, New York. (Der Verweis auf dieses konkrete Buch ist nicht möglich, weil es seit Langem vergriffen ist. In der Zwischenzeit haben sich viele fundamentale Gegebenheiten des Marktes vollständig verändert. Leser, die Informationen über die Funktionsweise und die Fundamentaldaten der aktuellen Märkte brauchen, werden diese sicherlich in den vielen Büchern finden, die heute zu diesen Themen erhältlich sind.)

Ein Beispiel für diese eventuelle Schwäche ist, dass wir uns gezwungen sehen, für wenige Augenblicke noch einmal auf eine detailliertere Untersuchung unserer eingangs gegebenen Definition eines Aktiencharts zurückzukommen. Der Aktienchart ist eine bildhafte Darstellung der Handelsgeschichte einer beliebigen Aktie. Bei der Untersuchung von Aktiencharts interessiert uns in erster Linie nichts anderes als der tatsächliche Handel – also die Aufzeichnungen oder die Ergebnisse der ordnungsgemäßen Käufe und Verkäufe eines Papiers im Zuge des tatsächlichen Handels an einem freien Markt.

Rein technisches Geschehen

So interessiert uns beispielsweise das Unternehmen, das hinter der Aktie steht, die wir untersuchen, nicht. Für unseren unmittelbaren Zweck ist es uns egal, ob das Unternehmen Mausefallen, Blechdosen, Lokomotiven oder Zahnstocher aus Aluminium herstellt. Es spielt für uns keine Rolle, ob es ein Industrieunternehmen ist, eine Eisenbahngesellschaft, ein Versorgungsunternehmen oder was auch immer. Technisch betrachtet kann das hinter der Aktie stehende Unternehmen sogar unter Insolvenzverwaltung stehen, es kann sein, dass seine Werke geschlossen sind und es überhaupt nichts verdient. Bezüglich unseres Hauptzwecks der Chartdarstellung dieser Aktie würde das keinen Unterschied machen, sofern sich die Aktie weiterhin eines angemessen aktiven Handels an einer geregelten und regulierten Wertpapierbörse mit freiem Handel erfreut.

Der Leser darf jedoch nicht den Eindruck gewinnen, solche fundamentalen Faktoren seien für den Handel, für die Analyse und für die Vorhersage unwichtig. Sie sind ganz besonders wichtig und sollten ernstlich in Betracht gezogen werden, wenn man eine Aktie oder einen Aktienchart zu praktischen Zwecken untersucht. Wir behaupten lediglich, dass der Aktienchart an sich nichts mit solchen fundamentalen Faktoren zu tun hat. Er befasst sich ausschließlich mit den tatsächlichen Aufzeichnungen zu der Aktie im freien Handel.

Der Niederschlag von Fundamentaldaten im technischen Kursgeschehen

Bei der Aufzeichnung eines solchen Handels kommen die vielen unterschiedlichen fundamentalen Faktoren zum Tragen, sie werden bewertet, automatisch gewichtet und im Aktienchart als Nettobilanz aufgezeichnet.

Der Handel mit jeder Aktie ist weitgehend das Ergebnis der Auswirkungen, die diese fundamentalen Faktoren auf jeden Käufer und Verkäufer jeder einzelnen Aktie hatten. Der Aktienchart ist eine bildliche Aufzeichnung eines solchen Handels und gibt somit an sich alle diese anderen Faktoren wieder, sodass er sich vom rein technischen Standpunkt her nicht weiter mit fundamentalen Überlegungen zu befassen braucht.

Aktien, die für die Charttechnik infrage kommen

Aus der Tatsache, dass ein Aktienchart lediglich eine Aufzeichnung des Handels ist, ergibt sich, dass jede Aktie, die an einem Markt gehandelt wird, für die Charttechnik infrage kommt. Jede Aktie und nebenbei gesagt jede Ware oder Dienstleistung, die zu einem öffentlich angegebenen Preis gekauft und verkauft wird, kann in einem Chart dargestellt werden. Wir werden später noch sehen, dass eine Aktie, damit sie ein lohnender Gegenstand der Untersuchung ist, einen freien, offenen und aktiven Markt haben sollte, doch es bleibt eine Tatsache, dass sich jede gehandelte Aktie in einem Aktienchart bildlich darstellen lässt.

Auch lässt sich gemäß unserer Definition ein Aktienchart anhand mehr als einer Aktie konstruieren. Man kann in einen Aktienchart mehrere Aktien einbeziehen, allerdings erzielt man die besten Ergebnisse, wenn man alle zugehörigen Aktien oder Abbildungen durch Bildung des Durchschnitts zu einer Reihe zusammenfasst und so den Chart zu einem zusammengesetzten Bild macht, das wie die Aufzeichnung des Handels mit nur einer Aktie aussieht, jedoch in Wirklichkeit das zusammengesetzte beziehungsweise kombinierte Ergebnis des Handels mit einer Vielzahl von Aktien ist. Bei solchen Charts zu Gruppen von Aktien spricht man von Indizes.

Wenn wir bei unserer Definition eines Aktiencharts bleiben, stellen wir fest, dass er in erster Linie eine bildliche Aufzeichnung ist. Ein Aktienchart ist also ein Bild. Einer der einfachsten und am leichtesten verständlichen Vorteile eines Aktiencharts ist die Tatsache, dass er zu jedem gewünschten Zeitpunkt in der Handelsgeschichte einer Aktie ein Bild wiedergibt, das viele Monate oder Jahre abdeckt. Hätte man den Chart nicht, würde es viele Stunden oder gar Wochen gewissenhafter Recherchen erfordern, ein solches Bild zu produzieren.

Der bildhafte Aspekt von Charts

Da der Aktienchart eine Geschichte des Handels ist, besteht die Hauptgrundlage seiner Konstruktion im tatsächlichen Handel und in den Einheiten des betreffenden Handels. Der gängigste und üblichste Handelsplatz für Aktien ist die New York Stock Exchange. Die Ergebnisse des Handels an dieser Börse werden vor allem mithilfe des Börsentickers in Maklerbüros im ganzen Land aufgezeichnet. Aus naheliegenden praktischen Gründen sind jedoch die meisten an einem solchen Handel interessierten Menschen nicht in der Lage, die Entwicklung der Handelsaufzeichnungen jeden Tag von 10 bis

15 Uhr in einem Brokerbüro zu beobachten.[2] Tageszeitungen und andere regelmäßige Publikationen schließen diese Kluft, indem sie täglich die Handelsergebnisse melden. Jeder, der sich für den Aktienmarkt interessiert, kann sich daher täglich rund fünf Stunden sparen, indem er einfach die Gesamtergebnisse des Handels vom Tage nachschaut.

Ebenso wie die Zeitungen einem Zeit und Aufwand ersparen, indem sie den Aktienhandel täglich zusammenfassen, so geht der Aktienchart mit dieser Dienstleistung noch weiter, indem er dem Interessierten Tage, Wochen, Monate oder Jahre erspart. Wenn er die Handelshistorie einer Aktie über das vergangene Jahr ohne Zuhilfenahme eines Charts durchgehen möchte, muss er die Zeitungen von mehr als 300 Tagen oder im besten Fall seine eigenen Aufzeichnungen über diese 300 Handelstage durchsehen. Wenn er hingegen die Vorteile der Dienste nutzt, die ihm der Aktienchart leistet, kann er sich die viele Zeit und Mühe sparen. So kann er auf einen Blick die vollständige Aufzeichnung des täglichen Handels einer bestimmten Aktie im vergangenen Jahr vor sich haben.

Charts als „vollständiges Gedächtnis"

Auch wenn Charts weder Zeit noch Mühe sparen würden, so hätten sie doch immer noch ihren größten Vorteil, nämlich den des vollständigen Gedächtnisses. Wenn die betreffende Person damit zufrieden wäre, ihre wertvollen Stunden damit zu verbringen, über den notierten oder gedruckten Aufzeichnungen des letztjährigen Handels mit einer Aktie zu brüten, wie oben angenommen, dann bliebe ihr immer noch das furchtbare Handicap, sich die Merkmale des Handels im Februar merken zu müssen, während sie sich die Aufzeichnungen für den Oktober anschaut. Außer wenn sie ein fast übernatürliches Gedächtnis hätte, müsste sie ständig von einem Zeitraum zu einem anderen springen, um aus ihren Recherchen irgendeine vollständige Reihenfolge oder Analyse zu machen.

Aber wenn sie einen Chart der Aktie verwendet, wird diese Aufgabe sehr viel einfacher. Sie hat das Bild Schwarz auf Weiß vor sich, dauerhaft, zutreffend, kompakt – genau das Bild, von dem sie ohne Chart versuchen würde, sich trübe daran zu erinnern oder es vor dem geistigen Auge zusammenzusetzen.

Der hauptsächliche Wert eines Aktiencharts erwächst also daraus, dass er eine bildhafte Aufzeichnung der Handelsgeschichte ist. Da der Aktienchart ein Bild ist, macht er die vergangene Geschichte eines Wertpapiers zu einem einfachen offenen Buch, das leicht zu lesen und leicht zu untersuchen ist. Seine Verwendung bringt hinsichtlich der praktischen Ergebnisse ähnliche Vorteile wie das Teleskop, die Röntgenstrahlen, die Fotozelle und andere moderne Vorrichtungen, die hinsichtlich der allgemeinen und

2 Heutzutage ist die New York Stock Exchange von 9:30 Uhr bis 16:00 Uhr geöffnet.

detaillierten Informationen derart viel Zeit und Energie sparen, dass sie es ermöglichen, diese Energie in die produktiveren Kanäle der Untersuchung und der Recherche fließen zu lassen.

Technisches Chartgeschehen – eine neue Wissenschaft

Und dieser Gedanke bringt uns automatisch zurück zu dem mit Abstand größten praktischen Vorteil des Aktiencharts. Da er die grundlegende Koordinierung der Fakten so vereinfacht und es dadurch ermöglicht, sie leicht zu begreifen, führt er ganz selbstverständlich zu einer detaillierteren Untersuchung der Phänomene, die er bildhaft darstellt: die tatsächlichen Ergebnisse der Handelsgeschichte, die Muster, die Regeln, die Merkmale des Verhaltens. Kurz gesagt führt er zu einer neuen Wissenschaft, nämlich zu der Wissenschaft des technischen Chartgeschehens.

Das technische Marktgeschehen ist derjenige Aspekt der Analyse, der auf Phänomenen beruht, die aus dem Markt selbst entstehen, unter Ausschluss der fundamentalen und aller anderen Faktoren. Eigentlich könnte man das technische Geschehen auch schlicht als die Antithese zu fundamentalen Überlegungen erklären. Der fundamentale Aspekt der Marktanalyse legt besonderen Wert auf Faktoren wie das Unternehmen, das hinter der Aktie steht, auf seine Geschäfte, seine Aussichten, seine früheren, derzeitigen und künftigen Gewinne, seine Bilanz, seine Finanzkraft, auf die Qualität der Unternehmensleitung und so weiter. Zu den fundamentalen Faktoren gehören die Dividende der betreffenden Aktie, ihre Kapitalisierung, ihre Rendite, ihre Verteilung und zahllose andere Faktoren, die sich direkt oder indirekt auf den inneren Wert der Aktie auswirken können, auf ihren theoretischen Kurs, darauf, was sie nach Meinung der betreffenden Person kosten sollte, oder auf den wahren Wert des fraglichen Wertpapiers.

Solche fundamentalen Faktoren sind sehr wichtig und müssen vom Anleger oder Händler sorgfältig erwogen werden. Das sind aber nicht die technischen Faktoren, die wir zu untersuchen gedenken. Die technischen Faktoren sind das, was man als Rückstand der Summe aller Aspekte bezeichnen könnte, die sich auf den wahrscheinlichen Marktwert einer Aktie auswirken, nachdem die augenfälligeren fundamentalen Faktoren eliminiert wurden.

Technische vs. fundamentale Faktoren

Wenn wir unsere Fundamentalanalyse der Gewinne, der finanziellen Stärke und der ganzen anderen Faktoren abgeschlossen haben, bleibt immer noch etwas übrig, das im Hinblick auf den künftigen Kurs, zu dem eine bestimmte Aktie verkauft werden mag, berücksichtigt werden muss. Diese abschließende Betrachtung hat etwas mit dem technischen Marktgeschehen zu tun.

Wenn man das Vorhandensein und die Bedeutung dieses „anderen Faktors" begreift, lässt er sich leichter analysieren. Wir haben das technische Geschehen als diejenigen Phänomene definiert, die sich aus dem Markt selbst ergeben. Dieser Markt ist nichts anderes als eine Gruppe von Käufern, die gegen eine Gruppe von Verkäufern antritt. Und die Überlegung ist klar, dass an einem freien Markt dann, wenn mehr Verkäufer da sind als Käufer beziehungsweise mehr Aktien zum Verkauf als zum Kauf stehen, die Kurse der betreffenden Aktien sinken müssten.

Es ist nicht unsere Aufgabe, zu überlegen, weshalb mehr Aktien angeboten wurden, als der Nachfrage entsprachen. Es ist lediglich unsere Aufgabe, die technische Tatsache zu erkennen, dass es mehr Verkäufer als Käufer gab. Das war der wichtige Punkt, denn das bedeutete, dass die Aktie ungeachtet aller entgegenstehenden fundamentalen Faktoren fallen würde.

Solche Überlegungen bilden die Grundlage für unsere Aussage zu Anfang dieses Kapitels, dass Aktiencharts und somit auch das technische Geschehen bei der Hauptanalyse keine fundamentalen Faktoren wie Unternehmensgewinn, Unternehmensleitung, Bilanzen und Ähnliches berücksichtigen. Wir werden später sehen, dass Fundamentaldaten sehr wichtige Ergänzungen zur Untersuchung des technischen Geschehens sind und dass sie in vielen Fällen für die lange Sicht wichtiger sind als vorübergehende technische Aspekte. Aber bei unserer Einführung in das Thema und für unser grundlegendes Verständnis von Aktiencharts müssen wir uns darüber klar sein, dass sie für sich genommen die Fundamentaldaten vollständig ignorieren. Tatsächlich ignorieren sie alles außer dem technischen Marktgeschehen bei einer Aktie oder einer Gruppe von Aktien – dem Gleichgewicht zwischen Käufern und Verkäufern, dem Gleichgewicht zwischen Angebot und Nachfrage – vollständig; kurz gesagt alles außer den Phänomenen, die aus dem tatsächlichen Handel an sich an einem freien, offenen Markt resultieren.

Gründe für konträres technisches Geschehen

Vielleicht klingt es zu geheimnisvoll und gemahnt zu sehr an Taschenspielerei, wenn wir andeuten, dass wir nicht zu fragen zu brauchen, weshalb eine Aktie unter schwachem technischem Geschehen gerade dann fällt, wenn ihre fundamentalen Aspekte am stärksten erscheinen. Für so etwas gibt es viele mögliche Gründe, aber diese entwickeln sich ebenso wie das technische Geschehen an sich in erster Linie aus dem Markt.

Es könnte auch sein, dass Spekulanten die Aktien schon vor Monaten in Vorwegnahme der Entwicklung der erwähnten günstigen Fundamentaldaten gekauft haben, und da sie sich nun bewahrheiten, stoßen die Spekulanten sie ab und nehmen ihre Gewinne mit. Vielleicht hat auch eine Gruppe mächtiger Insider oder Unternehmensvertreter zu viele Aktien eingesammelt. Vielleicht wird ihnen nun klar, dass die fundamentale Lage nicht so gut ist, wie es die Meldungen aussehen lassen. Es gibt zahllose Gründe, weshalb die technische Position das Gegenteil der fundamentalen Position sein kann.

Wichtig ist hier der Punkt, dass dann, wenn die beiden voneinander abweichen, die technische Position den Sieg davonträgt, weil sie dichter am Markt ist – der offene Markt ist hingegen das, was Aktienkurse in Bewegung setzt. Zumindest siegt die technische Position in der unmittelbaren Zukunft, auch wenn es nur vorübergehend ist, und deshalb ist die technische Position für den kurzfristigen Swing-Trader oder für den Spekulanten wichtiger, der auf Gewinne aus den laufenden Kursbewegungen der Aktie aus ist und sie nicht wie der Anleger kauft, um sie auf lange Sicht auf die Seite zu legen.

Die technische Position ist der Faktor, der sich in der Zukunft darauf auswirkt, ob die Kurse steigen oder fallen.

Wir können mittels Aktiencharts zwar die gegenwärtige technische Position des Marktes besser beurteilen, aber diese technische Position ändert sich ständig und unterliegt sehr schnellen und beträchtlichen Umschwüngen von „sehr stark" auf „sehr schwach" in wenigen Tagen oder in seltenen Fällen sogar in wenigen Stunden. Es erfordert praktisch gar keine Zeit, dass eine riesige Menge Kauf- oder Verkaufsorders auf den Markt kommt, und solche Ereignisse schlagen sich in technischem Geschehen nieder, sodass sie sich für die Chartanalyse eignen.

Es ist allerdings eine Tatsache, dass sich das technische Geschehen im Allgemeinen nicht derart schnell ändert und dass wir, wenn wir ermittelt haben, ob die technische Position stark oder schwach ist, dem Spiel bereits ein bisschen voraus sind, denn die technische Position ist der Faktor, der sich nicht gestern darauf auswirkt, ob die Kurse steigen oder fallen, und nicht einmal jetzt, sondern in der Zukunft – wenn auch nur in der unmittelbaren Zukunft.

Im Allgemeinen ändern sich technische Positionen nicht so schnell, wenn nicht die Fundamentaldaten einen gewaltigen Impuls erhalten, der so stark ist, dass er den „Status quo" zwischen Angebot und Nachfrage überwindet. Normalerweise braucht eine starke technische Position Tage, Wochen oder Monate, um sich aufzubauen, sie entfaltet über Monate eine starke Wirkung, und dann dauert es wieder Tage, Wochen oder Monate, bis sie sich erschöpft und in den entgegengesetzten Zustand einer schwachen technischen Position umschlägt. Während dieser gesamten allmählichen Veränderung sind dank einer geeigneten Analyse der technischen Position Börsengewinne möglich.

Zusammenfassung des technischen Ansatzes

Um unsere einführende Diskussion zusammenzufassen: Es reicht nicht, die fundamentalen Positionen von Aktien zu kennen. Wir müssen auch ihre jeweilige technische Position kennen. Auf kurze Sicht sind technische Überlegungen sogar noch wichtiger als fundamentale Kennzahlen, aber der Vollblutanleger kennt beide. Fundamentale Überlegungen sind für den durchschnittlichen Studenten leicht. Die technischen Aspekte sind weder besonders leicht noch sicher, aber sie werden durch das Studium von Aktiencharts auf eine Art Wissenschaft reduziert.

Mithilfe von Aktiencharts können wir womöglich ein besseres Verständnis der Phänomene erreichen, die mit der allmählichen, aber ständigen Verschiebung des Kräftegleichgewichts zwischen Angebot und Nachfrage am Aktienmarkt einhergehen.

Die Warnung vorab

Die nun folgenden Lektionen beziehen sich auf eine derartige Untersuchung, dies allerdings in einem Geiste von Aufgeschlossenheit und Vorsicht, den der Leser unbedingt teilen sollte. Wenn es eine allgemeine Aussage über das gesamte Thema der Aktiencharts gibt, die wir gleich beim Einstieg in unsere Studie treffen sollten, dann ist es die klare Warnung, dass der Leser bei allem vorsichtig sein sollte, was anscheinend eine sichere Sache ist. Das mag für die Eröffnung einer solchen Studie schwach und enttäuschend klingen, aber wir sprechen sie in wohlerwogener Voraussicht aus.

Wir sind fest davon überzeugt, dass Aktiencharts nützlich und von hoher Bedeutung sind, die technische Position einzelner Aktien und des gesamten Marktes darzustellen. Unseres Erachtens sind Aktiencharts die wichtigste einzelne Hilfestellung bei der Vorhersage künftiger Kursbewegungen und wir stützen uns auf die ständig wiederholte Prämisse, dass sie für den erfolgreichen Aktienhandel eine absolute Notwendigkeit sind.

Man hüte sich vor verfrühten Annahmen

Doch gerade diese Überzeugung von der Effizienz von Aktiencharts veranlasst uns zu der Vorabwarnung vor zu viel Vertrauen und vor Misstrauen. Nichts geht über den Nervenkitzel, den der Anfänger verspürt, wenn er einmal beginnt, die rudimentären Prinzipien der Chartinterpretation zu beherrschen, und es erlebt, dass sich seine ersten Analysen und Prognosen als korrekt erweisen.

Aktiencharts sind am wichtigsten, um künftige Kursbewegungen vorherzusagen, und sie sind für den erfolgreichen Aktienhandel eine absolute Notwendigkeit.

Die größte Gefahr für den Anfänger liegt gerade in diesem ersten erwachenden Bewusstsein für den

Wert seiner Studien. Aufgrund seiner ersten Erfolge wird er womöglich eine wahrscheinliche Vorhersage für eine gewisse Vorhersage halten, zu großes Zutrauen gewinnen, sich beim Traden übernehmen und sich plötzlich in einem katastrophalen Morast schwerer Verluste wiederfinden – und, was vielleicht noch wichtiger ist, in einem hoffnungslosen Zustand der Unentschlossenheit, des Misstrauens, der Skepsis und der bitteren Enttäuschung.

Kein leichter Weg zum Gewinn

Buchstäblich Tausende unglückselige Beispiele gibt es in unseren Akten und unter den Studenten, die wir kennen, die im ersten Rausch ihres jungfräulichen Erfolgs zu Allwissenden wurden, deren Begierde durch die erste Erkenntnis des grundlegenden Wertes der Technischen Analyse derart angeheizt wurde, dass sie sich kopfüber in die Fallstricke der Chartinterpretation und des Tradings anhand von Charts stürzten, ohne genug Geduld an den Tag zu legen, um ihre Studien zu vervollständigen und ihre Kenntnis der grundlegenden Prinzipien zu vervollkommnen.

Der Leser darf versichert sein, dass alle in der nun folgenden Studie der Aktiencharts und des technischen Geschehens abgeleiteten Grundsätze nicht aufgenommen worden wären, wenn sie nicht als wertvoll oder bedeutsam gelten würden. Doch genauso gewiss darf sich der Leser sein, dass keiner dieser Grundsätze unter Garantie hundertprozentig unfehlbar ist. Es ist uns gelungen – wenn auch manchmal unter Schwierigkeiten –, zu praktisch jeder Formation und zu praktisch jeder Regel Ausnahmen zu finden. Darüber hinaus kennen wir keine praktische Regel zu Aktiencharts oder zum Aktienhandel, zu der es nicht unter gewissen Umständen und zu bestimmten Zeiten solche Ausnahmen gibt.

Die keinesfalls am wenigsten wichtigen Aspekte der erfolgreichen Chartinterpretation und des erfolgreichen Handels anhand von Charts sind die frühzeitige Erkennung solcher Ausnahmefälle, das fast schon intuitive und unbewusste Misstrauen gegenüber gewissen Formationen und vor allem die Fähigkeit, in solchen Ausnahmesituationen Verluste zu vermeiden oder zu begrenzen.

Wir haben uns bemüht, Methoden zu empfehlen, um diesen glücklichen Zustand zu erreichen, doch letztlich erreicht man ihn im Allgemeinen dank langer Beschäftigung, langer Erfahrung und langer Voraussicht; und das Wichtigste bei alledem ist die Einstellung, die wir hier zu fördern suchen: eine gesunde Skepsis gegenüber allen Regeln, einen wissenschaftlichen Geist der Vorsicht und der Demut im Angesicht einer großartigen und wertvollen Wissenschaft sowie eine konservative Handlungsweise bei jeglichem konkreten Trading am Markt.

Zeitungen, die Charts veröffentlichen

Das öffentliche und professionelle Interesse an Aktiencharts ist in den letzten Jahren so schnell angewachsen, dass die Nachfrage zu einem zunehmenden Angebot von Quellen geführt hat, bei denen man vorgefertigte Aktiencharts kaufen kann. Sogar manche Zeitungen haben angefangen, Charts einzelner Aktien zu veröffentlichen, entweder in Fortsetzungsserien oder nur gelegentlich. Allerdings beschränkt sich die regelmäßige Veröffentlichung von Aktiencharts in den Zeitungen im Allgemeinen nach wie vor auf das Abdrucken von Durchschnitten beziehungsweise Indizes, also der bildlichen Historie führender Aktiengruppen, nicht von einzelnen Papieren.

Zu den New Yorker Tageszeitungen, die regelmäßig Charts von Indizes veröffentlichen, gehören die *New York Daily Investment News* und das *Wall Street Journal*.[3] Das *Wall Street Journal* veröffentlicht täglich seine eigenen Indizes, jeweils bestehend aus 30 Eisenbahn-Aktien, 30 Industriewerten, 20 Versorgungsunternehmen und 40 Anleihen. Für die Durchsicht vorgefertigter Charts ist es die wertvollste tägliche Veröffentlichung.

Die *New York Daily Investment News* veröffentlicht langjährige Tagescharts eines bekannten, aus 90 Aktien bestehenden Index. Die meisten dieser Indexcharts stellen auch die täglichen Umsätze an der New York Stock Exchange dar.

Die *New York Herald Tribune* veröffentlicht jeden Morgen die Grafik ihres eigenen hochgeachteten, aus 100 Aktien bestehenden Index bis zum Schlusskurs des Vortags. Die *New York Times* druckt jeden Morgen einen Chart ihres Index aus 50 Aktien ab. Unter den Abendzeitungen präsentiert die *New York Sun* in ihrer Nachtausgabe einen eigenen, 50 Aktien umfassenden Index. Auch die meisten anderen konservativ angehauchten Tageszeitungen der Metropole veröffentlichen von Zeit zu Zeit Charts verschiedener finanzieller und konjunktureller Trends sowie von Aktien.

Zeitschriften, die Charts veröffentlichen

Die Zeitschriften brauchen etwas länger, um mit dem öffentlichen Interesse an Aktiencharts mitzuhalten, aber es gibt durchaus einige, die regelmäßig Charts von Marktindizes bringen. Das alle zwei Wochen erscheinende *Magazine of Wall Street* ist dafür wohl am bekanntesten und bringt nicht nur den Chart seines eigenen Index, der den Durchschnitt aus 295 Aktien bildet, sondern auch diverse andere Finanzcharts. *Forbes* veröffentlicht regelmäßig langfristige Wochencharts der Indizes der *New York Times*

3 Die hier und in den nachstehenden Absätzen gegebenen Informationen über Zeitungen, Zeitschriften und Chartanbieter sind größtenteils veraltet. Dank der heute problemlos verfügbaren Computer-Dienstleister, die Börsendaten und Chartdarstellungen in kürzester Zeit übertragen. sind die Informationen, auf die im Text Bezug genommen wird, leicht zu bekommen. Besondere Erwähnung verdient die Tatsache, dass einige Organisationen ausgezeichnete Wochenchart-Bücher zu Aktien und Rohstoffen herausgeben, die viele Technische Analysten heute genauso unentbehrlich finden wie in den 1930er-Jahren.

beziehungsweise des *Annalist*; sie zeigen den Verlauf über die letzten vier oder fünf Jahre der drei Indizes der *Times*, die jeweils 25 Industriewerte, 25 Eisenbahngesellschaften und als Kombination 50 Industrie- und Eisenbahn-Aktien beinhalten.

Der wöchentlich von der *New York Times* veröffentlichte *Annalist* zeigt die gleichen Indizes über kürzere Zeiträume und bringt außerdem eine sehr interessante Reihe vergleichender Charts, die Indizes der führenden Aktien aus praktisch allen wichtigen Branchen zeigen. Die wöchentlich von Dow Jones & Company veröffentlichte Zeitschrift *Barron's* bietet ungefähr die gleichen Charts an, die das vom gleichen Unternehmen verlegte *Wall Street Journal* täglich liefert.

Das monatlich erscheinende und auf Bestellung kostenlos versandte „New York Stock Exchange Bulletin" enthält eine überaus nützliche Sammlung statistischer Informationen sowie eine große Vielfalt an Finanz- und Aktientrends.

Dienstleister, die Tagescharts verkaufen

Um den Trend des Marktes im Allgemeinen einzuschätzen, sind solche Indexcharts nützlich, aber der ernsthafte Student, der auf eigene Faust echte Fortschritte in der Chartanalyse machen will, braucht unbedingt Charts von einzelnen Aktien, denn sie sind das grundlegende Fundament jeglicher Chartwissenschaft.

Der erste und vielleicht bekannteste Herausgeber vorgefertigter Aktiencharts ist Graphic Markets Statistics, Inc., 11 Stone Street, New York City (gegründet 1919). Dieses Unternehmen bietet aktuelle Tages- und Wochencharts aller an der New York Curb Exchange und an der New York Stock Exchange notierten Aktien im Briefpapier-Format – Tagescharts sind ab 1926 beziehungsweise ab der Erstemission verfügbar, Wochencharts ab 1929.

Dieses Unternehmen gibt außerdem in regelmäßigen Abständen als Loseblattsammlung eine „Master Unit" mit mehr als 500 Tages-, Wochen- und Monatscharts (ab 1924) zu mehr als 100 Aktien und den bekannteren Aktienindizes heraus. Für Interessierte, die eine geringere Anzahl von Aktien verfolgen wollen, gibt es zwei vergleichbare Sammlungen mit jeweils 50 aktiv gehandelten Aktien.

Zwar sind Tages-, Wochen- und Monatscharts, wenn man sie im Zusammenhang betrachtet, sehr wertvolle Werkzeuge für die Untersuchung des technischen Geschehens, aber wer sie lieber separat betrachtet, bekommt auch einzelne Hefte mit Tages-, Wochen- oder Tagescharts der beiden Listen à 50 Aktien.

Zudem erstellt Graphic Market Statistics, Inc. auf Bestellung Wertpapier- und Rohstoffcharts jeder Größe und Art für beliebige Zeiträume.

Vorgefertigte Charts

Die bedeutendsten Abonnenten solcher vorgefertigten Charts sind wahrscheinlich Banken, Brokerhäuser und andere Finanzhäuser, allerdings nimmt die Nachfrage seitens privater Abonnenten seit einigen Jahren zu. Es spricht nichts dagegen, dass der Student der Charttechnik solche Dienste abonniert, und in der Tat empfehlen wir sie für den Anfang als leichteste und schnellste Möglichkeit, um an eine Gruppe eigener Aktiencharts zu kommen.

Mit einem Vorrat solcher vorgefertigten Charts kann der Student aus dem Stand loslegen, denn sie bieten ihm den für die korrekte Analyse des aktuellen Bildes während seiner Entwicklung notwendigen Hintergrund vergangener Geschehnisse. Jedoch empfehlen wir ihm, ab diesem Zeitpunkt eigene Charts zu erstellen. Er kann weiterhin fertige Charts kaufen, wenn er sich dafür entscheidet, vielleicht um die Wochen- oder Monatscharts einer größeren Anzahl von Aktien im Blick zu behalten, als er bequem täglich selbst zeichnen könnte, aber wenn man ausschließlich auf vorgefertigte Charts zurückgreift, fördert dies eine oberflächliche Einstellung gegenüber dem gesamten Thema. Diese Methode ist zu leicht. Das mag sich anhören wie die Philosophie eines Fortschrittsgegners, aber trotzdem trifft diese Aussage zu.

Die Vorteile der eigenhändigen Erstellung von Charts

Vom rein psychologischen Standpunkt aus ist es so gut wie sicher, dass ein Student, der in gewissen Abständen für ihn angefertigte Charts erhält, ihnen weniger Bedeutung beimisst als einer, für den die absolute Notwendigkeit besteht, sie selbst jeden Tag fortzuführen. Wenn Ersterer nicht außergewöhnlich entschlossen und zielgerichtet ist, wird er eines Morgens oder Abends unter Zeitdruck stehen und die Charts entweder, ohne sie zu untersuchen, überfliegen oder sie beiseitelegen, ohne sie überhaupt angeschaut zu haben. Vielleicht kommt er am nächsten Tag wieder auf sein gewissenhaftes Studium zurück, vielleicht aber auch nicht – der erste Tag wankenden Interesses macht den nächsten nur umso leichter.

Derjenige hingegen, der seine Charts selbst erstellt, befindet sich psychologisch in einer ganz anderen Position. Er mag an einem Tag in Versuchung geraten, seine Arbeit daran zu vernachlässigen, aber er wird schnell merken, dass es zu schwierig ist, danach aufzuholen, und er wird es zu einer Richtschnur und Gewohnheit seines Lebens machen, seine (vielleicht „verfluchten") Aktiencharts an jedem einzelnen Tag auf den neuesten Stand zu bringen.

Engerer persönlicher Kontakt

Doch abgesehen vom psychologischen Aspekt hat es noch einen viel praktischeren Vorteil, seine Charts selbst zu führen. Dieser Vorteil ergibt sich daraus, dass man dadurch mit jedem Chart jeden Tag in Berührung bleibt. Wenn man vorgefertigte Charts vor sich hat, überfliegt man sie abgesehen von ein paar vorübergehenden Lieblingscharts wahrscheinlich nur und bemerkt so die Entwicklung wichtiger profitabler Signale bei den anderen nicht.

Anders ist es bei dem Studenten, der seine eigenen Charts führt. Durch die Ernsthaftigkeit seines Unterfangens wird er gezwungen, jedem einzelnen Chart jeden Tag eine gewisse Zeit zu widmen, ob ihn nun zufällig alle besonders interessieren oder nicht. Durch diesen erzwungenen, aber nichtsdestoweniger sicheren engen Kontakt mit jedem einzelnen Chart wendet der Student, der sie selbst führt, seine Untersuchungen und seine wache Aufmerksamkeit mit viel größerer Wahrscheinlichkeit verschiedenen Charts seiner Serie zu, während im Gegenzug jeder von ihnen im Laufe der Zeit ausgeprägtere und profitablere Darstellungen erzeugt.

Die Anzahl der erforderlichen Charts

Für den Studenten, der seine eigenen Charts führen möchte, besteht der erste Schritt darin, zu entscheiden, wie viele er führen will und aus welchen einzelnen Aktien sein Portfolio bestehen soll. Beim durchschnittlichen Anfänger, der noch nicht sicher ist, ob er seinen Untersuchungen viel Zeit und Mühe widmen will, dürfte für einen vorläufigen Versuch eine Gruppe aus 15 oder 20 einzelnen Aktien ausreichen. Beim durchschnittlichen Trader, der weiß, dass er sich intensiv für die Untersuchung von Charts und für das technische Geschehen interessiert, ist eine Liste von 50 bis 100 Charts nicht zu lang.

Nachdem der Student ein paar Monate lang Erfahrungen gesammelt hat und wenn es ihm zur Routine geworden ist, die Charts auf dem neuesten Stand zu halten, wird er von den schnellen Fortschritten überrascht sein, die er machen kann. Ist er erst einmal voll in Schwung, dürfte er pro Chart nicht mehr als 45 Sekunden benötigen. Er dürfte es schaffen, die Trading-Historie eines Tages sagen wir von zehn Aktien in acht Minuten, von 50 Charts in 40 Minuten, von 100 Charts in 80 Minuten und so weiter einzutragen. Ist er mit einer hingebungsvollen Person gesegnet, die ihm die notwendigen Zahlen aus den Tageszeitungen diktiert, kann sich die erforderliche Zeit sogar mehr als halbieren.

Die Auswahl der Aktien

Bei der Auswahl der einzelnen Aktien, von denen Charts erstellt werden sollen, wird natürlich das persönliche Interesse eine gewisse Rolle spielen, und vielleicht werden die „Lieblingsaktien" des Studenten einbezogen. Davon abgesehen eignen sich allerdings die am aktivsten gehandelten und bedeutendsten Aktien, beispielsweise Marktführer, besser für die Chartanalyse, weil sie überaus aktiv sind, im Allgemeinen innerhalb „normalerer" Muster schwanken, mit höherer Wahrscheinlichkeit im beinahe ständigen Interesse der Wall Street stehen und für gewöhnlich den Trend des Gesamtmarkts deutlicher anzeigen.

Auch ist es gut, Aktien auszuwählen, von denen zumindest eine ordentliche Anzahl von Stücken in Umlauf ist. Das sorgt für größeres öffentliches Interesse, einen liquideren Markt, eine höhere Attraktivität und für gewöhnlich klarere technische Muster.

Die in jeder Hinsicht besten Ergebnisse erzielt man, wenn man jeden Tag eine bestimmte Zeit für die Bearbeitung der Charts reserviert, vorzugsweise entweder vor Handelsbeginn am Morgen oder nach Handelsschluss am Abend. Der Abend ist in der Regel besser, weil man dann der gemütlichen Analyse der Formationen und der Entscheidung für das geeignete Programm mehr Zeit widmen kann und – im Falle aktiven Tradings – die Orders am Abend per Post an seinen Broker schicken kann.

Doch für welche Zeit man sich auch entscheidet, wichtig für den Erfolg ist letztlich, dass man sich standhaft und regelmäßig an die gleiche Zeit hält. Es gibt so viele Gründe und so viele Ausreden, die der Zeit für die Chartpflege entgegenstehen können, dass das Programm so gut wie nutzlos ist, wenn man es nicht einer eisernen Regel unterwirft.

Chartpapier

Der nächste Schritt, wenn man anfängt, ein eigenes Chartportfolio anzulegen, ist die Beschaffung des notwendigen, dafür geeigneten Papiers. Diesbezüglich besteht ein großer Spielraum für den persönlichen Geschmack. Viele Chartanalysten haben ihre Lieblingssorten, auf die sie schwören. Die meisten professionellen Chartanbieter verwenden ein Ringbuch im Format DIN A3, aber für den Durchschnittsanleger dürfte das übliche DIN-A4-Format durchaus reichen.

Das kleinere Format hat gegenüber dem größeren entscheidende Vorteile. Es beansprucht weniger Platz, es bleibt weniger ungenutzter Platz leer, es lässt sich problemlos in einer Aktentasche transportieren und leichter zwecks individueller Bearbeitung und Untersuchung herausnehmen.

Der Hauptvorteil, der für größeres Papier angeführt wird, liegt darin, dass man seltener neue Blätter anfangen muss, doch auch wenn das stimmt, so haben die kleineren Blätter, die schneller voll werden, doch auch gewisse Vorteile. Bei einem neuen Blatt kann man den Maßstab vergrößern oder verkleinern, sodass die Darstellung des Kursverlaufs nicht so oft über das Blatt hinausgeht, bevor es von der vorgesehenen Zeit her voll wäre. Aus dem gleichen Grund lässt sich auf den kleineren Blättern auch ein größerer Kursmaßstab nutzen, der die technischen Muster im Laufe ihrer Entstehung leichter erkennbar macht.

Es kann allerdings durchaus sein, dass man auf das korrekte Papier zu viel Wert legt. Das ist aber Nebensache, denn so gut wie jedes Papier liefert zufriedenstellende Ergebnisse, wenn sich der Student erst einmal an seine Verwendung und daran gewöhnt hat, seine eigenen Charts zu lesen.

Koordinatenpapier

So ziemlich die einzige Anforderung an das Chartpapier ist, dass es sowohl waagerecht als auch senkrecht liniert sein muss, geeignet ist etwa das übliche karierte Papier, Millimeterpapier oder ein spezielles Koordinatenpapier. Beispielsweise gibt es Papier, das für jeden Tag des Jahres mit Datum versehene Linien enthält. Das vereinfacht zwar die Übersicht über die Daten, aber es verzerrt manchmal auch die Darstellung, denn es bedeutet, dass für regelmäßige und spezielle Feiertage, an denen kein Börsenhandel stattfindet, Platz leer gelassen werden muss.

Unbeschriftetes Millimeterpapier gibt es in fast allen größeren Schreibwarengeschäften und es ist für alle üblichen Zwecke perfekt geeignet. Wir selbst verwenden Nr. 358-17 von Keuffel & Esser, das von den speziellen für die Darstellung von Wertpapierkursen vorbereiteten Papieren am praktischsten ist. Sein Format „US Letter" entspricht ungefähr DIN A4, es ist zum Abheften gelocht, die waagerechte Achse ist den sechs Werktagen entsprechend in jeweils sechs Teile unterteilt, die senkrechte Achse hingegen in acht Teile, die dem üblichen Achteldollar als kleinste Preisdifferenz beim Handel entsprechen. Die Sorte Nr. 358-17L ist genauso unterteilt, doch das Format entspricht grob DIN A3. Die Keuffel & Esser Company bietet noch diverse andere Sorten von Chartpapier und Ordnern an, die der Interessierte auf Wunsch direkt beziehen kann und die in dem Katalog beschrieben sind, der auf Anfrage in den Ladengeschäften in New York und Chicago oder beim Firmensitz in Hoboken im Bundesstaat New Jersey erhältlich ist.

Auch die Codex Book Company, Inc. in Norwood im Bundesstaat Massachusetts druckt Koordinatenpapier in einer Vielzahl von Sorten und Größen und hat sich auf Papier für Aktiencharts spezialisiert.

Die Konstruktion des Koordinatensystems

Hat man sich das geeignete Koordinatenpapier beschafft und sich für die einzelnen Aktien entschieden, die man in Charts darstellen will, muss man das Koordinatensystem erstellen. Die waagerechten Linien werden für die Angabe von Kurs und Volumen verwendet, sodass die Skala für diese Faktoren an einer senkrechten Linie steht, vorzugsweise am linken Rand.

Der Maßstab der Kursskala lässt sich auf viele Arten abwandeln, die vor allem von der Größe und der Linierung des Papiers sowie vom üblichen Schwankungsbereich der Aktie abhängen. So ist beispielsweise bei üblichem amerikanischem Koordinatenpapier mit 20 Linien pro Zoll, das zehn Zoll hoch ist, jede 20. Linie – also die Linien im Zollabstand –zwecks Übersichtlichkeit fetter gedruckt, bei deutschem Millimeterpapier sind es die Zentimeterlinien. Für die durchschnittliche Aktie, die unter 100 Dollar gehandelt wird, kann man jeden Zoll auf der senkrechten Achse (der y-Achse) für eine Einheit verwenden, die volle fünf Punkte des Aktienkurses beträgt. Somit steht jede Linie für ein Viertel eines vollen Punktes, und die Achtelpunkte fallen in die Mitte zwischen zwei Linien.

Wenn man ein neues Chartblatt anfängt, ist es sinnvoll, einen Blick zurück auf die Kursspanne des letzten Jahres zu werfen und den entsprechenden Durchschnittskurs, beispielsweise 65, als Kursmarke an einer fetten horizontalen Linie etwa in der Mitte der y-Achse anzusetzen. Dann liegt die nächste fette Linie – ein Zoll beziehungsweise 20 Linien darüber – bei 70, die fette Linie unter 65 bei 60 und so weiter, und diese Zahlen werden neben die links stehende y-Achse geschrieben.

War die durchschnittliche Kursspanne einer Aktie hoch und waren ihre üblichen Schwankungen groß, ist ein größerer Kursmaßstab angebracht. Dann kann jede fett gedruckte 20. Linie oder Zolllinie zehn oder sogar 20 Punkte bedeuten, sodass jede waagerechte Linie auf dem Blatt entweder einen halben Punkt oder einen ganzen Punkt darstellt. In solchen Fällen ist es zwar schwieriger, die Bruchteile von Punkten abzutragen, aber bei derart großen Kursausschlägen ist diese detaillierte Genauigkeit auch nicht so notwendig.

Die gleichen allgemeinen Grundsätze gelten, wenn man ein spezielles Papier für Aktiencharts verwendet, zum Beispiel das K. & E. 358-17. Für die meisten Aktien mit durchschnittlichen Kursspannen kann hier jede dickere (achte) Linie auf der y-Achse für einen Achtelpunkt stehen. Bei Aktien mit größeren Ausschlägen oder höheren Kursen wie etwa American Can oder AT&T kann jede fette Linie für zwei Punkte stehen, die dünnen Linien entsprechend für Viertelpunkte. Und bei Aktien mit sehr niedrigen Kursen und geringen Ausschlägen kann jede dicke Linie für lediglich einen halben Punkt stehen.

Das Abtragen der Kursdaten

Ist am linken Rand eine passende Kursskala eingetragen, ist das Abtragen der Kurse einfach. Die Tageszeitung liefert die notwendigen Zahlen – Hoch, Tief, Schlusskurs und Handelsvolumen/Umsatz. Tragen Sie das Hoch ab, tragen Sie das Tief ab und verbinden Sie die beiden Punkte durch einen senkrechten Strich, dann haben Sie die Tagesspanne. Der Schlusskurs ist ein wichtiger Bestandteil jedes vollständigen Aktien-Tagescharts; er wird als kurzer, dünner waagerechter Strich notiert, der gerade so lang ist, dass er zu erkennen ist.

Natürlich kann man, falls gewünscht, sowohl den Eröffnungs- als auch den Schlusskurs darstellen, doch wir halten die ausschließliche Darstellung der Schlusskurse für praktikabel. Es ist selten, dass ein Eröffnungskurs eine wesentliche Änderung gegenüber dem Vortagesschlusskurs aufweist, und er ist nicht annähernd so bedeutsam wie der Schlusskurs.

Außerdem finden wir, dass der Vorteil, den man dadurch gewinnt, dass man den Eröffnungskurs einbezieht, durch die Tendenz mehr als wettgemacht wird, dass Verwirrung entsteht, wenn man zu viel einbeziehen versucht und dadurch das grundlegende Bild beeinträchtigt. Wenn sowohl der Eröffnungs- als auch der Schlusskurs dargestellt wird, dann wird der Eröffnungskurs als kurzer waagerechter Strich nach links an der Tagesspanne und der Schlusskurs als ebensolcher Strich nach rechts notiert.

Das Handelsvolumen

Das Handelsvolumen ist ein weiterer wichtiger Bestandteil eines vollständigen Aktiencharts, es wird durch eine senkrechte Linie von einer festgelegten Grundlinie aus dargestellt, die gewisse Ähnlichkeiten mit der Kursspanne hat. Man nimmt eine fett gedruckte waagerechte Linie ganz oben oder ganz unten im Chart als Nulllinie und trägt links an der y-Achse eine Skala ein, die vorläufig nicht so tief beziehungsweise hoch reicht, dass sie sich mit dem Kurschart überschneidet.

Wenn das Handelsvolumen einer Aktie normalerweise gering ist, kann jede fett gedruckte Linie über der Nulllinie 20.000 Stücke darstellen, die pro Tag gehandelt wurden. Ist das Volumen normalerweise hoch oder ist hohes Volumen zu erwarten, nimmt man 100.000 Stücke pro fetter Linie. Dann stellt man das Handelsvolumen als senkrechten Strich auf der gleichen senkrechten Linie dar wie den senkrechten Strich für die Kursspanne, wobei der Strich bis zu dem Punkt auf der Volumenskala reicht, der dem Handelsvolumen am jeweiligen Tag entspricht.

Es ist besser, zu versuchen, die Volumenskala am Fuße des Charts einzutragen. Dafür muss man die Kursskala hoch genug anbringen, damit Tage mit hohen Umsätzen nicht in den Bereich der Kursskala hineinreichen. Wenn an Tagen mit ungewöhnlich starkem Handel diese Gefahr besteht, zieht der Chartist die Striche so hoch wie möglich, setzt dann einfach drei kleine Punkte darüber, um anzuzeigen, dass das tatsächliche Volumen vorübergehend ignoriert wird, und schreibt dann das tatsächliche Volumen in kleinen Zahlen über die Punkte. Das kann natürlich unübersichtlich werden, wenn es über mehrere Tage anhält und nur die Zahl der Aktien in Tausend möglichst klein eingetragen wird.

Die Verschiebung des Volumencharts

Wenn hingegen der Kurs der Aktie über mehrere Monate gesunken ist und im Chart so tief abgesackt ist, dass er sich bereits mit dem normalen Volumen im unteren Bereich des Charts überschneidet, dann besteht das logische Verfahren darin, den gesamten Volumenchart vom Fuß des Charts an den oberen Rand zu verschieben, sodass er nicht mehr unter dem Kursverlauf, sondern weit darüber erscheint.

Das unterbricht natürlich die Kontinuität des Volumencharts, aber diese Freiheit kann man sich nehmen, wenn man seine eigenen Charts erstellt, anstatt das Blatt an der problematischen Stelle abzubrechen und ein neues anzufangen, auf dem die Kursskala so weit oben ist, dass sie dem Volumen nicht in die Quere kommt. Das ist eine Art „Umzug im Notfall", der nur zu besonderen Zeiten mit ungewöhnlicher Aktivität oder schnellen Kursbewegungen anzuwenden ist.

Auf jeden Fall beeinträchtigt eine solche Bewegung nicht ernstlich die Wirkung des Chartbilds, denn es ist kein Problem, die beiden Teile des Volumencharts zu vergleichen, die im ersten Teil des Zeitraums unten im Chart und im zweiten Teil oben stehen. Wenn man den Volumenchart in den oberen Bereich des Charts verlagert, ist es natürlich ratsam, die Nulllinie beziehungsweise Grundlinie des Volumens niedrig genug zu platzieren, damit der Chart nicht ständig über das Blatt hinausschießt.

Die Zeitachse

Am unteren Rand des Charts befindet sich die Zeitachse mit der Datumsskala, die den Zeitverlauf anzeigt, über den sich der Chart erstrecken wird. Das ist eine einfache Angelegenheit, denn jede senkrechte Linie zählt als ein Handelstag. Beim Anlegen eines Charts für eine neue Aktie wird der erste Tag der Kurs- und Volumenangaben mit dem richtigen Datum versehen. Bei der praktischen Sorte Chartpapier liegen die senkrechten Linien so dicht beieinander, dass der Versuch unübersichtlich wäre, das Datum jedes Tages einzutragen. Der Student mag am besten selbst über sein eigenes System entscheiden. Er kann nur die Daten der Sonntage, der Montage oder beliebiger anderer Tage eintragen, solange er die Regelmäßigkeit dieses Abstands über die Dauer des gesamten Charts wahrt.

Feiertage auf der Zeitachse

Viele Aktiencharts überspringen die senkrechten Linien von Feiertagen der New York Stock Exchange oder gar auch von Sonntagen, aber wir raten von dieser Praxis ab. Sowohl vom theoretischen als auch vom praktischen Standpunkt her erscheint es höchst logisch, die Tage, an denen die New York Stock Exchange geschlossen ist, ungeachtet des Grundes vollständig zu ignorieren, es sei denn, die Schließung erstreckt sich über einen längeren Zeitraum wie etwa zu Beginn des Weltkriegs 1914 oder bei den Bankfeiertagen im März 1933.

In Zeiten, in denen es für eine Aktie oder für den Gesamtmarkt keine Gelegenheit für freien, offenen Handel gibt, erscheint es unlogisch, eine vertikale Linie leer zu lassen, auf der eigentlich die Kursspanne und der Umsatz erscheinen sollten. Wenn solche Leerstellen gelassen werden, verzerren sie meist die wahre bildliche Darstellung des Handelsgeschehens, die die Grundlage für die Chartinterpretation und für die Analyse des technischen Geschehens ist.

Um vollkommen klarzumachen, was wir damit meinen, nehmen wir einmal an, aus irgendeinem Grund würde die New York Stock Exchange beschließen, den Handel am Dienstag und am Mittwoch einer bestimmten Woche auszusetzen. In einem solchen Fall würde man die entsprechenden senkrechten Linien des Charts nicht leer lassen. Die Kursspanne vom Donnerstag stünde auf der vertikalen Linie gleich nach der vom Montag.

Die Darstellung des Handels am Montag folgt im normalen Ablauf immer direkt auf die des Samstags, ohne Leerraum für den sonntäglichen Feiertag. Diese Theorie ist der wichtigste Einwand gegen Jahres-Koordinatenpapier, auf dem es für jeden Tag des Jahres eine mit dem Datum versehene Linie gibt. Natürlich gilt dieser Einwand in gewissem Maße auch für spezielles Chartpapier, auf dem die Zeitachse in Sechstel aufgeteilt ist, aber zumindest lassen solche Blätter die Sonntage weg.

Andererseits erscheint es hingegen recht logisch, die senkrechten Linien der Tage leer zu lassen, an denen die Börse wie gewöhnlich geöffnet ist, aber die im Chart dargestellte Aktie keine Transaktionen verzeichnet. Das ist nämlich eine ganz andere Sache, weil es in einem solchen Fall reichlich Gelegenheit für den Handel gab und die Tatsache, dass keine Handelsgeschäfte ausgeführt wurden, ein integraler Teil der Handelsgeschichte ist, der daher in das Chartbild einbezogen werden sollte.

In solchen Fällen können wir den einfachen Ausweg wählen, dass wir die vertikale Linie leer lassen, aber knapp unter der Grundlinie des Volumencharts ein kleines x oder eine kleine Null eintragen, um anzugeben, dass dieser Tag registriert wurde, aber kein Handelsvolumen bestand.

Manche Chartisten tragen in einem solchen Fall im Kurschart eine gepunktete senkrechte Linie ein, die den Geld- und Briefkurs zum Handelsschluss angibt, aber unserer

Meinung nach verschleiert dies lediglich das Chartbild und dient keinem sehr sinnvollen Zweck.

Die Darstellung von Ex-Dividende-Tagen und anderen Informationen

Es gibt noch ein paar andere Mittel, die eingesetzt werden, um besondere Veränderungen darzustellen, die als logischer Teil der Handelsgeschichte einer Aktie erscheinen. Wenn ein Papier ex Dividende notiert, wäre es ja definitiv ungerecht und verwirrend, diese Tatsache nicht zu vermerken. In diesem Fall wird über dem Hoch der Kursspanne des Ex-Dividende-Tags ein kleines x eingetragen. Wird eine Aktie an einem Tag ex Bezugsrecht oder ex Aktiendividende gehandelt, werden ähnliche Vermerke verwendet (XR für „eX-Rights“ und XS für „eX-Stock dividend“).

Die mögliche Hinzunahme nützlicher Anmerkungen zum „fundamentalen Geschehen"

Viele Studenten finden es auch hilfreich, am Rande der Charts gewisse fundamentale Fakten zu notieren, die sich auf die jeweils dargestellte Aktie beziehen. Wenn man aktuelle Tatsachenvermerke direkt im Chartblatt einträgt, kommen einem diese Informationen automatisch täglich vor Augen und es erübrigt sich, sie jedes Mal neu zusammenstellen, wenn die technischen Implikationen kritisch werden.

Die Fakten, die man wohl am häufigsten nützlich findet, wenn man sie am Rande von Charts vermerkt hat, sind Unternehmensgewinne gegenüber Vergleichszeiträumen, Dividendensätze, Termine von Dividendensitzungen, die Marktkapitalisierung, die Zahl der umlaufenden Aktien, die langfristigen Verbindlichkeiten, große Bank- oder RFC-Darlehen [ähnlich KfW, Anm. d. Ü.], Dividendenrückstände, die Liquidität und Ähnliches.

Sobald Kursniveaus, an denen voraussichtlich Widerstand gegen einen Anstieg oder einen Rückgang auftreten wird (das Thema der Widerstandsniveaus wird im weiteren Verlauf des Kurses noch behandelt), anhand der Untersuchung der Vorgeschichte ermittelt wurden, kann man sie mit der Kursskala vergleichen und eigene Symbole verwenden, um den unterschiedlichen Grad ihrer Bedeutung darzustellen. Man kann auch kurze Bemerkungen zu interessanten Nachrichtenmeldungen hinzufügen – aber selbstverständlich so, dass sie das derzeitige oder künftige Chartmuster nicht verdecken.

Die Anlage eines neuen Blattes

Wenn der Chart das Ende des Blattes erreicht, wird ein neues Blatt mit dem geeigneten Maßstab vorbereitet. Es ist wichtig, bei der Anlage eines neuen Blattes den Maßstab nicht zu ändern – es sei denn, der bisherige ist völlig unbrauchbar geworden –, denn die Änderung der Skala verändert alle Aspekte des Chartbilds und mindert den bildhaften Wert des neuen Blattes im Verhältnis zum alten ungeheuer.

Hingegen ist das Verschieben der Kursskala an der senkrechten Achse ohne Änderung der Skala an sich nicht nur zulässig, sondern sogar ratsam. Wenn beispielsweise die unterste horizontale Linie des alten Blattes bei einem Kurs von 40 lag und die dargestellte Aktie am Ende des ersten Blattes auf 46 gefallen ist, dann würde man die Kursskala beim nächsten Blatt vielleicht so weit absenken, dass die unterste horizontale Linie bei 20 statt bei 40 liegt. Dadurch verschiebt sich die Position der Kursspanne auf dem neuen Blatt mehr in die Mitte des Blattes, sodass sie nicht nur besser zu lesen ist, sondern auch mit geringerer Wahrscheinlichkeit bei der Darstellung der nachfolgenden Bewegungen nach unten aus dem Chart fällt. Und umgekehrt macht man es, wenn eine schnelle Aufwärtsbewegung die Kursspanne an den oberen Rand des Blattes gebracht hat.

In manchen Fällen – von denen der Chart-Ersteller hofft, dass sie sehr selten sein werden – kann die Kursspanne so schnell steigen oder fallen, dass sie über das derzeitige Chartpapier hinausschießt, bevor der darauf vorgesehene Zeitraum ausgeschöpft ist. In solchen Fällen fängt man ein neues Blatt mit nach oben oder unten versetzter Kursachse an, damit die Kursspanne ungefähr in der Mitte des neuen Blattes liegt. Das alte Blatt kann man dann an der letzten senkrechten Linie abschneiden, sodass man es passend über das nächste Chartblatt legen kann, wenn ein Bezug auf die früheren Kursbewegungen gewünscht ist.

In manchen Fällen wird man feststellen, dass die Aktie zu schnell nach oben oder nach unten aus dem Blatt läuft, weil man einen zu großen Kursmaßstab gewählt hat. Wenn dieser Fehler auftaucht, bleibt einem nichts anderes übrig, als einen neuen Chart mit kleinerem Maßstab anzulegen – also dergestalt, dass eine Kursänderung von einem Punkt einem geringeren vertikalen Abstand entspricht. Und da es schwierig ist, zwei Charts in unterschiedlichen Maßstäben miteinander zu vergleichen, mag man es ratsam finden, auch den ersten Teil des Charts im neuen Maßstab neu zu zeichnen. Das dürfte allerdings nicht sehr oft vorkommen, und man lernt bald, die Kursmaßstäbe auf die normalen beziehungsweise üblichen Kursspannen beziehungsweise Kursausschläge einer Aktie abzustimmen, mit deren Chartdarstellung man beginnt.

Alle Blätter einer Chartreihe zur gleichen Aktie sollte man am oberen Rand jeder Seite gewissenhaft nummerieren. Den Namen einer Aktie oder ihr Tickersymbol kann man an einer beliebigen passenden Position platzieren, wobei zwecks späteren Nachschlagens darauf zu achten ist, dass er auf jedem Blatt der Reihe erscheint.

Man kann seine Charts zwar auch mit Füllfeder und Tinte erstellen, aber wir haben festgestellt, dass es mit einem Bleistift leichter, schneller und genauso gut geht – vorzugsweise einer mittleren Härte wie HB, damit eine ausreichend dicke schwarze Linie entsteht. Für Trendlinien, Muster und andere Vermerke, die keine eigentlichen Chartbestandteile sind und nachträglich geändert werden können, sodass sie leicht auszuradieren sein sollten, empfehlen wir einen gut gespitzten Bleistift der Härte H.

Der erforderliche Zeitrahmen

Damit ein Tageschart praktische Dienste bei der Untersuchung von Formationen und des technischen Geschehens leisten kann, muss er mindestens über mehrere Wochen und vorzugsweise über mehrere Monate reichen. Je länger der abgedeckte Zeitraum, umso vollständiger ist die bildhafte Aufzeichnung, und umso zufriedenstellender und nützlicher ist der Chart bei der praktischen Untersuchung und Analyse.

Tagescharts sind zwar notwendig, um anhand der jüngsten Formationen des Kursgeschehens den ganz unmittelbaren Minor-Trend einzuschätzen, doch wir können auch Charts konstruieren, die praktisch alle Zeiträume abdecken, die wir wählen möchten, zum Beispiel Wochencharts, Monatscharts oder gar Jahrescharts. Sehen Sie sich einmal den Monats-, den Wochen- und den Tageschart von American Can an, die diese Lektion verdeutlichen (Abbildungen I.1, I.2 und I.3).

Wochencharts verlangen zwar weniger häufige Eintragungen und liefern ein kompakteres Bild, aber kein so genaues Bild der unmittelbar aufeinanderfolgenden Bewegungen wie Tagescharts. Der hauptsächliche Nutzen von Wochencharts liegt darin, dass der Student damit über längere Zeiträume reichende Trends und Formationen besser beurteilen kann und dass sie eine große Hilfe bei der Einschätzung der ungefähren Grenzen wichtiger Kursbereiche sind, in denen eine starke Kauf- oder Verkaufstätigkeit zu erwarten sein mag.

Monatscharts liefern ein verdichtetes Bild der langen Hausse- und Baisse-Schwingungen des Marktes über Jahre hinweg und zeigen die bedeutenden Wendepunkte dieser großen Trends. Beim kurzfristigen Trading sind Monatscharts zwar nur von begrenztem Nutzen, aber sie bieten dabei immerhin eine hilfreiche langfristige Perspektive. Von allen drei Typen glauben wir, dass Tages- und Wochencharts für den Studenten der Technischen Analyse den größten Nutzen bringen.

Bisher war fast ausschließlich von Charts zu einzelnen Aktien die Rede, doch zuvor haben wir gesehen, dass man Charts auch für Gruppen von Aktien oder sogar für den gesamten Markt erstellen kann – eigentlich für jeden denkbaren Gegenstand, der zu sich ändernden Kursen an einem freien, offenen Markt gehandelt wird.

Aktienkursbewegungen

Im Fortschreiten der Kurshistorie von Tag zu Tag, Monat zu Monat und Jahr zu Jahr erkennt man drei klar definierte Bewegungen, die alle gleichzeitig erfolgen: die breit angelegten Major-Bewegungen in der Größenordnung von Haussen und Baissen, die zwischenzeitlichen (Intermediate-)Rückgänge und Anstiege, die innerhalb der größeren Bewegungen stattfinden, und die kleineren Minor-Bewegungen von Tag zu Tag sowie gelegentlich von Woche zu Woche; aus diesen Schwankungen setzen sich alle Intermediate-Bewegungen zusammen.

Major-Kursbewegungen

Dabei handelt es sich um die langfristigen fortgesetzten Kurstrends (Haussen oder Baissen beziehungsweise Bullen- oder Bärenmärkte), die sich über Jahre erstrecken und die das Hauptanliegen langfristig orientierter Anleger auf der Suche nach Einnahmen sind, die große Kapitalressourcen und reichlich Geduld haben. Diese Trends ändern höchst selten ihre Richtung und scheinen sich eng an die Konjunkturzyklen anzulehnen. Anscheinend werden sie stärker von fundamentalen ökonomischen Gesetzen beeinflusst als von den Angebots- und Nachfragefaktoren, die uns in dieser Studie am meisten interessieren.

Der Chart des Dow Jones Industrial Average (Seite 7) bildet deutlich 13 solcher Hausse- und Baisse-Ausschläge von 1897 bis heute ab – sechs vollständige Zyklen und den Beginn eines siebten, der, während ich dies schreibe, noch nicht abgeschlossen ist. Beachten Sie dabei die charakteristischen Zeiten mit geringem Handelsvolumen, von denen Haussen gewöhnlich ihren Ausgang nehmen, den anschließenden Anstieg und dann die Warnungen durch außerordentlich hohes Volumen ohne entsprechende Kursgewinne, die das Endstadium solcher Anstiege signalisieren. Sie sehen, dass Baissen normalerweise vom Höhepunkt einer Hausse aus nach unten unter einer steilen Zunahme des Handelsvolumens starten, wonach dann die Handelsaktivität nachlässt, bis der Angebotsdruck abgelaufen und die Grundlage für eine neue Hausse gelegt ist.

Beachten Sie die lange Basis, die der gewaltigen Hausse von 1924 bis 1929 vorausging, die Schwere der nachfolgenden Baisse bis ins Jahr 1932 und die nächste bullishe Erholungsbewegung ab diesem Tief bis zum heutigen Tag. Wie deutlich offenbart doch dieser Chart, wie absolut notwendig es ist, auf der „richtigen" Seite des Marktes zu stehen, und wie vollkommen töricht, zu meinen, man könne „Aktien beiseitelegen und vergessen".

Intermediäre Kursbewegungen

Innerhalb jeder größeren Hausse und Baisse gibt es viele kleinere Kursausschläge – „intermediäre", also zwischenzeitliche oder mittlere spekulative Bewegungen –, von denen im Allgemeinen innerhalb eines Jahres mehrere auftreten. Sie stellen ausgezeichnete Gewinnchancen für den „technisch" informierten Trader dar – zusammengenommen viel größere als die des langfristig orientierten Anlegers, der während der Zeiten von Major-Bewegungen engagiert bleibt.

Bei intermediären Bewegungen stellt man weitgehend die gleichen Merkmale des Kurs- und Umsatzgeschehens fest wie bei den größeren Major-Bewegungen, von denen die intermediären Bewegungen lediglich Bestandteile sind. Jedoch muss jemand, der davon profitieren will, aufgrund der häufigeren Umschwünge, der kürzeren Dauer und des geringeren Ausmaßes intermediärer Kursbewegungen Vorhersagemethoden einsetzen, die einen viel höheren Genauigkeitsgrad aufweisen, als bei der Beurteilung des langen Major-Trends nötig sind; in diesem Bereich liefern ein gründliches Verständnis der Gesetze der Technischen Analyse und ihre geschickte Anwendung die größten Erträge.

Minor-Kursbewegungen

Alle als Komponenten fungierenden kurzfristigen Bewegungen, aus denen jeder intermediäre Ausschlag besteht, werden als Minor-Trend oder als Immediate-Bewegungen bezeichnet – ob sie nun Wochen, Tage, Stunden oder Minuten dauern. Aber nur die geschicktesten Trader und fähige Profis können von solchen schmalen Bewegungen konsequent profitieren. Die Kosten für Gebühren und Steuern stehen in keinem Verhältnis zum Ausmaß der Möglichkeiten mit Minor-Bewegungen und wiegen weder die nervliche Anspannung für den Laien noch das erhöhte Kapitalrisiko auf. Trotzdem eignen sich kleinere Kursbewegungen für die Technische Analyse und liefern frühzeitige Hinweise auf den Kurstrend aus Bereichen der Unsicherheit heraus, sie zeigen den Beginn neuer intermediärer Ausschläge an und bieten eine höchst nützliche Orientierung für die Zeitpunkte des Agierens am Markt.

Dieser Chart offenbart, wie absolut notwendig es ist, auf der „richtigen" Seite des Marktes zu stehen.

Abbildung I.1

AMERICAN CAN
Monatliche Kursspannen

Abbildung I.2

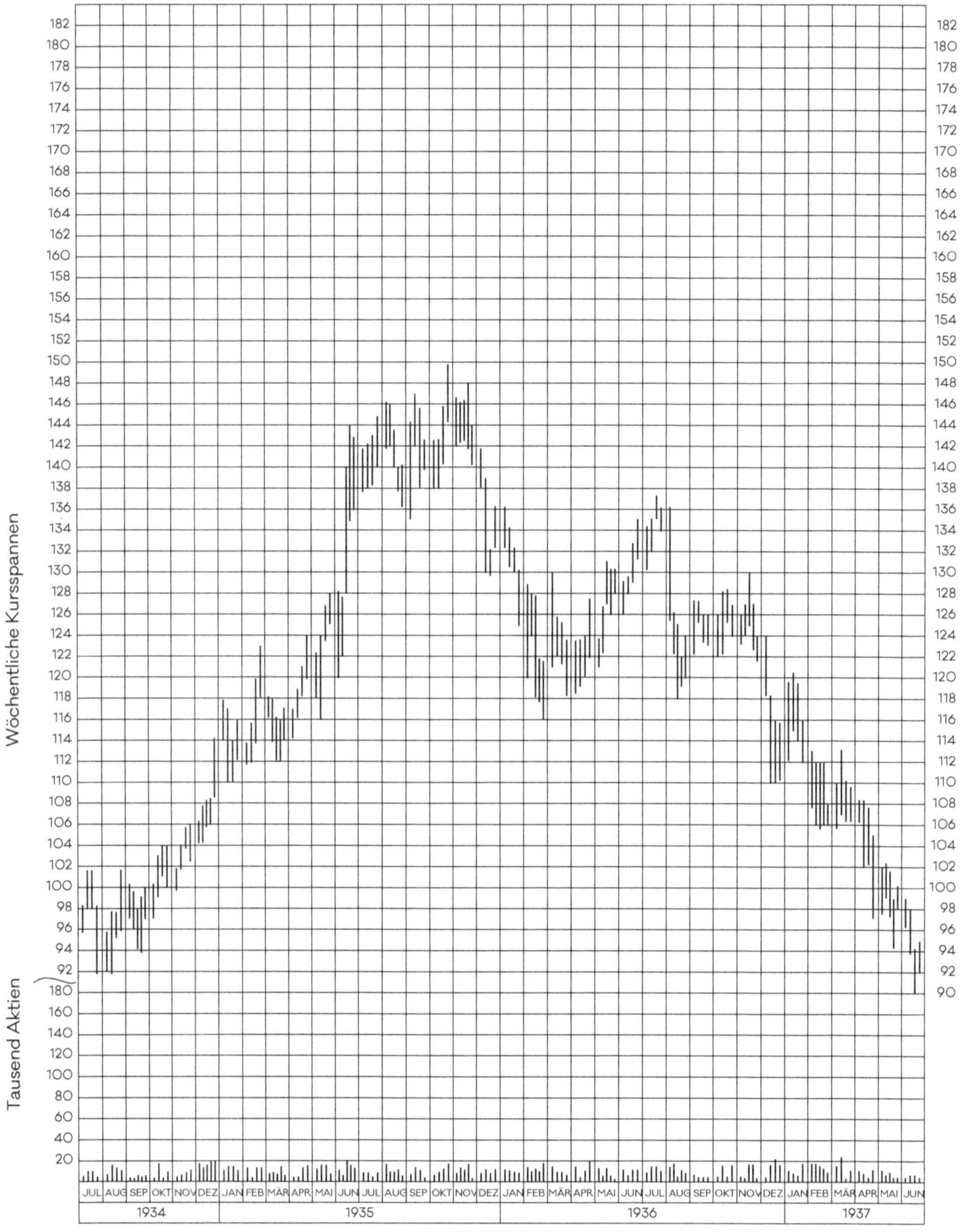

AMERICAN CAN

Abbildung I.3

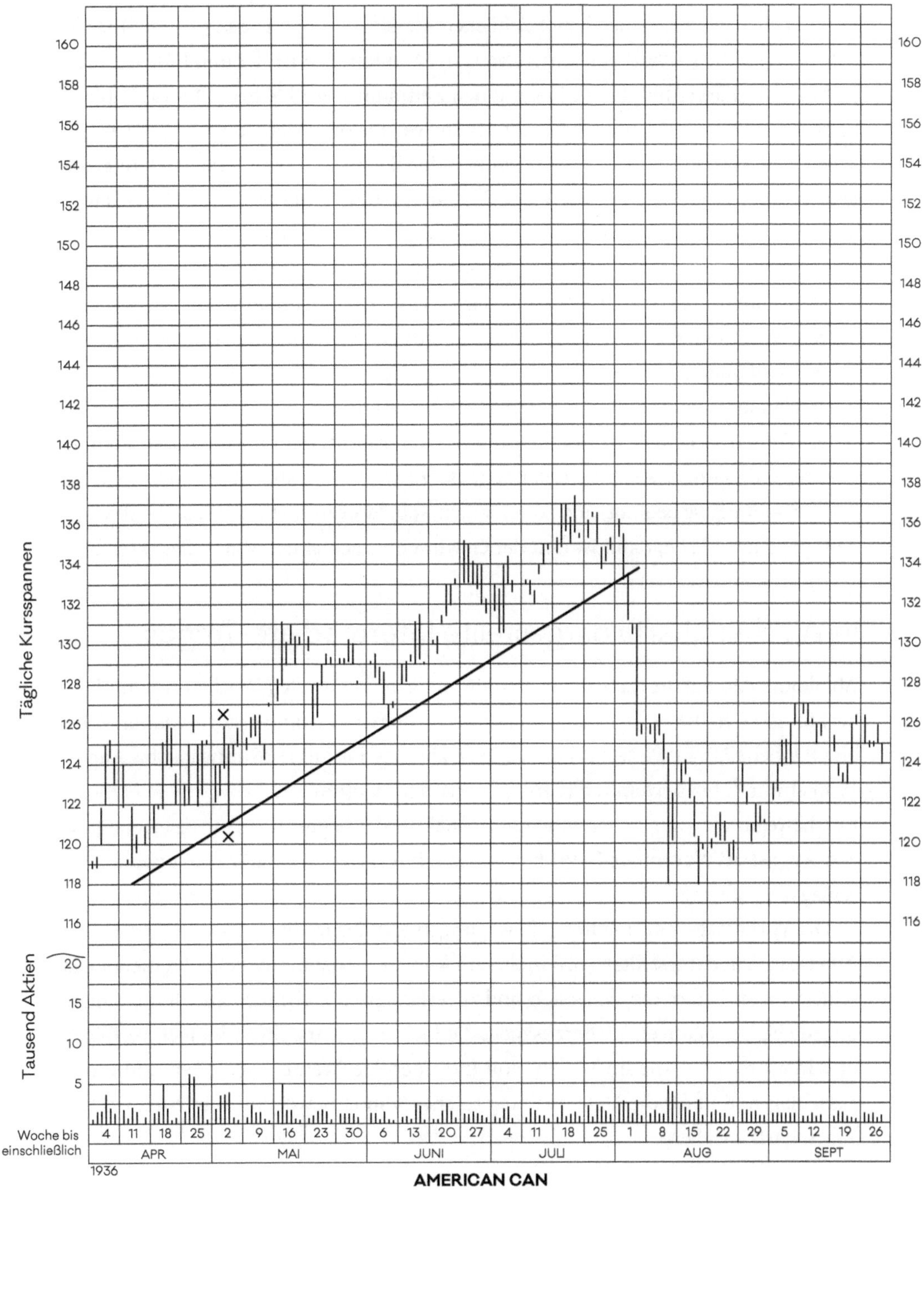

AMERICAN CAN

In Monatscharts dargestellte Major-Trends

Die drei oben beschriebenen hauptsächlichen Klassifizierungen lassen sich im Monats-, Wochen- und Tageschart von American Can (Abbildungen I.1, I.2 und I.3) erkennen. Der Monatschart (Abbildung I.1) deckt den Zeitraum von 1924 bis Mitte 1937 ab und zeigt von 1924 bis 1929 eine große Aufwärtsbewegung oder Hausse, von Ende 1929 bis Mitte 1932 eine große Abwärtsbewegung oder Baisse und dann eine weitere große Hausse von Mitte 1932 bis Ende 1935. Die Abwärtsbewegung von Ende 1935 bis Mitte 1937 kann man als Major-Baisse oder als ungewöhnlich langwierige intermediäre Korrektur innerhalb der Major-Hausse betrachten, die 1932 begonnen hat. Während ich dies schreibe, kann nur die Zukunft zeigen, welche Bezeichnungen der Theorie nach korrekt sind, denn die erste Kursbewegung eines neuen Trends lässt sich oft nicht von einer bedeutenden intermediären Gegenbewegung innerhalb des alten Major-Trends unterscheiden. Jedoch ist die theoretische Bezeichnung vom Standpunkt des praktischen Traders her nicht von Bedeutung. Wenn er lernt, die intermediären Wendepunkte zu erkennen, wenn er in der Lage ist, zu verkaufen, sobald eine intermediäre Aufwärtsbewegung beginnt, und zu verkaufen, sobald sie in eine intermediäre Abwärtsbewegung umschlägt, dann ist ihm der Gewinn ungeachtet des Major-Trends sicher.

In Wochencharts dargestellte Intermediate-Trends

Abbildung I.2 zeigt die Kursspannen von American Can in allen Wochen von Juli 1934 bis Juni 1937. In dieser Zeit traten sechs intermediäre Bewegungen auf – von Juni 1934 bis Oktober 1935 aufwärts, bis Februar 1936 abwärts, bis Juli 1936 aufwärts, bis August 1936 abwärts, bis November 1936 aufwärts und bis Juni 1937 abwärts. Jede dieser Kursbewegungen (möglicherweise mit Ausnahme der begrenzten Aufwärtsbewegung von August bis November 1936) lieferte dem informierten Trader einen guten Ausschlag oder „Swing".

Die Vorhersage intermediärer Bewegungen wie der in diesem Wochenchart von American Can dargestellten wird in diesem Kurs unser hauptsächliches Studienobjekt sein, denn sie liefern die sichersten und zuverlässigsten Gewinne. Jedoch muss man, um solche Bewegungen vorherzusagen, die kleineren Kursschwankungen verfolgen und interpretieren, die im Verlauf von Intermediate-Trends nach oben und unten ausschlagen, und für die Untersuchung solcher Minor-Bewegungen müssen wir uns Tagescharts ansehen.

Die Bedeutung der Untersuchung von Minor-Kursbewegungen

Abbildung I.3 zeigt die täglichen Kursspannen (und Umsätze) von American Can von April bis September 1936. Beim Vergleich mit dem Wochenchart sieht man, dass dies der letzte Teil der intermediären Aufwärtsbewegung ist, die im Februar begonnen hat, die gesamte Korrektur, die im August stattfand (eine Intermediate-Bewegung, die in die entgegengesetzte Richtung des offenkundigen Major-Trends verläuft, wird häufig als Korrekturbewegung bezeichnet), und der erste Teil des Intermediate-Aufwärtstrends, der im November 1936 endete. Innerhalb dieser täglichen Kursbewegungen über sechs Monate finden wir mindestens 20 Minor-Bewegungen, die jeweils ein paar Tage bis ein paar Wochen gedauert haben.

Charts erleichtern es uns, die technische Position einer Aktie zutreffend zu analysieren.

Wie wir noch sehen werden, waren diese Minor-Bewegungen meist von zu begrenztem Ausmaß (hinsichtlich der prozentualen Kursänderung) und liefen zu schnell ab, als dass sie es erlaubt hätten, sie gewinnbringend zu traden. Indes trugen sie zum Aufbau der Fundamente und Muster bei oder lieferten die Signale, die es ermöglichten, Änderungen im intermediären Trend von American Can auszumachen.

Die nächsten sechs Studien dieses Kurses sind der Analyse und Interpretation derjenigen Minor-Bewegungen gewidmet, die Änderungen in Intermediate- und Major-Trends signalisieren. Das Einzige, was Sie sich vorläufig merken müssen, ist, dass Aktienkurse normalerweise die Gewohnheit haben, sich gleichzeitig in diesen drei Trends zu bewegen, und dass Minor-Trends von größter Bedeutung sind, weil in ihnen Veränderungen stattfinden, die Veränderungen von intermediären Trends anzeigen, anhand deren man profitabel traden kann.

Eigentlich ist die Technische Analyse im weitesten Sinne die Untersuchung der gewohnheitsmäßigen Kursbewegungen und Volumenaktivitäten von Aktien sowie der Bedeutung von Änderungen dieser Gewohnheiten beziehungsweise Abweichungen von der aktuellen Gewohnheit oder dem aktuellen Trend. Am leichtesten erkennt, untersucht und interpretiert man solche Gewohnheiten und solche Abweichungen vom üblichen Geschehen mithilfe von Charts. Tatsächlich wäre es äußerst schwierig, sie richtig zu verstehen und zu analysieren, ohne auf vollständige grafische Darstellungen zurückzugreifen. Aus diesem Grund basiert der vorliegende Kurs auf der Verwendung von Charts – nicht weil in den Charts an sich irgendein Zauber stecken würde, sondern weil es uns Charts erleichtern, die technischen Positionen einer Aktie zutreffend zu analysieren und ihren wahrscheinlichen künftigen Kurstrend vorherzusagen.

Studie II

Wichtige Umkehrformationen

- Übersicht über die Vorteile von Charts
- Allgemeinheit und Insider
- Warum die Allgemeinheit für gewöhnlich verliert
- Wie man zum Insider wird
- Die Gruppe der Profis
- Charts, die professionelle Transaktionen erkennen
- Die Erkennung von Mustern
- Wendepunkte sind sehr wichtig
- Die Bedeutung des Handelsvolumens
- Warum das Volumen bei einer Umkehr zunimmt
- Um das Momentum zu überwinden, ist Volumen nötig
- Der Umkehrtag
- Beispiele für Umkehrtage
- Volumenvergleich bei „Tops" und „Bottoms"
- Kurs und Volumen müssen zusammen betrachtet werden
- Volumen zeigt an, wann Insider der Allgemeinheit in die Quere kommen
- Zwischenfazit
- Umkehr von Major- und Minor-Bewegungen
- Beschreibung der Schulter-Kopf-Schulter-Formation
- Chartbeispiele für das Schulter-Kopf-Schulter-Top
- Typischer Volumenverlauf bei Schulter-Kopf-Schulter-Formationen
- „Genickbruch"
- Unterschiedliche Breiten von Schulter-Kopf-Schulter-Formationen
- Der Zeitpunkt zum Handeln
- Warnung bei einer hängenden Schulter
- Formationen innerhalb von Formationen
- Das Geschehen bei ansteigenden Nackenlinien
- Die Vorteile der Darstellung mehrerer Aktien
- Schulter-Kopf-Schulter-Böden
- Beispiele für die Umkehr in Schulter-Kopf-Schulter-Böden
- Typische Varianten von Schulter-Kopf-Schulter-Böden
- Flache Schultern
- Tops müssen auf Anstiege folgen
- Unvollständige Schulter-Kopf-Schulter-Formationen
- Eine klare Bestätigung abwarten
- Muster in Wochen- und Monatscharts
- Die Zuverlässigkeit von Schulter-Kopf-Schulter-Formationen
- Das Ausmaß der Bewegung messen
- Die Logik von Chartformationen
- Die Logik der Schulter-Kopf-Schulter-Umkehr

Übersicht über die Vorteile von Charts

In unserer einführenden Lektion haben wir festgestellt, das Aktiencharts Vorteile gegenüber der mühseligen Untersuchung von Zahlen haben, die man aus Zeitungen hat, wenn man die Handelsgeschichte einer Aktie untersuchen und eine Untersuchung ihres technischen Verhaltens angehen will. Wir haben festgestellt, dass der Aktienchart nicht nur Zeit spart und ein vollständiges Gedächtnis darstellt, sondern dass er dank seiner leichten Koordination der Handelsgeschichte auch das aufgezeichnete Bild so einfach macht, dass man viel tiefer in die Wissenschaft des technischen Geschehens eindringen kann.

Und in Bezug auf das technische Geschehen haben wir auch festgestellt, dass es aus Elementen besteht, die über die Fundamentalanalyse hinausgehen, jedoch von entscheidender Bedeutung für jegliche umfassende und vollständige Untersuchung der Vorhersage künftiger Kursbewegungen sind, unter besonderer Bezugnahme auf Bedingungen, die sich in erster Linie aus dem Börsenhandel an sich ergeben.

Wenn wir schon recht vertraut mit Aktiencharts sind, werden wir merken, dass wir nach diversen Bildern und Mustern Ausschau halten, die unsere Charts bilden, aber wenn wir unsere Untersuchung vollständig beherrschen und den größtmöglichen Nutzen aus unserer Analyse ziehen wollen, ist es wichtig, dass wir die fundamentale Grundlage der Ausbildung der betreffenden Bilder und Muster nicht vollständig aus den Augen verlieren.

Die fundamentale Grundlage liegt im tatsächlichen Börsenhandel und der tatsächliche Börsenhandel ist das Ergebnis einzelner Handlungen von Tausenden Menschen, die auf deren Hoffnungen, Ängsten, Vorwegnahmen, Kenntnissen beziehungsweise mangelnden Kenntnissen, Notwendigkeiten und Plänen beruhen. Wir müssen uns gegen die Gefahr wappnen, dieses menschliche Element der Aktiencharts aus dem Blick zu verlieren, und da dieses menschliche Element grundlegend ist, kann es klug sein, es gleich von Anfang an in die Grundlagen unserer Studie einzubeziehen.

Allgemeinheit und Insider

Im Großen und Ganzen gibt es zwei Klassen von Börsenhändlern, die den größten Einfluss auf die Kurse ausüben: die Allgemeinheit und die Insider.[1] Das sind ziemlich weite und allgemeine Begriffe, die nicht alles umfassen, aber sie dürften für unsere erklärenden Zwecke genügen.

Der öffentliche beziehungsweise allgemeine Teil der Handelssubjekte besteht aus all jenen Personen auf der ganzen Welt, die entweder zu Anlage- oder zu Spekulations-

1 Insiderhandel und Aktienmanipulation sind heute viel schwieriger als der hier beschriebene Insiderhandel, der in der Zeit vor dem Securities Exchange Act von 1934 betrieben wurde.

zwecken Aktien kaufen und verkaufen, dies allerdings in einem eher lockeren, amateurhaften und vergleichsweise kleinen Rahmen.

Der Insiderteil der Handelssubjekte besteht aus denjenigen Personen, Gruppen und Zusammenschlüssen, deren Beruf diese Aufgabe ist und für die der Kauf und Verkauf von Aktien mit Gewinn die wichtigste oder einzige Tätigkeit ist.

Aus diesen Definitionen lässt sich unschwer ablesen, weshalb die Insider im Allgemeinen mit ihren Marktkampagnen erfolgreicher sind als die Allgemeinheit. Hinsichtlich ihrer Anzahl sind sie in der Minderheit, aber sie sind viel besser organisiert und ausgerüstet. Ihr potenzielles Kapital ist wahrscheinlich ein gutes Stück geringer als das Kapital der Gesamtheit der zur Allgemeinheit zählenden Aktienhändler, jedoch ist ihr geringeres Kapital in seiner Zielrichtung 100-mal leistungsfähiger, weil es professionell organisiert ist, sich auf bestimmte Fachgebiete konzentriert und mittels eines kompakten, individuellen Managements, das nur ein endgültiges Ziel im Blick hat, bestmöglich eingesetzt wird.

Dieses eine definitive Ziel der kompakten und mächtigen Gruppe der Insider beschränkt sich darauf, den Kurs eines Papiers, eines Index oder gar des gesamten Marktes nach oben oder nach unten zu treiben, aber letztlich richtet es sich grundsätzlich darauf, der Insidergruppe Gewinn zu bringen. Dafür gibt es zwei Möglichkeiten. Die Insider müssen entweder der Allgemeinheit Aktien abkaufen und sie ihr zu höheren Kursen wieder verkaufen, oder sie müssen der Allgemeinheit Aktien verkaufen und sie ihr zu niedrigeren Kursen wieder abkaufen.

Warum die Allgemeinheit für gewöhnlich verliert

Wenn dies den Insidern recht regelmäßig gelingt, scheint die Überlegung berechtigt zu sein, dass die entgegengesetzte Handelspartei – die Allgemeinheit – das Geld verliert, das die Insider durch ihre profitablen Transaktionen verdienen. Anders gesagt ist die Allgemeinheit „der Depp“. Viele Fachleute und Börsenautoren werden dieser unverblümten, alles über einen Kamm scherenden Aussage widersprechen. Sie haben das zwar auch schon früher getan, aber die Logik unserer Argumentation gilt nach wie vor.

Sie gilt noch mehr, wenn man bedenkt, dass die Insider dieses Geschäft aus beruflicher Sicht betreiben. Das ist ihr Lebensunterhalt, ihr Einkommen. Sie müssen eine komfortable Marge über den durchschnittlichen Gewinn hinaus erzielen, sonst können sie nicht in diesem Beruf bleiben. Erfolglose Insider fallen daher heraus, aber die erfolgreichen sind weiterhin in diesem Beruf tätig und stellen die Gruppe dar, die den größten Teil ihres Lebensunterhalts aus dem Kauf und Verkauf von Aktien von der Allgemeinheit und an sie bezieht und damit einen recht beständigen Profit erzielt.

Wir sind zwar überzeugt, dass dies theoretisch so ist, aber wir möchten den Leser nicht zu einer fatalistischen Haltung gegenüber dieser Situation verleiten. Das ist der hauptsächliche Zweck dieser Studienreihe. Zunächst einmal macht der Insider ja nicht immer Gewinn. Auch er macht Fehler, wenngleich sie in der Minderzahl sind.

Im Gegenzug macht die Allgemeinheit zweitens nicht immer Verlust. Drittens ist die Aussage, die Allgemeinheit verliere, wenn die Insider gewinnen, nur allgemein und grob. In unzähligen Situationen und Kampagnen können beide Profit machen.

Und schließlich ist auch unsere obige Definition von Insidern und Öffentlichkeit notwendigerweise allgemein gehalten. Zwischen den beiden Gruppen gibt es keine klare Trennlinie. Der Mann, der in Keokuk/Iowa ein Lebensmittelgeschäft betreibt, kann sich dank außerordentlicher Fähigkeiten in die theoretischen Reihen der Insider stellen und hübsche Gewinne ernten, die im Verhältnis so groß wie die der Insider sind, auch wenn er der Definition streng genommen nicht entspricht. Er entspricht jedoch unserer Vorstellung eines vorbildlichen Studenten, der diese und andere Studien über erfolgreichen Aktienhandel gründlich durcharbeitet und es somit in größerem Maße als der Rest der Allgemeinheit zu seiner Aufgabe macht, vom Aktienhandel zu profitieren.

Wie man zum Insider wird

Uns ist vollständig bewusst, dass Vertreter beider allgemeinen Klassen von Tradern den vorliegenden Kurs lesen und daraus Nutzen ziehen können, aber seine Bemühungen richten sich eher darauf, den ambitionierten Studenten aus der Klasse der Allgemeinheit dabei zu unterstützen, Zugang zu den Fähigkeiten, Methoden und Gewinnen des echten Insiders zu bekommen.

Dieses Ziel lässt sich hauptsächlich durch zwei Methoden erreichen. Erstens kann man die Bedingungen nach den Verfahren untersuchen und analysieren, die Insider verwenden, die notwendigerweise Fachleute für das technische Geschehen sein müssen. Zweitens kann man aufdecken, was die Insider am Markt machen, und ihrem Vorbild folgen.

Die stärksten und wichtigsten Hinweise ergeben sich aus organisierten Käufen beziehungsweise Verkäufen.

Die erste Methode analysiert wahrscheinliche künftige Transaktionen der Trader-Allgemeinheit. Die zweite analysiert die wahrscheinlichen künftigen Transaktionen der Insider. Der Student der Technischen Analyse befindet sich somit irgendwo zwischen diesen beiden Klassen, und man kann hoffen, dass er gegenüber beiden im Vorteil ist.

In vielen Fällen lässt sich unmöglich zwischen technischen Signalen unterscheiden, für die Transaktionen der Allgemeinheit oder Insideraktivitäten verantwortlich sind, aber in solchen Fällen ist das meistens auch gar nicht nötig. Wenn uns unsere Chartstudien des technischen Geschehens beispielsweise sagen, dass bei einer Aktie viel mehr Kauftätigkeit als Verkaufstätigkeit stattfindet, brauchen wir uns in Bezug auf die unmittelbare Zukunft keine Gedanken darüber zu machen, ob die Kauftätigkeit von der Allgemeinheit oder von den Insidern stammt. Wahrscheinlich ließe sich unsere vollständige Überzeugung eher rechtfertigen, wenn sie von den Insidern stammen würde, aber wichtig ist, dass sie überhaupt vorhanden ist, und sie muss in unserer Analyse als hauptsächliches Element der Vorhersage berücksichtigt werden.

Also haben zwar die Käufe und Verkäufe der Allgemeinheit die entscheidendsten Auswirkungen auf unser technisches Bild, aber wir müssen uns auch darüber im Klaren sein, dass sich die stärksten und wichtigsten Hinweise aus organisierten Käufen beziehungsweise Verkäufen im Rahmen einer echten Kampagne der Insiderinteressen ergeben. Wir müssen die vergangenen, gegenwärtigen und künftigen Aktivitäten beider Klassen bedenken, werden jedoch feststellen, dass die Aktivitäten des professionelleren Teils unser zuverlässigster und glücklicherweise auch häufigster Anhaltspunkt sind.

Die Gruppe der Profis

Das bekannteste und wichtigste Element unserer Gruppe der professionellen Insider war in der Vergangenheit der sogenannte „Pool".[2] Wir werden den Leser nicht mit einer detaillierten Erklärung ermüden, was ein Pool ist und wie er vorgeht; die Pools alten Stils wurden durch die SEC mutmaßlich geächtet. Es bleibt jedoch die Tatsache, dass immer noch professionelle Gruppen am Markt agieren und die altbekannten technischen Situationen hervorrufen. Wir können eine professionelle Gruppe als eine Organisation aus Insiderkreisen definieren, die sich für eine Kampagne bezüglich einer Aktie oder einer Gruppe von Aktien zusammentun. Diese Kampagne besteht darin, Teile eines vollständigen Zyklus zu manipulieren, der seinerseits aus vier Teilen besteht – Akkumulation, Kursanstieg, Distribution und Kursrückgang.

Eine Gruppe von Haussiers akkumuliert Wertpapiere, treibt sie in die Höhe und verteilt sie dann. Eine Gruppe von Baissiers verteilt Wertpapiere, drückt ihren Kurs und akkumuliert sie dann. Erstere erzielt dadurch Gewinn, dass sie der Allgemeinheit Aktien abkauft, ihren Kurs steigen lässt und sie dann wieder an die Allgemeinheit verkauft. Letztere erzielt dadurch Gewinn, dass sie der Allgemeinheit Aktien verkauft, ihren Kurs sinken lässt und der Allgemeinheit dann die gleichen Aktien wieder abkauft.

Dabei besteht die Allgemeinheit natürlich keinesfalls jedes Mal aus den gleichen Personen, aber sie stammt aus der gleichen allgemeinen Klasse von Personen. Außerdem soll das nicht so verstanden werden, als wäre eine Gruppe von Haussiers unehrlich oder unfair, wenn sie den Kurs ihrer bevorzugten Aktie nach oben oder unten drückt. Ganz im Gegenteil: Wenn die Gruppe ihre Analyse korrekt durchgeführt hat,

2 Heutzutage werden die Aktivitäten zahlreicher Interessengruppen, die bei diversen Aktien so vorgehen wie im Text beschrieben, nicht mehr als Pools bezeichnet. Heute beschreibt der Begriff „Sponsorship" an allen Börsen weitverbreitete Transaktionen, die gar nicht so weit von den alten Pools entfernt sind. Nach wie vor gilt der alte Spruch: „Je mehr sich die Dinge ändern, desto mehr bleiben sie sich gleich."

wird sich die Aktie ganz von allein in die passende Richtung bewegen. Vorläufig mag die Aussage genügen, dass uns der Aktienchart hilft, solche professionellen Transaktionen durch die Beobachtung wiederkehrender Muster und der auf sie folgenden Ergebnisse zu erkennen und auf denjenigen Zug aufzuspringen, der auf der richtigen Seite des Marktes fährt.

Charts, die professionelle Transaktionen erkennen

Ein Aktienchart liefert uns stets ein Bild der gesamten Handelsgeschichte. Dieses Bild lässt sich nicht immer interpretieren. Tatsächlich bilden sich die Muster, die voller Vorhersagekraft stecken, ziemlich selten aus; aber wenn sie einmal auftauchen, sind sie äußerst wichtig. Sie sind deshalb wichtig, weil sich die Wissenschaft der Chartinterpretation der Untersuchung bestimmter Standard-Chartbilder widmet, welche uns helfen, künftige Kursbewegungen vorherzusagen, nachdem sie wiederholt auftraten und auf solche Standardformationen übereinstimmend bestimmte spätere Kursbewegungen folgten.

Wenn wir die üblichen Gewohnheiten solcher nacheinander auftretenden Muster beobachtet haben, können wir ihnen technische Namen geben. Dabei können wir Muster finden, die im Allgemeinen eine Umkehr der bisherigen Kursbewegung vorhersagen, und andere, die lediglich eine Fortsetzung der bisherigen Bewegung bedeuten. Je nach ihrer relativen Stellung gegenüber der bisherigen Bewegung können wir sagen, dass sie eine Akkumulation, eine Distribution, eine Aufwertung oder eine Abwertung anzeigen. Somit können wir dementsprechend handeln, um die vorausgesagte künftige Bewegung durch unseren konkreten Handel an der Börse auszunutzen.

Formationen, die voller Vorhersagekraft stecken, bilden sich ziemlich selten aus, sind aber äußerst wichtig.

Manche dieser Bilder lassen sich ganz logisch erklären, andere müssen den Gewohnheiten derjenigen zugeschrieben werden, die an bestimmten Aktien interessiert sind und bei ihren Kampagnen immer die gleiche Taktik anwenden. Wieder andere Muster lassen sich eigentlich gar nicht erklären, außer durch die Verwendung ziemlich vager und umständlicher Theorien. Aber wenn wir auf Muster stoßen, die wertvoll für die Vorhersage der künftigen Kursbewegungen einer Aktie sind, brauchen wir uns nicht allzu sehr darum zu kümmern, was die Ursache der Muster oder des für gewöhnlich daraufhin folgenden Verhaltens ist. Für unsere praktischen Zwecke des Handelns reicht es, das Muster zu erkennen und seine wahrscheinliche Bedeutung für die Zukunft zu kennen.

Die Erkennung von Mustern

Die nun folgenden Lektionen bieten ein möglichst vollständiges Bild der wichtigsten Muster, Regeln und Praktiken auf diesem Gebiet.

Die Wissenschaft der Chartauslegung ist allerdings nicht so leicht, dass man sich bloß bestimmte Formationen und Bilder einprägen und sich daran erinnern müsste, was sie im Allgemeinen vorhersagen. Jeder allgemeine Aktienchart ist eine Kombination aus unzähligen unterschiedlichen Mustern und seine zutreffende Analyse hängt von stetigem Studium, langer Erfahrung, der Kenntnis aller technischen sowie fundamentalen Feinheiten sowie vor allen Dingen von der Fähigkeit ab, einander widersprechende Hinweise gegeneinander abzuwägen, um so das Gesamtbild im Lichte der winzigsten Details, aus denen es besteht, und der Erkennung eines etwaigen sicheren Schemas zu beurteilen, das man sich gemerkt hat.

Wendepunkte sind sehr wichtig

Das wichtigste allgemeine Element der Analyse ist, wie man leicht feststellen wird, die Beurteilung bedeutender Änderungen von Trends in der Kursbewegung einer Aktie, also von Wendepunkten. Das wird der größte Teil unserer späteren detaillierten Studien sein, aber es ist nicht zu früh, an dieser Stelle die Aufmerksamkeit auf ein paar allgemeine Dinge bezüglich der Analyse von Wende- oder Umkehrpunkten zu lenken.

Es ist ungewöhnlich, dass die Bewegung einer Aktie oder des Marktes insgesamt über längere Zeiträume stagniert. Für gewöhnlich bewegen sich die Kurse irgendwohin und machen irgendetwas. Entweder sie steigen oder sie fallen und stehen im Begriff, einem Trend zu folgen – einem normalerweise zwar unregelmäßigen Trend, aber eben doch einem Trend. Sobald sich ein größerer Trend ausgebildet hat, muss man logischerweise davon ausgehen, dass er sich so lange fortsetzt, bis er sich umkehrt. Das ist eine einfache Aussage, aber sie lenkt die Aufmerksamkeit darauf, wie wichtig es bei der Chartanalyse ist, allgemeine Wendepunkte einzuschätzen. Und später haben wir noch einiges mehr darüber zu sagen, welch ein Fehler es ist, sich einem größeren Trend entgegenzustellen, sobald er sich gebildet hat.

Es mag hier genügen, zu sagen, dass Trends derjenige wichtige praktische Aspekt des Aktienchart-Tradings sind, der Geld einbringt. Man sollte ihnen so lange folgen, bis sich eine Umkehr recht klar abzeichnet. Und das ist natürlich der Haken. Die Erkennung von Umkehrformationen ist nicht leicht, denn es gibt viele kleinere Wendepunkte, die den Amateur und sogar den erfahrenen Studenten in die Irre führen.

Es gibt allerdings ein paar allgemeine Beobachtungen, die hilfreich sein können. Ein großer Trend wendet selten ganz plötzlich und selten ohne Vorwarnung. Sobald sich ein Trend gebildet hat, braucht es eine beträchtliche Zeit und Energie, um ihn umzudrehen. Daher werden eine gewisse Zeit vor der tatsächlichen Wende im Allgemeinen Signale für eine Umkehr gegeben.

Die wichtigsten Signale sind beginnende kleinere Umkehrbewegungen, die Verlangsamung der bisherigen Bewegung und vielleicht eine allmähliche Rundung der Bewegung. Nachdem das abschließende Kursextrem des bisherigen Trends erreicht wurde, muss es durch mehrere nachfolgende Bewegungen getestet werden. Wenn diese Bewegungen dazu neigen, in die dem bisherigen Trend entgegengesetzte Richtung zu laufen, zeichnet sich nach und nach der Beweis ab, dass eine Umkehr definitiv stattgefunden hat.

Die Bedeutung des Handelsvolumens

Aber die Kursspanne ist nicht das einzige Werkzeug, das wir für die Beurteilung von Wendepunkten haben. Für den erfahrenen Studenten gibt es natürlich zahllose kleinere Hinweise, aber der am leichtesten zu erkennende und der nach dem Verlauf der tatsächlichen Kursspanne nützlichste ist die Zunahme des Handelsvolumens beziehungsweise der Handelsaktivität.

Wir werden im Laufe unserer Studie und insbesondere in Studie VII – eine detaillierte Untersuchung des Volumengeschehens bei Wendepunkten – noch viel mehr zum Handelsvolumen zu sagen haben. Indes erscheint am Beginn unserer Untersuchungen eine logische Erklärung angebracht, weshalb das Handelsvolumen für die Trendumkehr so wichtig ist.

Unsere Charts und unsere Untersuchung des technischen Geschehens gehen wie immer auf ihre Grundlagen im tatsächlichen freien Börsenhandel und im Gleichgewicht zwischen Käufen und Verkäufen zurück. Wir haben festgestellt, dass der Kurs tendenziell steigt, wenn die Kauftätigkeit stärker oder massiver ist als die Verkaufstätigkeit, und dass umgekehrt das Gleiche gilt. Das heißt, wenn sich eine Aktie in einem übergeordneten Abwärtstrend befindet, dann schlägt die Waage zwischen Angebot und Nachfrage leicht zur Angebots- beziehungsweise Verkaufsseite aus. Das bleibt so, bis in der technischen Situation eine Veränderung geschieht.

Warum das Volumen bei einer Umkehr zunimmt

Aber womit ist dann logischerweise zu rechnen, wenn die von uns erwartete Veränderung der technischen Situation stattfindet? Die Veränderung wird natürlich in erhöhter Kaufkraft bestehen. Mehr Käufe und bessere Käufe werden den technischen Abwärtstrend logischerweise umkehren. Nach und nach wird die Kauftätigkeit reger und kehrt langsam zu einer größeren Ausgewogenheit gegenüber der Verkaufstätigkeit zurück. Irgendwann werden die Käufe, wenn sie weiter zunehmen, über die Verkäufe hinausgehen und das Kräftegleichgewicht von der Verkaufsseite auf die Kaufseite umschlagen lassen – und damit hat sich dann der übergeordnete Kurstrend umgekehrt.

Aber wie kann eine solche Veränderung das Handelsvolumen beeinflussen? Auf jeden Käufer muss ja ein Verkäufer kommen. Das stimmt zwar, aber wir müssen bedenken, dass der übergeordnete Trend ein gewisses Maß an „Momentum" besitzt, also eine gewisse Trägheit oder Dynamik. Man kann sich vorstellen, dass die Verkaufstätigkeit „versiegt" und zu einer Veränderung des Gleichgewichts ohne Volumenzunahme führt. Doch im Allgemeinen hat die Verkaufstätigkeit genügend Momentum, um ein stetiges Angebot beizubehalten, bis unsere Freunde – die Allgemeinheit – merken, dass das Verkaufen unklug war. Das merken sie erst, wenn der Trend längst gewendet hat. Wir hingegen versuchen es zu merken, bevor es die Allgemeinheit merkt.

Um das Momentum zu überwinden, ist Volumen nötig

Zwar setzt sich in den meisten Fällen die Verkaufstätigkeit unter recht stabilem Volumen fort, während sich die Wende vollzieht. Jedoch ist, um den übergeordneten Trend umzukehren, ein größeres Aufkommen von Käufen nötig, als normal war, während der Trend nach unten gerichtet war. Es werden nach wie vor genauso viele Aktien verkauft wie gekauft, doch von beidem ist mehr notwendig, um das Momentum des Abwärtstrends aufzuhalten und umzukehren. Daher weist das Umsatzvolumen an größeren Wendepunkten fast immer eine Zunahme gegenüber dem auf, was zuvor üblich war.

Wenn sich der Leser die Logik dieser volkstümlichen Erklärung nicht bildhaft vorstellen kann, braucht er sich darum vorläufig keine Sorgen zu machen. Diese spezielle Erklärung des hohen Volumens an Umkehrpunkten ist vom praktischen Standpunkt her nicht wichtig, sie ist zugegebenermaßen bei Weitem keine vollständige Erklärung und wird in unseren späteren Studien noch ausführlicher besprochen.

Und wenn dies die einzige Erklärung wäre, könnten wir nicht damit rechnen, dass das Volumen an Wendepunkten besonders zunimmt. Die Änderung könnte so gering sein, dass es unwichtig ist, dieses Phänomen zu berücksichtigen. Wir haben diese Erklärung als erste gegeben, weil sie wohl die einfachste und naheliegendste ist, aber es gibt noch viele andere, die vielleicht bedeutsamer und leichter verständlich sind.

Eine dieser zusätzlichen Ursachen der häufigen Tendenz, dass das Volumen zunimmt, liegt einfach darin, dass die vorherige Bewegung begonnen hat, auf Widerstand zu treffen. Insider, die große Aktienblöcke zu verkaufen oder zu kaufen haben, müssen es langsam angehen lassen, weil sie befürchten müssen, sie könnten die Kurse zu schnell nach unten oder nach oben drücken. Wenn sie jedoch sehen, dass die Aktie die Verkäufe beziehungsweise Käufe leichter verkraftet, besteht ihre erste und natürliche Neigung darin, die Geschwindigkeit ihrer Transaktionen zu steigern und sie schneller abzuschließen – was das Handelsvolumen steigert und zu einer Kursumkehr führt, sofern die neue Kauf- oder Verkaufskraft ihre Kampagne wie angenommen fortsetzt.

Ungefähr das Gleiche gilt für professionelle Transaktionen oder sonstige künstliche Manipulationen. Für eine Gruppe von Insidern besteht die beste Möglichkeit, eine Aktie problemlos zu kaufen, darin, sie durch umfangreiche Verkäufe zunächst zu verbilligen, vielleicht mittels manipulierter Verkäufe oder durch Scheintransaktionen (von der SEC verboten, aber ...?), um das Volumen zu steigern und die Aufmerksamkeit von Händlern zu erregen, und dann ganz plötzlich zum Kaufen umzuschwenken und alle Aktien aufzukaufen, die ihre vorherige Kampagne der Entmutigung auf den Markt geworfen hat. Es liegt auf der Hand, dass eine solche künstliche Manipulation das Handelsvolumen am Wende- beziehungsweise Umkehrpunkt steigert.

In Studie VIII werden wir eine Ausnahme erwähnen, bei der das hohe Volumen nicht vor der Wende kommt, sondern danach. Diese Ausnahme von der Regel tritt meistens dann auf, wenn eine Baisse in eine Hausse umschlägt, und fast nie, wenn eine Hausse in eine Baisse umschlägt.

Der Umkehrtag

Im Allgemeinen ist unsere Volumenregel allerdings gültig und führt zu dem, was wir als Umkehrtag bezeichnen. Das ist das Gleiche, was viele als Umsatztag, Umsatzbereinigung oder als Klimax bezeichnen. Wenn der Markt unter stetigem Volumen stetig gefallen ist, kann plötzlich ein Tag mit außerordentlich hohem Volumen auftreten, mit Kursschwäche am Morgen und Kursstärke am Nachmittag sowie mit einem Schlusskurs, der nicht weit vom besten Kurs entfernt und am dem äußersten Tief entgegengesetzten Ende des Kursbalkens ist.

Die logische Annahme besagt, dass der Umkehrtag vielleicht eingefädelt wurde, um Aktien zu bekommen. Am Morgen verkaufen die Insider ungehemmt und lösen auf dem Weg nach unten viele Stop-Loss-Orders aus. Außerdem lenken der steile Rückgang und die hohen Umsätze Aufmerksamkeit auf die Aktie, und viele unachtsame Trader verkaufen sie in Erwartung viel niedriger Kurse.

Gerade dann, wenn die Schwäche und die massiven Verkäufe ihren Höhepunkt erreicht haben, kehren die Insider ihre Taktik um und kaufen alle Aktien, die zum Verkauf stehen. Während des Anstiegs am Nachmittag finden sie viel mehr zum Verkauf stehende Aktien als während des Abstiegs am Vormittag, denn viele Beobachter haben ihre Verkaufsorders knapp über dem aktuellen Kurs aufgegeben, weil sie die Rally für kurz hielten.

Am Ende des Tages steht der Kurs wieder nahe seinem Hoch und ist bereit, die Aufwärtsbewegung am nächsten Tag oder nach ein paar Tagen fortzusetzen – und die

Insider haben einen ordentlichen Stapel Aktien für ihre Kampagne angehäuft. Hohes Volumen ist der natürliche Begleiter einer solchen Bewegung.

Beispiele für Umkehrtage

Der Umkehrtag tritt auf dem Höhepunkt einer Bewegung auf und zeigt den Wechsel zu einem Abwärtstrend an, das Ganze läuft am Tiefpunkt entsprechend ab und lässt dort die gleichen Schlüsse zu. In beiden Fällen lässt er sich als Tag mit hohem Volumen definieren, an dem sich die Kurse zu Beginn des Tages in die gleiche Richtung bewegen wie der bisherige allgemeine Trend, wobei sie die bisherigen Niveaus überschreiten, um dann im späteren Laufe des Tages zu wenden und ungefähr an dem Ende des Kursbalkens zu schließen, das dem anfänglichen Kursschub entgegengesetzt ist.

In den Charts, die der vorliegenden Studie beigefügt sind, lassen sich mehrere Beispiele für Umkehrtage finden, zum Beispiel die nachstehenden:

Abbildung II.2 – Ein Bottom-Umkehrtag am 14. Mai.
Abbildung II.3 – Ein hervorragendes Beispiel für einen Bottom-Umkehrtag am 5. Februar und für einen Top-Umkehrtag am 25. Februar, der allerdings weniger typisch ist, weil das Volumen geringer war als am Vortag.
Abbildung II.5 – Bottom-Umkehrtag am 23. April.

Dabei ist zu beachten, dass der Umkehrtag an sich kein Signal ist, dem man beim praktischen Handel ein übermäßiges Gewicht beimessen sollte. Nicht alle Umkehrtage führen sofort zu schnellen, lohnenswerten Bewegungen in die neue Trendrichtung; es können Tage und Wochen vergehen, bevor die entgegengesetzte Bewegung wirklich in Gang kommt.

Doch als Phänomen, das häufig im Rahmen anderer Muster oder Formationen auftritt, die eine bevorstehende Wende anzeigen, liefert er einen wichtigen Hinweis auf mögliche Trends und ist vor allem als Warnsignal nützlich, den Chart, in dem er aufgetreten ist, sorgfältig zu beobachten, um zu sehen, welche Muster darauf möglicherweise folgen, und auf die Bewegung vorbereitet zu sein, wenn sie denn kommt.

Volumenvergleich bei „Tops" und „Bottoms"

Wir haben die allgemeine Regel besprochen, dass Trendwechsel mit hohem Volumen einhergehen, und beiläufig auf den Umkehrtag als Phänomen hingewiesen, das in solchen Fällen häufig auftritt. Dazu ist noch anzumerken, dass das Handelsvolumen eine relative Angelegenheit ist. Wenn wir von hohem Volumen sprechen, meinen wir also ein höheres Transaktionsvolumen als dasjenige, das zuvor eine gewisse Zeit lang vorherrschend war. Besonders wichtig ist es, diesen relativen Charakter im Kopf zu behalten, wenn man das Volumen, das gewöhnlich mit einem Top – also dem Wechsel von einem Aufwärtstrend zu einem Abwärtstrend – einhergeht und es signalisiert, mit dem Volumen vergleicht, das mit einem Bottom beziehungsweise Boden zusammenfällt. Beide sind normalerweise durch hohe Umsätze gekennzeichnet, also durch höhere Umsätze als zuvor, aber die hohen Umsätze bei Tops sind fast immer viel höher als die hohen Umsätze bei Bottoms.

Die Hauptursache für diesen Unterschied zwischen dem Volumen bei Tops und bei Bottoms ist zweifellos die Tatsache, dass sich die Allgemeinheit in viel größerem Ausmaß für eine bullishe Aufwärtsbewegung interessiert und aktiv dafür engagiert als für eine Abwärtsbewegung, sodass mehr Volumendruck erforderlich ist, um diese optimistische allgemeine Beteiligung zu überwinden und umzukehren, als dafür, das verhältnismäßig uninteressante und inaktive Marktgeschehen am Ende einer Abwärtsbewegung aufzuhalten.

Kurs und Volumen müssen zusammen betrachtet werden

Der springende Punkt unserer bisherigen Diskussion ist, dass zwar sowohl das Kursbild als auch das Volumenbild für sich genommen von Bedeutung sind, dass jedoch bei einer vollständigen und effizienten sowie funktionierenden Analyse technischer Formationen Kurs und Volumen im Verbund betrachtet werden müssen.

Wir haben oben davon gesprochen, wie wichtig das Volumen ist, um eine Bewegung nach oben oder nach unten aufzuhalten, nachdem sie an Momentum gewonnen hat. Der Leser wird feststellen, dass hohes Volumen auch in vielen anderen Situationen hilfreich ist, um Trendwenden vorwegzunehmen.

> *Bei einer effizienten Analyse technischer Formationen müssen sowohl der Kurs als auch das Volumen betrachtet werden.*

Der praktische Trader weiß dank seiner Ohren, seiner Augen oder seiner Charts sehr gut, wie oft eine Aktie oder der Markt genau das Gegenteil dessen tun, was die Allgemeinheit von ihnen erwartet und auch erwarten sollte. Das ist lediglich ein Aspekt der Insiderpsychologie. Die Allgemeinheit irrt sich mit ihren Prognosen meistens – es würde jedem schwerfallen, an der Börse Geld zu verdienen, wenn die Kurse immer das Offensichtliche täten.

Der Beruf des Insiders ist es, Geld zu verdienen, aber das gelingt ihm nicht, wenn er der Masse folgt und das Naheliegende tut. Er verdient dadurch Geld, dass er entgegengesetzt zur Allgemeinheit handelt.

Volumen zeigt an, wann Insider der Allgemeinheit in die Quere kommen

Daher ist es nicht unlogisch, zu erwarten, dass das technische Geschehen sehr hilfreich sein kann, um zu erkennen, wann die Insider der Masse in die Quere kommen und eine Umkehr der naheliegenden Kursbewegung vorbereiten. Zum Beispiel schwenkte der Markt im Oktober 1931 von einem übergeordneten Rückgang in eine Zwischenerholung ein. Etwa zu dieser Zeit kündigte Woolworth eine Sonderdividende an und sowohl in der Presse als auch unter den Brokern gab es enthusiastische Gerüchte um die Abspaltung der britischen Tochter des Konzerns.

Bei einer Aktie, die anscheinend so gut aufgestellt war wie diese, schien es keinen Grund für eine weitere Baisse zu geben. Die Allgemeinheit kaufte sie eifrig. Innerhalb weniger Tage stieg sie von 45 auf 55. Doch gerade als die beste Nachricht gemeldet wurde, geriet die Aktie ins Stocken. Das Handelsvolumen war gewaltig, aber mehrere Tage hintereinander kam der Kurs kaum voran.

Der Leser hat es wohl erraten: Das war eine Distribution durch Insider. Die Allgemeinheit kaufte, aber die Aktie stieg nicht so schnell, wie sie es unter solchen Umständen hätte tun müssen. Warum nicht? Weil die Insider sie tonnenweise verkauften. Die Aktie kam bis Ende Oktober kaum über 55 hinaus und fiel bis zum Jahresende wieder auf 35 zurück.

Ein weiteres, vielleicht noch erinnerliches Beispiel für den Fall, dass hohes Handelsvolumen eigentlich eine Wende anzeigt, die Kurse jedoch der Psychologie der Allgemeinheit zuwiderlaufen, trat auf, als Lorillard am 1. Dezember 1931 plötzlich wieder Dividenden ausschüttete. Am Tag der Ankündigung stieg die Aktie nur um zwei Punkte und kam dann nicht weiter. Das Handelsvolumen war immens, an einem einzigen Tag wurden 40.000 Aktien gehandelt, während der übliche Durchschnitt weniger als 10.000 Aktien am Tag betragen hatte. In der Woche danach gab die Aktie nicht nur die zwei Punkte ab, um die sie zugelegt hatte, sondern stand fast wieder auf ihrem äußersten Tief.

Auch um den 3. November 1931 herum wurde der Markt mit einer äußerst düsteren Situation konfrontiert. Soeben war das Filmunternehmen RKO unter Konkursverwaltung gestellt worden und riss die Radiosparte mit sich. Zudem war Wabash war gerade unter Konkursverwaltung gestellt worden und es sah so aus, als würden ihm die anderen geschwächten Bahngesellschaften innerhalb weniger Tage nachfolgen. Tatsächlich war an der Wall Street von zwei oder drei Namen die Rede, die bald Konkurs beantragen würden. Der Tarifkonflikt der Eisenbahnen hatte soeben eine enttäuschende Wendung genommen. Für die Börse sah alles schlecht aus. Natürlich verkaufte die Allgemeinheit. Doch was geschah dann?

Im morgendlichen Handel fiel der Markt recht zügig, aber nur einen Punkt unter den Vortagesschluss der akkreditierten Indizes. Darauf folgte eine langsame, aber stetige Erholung, und der Markt schloss mit einem Plus von fast drei Punkten. Technisch betrachtet war das ein Umkehrtag. Das Handelsvolumen war größer, als es seit vielen Tagen gewesen war, aber nicht arg hoch. Der für den Studenten wichtige Punkt ist der, dass die Allgemeinheit auf die negative Meldung hin massiv verkauft haben musste, der Kurs aber trotzdem stieg. Die einzige logische Schlussfolgerung war, dass die Insider trotz der schlechten Nachricht massiv kauften. Innerhalb von nur vier Tagen hatte der Markt ein 2-Monats-Hoch erreicht und wies bei den bedeutenden Indizes einen weiteren Gewinn von mehr als zwölf Punkten gegenüber dem Tag auf, als sich die machtvolle Stützung und Akkumulation im technischen Geschehen zeigte.

Zwischenfazit

Nun haben wir – so steht zu hoffen – weitere Grundlagen bezüglich der Einführung in unsere Studie von Aktiencharts und technischem Geschehen gelegt. Wir haben zu zeigen versucht, warum das technische Geschehen von großer Bedeutung ist und wie uns Charts helfen können, es zu untersuchen. Insbesondere haben wir festgestellt, wie nützlich es ist, frühe Anzeichen für die Umkehr übergeordneter oder lang anhaltender Trends zu erkennen. Wir haben gesehen, dass es wichtig ist, die Entwicklung solcher Trendwenden zu analysieren, bevor die Allgemeinheit sie erkennt. Wir haben gesehen, dass solche Trendwenden häufig aus den Transaktionen mächtiger Insiderfaktoren resultieren, und wir haben versucht, ein paar logische Erklärungen dafür zu finden, dass uns das technische Geschehen oft davor warnt, dass der Markt nicht das Offensichtliche tun wird.

Und schließlich haben wir festgestellt, dass das Handelsvolumen durchaus genauso wichtig ist wie die Kursbewegung, um unser vollständiges Bild des bisherigen Handels zu erstellen. Zudem haben wir festgehalten, dass wir womöglich einzelne Muster und Bilder finden, die nicht selten wiederkehren und die uns zuverlässige Hinweise auf das wahrscheinliche künftige Geschehen bieten und uns möglicherweise zu konkreten Handelsgewinnen verhelfen. Nun können wir zu einer detaillierteren Untersuchung der häufigsten und zuverlässigsten technischen Chartformationen übergehen.

Umkehr von Major- und Minor-Bewegungen

Wenn man eine Studie der wichtigsten Chartmuster oder Chartformationen angeht, ist es logisch, mit denjenigen Bildern anzufangen, die im Allgemeinen eine Umkehr des bisherigen Trends anzeigen. Wir haben ja schon festgestellt, wie wichtig solche Wendepunkte offenkundig sind. Vom Standpunkt der Handelspraxis her warnen sie uns, von unseren kurzfristigen spekulativen Transaktionen von der Seite des bisherigen Haupttrends auf die Seite des sich neu entwickelten umgekehrten Trends zu wechseln.

Natürlich treten auch dann Wendepunkte auf, wenn sich der langfristige oder übergeordnete Trend nicht wirklich umkehrt. Das ist aber gewissermaßen ein technisches Detail, denn es kann sich auch sehr lohnen, intermediäre Trendwenden zu nutzen. Je länger der Chart braucht, um das Bild einer Formation auszubilden, umso größer ist die Vorhersagekraft des entsprechenden Musters, und umso länger wird die nachfolgende Kursbewegung sein. Länge, Ausmaß und Stärke einer Formation vermitteln daher eine gute Vorstellung davon, ob es sich um eine übergeordnete Wende oder um eine untergeordnete handelt – und somit davon, ob es sich lohnt, dafür zu wechseln.

Beschreibung der Schulter-Kopf-Schulter-Formation

Unsere erste wichtige Formation, die für gewöhnlich eine Trendwende anzeigt, ist die Schulter-Kopf-Schulter-Formation. Sie besteht grob gesagt aus einer scharfen Spitze in die Richtung des bisherigen Trends, ein bisschen später gefolgt von einem weiteren Schub, der den Kurs über das Niveau der ersten Spitze hinausträgt, und dann von einer weiteren Bewegung in die gleiche Richtung wie die beiden bisherigen, jedoch nur ungefähr so weit wie die erste Bewegung und somit nicht so weit wie die zweite.

Der letzte Wendepunkt der dritten steilen Kursbewegung ist das letzte Ziel des bisherigen Trends in die ehemalige Richtung, und auf ihn folgt die allmähliche Entwicklung des neuen Trends in die entgegengesetzte Richtung vom dritten kleinen Wendepunkt aus sowie in die Richtung des umgekehrten beziehungsweise neuen Trends.

Unsere erste wichtige Formation, die für gewöhnlich eine Trendwende anzeigt, ist die Schulter-Kopf-Schulter-Formation.

Diese Formation ist wie die meisten unserer Chartbilder in beiden Richtungen gleichermaßen gültig. Wenn die vorherige Bewegung nach oben gerichtet war und die Umkehrformation somit ein Umkehr-Top ist, dann nennt man dieses Bild Schulter-Kopf-Schulter-Top. War der vorherige Trend nach unten gerichtet, ist die Formation ein Umkehr-Bottom und wird Schulter-Kopf-Schulter-Bottom genannt.

Die Begrifflichkeit lässt sich anhand des Schulter-Kopf-Schulter-Tops besser nachvollziehen. Das erste der drei erwähnten Extrema wird als linke Schulter bezeichnet, das zweite, etwas höhere bildet den Kopf und das dritte und letzte Extremum, das ebenso hoch ist wie die linke Schulter, wird als rechte Schulter bezeichnet und schließt das Muster ab, das der anatomischen Form eines menschlichen Kopfes mit den beiden Schultern ähnelt.

Der Schulter-Kopf-Schulter-Boden heißt so, weil er das Gegenteil des Schulter-Kopf-Schulter-Tops ist, also das gleiche Bild auf den Kopf gestellt, was natürlich für die bildhafte Bezugnahme auf die menschliche Gestalt eine etwas ungewöhnliche Haltung ist. Das Bild des Schulter-Kopf-Schulter-Bottoms wird manchmal auch als „Pendant Bottom“ bezeichnet, weil er auch irgendwie an die Form eines Anhängers erinnert, und diese Bezeichnung für die Bodenformation ist bei dieser konkreten Umkehrformation ein bisschen logischer.

Chartbeispiele für das Schulter-Kopf-Schulter-Top

Falls das Bild der Schulter-Kopf-Schulter-Formation dem Leser noch nicht ganz klar vor Augen steht, sollten dies ein paar spezifische Chartbeispiele bewirken. Eine beinahe perfekte Schulter-Kopf-Schulter-Formation ist offenkundig im Chart von Republic Steel auf dem Höhepunkt der Hausse im Jahr 1929 zu sehen (Abbildung II.1). Betrachten wir vorläufig nur das größere, auffälligere Bild, dann bildete der Kursschub zu Punkt B in der letzten Augustwoche die erste beziehungsweise linke Schulter der Formation. Der kleine Rückzug von da aus zu Punkt C formte die linke Seite beziehungsweise Basis der „Nackenlinie“. Von da aus trug eine weitere kräftige Aufwärtsbewegung den Kurs in der dritten Septemberwoche zu F, wo eine Wende auftrat und das Muster der Kursspannen in einem Kopf gipfelte. Von diesem Punkt aus sackte der Kurs steil zu Punkt I ab und bildete die rechte Nackenlinie aus, dann stieg er auf J, um die rechte Schulter zu formen. An diesem Punkt tauchte wieder ein Umkehrtag auf, und dann sackte der Kurs im Rahmen des neuen Abwärtstrends rapide ab – ein Major-Trend, der circa drei Jahre lang anhielt.

Als wir dieses Muster vorstellten, bezeichneten wir es als „fast perfekt“. Bei einer perfekten Schulter-Kopf-Schulter-Formation wären die Kursniveaus, die mit der rechten und linken Schulter erreicht werden, sowie die Niveaus beider Seiten der Nackenlinie ungefähr gleich, was hier allerdings nicht der Fall ist. Trotzdem zeigt Abbildung II.1 eine hervorragende und typische Schulter-Kopf-Schulter-Formation. Die Größe der Formation, die zu ihrer Vervollständigung und zur Erreichung der Kurspunkte zwei Monate brauchte, deutete auf eine Trendumkehr von großer Bedeutung hin.

Typisches Volumen bei Schulter-Kopf-Schulter-Formationen

Das Volumengeschehen während der Ausbildung der Schulter-Kopf-Schulter-Formation bei Republic Steel war ebenfalls typisch. Beachten Sie das hohe Volumen, das mit der Bildung der linken Schulter einherging, das etwas höhere Volumen beim Kopf und das jedoch nur leicht erhöhte Volumen bei der rechten Schulter. Das ist zwar das typische Volumenbild, nach dem man bei der Schulter-Kopf-Schulter-Formation suchen sollte, aber dazu muss hier festgehalten werden, dass das relative Volumen der beiden Schultern und des Kopfes nicht immer dieser typischen Formel folgt. Beispielsweise kann das Volumen bei der rechten Schulter größer sein als bei der linken, manch-

Abbildung II.1

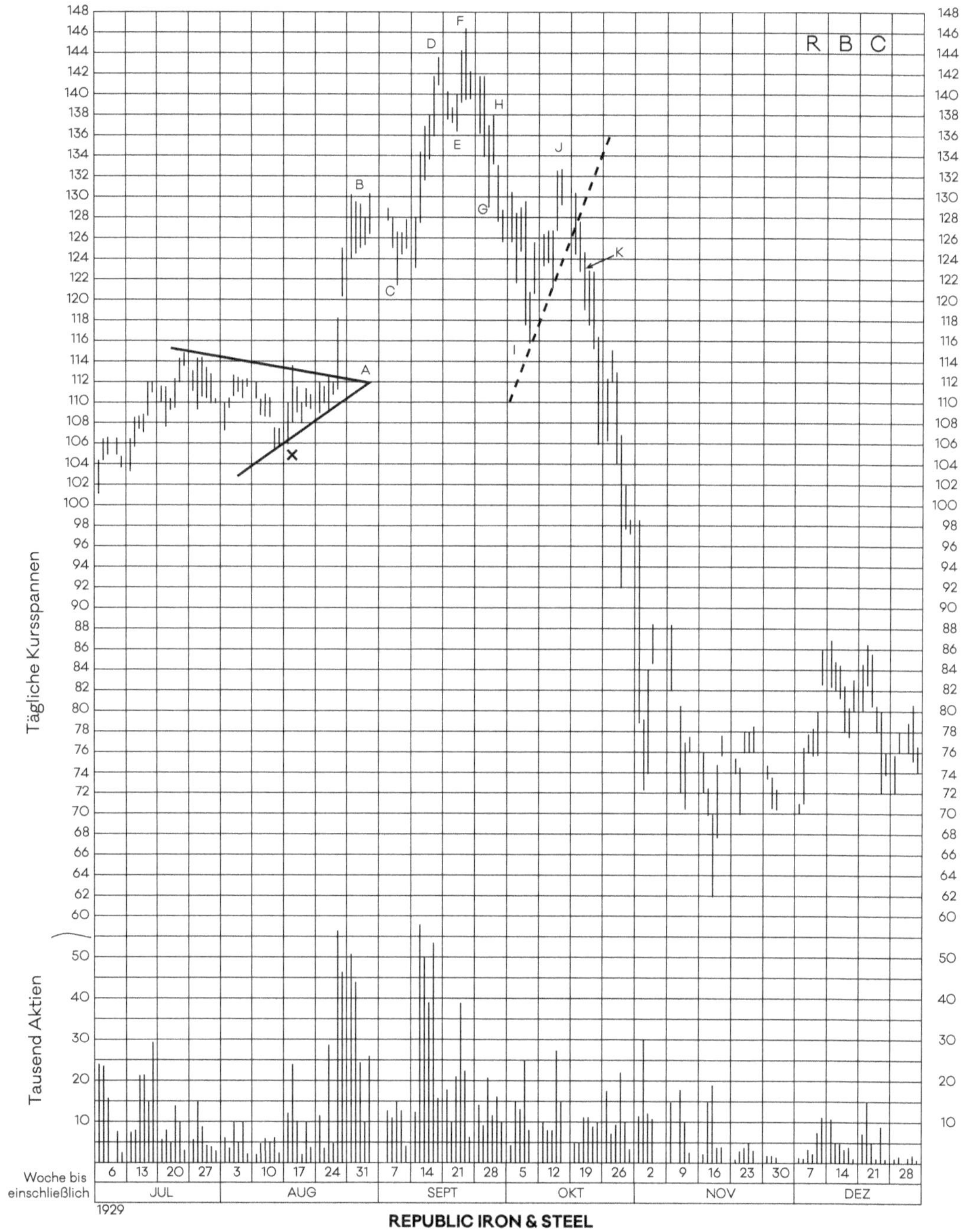

REPUBLIC IRON & STEEL

mal auch größer als beim Kopf. Im Allgemeinen jedoch geht die Bildung sowohl beider Schultern als auch des Kopfes mit erhöhtem Volumen einher – was natürlich gemäß der Wirkung unserer allgemeinen Regel zu erwarten ist, die wir oben bezüglich des hohen Volumens an Wendepunkten besprochen haben.

Wir kommen später noch einmal auf die Implikationen der Bildung der Nackenlinie auf verschiedenen Niveaus zurück und werden noch weitere interessante Punkte besprechen, die in Abbildung II.1 zu sehen sind. Doch wenden wir uns zunächst einem anderen Beispiel für ein Schulter-Kopf-Schulter-Top zu, bei dem das Muster für den Anfänger nicht ganz so offensichtlich ist, bei dem jedoch die Niveaus der Schultern und der Nackenlinie dem Idealbild besser entsprechen.

„Genickbruch"

Im Chart von Western Union für die ersten sechs Monate des Jahres 1934 (Abbildung II.2) haben wir eine linke Schulter, die vom Bereich ABCD gebildet wird, einen Kopf bei E und eine rechte Schulter bei FGHI. Die fast gleich lange Zeit, die für die Bildung der beiden Schultern verbraucht wurde, das hohe Volumen beim Kopf und die fast horizontale Basis der Nackenlinie BDFH – all das entspricht dem Idealmuster und deutet auf einen letztendlichen Kurseinbruch von erheblichen Ausmaßen hin. In diesem Chart überschritt das Volumen, das mit der Bildung der linken Schulter einherging, an einem Tag das Volumen beim Kopf, was häufig der Fall ist. Indes stieg das Volumen bei der rechten Schulter nur leicht über das der vorangegangenen Tage hinaus.

Unser Signal einer echten Schulter-Kopf-Schulter-Umkehr ist der Bruch der Nackenlinie.

Wir können nun zur Betrachtung der Nackenlinie übergehen, die man als den wesentlichen Punkt der Schulter-Kopf-Schulter-Formation betrachten kann. Beachten Sie zunächst den Rückzug der Kurse von der rechten Schulter bei I auf und unter die Linie, die von der Basis der linken Schulter gebildet wird, und den Rückzug vom Kopf aus, der das Schulter-Kopf-Schulter-Bild vervollständigt. Als der Markt von Punkt I aus am 17. Februar reagierte, hätten wir vielleicht zu Recht vermuten können, dass die Bildung einer Schulter-Kopf-Schulter-Umkehr im Gange war. Tatsächlich hätte ein wagemutiger und finanziell gut ausgestatteter Trader in diesem Stadium sogar den Verkauf der Western-Union-Aktie wagen können. Doch man hätte sich auch vorstellen können, dass die Reaktion von I aus bei 61 enden und dann wieder nach oben drehen würde. Wenn das passiert wäre, hätten wir keine Schulter-Kopf-Schulter-Formation gehabt, und unser zu wagemutiger Trader hätte einen kleinen Verlust hinnehmen oder zumindest eine gewisse Zeit warten müssen, bis sich seine Mutmaßungen bestätigt hätten und sein Trade einen Gewinn aufgewiesen hätte.

Abbildung II.2

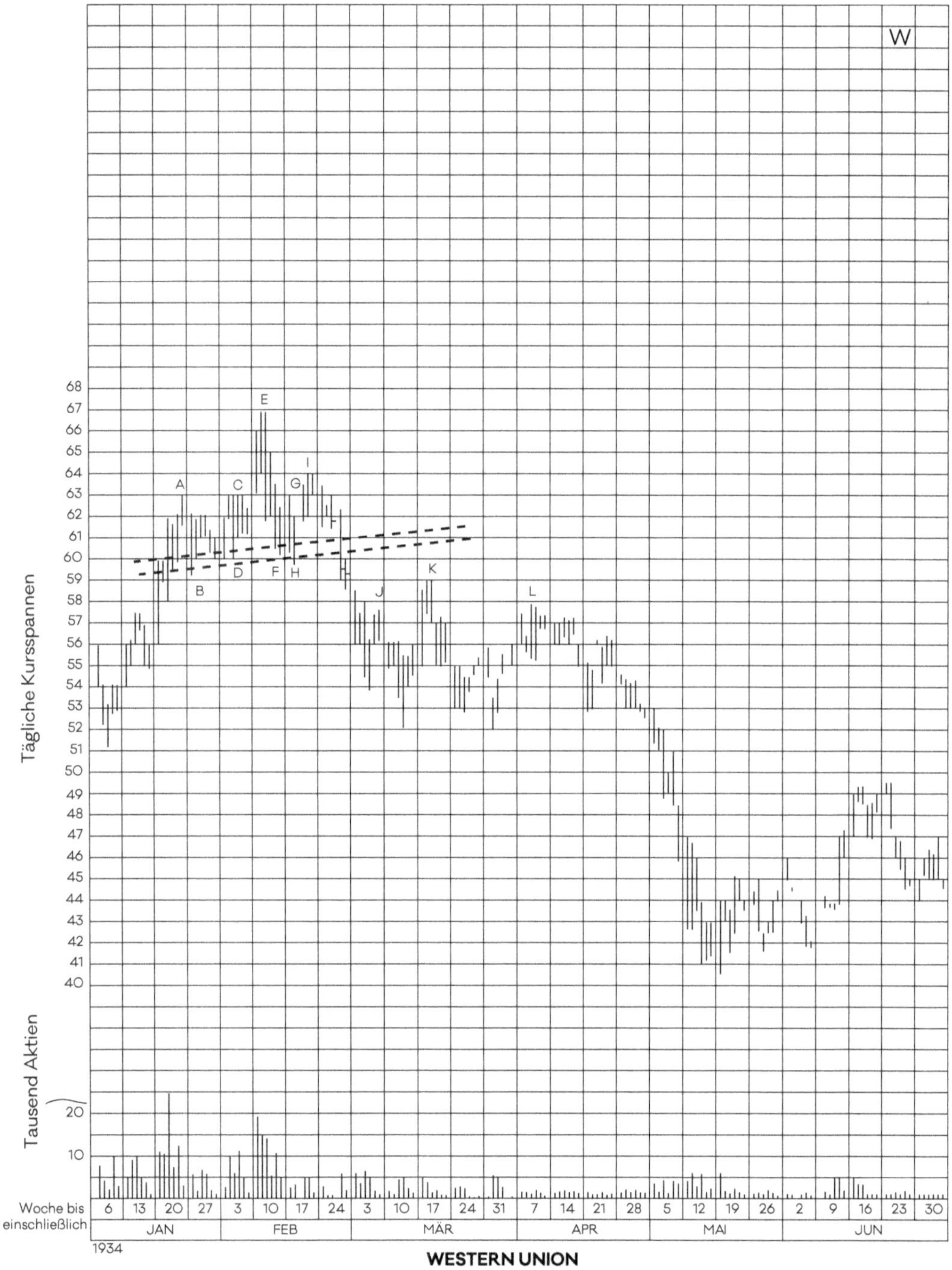

WESTERN UNION

Unser wichtiges Signal einer echten Schulter-Kopf-Schulter-Umkehr ist somit der Bruch der Nackenlinie, der im untersuchten Fall am 23. Februar stattfand, als der Markt bei 59 1/2 und damit unter der äußeren Nackenlinie B-H schloss. Beachten Sie hier die im Vergleich zu dem Volumen an den vorangegangenen Tagen deutliche Zunahme, die mit dem Bruch der Nackenlinie einherging. Dies bestätigte das Signal, das durch den Tagesschlusskurs unter der Nackenlinie gegeben wurde, und ist typisch für die echte Schulter-Kopf-Schulter-Formation, bei die Nackenlinie annähernd horizontal ist.

Unterschiedliche Breiten von Schulter-Kopf-Schulter-Formationen

Bevor wir zu einem konkreteren und praktischeren Fazit des Punktes kommen, den wir im vorigen Absatz angesprochen haben, wenden wir uns einen Augenblick ein paar Beispielen der Schulter-Kopf-Schulter-Formation zu, bei denen andere Varianten auftreten – Variationen, mit deren Erscheinen wir ziemlich oft rechnen dürfen und die zu erkennen und interpretieren wir lernen müssen. Im Chart von US Industrial Alcohol für das erste Halbjahr 1931 (Abbildung II.3) haben wir eine rechte Schulter (bei F), die für ihre Bildung erheblich länger brauchte als die linke Schulter. Die Rally von E bis F bescherte uns eine Nackenlinie C-E, die am 12. März durchbrochen wurde, allerdings unter sehr geringem Umsatzvolumen, was den Bruch des Trends nicht bestätigte und darauf hindeutete, dass die Kaufkraft noch nicht ausgeschöpft war. Die Rally ab G bescherte uns eine weitere Nackenlinie über C-G. Diese wurde am 19. März unter deutlichem Volumen durchbrochen – und unsere Umkehrformation war vollständig.

Beachten Sie übrigens auch das recht typische Volumengeschehen in diesem Chart einschließlich des Umkehrtags am 10. März.

Wenden wir uns nun Abbildung II.4 zu, die das Geschehen bei Borden im ersten Halbjahr 1931 zeigt. In diesem Fall haben wir das Gegenteil des Bildes, das Abbildung II.3 vorstellt, zumal die linke Schulter massiver ist als die rechte und für ihre Bildung länger brauchte. Die Nackenlinie B-D wurde am 15. April unter hohem Umsatz deutlich durchbrochen.

Vergleichen wir die Charts von Industrial Alcohol und von Borden, können wir nun versuchen, die unterschiedlichen Breiten der Schultern zu erklären. Wenn die linke Schulter wie bei der Formation von Borden breiter ist, waren Inhaber großer Aktienpositionen offenbar bereit, im Bereich von 73 bis 74 ihre Gewinne mitzunehmen, und die Distribution war schon fast abgeschlossen, als immer noch beträchtliche Kaufkraft vorhanden war. Infolgedessen war das umlaufende Angebot nach dem letzten Kursschub weitgehend in die schwächeren „öffentlichen" Hände gefallen; die nachfolgende Rally zur rechten Schulter bei E war sehr schmal und schwach. Im Falle von Industrial Alcohol waren die Inhaber großer Positionen noch nicht bereit, ihre Aktien

Abbildung II.3

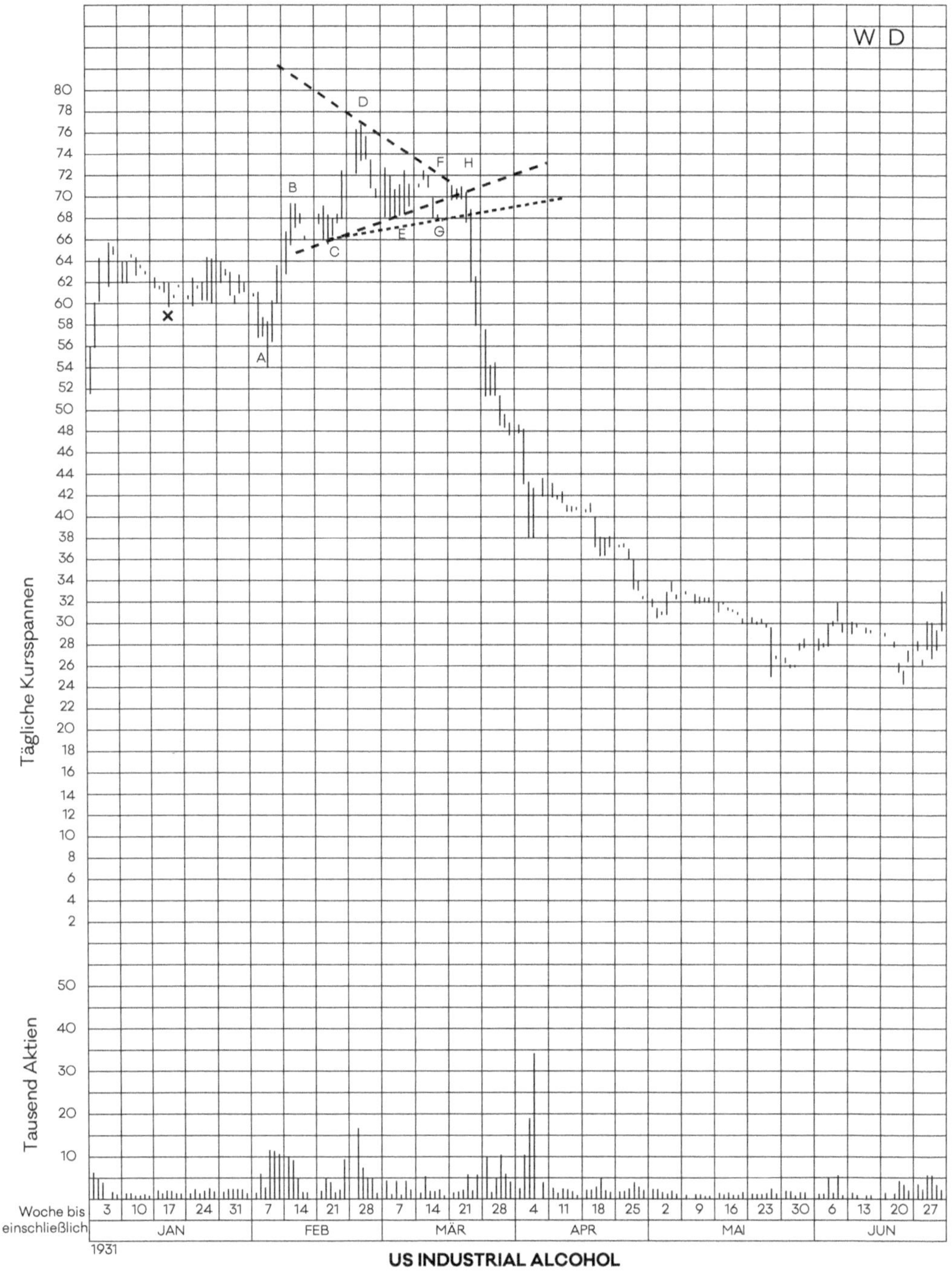

US INDUSTRIAL ALCOHOL

Abbildung II.4

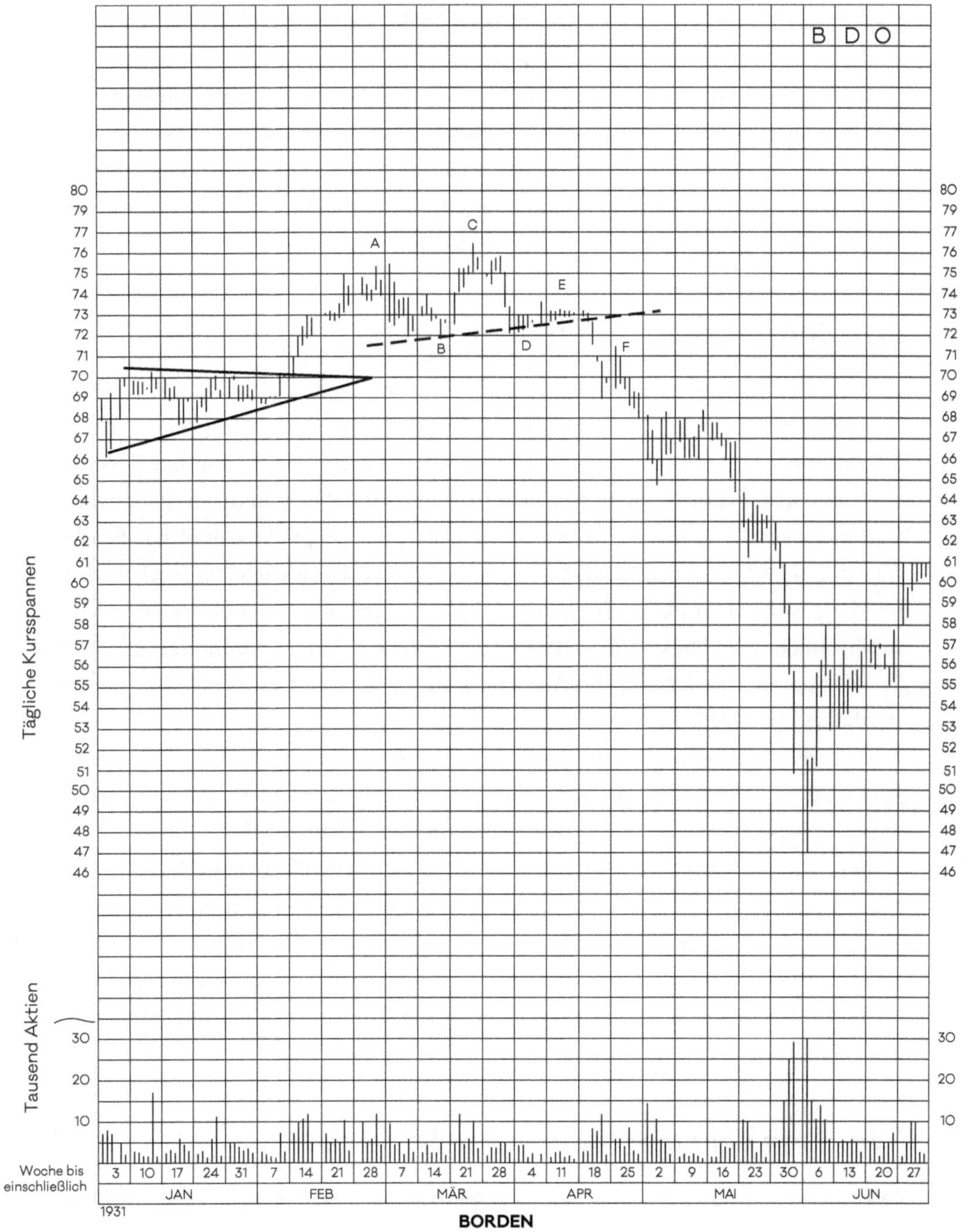

BORDEN

zu verteilen, als die Aktie bei B den Höhepunkt der linken Schulter erreichte. Die Allgemeinheit kaufte da noch. Bei D begann die ernsthafte Verteilung – Distribution –, die sich fortsetzte, bis das starke Kaufinteresse an der Aktie schließlich bei H erschöpft war und der Kurs von dort an rasant abstürzte.

Diese Erklärung ist zugegebenermaßen auf die einfachsten Begriffe reduziert und berücksichtigt nicht die zahlreichen anderen Faktoren, die zu der Trendwende beigetragen haben mögen, doch wir müssen dabei bedenken, dass wir uns ja schließlich nicht zu sehr um die „Warums" zu kümmern brauchen. Solange sich der Markt an die Regeln hält, braucht es uns nicht zu interessieren, weshalb er das tut.

Der Zeitpunkt zum Handeln

Kommen wir nun auf den Punkt zurück, den wir ansprachen, als wir auf Seite 77 die Aufmerksamkeit auf den Bruch der Nackenlinie lenkten. Wir haben gesehen, wie die Schulter-Kopf-Schulter-Formation endet, wenn diese entscheidende Linie durchbrochen wird, und dass dieser Bruch normalerweise durch erhöhtes Volumen bestätigt wird. Natürlich bedarf es keiner weiteren Erklärung, dass der Zeitpunkt, eine Verkaufsorder für die Aktie aufzugeben, gekommen ist, sobald die Nackenlinie eindeutig durchbrochen wurde. Je nach der Größe der Formation, nach ihrem Umfang und nach der Zeit, die sie für ihre Bildung benötigt, wird die daraus resultierende Bewegung im entgegengesetzten Trend ein größeres oder kleineres Ausmaß erreichen, bevor eine bedeutende Erholung stattfindet. Auf eine klare Schulter-Kopf-Schulter-Formation folgt normalerweise eine lohnenswerte Kursbewegung, die dem achtsamen Studenten eine Chance auf beträchtlichen Gewinn bietet oder – falls er bereits „long" auf die Aktie steht –, ein zwingendes Signal darstellt, seine Gewinne mitzunehmen und sich herauszuhalten.

Bei allen gezeigten Beispielen mit Ausnahme von Republic Steel (Abbildung II.1) sowie bei der Mehrzahl der klar erkennbaren Schulter-Kopf-Schulter-Formationen kommt das Verkaufssignal, das am Bruch der Nackenlinie unter gesteigertem Volumen zu erkennen ist, bevor die Abwärtsbewegung an Dynamik gewonnen hat, und lässt einem reichlich Zeit, gewinnbringend zu handeln. Untersuchen wir nun Abbildung II.1 gründlicher.

Warnung bei einer hängenden Schulter

In sehr erhitzten Märkten, an denen die Allgemeinheit stark beteiligt ist, zum Beispiel 1929 am Ende der Hausse, entwickelt sich eine neue technische Situation häufig sehr schnell und der Gegentrend beginnt mit verblüffender Geschwindigkeit.

Eine „hängende" Nackenlinie bei einem Schulter-Kopf-Schulter-Top deutet für gewöhnlich auf eine sich schnell entwickelnde technische Schwäche hin. Eine solche hängende Linie entsteht natürlich dann, wenn der Kurs vom Kopf aus auf ein niedrigeres Niveau als die zuvor zwischen der linken Schulter und dem Kopf gebildete Nackenlinie fällt – beispielhaft zu sehen im Geschehen bei Republic Steel (Abbildung II.1), wo sich der Boden bei I unterhalb des Bodens bei C bildete. Das ist eine eindeutige Warnung, die auch nicht durch eine nachfolgende höhere rechte Schulter außer Kraft gesetzt wird. Im Falle unseres Charts von Republic Steel änderte die Tatsache, dass die Rally von I bis J den Kurs auf ein höheres Niveau trug als die linke Schulter bei B, nichts an der bearishen Implikation der Formation. Die Rally hätte weitergehen können, über den Kopf bei F hinaus, und trotzdem eine bedeutende Umkehrformation darstellen können – wir werden das später noch in Studie IV sehen, wenn wir uns mit dem Broadening Top befassen.

Andererseits bleibt die Nackenlinie eine entscheidende Linie dieser Formation. Solange die Nackenlinie nicht eindeutig durchbrochen wurde, ist die Schulter-Kopf-Schulter-Formation nicht vollständig, und es wurde noch kein Umkehrsignal gegeben. In unserem Beispiel Republic Steel wurde die Nacken-Grundlinie (eine in unserer Grafik nicht dargestellte, durch C und I verlängerte Linie) erst am Samstag, dem 19. Oktober, durchstoßen, als der Kurs auf 106 absackte und bei 111 schloss.

Glücklicherweise sind bei solchen sich schnell entwickelnden Schulter-Kopf-Schulter-Formationen mit hängenden Nackenlinien häufig andere entscheidende Linien und technische Indikatoren zu finden, die uns ein zuverlässiges Umkehrsignal liefern, bevor die Nackenlinie endgültig durchstoßen wird. Es würde zu Verwirrung führen, wenn wir hier in eine Diskussion aller anderen Formationen und entscheidenden Linien eintreten würden, die innerhalb einer Schulter-Kopf-Schulter-Umkehrformation auftreten können: Sie werden im Laufe unseres Kurses später in einer logischeren Abfolge auftauchen.

Formationen innerhalb von Formationen

Allerdings liegt in Abbildung II.1 ein kleineres Muster beziehungsweise eine kleinere Formation vor, die ein logischer Bestandteil dieser Untersuchung der Schulter-Kopf-Schulter-Formation ist. Bislang haben wir nur das große, auffallende Muster betrachtet, das sich erst andeutete, als die rechte Nackenbasis bei I ausgebildet war, womöglich gar erst am Umkehrtag bei J. Doch eine genauere Untersuchung deckt auf, dass sich bereits bei D, E, F, G, H eine kleinere und sehr bearishe Schulter-Kopf-Schulter-Formation gebildet hatte. Vielleicht war dieses Muster nicht stark genug, um uns zu überzeugen, dass der übergeordnete Abwärtstrend durchbrochen war; womöglich sagte es nur eine Minor- oder Intermediate-Reaktion voraus; aber es sandte eine Warnung vor technischer Schwäche aus und versetzte uns bezüglich der weiteren Entwicklungen in Alarmbereitschaft. Und natürlich sagte es ehrlich eine intermediäre Reaktion voraus, denn als solche müssen wir die Bewegung von F bis I bezeichnen.

An diesem Punkt bietet es sich an, auf die anderen Linien und Anmerkungen hinzuweisen, die in die zu dieser Lektion gehörigen Charts eingezeichnet wurden und die dem Studenten sicherlich aufgefallen sind. Diese haben mit anderen Formationen und signifikanten Kursbewegungen zu tun, die später in diesem Kurs aufgegriffen werden und auf die wir zu gegebener Zeit zurückkommen werden.

Das Geschehen bei ansteigenden Nackenlinien

Wenn wir den in Abbildung II.1 veranschaulichten Punkt betonen, dass eine Schulter-Kopf-Schulter-Formation mit hängender beziehungsweise fallender Nackenlinie Schwäche aufzeigt und ein rasantes Kursgeschehen vorhersagt, wollen wir dadurch nicht den Eindruck vermitteln, der andere Typ, bei dem sich die rechte Nackenbasis auf einem höheren Niveau bildet als die linke, sei nicht ebenfalls bearish. Alle Schulter-Kopf-Schulter-Formationen haben bearishe Implikationen. Der Punkt, der zu der im Chart von Borden zu sehenden ansteigenden Nackenlinie anzumerken ist, besagt, dass die nachfolgende Abwärtsbewegung nicht so schnell in Gang kommt und dass die Gewinnmöglichkeiten umso größer sind, weil das Verkaufssignal rechtzeitig kommt, um den vollständigen Abstieg mitzunehmen. Schulter-Kopf-Schulter-Formationen mit ansteigender Nackenlinie liefern in der Regel die deutlichsten Signale und – wenn man unverzüglich handelt – die größten potenziellen Gewinne.

Eine Volumenzunahme beim Bruch der Nackenlinie ist bei Formationen mit ansteigender Nackenlinie verlässlicher als bei hängenden Nackenlinien. Bei letzterem Typ kann der Bruch unter einer verhältnismäßig geringen Zunahme der Handelsaktivität auftreten, und danach zieht das Volumen rapide an, während die Bewegung in Gang kommt. Kurz gesagt ist die Formation mit abfallender Nackenlinie „tückischer" und verlangt vom Trader mehr Agilität, um möglichst hohe Erträge aus ihr herauszuholen.

Die Vorteile der Darstellung mehrerer Aktien

Unsere Besprechung hängender Schultern und der größeren Agilität, die sie dem Trader abverlangen, bringt uns zu einem der wichtigen Vorteile, die es hat, ständig Charts einer Reihe verschiedener Aktien zu führen.

Die Schulter-Kopf-Schulter-Formation begegnet uns am häufigsten in schnell erkennbarer Form bei den Höhepunkten von Major- und kräftigen Intermediate-Aufwärtsbewegungen. Deshalb gibt es so viele schöne Beispiele für dieses Muster bei den Tops des Jahres 1929 und bei denen, die auf den großen Anstieg der Aktienkurse im ersten Halbjahr 1933 folgten. Doch wie wir alle wissen, erreichen nicht alle Aktien ihre Höhepunkte zur gleichen Zeit. Manche überschreiten Wochen (im Falle von intermediären Bewegungen) oder Monate (im Falle von Major-Umkehrpunkten) vor anderen ihren Gipfel. Wenn der Student sieht, dass manche der Papiere, über die er Charts führt, Schulter-Kopf-Schulter-Formationen (oder andere Umkehrformationen, die wir später aufgreifen werden) ausgebildet haben, sollte er beginnen, die gleiche Entwicklung auch von anderen zu erwarten, deren Charts womöglich immer noch anzeigen, dass sie sich im Aufwärtstrend befinden.

Sehr allgemein gesprochen findet man Schulter-Kopf-Schulter-Tops vom Typ der ansteigenden Nackenlinie am ehesten bei Aktien, die ihre Hochs vor dem Gesamtmarkt und vor Beginn der allgemeinen Liquidierung überschreiten. Aktien, die später ihren Höhepunkt erreichen, wenn der Gesamtmarkt bereits geschwächt ist, weisen eher abfallende Nackenlinien und hektischere Rückgänge auf.

Somit ist der Student, der Charts über eine ordentliche Anzahl von Aktien führt und sieht, dass mehrere von ihnen ihren Trend umgekehrt haben, vor wahrscheinlichen Trendwenden in seinen anderen Charts vorgewarnt und bereit, schnell und entschlossen zu handeln, wenn sich diese Wendepunkte entwickeln.

Schulter-Kopf-Schulter-Böden

Bis jetzt haben wir die Schulter-Kopf-Schulter-Formation in erster Linie als Hoch beziehungsweise Top besprochen, das eine Wende von einem Aufwärts- zu einem Abwärtstrend vorhersagt. Wir haben aber auch die Tatsache erwähnt, dass die Schulter-Kopf-Schulter-Formation als Umkehrformation am Tiefpunkt eines Abwärtstrends ebenso gültig ist und in dieser Position manchmal als „pendant bottom" („Anhängerboden") bezeichnet wird.

Bevor wir nun einige typische Schulter-Kopf-Schulter-Böden genauer untersuchen, können wir ein paar allgemeine Vergleiche anstellen. Bei unserer vorläufigen Untersuchung der Bedeutung des Umsatzes an Wendepunkten des Marktes wiesen wir auf die Tatsache hin, dass die Aktivität bei Aktien in Bezug auf das Handelsvolumen typischerweise nach einer Periode sinkender Kurse geringer ist als nach bullishen Bewegungen. Besonders auffallend ist das am Ende einer bedeutenden Hausse wie in den Jahren 1932 und 1933. Dann hat die Allgemeinheit grundsätzlich das Interesse an Aktien verloren, der Handel ist weitgehend in der Hand von Profis und von Menschen, die notgedrungen an die Börse gehen (auch wenn natürlich die sogenannte Allgemeinheit niemals vollständig aus dem Markt aussteigt). Diese allgemeine Regel, dass das Volumen bei Tiefs geringer ist als bei Hochs, schlägt sich im typischen Bild eines Schulter-Kopf-Schulter-Bodens nieder. Da die Aktivität auf einem niedrigeren Stand ist, sind solche Muster häufig etwas kleiner oder bilden sich langsamer, und das höhere Volumen, das wir beim Höhepunkt (Tiefpunkt) der Schulter-Kopf-Schulter-Formation (sowie an dem Tag, an dem die Nackenlinie durchbrochen wird) zu erwarten gelernt haben, ist häufig weniger auffällig. Aus dem gleichen Grund der geringeren Aktivität kommt oft auch die Aufwärtsbewegung des neuen Trends langsamer in Gang. In vielen Fällen bedeutet dies, dass unsere Geduld mehr auf die Probe gestellt wird, wenn wir anhand von Schulter-Kopf-Schulter-Bodenformationen statt anhand eines Hochs handeln.

Tatsächlich erscheinen gute Schulter-Kopf-Schulter-Formationen aufgrund ihres Charakters – da sie sich aus recht großen Kursschwankungen heraus bilden – bei Böden seltener als bei Höhepunkten. Trotzdem treten sie auf und sind in der einen Position so bedeutsam und zuverlässig wie in der anderen.

Beispiele für die Umkehr in Schulter-Kopf-Schulter-Böden

Abbildung II.5 zeigt das Kursgeschehen bei Woolworth im ersten Halbjahr 1936. Leser, die diese Aktie verfolgt haben, werden sich an den langen und langsamen Abstieg erinnern, der dem in diesem Chart dargestellten Zeitraum voranging, sowie auch an den nachfolgenden recht schnellen Anstieg auf 63 bis Mitte Oktober. Beachten Sie zunächst das große Muster, das von der linken Schulter bei A, vom Kopf bei D und von der rechten Schulter bei H gebildet wird – eine nahezu perfekte Formation von solcher Größe und Stärke, dass sie eine beträchtliche Kursbewegung vorhersagte. Die Nackenlinie B-G wurde am 9. Juni unter steiler Volumenzunahme durchbrochen. Bei den beiden Schultern und beim Kopf war das Volumen nicht auffallend höher als zwischenzeitlich, aber wie wir bereits festgestellt haben, kommt das bei Boden-Wendeformationen recht häufig vor.

Beachten Sie in diesem Chart von Woolworth außerdem, dass wir eine andere Schulter-Kopf-Schulter-Formation C-D-F hatten, die kleiner und weniger deutlich, aber sicherlich gültig war. Anlass, die Aktie zu kaufen, hätten wir gehabt, als am 13. Mai die Nackenlinie (die gepunktete Linie durch E) durchbrochen wurde. Die Reaktion, die nach der Aufwärtsbewegung zu Punkt G kam, hätte wohl unsere Geduld auf die Probe gestellt; es kommt jedoch recht oft vor, dass eine Reaktion den Kurs zurück zum Niveau der Nackenbasis zurückbringt, bevor die eigentliche übergeordnete Bewegung in Gang kommt. Konservative Anleger würden es zweifellos vorziehen, die Vervollständigung der größeren und positiveren Formation abzuwarten, bevor sie kaufen.

Typische Varianten von Schulter-Kopf-Schulter-Böden

Wir haben bei unserer Besprechung der Schulter-Kopf-Schulter-Wendeformationen auf die großen Schwankungen bezüglich der Höhe und Breite der Schultern hingewiesen, mit denen zu rechnen ist. Die gleichen Schwankungen treten bei Boden-Umkehr-

Abbildung II.5

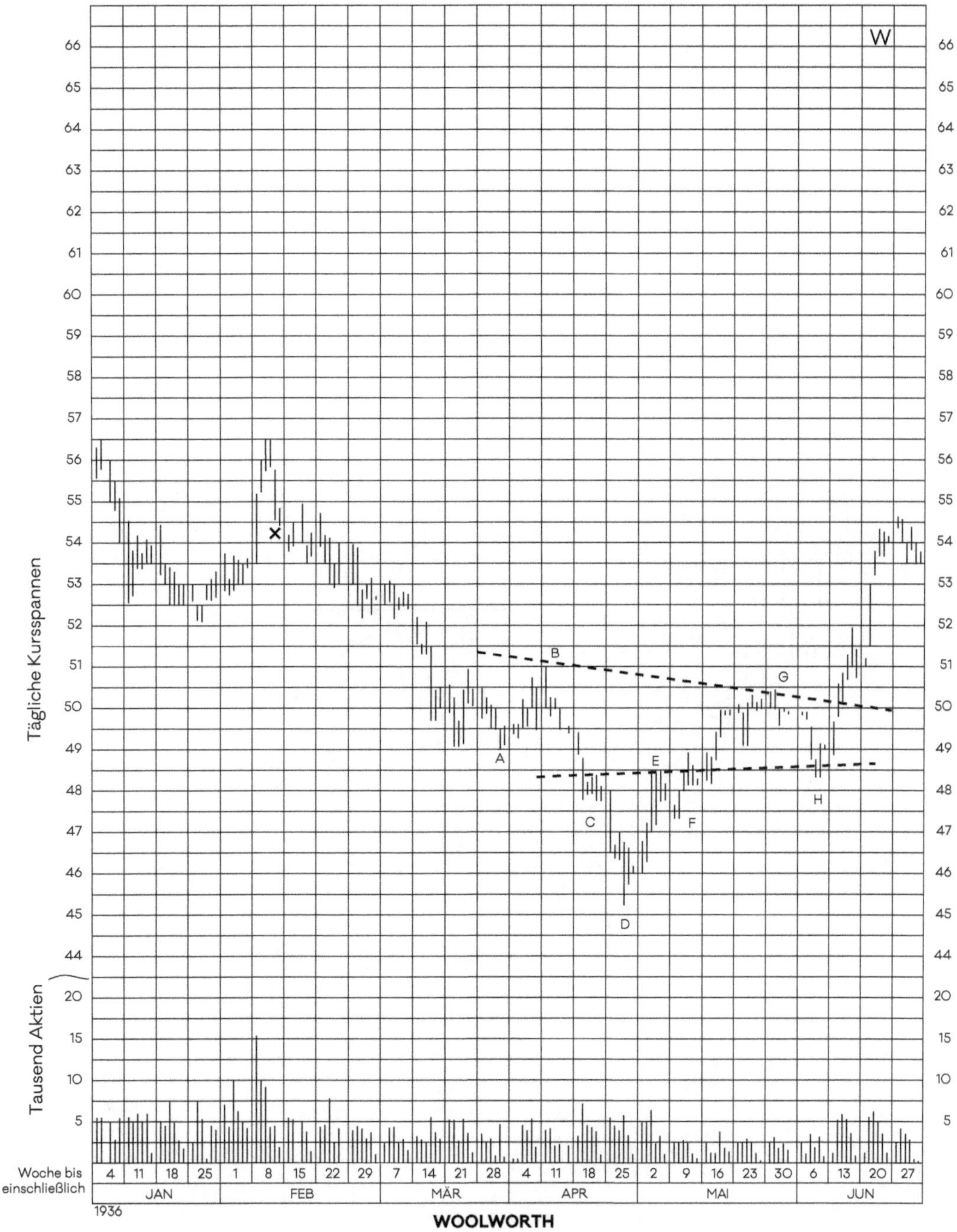

WOOLWORTH

Abbildung II.6

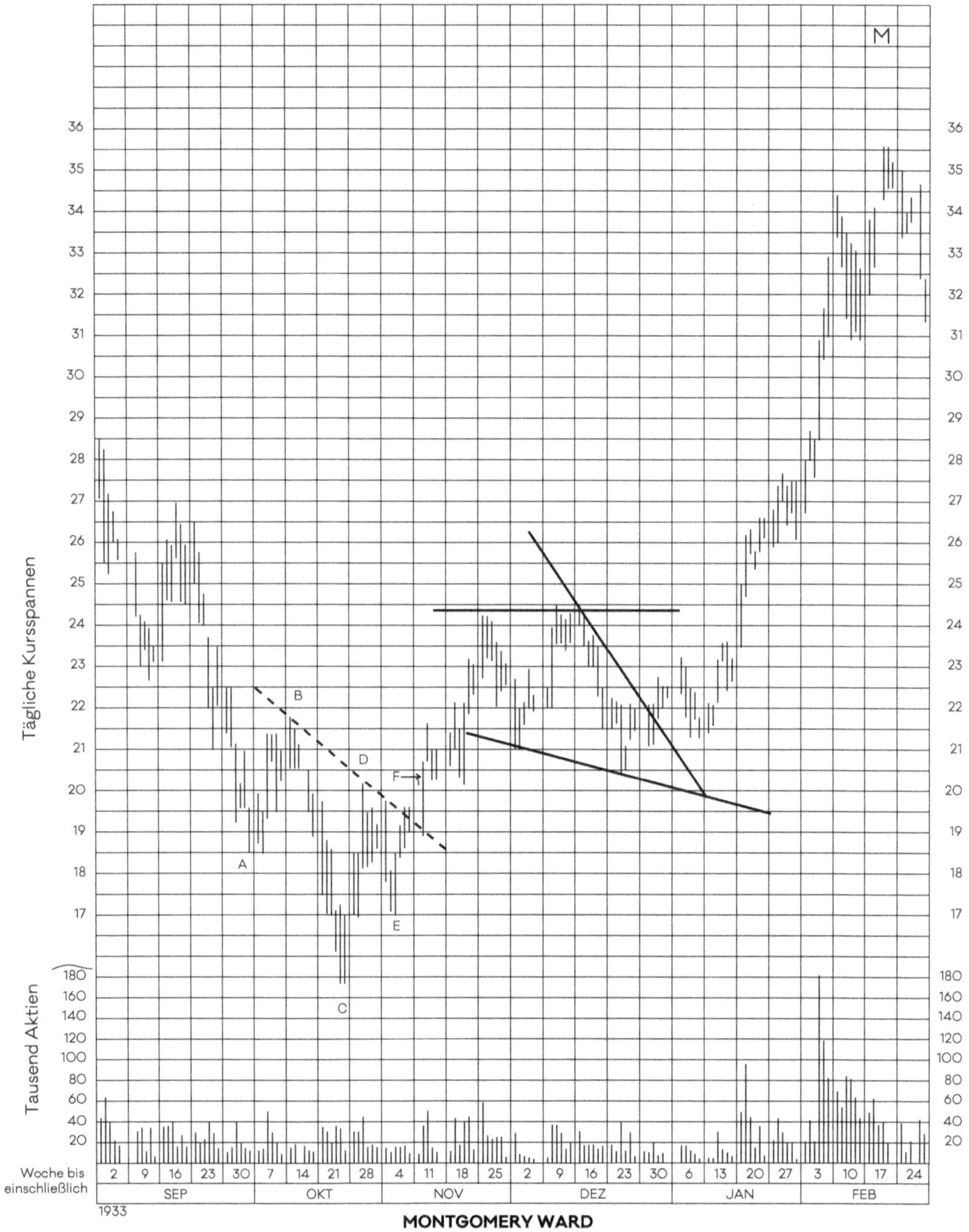

MONTGOMERY WARD

Abbildung II.7

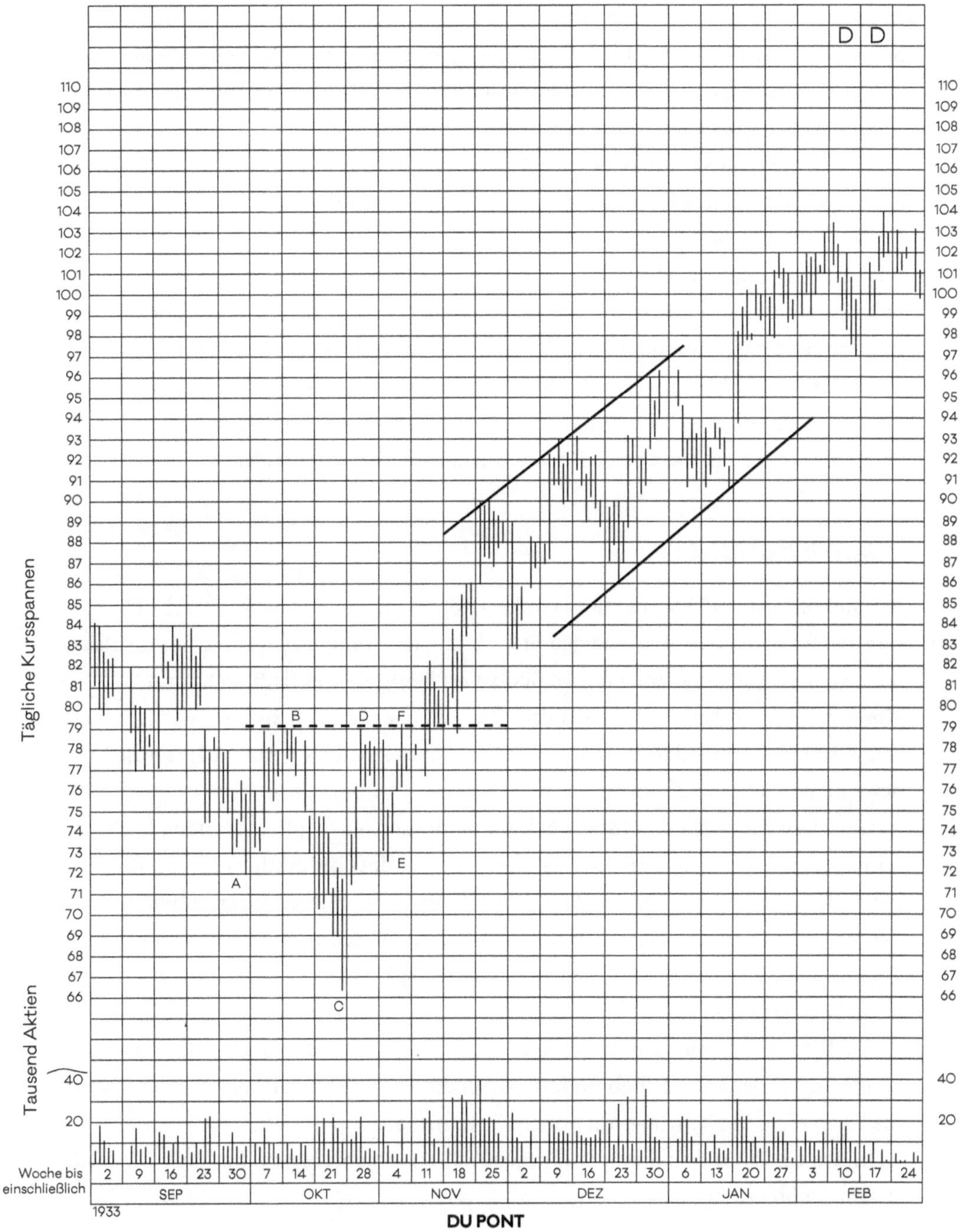

DU PONT

formationen auf. So zeigt beispielsweise Abbildung II.6 eine Schulter-Kopf-Schulter-Formation mit abfallender Nackenlinie B-D, die im Oktober den Abwärtstrend von Montgomery Ward umkehrte. Abbildung II.7 illustriert ein Muster mit breiter linker Schulter und schmaler rechter Schulter, das sich zur gleichen Zeit bei DuPont bildete.

Bei Montgomery Ward wurde die Nackenlinie am 7. November unter signifikantem Volumenanstieg bei F durchbrochen. Die Kursbewegung im neuen Aufwärtstrend kam nicht sehr weit, als sie auf Widerstand stieß, und es folgten fast zwei Monate mit unentschlossenem Kursgeschehen, bevor der Aufwärtsschub ernstlich in Gang kam.

Bei DuPont deutete die schmalere rechte Schulter auf einen schnelleren Ausbruch hin. Die Nackenlinie B-D wurde bei F kaum „angeknackst", doch obwohl die Volumenindizien ermutigend waren, kam der Kurs an diesem Tag (dem 3. November) zurück und schloss knapp innerhalb des Musters. Der entschlossenere und endgültige Ausbruch kam am 7. November unter hohem Volumen, und der Kurs schloss an diesem Tag mehr als einen ganzen Punkt über der entscheidenden Linie, was definitiv anzeigte, dass die Nachfrage schließlich das Angebot überwunden hatte.

Flache Schultern

Bei unserer ersten Erklärung der Schulter-Kopf-Schulter-Formation beschrieben wir ihre drei Teile als steile Bewegungen in Richtung des vorangegangenen Trends. Das ist die klarste Art, dem Neuling dieses Bild zu erklären, aber es trifft nicht immer zu. Es gibt zwar immer wie beschrieben drei Phasen, aber sehr oft sind sie weniger steile Schübe als vielmehr lediglich flache oder leicht ansteigende Niveaus, über die die Kursbewegung nicht hinauskommt.

Ganz besonders gilt dies für die Schultern, die entweder spitz, gerundet, flach oder schräg sein können. Festzuhalten ist hier einfach, dass die Aktie versucht, ihre vorherige Hauptbewegung fortzusetzen, aber daran bei mehreren Gelegenheiten durch die Entwicklung einer technischen Kraft oder eines technischen Drucks in die entgegengesetzte Richtung gehindert wird – was wir später als Unterstützung und Widerstand besprechen werden.

Auch der Kopf selbst kann eher flach als steil sein, aber das ist eher die Ausnahme als die Regel. Der letzte Schub nimmt, wie in dieser Studie bereits beschrieben, häufig die Form eines Umkehrtags mit hohem Volumen an.

In den Charts, die zu dieser Studie gehören, sind mehrere gute Beispiele für solche steilen Schübe zu finden.

Tops müssen auf Anstiege folgen

Dies ist ein Punkt, der dem praktisch erfahrenen Chart-Studenten recht einfach und offensichtlich erscheinen mag, aber unsere Erfahrungen mit Anfängern veranlassen uns, ihn hier zu betonen. Viele Neulinge sind, wenn sie eine gängige Chartformation entdecken, derart eifrig, dass sie es vernachlässigen, sie in den richtigen Verhältnissen zur übergeordneten Bewegung zu betrachten.

Wenn man eine beliebige Sammlung der Charts aktiver Aktien genauer untersucht, taucht eine Reihe von Formationen auf, die so aussehen, als könnten daraus Schulter-Kopf-Schulter-Umkehrformationen werden.

Deshalb möchten wir daran erinnern, dass eine Umkehrformation auf einem Hoch nur nach einem vorangegangenen Anstieg auftreten kann und dass eine Boden-Umkehrformation nur nach einem merklichen Niedergang auftreten kann. Dies gilt natürlich für alle anderen Umkehrformationen ebenso wie für die Schulter-Kopf-Schulter-Formation.

Deshalb hat eine offensichtliche Schulter-Kopf-Schulter-Formation in einer Zeit, in der die Kurse seit einiger Zeit weder definitiv nach oben noch nach unten, sondern „seitwärts" gelaufen sind, keine besondere technische Bedeutung. Der Student mag aufrechte Schulter-Kopf-Schulter-Formationen im Verlauf des Abwärtstrends einer Aktie oder umgekehrt eine umgedrehte Formation in einem Aufwärtstrend finden, aber solche Muster dürfen nicht als Anzeichen für eine Trendwende ausgelegt werden. Tatsächlich entwickeln sich daraus häufig Fortsetzungsformationen, die wir später noch untersuchen und zu erkennen lernen werden. Sie sagen eine Wiederaufnahme oder Fortsetzung des gleichen Trends voraus.

Unvollständige Schulter-Kopf-Schulter-Formationen

Ein weiterer Anfängerfehler ist es, auf etwas, das so wirkt, als würde es zu einer Schulter-Kopf-Schulter-Formation werden, überstürzt zu reagieren, ohne einen entschlossenen Durchbruch durch die Nackenbasis-Linie abzuwarten. Diese Versuchung ist zugegebenermaßen groß, vor allem wenn sich die Entwicklung der vertrauten Formation zu einer Zeit abzeichnet, zu der man vernünftigerweise mit einer Trendwende rechnen kann.

Abbildung II.8 zeigt ein Muster, aus dem im Mai und Anfang Juni 1937 allem Anschein nach ein Schulter-Kopf-Schulter-Boden werden sollte. Wenn man den Teil des Charts rechts von der dicken vertikalen Linie zwischen den ersten beiden Juniwochen abdeckt, sieht man, weshalb viele Trader damals bullish bezüglich Chrysler wurden. Aber die Nackenlinie (N-N) wurde nicht durchbrochen. Die Rally in der ersten Juni-

Abbildung II.8

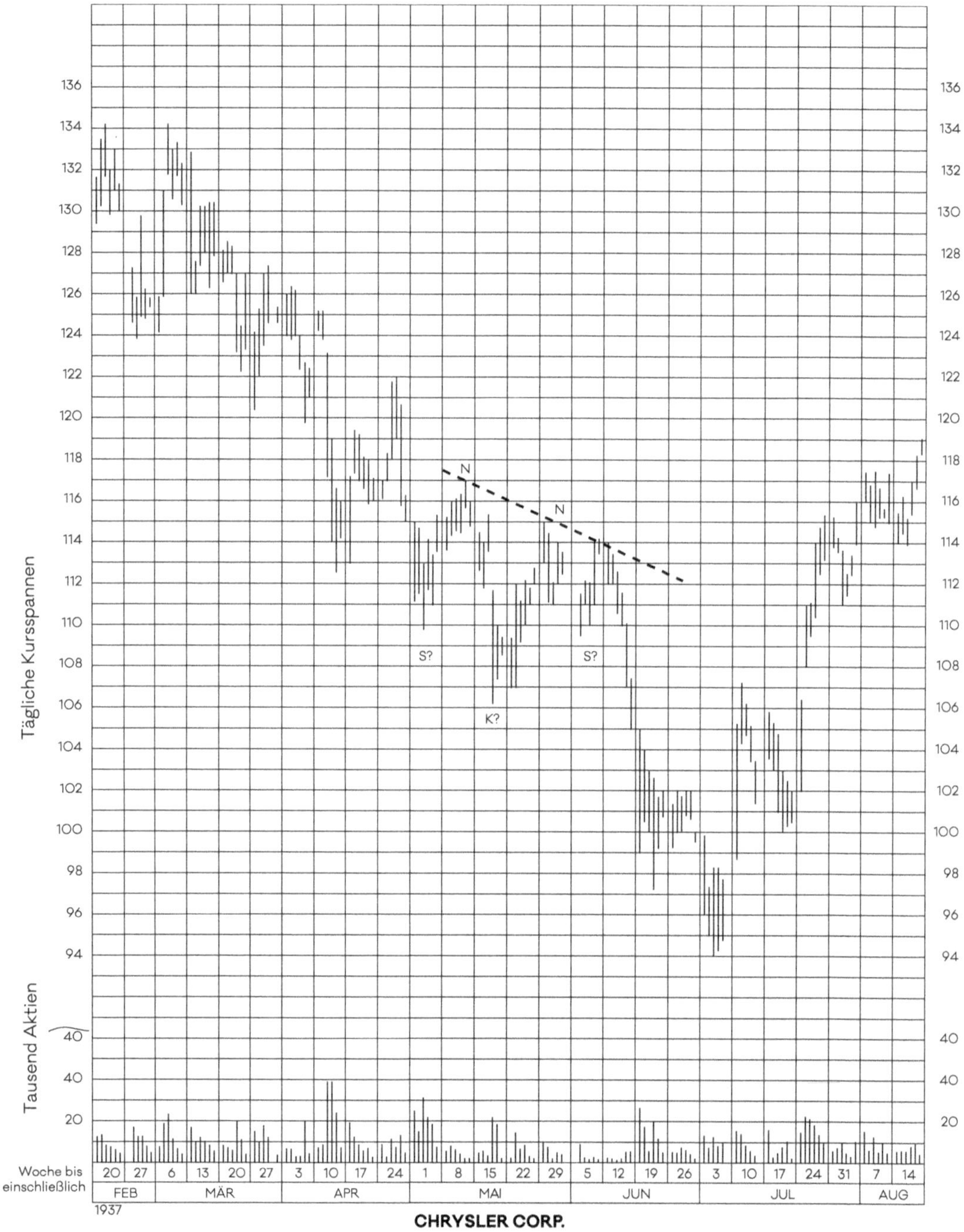

CHRYSLER CORP.

woche trug Chrysler nicht über 115 hinaus, und die Aktie kehrte ihren Abwärtstrend erst um, als sie am 30. Juni auf 94 gefallen war.

Wenn man eine beliebige Sammlung der Charts aktiver Aktien genauer untersucht, taucht fast mit Sicherheit eine Reihe solcher Formationen auf, die zu gegebener Zeit so aussahen, als könnten daraus Schulter-Kopf-Schulter-Umkehrformationen werden, die aber nie vervollständigt wurden.

Eine klare Bestätigung abwarten

Der Anfänger dieser Deutungslehre mag es etwas befremdlich finden, dass wir so häufig zur Vorsicht raten. Für den unerfahrenen Trader ist es zugegebenermaßen hart, zu sehen, wo er vielleicht dadurch einen oder mehr Punkte potenziellen Gewinn dadurch verloren hat, dass er abgewartet und gewisse Vorsichtsregeln eingehalten hat. In der konkreten Praxis jedoch wird der Student auf lange Sicht feststellen, dass er durch die Vermeidung verfrühten Handels wenig oder gar nichts an Gewinnen opfert und sich dadurch häufig nervenaufreibende oder gar gefährliche Fehlbewegungen erspart. Es ist eine Binsenweisheit der Wall Street, dass einem Trader, der versucht, exakt am Boden zu kaufen und höchstens einen Achtelpunkt unter dem Hoch zu verkaufen, so viele Chancen entgehen, dass ihn gelegentliche Glückstreffer niemals dafür entschädigen können.

Bei unserer Untersuchung der Schulter-Kopf-Schulter-Formation haben wir die Tatsache betont, dass das Muster erst dann vollständig ist und die Vorhersage einer Trendumkehr erst dann als etabliert gelten darf, wenn die Nacken-Grundlinie eindeutig durchbrochen wurde. Und wir haben die Aufmerksamkeit darauf gelenkt, dass dieser eindeutige Durchbruch für gewöhnlich – wenn auch nicht immer – im Chart durch ein merkliches Anziehen des Volumens bestätigt wird. Vorsicht und Erfahrung veranlassen uns, gewisse weitere Regeln zu empfehlen, an die sich zumindest der Anfänger halten sollte, wenn er herausfinden will, ob er auf die Implikationen seiner Charts hin handeln soll. Grundsätzlich ist es klug, abzuwarten, bis der Kurs mindestens einen ganzen Punkt unterhalb der entscheidenden Linie geschlossen hat, wenn eine Aktie beispielsweise zwischen 50 und 100 kostet und ihre Kursbewegungen recht stabil sind. Bei einer Aktie, die zu heftigen und unberechenbaren Schwankungen neigt, kann man diese Sicherheitsmarge durchaus verdoppeln. Bei Aktien mit niedrigeren Kursen und stabilen Gewohnheiten kann man sie auf einen halben Punkt senken, und bei Aktien über 100 sollte man sie entsprechend anheben.

Wir stellen diese Vorsichtsregel an dieser Stelle unseres Kurses vor allem im Interesse wagemutiger und ungeduldiger Studenten vor, die sich ihres Hangs zu überstürztem Handeln und der daraus folgenden Notwendigkeit willkürlicher Beschränkungen bewusst sind.

Muster in Wochen- und Monatscharts

Bevor wir unsere Besprechung der gängigen Schulter-Kopf-Schulter-Umkehrformationen abschließen, dürfte es noch von Interesse sein, ihr Auftreten in langfristigen Charts zu untersuchen. Sehen Sie sich Abbildung II.9 an, die Schulter-Kopf-Schulter-Formationen in einem Wochenchart von Atchison für die Jahre 1934 und 1935 sowie ein schönes Beispiel, das sich anlässlich der Wende des langfristigen Abwärtstrends 1932 in einem Monatschart von Allied Chemical entwickelte.

Abgesehen vom rein akademischen Interesse für den Studenten der Charttechnik ist ihr Auftreten für den langfristig orientierten Trader oder Anleger als Bestätigung der Wende im längeren Zyklus von Nutzen. Außerdem sind ihr Auftreten und ihre zutreffenden Vorhersagen in Wochen- und Monatscharts zusätzliche Belege für ihre Zuverlässigkeit. Überdies halten sie den praktischen Trader gelegentlich auch davon ab, bei einer Aktie eine vergleichsweise ungünstige Position entgegen ihrem übergeordneten Trend einzugehen.

Und schließlich lenken sie vielleicht unsere Aufmerksamkeit auf eine kräftige langfristige Bewegung einer bestimmten Aktie, die wir bei unserem Studium des Tagescharts berücksichtigen können. Dadurch werden wir ermuntert, den Tageschart auf profitable Kauf- beziehungsweise Verkaufspunkte in Richtung der übergeordneten Bewegung hin zu beobachten, und wir lassen uns nicht so leicht von Fehlbewegungen gegen den Trend entmutigen, den unser Wochenchart vorhergesagt hat.

Die Zuverlässigkeit von Schulter-Kopf-Schulter-Formationen

Zum Abschluss unserer Betrachtung der Schulter-Kopf-Schulter-Formation möchten wir wiederholen, dass dieses Muster nicht nur das häufigste, populärste und bekannteste unter den Umkehrmustern ist, sondern dass es dies auch verdientermaßen ist, denn in der konkreten Praxis ist es das wichtigste und das zuverlässigste. Dabei ist die Formation ebenso wenig unfehlbar wie die anderen, die wir noch besprechen werden. Bei allen gibt es Ausnahmen, zu denen wir später noch kommen werden, aber trotzdem gilt, dass es bei der Schulter-Kopf-Schulter-Formation vergleichsweise wenige Enttäuschungen gibt.

Der Leser kann diese und die anderen Formationen ständig prüfen, wenn er den vorliegenden Kurs durcharbeitet, denn die Charts, die in späteren Studien erscheinen, wurden zwar in erster Linie aufgenommen, um andere technische Muster zu veranschaulichen, aber sie wurden auch wegen ihres Nutzens als Mittel der Rückschau ausgewählt, und viele von ihnen enthalten gute Schulter-Kopf-Schulter-Umkehrformationen.

Abbildung II.9

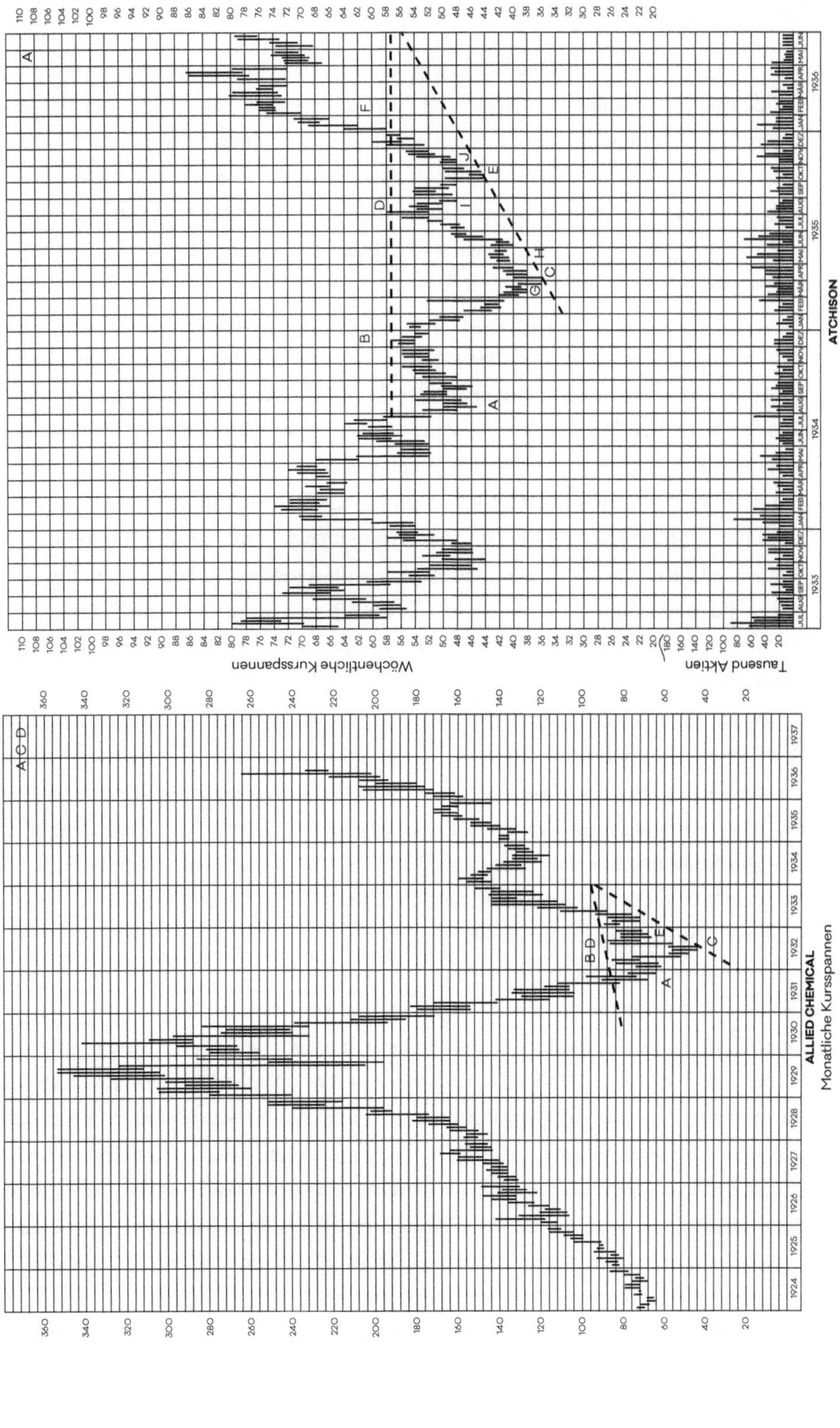

Das Ausmaß der Bewegung messen

Wir haben zu Anfang dieser Studie die grundsätzliche Aussage getroffen, dass uns Größe und Dauer einer Formation eine Vorstellung vom Ausmaß der nachfolgenden Bewegung vermitteln können. Der Anfänger ist von solchen Hinweisen auf Mess- und Zeitformeln immer fasziniert, doch häufig bescheren sie ihm Verlust und Verwirrung oder lenken ihn bestenfalls von verlässlicheren und profitableren Überlegungen ab.

Es ist durchaus angebracht, bevor wir mit diesem Kurs fortfahren, ganz deutlich zu sagen, dass wir noch nie einen zuverlässigen Zeitfaktor oder eine Zeitformel gefunden haben, obwohl wir Hunderte geprüft und getestet haben. Dass sich Wertpapierkurse in Zyklen bewegen, ist unbestreitbar, aber ein kurzer Blick auf den langfristigen Chart (Seite 7) zeigt, dass die zyklischen Perioden in ihrer Dauer zu stark variieren, um bezüglich des zeitlichen Verlaufs auch nur annähernd Verallgemeinerungen zuzulassen – jedenfalls zu stark, als dass sie es uns erlauben könnten, auf solche Schlussfolgerungen hin profitabel zu kaufen oder zu verkaufen. Und diese zeitlichen Schwankungen sind zwischen intermediären Rallys und Reaktionen sogar noch größer – und wiederum noch beachtlicher bei den einzelnen Aktien, mit denen wir es ja beim Trading zu tun haben. Kurz gesagt gibt es guten Grund für die Überzeugung, dass eine Timing-Formel, die man beim mittel- oder kurzfristigen Trading in Profit verwandeln kann, niemals entdeckt werden wird.

Jedoch kann man aus manchen technischen Mustern auf Ausmaße (hinsichtlich der Kurse) schließen. Eine solche Schlussfolgerung aus der Schulter-Kopf-Schulter-Formation erwähnen wir hier kurz – mit dem Versprechen, ihre möglichen Verwendungen im Laufe dieses Kurses aufzugreifen, und mit der dringenden Empfehlung, dass der Student sie vorläufig nur zur Kenntnis nimmt und seine Charts darauf überprüft, jedoch nicht versucht, beim tatsächlichen Handel davon Gebrauch zu machen, bevor wir sie nicht später einer ausführlicheren Untersuchung unterzogen haben.

Diese Messformel hat mit dem wahrscheinlichen Niveau zu tun, auf dem der Kurs auf den ersten bedeutenden Widerstand gegen seine Weiterbewegung stößt, nachdem er aus einer Schulter-Kopf-Schulter-Formation ausgebrochen ist. Wenn wir den senkrechten Kursabstand zwischen der Spitze des Kopfes und der Nacken-Grundlinie messen und dann diesen Abstand von dem Punkt aus, an dem die Nackenlinie schließlich durchbrochen wird, in die gleiche Richtung senkrecht abtragen, befindet sich der so ermittelte Punkt häufig auf dem Kursniveau, auf dem die erste bedeutende Reaktions- oder Stauzone auftritt, oder in seiner unmittelbaren Umgebung. Diese Reaktions- oder Stauzone kann kurz sein oder sich lange hinziehen, bevor der frisch etablierte Trend wieder aufgenommen wird. Doch es gibt viele Ausnahmefälle und die Messung ist bestenfalls grob.

Die wichtigste und zuverlässigste Schlussfolgerung, die man aus einer Schulter-Kopf-Schulter-Formation ziehen kann, besagt, dass der Trend der Aktie gewendet hat und dass sich der neue Trend zumindest so lange fortsetzen wird, dass er es erlaubt, lohnenswerte Gewinne mitzunehmen.

Die Logik von Chartformationen

Es ist nur natürlich, dass ein Student der Charttechnik nach einer logischen Erklärung dafür fragt, weshalb bestimmte Chartformationen eine Wende der bisherigen Bewegung vorhersagen – und die Schulter-Kopf-Schulter-Formation ist einer der Lieblingsgegenstände derartiger Fragen.

Wir haben bereits festgehalten, dass es diverse derartige Formationen gibt und dass ihre Effizienz der Vorhersage zwar gut belegt ist, jedoch die logischen Erklärungen ziemlich unbestimmt und vage sind. Wir vertreten zwar schon immer die Einstellung, dass es viel wichtiger ist, die praktischen Verwendungen solcher Formationen zu entdecken und umzusetzen, als zu erklären, warum sie so wirken, doch in vielen Fällen liefert ein wenig Nachdenken einen Hinweis auf die Erklärung des betreffenden Phänomens.

Solche Erklärungen führen uns fast ausnahmslos zurück zu unserer fundamentalen Grundlage des technischen Geschehens, nämlich zu dem menschlichen Element des Aktienhandels, zu dem relativen Gleichgewicht zwischen Kauf und Verkauf sowie – vielleicht indirekt – zu nicht beweisbaren, jedoch wahrscheinlichen, von Insidern persönlich geführten Kampagnen.

Wir haben bereits festgehalten, dass die meisten Umkehrformationen allmählich vollzogen werden, entweder indem die überzogene Kaufkraft von wachsendem Verkaufsdruck oder der bisherige überzogene Verkaufsdruck von der wachsenden Kraft der Käufe überwunden wird.

Die Logik der Schulter-Kopf-Schulter-Umkehr

Im Falle der Schulter-Kopf-Formation ist die Wende immer noch langsam und gerundet, aber nicht so auffallend wie bei anderen Umkehrformationen, bei denen die Wende auf regelmäßigere Art erfolgt. Diese Differenzierung im Falle der Schulter-Kopf-Schulter-Formation ist wahrscheinlich der schnelleren Bewegung und den steileren Ausschlägen gewisser Aktien zu gewissen Zeiten zuzuschreiben, die darauf hindeuten, dass sie auf jeden Fall mehr im Blick der Öffentlichkeit oder vielleicht auch unter dem Einfluss professioneller Manipulationen stehen.

Das Gesamtbild besteht einfach aus den drei speziellen Punkten in der schnellen Bewegung einer aktiven Aktie, bei der das Momentum des vorherigen Trends auf die steigende Flut der technischen Stärke trifft und davon bedrängt wird, sodass die Tendenz in Richtung einer Umkehr der bisherigen Bewegung geht.

Studie III

Wichtige Umkehrformationen

Fortsetzung

- Die allmähliche Wende
- Definition des Common Turns
- Chartbeispiel des Rounding Tops
- Chartmuster bei Indizes
- Der Rounding Bottom
- Das Volumen bei Rounding Turns
- Volumenzunahme bei Common Turns
- Das Dreieck beziehungsweise die Sprungfeder
- Als Umkehrformation ist das Dreieck nicht zuverlässig
- Die Breakaway-Bewegung
- Es deutet häufiger auf eine Fortsetzung als auf eine Umkehr hin
- Hilfestellungen bei der Vorab-Beurteilung
- Beispiele für Dreiecke als Umkehrformation
- Durch Volumen bestätigter Ausbruch
- Der Scheitelpunkt wird nicht immer erreicht
- Der Ausbruch kann schnell kommen
- Varianten von Dreiecks-Tops
- Die strenge Konstruktion von Begrenzungslinien
- Ein frühzeitiger Ausbruch ist zuverlässig
- Dreiecke in Wochen- und Monatscharts
- Dreiecke als Umkehrformation am Boden
- Das Verhältnis der Kursbewegung zur Größe der Formation
- Wellenbewegung nach dem Scheitelpunkt
- Rechtwinklige Dreiecke
- Zuverlässiger als Prognostiker
- Das fallende Dreieck als Umkehrformation
- Volumen beim ersten Ausbruch nicht unentbehrlich
- Out-of-line-Bewegungen
- Eingehen einer Short-Position
- Wirkung des Gesamtmarkts auf einzelne Aktien
- Steigende Dreiecke als Umkehrformationen
- Rechtwinklige Dreiecke in Wochencharts
- Die Keilformation
- Beispiele für Keilformationen
- Vergleich zwischen nach oben und nach unten gerichteten Keilen
- Der Keil muss streng definiert sein
- Zusammenfassung der Dreiecks-Umkehrformationen
- Wahrscheinliche Ursachen von Dreiecken

Die allmähliche Wende

In unserer ersten Studie des technischen Geschehens und des sich verschiebenden Gleichgewichts zwischen Kauf- und Verkaufskraft am Markt haben wir festgestellt, dass Änderungen der technischen Bedingungen im Allgemeinen nicht über Nacht stattfinden, sondern sich gewöhnlich über einen beträchtlichen Zeitraum erstrecken. Ein bisheriger übergeordneter Trend wird allmählich von der zunehmenden Überlegenheit der Kaufkraft über die Verkaufskraft beziehungsweise umgekehrt gekippt, und für gewöhnlich haben wir reichlich Zeit, um diese Wende des Gleichgewichts in unseren Charts zu beobachten.

In der vorigen Studie konnten wir außerdem feststellen, dass unsere Schulter-Kopf-Schulter-Formation – die erste und wichtigste Umkehrformation – einfach eine spezifische und recht genaue ganzheitliche Ausprägung dieser allmählichen Umkehrbewegung ist, die einen Wechsel der technischen Position und somit auch des Haupttrends anzeigt.

Unser zweiter Typ von Umkehrformation, der Common Turn beziehungsweise Rounding Turn, ist ein weitaus natürlicheres Beispiel für diese Veränderung des Gleichgewichts zwischen Käufern und Verkäufern. Tatsächlich ist er die einfachste und am leichtesten verständliche unter all den vielen Chartformationen, die eine wahrscheinliche Wende der vorigen Bewegung vorhersagen.

Definition des Common Turns

Der Common Turn ist die allmähliche und halbwegs symmetrische Richtungsänderung des vorherigen Major-Trends und das ganz unmittelbare Ergebnis einer allmählichen Verschiebung des Kräftegleichgewichts zwischen Käufern und Verkäufern. War beispielsweise die Käuferseite für eine gewisse Zeit stärker als die Verkäuferseite, wissen wir jetzt, dass das Ergebnis ein allgemeiner Aufwärtstrend unserer Aktie beziehungsweise Aktien war, den unsere grafische Aufzeichnung der Handelschronik anzeigt.

Daher setzt sich der Aufwärtstrend so lange fort, wie die Käufer der Aktie noch bemühter, zahlreicher, aggressiver und stärker sind als die Verkäufer. Doch nehmen wir nun an, dass die Verkaufstätigkeit etwas zunimmt, während sich die Kauftätigkeit entweder leicht abschwächt oder ihre bisherige Kraft beibehält. Diese leichte Veränderung des technischen Gleichgewichts wird durch eine Verlangsamung des Aufwärtstrends angezeigt.

Wenn die Relative Stärke der Verkäuferseite zunimmt, wird sie irgendwann so groß wie die Kaufkraft. Das Ergebnis ist ein theoretisch ausgewogenes Gleichgewicht zwischen den beiden, was wiederum zur Folge hat, dass sich der Markt weder nach oben noch nach unten bewegt, sondern für eine Weile eher stagniert.

Nehmen wir nun an, dass sich die neue Entwicklung fortsetzt und die Verkaufstätigkeit in Bezug auf die Kauftätigkeit noch weiter wächst, bis sie schließlich größer ist als Letztere. Dann verschiebt sich das Gleichgewicht auf die andere Seite. Nun gibt es mehr Verkäufer als Käufer und das Ergebnis wird ein allmählicher Rückgang des Börsenkurses der Aktie sein. Wenn diese Veränderung des Kräftegleichgewichts recht stetig ist und bis zu ihrem logischen Schluss weiterläuft, können wir auch ohne die Hilfe eines Charts sehen, dass unser Bild der Kursbewegung der betreffenden Aktie einen langen Aufwärtstrend zeigen würde, der sich langsam abzurunden beginnt, eine Weile in stagnierender Ungewissheit verharrt und dann einen Rückzug beginnt, der die bisherige Aufwärtsbewegung in eine neue Abwärtsbewegung verwandelt.

Das daraus resultierende technische Chartbild wäre unser Common Turn beziehungsweise Rounding Top, also die zweite unserer Umkehrformationen. Eigentlich ist das lediglich ein Chartbild der allmählichen Verschiebung des technischen Kräftegleichgewichts von der Käufer- auf die Verkäuferseite oder umgekehrt, die eine Wende der technischen Position und somit eine Wende des bisherigen Trends anzeigt. Dieses Bild ist auch als „Schüsselformation“ oder „Bowl“ bekannt, weil es einem solchen Behältnis ähnelt, die Wende nach oben einer normal dastehenden Schüssel, die Wende nach unten einer umgedrehten Schüssel.

Chartbeispiel des Rounding Tops

Diese Formation ist derart einfach, dass sie wahrscheinlich kaum einer weiteren Erklärung oder eines Beispiels bedarf, aber wir können kurz pausieren, um einen Blick auf das Rounding Top beziehungsweise den Common Turn zu werfen, der in Abbildung III.1 zu sehen ist, im Chart von United States Steel von März und April 1930.

Der allgemeine Trend war seit dem Paniktief vom November 1929 bei 150 nach oben gerichtet gewesen. Dann kam Ende März 1930 der letzte steile Anstieg von unter 185 auf mehr als 195. Man mag in der Formation mehrere Umkehrtage mit hohem Volumen erkennen, aber das Muster zeigt eindeutig die allmähliche Zunahme der Verkaufskraft über die Kaufkraft, den endgültigen Sieg der Verkaufstätigkeit und die daraus resultierende Umkehrung der technischen Position der Aktie und des übergeordneten Trends.

Wie üblich ist das hier zu sehende Muster des Common Turns nur eine Abrundung der vorherigen Bewegung, während sich die Wende zu einem neuen, entgegengesetzten Trend entwickelt. Die Ähnlichkeit des Rounding Turns mit anderen Umkehrformationen, vor allem mit der Schulter-Kopf-Schulter-Formation, ist leicht zu erkennen. Sie sind alle Bilder jenes technischen Phänomens, dass sich das Gleichgewicht zwischen Kauf- und Verkaufskraft ändert, nur dass diese Veränderung beim Common Turn allmählicher, stetiger und symmetrischer ist als bei den steilen Bewegungen und Spit-

Abbildung III.1

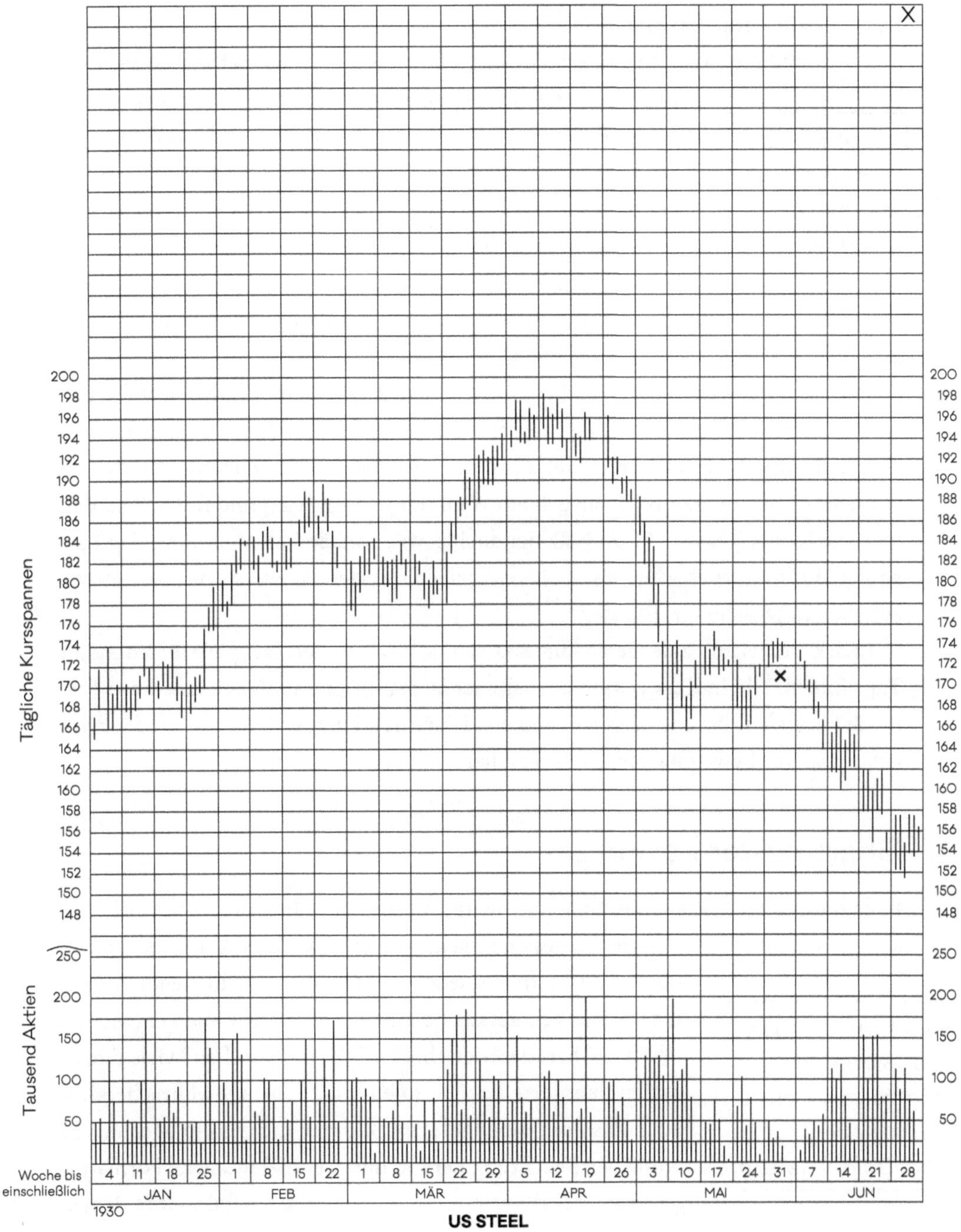

US STEEL

zen der Schulter-Kopf-Schulter-Formation. Sogar in unserer begleitenden Abbildung des Rounding Tops bei US Steel kann der Leser die Ähnlichkeit mit einem Schulter-Kopf-Schulter-Top erkennen.

Die Trennlinie zwischen den beiden Formationen ist manchmal schwer zu erkennen und oft ist es lediglich eine Frage der persönlichen Beurteilung, ob der Chartleser eine Formation als Rounding Turn oder als Schulter-Kopf-Schulter-Formation tituliert. Zum Glück ist die Beurteilung – und das ist recht natürlich – in einem solchen Fall relativ unwichtig, weil beide Formationen die gleiche Bedeutung haben und etwa gleich stark und gleich bestimmt hinsichtlich ihrer Implikation einer mehr oder weniger dauerhaften Wende des bisherigen Trends sind.

Sie sind alle Bilder jenes technischen Phänomens der Veränderung.

Ebenso wie das Rounding Top bei Steel leicht auch zu einem Schulter-Kopf-Schulter-Top hätte werden können, wenn es etwas schärfer und eindeutiger gewesen wäre und sich nicht symmetrisch in das allmählich wendende Bild eingefügt hätte – so können wir auch einen Blick zurück auf Abbildung II.4 werfen und feststellen, dass man die Formation vom Grundsatz her auch gewissermaßen als Rounding Top konstruieren könnte, auch wenn ihre steileren Spitzen sie eigentlich in eine Klasse mit dem Schulter-Kopf-Schulter-Top stellen.

In den Charts im Laufe dieses Kurses lassen sich viele weitere Beispiele für Rounding Tops finden. Die Indizes weisen ein sehr schönes im April 1930 auf, das die auf die Panik folgende Erholung beendete und den Haupttrend der Aktienkurse wieder in die lange bearishe Bewegung einschwenken ließ.

Chartmuster bei Indizes

Beiläufig können wir auch festhalten, wie und warum die Charts von Indizes häufig sehr gute Chartbilder liefern. Sie bestehen ja aus vielen einzelnen Aktien, sodass sie uns ein zusammengesetztes Bild all der verschiedenen Muster liefern, die sich gerade bei den einzelnen Papieren entwickeln und den Chart des Index bilden. Wenn ausreichend viele Einzelaktien definierte Formationen bilden, bringt wahrscheinlich auch das zusammengesetzte Bild der Indizes ein Muster von ähnlicher Bedeutung hervor, und wenn eine solche Formation im Index auftritt, vervielfachen sich ihre Kraft und ihre Bedeutung, weil sie das Geschehen in unumstößlicher Übereinstimmung anzeigt.

Beachten Sie, wie und warum die Charts von Indizes häufig sehr gute Chartbilder liefern.

Wenn beispielsweise viele einzelne Aktien genau zur gleichen Zeit starke Schulter-Kopf-Schulter-Formationen bilden würden, dann würde der Chart des Index natürlich eine ähnliche Schulter-Kopf-Schulter-Formation aufweisen. Da aber im Regelfall die vielen verschiedenen Aktien ihre „Gipfel und Täler“ nicht an genau den gleichen Tagen bilden, neigt der Indexchart dazu, ein weniger spezialisiertes und weniger deutliches Muster aufzuweisen. Aus diesem Grund sollten wir damit rechnen, dass die Indizes zu Zeiten bedeutender Wenden häufiger Common Turns oder Rounding Turns aufweisen als Charts einzelner Aktien, und in der Tat ist das auch so.

Soeben haben wir das Rounding Top bei Steel im April 1930 erwähnt. Und jetzt stellen wir fest, dass zu dieser Zeit die Indizes das gleiche Bild zeigten. Das lässt den natürlichen Schluss zu, dass neben Steel noch weitere repräsentative Aktien zur gleichen Zeit ähnliche Umkehrformationen aufwiesen. Die anderen Bilder mögen alle möglichen Arten von Umkehrmustern gewesen sein, doch sie ähnelten dem Rounding Top genug, um den allgemeinen Indizes das Erscheinungsbild dieser Formation zu verleihen. Die technische Top-Formation war daher sehr stark und bedeutend, was zu der nachträglichen Erkenntnis passt, dass sie diejenige Formation war, welche die lange und kräftige Erholung, die auf die Panik 1929 gefolgt war, in die viel längere Baisse wendete, die danach folgte.

Der Rounding Bottom

Der Rounding Bottom oder Common Upward Turn ist natürlich das Gegenteil des Common Down Turns, also einfach diese Formation auf den Kopf gestellt sowie mit den entgegengesetzten Implikationen: Statt eines Rückgangs sagt er einen Anstieg voraus. Der Rounding Bottom ist das Chartbild, das sich aus der allmählichen Zunahme der Kaufkraft ergibt, die das vorherige Gleichgewicht des Verkaufsdrucks überwindet und zu einer Umkehr der technischen Position von stark zu schwach sowie zu einer Umkehr des bisherigen Abwärtstrends in einen Trend steigender Kurse führt.

Rounding Bottoms sind aus Gründen, die wir in dem Abschnitt über das Volumen besprechen werden, etwas häufiger als Rounding Tops, doch bevor wir zu diesem Punkt kommen, untersuchen wir zunächst zwei Charts, die diese Formation in ihrer einfachsten und typischsten Erscheinungsform darstellen. Abbildung III.2 zeigt die Rundung und die Wende der großen Baisse von Case im Jahr 1932. Der Kurs war fast drei Jahre lang unter abwechselnden Rallys und Reaktionen gestiegen, deren Ausschläge immer schwächer wurden, bis der Trend schließlich im Mai 1932 abzuflachen begann. Am 10. Juni gab es einen Kaufschub, der vielleicht der ungeduldigen Akkumulation von Insidern zu verdanken war und den Kurs innerhalb zweier Tage um zehn Punkte nach oben trieb. Danach sackte der Kurs in etwa wieder in den ansteigenden Trend zurück, der bereits am Tiefpunkt zu erkennen war, und arbeitete sich unter schneller Volumenzunahme nach oben, als die Kurve anzog.

Abbildung III.2

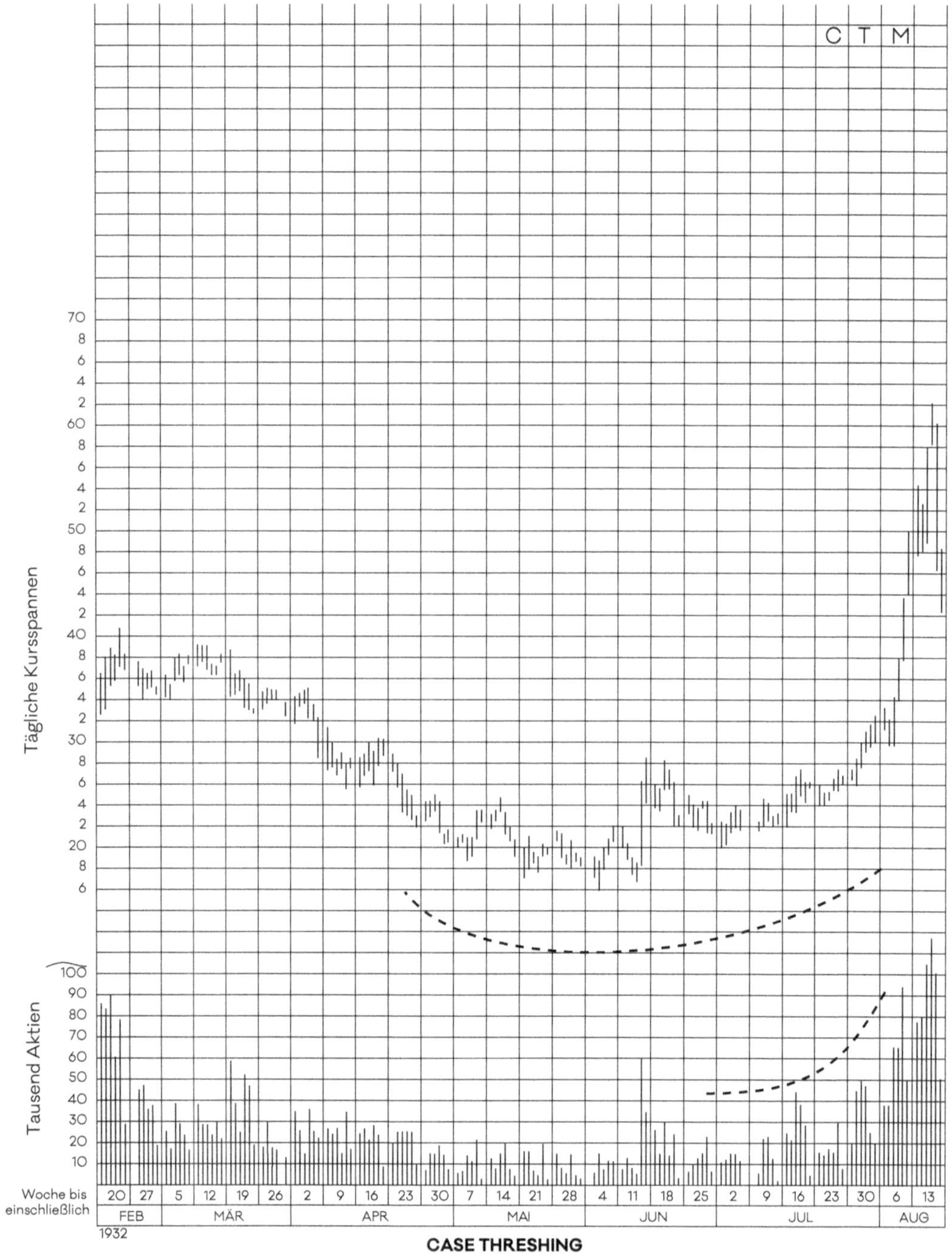

CASE THRESHING

Abbildung III.3

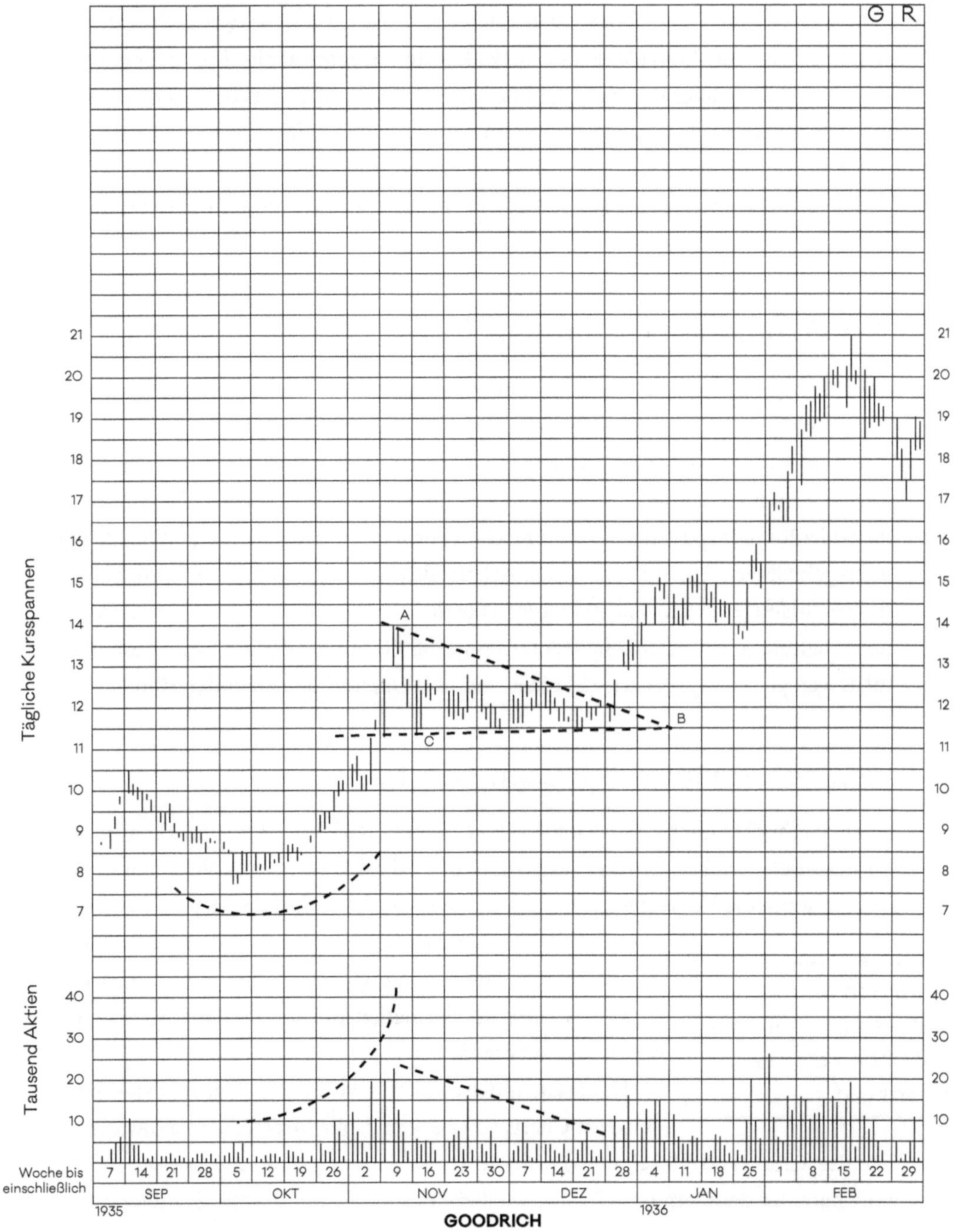

Abbildung III.3 zeigt einen Rounding Bottom bei Goodrich, der sich in eine intermediäre Reaktion umkehrte und so daraus eine neue Aufwärtsbewegung von 7 im Oktober 1935 auf 21 im Februar 1936 machte. Wie bei Case sehen wir auch in diesem Chart einen kurzen Aktivitätsschub am Boden, der die regelmäßige Kurve für ein paar Tage durchbrach, aber das typische Bild der Schüssel nicht merklich verzerrte oder durcheinanderbrachte. Und wie schon im vorigen Chart stellen wir fest, dass das Volumen rapide anzog, als sich der Aufwärtstrend entwickelte.

(Die im Goodrich-Chart auftretende Formation A-B-C werden wir in Studie VI besprechen.)

Das Volumen bei Rounding Turns

Wir haben oben erwähnt, dass Common Rounding Turns häufiger bei Böden als bei Hochs auftreten. Das ergibt sich ganz natürlich aus unseren Erfahrungen mit dem Volumen, zu dem wir vermerkt haben, dass es am Höhepunkt von bullishen Bewegungen gern hoch ist und im Laufe langer Niedergänge gern abflaut. Der Common Turn oder Rounding Turn in seiner einfachen Form ist das Bild einer sehr allmählichen und regelmäßigen Änderung des technischen Gleichgewichts. Bei diesen allmählichen und regelmäßigen Änderungen kommt es natürlich durch eine plötzliche steile Volumenzunahme zu Unregelmäßigkeiten. Das ist der Grund, weshalb einfache Rounding Turns weniger häufig an aktiven Spitzen als an lahmen Böden zu finden sind.

Volumenzunahme bei Common Turns

Wenn der Student noch einmal auf die Charts von Rounding Turns zurückkommt, die wir besprochen haben, wird er feststellen, dass in allen Fällen das Volumen rapide anzieht, wenn die Kurve den „toten Punkt" überwindet und in den neuen Trend einschwenkt. Diese merkliche Zunahme geht fast immer mit dem Common Turn oder Rounding Turn einher und ist eine wichtige Bestätigung der Formation, die uns das Kauf- beziehungsweise Verkaufssignal liefert.

Common Rounding Turns treten häufiger bei Böden als bei Hochs auf.

Der Student dieses Kurses wird feststellen, dass viele noch folgende Charts von anderen Umkehrformationen sowie mehrere der Schulter-Kopf-Schulter-Formationen in der vorigen Studie gewissermaßen am Charakter der Common Turns teilhaben. Besonders gilt dies für Schulter-Kopf-Schulter-Formationen, bei denen die Wende ohne weite Schwankungen oder steile Schübe vollzogen wird. Sehen Sie sich beispielsweise den Chart von Borden in Abbildung II.4 an. Auf jeden Fall ist dann, wenn beide Konstruktionen möglich sind, festzustellen, dass beide zur gleichen Schlussfolgerung oder Prognose führen.

Die Formation des Rounding Turns beziehungsweise Common Turns ist derart einfach, dass wir uns nicht weiter damit zu beschäftigen brauchen. Es handelt sich unter den Chart-Umkehrformationen wahrscheinlich um die logischste und am leichtesten verständliche. Sie ist zwar ebenso wie alle Chartformationen fehlbar, aber ihre Vorhersage-Implikationen sind eindeutig genug, um ihr unter unseren technischen Studien einen oberen Platz einzuräumen.

Das Dreieck beziehungsweise die Sprungfeder

Die dritte unserer wichtigsten Umkehrformationen ist allgemein als Dreieck oder Sprungfeder (englisch „Coil“) bekannt, weil sie diesen beschreibenden Bezeichnungen ähnelt. Wir bevorzugen den Begriff des Dreiecks und werden ihn auch verwenden, weil er uns das bildhafte Muster besser zu beschreiben scheint und die Beschreibung und Klassifizierung seiner Varianten erleichtert. Es gibt jedoch diverse Experten, die den Begriff der Sprungfeder verwenden, weil sie andeutet, eine Feder werde immer weiter gespannt, während die Formation auf ihren Scheitelpunkt zuläuft, bis sie schließlich freigegeben wird und aus der schmaler werdenden Formation mit der Kraft der aufgebauten Spannung herausschnellt.

Wie üblich wird das Bild des Dreiecks durch das Kursgeschehen in unserem Chart gebildet. In seiner einfachsten Form, mit der wir uns als Erstes befassen werden, sieht es aus wie ein gleichschenkliges, auf der rechten Seite liegendes Dreieck, dessen Basis am linken Ende senkrecht verläuft und dessen Mittelsenkrechte eine waagerechte, nach rechts verlaufende Linie darstellt. Darum bildet sich auch sein Scheitelpunkt rechts, sodass das gesamte Dreieck in diese Richtung weist, also auf die künftige Formung des Charts, nicht auf die Vergangenheit verweist. Diese Grundform werden wir im Folgenden als symmetrisches Dreieck bezeichnen.

Diese Grundformation ergibt sich aus zunächst vergleichsweise großen Ausschlägen der Kursspanne im Chart, auf die eine allmähliche und symmetrische Verengung auf Kursausschläge folgt, die die Spanne immer kleiner werden lässt, bis dann an einem Punkt der Scheitelpunkt erreicht wird, an dem die täglichen Kursspannen der Aktie ungewöhnlich klein sind und daher natürlich auch beim Volumen Ebbe herrscht, weil das Interesse an der Aktie und der Handel mit ihr abnehmen.

Selbstverständlich ist dieses Grundmuster niemals perfekt, sondern üblicherweise von Unregelmäßigkeiten durchbrochen. Deshalb muss man bei der Auslegung der Dreiecksformation viel Spielraum lassen. Das allgemeine Bild gehört jedoch zu den häufigsten und wichtigsten Chartformationen.

Als Umkehrformation ist das Dreieck nicht zuverlässig

Da wir in diesem Abschnitt die grundlegenden Umkehrformationen untersuchen, beschränkt sich die aktuelle Studie auf die Betrachtung des Dreiecks als eine Form der Umkehr – jedoch ist es angebracht und sogar wichtig, uns sofort klarzumachen, dass das Dreieck keinesfalls immer auf eine Umkehr der technischen Position hinweist. Tatsächlich erscheint das Dreieck häufiger als vermittelnde Formation oder Fortsetzungsformation denn als Umkehrformation, und unter diesem Aspekt werden wir es in Studie VI erneut untersuchen.

Vorläufig reicht es jedoch, wenn uns klar ist, dass das Dreieck eine Fortsetzungs- oder eine Umkehrformation sein kann. Das ist der Hauptgrund, weshalb es keine so bedeutende Umkehrformation wie das Schulter-Kopf-Schulter-Muster ist. Wir räumen dieser Formation hinsichtlich der Bedeutung den zweiten Rang ein, weil die Schulter-Kopf-Schulter-Formation praktisch immer auf eine Wende hindeutet, während sich das Dreieck, auch wenn es häufiger anzutreffen ist, mit dem zweiten Platz begnügen muss, weil es in Bezug auf seine Implikationen weder so eindeutig noch so zuverlässig ist.

Dieser Nachteil des Dreiecks als Beispiel für eine Umkehrformation ist praktischer Natur, denn es gibt keine verlässliche Möglichkeit, während seiner Bildung zu sagen, ob ein Dreieck einen Übergang oder eine Umkehr bedeutet. Selbstverständlich muss der Chartstudent nach dem Abschluss jeder Formation sorgfältig auf die Richtung und die Art der nachfolgenden Kursbewegung achten, um sicherzugehen, dass er eine korrekte Analyse durchgeführt hat und dass das festgestellte Muster echt ist – jedoch kann er sich im Falle anderer Chartbilder fast immer im Voraus aus der Art und dem Stil des Musters an sich heraus eine klare Meinung darüber bilden, wie die nächste Bewegung aussehen *sollte*, bevor es abgeschlossen ist.

Im Falle des Dreiecks ist uns keine sichere Regel bekannt, nach welcher der Student gewiss sein kann, dass die Dreiecksformation einen Übergang oder eine Wende anzeigt, bevor die nachfolgende Bewegung aus dem Scheitelpunkt des Dreiecks ausgebrochen ist. Daher deutet das Dreieck im Vergleich zu anderen Umkehrformationen keine so frühe Vorhersage an.

Die Breakaway-Bewegung

Aus unserer Beschreibung des Dreiecks an sich ergibt sich die Überlegung, dass während der Verengung der Kursspanne und der Aktivität, durch die sich ein Scheitelpunkt bildet, eine kritische Phase naht, in der die anormal schmale Spanne einer weiteren und entschlosseneren Bewegung Raum geben muss.

Der Beginn dieser nachfolgenden Bewegung, die auf den Scheitelpunkt des Dreiecks folgt, wird als Breakaway oder Ausbruch bezeichnet, und sie deutet im Allgemeinen die Richtung der großen, profitablen Kursbewegung an, die auf die Formation folgen wird. In manchen Fällen folgt auf den Scheitelpunkt eine sogenannte Fehlbewegung, also eine kurze, vorübergehende Kursverschiebung in der Richtung, die derjenigen der späteren und eigentlichen übergeordneten Bewegung entgegengesetzt ist. Solche Fehlbewegungen werden in Studie IX noch ausführlicher besprochen. Sie sind vergleichsweise selten, doch wenn sie auftreten, werfen sie einen weiteren Nachteil der Dreiecksformation auf.

Wir möchten dem Leser nicht den Eindruck vermitteln, wir würden das Dreieck verachten oder ihm misstrauen. Im Gegenteil: Wir halten es für eine sehr wichtige und sehr nützliche Chartformation. Wir versuchen lediglich, ein klares und vollständiges Bild von den Nachteilen dieses Musters zu vermitteln, vor allem als Hinweis auf eine Wende, denn sie sind etwas größer als bei anderen technischen Bildern.

Es deutet häufiger auf eine Fortsetzung als auf eine Umkehr hin

Es ist nur angebracht, erneut festzustellen, dass das Dreieck zwar als Form der Umkehr sowohl häufig als auch bedeutend, indes als Fortsetzungsformation häufiger und bedeutender ist. Anders gesagt zeigt das Dreieck unter sonst gleichen Bedingungen häufiger eine Fortsetzung der bisherigen übergeordneten Bewegung an als eine Umkehr des bisherigen Trends.

Der Breakaway deutet im Allgemeinen die Richtung der Kursbewegung an, die auf die Formation folgen wird.

Wir haben gesagt, dass es während des Entwicklungsprozesses dieser Formation schwierig ist, aus dem Muster an sich heraus sicher zu sein, ob es sich als Fortsetzung oder als Wende entpuppen wird. Diese Aussage wird durch den obigen Absatz relativiert, denn daraus folgt natürlich, dass man bei einem in der Ausbildung befindlichen Dreieck *grundsätzlich* so lange davon ausgehen sollte, dass es eine Fortsetzungs- oder Übergangsformation sein wird, bis das Gegenteil bewiesen ist.

Hilfestellungen bei der Vorab-Beurteilung

Weiterhin ist es nützlich, das Muster der Gesamtbewegung, die dem Beginn der Bildung des Dreiecks vorangegangen ist, zu betrachten. War die vorherige Bewegung lange und beginnt sie, andere Anzeichen einer möglichen Erschöpfung aufzuweisen, dann stehen die Chancen eher günstig, dass das Dreieck eine Umkehr anzeigen wird. War der vorherige Major-Trend hingegen kurz und andere Anzeichen deuten auf eine Fortsetzung des Trends hin, dann sprechen die Chancen natürlich eher dafür, dass es sich wirklich als Fortsetzung statt als die seltenere Form der Umkehr erweisen wird.

Häufig ist im Zusammenhang mit der Chartanalyse des symmetrischen Dreiecks auch die Analyse anderer und grundlegenderer Faktoren wichtig und nützlich. Hier gibt das technische Bild für sich genommen nicht die üblichen eindeutigen Vorhersagesignale, sondern das symmetrische Dreieck betont lediglich den Hinweis, dass es irgendwo in der Nähe des sich bildenden Scheitelpunkts eine sehr breite, schnelle und lohnenswerte Kursbewegung der betreffenden Aktie geben wird. In welche Richtung? Um diese Frage zu beantworten, sind wir gezwungen, woanders zu suchen oder den Ausbruch abzuwarten.

Wir haben zwar auf einen möglichen Anhaltspunkt hingewiesen, aber die hilfreichsten Hinweise haben in einem solchen Fall im Allgemeinen mit Fundamentaldaten oder zumindest mit Aspekten zu tun, die nicht unmittelbar in der technischen Formation an sich vorhanden sind. Wie hoch ist der Gewinn? Wie sehen die künftigen Aussichten aus? Welche überraschenden Nachrichten sind zu dieser Aktie möglich? Wie sind die allgemeinen konjunkturellen Aussichten? Ist die technische Position anderer Aktien und des breiten Marktes stark oder schwach? Diese relevanten Fragen sind zwar keineswegs alle fundamentaler Natur, doch sie geben häufig die richtige Antwort auf unsere technische Fragestellung, ob sich ein im Bildungsprozess befindliches symmetrisches Dreieck als echte Umkehr des technischen Trends oder lediglich als Fortsetzungsformation erweisen wird (ein vorübergehender Stopp oder Stau, der zu einer kräftigen Wiederaufnahme des vorherigen Trends führt).

Beispiele für Dreiecke als Umkehrformation

Wir hielten es für notwendig, in dieser Einführung zunächst die Nachteile der Dreiecksformation herauszustellen, doch nun können wir uns unserem unmittelbareren Interesse widmen, nämlich dem Studium des Dreiecks nicht im Allgemeinen, sondern als eindeutige Wende der vorherigen übergeordneten Bewegung.

Wenn ein Dreieck die Bewegung von aufwärts nach abwärts umkehrt, heißt es logischerweise Dreiecks-Top, und wenn es den bisherigen Trend von abwärts nach aufwärts umkehrt, heißt es Dreiecks-Boden.

Abbildung III.4 zeigt ein gutes Beispiel für das symmetrische Dreieck als Umkehrformation, die bei den April-Hochs von Auburn im Jahr 1936 auftrat. Der Student wird problemlos das Dreiecksmuster sehen, das dieser Chart andeutet, auch ohne Zuhilfenahme der Begrenzungslinien, die von den Punkten A und B zum Scheitelpunkt C eingezeichnet wurden. Punkt A ist der Höhepunkt der intermediären bullishen Bewegung, die Auburn am 5. März auf 54 1/4 getragen hatte. Punkt B ist der Tiefpunkt der untergeordneten Reaktion, die dem endgültigen Aufwärtsschub des Kurses vorangegangen war. Bis zu diesem Punkt hatte der Chart von Auburn eine Weile das Bild stetig höherer Hochs und höherer Tiefs bei jedem untergeordneten

Ausschlag der Kursspanne gezeigt. Doch nun halten sich die Böden zwar weiterhin innerhalb eines leichten Aufwärtstrends, doch die untergeordneten Rallys werden nach und nach schwächer, was zur Folge hat, dass sich die Kursspanne merklich verengt und im Scheitelpunkt C zusammenläuft. Beachten Sie in dieser Periode der sich verengenden Kursspanne, dass das Transaktionsvolumen tendenziell das Volumen jeder Woche merklich weniger „versiegen" lässt, während der Scheitelpunkt der Kursformation näher rückt.

Doch wie wir in unserer allgemeinen Vorstellung der Dreiecksformation bereits angemerkt haben, lässt sich allein aus diesem Chart nicht erkennen, in welche Richtung der Kurs letztlich ausbrechen wird. Würden wir jedoch mehrere Charts verfolgen, dann hätten wir sehen müssen, dass viele von ihnen zur gleichen Zeit Formationen entwickelten, die auf eine Wende hindeuten, sodass wir guten Grund gehabt hätten, unserem Auburn-Dreieck ein wenig zu misstrauen.

Durch Volumen bestätigter Ausbruch

Unser Misstrauen wurde am 11. April zumindest teilweise bestätigt, als der Kurs nach unten durch unsere Begrenzungslinie brach und das Volumen (unter Berücksichtigung der Tatsache, dass das ein Samstag war, an dem nur zwei Stunden lang gehandelt wurde[1]) eine deutliche Zunahme aufwies. Doch zum Handelsschluss jenes Tages führte die letzte Transaktion praktisch zurück zu unserem Muster – gewiss kein entscheidender Ausbruch und möglicherweise, sofern wir das damals beurteilen konnten, nur eine Fehlbewegung (über die wir später noch sprechen werden). Am Montag ging es dann aber los. Das Volumen war höher als an allen Tagen der vorangegangenen beiden Wochen, der Kurs brach definitiv aus und schloss um mehr als drei Punkte unterhalb unseres Musters. Zeit, Auburn zu verkaufen!

Wir haben das Volumengeschehen bei unserer Untersuchung von Abbildung III.4 betont, weil es typisch für die Dreiecksformation ist, sei sie nun eine Umkehr oder eine Fortsetzung. Das schrumpfende Volumen, während sich das Muster zu seinem Scheitelpunkt vorarbeitet, ist immer recht auffallend, wenn auch nicht notwendigerweise regelmäßig von Tag zu Tag. Mit deutlich höherem Volumen beim Ausbruch des Kurses aus der Formation ist immer zu rechnen, und einen etwaigen leichten Ausbruch unter trägem Volumen sollte man durchaus mit Vorsicht genießen. Der tatsächliche Ausbruch in den neuen Trend (oder die schnelle Wiederaufnahme des alten Trends) wird fast immer unverzüglich durch spürbar höheres Volumen bestätigt. Der Student wird feststellen, dass die Volumenregel zum endgültigen Ausbruch aus der Formation im Falle des Dreiecks die gleiche ist wie bei den zuvor untersuchten anderen Forma-

1 Viele Jahre lang wurde an der New York Stock Exchange an Samstagen halbtags gehandelt, aber schließlich wurde das abgeschafft.

Abbildung III.4

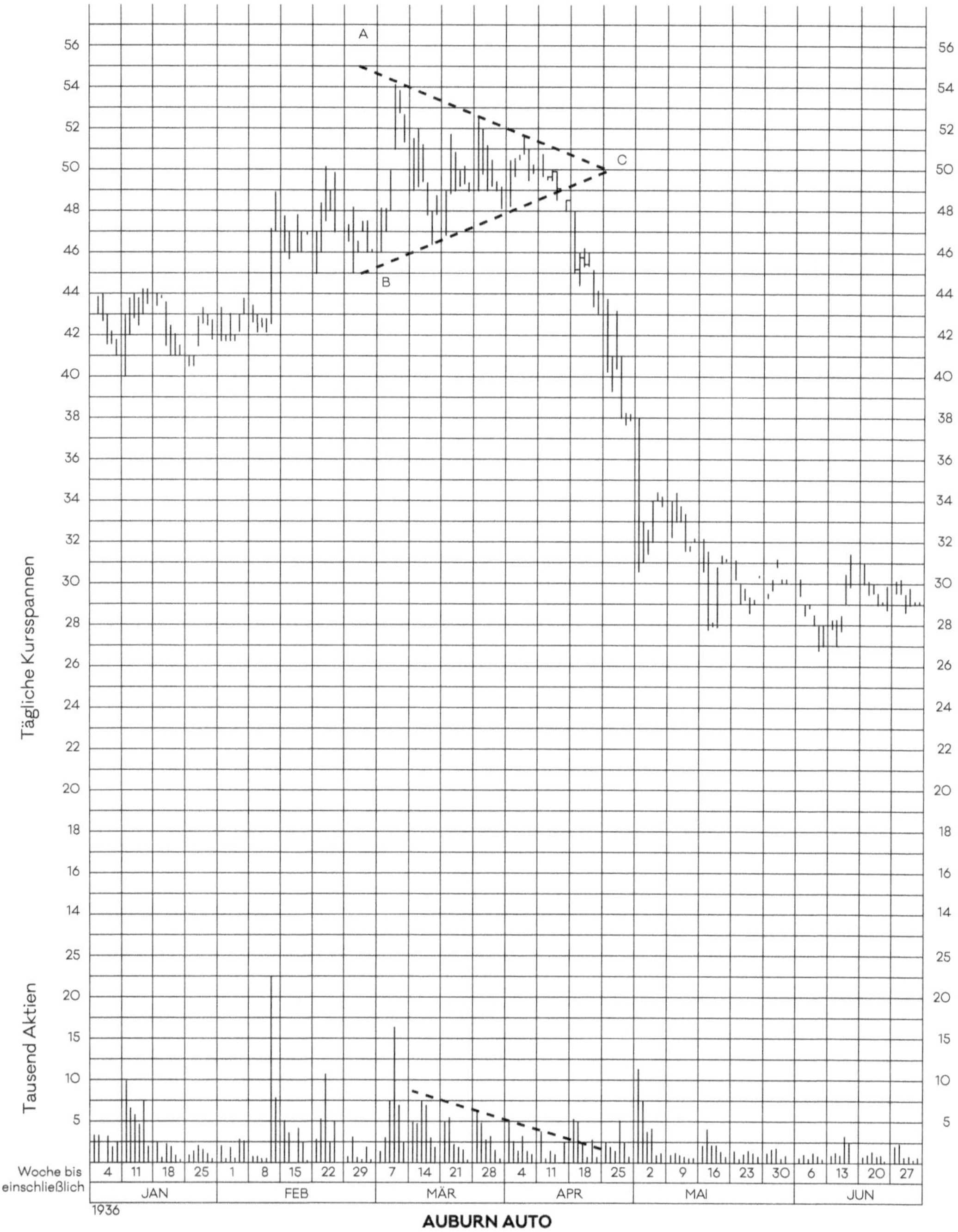

AUBURN AUTO

Abbildung III.5

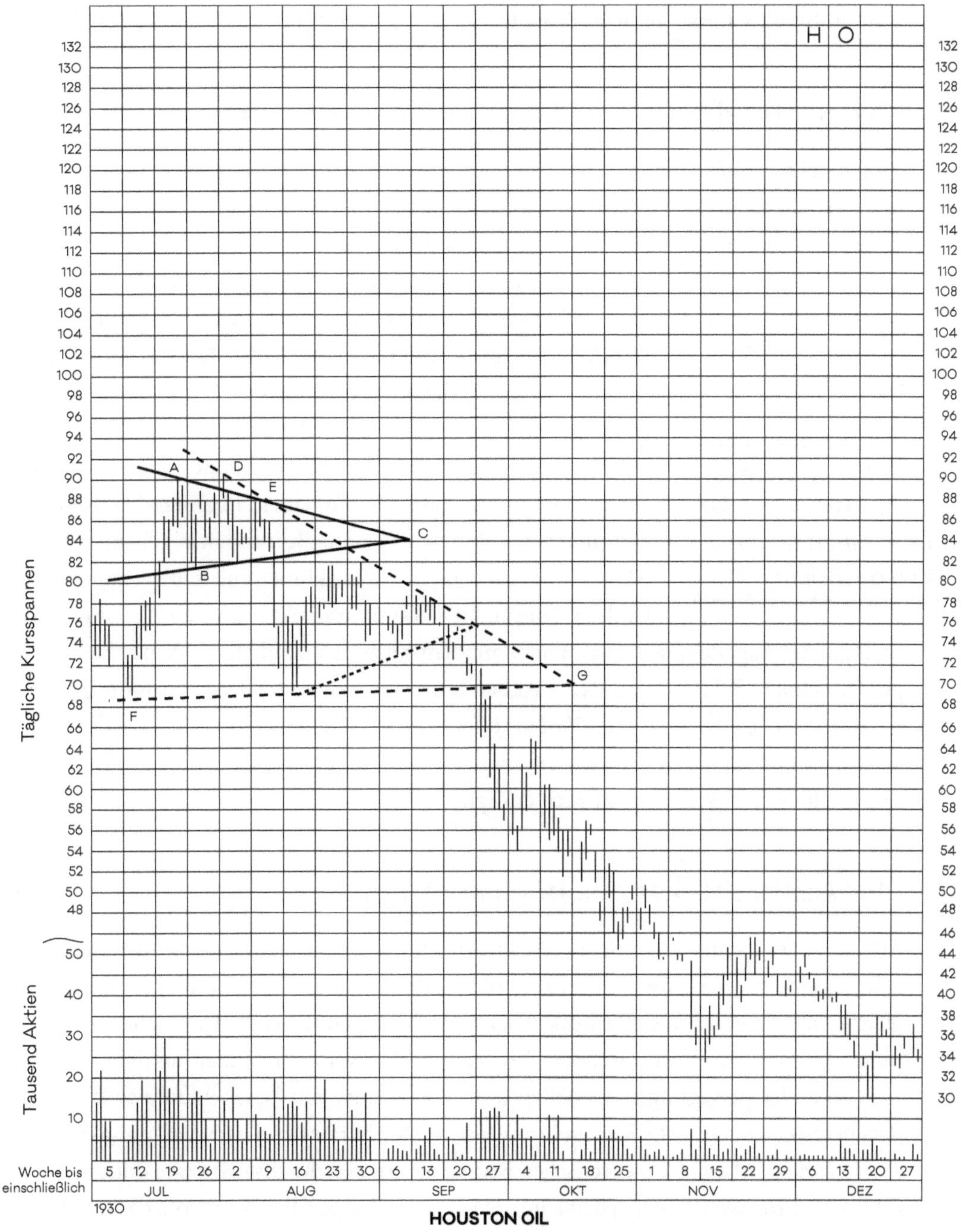

tionen, und dazu ist des Weiteren anzumerken, dass diese allgemeine Regel – dass das Volumen merklich anzieht, wenn der Kurs in einen neuen Trend oder aus einer Stauzone ausbricht – für so gut wie alle bedeutenden technischen Formationen gilt.

Der Scheitelpunkt wird nicht immer erreicht

Es gibt noch einen weiteren Punkt, über den man durchaus sprechen kann, bevor wir unsere Untersuchung von Abbildung III.4 fallen lassen, auch wenn er im geistigen Bild, das der Student vom Dreieck hat, Verwirrung stiften kann.

Es ist nicht notwendig, dass sich der Kurs bis zum absoluten Scheitelpunkt des Musters zurückzieht, bevor er in die neue Bewegung ausbricht. Tatsächlich tut er dies sogar sehr selten, und häufig erfolgt der Ausbruch in einem gewissen Abstand von dem im Chart angepeilten Scheitelpunkt. Sobald erkennbar wird, dass die Kursspanne konvergiert und sich ein Dreiecksmuster bildet, müssen wir zumindest vorläufig unsere Begrenzungslinien zeichnen und darauf gefasst sein, dass sie unter einem begleitenden Volumensignal durchbrochen werden. Bei sehr aktiv gehandelten Aktien – bei führenden Unternehmen mit zahlreichen im Umlauf befindlichen Aktien und einer großen Anhängerschaft in der Allgemeinheit – kann man mit dem Ausbruch deutlich vor dem Scheitelpunkt rechnen. Bei relativ inaktiven Aktien hingegen – die normalerweise nur in Zeiten des schnellen Anstiegs oder Verfalls öffentliches Interesse erregen – kann sich die Volumen- und Kursspanne bis hin zu unserem theoretischen Scheitelpunkt hin in fast nichts auflösen, bevor der Ausbruch erfolgt.

Das Volumen zieht merklich an, wenn der Kurs in einen neuen Trend ausbricht.

Der Ausbruch kann schnell kommen

Mit einem frühzeitigen oder späten Ausbruch aus einem symmetrischen Umkehrdreieck ist keine spezielle Bedeutung verbunden, die Prognose ist in beiden Fällen die gleiche. Jedoch erfordert ein Dreieck, bei dem die Kursspanne weit in den Scheitelpunkt hinein konvergiert, eine kritischere Überprüfung etwaiger auftretender, aus dem Rahmen fallender Bewegungen. Dabei wird die Kursspanne am Scheitelpunkt so klein, dass bereits eine schwache Kursänderung, die vielleicht nur durch wenige Transaktionen bewirkt wird, unsere theoretischen Begrenzungslinien durchstoßen und doch kein echtes Ausbruchssignal darstellen kann. Je länger und enger die Formation, desto notwendiger ist es, einen eindeutigen Ausbruch abzuwarten, der klar außerhalb des Musters schließt und eine beträchtliche Volumenzunahme bestätigt, bevor man für die Aktie eine Kauf- oder Verkaufsorder aufgibt.

Varianten von Dreiecks-Tops

In Abbildung III.5 haben wir einen sehr interessanten Chart, dessen genaue Prüfung sich auszahlen wird. Dieser Chart bildet das Kurs- und Volumengeschehen bei Houston Oil zu der Zeit ab, als die Aktie zwischenzeitlich eine sehr beeindruckende Rally vollzogen hatte und dann wieder in den langen Abwärtstrend einschwenkte. Die Spitze dieser Bewegung bildete ein Muster, das sehr schön den Punkt veranschaulicht, den wir auf Seite 104 angesprochen haben, als wir schrieben, dass sich gewisse Formationen zwar auf mehr als eine Art klassifizieren lassen, aber trotzdem die gleiche Prognose anzeigen.

So lässt sich die Top-Formation dieses Charts beispielsweise als symmetrisches Dreieck oder als Schulter-Kopf-Schulter-Formation konstruieren. Manche Chartstudenten sehen in der sich entwickelnden Formation eine Schulter-Kopf-Schulter-Formation mit dem Kopf bei D und den Schultern bei A und E, während andere darin eher die Andeutung eines Dreiecks sehen, in dem der Kurstrend entlang der Linien A-C und B-C zusammenläuft. Beide Konstruktionen sind vollkommen gültig, und sie haben, wie oben angemerkt, die gleiche Bedeutung. Zufällig ist in diesem Fall die Begrenzungslinie B-C des Dreiecks auch die Nacken-Grundlinie der Schulter-Kopf-Schulter-Formation. Diese Linie wurde am 8. August unter hohem Volumen durchbrochen.

Die strenge Konstruktion von Begrenzungslinien

Beim Zeichnen der Begrenzungslinien des Dreiecks A-B-C ignorierten wir den Umkehrtag bei D, ein Spielraum, den man sich manchmal, wie wir auf Seite 109 festgestellt haben, bei der Konstruktion von Dreiecksformationen nehmen muss. Ein sehr strenger Techniker mag dem als Verstoß gegen eine der Regeln seiner Wissenschaft widersprechen, die besagt, dass die Linien dieses Musters immer durch die äußeren Begrenzungen gezogen werden müssen, niemals durch einen Teil der Kursspanne. Grundsätzlich stimmen wir dem auch zu und möchten den Studenten davor warnen, sich bei seinem Chart derartige Freiheiten zu nehmen, bevor er nicht beträchtliche Erfahrungen gesammelt hat. In diesem Fall ist das dreieckige Muster sehr offensichtlich, und die Linie A-E-C beschreibt die äußeren Grenzen der bedeutenden Stauzone.

Ein frühzeitiger Ausbruch ist zuverlässig

Dieser Chart von Houston veranschaulicht auch einen typischen Ausbruch in der Frühphase der Entwicklung des Dreiecks, auf weniger als halbem Wege vom Beginn des Musters bis zum theoretischen Scheitelpunkt C. Solche frühzeitigen Ausbrüche sind wie oben angemerkt fast immer echt und verlangen promptes Handeln – in diesem Fall den Verkauf.

Der Verkauf der Houston-Aktie nach diesem Ausbruchssignal wäre vermutlich bei einem Kurs von rund 75 erfolgt, und dann hätten wir eine Periode gehabt, während derer sich unsere Prognose scheinbar weigerte, sich zu bewahrheiten. Man beachte jedoch, dass der Kurs im Zuge der nachfolgenden Rally nicht über das Ausbruchsniveau stieg und dass die abwärtsgerichtete Implikation unserer Umkehrformation letztlich zum Tragen kam und dem technischen Trader mit dem Mut, zu seinen Überzeugungen zu stehen, einen erheblichen Gewinn einbrachte. Diese Rally, die nicht zum Niveau des Ausbruchs zurückkehrt, ist ein häufiges Vorkommnis, das im späteren Verlauf des Kurses beim Studium der Widerstände und der Platzierung von Stop-Loss-Orders aufgegriffen wird.

Ein weiteres Merkmal des Charts von Houston ist das Dreieck A-G-F. Streng genommen passt das eher zum Charakter eines rechtwinkligen Dreiecks als zu dem eines symmetrischen Dreiecks. Wir greifen die Bedeutung rechtwinkliger Dreiecke in dieser Studie noch auf. Einstweilen mag es genügen, zu sagen, dass dieses größere Muster eine noch stärkere Vorhersage eines nahenden Niedergangs von größeren Ausmaßen abgab. Der von hohem Volumen begleitete Ausbruch am 22. September ist ausschlaggebend und typisch.

Dreiecke in Wochen- und Monatscharts

Abbildung III.6 zeigt Dreiecks-Umkehrformationen, mit denen wir in Langfristcharts rechnen können – einmal in einem Wochenchart von Standard Oil of New Jersey und einmal in einem Monatschart von Public Service of New Jersey. Der Student mag aus ihnen den gleichen Nutzen ziehen wie von der langfristigen Schulter-Kopf-Schulter-Formation, die in Studie II gezeigt und besprochen wurde, und dem Leser wird nahegelegt, zu dieser Stelle zurückzublättern und unsere Erläuterung ihres praktischen Wertes noch einmal durchzugehen.

Dreiecke als Umkehrformation am Boden

Wir können das Thema der Wende am Boden in Form eines symmetrischen Dreiecks, das die Wende von einem Abwärts- zu einem Aufwärtstrend signalisiert, mit einem kurzen Verweis auf zwei typische Beispiele abhandeln.

Abbildung III.7 zeigt ein Dreieck als Umkehrformation am Boden bei Auburn im Herbst 1933. Der Kurs durchstieß am 3. November die Begrenzungslinie nach oben, allerdings nicht entscheidend. Wenn man am darauffolgenden Tag, der ein Samstag war, das im Chart zu sehende Volumen verdoppelt, um es angemessen mit den vorangegangenen vollständigen Handelstagen vergleichen zu können, sehen wir unseren Ausbruch bestätigt und die Trendwende etabliert.

Abbildung III.6

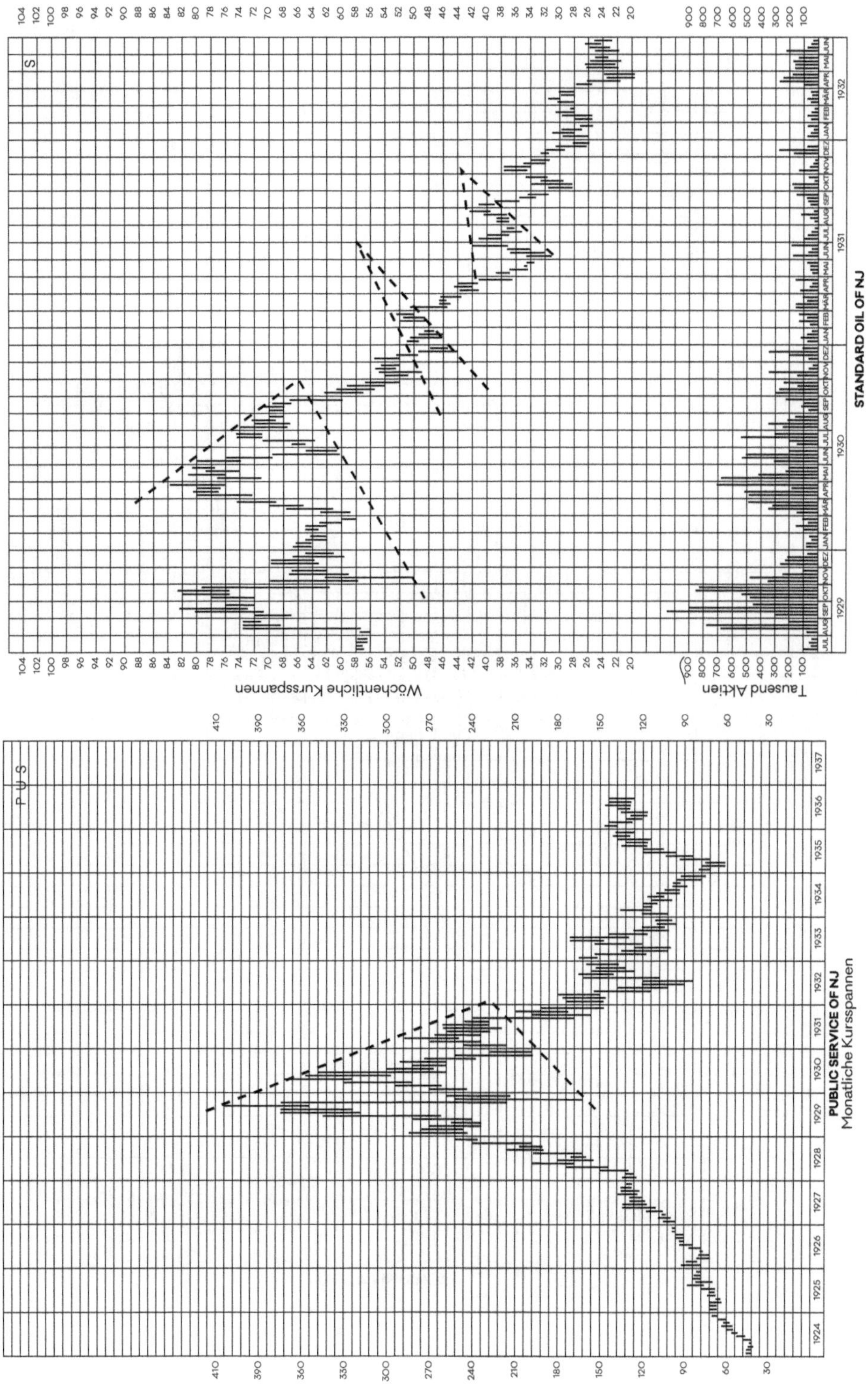

Abbildung III.7

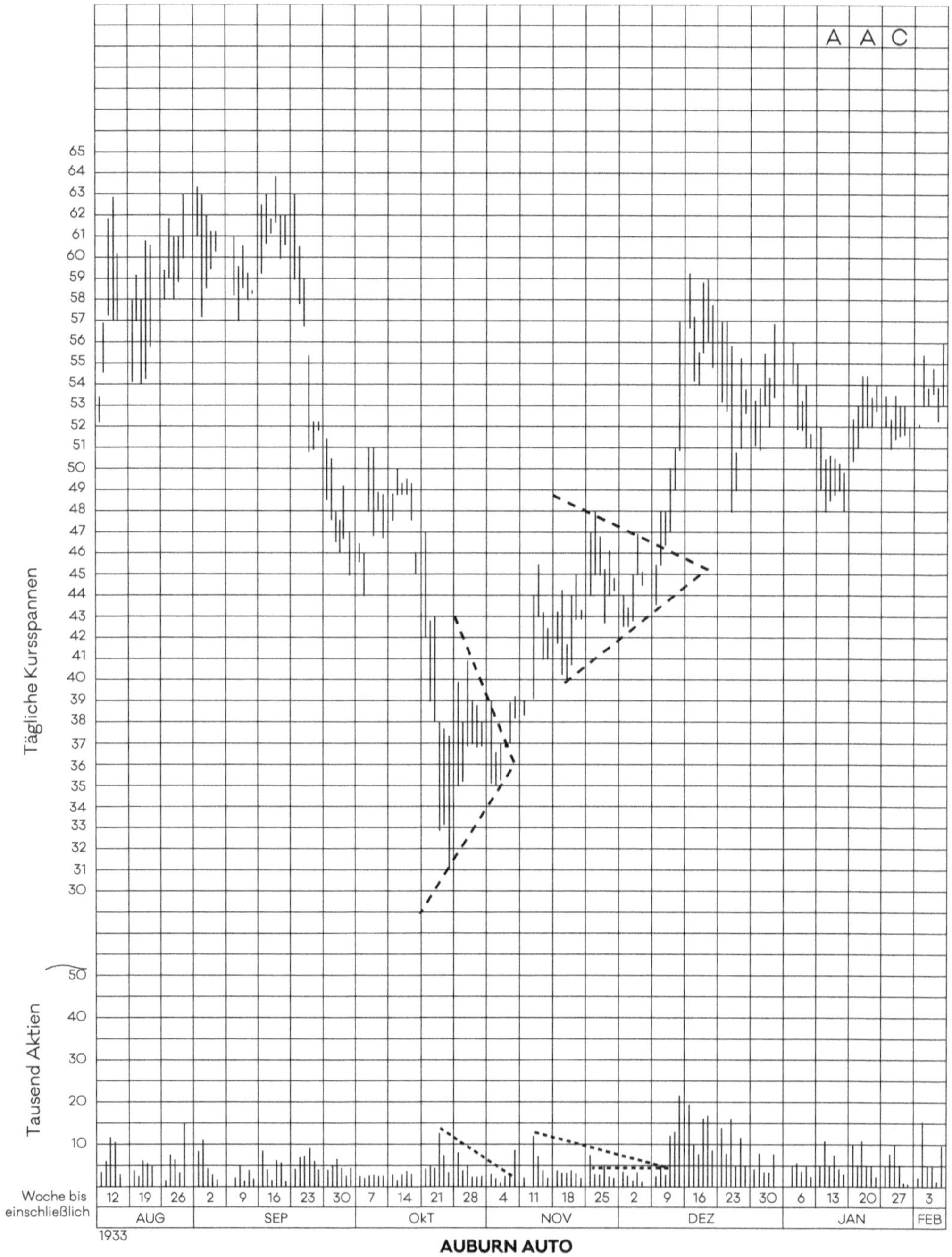

AUBURN AUTO

Abbildung III.8

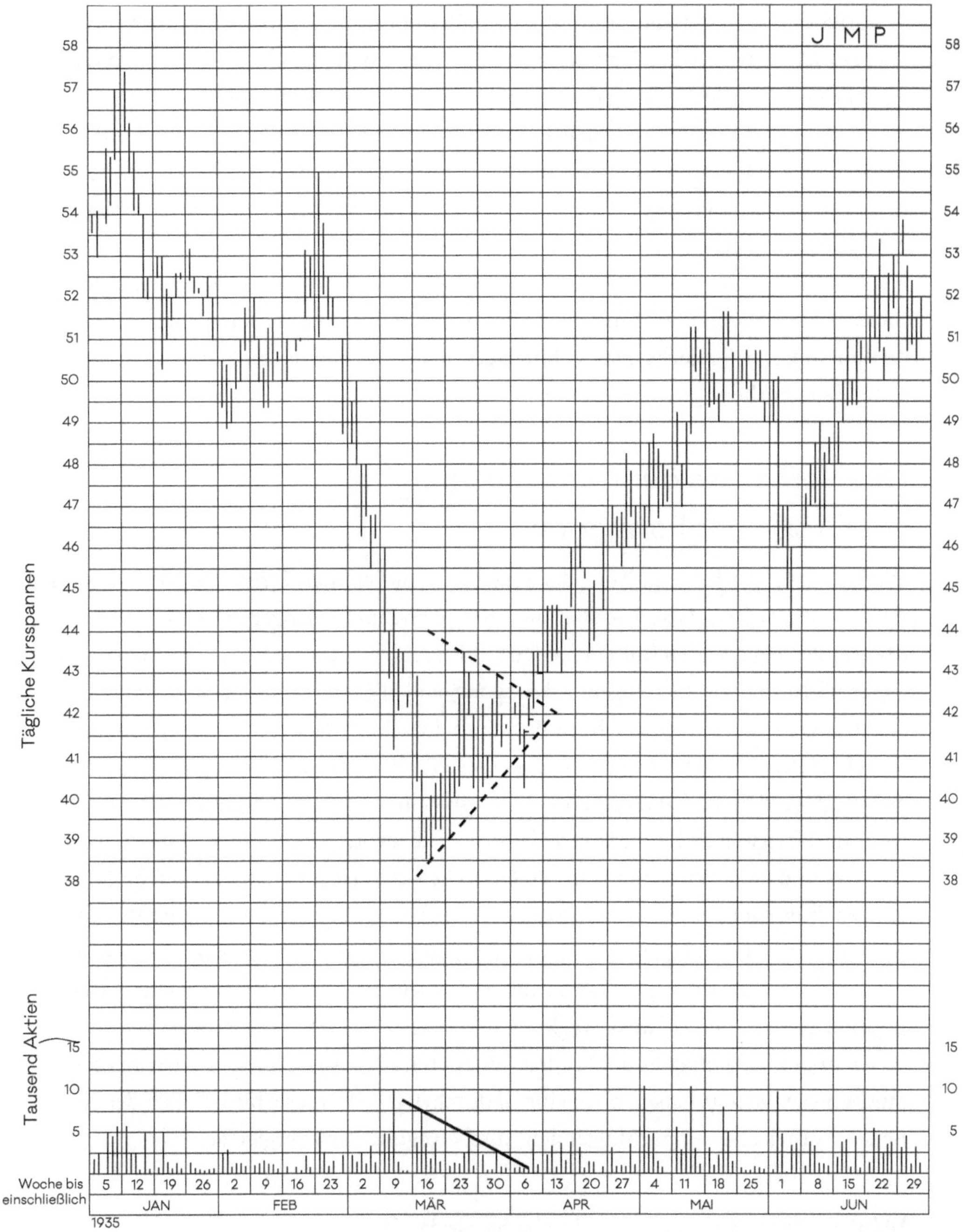

JOHNS MANVILLE

Abbildung III.8 zeigt ein symmetrisches Dreieck, das sich bei der Aufwärtswende von Johns Manville im März 1935 bildete. In diesem Chart ist die Kursbewegung am 3. April beachtenswert, die zwar unter die untere Begrenzung unseres Musters reicht, aber zurückkehrt und den Tag innerhalb des Musters beschließt. Kehren Sie an diesem Punkt zu unserer Behandlung der Wahrscheinlichkeit von Fehlbewegungen bei Dreiecken, die sich bis weit zum Scheitelpunkt vorarbeiten, bevor sie ausbrechen, auf Seite 116 zurück. Das Transaktionsvolumen war am 3. April unwesentlich, was uns neben der Tatsache, dass der Tagesschlusskurs ins Innere der Formation fiel, daran gehindert hätte, sie falsch auszulegen und verfrüht zu handeln. Am 5. April gab es eine ähnliche Kursbewegung, die praktisch erneut innerhalb des Musters schloss, doch beachten Sie diesmal die Volumenzunahme – ein wichtiger Hinweis auf die wahrscheinliche Bedeutung unseres Dreiecks. Das Volumengeschehen an den nachfolgenden Tagen bestätigte die Vorhersage einer Wende.

Das Verhältnis der Kursbewegung zur Größe der Formation

Wir haben bei der Untersuchung der Schulter-Kopf-Schulter-Formation das allgemeine Prinzip erwähnt, dass, je größer die Kursspanne und je länger die zeitliche Dauer, die die Bildung eines technischen Chartbilds erfordert, umso größer die Bedeutung dieses Bildes und die nachfolgende Bewegung sind, die die Formation vorhersagt. Dieses allgemeine Prinzip gilt auch für das symmetrische Dreieck als Umkehrformation, jedoch müssen wir erneut betonen, dass diese Regel nur in höchst allgemeiner Weise ausgelegt werden darf und es davon viele Ausnahmen gibt. Gelegentlich gibt es sehr lange und fortgesetzte Bewegungen, die sich aus überraschend kleinen Dreiecken entwickeln, und umgekehrt führen große Dreiecke selten zu enttäuschend kurzen Bewegungen. Indes ist es nützlich, diese Regel im Kopf zu behalten. Unser Wort der Warnung wird hier vor allem ausgesprochen, um den Studenten daran zu gemahnen, dass sich das technische Bild jederzeit ändern kann und er seinen Chart, nachdem er eine Aktienposition eingegangen ist, nicht weglegen und vergessen darf.

An dieser Stelle mag es der Student nützlich finden, die Charts, die wir in dieser Studie bisher gezeigt haben, noch einmal durchzugehen und sie hinsichtlich der Größe der Muster und der nachfolgenden Kursbewegungen zu vergleichen.

Wellenbewegung nach dem Scheitelpunkt

Bevor wir das symmetrische Dreieck als Umkehrformation verlassen, erscheint es nicht unangebracht, am Rande ein eher ungewöhnliches Geschehen zu erwähnen, das in seltenen Fällen auf den Abschluss des Scheitelpunkts eines Dreiecks folgt. Wir haben gesehen, dass die Bewegung an diesem Punkt oder häufiger noch vor seiner Erreichung gewöhnlich die Form eines Ausbruchs annimmt, auf den unmittelbar ein lohnenswerter Anstieg beziehungsweise Abstieg folgt. In Ausnahmefällen und insbesondere wenn das Dreieck irgendwie unregelmäßig und abgenutzt ist sowie bei einem inaktiven oder unentschlossenen allgemeinen Markt, bildet ein symmetrisches Dreieck einen guten und echten Scheitelpunkt aus, doch es findet kein Ausbruch und keine scharfe Folgebewegung statt. Stattdessen bleibt die Aktie vergleichsweise inaktiv und lethargisch. Zwar vergrößert sich die Kursspanne vom Scheitelpunkt aus, jedoch nur moderat.

Je größer die Kursspanne und je länger die zeitliche Dauer, umso größer die Bedeutung dieses Bildes.

In solchen Fällen ist im Allgemeinen festzustellen, dass dieses unentschlossene Schwanken nicht nur eine Woche oder länger anhält, sondern dass die Kursspanne um das Niveau des vorangegangenen Scheitelpunkts hin- und herschwingt. Anders gesagt hat die Aktie das Dreieck hinter sich gelassen und schwankt in einem breiteren Bereich als am Scheitelpunkt, läuft aber in keiner Richtung sehr weit. Vielleicht weist sie drei oder vier Tage lang einen sanften Rückgang auf etwa drei oder vier Punkte unter das Niveau des vorigen Scheitelpunkts auf, kehrt dann lustlos um und schwingt drei oder vier Tage lang in einem Bereich von etwa drei oder vier Punkten über dem Niveau des vorigen Scheitelpunkts. Es können vier oder fünf solche stillen, desinteressierten Wendebewegungen auftreten, bis die Aktie schließlich zum Leben erwacht und beschließt, sich in eine bestimmte Richtung zu bewegen: Und selbst dann ist die nachfolgende übergeordnete Bewegung selten steil oder schnell, und häufig muss einer solchen übergeordneten Bewegung eine weitere kleine technische Formation vorausgehen, sodass sich die vorangegangene Dreiecksformation noch weiter streckt und zu einem weiteren allmählichen Scheitelpunkt gelangt.

Diese seltene „Wellenbewegung" ist die alternative Nachfolgebewegung des Scheitelpunkts eines recht langen Dreiecks und die Ausnahme zu der üblichen Vorhersage einer schnellen und kräftigen Ausbruchsbewegung durch ein solches Dreieck. Beobachtet man sie rechtzeitig, bietet sie die Chance, auf kurzfristige Ausschläge hin zu handeln, indem man ein paar Punkte unter dem Niveau des vorherigen Scheitelpunkts kauft und ein paar Punkte über diesem Niveau auf einen erneuten Rückgang umstellt. Solche Trading-Umstellungen laufen allerdings beinahe auf Scalping[2] hinaus; sie können sich zwar als sehr profitabel erweisen, bringen jedoch trotzdem Gefahren mit sich, sollten stets durch Stop-Loss-Orders geschützt werden und sind für den durchschnittlichen Chart-Trader nicht empfehlenswert.

2 Der Begriff „Scalping" bezieht sich auf das regelmäßige Mitnehmen winziger Gewinne aus Handelsgeschäften, unabhängig davon, ob es mit dem Trade beziehungsweise den Trades aufwärts- oder abwärtsgeht, nachdem der „Scalper" seinen passablen kleinen Gewinn kassiert hat.

Rechtwinklige Dreiecke

Bislang haben wir in unserer Studie von Dreiecks-Umkehrformationen nur das symmetrische Dreieck betrachtet, das eine mehr oder weniger undefinierte senkrechte Linie als Basis und zwei gleich lange Schenkel besitzt, die auf einen symmetrischen Scheitelpunkt zulaufen. Das symmetrische Dreieck ist häufiger, aber weniger leicht zu analysieren als die verschiedenen Typen des rechtwinkligen Dreiecks. Das rechtwinklige Dreieck bildet sich in ähnlicher Weise, indem es sich der Kursspanne annähert, und seine Basis ist die gleiche, nämlich eine mehr oder weniger imaginäre senkrechte Linie am linken Ende der Formation. Der Unterschied liegt darin, dass das rechtwinklige Dreieck anstelle symmetrischer Schenkel, die von der Basis aus in ungefähr gleichen Winkeln verlaufen, einen Schenkel besitzt, der sich horizontal erstreckt und einen rechten Winkel zur Basis bildet, während der andere Schenkel das umschriebene Dreieck als Hypotenuse abschließt. Die Form des rechtwinkligen Dreiecks, bei dem die Hypotenuse vom Beginn des Musters zu seinem Ende hin abwärtsgeneigt ist, bezeichnet man als absteigendes oder fallendes Dreieck und sagt fast immer eine bevorstehende Abwärtsbewegung voraus. Das rechtwinklige Dreieck mit aufwärtsgeneigter Hypotenuse heißt steigendes oder aufsteigendes Dreieck und sagt fast immer einen nachfolgenden Anstieg voraus.

Zuverlässiger als Prognostiker

Deshalb sind rechtwinklige Dreiecke für die Zwecke der praktischen Prognose viel nützlicher als symmetrische Dreiecke. Wir haben gesehen, dass das symmetrische Dreieck den entscheidenden Nachteil aufweist, von sich aus nicht die Richtung der nachfolgenden Bewegung vorherzusagen. Das rechtwinklige Dreieck hingegen *trifft* diese Prognose je nach Ausrichtung der Hypotenuse. Wenn die Hypotenuse, die in unseren Charts Form annimmt, nach unten zeigt, ist die Prognose nach unten gerichtet und umgekehrt.

Ebenso wie das symmetrische Dreieck tritt auch das rechtwinklige Dreieck häufiger als Fortsetzungsformation auf und zeigt dabei die Fortsetzung der bisherigen Bewegung an, wobei die Hypotenuse in der Richtung des bisherigen Trends zeigt. Es kommt jedoch keineswegs selten vor, dass die Hypotenuse eines rechtwinkligen Dreiecks in die entgegengesetzte Richtung der bisherigen Bewegung zeigt, und in solchen Fällen gehört die Formation zu unserer derzeitigen Studie von Umkehrformationen, die den vorhergehenden Trend in eine neue, entgegengesetzte Richtung wenden. Dabei leuchtet problemlos ein, dass man nur vom fallenden Dreieck die Umkehr an einem Hoch und nur vom steigenden Dreieck eine Umkehr am Boden erwarten kann.

Das fallende Dreieck als Umkehrformation

Wie bereits erwähnt, werden die stärksten Umkehrformationen auf den Höhepunkten von Major-Anstiegen oder bedeutenden Intermediate-Anstiegen gebildet, anders ausgedrückt am Beginn von Major- oder Intermediate-Abwärtsbewegungen. Das gilt insbesondere für die in Studie II behandelte Schulter-Kopf-Schulter-Formation, die bei der Wende von Minor-Trends selten in nützlicher Form auftritt. Rechtwinklige Dreiecke vom absteigenden Typ erscheinen ebenfalls am Höhepunkt bedeutender Bewegungen in Bestform, doch sie bilden sich auch recht häufig auf Umkehr-Tops weniger ausgedehnter Rallys und sind für den technischen Studenten sehr hilfreich für die Vorhersage solcher Wenden.

Ein hervorragendes Beispiel für ein großes fallendes Dreieck, das einen bedeutenden Niedergang vorhersagt, wird in Abbildung III.9 gezeigt. Glidden hatte sich im Zuge der Erholung nach der Panik im Jahr 1930 auf mehr als 37 vorgearbeitet. Von ihrem Hoch am 20. März (Punkt A in unserem Chart) aus durchlief die Aktie eine Reihe von Reaktionen und Erholungen – wobei jede Reaktion den Kurs auf etwa 34 bis 34 1/2 drückte, es aber jeder nachfolgenden Erholung misslang, so weit wie die bisherige zu tragen. Daher bekamen wir die erste Andeutung einer Wende der Aufwärtsbewegung – die Bildung eines rechtwinkligen Dreiecks mit fallender Hypotenuse (von A über B und C bis D), dessen anderer Schenkel horizontal durch E, F und G verläuft.

Man beachte, dass wir bereits innerhalb dieses Musters vor dem Auftreten eines Ausbruchs eine starke Andeutung einer Wende des Kurstrends und eines bevorstehenden Marktrückgangs hatten. Diese Folgerung hätte sich nicht ergeben, wenn sich das Dreieck in symmetrischer Form gebildet hätte, bei der der untere Schenkel etwa im gleichen Winkel aufwärtsgeneigt gewesen wäre wie der obere abwärts. In diesem Fall hätten wir den Ausbruch abwarten müssen, bevor wir gewusst hätten, welche Richtung der Kurs einschlagen würde. Im gleichen Sinne hätte die Vorhersage, wenn der obere Schenkel waagerecht verlaufen wäre und der untere kräftig nach oben geneigt gewesen wäre, auf eine Fortsetzung des bisherigen Aufwärtstrends statt auf eine Wende gelautet. Kurz gesagt: Wenn wir dieses typische absteigende Muster während seiner Entwicklung erkannt hätten und zufällig „long“ auf die Glidden-Aktie gestanden hätten, dann wäre es gerechtfertigt gewesen, die Aktie sofort zu verkaufen und unseren Gewinn mitzunehmen.

Die stärksten Umkehrformationen werden am Beginn von Major- oder Intermediate-Abwärtsbewegungen gebildet.

Abbildung III.9

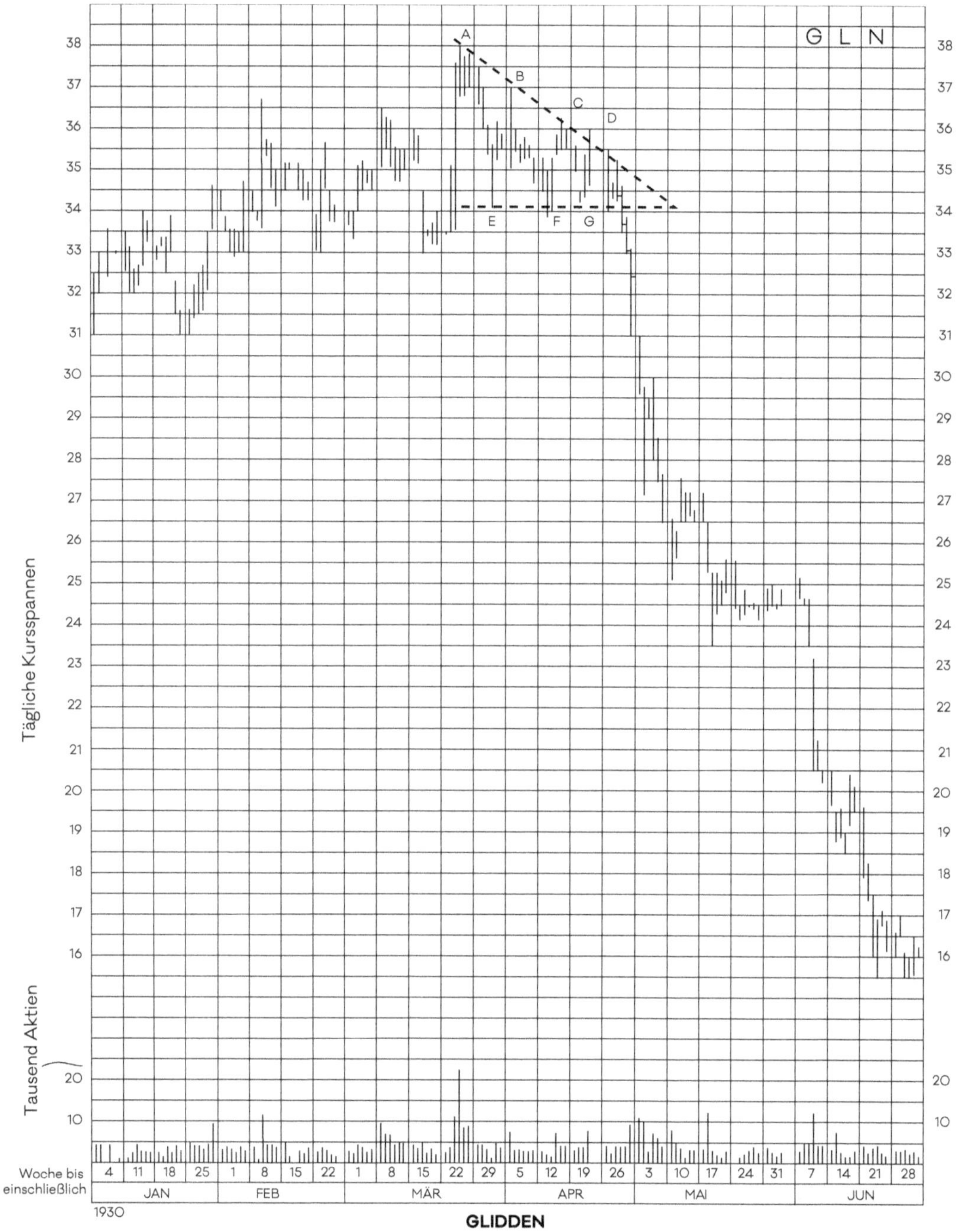

GLIDDEN

Volumen beim ersten Ausbruch nicht unentbehrlich

Bevor man jedoch in einer Aktie eine Short-Position eingeht, ist es immer am sichersten, den Ausbruch abzuwarten. In unserem Chart von Glidden brach der Kurs am 24. April aus und schloss außerhalb der Formation – ohne Zunahme des Volumens. Dieses schwache Volumengeschehen beim ersten Ausbruch tritt bei rechtwinkligen Dreiecken als Umkehrformation häufig auf, die sich in dieser Hinsicht von den Ausbrüchen mit eindeutig anziehendem Volumen unterscheiden, die wir von symmetrischen Dreiecken verlangen, bevor wir eine Position einnehmen. Aus der Tatsache, dass das fallende rechtwinklige Dreieck bereits eine zunehmende technische Schwäche des Marktes anzeigt, folgt naturgemäß, dass kein übermäßiger Abverkauf notwendig ist, um die Kurse aus dem Muster hinauszudrängen. Die Unterstützung entlang des Niveaus des unteren Schenkels muss irgendwann nachgeben. Infolgedessen kann jeder Schlusskurs, der um einen ordentlichen Betrag unterhalb des Bodens des Musters liegt – *in der Richtung, die das Muster bereits vorhergesagt hat* – als gültiger Ausbruch und als ausreichendes Verkaufssignal betrachtet werden.

Wir wollen damit nicht andeuten, dass das Nichtauftreten von Volumen beim ersten Ausbruch aus rechtwinkligen Dreiecken die Regel wäre, denn dem ist nicht so. In der Mehrzahl der Fälle geht mit dem Ausbruch vielleicht eine steile Volumenzunahme einher, und gewöhnlich ist die Kursbewegung entsprechend. Wir wollen vielmehr herausarbeiten, dass wir kein Volumensignal abzuwarten brauchen, um einen ansonsten gültigen Ausbruch nach unten aus einem ordentlichen fallenden Dreieck (oder nach oben aus einem steigenden Dreieck) zu bestätigen.

Out-of-line-Bewegungen

Beachten Sie im vorigen Absatz jedoch, dass wir „einen ansonsten gültigen Ausbruch" geschrieben haben, womit ein Schlusskurs des Ausbruchs mit dem eindeutigen Abstand gemeint ist, den wir in Studie II auf Seite 93 unter der Überschrift „Eine klare Bestätigung abwarten" besprochen haben. Die Notwendigkeit dieser Warnung ist in unserem nächsten Beispiel zu sehen, dem fallenden Dreieck bei Nash Motors im Jahr 1929 (Abbildung III.10).

Nash erreichte sein Hoch am 5. August (mehr als zwei Monate, bevor die meisten anderen Aktien ihren Endspurt absolvierten), als es einen typischen Umkehrtag hinlegte. Danach bildete es ein großes fallendes Dreieck mit horizontalem Schenkel beziehungsweise einer Unterstützungslinie bei 84. Am 12. September wurde diese Unterstützungslinie durchbrochen, allerdings nur um einen halben Punkt. Am nächsten Tag fiel der Kurs um einen ganzen Punkt unter die Begrenzungslinie, arbeitete sich jedoch wieder nach oben und beschloss den Tag innerhalb der Formation.

Abbildung III.10

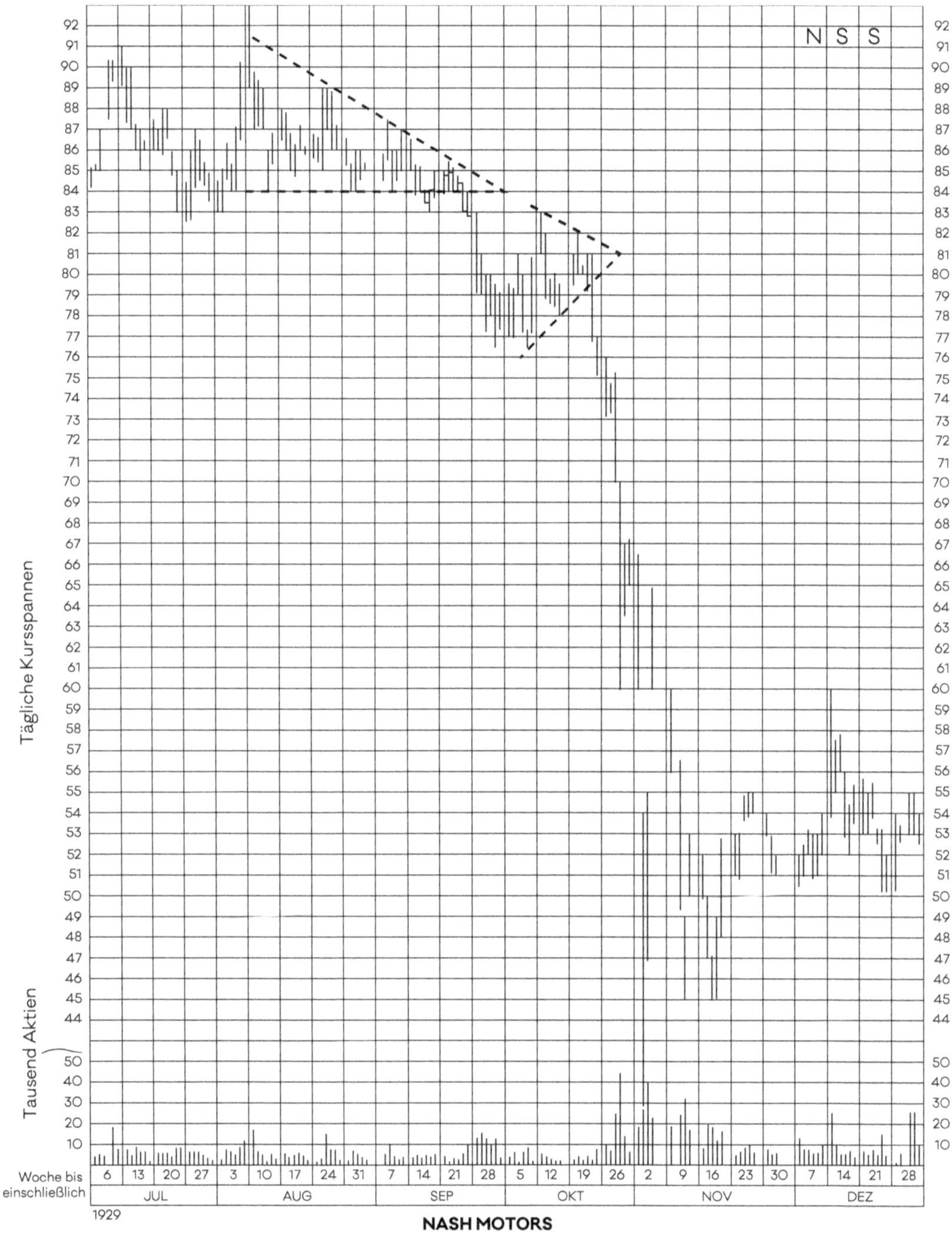

NASH MOTORS

Nach dem 14. September bewegte sich der Kurs innerhalb der Formation und brach fast eine Woche lang nicht mehr aus. Erst am 21. September kam ein Ausbruch, der durch das Volumen bestätigt wurde (auch hier liefert uns wieder die Verdopplung des samstäglichen Umsatzes den Hinweis).

Solche kurzen Out-of-line-Bewegungen (des Kurses), wie sie bei Nash am 12. und 13. September auftraten, sind bei rechtwinkligen Dreiecken keineswegs ein seltenes Phänomen. Sie sind nicht als Fehlbewegungen einzuordnen, denn sie brechen ja in die Richtung der voraussichtlichen wahren Bewegung aus. In der Mehrzahl der Fälle findet die gesamte Out-of-line-Bewegung innerhalb eines einzigen Tages statt und heißt dann „Out-of-line-Tag".

Man darf im Falle der Out-of-line-Bewegung bei Nash durchaus annehmen, dass professionelle Interessenten, die sich auf die Verteilung einer großen Menge der Aktie eingelassen hatten, den Kurs im Bereich von 84 stützten und ihre Angebote jedes Mal zurückzogen, wenn sich der Kurs diesem Niveau näherte. Am 12. September hatte der Markt für Nash jedoch so viel technische Schwäche entwickelt, dass die Bewegung für ein paar Tage aus dem Ruder lief. Wahrscheinlich mussten die Nash-Akteure zu dieser Zeit einige Käufe tätigen, um einen Kollaps zu verhindern und es ihnen zu ermöglichen, ihre Distribution zu profitablen Niveaus abzuschließen. Möglicherweise ist diese Erklärung zu einfach, um für alle Out-of-line Bewegungen zu gelten, doch wie bereits erwähnt kommt es auf die exakte Erklärung nicht an, solange wir das Phänomen erkennen und uns davon nicht irreführen lassen.

Eingehen einer Short-Position

Aus unserer Untersuchung der Out-of-line-Bewegung können wir nun ersehen, weshalb es am sichersten ist, vor dem Shorten einer Aktie einen eindeutigen Ausbruch abzuwarten. Im Falle von Nash wären wir auf der sicheren Seite gewesen, wenn wir eine Long-Position geschlossen und unseren Gewinn mitgenommen hätten, sobald wir angemessen sicher sein konnten, dass sich ein fallendes Dreieck in der Entwicklung befand. Wenn wir jedoch die Aktie etwa am 12. September bei 83 1/2 aufgrund des kräftigen Durchstoßens der unterstützenden Begrenzungslinie geshortet und bei 85 einen Stopp platziert hätten, dann wäre unser Stopp nach ein paar Tagen ausgelöst worden und unsere Transaktion wäre unter einem kleinen Verlust geschlossen worden. Hätten wir auf einen eindeutigen Ausbruch gewartet, hätten wir dieses Risiko vermieden (der Nutzen und die Platzierung von Stop-Loss-Orders wird in Studie XI aufgegriffen).

Wirkung des Gesamtmarkts auf einzelne Aktien

Der Chart von Nash (Abbildung III.10) veranschaulicht nicht nur das Auftreten einer Out-of-line-Bewegung, sondern noch ein anderes Phänomen, das an dieser Stelle ein wenig Aufmerksamkeit verdient, auch wenn eine vollständige Besprechung eher in unsere spätere Betrachtung von Markttaktiken gehört.

Man beachte, dass die Abwärtsbewegung von Nash nach dem Ausbruch vom 21. September sehr schnell auf Kauftätigkeit stieß und fast einen Monat lang um das Niveau von 79 aufgehalten wurde. Der technische Trader, der Nash anlässlich des Ausbruchs geshortet hätte, hätte in dieser Wartezeit vor Wiederaufnahme der Abwärtsbewegung Bedenken haben können, ob seine Position korrekt sei. Schnelle Stopps und Stauperioden nach einem Ausbruch aus einer starken Umkehrformation sind häufig einer „Bremswirkung" zuzuschreiben, die die Stärke des Gesamtmarkts manchmal auf die Schwäche einer einzelnen Aktie ausübt (oder umgekehrt). Was mit Nash zur Zeit unseres Charts passierte, war schlicht der Tatsache geschuldet, dass es Anfang August sein Hoch überschritten hatte, während die Mehrzahl der Aktien, mit denen die Allgemeinheit in diesen unglaublichen Tagen aktiv handelte, ihre Hochs erst in der zweiten Septemberhälfte markierten und der Gesamtmarkt seinen Endspurt erst im Oktober hinlegte. Nash tendierte im August zwar definitiv nach unten, aber der Markt im Allgemeinen war da immer noch stark. Die neuen Besitzer der Nash-Aktien, die im August und Anfang September verteilt worden waren, standen nicht unter Liquidationsdruck, und die Stärke des Gesamtmarkts veranlasste sie wahrscheinlich zu der Überzeugung, ihre Aktie werde wieder steigen. Infolgedessen kam der Abwärtstrend von Nash, den unser technisches Muster bereits so klar vorhergesagt hatte, nicht recht auf Touren, bevor nicht der Gesamtmarkt seine Stimmung änderte.

Diese Bremswirkung des Gesamtmarkts auf das technische Geschehen bei einer einzelnen Aktie ist ein Phänomen, das gerade oft genug auftritt, um im Geist des unerfahrenen technischen Traders Zweifel zu wecken. Das hat uns veranlasst, es hier kurz zu besprechen.

Ein ähnliches Geschehen kann der Student, der sich die Mühe macht, nachzusehen und die Charts führender Kupfer-Aktien im frühen Frühjahr 1936 zu analysieren, auch in der umgekehrten Richtung beobachten. Mehrere von ihnen entwickelten sehr starke Muster, die auf einen bevorstehenden ordentlichen Anstieg hindeuteten. Doch zur gleichen Zeit begann der Gesamtmarkt, eine technische Schwäche aufzuweisen, die in dem Absacker im April (beim Dow Jones Industrial Average fast um 20 Punkte) gipfelte, der auf Seite 7 zu sehen ist. Die starke technische Position wurde dadurch so lange in Schach gehalten, bis der Gesamtmarkt seine Korrektur durchlaufen hatte. Dann jedoch machte sie sich in Form eines äußerst schnellen Anstiegs bemerkbar, der die verlorene Zeit und die Rückschläge mehr als wettmachte.

Steigende Dreiecke als Umkehrformationen

Ebenso wie das absteigende rechtwinklige Dreieck die Umkehrung eines Aufwärtstrends in einen Abwärtstrend vorhersagt, so sagt das aufsteigende Dreieck die Umkehrung eines Abwärtstrends in eine Phase des Anstiegs voraus. Alles, was wir oben bei unserer Untersuchung des fallenden Dreiecks festgestellt haben, gilt auch für das steigende Dreieck, wenn es in einem Abwärtstrend auftritt, wobei natürlich die Prognose umgekehrt ist.

Abbildung III.11 zeigt das rechtwinklige Dreieck A-B-C vom aufsteigenden Typ, das die Wende zu einem Aufwärtstrend bei Hudson Motor im Herbst 1933 vorhersagte. Interessant zu beobachten ist dabei die Tendenz des Kurses, sich von der Hypotenuse (A-C) abzuheben, wenn der Scheitelpunkt des Dreiecks näher rückt, was auf eine schnelle Ansammlung technischer Stärke hindeutet. Am 20. November gab es einen Versuch, die Widerstandslinie B-C bei ordentlichem Volumen zu durchbrechen, was die zunehmende Stärke des Bildes betonte. Ein weiterer Schub am 25. und 27. November trug den Kurs zwar aus dem Muster hinaus, aber der entscheidende Ausbruch kam erst am 1. Dezember. Die Aktie hielt bei 15 an, baute ein starkes steigendes Dreieck als Fortsetzungsmuster auf und lief dann schnell weiter bis 23.

Abbildung III.12 stellt eine aufsteigende Dreiecksumkehr bei Johns Manville dar, die zum Ende des Kurseinbruchs im April 1936 auftrat. Der technische Student mag darin die Andeutung einer Schulter-Kopf-Schulter-Formation sehen, mit dem Kopf bei C und einer langen rechten Schulter (E und G), doch dieses Muster ist bestenfalls unregelmäßig, und die meisten Beobachter würden darin eher ein steigendes Dreieck sehen. Dass es dem Rückzug von H aus nicht gelang, zurück bis zur Hypotenuse zu reichen, bevor es bei F wieder nach oben ging, zeigte die schnell wachsende technische Stärke an. Das Kurs-Gap bei J (später beim Thema „Breakaway Gaps“ besprochen) betonte die Bedeutung des nachfolgenden Anstiegs noch mehr.

Rechtwinklige Dreiecke in Wochencharts

Fallende Dreiecke sind am Ende langwieriger Major-Aufwärtstrends recht häufig. Weniger häufig erscheint das steigende Dreieck am Boden von Major-Abwärtstrends, aber wenn es denn erscheint, ist es genauso bedeutsam und gültig.

Ein gutes Beispiel für ein fallendes Dreieck als Umkehrformation ist in Abbildung III.13 dargestellt.

Abbildung III.11

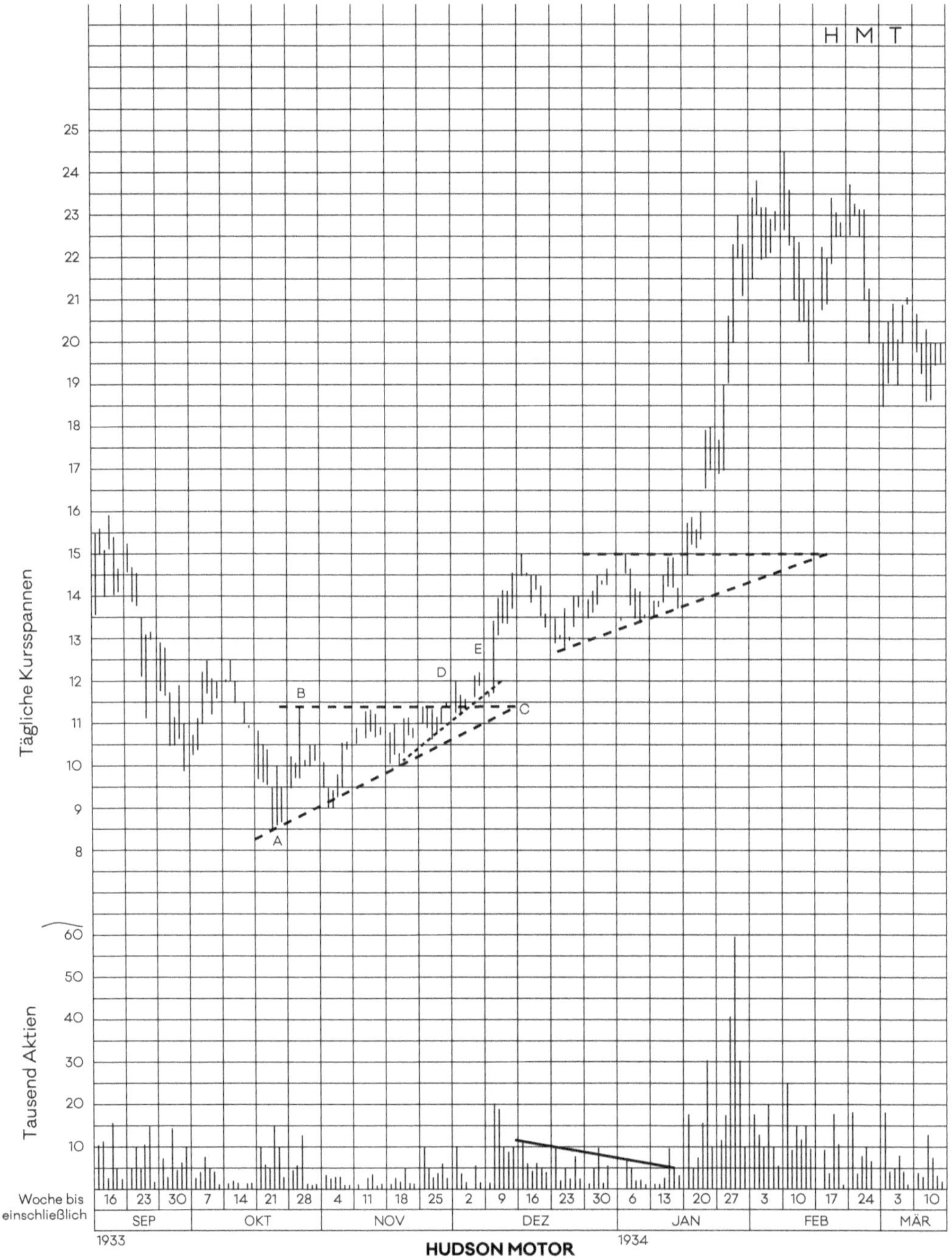

HUDSON MOTOR

Abbildung III.12

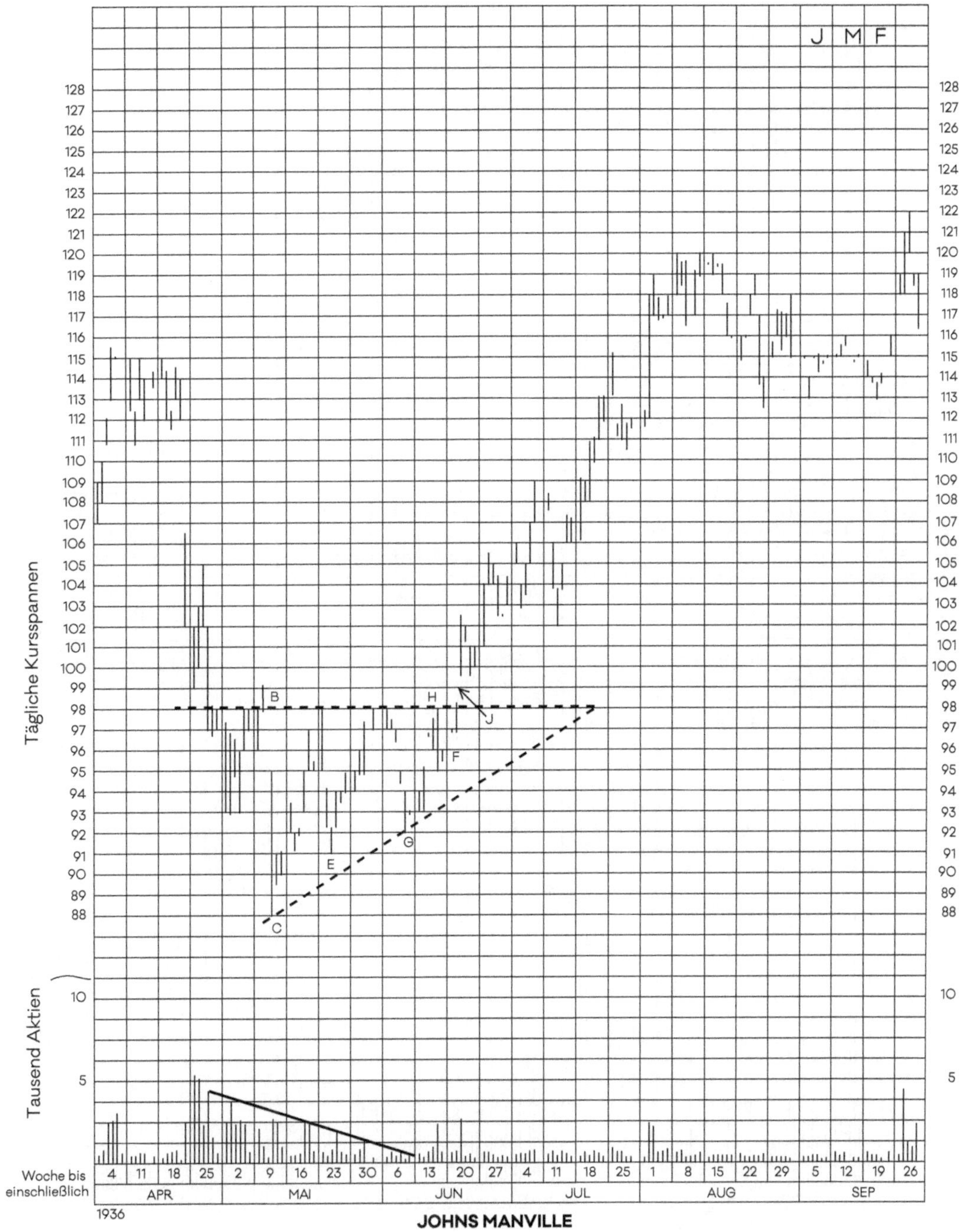

JOHNS MANVILLE

Abbildung III.13

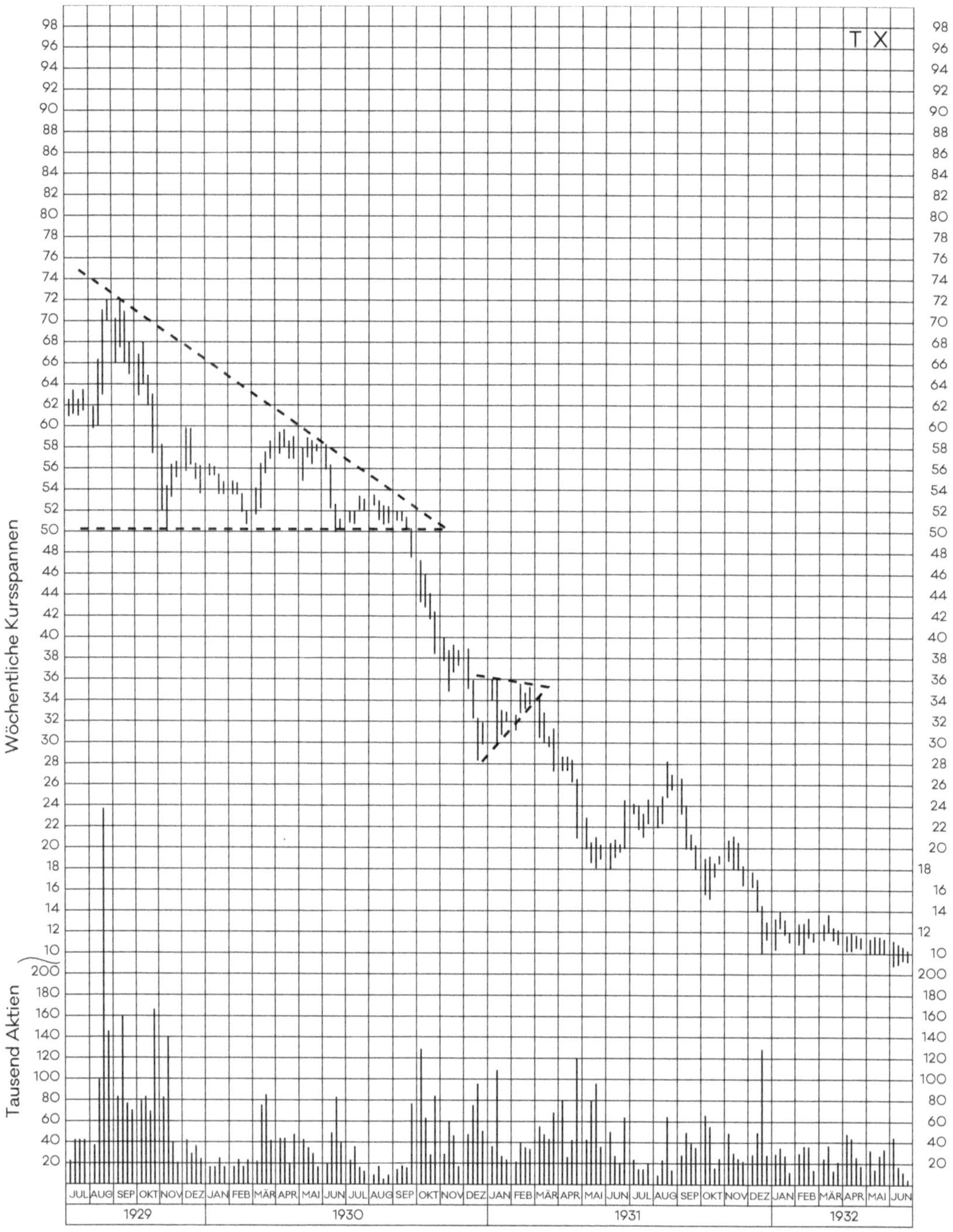

TEXAS CORP

Die Keilformation

Zumindest vom Erscheinungsbild her mit dem Dreieck verwandt, auch wenn sie wahrscheinlich vollkommen andere fundamentale Ursachen hat, ist die Keilformation. Sie gehört in unsere Besprechung der Umkehrformationen, weil sie eine Wende des Trends vorhersagt, in dem sie sich bildet, aber es ist nicht so leicht zu erklären, warum sie sich so verhält.

Der Keil als Umkehrformation wird von einer fortschreitenden Verengung der Kursspanne hervorgebracht, jedoch ohne großartige Verlangsamung des vorherrschenden Trends. Die Konvergenz wird nicht durch aufeinanderfolgende immer höhere Tiefs und niedrigere Hochs hervorgebracht, wie es beim symmetrischen Dreieck der Fall ist, sondern der Keil bewegt sich durch einen Verlauf mit steigenden Hochs und steigenden Tiefs (beziehungsweise sinkenden Hochs und sinkenden Tiefs, wenn der vorherrschende Trend abwärtsgerichtet ist) auf einen Punkt zu, wobei jedoch die Spanne zwischen den untergeordneten Hochs und Tiefs immer kleiner wird, bis die Aktie innerhalb eines viel engeren Bereichs schwankt, als es ihre Gewohnheit ist. Die Bildung des Keils geht mit einem fortschreitenden spürbaren Nachlassen der Aktivität einher, wobei das rückläufige Volumen, während das Muster spitz auf seinen Punkt zuläuft, dem rückläufigen Volumen entspricht, das die Bildung eines Dreiecks begleitet.

Fallende Dreiecke sind recht häufig. Weniger häufig erscheint das steigende Dreieck.

Irgendwo in der Nähe der theoretischen Spitze beziehungsweise des theoretischen Scheitelpunkts des Keils bricht der Kurs aus der Formation aus, und zwar je nach Richtung unter steigendem Volumen oder auch nicht. Danach entfernt sich der Kurs mehr oder weniger schnell in einem Trend, der demjenigen, der den Keil gebildet hat, *entgegengesetzt* ist.

Beispiele für Keilformationen

Bevor wir zu einer weiteren Analyse der Keilformation kommen, sollten wir am besten ihr Erscheinungsbild fest in unserem Gedächtnis abspeichern, indem wir uns auf typische Beispiele beziehen. Abbildung III.14 zeigt eine Keilformation bei New York Central im Jahr 1931. Beachten Sie, dass sich der Trend im Januar und im Februar in einem klar definierten, sich verengenden, von den Linien A-C und B-C begrenzten Verlauf nach oben vorarbeitet. Gleichzeitig nimmt das Volumen (abgesehen von zwei einsamen Tagen mit steilen Anstiegen, 10. Februar und 21. Februar) sehr allmählich, aber spürbar ab. Am 29. Februar brach der Kurs nach unten aus der Formation aus und entfernte sich deutlich von ihr, und dies unter einem Aktivitätsschub, der auffällt, wenn man sich an die Regel hält, samstägliches Handelsvolumen zu verdoppeln. Der nachfolgende Kursrückgang zog New York Central innerhalb von drei Monaten von 124 auf 74 herab, auch wenn eine Bewegung solchen Ausmaßes keineswegs immer durch die Keilformation angezeigt wird. Aber der rasante Ausbruch und die entschlossene Bewegung im neuen Trend sind für eine Aufwärtswende durch eine Keilformation typisch.

Vergleich zwischen nach oben und nach unten gerichteten Keilen

Abbildung III.15 zeigt einen nach unten gerichteten Keil, der sich im Frühjahr 1932 im Tageschart von Electric Auto-Lite bildete. Vergleichen Sie das Volumenbild und das Kursgeschehen nach Abschluss des Keils in diesem Chart einmal mit dem Chart von New York Central (Abbildung III.14). Beachten Sie die unentschlossene, lahme Periode, die auf die Wende aus dem abwärtsgerichteten Keil heraus folgte, bevor der neue Aufwärtstrend wirklich begann. Das ist typisch für das Kurs- und Volumengeschehen, mit dem nach einem abwärtsgerichteten Keil zu rechnen ist, und unterscheidet sich, wie wir gesehen haben, sehr von dem charakteristischen Geschehen im Gefolge der aufwärtsgerichteten Formation. Beide sagen eine Trendwende voraus, doch bei vielen abwärtsgerichteten Keilformationen ist diese Bewegung auf unbestimmte Zeit aufgeschoben. Der praktische Trader unternimmt daher unverzüglich Schritte, wenn sein Chart einen Ausbruch aus einem aufwärtsgerichteten Keil-Top aufweist. Hingegen kann er am Boden getrost so lange abwarten, bis das Kurs- und das Volumengeschehen anzeigen, dass der neue Aufwärtstrend wirklich begonnen hat.

Der Keil muss streng definiert sein

An dieser Stelle ist ein Wort der Warnung an den Studenten angebracht. Die Keilformation ist nur dann als Umkehrformation zuverlässig, wenn sie strikt der hier gegebenen Beschreibung entspricht. Die Grenzen des Keils müssen klar definiert und vom Kursgeschehen ausgefüllt sein. Der Keil muss *steil* nach oben oder nach unten zeigen. Ein konvergierendes Muster, das im Chart nahezu waagerecht ausgerichtet ist, ähnelt eher dem Charakter eines echten Dreiecks, und der Student wird feststellen, dass die Prognose in diesem Fall ganz anders aussähe.

Eigentlich ist der Keil keine gängige Formation. Er wird hier nur wegen seiner bildhaften Ähnlichkeit mit dem Dreieck und seiner Zuverlässigkeit, wenn er streng definiert ist, im Zusammenhang mit unserer Untersuchung der bedeutenden Umkehrformationen aufgegriffen.

Abbildung III.14

NY CENTRAL

Abbildung III.15

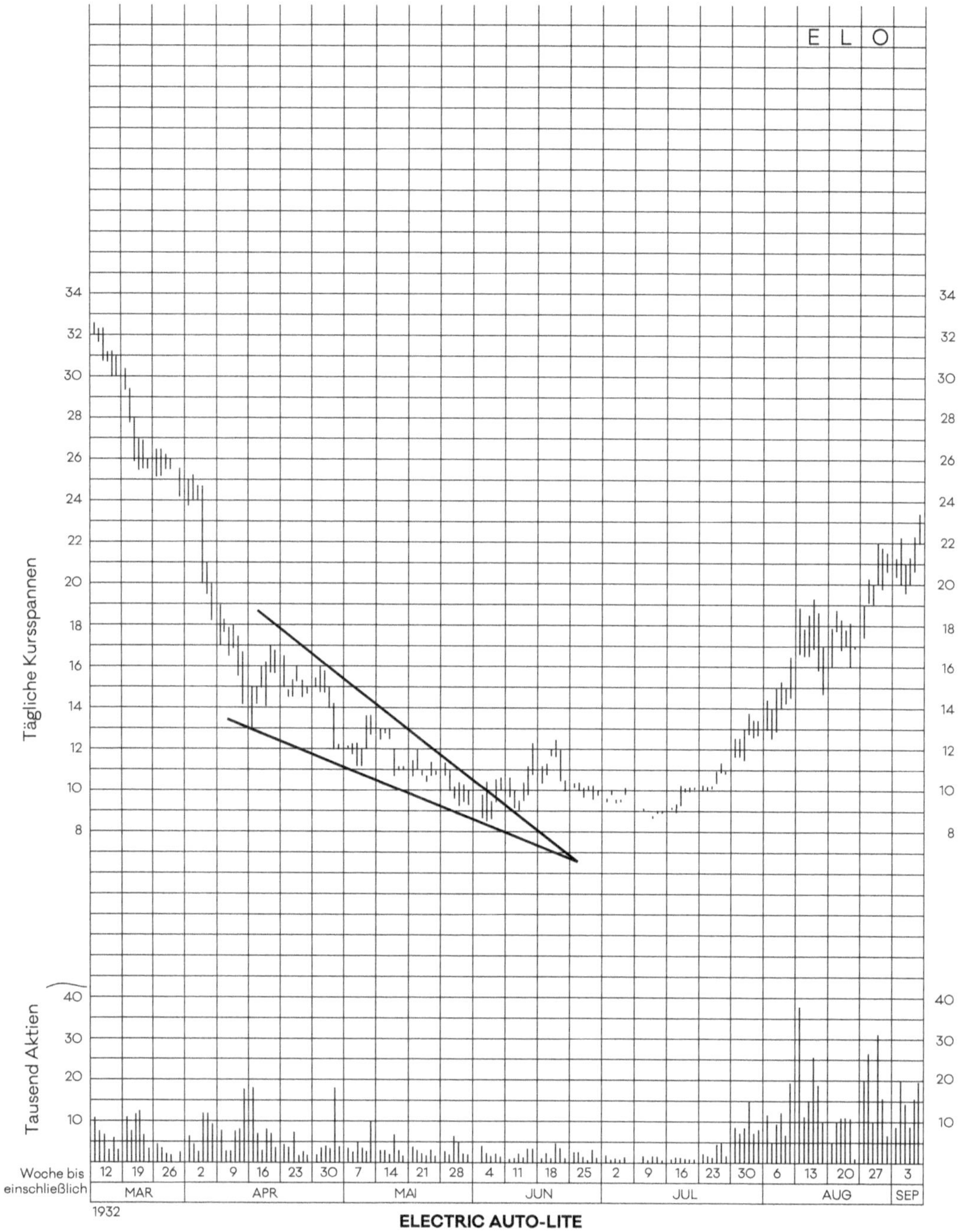

ELECTRIC AUTO-LITE

Zusammenfassung der Dreiecks-Umkehrformationen

Gehen wir nun noch einmal die Dreiecke und verwandten Formationen durch, die auf eine Umkehr des Kurstrends hinweisen können und die wir in diesem Teil unseres Kurses untersucht haben.

Das symmetrische Dreieck kann entweder eine Umkehr oder eine Fortsetzung des bisherigen Trends signalisieren, wobei Letzteres häufiger ist. An sich sagt es uns nicht, welche Richtung die nächste Bewegung nehmen wird, bevor uns der Ausbruch, im Allgemeinen in der Nähe des Scheitelpunkts, diese wichtige Information gibt.

Die Keilformation ist nur dann zuverlässig, wenn sie strikt der Beschreibung entspricht.

Auch das rechtwinklige Dreieck erscheint häufiger als Übergangs- oder Fortsetzungsformation denn als Umkehrformation, doch anders als das symmetrische Muster gibt es uns vor dem Ausbruch einen recht zuverlässigen Wink bezüglich der Richtung der nächsten Bewegung.

Rechtwinklige Dreiecke, deren Hypotenuse vom Ursprung des Musters aus nach oben geneigt ist, heißen steigende Dreiecke und sind bullish. Diejenigen, bei denen die Hypotenuse vom Ursprung her abwärtsgeneigt ist, heißen fallende Dreiecke und sind bearish.

Keile sind klar definierte Muster eines konvergierenden Kurstrends, die steil nach oben oder nach unten gerichtet sind; sie sagen eine Umkehr des Trends voraus, der sie bildet.

Alle diese Formationen sind im Allgemeinen von einem immer mehr abnehmenden Volumen gekennzeichnet, während der Kurs zum Scheitelpunkt hin konvergiert, wobei es steil anzieht, wenn der Kurs aus der Formation ausbricht und die neue Bewegung in Gang kommt.

Wir haben festgestellt, dass sich der Keil streng an die Regel halten muss, dass hingegen bei der Konstruktion von Dreiecken ein gewisser Spielraum zulässig ist. Allerdings dürfte es nicht unangebracht sein, an dieser Stelle den Rat an den Anfänger hinzuzufügen, dass er sein Trading am Anfang auf diejenigen Situationen beschränken sollte, in denen das Muster und seine Vorhersage hinreichend klar sind, und weitere Daten und Erfahrungen abzuwarten, bevor er versucht, endgültige Muster auf etwaige ungenauer konstruierte und unregelmäßige Kursstauzonen anzuwenden.

Wahrscheinliche Ursachen von Dreiecken

Bevor wir die Untersuchung dieser Gruppe von Umkehrformationen abschließen, wird es interessant sein, kurz die wahrscheinlichen Angebots- und Nachfragefaktoren zu besprechen, die sie hervorbringen.

Das symmetrische Dreieck ist typischerweise ein Bild des Zögerns, des Zweifels oder der Verzögerung, die über einem Ereignis schwebt, das die Zukunftsaussichten der Aktie klären wird. Es deutet nicht unbedingt auf Manipulation oder gar konzertierten Insiderhandel hin. Eine der Gruppen von Faktoren, die ein symmetrisches Dreieck hervorbringen können, wird durch die großen Muster exemplifiziert, die sich in den Charts mehrerer großer Versorgungs-Holdings vor den landesweiten Wahlen 1936 entwickelten, wobei sie mehrere Monate davor begonnen hatten. In anderen Fällen liegt das Zögern vielleicht lediglich an einer vorübergehenden Erschöpfung der Kauf- beziehungsweise Verkaufstätigkeit und auf dem Bedürfnis der Trader, Atem zu schöpfen und so lange stillzuhalten, bis sie die Situation neu beurteilen können.

Rechtwinklige Dreiecke hingegen zeigen ein gewisses Maß an konzertierten Insidermaßnahmen an. Das fallende Dreieck stellt ganz einfach ein Aktienangebot dar, das auf eine mehr oder weniger klar organisierte Bereitschaft trifft, auf einem bestimmten Nachfrage- oder Unterstützungsniveau zu kaufen. Das aufsteigende Dreieck stellt wachsende Kaufkraft dar, die auf einem gewissen Widerstands- oder Angebotsniveau auf mehr oder weniger organisierte Verkaufstätigkeit trifft.

Im Falle des fallenden Dreiecks kann es, wie wir es im Zusammenhang mit dem Chart von Nash in Abbildung III.10 angedeutet haben, gewisse Interessenten geben, die sich daranmachen, große Aktienpositionen an die Allgemeinheit zu verteilen (Distribution) und den Markt so lange auf einem gewissen Niveau zu stützen, bis sie alle ihre Aktien losgeworden sind. Das Niveau, auf dem sie ihre Unterstützung einbringen, indem sie auf jede Aktie bieten, die zu diesem Kurs angeboten wird, wird dann der waagerechte untere Schenkel des Dreiecks. Im Falle des aufsteigenden Dreiecks hingegen haben wir ein Bild der professionellen Akkumulation. Die Interessenten, die sich für Käufe einsetzen, wollen so lange keine öffentliche Anhängerschaft anlocken, bis sie eine erhebliche Menge der Aktie erworben haben, und deshalb leisten sie bei jedem Anstieg des Kurses über ein gewisses Niveau Widerstand, indem sie einen Teil ihrer Akkumulation wieder auf den Markt werfen, sobald die Kaufgebote dieses Niveau erreichen.

Während ihre Kauftätigkeit fortschreitet und sie das in schwachen Händen umlaufende Angebot abgreifen, finden sie immer weniger Aktien, die zu niedrigen Kursen angeboten werden; daher die Aufwärtsneigung des unteren Dreiecksschenkels. Irgendwann wird ein Punkt erreicht, an dem sie gezwungen wären, zu viel von ihrer Akkumulation zu verkaufen, um zu verhindern, dass der Kurs über das Niveau steigt, das sie zu zahlen bereit sind. Ihr Widerstand, der die horizontale Linie des Dreiecks bewirkt hat, wird dann zurückgenommen. Andere Käufer merken nun, dass das schwache umlaufende Angebot erschöpft ist, und sind gezwungen, ihre Gebote kräftig anzuheben, um an Aktien zu kommen; die plötzliche Aufwärtsbewegung zieht die Aufmerksamkeit wieder anderer Käufer auf sich, und so erscheint in unserem Chart die Anstiegsphase.

Jedoch sollte man natürlich nicht wie selbstverständlich annehmen, jedes steigende Dreieck werde durch die Aktionen eines einzelnen mächtigen Händlers oder einer einzelnen organisierten Gruppe hervorgebracht. Es kann zum Beispiel mehrere Interessen oder große Akteure geben, die unabhängig voneinander die Akkumulation betreiben, während andere Gruppen, die hinsichtlich der Aussichten der Aktie nicht so optimistisch sind, infolgedessen bereit sind, ihre Positionen zu verteilen, sobald der Kurs ein bestimmtes Niveau erreicht. Das im Chart zu sehende Endergebnis ist dann das gleiche.

Die Faktoren, die die weniger häufige Keilformation hervorbringen, sind schwer zu analysieren. Der wichtigste Faktor ihrer Entstehung ist wahrscheinlich eine schrumpfende Aktivität in der Aktie, während das Gefühl zunimmt, sie schieße vorübergehend über ihr wahres Verhältnis zu den zugrunde liegenden Werten hinaus. Doch wie wir bereits bemerkt haben, sind die Ursachen unwichtig, solange wir die wahrscheinlichen Wirkungen kennen.

Die nächste Studie greift Umkehrformationen von komplexerem Charakter auf.

Studie IV

Wichtige Umkehrformationen
Fortsetzung

- Die vier vorherigen Umkehrformationen
- Eine oft missverstandene Formation
- Die Beziehung zur vorherigen Kursbewegung
- Wie sich das typische Doppel-Top bildet
- Beispiele für Doppel-Top-Umkehrformationen
- Kürzere Intervalle zwischen den Tops
- Beispiele für Doppelböden
- Mehrfach-Tops und Mehrfachböden
- Das Volumengeschehen bei Mehrfach-Umkehrformationen
- Illustration eines falschen Doppel-Tops
- Eine Mehrfachboden-Formation
- Doppel-Tops und Doppelböden in langfristigen Charts
- M- und W-Formationen
- Doppel-Tops und Doppelböden bei Indizes
- Die komplexe Formation – eine zuverlässige Prognose
- Die Beziehung zu Doppel-Tops und Doppelböden
- Das doppelte Schulter-Kopf-Schulter-Top
- Varianten wie bei der einfachen Schulter-Kopf-Schulter-Formation
- Handeln an der Schulter und am Doppelkopf
- Varianten mit mehreren Schultern
- Komplexe Böden in den gleichen Varianten wie die Tops
- Volumenhinweise bei komplexen Umkehrformationen
- Schultern auf verschiedenen Kursniveaus
- Das Broadening Top – ein seltenes und verzwicktes Muster
- Beschreibung des Broadening Tops
- Chartbeispiel für das Broadening Top
- Der Abschluss der Formation
- Die große Bedeutung der Broadening Formation
- Interessante technische Aspekte
- Beendigung von Haussen
- Rally nach Abschluss eines Broadening Tops
- Unterscheidung zwischen „Long"- und „Short"-Trading
- Broadening Bottoms sind äußerst selten
- Versagende Broadening Formations
- Mögliche Erklärung für das Broadening Top
- Kurze Zusammenfassung

Die vier vorherigen Umkehrformationen

Wir haben bei unserer Untersuchung technischer Umkehrformationen bislang gesehen, dass sie an diversen Formen und Mustern teilhaben, jedoch letztlich alle variierte Aspekte des gleichen wesentlichen Phänomens sind, nämlich des allmählichen Umschlagens des Gleichgewichts zwischen Verkaufsdruck und Kaufkraft.

Wir haben festgestellt, dass der Rounding Turn die logischste und einfachste aller technischen Chart-Umkehrformationen ist; dass die Schulter-Kopf-Schulter-Formation lediglich eine weniger regelmäßige, spitzere und breiter ausschlagende oder ausschwingende Umkehr ist; dass das Dreieck zwar nicht immer eine Umkehrformation ist, sich jedoch häufig als solche manifestiert, indem es gewissermaßen die bisherige Bewegung verschleißt und somit die Aktivität reduziert; dass hingegen der seltener auftretende Keil mit der Logik zwar schwer zu erklären ist, uns aber eine durch und durch zuverlässige Vorhersage einer Wende liefert.

Beide sagen eine bedeutende Trendumkehr weniger zuverlässig voraus, als uns die Fachleute vielleicht glauben machen möchten.

Eine oft missverstandene Formation

Wir kommen nun zu einer Formation, die zu den losesten und am unbedachtesten diskutierten Umkehrformationen gehört – dem Doppel -Top (beziehungsweise in seiner umgekehrten Erscheinungsform dem Doppelboden). Der Laie, der die Börsenseiten der Tageszeitungen verfolgt oder Gerüchte aus der Vorstandsetage hört, hat davon sicherlich schon oft gehört. Oberflächliche Redakteure nehmen so häufig darauf Bezug, dass der Anfänger sie wahrscheinlich für einen gängigen und zuverlässigen Hinweis auf eine technische Wende hält, der wenig Untersuchung erfordert. Doch leider ist dem nicht so. Weder Doppel-Tops noch Doppelböden sagen eine bedeutende Trendumkehr so zuverlässig voraus, wie uns gewisse Fachleute vielleicht glauben machen möchten. Wahrscheinlich hat nicht mehr als ein Drittel von ihnen eine Wende signalisiert, und die meisten Muster, von denen gern gesagt wird, sie sähen „wie ein Doppel-Top“ aus, legen dem informierten Studenten nichts dergleichen nahe.

Trotzdem treten das Doppel-Top, der Doppelboden und damit verwandte Muster häufig genug als Umkehrformationen übergeordneter Trends auf, um einen Platz in unserer Besprechung der gängigen und bedeutenden Umkehrformationen zu finden. Zuerst müssen wir uns damit befassen, wie man die Entwicklung von etwas erkennt, das sich als echte Doppel-Top-Umkehr erweisen könnte.

Die Beziehung zur vorherigen Kursbewegung

Eine der ersten Überlegungen bei der Interpretation der Doppel-Top-Formation ist das Ausmaß der vorangegangenen Bewegung. Hat sich die Aktie in einem länger anhaltenden Aufwärtstrend befunden, entwickelt sich das Doppel-Top mit größerer Wahrscheinlichkeit zu einer Umkehrformation. War die vorangegangene Bewegung hingegen kurz, dann wird das scheinbare Doppel-Top mit größerer Wahrscheinlichkeit gebrochen und der Aufwärtstrend fortgesetzt. In diesem Zusammenhang sind auch die Formationen, die in unseren anderen Charts und bei den Indizes auftauchen, hilfreich. Wenn sie Anzeichen einer bedeutenden Trendwende aufweisen, können wir vermuten, dass sich ein Doppel-Top bildet.

Andere hilfreiche Hinweise erscheinen in dem Muster selbst.

Wie sich das typische Doppel-Top bildet

In sehr aktiven Märkten kommt es häufig vor, dass sich eine Aktie schnell auf einen Gipfel vorarbeitet, der von hohem Volumen begleitet wird, dann, ohne eine erkennbare Umkehrformation zu bilden, um mehrere Punkte absackt und mehr oder weniger inaktiv für mehrere Wochen auf einem niedrigeren Kursniveau verharrt. Darauf folgt ein weiterer Lauf nach oben unter erhöhtem Volumen auf etwa das gleiche Niveau wie das vorherige Top, und dann zieht sich die Aktie unter erneut sinkendem Volumen wieder zurück. Die beiden steilen Anstiege, die auf etwa dem gleichen Niveau auf hohes Volumen stoßen, scheinen nun die auf die Aktie bezogene Kaufkraft ausgeschöpft zu haben. Zwischen den beiden Hochs fällt sie auf das Niveau der vorangegangenen Reaktion zurück, zögert dort häufig für eine Weile und sackt dann in den neuen Abwärtstrend ab, wobei gewöhnlich das Volumen mit fortschreitender Bewegung zunimmt.

Bevor wir die wesentlichen Punkte in der oben beschriebenen Doppel-Top-Formation detailliert besprechen, dürfte es hilfreich sein, ein paar Beispiele zu untersuchen.

Beispiele für Doppel-Top-Umkehrformationen

Abbildung IV.1 zeigt ein annähernd perfektes Doppel-Top, das sich 1929 bei American Radiator and Standard Sanitary bildete. Die Kursbewegung, die dieser Formation vorausging, wird in unserem Chart nicht gezeigt, doch wahrscheinlich braucht dem Studenten nicht gesagt zu werden, dass sich die Aktie davor über viele Monate in einem „bullishen" Trend befunden hatte und im ersten Halbjahr 1929 sehr schnell gestiegen war. Im Juli markierte sie bei 54 1/2 ihr erstes Hoch, wobei um dieses Kursniveau das

Transaktionsvolumen hoch war. Von diesem ersten Hoch aus stürzte sie ab und schwankte unter vergleichsweise geringem Volumen zwischen 45 und 49. In der ersten Septemberwoche stieg sie erneut unter hohem Volumen rapide und erreichte einen Tag lang ein Niveau leicht über dem vorigen Hoch, wobei es ihr jedoch nicht gelang, es um eine Marge zu durchstoßen, die wir als signifikant betrachten würden. Die danach folgende Bewegung bedarf keiner besonderen Erwähnung.

Abbildung IV.2 zeigt ein weiteres gutes Beispiel für ein Doppel-Top, das sich im Frühjahr 1930 bei Houdaille-Hershey-B bildete. Die Aktie war vom Paniktief aus in der ersten Februarwoche kräftig auf mehr als 28 gestiegen. Das Hoch auf diesem Niveau wurde von außerordentlichem Volumen begleitet. Nachdem sie schnell auf 24 zurückgefallen war, begann sie einen weiteren allmählichen Anstieg mit mehreren Tagen hoher Aktivität auf rund 27. Am 9. April rührte sie an 28 7/8, sackte aber wieder zurück und schloss am Boden der Tages-Kursspanne, wodurch sie einen Umkehrtag unter hohem Volumen markierte, der, wie wir in Studie II gesehen haben, häufig eine Trendwende anzeigt. Dieses zweite Top vervollständigte die Doppel-Top-Umkehrformation, und die Aktie sackte schnell auf 10 (und danach noch tiefer) ab.

> *Wichtiger sind das Ausmaß des Rückgangs vom ersten Top und die Dauer des Intervalls zwischen den beiden Tops.*

Das Bild bei Houdaille-Hershey-B ist nicht in allen Aspekten der echten Doppel-Top-Umkehr so typisch wie das bei American Radiator gezeigte, aber beide entsprechen in ihren wichtigen Merkmalen den Anforderungen dieses Musters. Beide markierten unter hohem Volumen ein erstes Hoch nach einem langen Anstieg und sackten dann schnell ohne eine Stauzone am Hoch oder ein nennenswertes Muster ab. Beide fielen zwischen den beiden Tops von ihren Spitzenniveaus um die 20 Prozent. In beiden Fällen vergingen mehrere Wochen verringerter Aktivität, bevor sie sich wieder dem ersten Top näherten. In beiden Fällen wurde das zweite, mit hohem Volumen einhergehende Top schnell auf etwa dem gleichen Niveau wie das erste erreicht. Alle diese Punkte bedürfen in unserer Untersuchung des praktischen Nutzens der Doppel-Top-Formation einer kurzen Betrachtung.

Zunächst einmal ist beim ersten Hoch der Volumenfaktor wichtig. In Studie II haben wir die allgemeine Regel des hohen Volumens an Wendepunkten vermerkt, und wir müssen damit rechnen, dass diese Regel im Falle eines echten Doppel-Tops ziemlich streng gilt. Das zweite Top wird in der Regel ebenfalls bei auffallend hohem Volumen erreicht, aber es braucht nicht so hoch wie das zu sein, das mit dem ersten Hoch einherging, und oft wird es erreicht, während das Volumen in dem Zeitraum zwischen den beiden Tops nur leicht über den Durchschnitt steigt. Die beiden Tops müssen nicht auf exakt dem gleichen Niveau markiert werden; das zweite Hoch kann leicht über oder unter dem höchsten Punkt des ersten Hochs liegen. Das allgemeine Niveau der

Abbildung IV.1

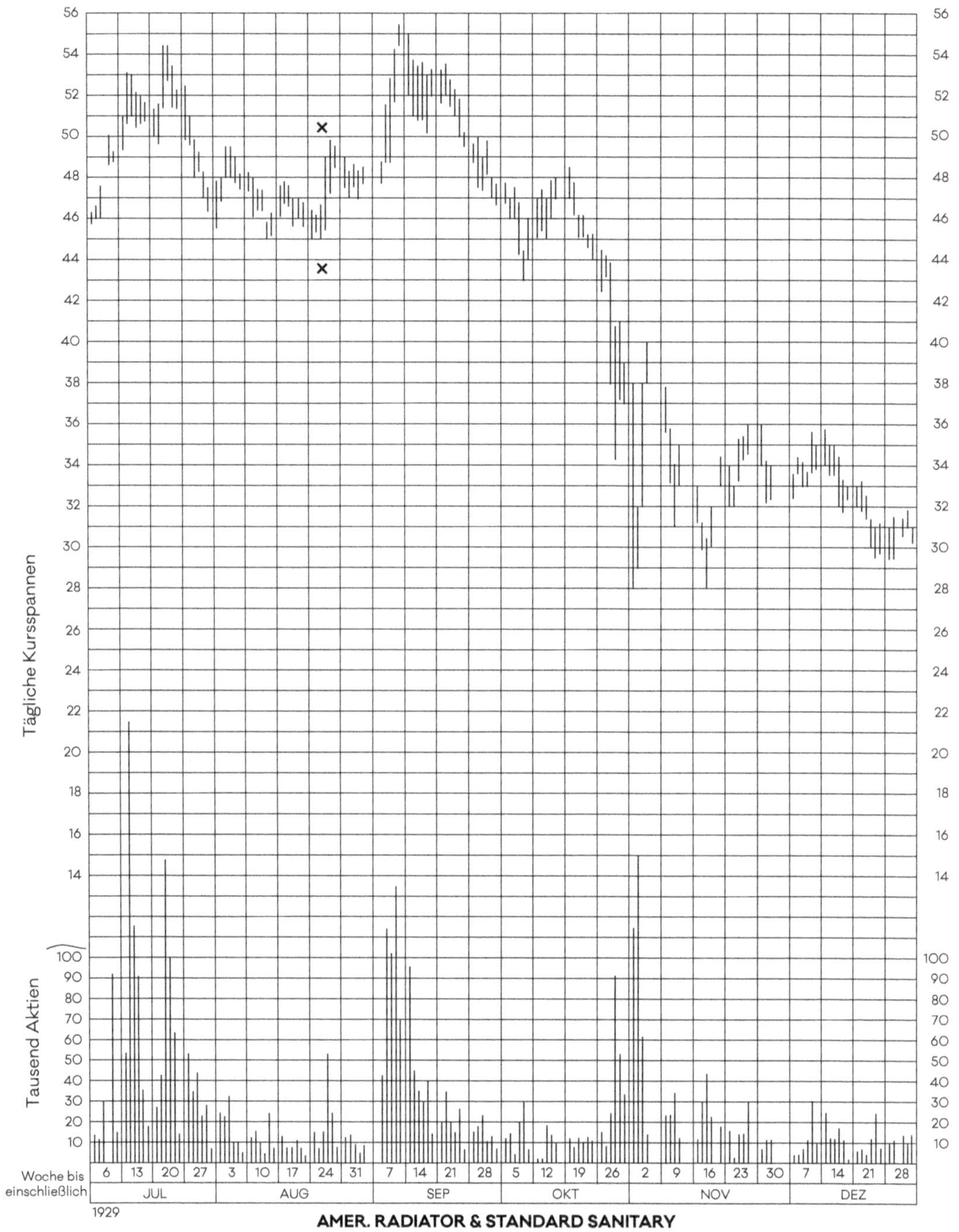

AMER. RADIATOR & STANDARD SANITARY

Abbildung IV.2

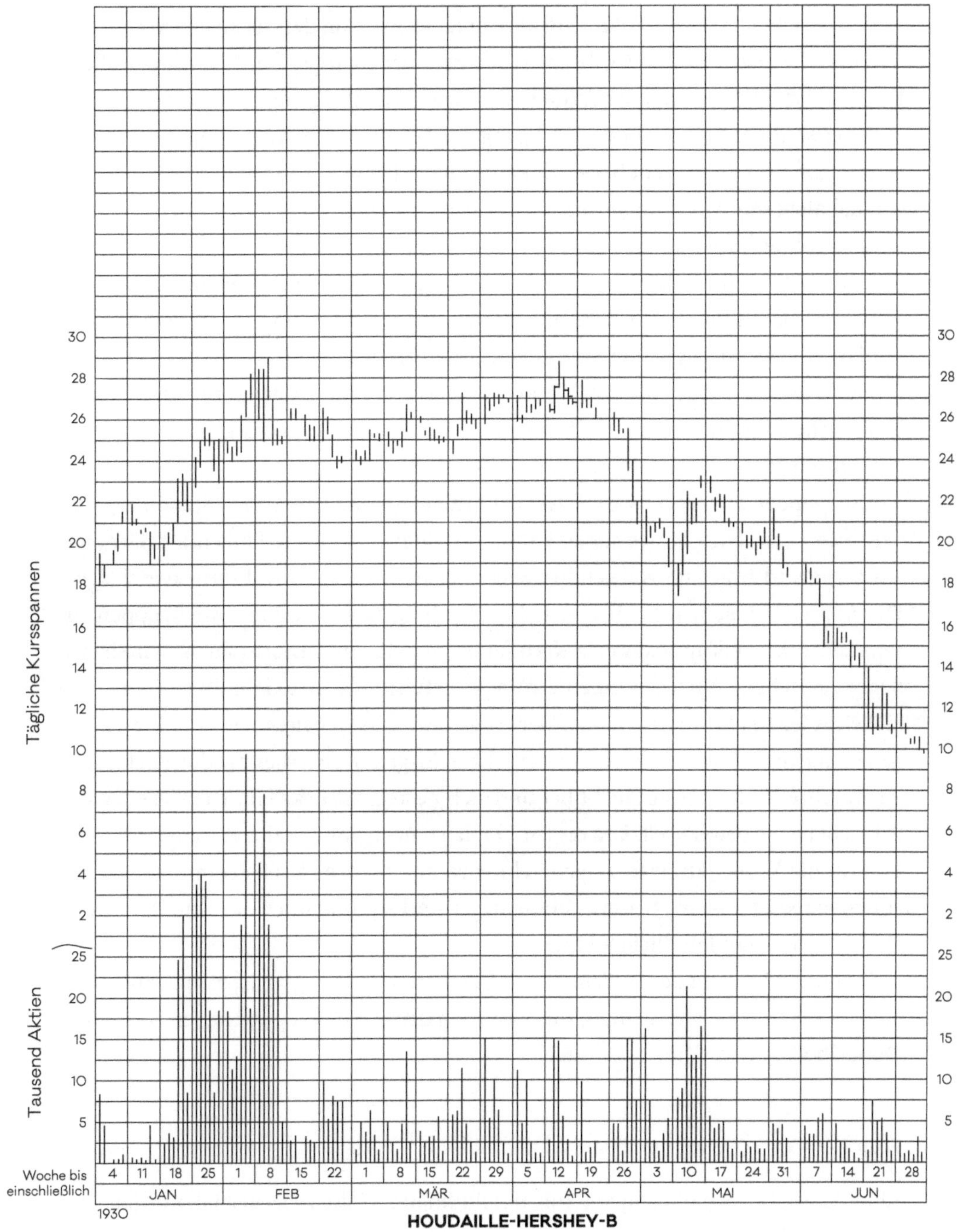

HOUDAILLE-HERSHEY-B

beiden Tops sollte etwa gleich sein, unter Berücksichtigung des Kursniveaus und der üblichen Gewohnheiten der untersuchten Aktie.

Noch wichtiger als der Volumenfaktor sind das Ausmaß des Rückgangs vom ersten Top und die Dauer des Intervalls zwischen den beiden Tops. Der Rückgang sollte in Bezug auf das Kursniveau der Aktie von einiger Bedeutung sein. Wir haben die Tatsache erwähnt, dass sich dieser Rückgang bei den beiden bislang vorgeführten Beispielen auf circa 20 Prozent belief. Es kann auch erheblich mehr sein, sollte aber prozentual nicht sehr viel weniger sein, damit sich eine gute Doppel-Top-Umkehr ergibt. Und es sollten mehr als nur ein paar Tage vergehen, bevor die Aktie den zweiten Versuch unternimmt, über das Niveau des vorigen Hochs hinauszulaufen. Ganz allgemein gesagt: Je länger der Zeitraum zwischen den beiden Tops, desto bedeutsamer wird das Muster als Signal für eine bedeutende Wende.

Die Vorhersage einer solchen Wende kann als endgültig bestätigt gelten, wenn der Kurs zurückfällt und die untere in der Zeit zwischen den Tops markierte Spanne um eine entscheidende Marge durchstößt.

Die Doppel-Top-Formation lässt sich mit aufeinanderfolgenden Sturmangriffen vergleichen, die eine Armee auf eine stark verteidigte feindliche Linie führt. Der erste Ansturm wird zwar kraftvoll geführt, aber aufgehalten und schnell zurückgeschlagen. Die Angreifer ziehen sich auf eine sichere Stellung zurück, ziehen ihre Truppen zusammen, ruhen aus und sammeln Kraft für einen weiteren Ansturm auf die feindlichen Schützengräben. Wieder wird eine Attacke geführt; die erste feindliche Linie wird vielleicht leicht überschritten oder der Angriff wird aufgehalten, bevor er dieses Ziel ganz erreicht; in jedem Fall wird er zurückgeschlagen, wobei diesmal die geschlagene Armee ihre Kräfte aufgebraucht hat und sich besiegt zurückzieht. Die Gezeiten der Schlacht haben gewechselt. Um diesen Vergleich noch etwas weiterzutreiben: Je mehr Zeit für die Vorbereitungen aufgebracht wird und je mehr Kräfte beim zweiten Ansturm eingesetzt werden, umso eindeutiger und signifikanter das Scheitern beim Durchbrechen der feindlichen Linien.

Wenn er will, kann der Student diesen Vergleich mit dem Angriff einer Armee auch auf unsere weitere Untersuchung von Varianten der Doppel-Top- beziehungsweise der Doppelboden-Formation anwenden.

Kürzere Intervalle zwischen den Tops

Abbildung IV.3 zeigt ein Doppel-Top, das Pullman im Jahr 1932 ausbildete. Man wird feststellen, dass dieses Bild in einer wichtigen Hinsicht nicht unseren Anforderungen an eine bedeutende Wende entspricht: Die Zeit zwischen den beiden Tops ist zu kurz. Trotz der anderen Elemente des Musters, die der Definition des Doppel-Tops entsprechen, hätte uns dieser Mangel daran zweifeln lassen, ob daraus eine ausgedehnte Bewegung von Pullman in einen neuen Abwärtstrend resultieren würde. Tatsächlich wurde die Abwärtsbewegung zu schnell gestoppt, als dass außer dem flinkesten „Scalper" jemand sie hätte ausnutzen können.

Dieser Chart von Pullman wurde in unsere Studie aufgenommen, um zu veranschaulichen, wie gefährlich es ist, sich auf die Stärke eines Doppel-Tops hin massiv in Aktien zu engagieren, das nicht in jeder Hinsicht den Anforderungen entspricht, die wir für eine echte Umkehrformation aufgestellt haben. Man muss allerdings zugeben, dass Aktien gelegentlich ihren Trend umkehren, nachdem sie im Abstand von nur wenigen Tagen zwei Hochs markiert haben. In vielen dieser Fälle gibt es im Chart andere Formationen, die einen verlässlichen Hinweis auf die Umkehr geben – zum Beispiel das umgekehrte fallende Dreieck, das wir in einer späteren Studie behandeln werden. Tatsächlich gilt: Je enger die beiden Tops im Chart beieinanderliegen, umso wahrscheinlicher sind sie beide Bestandteile eines einzigen technischen Musters, das im Zuge seiner Entwicklung entweder eine Umkehr oder eine Fortsetzung anzeigen kann. Der Leser wird in den Charts, die diese Studie illustrieren – in den bisherigen wie auch in den nachfolgenden –, zahlreiche Fälle finden, in denen Aktien zwei Hochs auf ungefähr dem gleichen Niveau markieren, allerdings recht dicht zusammen, und wo danach keine Wende folgt.

Was die seltenen Fälle angeht, in denen eine bedeutende Wende auf kein offenkundiges Muster folgt, außer auf etwas, das man, wenn man die Fantasie strapaziert, als Doppel-Top betrachten könnte, das sich innerhalb weniger Tage mit erhöhter Aktivität bildet, muss daran erinnert werden, dass viele bedeutende Bewegungen stattfinden, ohne dass im Chart irgendwelche Muster erscheinen, die sie vorhersagen. Besonders gilt dies bei sehr dünn gehandelten und unberechenbaren Aktien, bei denen sich die technischen Angebots- und Nachfragefaktoren sehr schnell ändern können. Es kann aber jederzeit bei jeder Aktie passieren. Der technische Trader ist gut beraten, nach echten und zuverlässigen Chartmustern Ausschau zu halten, von denen es jederzeit eine Menge geben wird, und die zweifelhaften Bilder zu übergehen.

(Um einmal kurz abzuschweifen: Der Leser mag es interessant finden, in Abbildung IV.3 das kleine symmetrische Dreieck zu beobachten, das sich beim zweiten Hoch von Pullman in der ersten Oktoberwoche gebildet hat. Das war ein gutes, klares Muster, das eine Wende vorhersagte, aber seine geringe Größe und die Kürze der Bewegung, die zu ihm hinführte, deuteten darauf hin, dass nur ein begrenzter Rückgang folgen würde.)

Abbildung IV.3

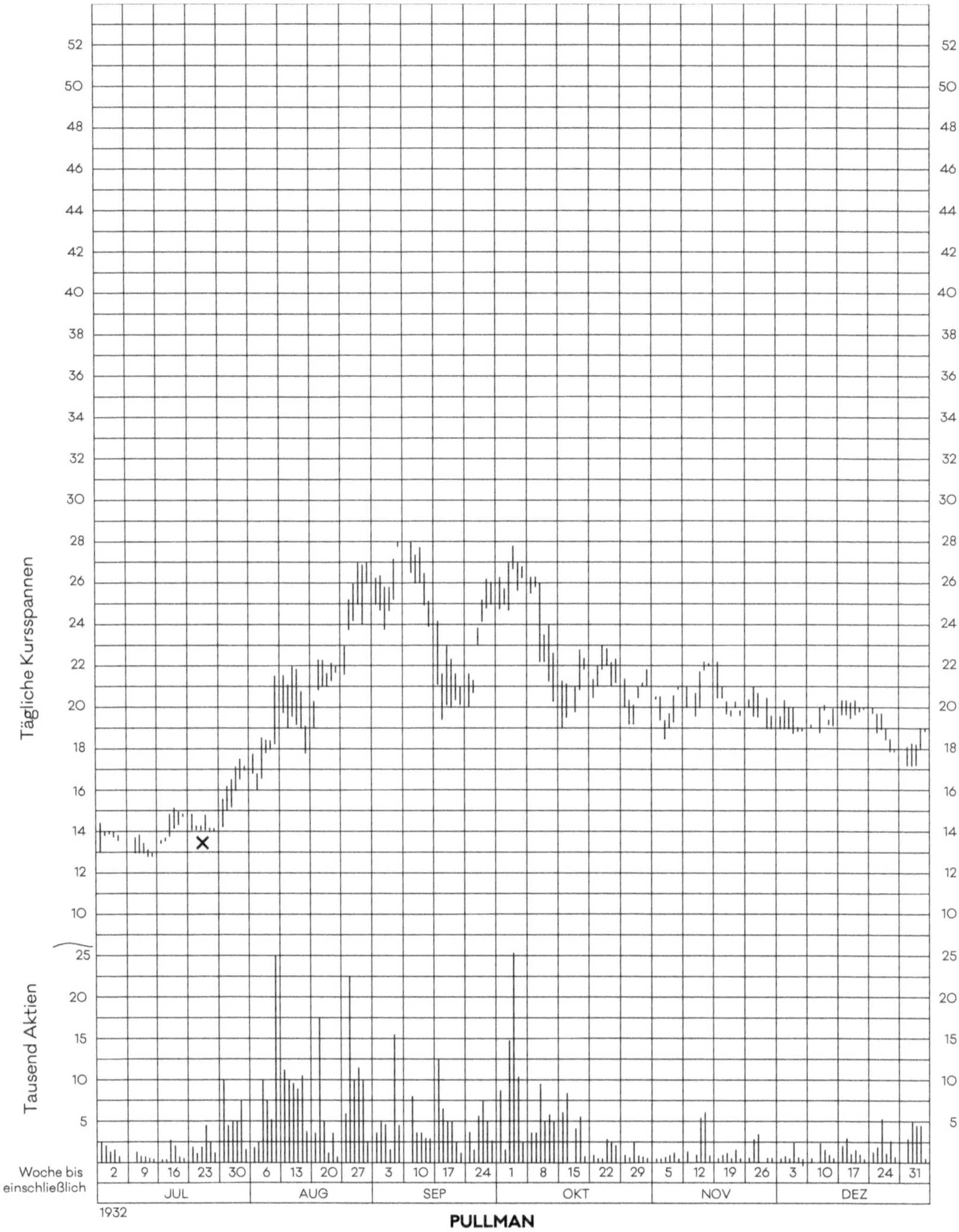

Beispiele für Doppelböden

Der Doppelboden ist ein auf den Kopf gestelltes Doppel-Top und unterliegt den gleichen Bedingungen und Auslegungen. Das bei den beiden Böden zu erwartende Volumen ist normalerweise geringer, als wir es bei Tops erwarten würden, aber das *relative* Volumen bei den Böden sowie im Intervall zwischen ihnen folgt den gleichen Regeln wie bei der Bildung eines echten Doppel-Tops. Wenn ein doppelter Boden, der allen oben analysierten Spezifikationen genügt, in unseren Charts auftaucht, sind wir berechtigt, einen Anstieg von ordentlichem Ausmaß vorherzusagen. Diese Art von Formation gab technischen Studenten im Frühjahr 1936 eine klare Warnung vor einer Umkehr nach den scharfen Rückgängen vieler führender Aktien und zeigte den nachfolgenden langen, profitablen Anstieg an. Die nachstehenden Abbildungen IV.4 und IV.5 sind dafür ausgezeichnete Beispiele. Wir raten dem Studenten, sich sorgfältig damit zu befassen, Kurs, Volumen und den zeitlichen Verlauf anhand der dargelegten Spezifikationen für die Prüfung der Zuverlässigkeit eines Doppel-Tops zu überprüfen und als interessanten Punkt den typischen Halt beziehungsweise die Stauzone des neuen Aufwärtstrends an dem oder um das Niveau des höchsten Kurses zwischen den beiden Böden zu beachten.

Mehrfach-Tops und Mehrfachböden

Ähnliche technische Faktoren wie diejenigen, die Doppel-Tops und Doppelböden hervorbringen, können gelegentlich auch dreifache und manchmal sogar vierfache oder fünffache Formationen mit den gleichen Implikationen hervorbringen. Die Tops (oder Böden) dieser Mehrfachformationen liegen bezeichnenderweise enger beisammen als bei echten Doppel-Umkehrformationen, und das ist auch vollkommen logisch. Wenn wir noch einmal unseren Vergleich mit einer angreifenden Armee anwenden, so dürfen wir natürlich erwarten, dass eine große Anzahl erfolgloser Angriffe auf eine unbezwingliche feindliche Stellung selbst dann, wenn jeder mit vergleichsweise geringen Kräften und mit wenig Vorlauf für das Sammeln der Kräfte geführt wird, den Belagerer irgendwann aufreibt und ihm eine Schlappe beibringt. Auf jeden Fall kann man getrost davon ausgehen – ob nun der Vergleich zu Recht gezogen wird oder nicht –, dass in unserer Technischen Analyse der Charts immer dann, wenn der Kurs bei mehreren Gelegenheiten vergeblich versucht, bestimmte Niveaus zu durchbrechen, jedes Scheitern den Hinweisen auf eine Umkehr mehr Gewicht hinzufügt; und auch davon, dass die Bedeutung der nachfolgenden Bewegung umso größer ist, je länger der Angriff anhält.

Dazu ist jedoch anzumerken, dass viele Chartbilder, die mehrere Tops oder Böden aufweisen, zutreffender als unter eine andere Klassifizierung einer technischen Formation fallend betrachtet werden müssen, die vielleicht verlässlicher ist und sogar eine gegenteilige Implikation haben kann ... zum Beispiel ein rechtwinkliges Fortsetzungsdreieck.

Abbildung IV.4

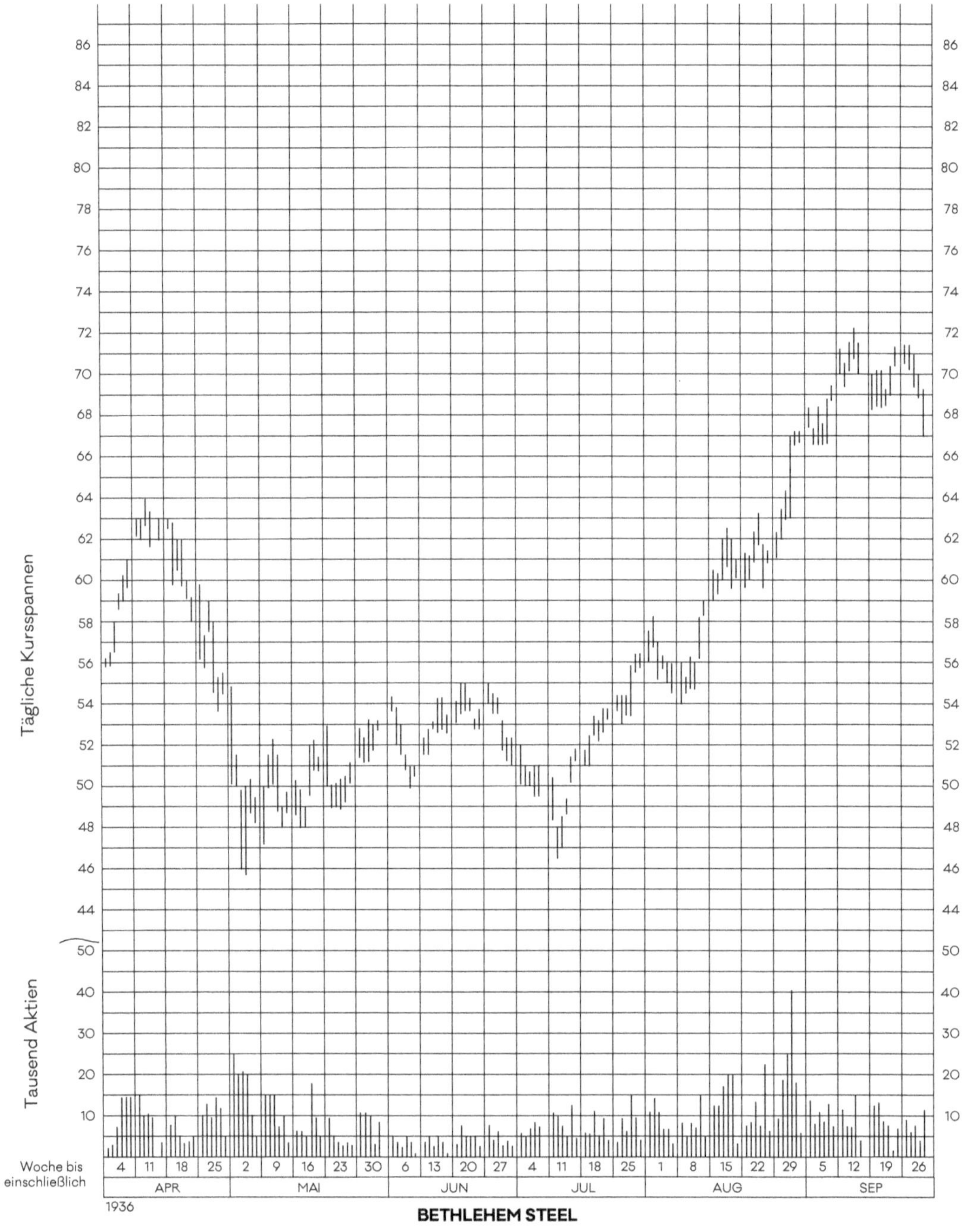

Abbildung IV.5

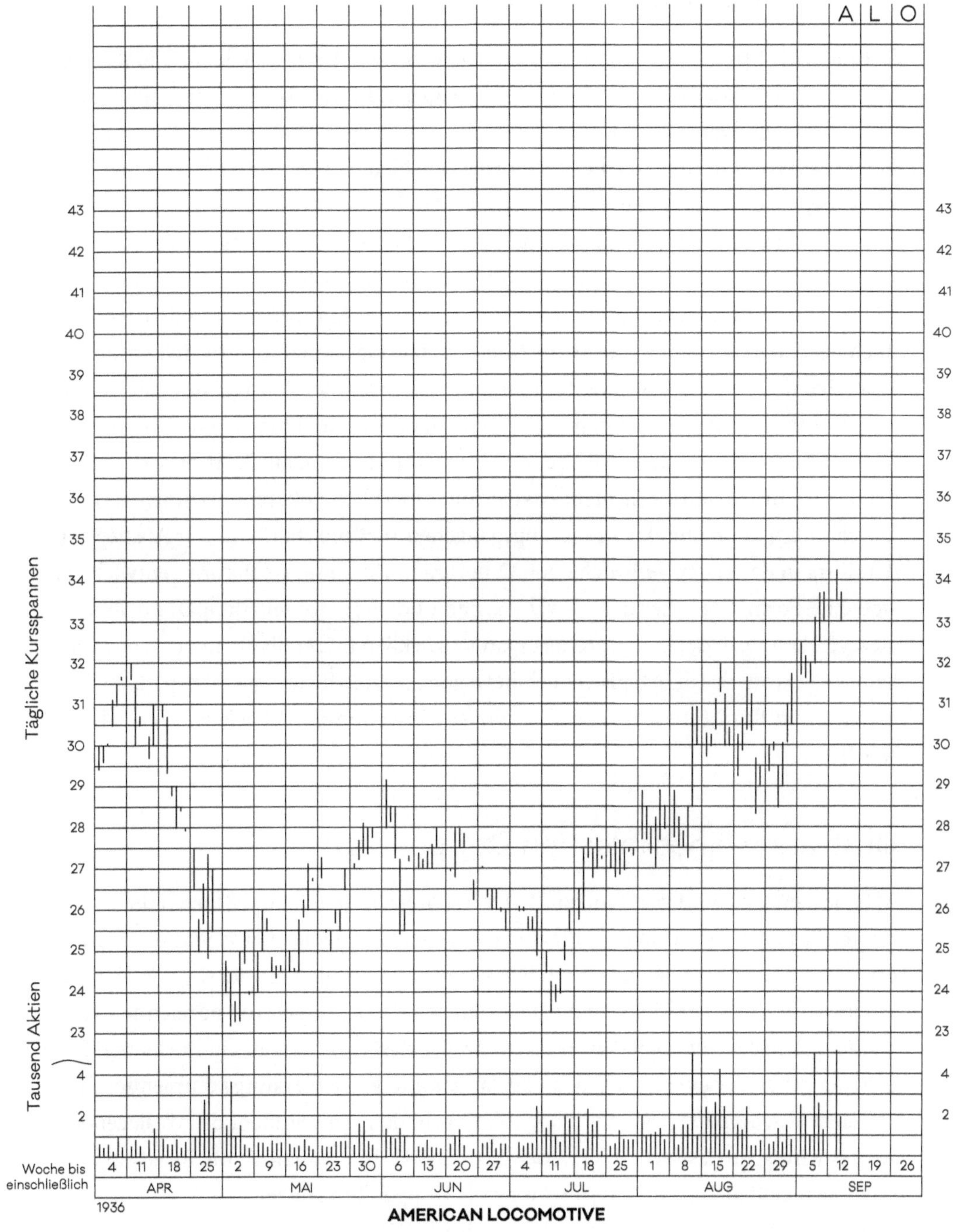

AMERICAN LOCOMOTIVE

Das Volumengeschehen bei Mehrfach-Umkehrformationen

In Fällen, die keine andere Konstruktion zulassen – wo das einzige klare Bild das von Mehrfach-Tops oder Mehrfachböden ist –, begleitet hohes Volumen die Bildung der ersten Umkehr. Danach ist das Volumenbild aber für gewöhnlich wirr und unregelmäßig, sodass es wenig Hilfe bei der Vorhersage bietet, bis es dann erneut scharf anzieht, wenn der Kurs in den neuen Trend ausbricht. Abbildung IV.6 zeigt ein Mehrfach-Top, das Anfang 1931 den Trend von Timken Roller Bearing umkehrte. Vier aufeinanderfolgende Rallys innerhalb von circa sechs Wochen schafften es nicht, die Aktie über 59 zu tragen. Das erste Top wurde unter ordentlichem Volumen erreicht, doch beachten Sie, dass es die Form eines Umkehrtags annahm – an sich schon ein Warnsignal. Doch war die erste Bestätigung einer bedeutenden Wende – die daraus eine Mehrfach-Top-Formation machte – vielleicht das Durchbrechen des Kurses von 52 der Minor-Böden, die auf die beiden ersten Tops folgten, am 7. April nach unten; bei diesem Bruch ist zu beachten, dass er unter merklich höherem Volumen als dem Durchschnitt der mehr als zwei vorangegangenen Wochen stattfand. Der Abstieg zog den Kurs in der ersten Juliwoche auf 32 herunter. Zu diesem Zeitpunkt entwickelte sich eine Formation, die man als schwachen und eher zweifelhaften Doppelboden auslegen könnte, jedoch interpretiert man sie wirklich besser als symmetrisches Umkehrdreieck, auf das eine typische Fehlbewegung folgte, die wir in einer späteren Studie als „End Run“ (etwa: Ausweichmanöver, Umgehung, Austricksen) bezeichnen werden.

Illustration eines falschen Doppel-Tops

Man beachte im Chart von Timken Roller Bearing aus dem Jahr 1931 auch die Hochs bei 48, die in der ersten Januarhälfte und dann wieder in der letzten Woche des Monats erreicht wurden. Hier haben wir ein hervorragendes Beispiel für die Art von Kursgeschehen, die von oberflächlichen Chartisten so oft als Doppel-Top bezeichnet wird. Tatsächlich haben wir nicht den leisesten Zweifel, dass mehr als nur ein Börsenberichterstatter genau dieses Geschehen am 29. Januar mit der Bemerkung kommentiert hat: „Es sieht aus, als hätte TKR ein Doppel-Top gebildet.“ Der Student des vorliegenden Kurses wird schnell sehen, dass weder das zeitliche Intervall noch die Reaktion zwischen den beiden Tops die Interpretation als Doppel-Top stützen.

Er wird auch sehen, dass diese Minor-Tops in Wirklichkeit das horizontale Top beziehungsweise die Widerstandsgrenze eines aufsteigenden Dreiecks bilden, das in diesem Stadium eher für höhere Kurse als für eine Wende sprach.

Abbildung IV.6

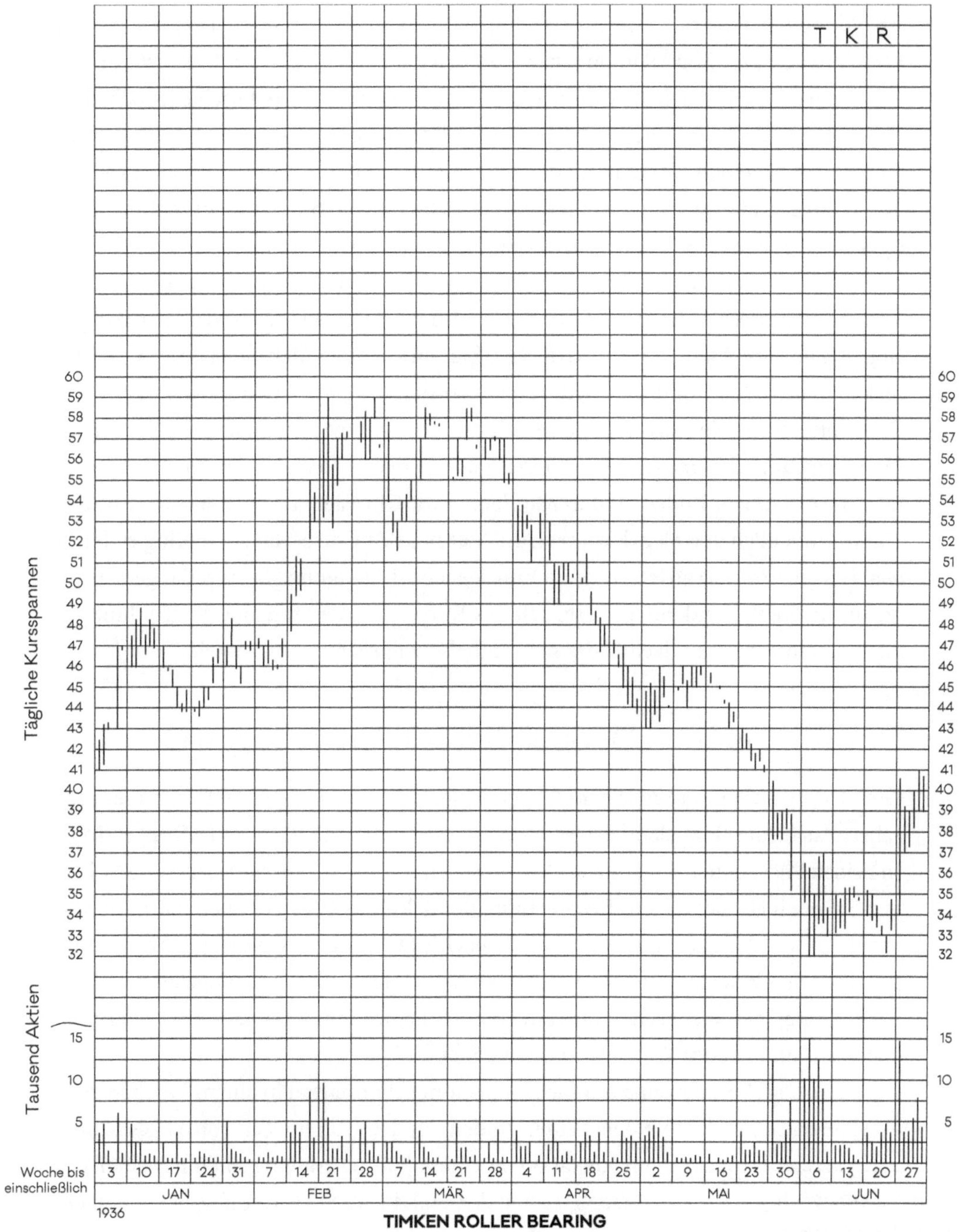

TIMKEN ROLLER BEARING

Eine Mehrfachboden-Formation

Abbildung IV.7 illustriert eine Mehrfachboden-Umkehr, die für diese Formation recht typisch ist und im Mai 1936 im Chart von Chrysler erschienen ist. Der erste Boden (91 3/4) wurde unter hohem Volumen am 30. April erreicht (man beachte jedoch, dass der Schlusskurs dieses Tages 95 1/2 betrug und das Tageshoch darstellte) – ein perfektes Beispiel für einen Umkehrtag, der an sich schon davor warnte, dass der bisherige Trend abgelaufen war, auch wenn dieses Geschehen allein noch nicht rechtfertigte, dass ein konservativer Trader eine Long-Position eingenommen hätte. Am 12. Mai erreichte Chrysler erneut 91 3/4 und federte wieder zurück. Am 19. Mai drückte der Verkaufsdruck die Aktie erneut auf 92 1/2, also praktisch auf das Niveau der vorigen Böden. Die erste Andeutung, dass dieser Chart einen guten Mehrfachboden ausbildete, kam am 26. Mai, als der Kurs deutlich über den bei den vorangegangenen Minor-Rallys erreichten Niveaus schloss. Jedoch war das Volumen in diesem Stadium nicht überzeugend und es musste ein weiterer – endgültiger – Versuch unternommen werden, die bisherigen Böden zu durchstoßen, bevor Chryslers zunehmende technische Stärke schließlich den Sieg davontrug und der neue Aufwärtstrend endgültig etabliert war. Ein ultrakonservativer Trader konnte jegliche Bestätigung, die er verlangen konnte, aus dem entscheidenden Ausbruch des Kurses aus der Stauzone am 20. Juni beziehen, wenn er daran dachte, das samstägliche Volumen zu verdoppeln.

Doppel-Tops und Doppelböden in langfristigen Charts

Gute Doppel-Tops sind in Wochen- und Monatscharts von Einzelaktien keineswegs selten. Auch gute Doppelböden treten auf, und zwar offenbar häufiger als Doppel-Tops. In beiden Phasen sind sie eher von akademischem als von praktischem Interesse (schlagen Sie noch einmal unsere Besprechung der Schulter-Kopf-Schulter-Formation in Wochen- und Monatscharts in Studie II nach). Die Volumenangaben fehlen naturgemäß in den Wochen- und Monatscharts, vor allem im Falle von Doppelböden, denn das Volumen bei Ausbrüchen und anderem tritt gewöhnlich nur an einem oder zwei Tagen auf und fällt im Wochenumsatz nicht auf.

Abbildung IV.8 zeigt eine schöne Doppelboden-Formation in einem Wochenchart von American Bank Note. Die beiden Böden auf dem Kursniveau von 11 bis 12, die im Abstand von einem Jahr auftraten, stehen in keiner Beziehung zueinander, und doch ist es vernünftig, anzunehmen, dass auf diesem Niveau eine „Steinmauer“ des Widerstands bestand (und möglicherweise noch besteht), die auf soliden Fundamentaldaten ruht, und dass sie die Aktie abwies sowie die Grundlage für den langen, profitablen Anstieg bildete,

Gute Doppel-Tops sind keineswegs selten. Auch gute Doppelböden treten offenbar häufiger auf.

Abbildung IV.7

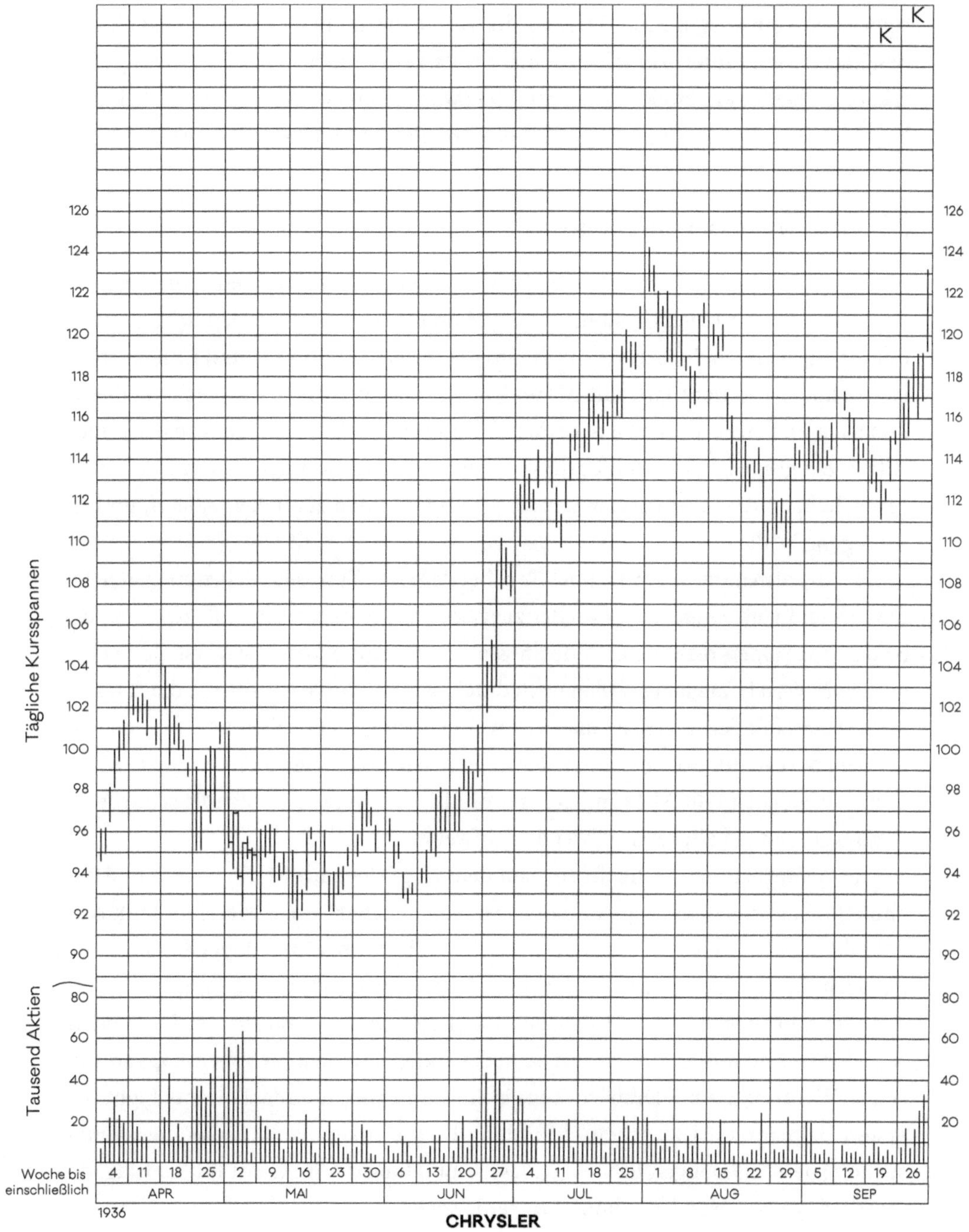

CHRYSLER

der das Papier Anfang 1936 auf 56 trug. Besonders interessant daran ist die Form, die die beiden Wenden am Boden annahmen. Beim ersten Boden im Oktober 1933 signalisierte ein ansteigendes Dreieck die Wende nach oben (durch gutes Volumen bestätigt), worauf sofort zur Jahreswende ein starkes symmetrisches Fortsetzungsdreieck folgte. Der zweite Boden im Herbst 1934 war Teil einer ausgezeichneten Schulter-Kopf-Schulter-Formation, deren Schultern im Juli und im Dezember lagen.

M- und W-Formationen

Gewisse Finanzjournalisten haben in der Vergangenheit auf Chartbilder, die angeblich eine Ähnlichkeit mit den Großbuchstaben M und W aufweisen, als deutliche Umkehrmuster hingewiesen. Jedoch veranlasst uns die sorgfältige Prüfung und Untersuchung vieler Hundert Aktiencharts, die M- und W-Formationen einfach als recht natürliche und nicht unübliche Varianten des Doppel-Tops und des Doppelbodens zu betrachten. Allgemein gesprochen gelten dafür die gleichen Anforderungen an das Volumengeschehen, an das Ausmaß der Kursbewegung und den zeitlichen Ablauf, und die Auslegung ist die gleiche.

Die M-Formation ist ein Doppel-Top, bei dem der Kurs sehr steil zum ersten Top hinauf- und vom zweiten Top wieder zurückläuft, wobei das Intervall zwischen den beiden Tops einen recht tiefen V-förmigen Kursverlauf bildet. Die Vorstellung eines großen M wird in manchen Fällen noch durch den Halt beziehungsweise die Stauzone ausgestaltet, mit der in vielen Charts zu rechnen wir gelernt haben und die sich etwa auf dem Niveau des Bodens findet, der sich zwischen den beiden Tops bildet. Wie zu erwarten, erscheint die M-Formation gewöhnlich bei Aktien, die ständig schnelle Bewegungen und plötzliche Trendwenden aufweisen.

Die W-Formation ist schlicht eine auf dem Kopf stehende M-Formation und eine ähnliche Variante des Doppelbodens. Der Wochenchart von American Bank Note (Abbildung IV.8) zeigt ein gutes Beispiel für die W-Form eines Doppelbodens – das gilt auch für den Tageschart von American Locomotive (Abbildung IV.5).

Selten tritt ein gutes W-Bild auch bei einer Dreifach-Top-Umkehr auf. Sein Vorhersagewert weicht in keiner Weise von der jedes anderen starken Mehrfach-Tops ab. Eine solche W-Variante eines Dreifach-Tops ist im Chart von National Power & Light vom ersten Halbjahr 1931 zu sehen, Abbildung IV.9. Denken Sie daran, bei der Untersuchung des Volumengeschehens in dieser Abbildung das im Chart für Samstag, den 28. März gezeigte Handelsvolumen zu verdoppeln.

Abbildung IV.8

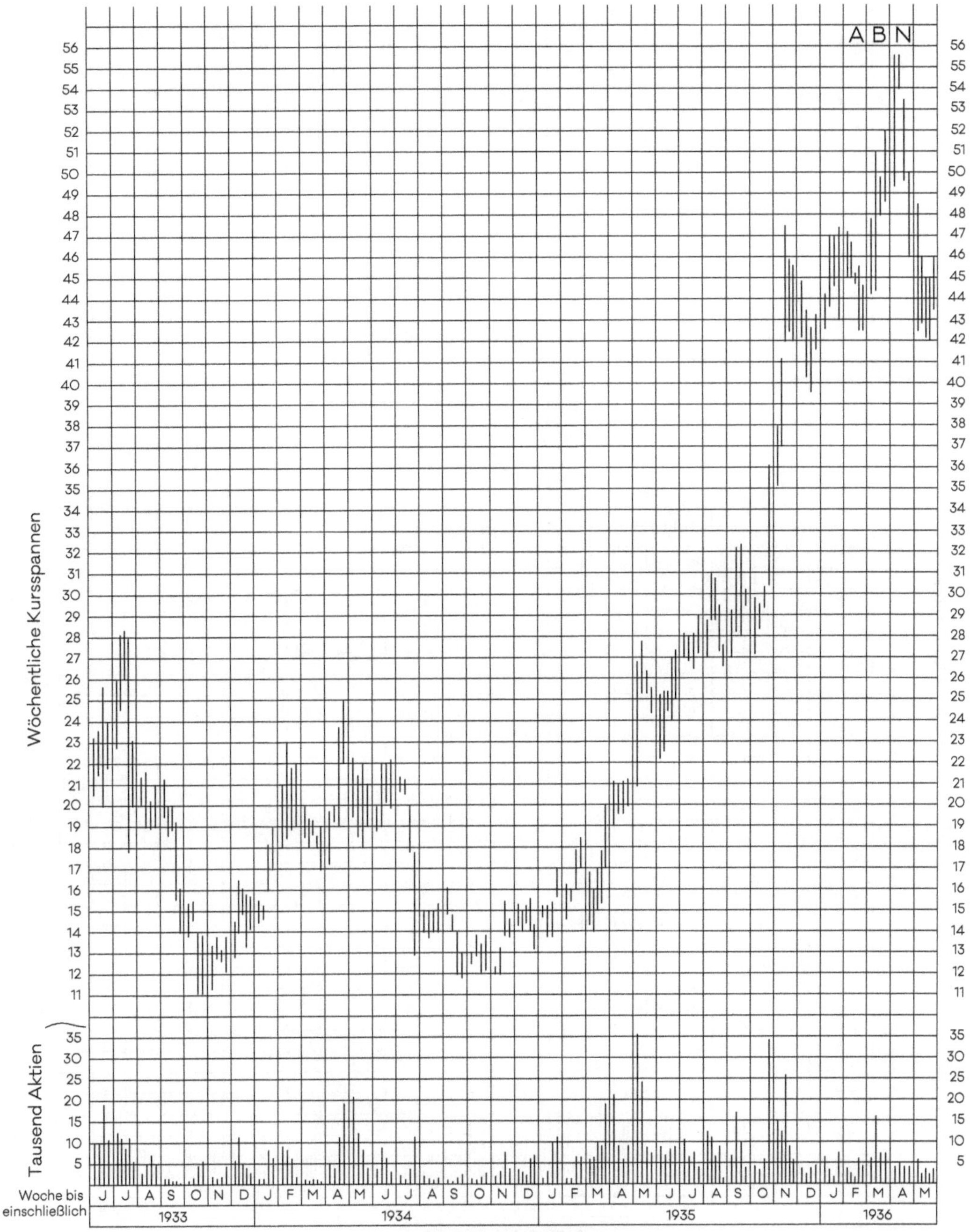

AMERICAN BANK NOTE

Abbildung IV.9

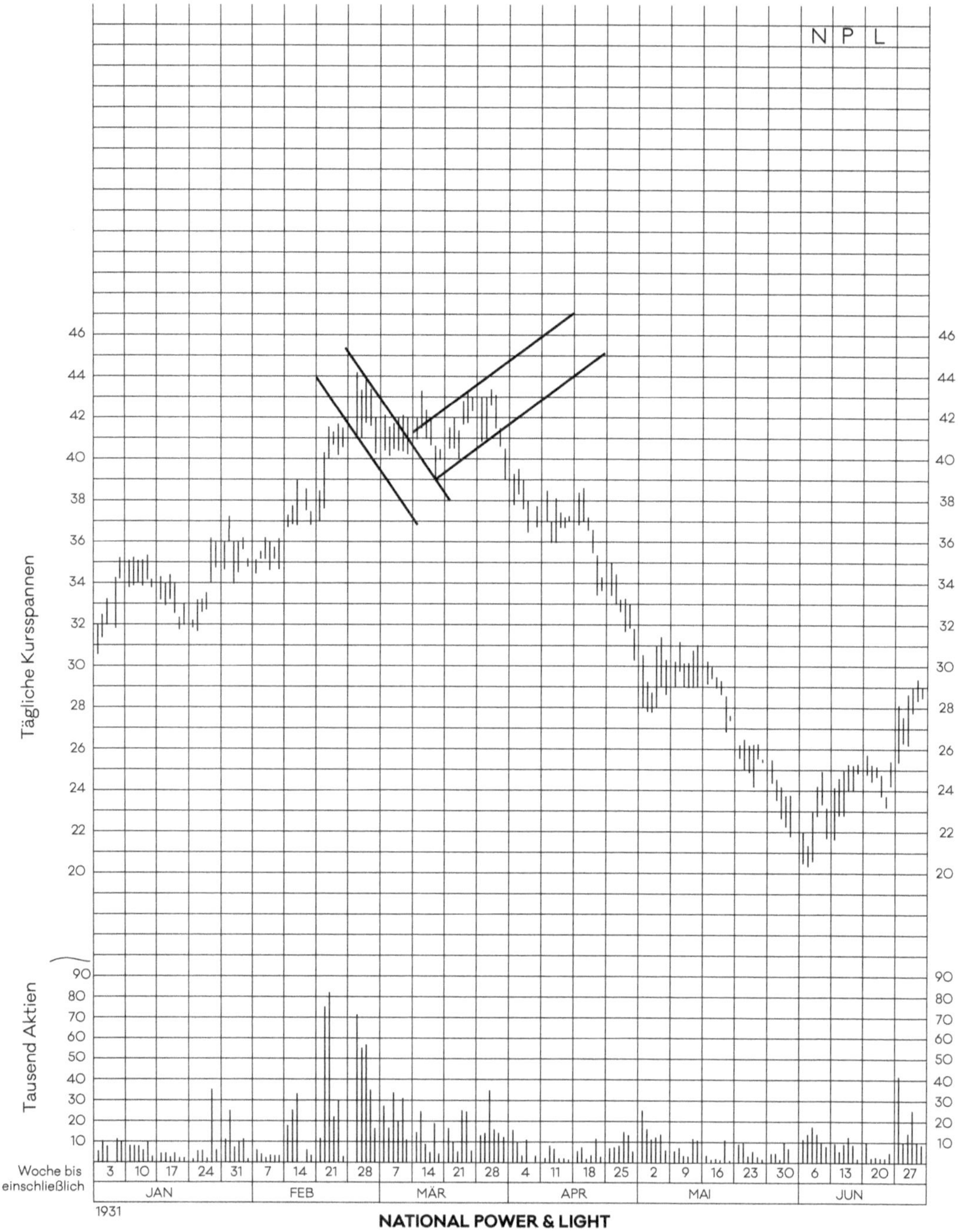

NATIONAL POWER & LIGHT

Doppel-Tops und Doppelböden bei Indizes

Einer der Gründe, weshalb die laienhafte Allgemeinheit und viele Finanzjournalisten so zuversichtlich vom Doppel-Top und vom Doppelboden als positiven Hinweisen auf eine Wende sprechen, liegt vielleicht darin, dass es tatsächlich mehrere Gelegenheiten gegeben hat, bei denen Doppelformationen in den weithin publizierten Indexcharts zum Ende langer Haussen oder Baissen aufgetaucht sind. Das bemerkenswerteste Beispiel, das diese Autoren gern angeben, ist das Ende der Baisse des Jahres 1921, das mit ein bisschen Fantasie ein zufriedenstellendes Beispiel für einen Doppelboden aufweist.

Gehen wir im Dow Jones Industrial Average noch weiter zurück, stellen wir fest, dass Doppelböden anscheinend die langen Baissen der Jahre 1897, 1903 und 1914/1915 abschlossen. Doppel-Tops sind zum Ende langer Haussen nicht weniger verbreitet, vor allem bei den Industriewerten 1899 und 1906 sowie bei den Eisenbahnwerten 1918/1919.

Die Aufmerksamkeit fällt von Natur aus auf solche Formationen, weil sie als Wendepunkte aus dem Chartbild herausstechen, doch wir müssen die Aufmerksamkeit des Lesers auch auf die unzähligen weiteren Mehrfachformationen in den langfristigen Indexcharts lenken, die hätten Wendepunkte sein können, aber keine waren. Und da sie *keine* Wendepunkte waren, verschmelzen sie mit dem Gesamtbild und werden vom zufälligen Beobachter kaum bemerkt.

Doch trotz dieser leichten optischen Täuschung erscheint es recht logisch, dass Doppelformationen tatsächlich eine größere Wendekraft und Bedeutung haben, wenn sie in den Indizes auftreten, als wenn sie nur in der Charthistorie einer einzelnen Aktie bemerkt werden.

Die komplexe Formation – eine zuverlässige Prognose

Der sechste Typ von Umkehrformation, für dessen Untersuchung wir jetzt bereit sind, ist die komplexe Formation, die eng mit der Schulter-Kopf-Schulter-Formation und dem Common Turn oder Rounding Turn verbunden ist, die an sich schon zuverlässig eine Wende des bisherigen Kurstrends in eine neue Richtung vorhersagen. Die komplexe Formation ist zudem von allen unseren Umkehrmustern eines der stärksten. Sie ist den anderen in dieser Hinsicht so weit voraus, dass sie, wenn sie eine häufigere Entwicklung wäre, fast ohne jeden Zweifel die Schulter-Kopf-Schulter-Formation vom Thron der Bedeutung stoßen und unsere Gesamtliste der Umkehrformationen anführen würde.

Eigentlich ist die komplexe Formation lediglich eine stärkere, längere und detaillierte Form der Schulter-Kopf-Schulter-Formation. Aus diesem Grund kommt sie weniger häufig vor, aber ebenfalls aus diesem Grund ist sie in den vergleichsweise seltenen Fällen, in denen sie tatsächlich vorkommt, eine der zuverlässigsten Indikatoren für eindeutige Wenden.

Die komplexe Formation zerfällt in zwei detailliertere Aspekte der Schulter-Kopf-Schulter-Formation. Es gibt den Typ mit Schultern und mehreren Köpfen sowie den Typ mit Kopf und mehr als zwei Schultern. Diese Bezeichnungen deuten ziemlich klar ihre Definitionen an. Die Form mit Schultern und mehreren Köpfen ist schlicht unser alter Bekannter, die Schulter-Kopf-Schulter-Formation mit zweifachen oder mehreren Köpfen. Die Form mit Kopf und mehreren Schultern ist ebenfalls der regulären Schulter-Kopf-Schulter-Formation ähnlich, doch während der Kopf nur einfach vorhanden ist, liegen mehrere Schultern vor. Beide komplexe Formationen sind Umkehrformationen und treten daher als Tops oder als Böden auf.

Die Beziehung zu Doppel-Tops und Doppelböden

Zusätzlich zu ihrer engen Beziehung zur Schulter-Kopf-Schulter-Formation hat die Klassifizierung mit Schultern und mehreren Köpfen natürlich auch am Charakter der soeben untersuchten Mehrfachformationen teil – insbesondere an den Doppel-Tops und den Doppelböden. Wenn jedoch das komplexe Muster, das wir jetzt betrachten, zwei oder mehr Köpfe hat, dann sind diese Köpfe zu eng zusammen, um als Doppel-Top oder Mehrfach-Top definiert zu werden. Zudem ist die komplexe Formation wie bereits gesagt stärker als die Mehrfachformation und schneller zu erkennen, sodass sie es uns erlaubt, eine etwas schnellere und profitablere Trading-Position einzunehmen.

Das doppelte Schulter-Kopf-Schulter-Top

Wir haben in unserer Einführung zu den komplexen Mustern festgestellt, dass sie nicht häufig sind. Idealformationen, die in jeder Hinsicht perfekt sind, sind äußerst selten. Daher möge uns verziehen werden, wenn wir in den Akten zurückblättern, um ein klassisches Beispiel zu finden, anhand dessen unsere Leser einen ersten Blick auf diese interessante Formation werfen können. Zufällig weist diese Illustration auch auf die Tatsache hin, dass eine vorherige Hausse das gleiche technische Muster hervorgebracht hat, das wir 1929 gefunden haben und das wir heute finden.

Abbildung IV.10 zeigt das Kursgeschehen bei Crucible Steel von November 1922 bis Mai 1923 (ein orientierender Blick auf den langfristigen Chart des Dow Jones Industrial Average zu Beginn dieses Kurses zeigt, dass zur damaligen Zeit eine allgemeine Marktwende stattfand). Im November 1922 kehrte Crucible Steel nach einem kräftigen Absacker von über 80 auf 60 bei A-B-C seinen Trend mit einer perfekten Schulter-Kopf-Schulter-Formation der üblichen Art um. Danach arbeitete sich die Aktie innerhalb weniger Monate bis auf 82 bei Punkt D hoch, wo sie auf Widerstand stieß und die linke Schulter unserer doppelten Schulter-Kopf-Schulter-Formation bildete. Nach einer kurzen Reaktion gelang es der Aktie, diesen vorherigen Punkt des

Widerstands zu überwinden, doch bei zwei weiteren Gelegenheiten wurde sie erneut gestoppt, nämlich an den Punkten E und F auf dem Niveau von 84 1/2. Erneut zog sich die Aktie von dem doppelten Kopf zurück und legte schließlich in dem vergeblichen Bemühen, den Anstieg zu erneuern, eine letzte Rally zu Punkt G hin, der rechten Schulter. Doch jetzt war der Kaufdruck zu hoch. Das technische Gleichgewicht hatte sich definitiv verschoben, bei H wurde die Nackenlinie durchbrochen, und die Umkehrformation war vollständig.

Varianten wie bei der einfachen Schulter-Kopf-Schulter-Formation

Der Chart von Crucible Steel zeigt das komplexe Top mit zweifachem Kopf und einem einzelnen Paar Schultern in einer beinahe so perfekten Form, wie sie uns kaum jemals begegnen dürfte. Mit diesem typischen Bild im Kopf können wir nun zu einer Betrachtung der wahrscheinlicheren Varianten übergehen.

Die Formation mit Schultern und doppeltem Kopf tritt mit den gleichen Unterschieden in Breite und Höhe der Schultern auf wie die einfache Schulter-Kopf-Schulter-Formation. Die Nackenlinie kann nach oben oder nach unten geneigt sein, allerdings treten Extreme in dieser Hinsicht nicht so oft auf. Die beiden Köpfe können bei leicht unterschiedlichen Kursniveaus gebildet werden. Allgemein gesprochen jedoch wird die Symmetrie des Musters durchaus gewahrt und der Student wird es interessant finden, den „Rhythmus" zu beobachten, den solche komplexe Formationen entwickeln.

Abbildung IV.11 zeigt ein eher ungewöhnliches und doch absolut gültiges – und äußerst mächtiges – Top mit Schultern und Doppelkopf, das im Jahr 1929 den Major-Trend bei Chesapeake and Ohio umkehrte. Hier treten die beiden Köpfe B und C auf unterschiedlichen Niveaus auf, stehen aber eindeutig in Beziehung zueinander und sind eindeutig Zwillingsköpfe. Die linke Schulter bei A ist ungewöhnlich hoch und von einer Inselumkehr geprägt, einer nützlichen Vorhersageformation, die wir in Studie V noch detaillierter aufgreifen werden und die an sich schon die Erschöpfung der „guten" Kauftätigkeit signalisierte. Der Rhythmus des Musters ist beachtenswert.

Handeln an der Schulter und am Doppelkopf

Konservative Trader können – und wir glauben, Anfänger sollten – die in unserer Besprechung der üblichen Schulter-Kopf-Schulter-Formation niedergelegte Regel befolgen, vor dem Verkauf der Aktie beziehungsweise im Falle einer Bodenformation vor dem Kauf den Durchbruch durch die Nackenlinie abzuwarten. Aber dank der charakteristischen Symmetrie dieser komplexen Formationen ist es oft möglich, den Ausbruch vorwegzunehmen, vor allem wenn das bisherige Chartbild oder andere

Abbildung IV.10

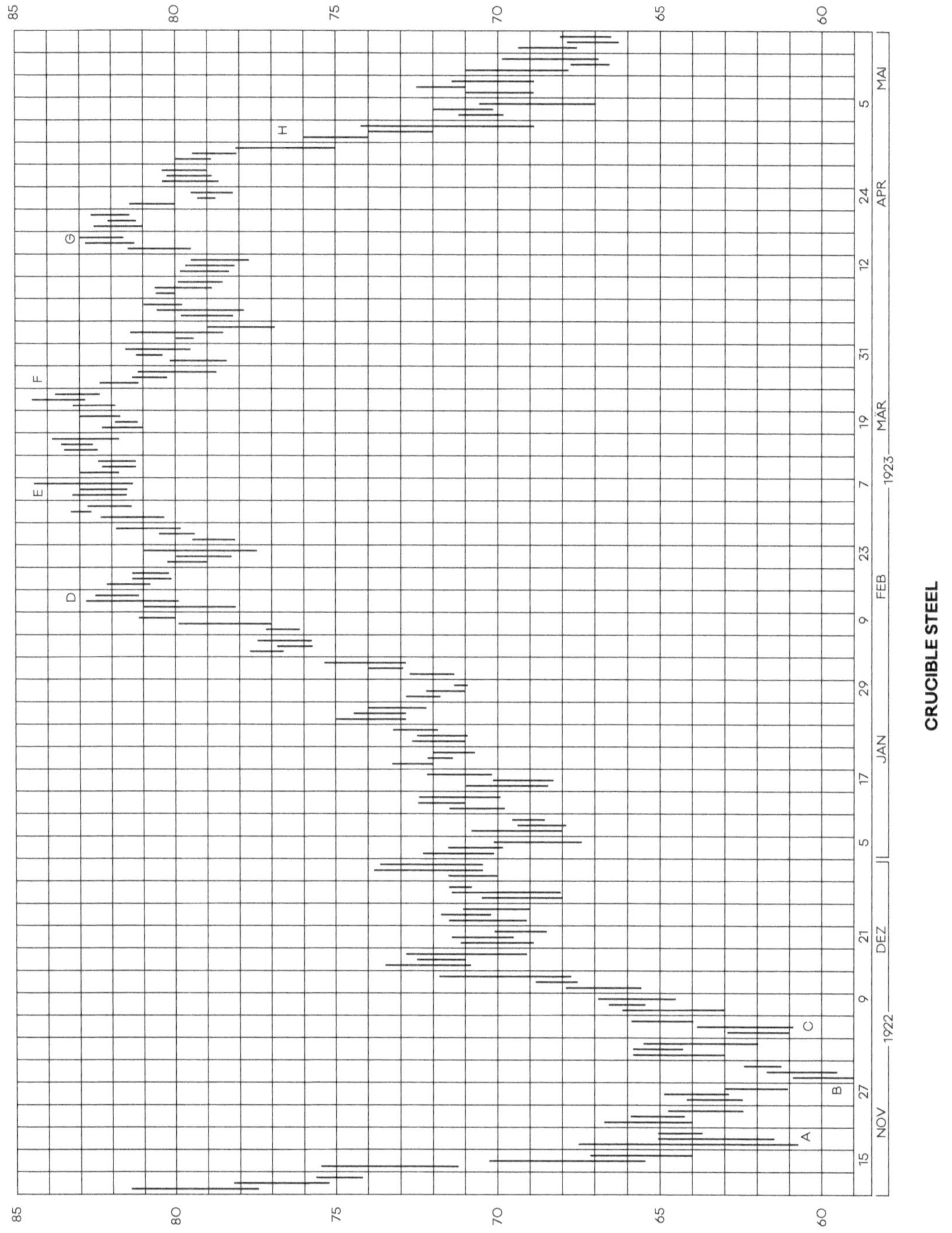

Abbildung IV.11

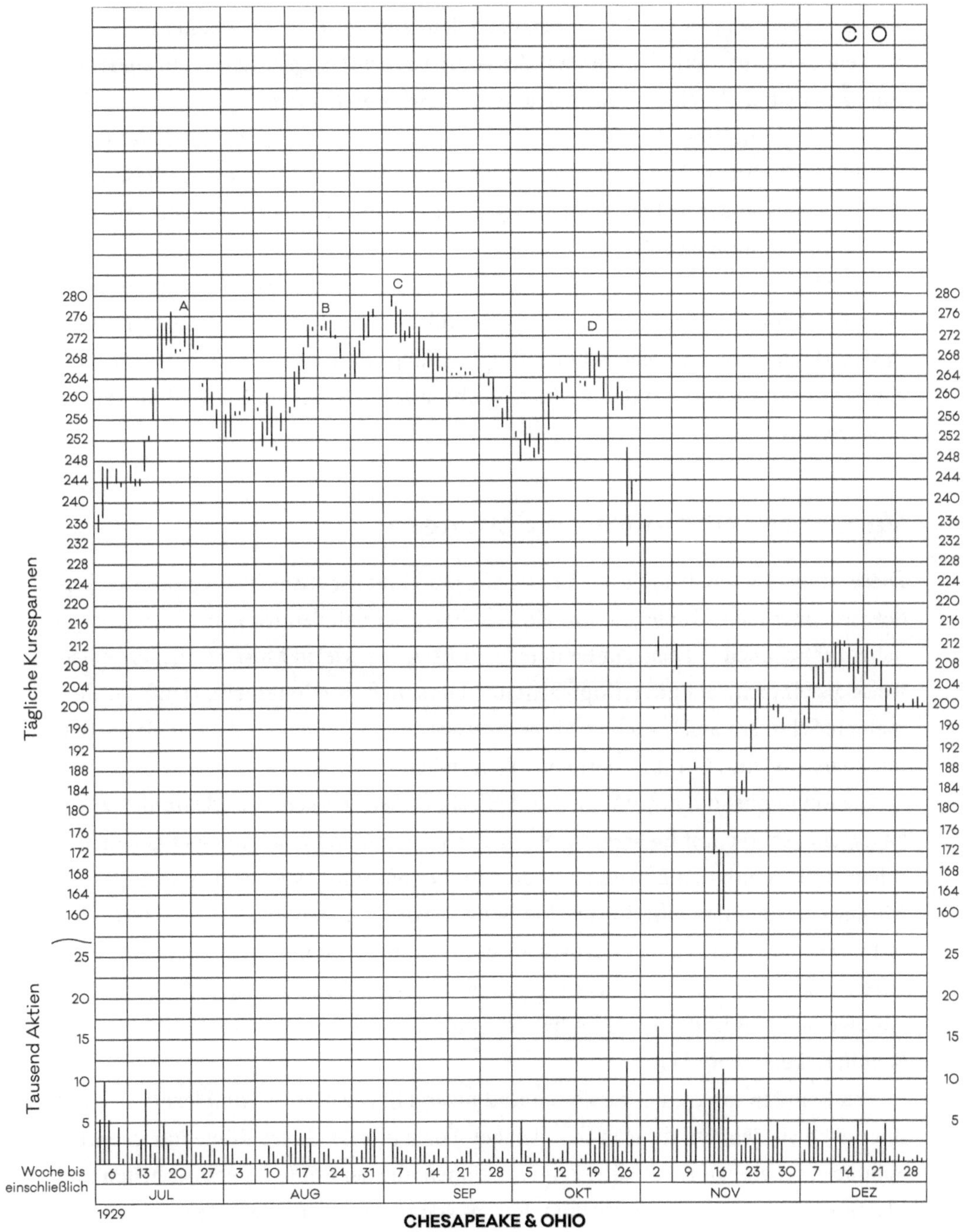

CHESAPEAKE & OHIO

Überlegungen die Wahrscheinlichkeit einer Umkehr nahelegen. Beim Top von Chesapeake and Ohio beispielsweise war das Muster nach der nachdrücklichen Reaktion am Samstag, dem 19. Oktober, nach dem Top der rechten Schulter bei D ausreichend bestimmt, um den Verkauf der Aktie zu rechtfertigen. In diesem speziellen Fall hätte man dadurch ein paar Extrapunkte gewinnen können.

Doch vor dem Versuch, frühzeitig zuzuschlagen, sollte sich der Trader dieses Bildes sicher sein. Wenn es nicht vollkommen klar, nicht offenkundig symmetrisch ist, wenn der Rückzug von der rechten Schulter nicht vollkommen offensichtlich ist, dann warte man eine Bestätigung des Ausbruchs ab.

Der Student darf aus den obigen Bemerkungen, die nur für absolut symmetrische komplexe Umkehrformationen gelten, keine stillschweigende Erlaubnis ableiten, einen Frühstart mit einer einfachen Schulter-Kopf-Schulter-Formation hinzulegen, die nicht abgeschlossen ist und erst dann eine Umkehr anzeigt, wenn die Nackenlinie durchbrochen wurde.

Varianten mit mehreren Schultern

Diese Abteilung der komplexen Umkehrformationen ist etwas häufiger als der Typ, der zwei oder mehr Köpfe und nur ein Schulternpaar hat, den wir gerade besprochen haben. Tatsächlich tauchen „unter dem Mikroskop" bei vielen Mustern, die normalerweise als einfache Schulter-Kopf-Schulter-Umkehrformationen eingestuft werden, mehrere Schultern auf. (Beachten Sie beispielsweise in Abbildung II.2 die beiden Schulternpaare A-C und G-I im Chart von Western Union.)

Die Rhythmus- oder Symmetrieregel gilt für diesen Typ genauso wie für den zuvor besprochenen Typ mit mehreren Köpfen, auch wenn man manchmal sehr genau hinschauen muss, um den Beweis zu finden, und es natürlich wie bei allen technischen Mustern Ausnahmen gibt. In Abbildung IV.12 wird ein Schulter-Kopf-Schulter-Top mit mehreren Schultern im Chart von General Theatres Equipment aus dem Jahr 1931 gezeigt. Man kann darin drei Schultern auf der linken Seite sehen, die sich in schneller Abfolge bei A, B und C gebildet haben, einen Kopf bei D und drei breitere rechte Schultern bei E, F und G.

Wir könnten unsere Diskussionen und unsere Illustrationen komplexer Tops fast unendlich ausdehnen, da es in der gleichen Formation mehrere Köpfe und mehrere Schultern geben kann, mit allen Kombinationen, die der Student herausarbeiten und klassifizieren kann, wenn er möchte. Es mag hier genügen, festzustellen, dass sie alle den gleichen Einschränkungen und Interpretationen unterliegen wie die Typen, die wir bereits betrachtet haben.

Abbildung IV.12

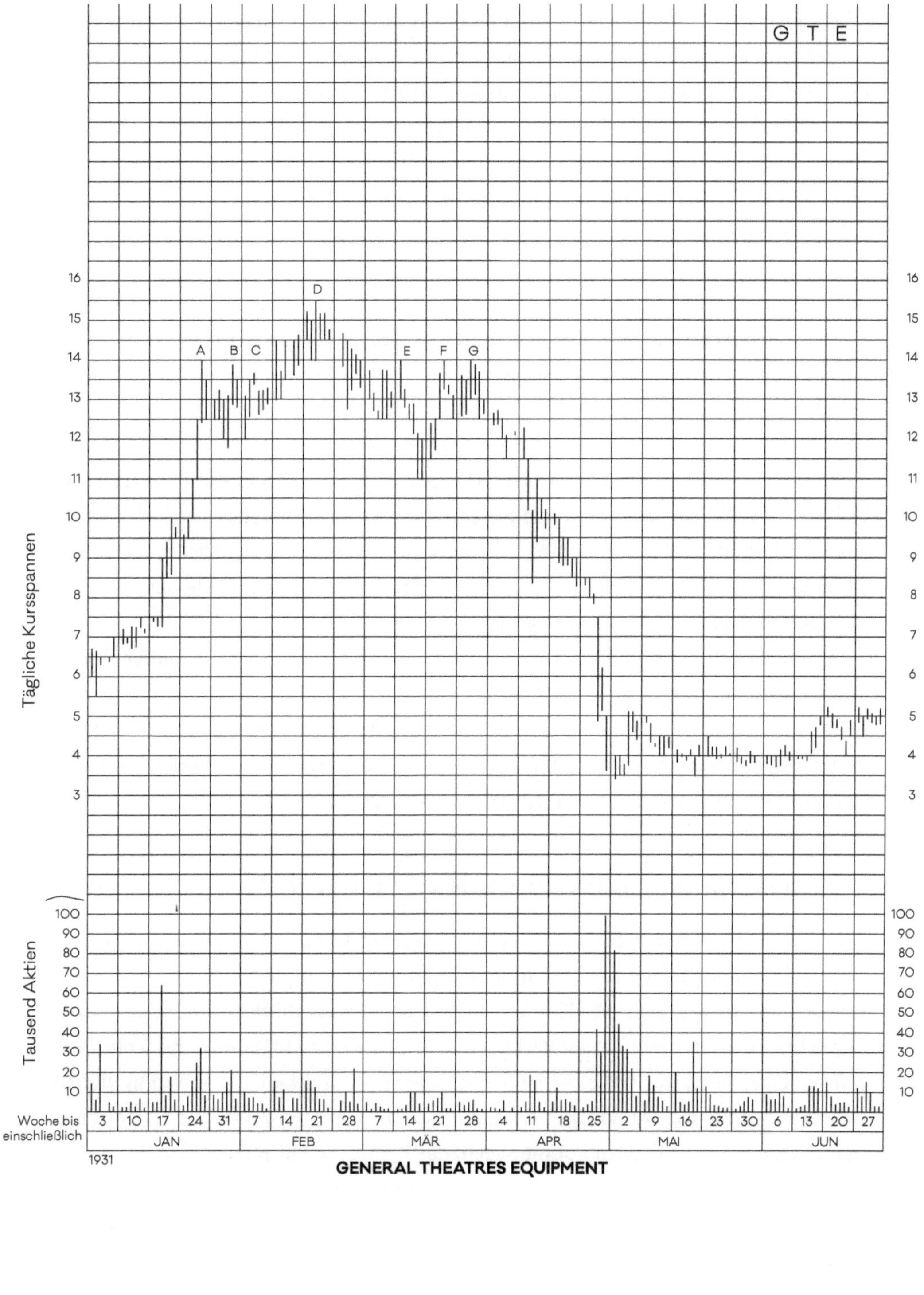

GENERAL THEATRES EQUIPMENT

Komplexe Böden in den gleichen Varianten wie die Tops

Wir brauchen die komplexe Formation als Bodenformation nicht ausführlich zu untersuchen. Komplexe Böden treten in den ganzen verschiedenen Formen auf, die auch bei komplexen Tops zu finden sind, und sie sind als Hinweise auf eine Umkehr genauso stark und zuverlässig. Wir können ihre Untersuchung mit einer kurzen Analyse von Abbildung IV.13 erledigen. Der Chart von Pullman vom Herbst 1934 zeigt eine komplexe Boden-Umkehrformation mit zwei deutlichen Köpfen bei C und D sowie mit Schultern bei A-B und E-F. Der Student kann diese als einzelnes Paar unregelmäßiger Schultern oder als zwei Paar Schultern betrachten, wobei die beiden rechten etwas durch die größere Stauzone gestört wurden, als sich die Formation ihrem Abschluss näherte. Den rechten Schulterbereich kann man auch als symmetrisches Dreieck auslegen und das entscheidende Kursgeschehen am 7. November unter steiler Volumenzunahme durchbricht sowohl das Dreieck als auch die Nackenlinie der komplexen Umkehrformation, sodass die Vorhersage höherer Kurse doppelt bestätigt wird.

Vielleicht ist dem Leser das Auftreten eines Doppelbodens in diesem Chart von Pullman aufgefallen, aber wie wir in unserer vorigen Studie bereits festgestellt haben, sind Doppelböden oder Doppel-Tops, die recht dicht beieinander auftreten, fast immer Bestandteile eines größeren Musters und werden am besten im Lichte der größeren und zuverlässigeren Formation ausgelegt.

Sehen Sie sich in Abbildung II.7 noch einmal einen Schulter-Kopf-Schulter-Boden an, der auch als komplexe Formation mit einem Kopf und zwei Paar Schultern ausgelegt werden kann, wobei sich die erste linke Schulter am 21. September gebildet hat. Die Bedeutung dieses Charts ändert sich durch diese Auslegung keineswegs, außer dass sich die Prognose einer Umkehr leicht verstärkt.

Volumenhinweise bei komplexen Umkehrformationen

Sehr wahrscheinlich hat der Leser bemerkt, dass wir so gut wie keine Bemerkungen zum Volumengeschehen im Zusammenhang mit den komplexen Mustern gemacht haben. Der Grund dafür ist, dass man sich während der Bildung einer komplexen Umkehrformation nicht darauf verlassen kann, dass sich ein ganz klares Volumenmuster abzeichnet, was vielleicht an der schieren Komplexität der Formation und an der Zahl der Kursschwankungen liegt, die mit der Gezeitenwende der technischen Stärke verbunden sind. Man könnte sagen, das komplexe Muster sieht aus, als würde es ihm schwerfallen, sich zu entscheiden, dass aber, wenn es sich entscheidet, die Entscheidung ein beträchtliches Gewicht hat. Eine allgemeine Volumenregel wird allerdings mit sehr wenigen Ausnahmen umgesetzt, und zwar die steile Zunahme beim Durchbrechen der Nackenlinie.

Abbildung IV.13

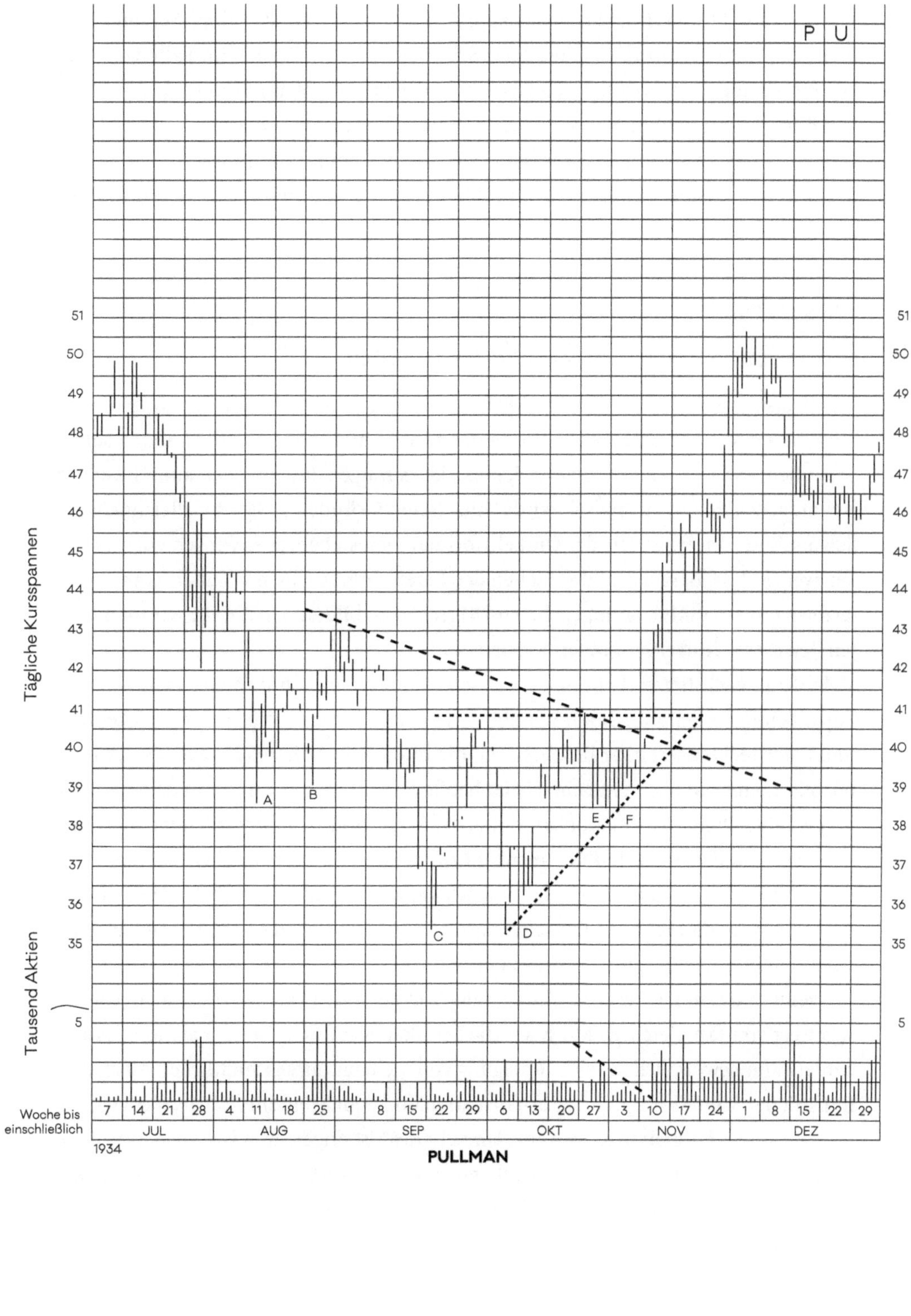

PULLMAN

Schultern auf verschiedenen Kursniveaus

Wir haben in Studie II bereits etwas zum Auftreten von Schulter-Kopf-Schulter-Formationen mit einem zusätzlichen Paar Schultern gesagt, die sich im Falle von Tops beiderseits auf einem viel tieferen Niveau als das Paar dicht am Kopf bilden, im Falle von Böden auf höherem Niveau. Dafür wird der Student viele Beispiele finden. Diese stufen wir nicht als komplexe Formationen ein, weil bereits das innere Schulternpaar das Bild vervollständigt und das Durchbrechen der von ihnen gebildeten inneren Nackenlinie die Trendwende anzeigt.

Das Broadening Top – ein seltenes und verzwicktes Muster

Das Broadening Top ist das siebte Muster, das wir in unsere Studie der Formationen aufnehmen, die bei größeren Wenden des Kurstrends auftreten. Teils wegen seiner Seltenheit und teils weil es so verzwickt ist, ist es fraglos das von allen am schwersten zu entdeckende und zu analysierende. Aus diesen Gründen sollte es vielleicht eigentlich am Ende unsere Studie der Umkehrformationen stehen, aber wir schieben es hier ein, weil es das Übergangsbild zwischen den bereits untersuchten Schulter-Kopf-Schulterformationen und den umgekehrten Dreiecken zu bilden scheint, die wir im nächsten Teil dieses Kurses aufgreifen werden.

In der einfachsten und reinsten Form seines Auftretens könnte man das Broadening Top als einfache Schulter-Kopf-Schulter-Formation mit abwärtsgeneigter Nackenlinie und einer rechten Schulter beschreiben, die bis auf ein höheres Niveau als der Kopf reicht. In seiner weniger einfachen (und häufiger vorkommenden) Form deutet es eine umgedrehte Dreiecksformation an, wobei der Scheitelpunkt links beziehungsweise am Anfang steht, das breiteste Ende rechts beziehungsweise am Abschluss der Stauzone. Tatsächlich könnte man es logisch in die Klassifizierung als umgekehrtes Dreieck aufnehmen, wäre da nicht die Tatsache, dass es sich streng an die sogenannte „Fünferregel“ halten müsste – aber davon später mehr.

Wenn in unseren Charts ein Broadening Top zu finden ist, besitzt es einen Vorhersagewert von fast gleichem Rang wie die Schulter-Kopf-Schulter-Formation. Zudem deutet es für gewöhnlich auf eine Bewegung von mehr als durchschnittlichen Ausmaßen hin. Mit der Schulter-Kopf-Schulter-Formation und dem Rounding Turn hat es gemeinsam, dass es als Formation an sich eine Umkehr des bisherigen Trends anzeigt. Das Broadening Top unterscheidet sich dahingehend von Standard-Dreiecksformationen, dass es keine Fortsetzung anzeigt, während Dreiecke häufiger eine Fortsetzung als eine Umkehr des vorherigen Trends anzeigen. Natürlich muss man stets bedenken, dass keine technische Formation Änderungen des Marktes hundertprozentig zuverlässig vorhersagt.

Beschreibung des Broadening Tops

Das Broadening Top besteht aus fünf voneinander getrennten kleineren Trendwenden, wobei jede Umkehr weiter als die vorige reicht. Dadurch ergibt sich ihr charakteristisches, sich verbreiterndes Erscheinungsbild, und es führt, wie schon gesagt, dazu, dass es einem umgekehrten Dreieck ähnelt. Allerdings kann sich ein umgekehrtes Dreieck aus beliebig vielen kleineren Wenden zusammensetzen, während ein Broadening Top aus genau fünf sich verbreiternden Ausschlägen kurzfristiger oder intermediärer Umkehrbewegungen bestehen muss. Wenn eine sechste Umkehr erscheint, ist die Formation nutzlos, und manchmal trägt dieser sechste Ausschlag die bisherige übergeordnete Bewegung in eine Fortsetzung, wohingegen wir ja wissen, dass unsere Broadening Formation, um als solche bezeichnet werden zu können, eine Umkehr des bisherigen übergeordneten Trends sein muss.

Da das Broadening Top fünf Wendebewegungen oder Umkehrbewegungen des Minor- oder Intermediate-Trends beinhalten muss und niemals eine sechste Wende aufweisen darf, ist die erste Trendumkehr der Richtung des bisherigen übergeordneten Trends entgegengerichtet, während die fünfte und letzte Wende ebenfalls in die der vorangegangenen Major-Bewegung entgegengesetzten Richtung weist und sie auf den neuen, dieser vorigen Richtung entgegengesetzten Kurs bringt. Daher muss die erste Wende eines Broadening Tops eine Wende nach unten sein.

Für den nicht damit vertrauten Studenten mag diese theoretische Beschreibung etwas kompliziert klingen. Wir haben ja bereits eingeräumt, dass die Broadening Formation von allen wichtigen Chart-Umkehrformationen die schwierigste ist, und bevor wir unsere Besprechung fortsetzen, dürfte es unsere Studie anschaulicher machen, wenn wir ein paar Beispiele schwarz auf weiß untersuchen.

Chartbeispiel für das Broadening Top

Schauen wir uns also in Abbildung IV.14 den Chart von Air Reduction vom Spätsommer 1929 bis zur denkwürdigen Panik jenes Herbstes an. Die Aktie hinkte dem allgemeinen Geschehen, das mit dem letzten spektakulären Aufwärtsschub im September 1929 einherging, nicht hinterher. Ab einem Tiefpunkt bei circa 95 im April befand sich Air Reduction in einer fast stetigen und schnellen Aufwärtsbewegung. Die Aktie legte fast 130 Punkte zu, wobei sich ihr Wert in weniger als zwei Monaten mehr als verdoppelte.

Abbildung IV.14

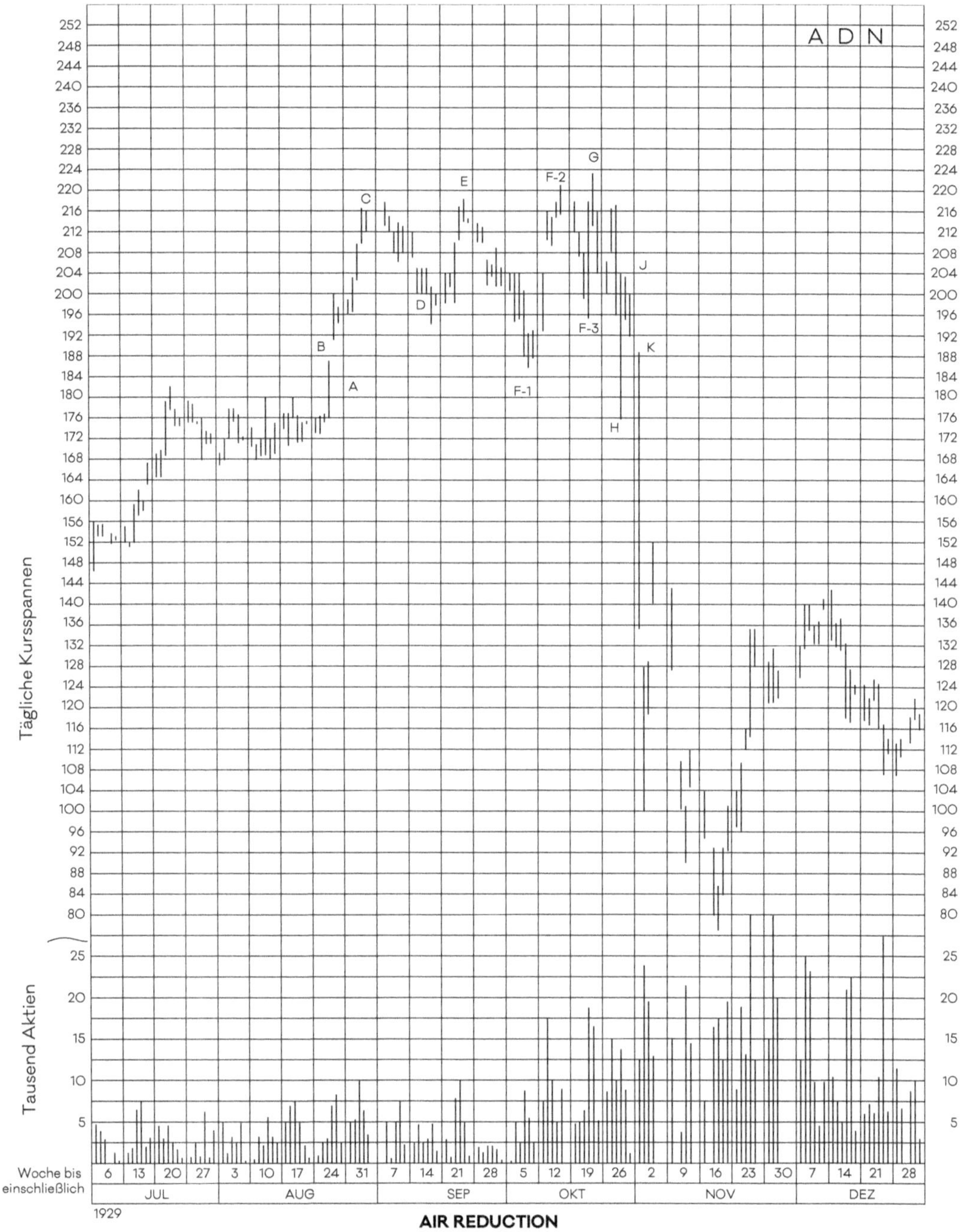

AIR REDUCTION

Das erste Anzeichen für den Verkaufswiderstand, der die längste und größte Hausse der Geschichte beenden sollte, kam an Punkt C, als die erste Umkehr des bisherigen übergeordneten Trends zu sehen war – die Wende nach unten, die wir soeben erwähnt haben und die bei einem Broadening Top vorhanden sein muss. Doch die Kauftätigkeit drehte das technische Gleichgewicht nach einer moderaten Reaktion wieder vorübergehend nach oben und bei Punkt D kam die zweite Umkehr. Diese zweite Wende wurde allerdings erst dann als nützlicher Teil unserer Formation bestätigt, als die nachfolgende Aufwärtsbewegung den bisherigen Widerstand bei Punkt C durchbrach und über diesen Punkt hinaus stieg, denn wie wir gelernt haben, muss jeder nachfolgende Umkehr- oder Wendeausschlag weiter reichen als der vorherige.

Aber fast sofort nachdem der Umkehrschwung bei Punkt D dadurch bestätigt worden war, dass die Bewegung etwas weiter reichte als bis Punkt C, kam die dritte Umkehr. Diese dritte Wende bei Punkt E wurde allerdings erst dann als nützlicher Teil unserer Formation bestätigt, als der neue Abschwung noch weiter nach unten reichte als der vorherige Umkehrschwung bei Punkt D. Und gleich nachdem der neue Abschwung nach Punkt E somit bestätigt war, kam bei Punkt F-1 die vierte Umkehr.

Auch diese vierte Umkehr bei Punkt F-1 wurde erst bestätigt, als der nächste Ausschlag – diesmal nach oben – über den vorherigen Aufschwung bei Punk E hinausging. Und nachdem die vierte Umkehr bei Punkt F-1 bestätigt war, kam die fünfte und letzte Umkehr bei Punkt G.

Allerdings sollte der Leser sorgfältig beachten, dass die fünfte und letzte Wende bei Punkt G erst dann bestätigt und sozusagen für unsere Zwecke offiziell wurde, als die nachfolgende Reaktion den bisherigen Tiefpunkt bei F-1 nach unten durchlief. In dem Moment, in dem dieser Rückgang, der mit der fünften Intermediate-Rückkehr bei Punkt G begann, unter 186 fiel, also unter das Niveau, auf dem die vierte Wende bei Punkt F-1 vollzogen wurde, war unser Broadening Top technisch vollständig.

Der Abschluss der Formation

In diesem Augenblick lautete die Prognose auf einen starken, rasanten Kursrückgang. Dieser hätte sofort folgen können; der Kurs von Air Reduction hätte von dem Tag an, an dem er Punkt H bildete, geradlinig abwärts unter Punkt F-1 laufen können. Doch in Wirklichkeit gab es ab Punkt H eine mäßige Erholung, und eine solche teilweise Erholung ist normalerweise nach dem Abschluss einer Broadening Formation zu erwarten. In der Mehrzahl der Fälle kommt es, nachdem die fünfte Welle den Kurs unter den vierten Wendepunkt gezogen hat, zu einem Rally-Versuch und einem Versuch, den bisherigen übergeordneten Trend wieder aufzunehmen, aber diese Rally kommt selten über den halben Weg zwischen dem letzten Hoch und dem letzten Tief des Musters hinaus.

Mit diesem guten Beispiel vor Augen sehen wir jetzt vielleicht klarer die Ähnlichkeit des Broadening Tops mit einem umgekehrten oder mit dem Scheitelpunkt nach links gedrehten symmetrischen Dreieck mit Grundlinie auf der rechten Seite. Wir können außerdem feststellen, dass jede Umkehr weiter reichen muss als die vorangegangene, bevor sie als nützlicher Teil unseres Bildes bestätigt wird, und wir können auch problemlos sehen, wie die Formation zu ihrer Bezeichnung als Broadening Top gekommen ist.

Wir möchten hiermit noch einmal an unsere vorherige Aussage erinnern, dass die Broadening Formation, da sie eine Umkehr sein muss, um diesen Namen zu verdienen, und da sie außerdem in Form von fünf kleineren Wenden stattfinden muss, daher die erste dieser fünf Wenden selbst eine Umkehr sein muss – dass also die erste Wende den bisherigen Trend umkehren muss. Darum muss die erste Wende zu Beginn des Broadening Tops ein Abschwung sein, während die erste Wende eines Broadening Bottoms ein Aufschwung ist. Und die letzte Wende geht in die gleiche Richtung.

Die große Bedeutung der Broadening Formation

In dem soeben untersuchten Beispiel Air Reduction beendete das Broadening Top die längste und spektakulärste Hausse in der Geschichte dieser Aktie. Bereits zwei Wochen, nachdem sich das Broadening Top gebildet hatte, hatten die gewaltigen Rückgänge der nachfolgenden Börsenpanik den Kurs unter 80 herabgezogen. Die Broadening Formation ist nicht so unfehlbar, wie wir es vielleicht wünschen würden, aber wenn sie funktioniert, dann funktioniert sie gut und gewinnbringend.

Interessante technische Aspekte

Ich hoffe, durch dieses Beispiel haben wir einige unserer undurchsichtigen Aussagen vom Anfang des Kapitels erhellt. Nehmen wir zum Beispiel an, Air Reduction hätte in Abbildung IV.14 die Erholung fortgesetzt, die sich von Punkt H bis Punkt J abzeichnete. Nehmen wir an, die Erholung hätte sich bis über den vorherigen Hochpunkt bei G fortgesetzt. Ein solches Kursgeschehen hätte sofort eine sechste Minor- oder Intermediate-Umkehr bestätigt, die bei Punkt H begonnen hätte. Unser Broadening Top darf allerdings nur fünf vollständige Wenden enthalten, und selbst wenn die Bewegung ein siebtes Mal gewendet hätte, wäre das Bild bereits technisch völlig unbrauchbar gewesen. Dann wäre es wahrscheinlich gewesen, dass sich unsere bisherige Broadening Formation schlicht in ein umgekehrtes Dreieck mit der gleichen Prognose einer Major-Umkehr verwandelt hätte, aber auf jeden Fall hätte die Bestätigung einer sechsten intermediären Umkehr die Formation als Broadening Top sofort zunichtegemacht.

Hier sollte vielleicht noch ein Punkt angesprochen werden, der für Anfänger möglicherweise schwer zu begreifen ist, und zwar die Notwendigkeit, dass jede intermediäre Wende innerhalb der Broadening Formation über den Hoch- beziehungsweise Tiefpunkt des vorherigen Umkehrausschlags hinausgehen muss, bevor die unter Beobachtung stehende intermediäre Wende definitiv bestätigt ist.

Zwischen den Punkten F-1 und G, die zu Recht als echte Wenden gezählt wurden, befindet sich Punkt F-2, der über den vorherigen Hochpunkt bei Wende E hinausging. Aber der nächste Ausschlag nach unten endete bei F-3, ein ganzes Stück vor dem vorherigen Tiefpunkt bei F-1, und wich sofort einer weiteren Aufwärtsbewegung zu Punkt G. Weder Punkt F-2 noch Punkt F-3 konnte als bestätigte Wende unter unseren fünf benötigten Umkehrausschlägen gezählt werden, weil die Bewegung, die auf Punkt F-2 folgte, nicht weit genug nach unten reichte, um sie als echte Wende zu bestätigen, also unter den vorherigen Wendepunkt F-1.

Übrigens: Wenn die Erholung von Punkt H bis J weiter bis circa 215 oder gar leicht unter Punkt G gelaufen wäre und dann wieder nach oben gedreht hätte, wäre das Bild unseres Broadening Tops nicht gestört gewesen. Die sechste Wende bei Punkt H, die die gesamte Formation unbrauchbar gemacht hätte, wäre erst dann als solche bestätigt worden, wenn die neue Erholung tatsächlich über Punkt G hinausgegangen wäre, den höchsten Punkt der bestätigten Wende, und das passierte natürlich nicht.

Beendigung von Haussen

Wie bereits erwähnt, ist das Broadening Top selten und nicht unfehlbar, aber wenn es denn funktioniert, ist es überaus bedeutsam und markiert im Allgemeinen einen kritischen Umschlag eines Bullenmarkts in einen Bärenmarkt. Das ist für den Student der Technischen Analyse beruhigend, denn es bedeutet, dass immer noch ein reichlicher gewinnbringender Ausschlag nach unten kommt, selbst nachdem er eine gewisse Zeit gewartet hat, um sicher zu sein, dass das Broadening Top ein authentisches Umkehrmuster war.

Abbildung IV.15 zeigt das Broadening Top, das dem langen Abschwung von US Steel aus dem Bereich von 60 auf 37 im Frühjahr 1934 vorausging. Es wird dem Studenten helfen, das Broadening Top zu erkennen, wenn und falls es in seinen Charts auftaucht und wenn wir uns die Zeit nehmen, das Muster von „Big Steel" so sorgfältig zu analysieren, wie wir es bei Air Reduction getan haben.

Die erste Trendumkehr erscheint bei Punkt 1, als eine dreitägige Reaktion die Aktie von 57 3/8 auf 55 1/8 herabzog. Die zweite Umkehr (bei 2) schob den Kurs innerhalb von zwei Tagen wieder auf 58 3/8 (bei 3A). Hier hatten wir etwas, das unsere dritte Umkehr zu werden versprach, doch beachten Sie, dass die Reaktion von 3 A aus nur bis 55 3/8 reichte (bei 3B) und nicht als dritte Umkehr unseres Broadening-Top-Bilds gezählt werden konnte. Die Aufwärtsbewegung setzte sich bis 58 3/8 fort (bei 3C), bevor eine erneute Umkehr erschien. Jetzt müssen wir die Wenden bei 3A und 3B übergehen und 3C als dritte Umkehr betrachten, falls sie dadurch bestätigt werden sollte, dass der Kurs unter das Niveau der zweiten Umkehr bei 2 fällt. Die Reaktion ab 3C reichte bis auf 54 1/2 hinunter, und dabei wurde 3C als dritte Umkehr dessen etabliert, was zu einem Broadening Top werden könnte.

Auch die vierte Wende (bei 4) musste durch eine Bewegung auf ein höheres Niveau als 3C bestätigt werden, bevor wir sie als vierte der fünf Umkehrbewegungen eines Broadening Tops zählen konnten. Diese Bestätigung kam kurze Zeit, nachdem sich der Kurs von US Steel am 19. Februar schnell auf 59 7/8 hinaufgearbeitet hatte (Punkt 5). Die Kursbewegung an jenem Tag deutete auf eine Tagesumkehr hin. Eine Woche später war der Kurs auf 54 1/8 gefallen, tiefer als das Niveau der vierten Umkehr; die fünfte Umkehr (bei 5) war bestätigt worden und das Broadening-Top-Muster war vollständig. Es folgten zwei kurze Rallys, von denen wir festgestellt haben, dass sie ziemlich charakteristisch für diese Umkehrformation sind, aber sie führten zu nichts. Erst eine Erholung auf 60 oder mehr hätte das Broadening Top unbrauchbar gemacht. Die nachfolgende Bewegung kann unkommentiert bleiben.

Rally nach Abschluss eines Broadening Tops

Im obigen Absatz und auf Seite 175 haben wir auf die teilweise Erholung hingewiesen, die gewöhnlich auf den Abschluss eines Broadening Tops folgt. Wie wir bemerkt haben, trägt diese Rally den Kurs häufig wieder die Hälfte des Weges zum Niveau des letzten Hochs beziehungsweise fünften Umkehrpunkts des Musters hinauf. Beim Hoch von Air Reduction (siehe Abbildung IV.14) lief die Rally von H bis J fast exakt die Hälfte des Rückgangs von G bis H zurück. Beim Top von US Steel (Abbildung IV.15) wurde die Broadening-Top-Formation am 1. März abgeschlossen, als der Kurs 53 berührte, nachdem er beim fünften Wendepunkt 59 7/8 erreicht hatte. Die Rally am 2. März trug bis 56 3/4, was wieder die Hälfte des vorangegangenen Rückgangs war.

Wenn es darum geht, eine Short-Position einzugehen, warten Sie eine Rally ab und verkaufen Sie, wenn sich der Kurs um circa 40 Prozent erholt hat.

Natürlich kann man eine derart dichte Annäherung an die Hälfte nicht bei jeder Rally erwarten, die nach der Bildung eines Broadening Tops stattfindet, und auch nicht, dass unmittelbar auf den Rückgang vom fünften Umkehrpunkt unter die vierte Umkehr überhaupt sofort eine Rally folgt. In den *meisten* Fällen entwickelt sich eine Rally kurz nach dem „Durchbrechen" des Niveaus der vierten Umkehr, und in den *meisten* Fällen führt diese Rally etwa zu einer Kurshalbierung. Aber diese Erwartungen sind häufig genug, um auf die in der Praxis vorhandene Gefahr hinzuweisen, sich

Abbildung IV.15

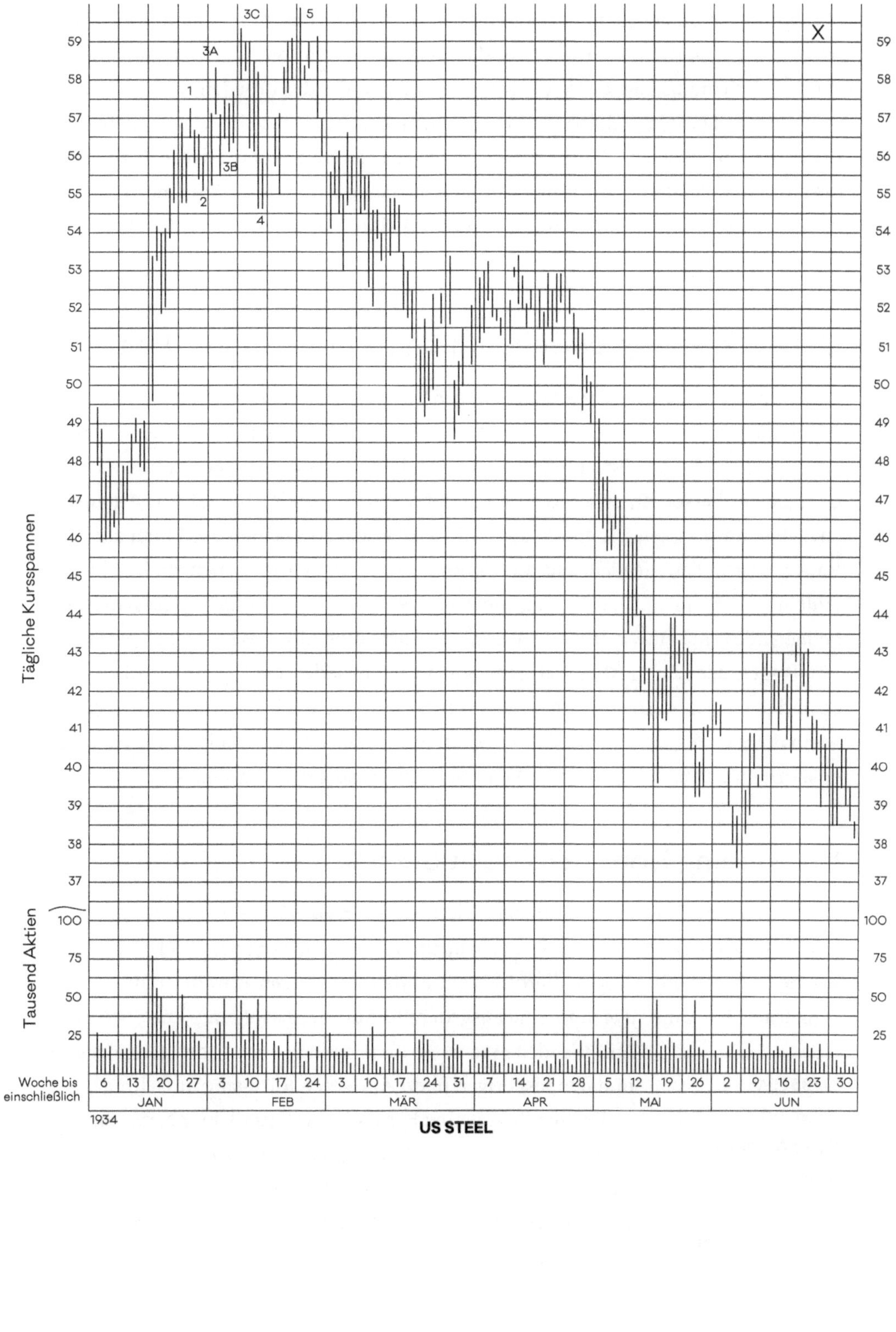

US STEEL

darauf zu verlassen, und es geraten sein zu lassen, etwaige Long-Positionen auf Aktien sofort zu verkaufen, ohne eine Rally abzuwarten. Wenn es allerdings darum geht, eine Short-Position einzugehen, besteht eine konservativere und profitablere Vorgehensweise darin, eine Rally abzuwarten und zu verkaufen, wenn sich der Kurs um circa 40 Prozent des vorangegangenen Rückgangs erholt hat, der das Broadening Top vervollständigt hat. Da solche Rallys gewöhnlich sehr kurzlebig sind, ist es außerdem gute Praxis, beim Broker eine Short-Order zum festgelegten Kurs –dem Niveau, bis zu dem die erhoffte Rally den Erwartungen zufolge reichen dürfte – zu platzieren, sobald die Anforderungen an ein Broadening Top erfüllt sind und bevor die Rally tatsächlich begonnen hat.

Unterscheidung zwischen „Long"- und „Short"-Trading

Dieses unterschiedliche Vorgehen, je nachdem, ob man eine Long-Position verkauft oder eine Aktie shortet, wenn im Chart eine Top-Umkehrformation erscheint, beruht auf überaus wichtigen Sicherheitserwägungen. Es braucht wohl nicht erwähnt zu werden, dass es besser ist, durch Befolgung der Vorsichtsregeln ein Dutzend Handelschancen zu verpassen, als einen tatsächlichen Verlust zu erleiden, weil man auf eine Rally gewartet hat, die vielleicht nie kommt. Technische Formationen sind nicht unfehlbar – diese Tatsache darf man nie vergessen. Das Broadening Top ist zwar eine bedeutende und bemerkenswert zuverlässige Formation, doch es kann auch versagen. Ein Trader, der seine Aktien verkauft, sobald ein Broadening Top eine Umkehr des bisherigen Aufwärtstrends signalisiert, verliert nur einen Teil des erhofften Gewinns, wenn die Wende nicht eintritt. Hingegen ist ein Trader, der eine Rally abwartet, bevor er shortet, nur umso besser dran, wenn sich der Trend gegen ihn wendet.

Broadening Bottoms sind äußerst selten

Der Broadening Bottom taucht in den Charts so selten auf, dass eine Besprechung fast als rein theoretisch gelten kann. Dabei handelt es sich einfach um das gleiche Chartbild wie beim Broadening Top – allerdings am Ende eines langen Abwärtstrends – und signalisiert ein Umschlagen in eine ausgedehnte Aufwärtsbewegung. Die erste ihrer fünf Wendebewegungen muss natürlich nach oben gerichtet sein und den bisherigen übergeordneten Rückgang umkehren.

Es ist besser, ein Dutzend Handelschancen zu verpassen, als einen tatsächlichen Verlust zu erleiden.

Da eine Broadening Formation aufgrund ihrer Natur nur aus einer ziemlich aktiven Marktlage entstehen kann, die normalerweise am Ende einer Baisse nicht vorliegt, versteht man leicht, weshalb echte Broadening Bottoms so selten auftreten. Die wenigen Bodenformationen, die den analytischen Anforderungen an einen Broadening Bottom genügen, weisen zudem in der Regel andere, offensichtlichere Muster einer Bodenumkehr auf. Daher darf der Student den Broadening Bottom getrost vergessen – jedenfalls braucht er keine Zeit mit dem Versuch zu vergeuden, ihn zu finden.

Versagende Broadening Formations

Wir haben festgestellt, das Broadening Top sei nicht unfehlbar, und auch, dass eine Formation, die anscheinend als Broadening Top anfängt, letztlich womöglich nicht abgeschlossen wird. Doch scheinen solche unvollendeten, gestörten Broadening Tops trotzdem für den Studenten der Charttechnik eine praktische Bedeutung zu haben. Denn bereits der Versuch einer Aktie, ein Broadening Top zu bilden, scheint eine zuverlässige Warnung zu sein, dass bald mit einer bedeutenden Umkehr zu rechnen ist. Beispielsweise wiesen im Frühjahr 1929 viele Aktien in ihren Charts Muster auf, die anfänglich typische Broadening Tops zu werden versprachen. Diese Formationen wurden nicht abgeschlossen, und die Kurse brachen im letzten Börsenschub 1929 nach oben aus – jedoch gaben sie Studenten der Charttechnik Anlass, mit einem bevorstehenden Bruch zu rechnen und auf echte Umkehrformationen gefasst zu sein.

Ebenso versuchten viele Aktien im Januar und Februar 1932 vergebens, Broadening Bottoms zu entwickeln, nur wenige Monate vor Erreichung des tatsächlichen Bodens der langen Baisse.

Mögliche Erklärung für das Broadening Top

Es dürfte nicht besonders sinnvoll sein, zu versuchen, sich die Marktfaktoren zu erschließen, die in einem Aktienchart ein Broadening Top hervorbringen. Der Wert der Formation ist ausreichend nachgewiesen, auch wenn eine zufriedenstellende Erklärung schwer zu finden ist. Allerdings legt eine Untersuchung des Börsenverlaufs in Zeiten, in denen Broadening Tops aufgetreten sind, eine Erklärung nahe, die logisch erscheint und sehr wahrscheinlich auch zutrifft. Broadening Tops bilden sich anscheinend in sehr aktiven und aufgeregten Marktphasen, nachdem die professionellen Händler bereits ihre wichtigen Positionen verteilt haben und beiseitegetreten sind. Allerdings hält die massive Beteiligung der Allgemeinheit den Markt noch aktiv. Die Kurse, die nicht mehr unter professioneller Kontrolle stehen, schlagen bei ihren Schwankungen immer weiter aus, bis offenkundig wird, dass es für einen weiteren Anstieg keine echte Unterstützung oder Basis gibt. Für die Aktien, die die Allgemeinheit nun verkaufen will, erscheinen keine Käufer, und der Markt bricht zusammen. Solche Bedingungen entwickeln sich nur gegen Ende schneller Haussen, die komplett aus dem Ruder gelaufen sind.

Was die Regel der fünf Umkehrbewegungen angeht, so gibt es dafür keine erkennbare logische Grundlage, aber die Erfahrung und eine kritische Untersuchung von vielen Hundert Aktiencharts deuten darauf hin, dass eine fünfte Umkehr bei anderen Arten der Stauzone ebenso wie beim Broadening Top in der Mehrzahl der Fälle ein Umkehrmuster abschließt und die endgültige Erschöpfung der technischen Stärke anzeigt.

Kurze Zusammenfassung

In diesem Abschnitt unseres Kurses haben wir drei Arten von technischen Mustern geprüft und untersucht, die bedeutsam sind, weil sie eine Wende des Kurstrends von großem Ausmaß anzeigen.

Die Mehrfachformationen, die ihre gängigsten Erscheinungsformen sind, also das Doppel-Top und der Doppelboden, sind verlässlich, wenn sie sich ziemlich streng an gewisse Spezifikationen halten. Die Tops (oder Böden) müssen unter angemessenen zeitlichen Abständen und Kursbewegungen zwischen ihnen gebildet werden, und das „Tal" zwischen den Tops muss durchbrochen werden, bevor die Formation vollständig ist.

Die eng mit der einfachen Schulter-Kopf-Schulter-Formation verwandten komplexen Formationen gehören zu den zuverlässigsten Umkehrprognosen von allen – sie hätten ein Anrecht auf einen Spitzenplatz unter den Umkehrformationen, wenn sie häufiger auftreten würden.

Das Broadening Top ist eine noch seltenere Formation, die einer sorgfältigen Analyse bedarf, und es ist nicht so verlässlich wie die Schulter-Kopf-Schulter-Formation und die komplexen Formationen. Jedoch weist es definitiv auf eine lange und bedeutende Bewegung des neuen Trends hin, wenn es eine Wende bildet, und dieser Hinweis rechtfertigt, dass wir es unter die wichtigen technischen Umkehrformationen aufnehmen.

Studie V

Weniger bedeutende Umkehrformationen

- Zusammenfassung der wichtigen Umkehrformationen
- Weniger häufig auftretende Umkehrformationen
- Das umgekehrte Dreieck
- Unterschiede zwischen umgekehrten und normalen Dreiecken
- Das symmetrische umgekehrte Dreieck
- Ein typischeres und weniger profitables Beispiel
- Umgekehrte rechtwinklige Dreiecke
- Das umgekehrte Dreieck mit fallender Hypotenuse
- Die Schwierigkeit, anhand umgekehrter Dreiecke zu handeln
- Das umgekehrte Dreieck mit steigender Hypotenuse
- Eine Erklärung für umgekehrte Dreiecke
- Die Diamantformation
- Beispiele für Diamant-Umkehrformationen
- Die April-Hochs 1936
- Diamant-Boden-Umkehrformationen
- Das Rechteck als Umkehrformation
- Interpretation wie bei einem Dreieck
- Rechteck-Boden-Umkehrformationen
- Die Bedeutung des Rechtecks
- Das Rechteck als Top-Umkehrformation
- Ausbruch aus dem Schlafzustand
- Übliches Bild eines langfristigen Bodens
- Schnelle Änderung des technischen Bildes
- Relativer Schlafzustand einer aktiven Aktie
- Die Inselformation
- Ein erster Blick auf Gaps
- Beschreibung der Inselformation
- Die Gaps sollten sich auf dem gleichen Niveau bilden
- Beispiel für eine kraftvolle Inselumkehr
- 1-Tages-Insel-Prognosen
- Andere Erscheinungsformen der Inselumkehr
- Erklärung der Inselformation
- Zwei interessante, spektakuläre Charts
- Danach die Fortsetzungsformationen

Zusammenfassung der wichtigen Umkehrformationen

In den drei vorangegangenen Studien haben wir sieben Typen von technischen Formationen analysiert, die bei Trendwenden von Aktienkursen auftreten, und wir haben ihren Nutzen für Prognosen besprochen. Fünf dieser sieben sind dank ihres häufigen Auftretens und ihrer großen Zuverlässigkeit oder aus beiden Gründen von großer Bedeutung. Dabei handelt es sich um folgende:

1. Die Schulter-Kopf-Schulter-Formation
2. Den Common Turn oder Rounding Turn
3. Das Dreieck
   a. Symmetrisch
   b. Rechtwinklig, aufsteigend und fallend
4. Die Mehrfach-Tops und -böden
5. Die komplexen Formationen

Die beiden anderen Formationen – Keilformation und Broadening Top – wurden nicht wegen ihrer großen Wichtigkeit zusammen mit den obigen untersucht, sondern wegen ihres bildhaften Bezugs zu den bedeutsamen Typen.

Weniger häufig auftretende Umkehrformationen

In dieser Studie werden wir vier weitere technische Formationen aufgreifen, die bei Trendwenden auftreten können und wesentliche Bestandteile des Trader-Werkzeugkastens sind, auch wenn die Gelegenheit, sie zu nutzen, nicht sehr oft kommen dürfte. Zwei davon – das umgekehrte Dreieck und der Diamant – sind gewissermaßen mit Umkehrformationen verwandt, die wir bereits untersucht haben. Die beiden anderen – das Rechteck mit seinen Variationen und die Inselumkehr – sind recht neu und anders.

Das umgekehrte Dreieck

Wir haben das umgekehrte Dreieck (bei unserer Untersuchung des Broadening Tops) als Stauformation angesprochen, die einem normalen Dreieck ähnelt, das so umgedreht wurde, dass es zuerst seinen Scheitelpunkt und erst mit Abschluss des Musters seine breite Seite beziehungsweise seine Basis ausbildet. Anders ausgedrückt wird ein umgekehrtes Dreieck durch ein Kursgeschehen gebildet, das genau entgegengesetzt zu dem ist, das ein normales Dreieck bildet. Beim umgekehrten Dreieck schwanken die Kurse anfangs in einer engen Spanne, doch im Laufe der Zeit werden die Schwankungen immer breiter; die Begrenzungslinien des Kursverlaufs laufen immer weiter auseinander.

Die umgekehrten Dreiecke unterteilen sich genauso in zwei Hauptgruppen wie die normalen Dreiecke – die symmetrische und die rechtwinklige Form. Dabei kommen rechtwinklige umgekehrte Dreiecke sowohl mit steigenden als auch mit fallenden Hypotenusen vor. Außerdem können umgekehrte Dreiecke ebenso wie normale Dreiecke entweder eine Umkehr oder eine Fortsetzung des bisherigen Kurstrends signalisieren. Allerdings hört hier die Analogie auf, und bevor wir zu einer detaillierten Untersuchung schreiten, sollten wir uns auf die allgemeinen Aspekte fokussieren, in denen sie sich von normalen Dreiecken und eher normalen Formationen der Kursstauung unterscheiden.

Unterschiede zwischen umgekehrten und normalen Dreiecken

Zu diesen Unterschieden gehört, dass das umgekehrte Dreieck seltener vorkommt als das normale Muster, vielleicht in dem Verhältnis, dass auf 30 bis 40 normale Dreiecke nur ein umgekehrtes Dreieck kommt. Die umgekehrte Formation ist normalerweise ungenauer und unregelmäßiger, auch wenn gelegentlich ein kompaktes, klar definiertes Muster vorkommt. Die Auslegung des umgekehrten Dreiecks ist schwierig und die Gewinnmöglichkeiten sind in der Regel beschränkter als bei normalen Dreiecken. Tatsächlich bieten viele umgekehrte Dreiecke dann, wenn keine anderen hilfreichen technischen Muster auftreten, dem technischen Trader keine gute Gelegenheit, eine profitable Aktienposition einzugehen.

Das umgekehrte Dreieck wird durch ein Kursgeschehen gebildet, das dem eines normalen Dreiecks entgegengesetzt ist.

Indes ist es im Rahmen dieser Studie, die diese Formation in erster Linie als Umkehrformation behandelt, nur angemessen, zu sagen, dass das Verhältnis der Wende- zu den Fortsetzungsformationen bei umgekehrten Dreiecken viel größer ist als bei den normalen Dreiecken.

Ein weiterer wichtiger Unterschied zeigt sich im Volumenchart. Das Volumengeschehen, das mit der Bildung eines normalen Dreiecks verbunden ist, kennen wir bereits; fast immer wird die Basis oder das breite Ende des normalen Dreiecks unter relativ hohem Volumen gebildet, und darauf folgt ein allmählicher Rückgang der Aktivität, während sich die Kursspanne zu einem Scheitelpunkt verengt. Sie nimmt immer mehr ab, bis dann schließlich der Ausbruch kommt und damit das Umsatzvolumen wieder anzieht. Bei umgekehrten Dreiecken sieht das Volumenbild allerdings ganz anders aus. Der Anfang beziehungsweise das schmale Ende des Musters wird häufig unter ordentlichem Volumen gebildet. Danach sackt die Aktivität zunächst auf ein niedrigeres Niveau ab, schrumpft dann aber nicht weiter; im Gegenteil neigt es dazu, recht unregelmäßig zu verlaufen, und in der Mehrzahl der Fälle steigt es mit der Verbreiterung des Musters. Ein bisschen Nachdenken würde uns natürlich ohnehin sagen, dass breitere Kursschwankungen mit höherem Volumen einhergehen müssen. Dieser Volumenverlauf bei umgekehrten Dreiecken erschwert es zusätzlich, auf dieser Basis zu handeln, weil es dadurch schwierig ist, den Ausbruch zuverlässig zu erkennen.

Das symmetrische umgekehrte Dreieck

Der Chart von General American Transportation (Abbildung V.1) zeigt ein umgekehrtes symmetrisches Dreieck, das 1929 das Hoch dieser Aktie bildete. Die Ähnlichkeit mit einem Broadening Top fällt sofort auf – in unserer letzten Studie haben wir ja gesagt, dass man das Broadening Top als Sonderform oder zumindest als nahen Verwandten des umgekehrten symmetrischen Dreiecks betrachten kann. Allerdings muss das Broadening Top keine kompakte Stauzone sein und seine Hochs und Tiefs brauchen nicht wie beim umgekehrten Dreieck auf eindeutigen Begrenzungslinien zu liegen. Andererseits muss beim umgekehrten Dreieck die „Fünferregel" nicht angewandt werden, auch wenn sie im vorliegenden Beispiel erfüllt ist. Umgekehrte symmetrische Dreiecke können auch aus sieben und in seltenen Fällen neun Umkehrbewegungen bestehen. (Und wenn daraus Fortsetzungs- statt Umkehrformationen werden, können sie vier, sechs oder eine noch größere *gerade* Anzahl kleinerer Wenden beinhalten. Umgekehrte Dreiecke als Fortsetzungsformationen werden in Studie VI behandelt.)

Im vorliegenden Beispiel für ein umgekehrtes Dreieck brauchen wir das Kursmuster nicht detailliert zu analysieren, aber die Analyse des Volumengeschehens ist interessant. Man beachte, dass die vier Hochs am 19. und 26. September sowie am 2. und 11. Oktober unter verhältnismäßig hohem Volumen markiert wurden, wobei die Aktivität mit jedem Kursrückgang nachließ. Nebenbei gesagt waren die letzten beiden Tops jeweils eine gute Tagesumkehr. Die erste Veränderung des Volumengeschehens trat am Samstag, dem 19. Oktober auf, als das Erreichen eines Tiefs mit auffallend hoher Aktivität einherging; schon das allein war eine Warnung vor technischer Schwäche. Die untere Begrenzungslinie wurde am 23. Oktober durchbrochen. Nachdem der Student der Charttechnik das drastische Ausmaß des Ausbruchs aus der Formation an diesem Tag, den Schlusskurs auf Tagestief und das zunehmende Volumen bemerkt hatte, brauchte er keine weitere Bestätigung mehr für eine bedeutende Trendumkehr.

Dabei muss eingeräumt werden, dass dieser Chart von General American Transportation ein fast ideales umgekehrtes Dreieck aufweist, das äußerst selten und leider nicht typisch für Formationen dieser Klassifizierung ist, die dem Chartisten wahrscheinlich an den häufigeren intermediären Wendepunkten begegnen.

Abbildung V.1

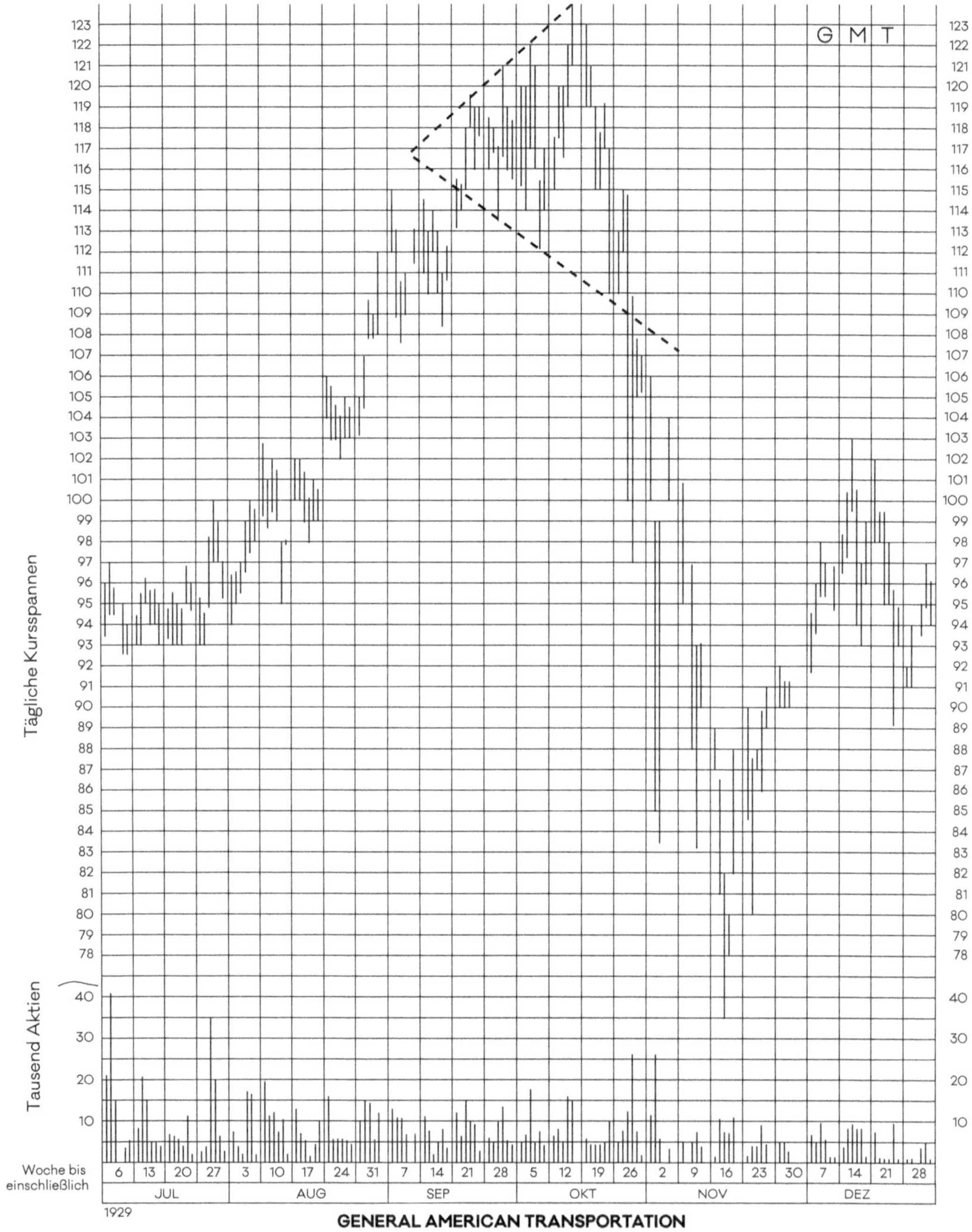

GENERAL AMERICAN TRANSPORTATION

Ein typischeres und weniger profitables Beispiel

Der Chart von Sharon Steel Hoop (Abbildung V.2) zeigt ein umgekehrtes symmetrisches Dreieck, das die Wende bei den April-Hochs 1936 signalisierte. Der Leser wird darin ein gültiges Umkehrmuster sehen, das indes kein verlässliches Signal gab, am Markt gewinnbringend zu agieren. Dass in einem Chart eine Stauzone erscheint, die im Laufe ihrer Bildung das Erscheinungsbild eines umgekehrten Dreiecks annimmt, ist für sich genommen kein zuverlässiger Hinweis auf eine Umkehr, aber häufig gibt es weitere hilfreiche Faktoren, vielleicht andere Charts, die zur gleichen Zeit echte Umkehrmuster bilden. Ein Trader, der „long" auf die Aktie steht, kann nun durchaus seinen Gewinn mitnehmen und sich so lange aus der Aktie heraushalten, bis ein eindeutiges Signal für den nächsten Trend erscheint. Ein Trader, der die Aktie noch nicht besitzt, sollte besser nicht versuchen, sie zu traden; er kann eine Menge anderer Gelegenheiten finden, die eine deutlichere Vorhersage bieten und profitabler sind.

Umgekehrte rechtwinklige Dreiecke

Umgekehrte Dreiecke, bei denen eine Begrenzungslinie waagerecht und die andere (die Hypotenuse) vom Anfangspunkt beziehungsweise dem theoretischen Scheitelpunkt der Formation aus entweder steil nach oben oder nach unten verläuft, sind vom Bild her grob mit den in Studie III untersuchten normalen aufsteigenden und fallenden rechtwinkligen Dreiecken vergleichbar.

Allerdings gibt die Richtung der Hypotenuse eines umgekehrten Dreiecks keinen zuverlässigen Hinweis auf den künftigen Kursverlauf, was beim normalen Dreieck definitiv der Fall ist. Dass die Hypotenuse nichts vorhersagt, fällt sowohl bei Umkehr- als auch bei Fortsetzungsformationen auf – das sollte der technische Trader bei der praktischen Nutzung umgekehrter Formationen stets bedenken.

Das umgekehrte Dreieck mit fallender Hypotenuse

Bei vielen umgekehrten Dreiecken bildet eine horizontale Linie die obere Begrenzung, wobei die Hypotenuse vom Ursprung der Formation nach unten geneigt ist und die untere Begrenzungslinie des Kursbereichs bildet. Ein auffallendes und starkes Beispiel erschien beim Hoch 1929 von American Can (Abbildung V.3). Das Volumengeschehen während der Bildung dieser Umkehrformation ist ziemlich typisch für das umgekehrte Dreieck. Die starke Abwärtsneigung der Hypotenuse deutete sicherlich auf technische Schwäche hin, aber wie so oft bei umgekehrten Dreiecken gab es keine eindeutige und endgültige Bestätigung für die Umkehr des übergeordneten Trends, bis der äußerste Höchstkurs bereits weit zurücklag. Der erste Ausbruch trat unter hohem

Abbildung V.2

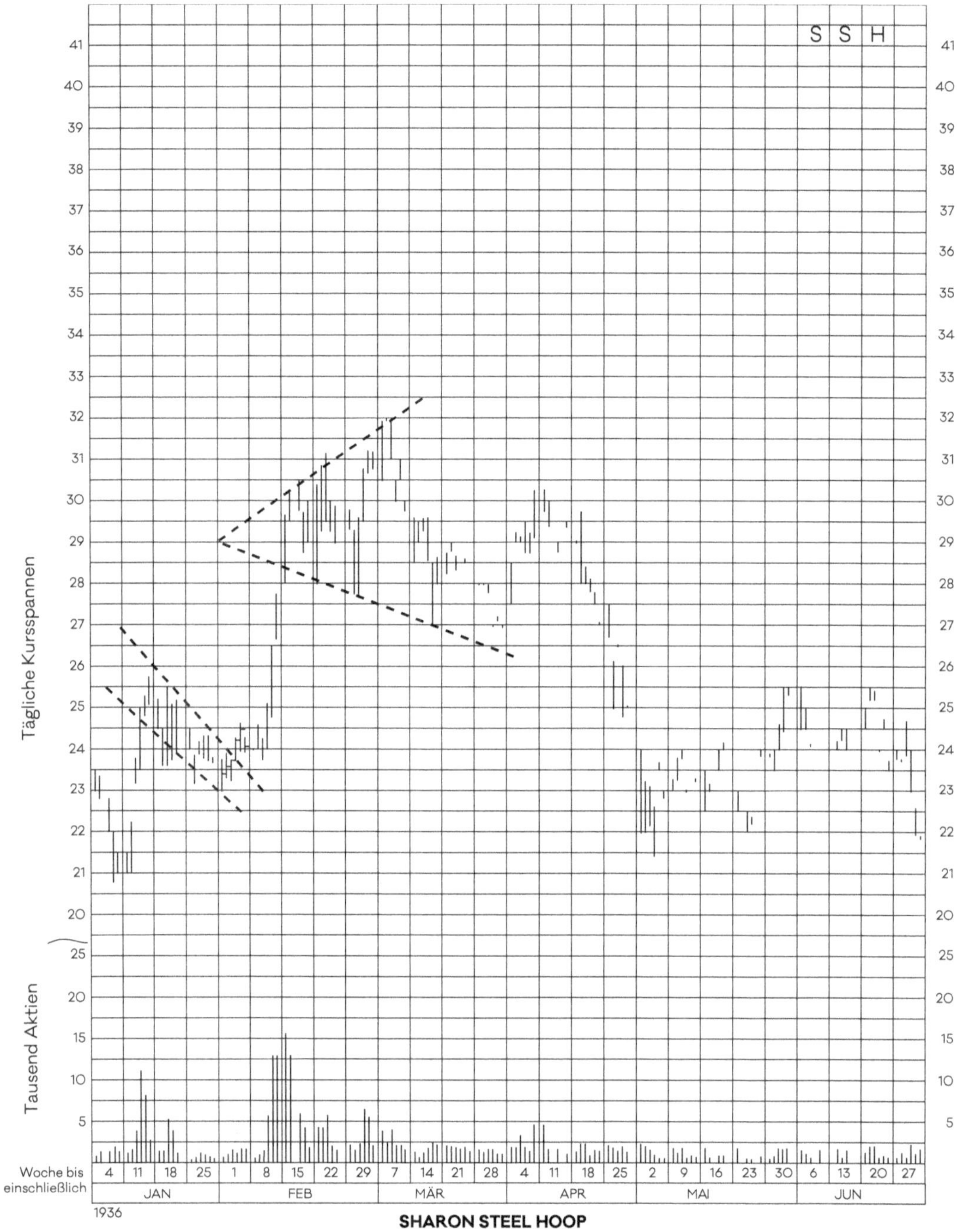

SHARON STEEL HOOP

Abbildung V.3

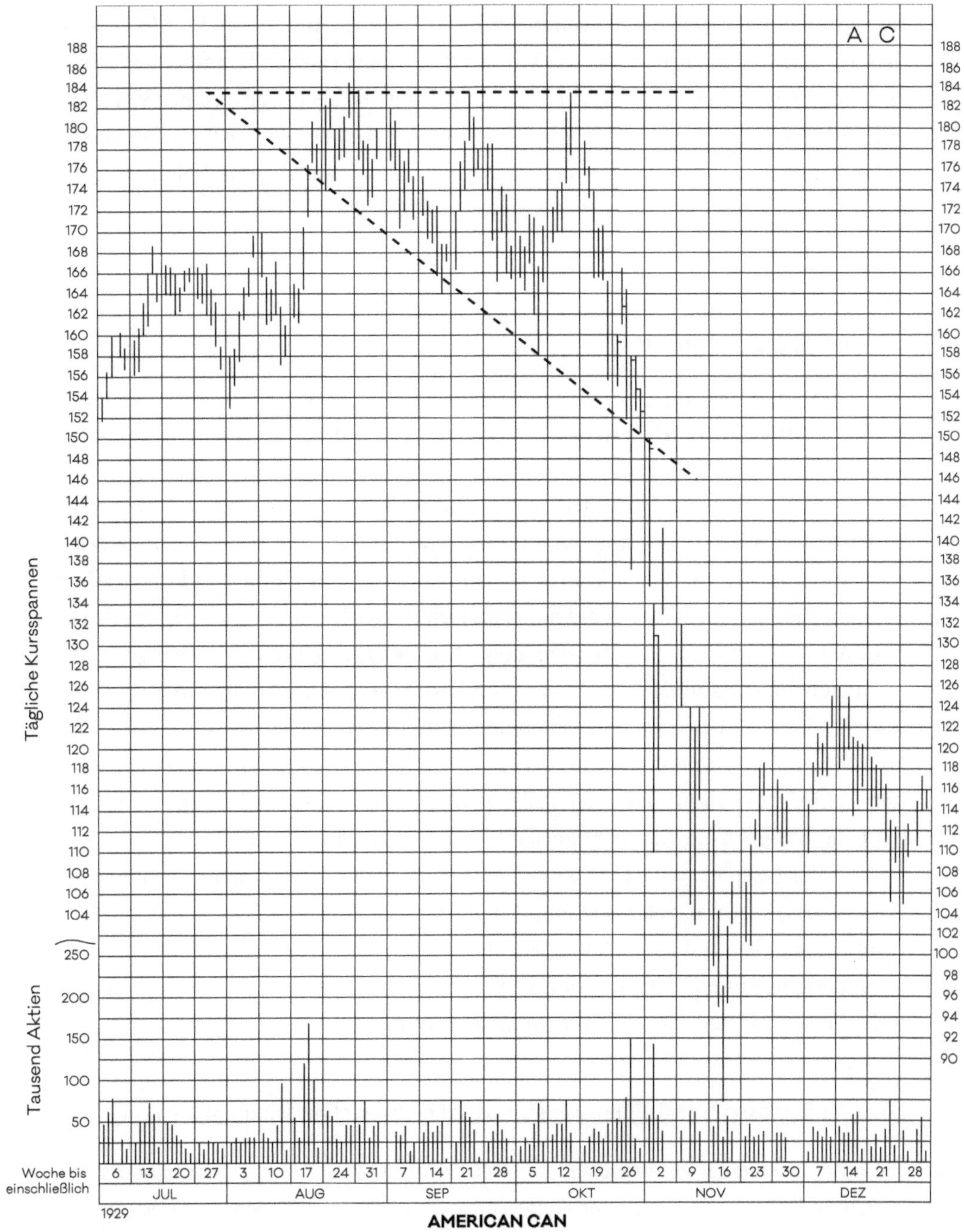

AMERICAN CAN

Volumen am 24. Oktober auf, aber diese Bewegung kehrte sich an diesem Tag um, und der Schlusskurs lag wieder innerhalb der Formation sowie praktisch auf dem Tageshoch. In den nächsten zwei Tagen blieb die Kursspanne innerhalb des Musters. In dieser Phase war es nach allem, was wir aus dem Chart ersehen konnten, noch vollkommen möglich, dass eine weitere Rally zurück auf 160 bis 162 gekommen wäre, was eine normale Erholung gewesen wäre. Erst am 28. Oktober ließ der Kurs das Muster definitiv hinter sich, und erst am Tag danach äußerte sich auffallender Volumendruck, als American Can vom Hoch bei 183 bereits auf 132 gefallen war.

Die Schwierigkeit, anhand umgekehrter Dreiecke zu handeln

Bei der Analyse des Tops in Form eines umgekehrten Dreiecks bei American Can haben wir erneut betont, wie schwierig es ist, am Markt profitabel zu agieren, nachdem solche Muster eindeutig abgeschlossen sind. Wir müssen Anfängern den Rat geben, von diesen umgekehrten Mustern die Finger zu lassen, außer wenn sie die Aktie bereits besitzen, und nur bei Formationen mit klareren Implikationen neue Positionen einzugehen. Natürlich hätte ein Trader, der auf American Can long stand, mutmaßen können, dass der Trend gewendet hatte, als sich die Rally am 11. Oktober umkehrte, ohne die vorherigen Tops zu überschreiten. Da wäre es gerechtfertigt gewesen, Gewinne mitzunehmen, und er hätte sogar schon am 20. September zu diesem Schluss gelangen können. Aber in einer zweifelhaften Situation den Gewinn aus einer Long-Position mitzunehmen und einen Leerverkauf zu tätigen, sind zwei Paar ganz unterschiedliche Schuhe. Ein finanziell gut ausgestatteter Trader mit langer Erfahrung hätte die Aktie am 12. Oktober shorten können, aber selbst dann hätte er eine Stop-Loss-Order beispielsweise bei 187 aufgeben und darauf gefasst sein müssen, seine Position umzudrehen, falls sein Stopp von einer darauffolgenden Rally erfasst wurde.

Interessant ist, dass das umgekehrte Dreieck bei American Can, obwohl es keine besondere Bedeutung hat, aus neun klar erkennbaren untergeordneten beziehungsweise kurzen intermediären Umkehrbewegungen besteht.

Das umgekehrte Dreieck mit steigender Hypotenuse

Ein gutes Beispiel für ein umgekehrtes Dreieck mit praktisch horizontaler unterer Begrenzungslinie und ansteigender Hypotenuse ist im Chart von General Foods in Abbildung V.4 zu sehen. Das Muster ist lang und eher ungenau, aber die auseinanderlaufenden Begrenzungslinien sind gut definiert und die dreieckige Konstruktion ist klar.

Abbildung V.4

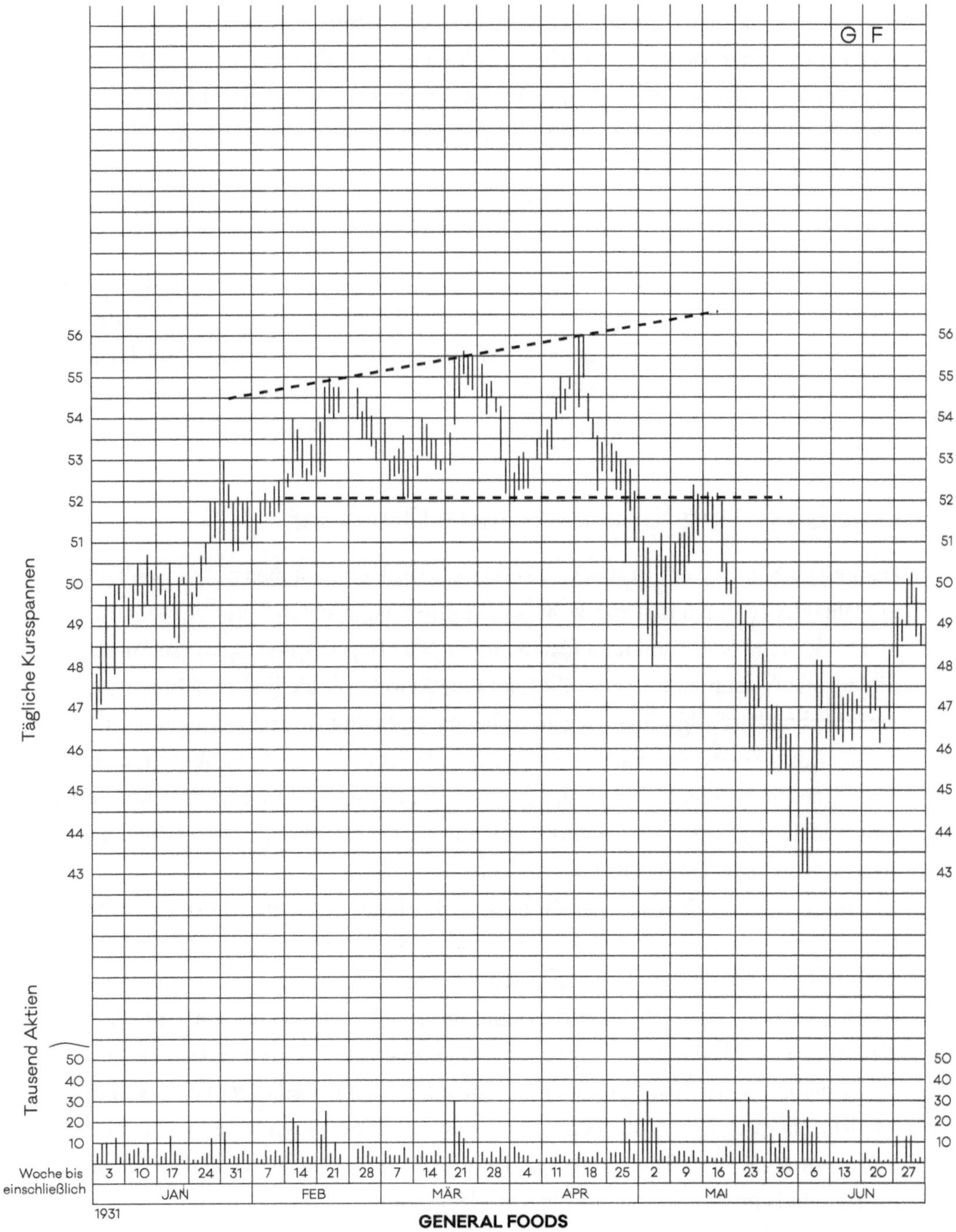

GENERAL FOODS

Vermutlich hat der Student bereits bemerkt, dass dies ein Beispiel für das umgekehrte Dreieck ist, bei dem der Ausbruch in eine Richtung läuft, die der Richtung der Hypotenuse (die sich im zeitlichen Verlauf bildet) entgegengesetzt ist, und folglich auch entgegen der Richtung, die wir im Falle eines normalen Dreiecks mit steigender Hypotenuse hätten erwarten können. Wir haben jedoch bereits bemerkt, dass die Neigungsrichtung der Hypotenuse bei umgekehrten Dreiecken nicht als Anhaltspunkt genommen werden darf.

Am 23. April kam es zu einem verfrühten Ausbruch, den als eintägige Out-of-line-Bewegung zu erkennen wir gelernt haben (Studie III, Seite 129). Ein entschlossener Ausbruch unter erhöhtem Volumen und mit einem Schlusskurs einen vollen Punkt außerhalb der Formation kam am 27. April. Die Rally im Mai trug den Kurs wieder auf das Niveau der unteren Begrenzung des Musters, blieb dort aber stehen. Beachten Sie, dass die Aktivität im Zuge dieser Erholung schwand – wie wir später noch sehen werden, das beste Indiz dafür, dass die Rally dem grundsätzlichen Trend zuwiderlief.

Eine Erklärung für umgekehrte Dreiecke

Das umgekehrte Dreieck ist schwer zu erklären. Die Dreieckstypen mit steigender und mit fallender Hypotenuse legen zwar (durch ihre waagerechten Seiten) Unterstützung und Widerstand oder zumindest klar definierte Nachfrage- beziehungsweise Angebotsniveaus nahe, doch das Gesamtbild zeigt eine Marktlage, die breite Meinungsunterschiede ohne Führung widerspiegelt, wobei die endgültige Entscheidung hinsichtlich des künftigen Kurstrends erst fällt, wenn jemand wieder die Kontrolle übernimmt oder wenn eine entscheidende Meldung bekannt wird. Diese Erklärung für die Entstehung umgekehrter Dreiecke, so sie denn stimmt, erklärt auch, weshalb es so schwierig ist, anhand von ihnen Vorhersagen zu treffen.

Die Andeutung, dass auf dem Niveau der horizontalen Seite eines umgekehrten Dreiecks mit steigender Hypotenuse professionelle Unterstützung besteht oder dass die Profis auf dem Niveau der oberen Begrenzung eines Dreiecks mit fallender Hypotenuse verkaufen, wird scheinbar durch die Tatsache bekräftigt, dass ein Ausbruch aus diesen waagerechten Begrenzungen fast immer überzeugend und verlässlich ist. Wir haben betont, wie schwierig es ist, gewinnbringend auf umgekehrte Dreiecke hin zu handeln, aber wir müssen auch darauf hinweisen, dass ein entschlossener Durchbruch durch eine horizontale Seite, die je nach Fall ein Unterstützungs- oder ein Widerstandsniveau sein kann, für den technischen Trader ein wichtiges Signal ist und es uns häufig ermöglicht, eine sehr günstige Position einzunehmen.

Die Tatsache, dass sich umgekehrte Dreiecke in der Regel unter recht hohem und unregelmäßigem Volumengeschehen bilden, trägt zweifellos dazu bei, dass sie häufiger bei Tops als bei Böden auftreten.

Die Diamantformation

Unsere nächste Umkehrformation hat ihren Namen von ihrer offensichtlichen Ähnlichkeit mit der viereckigen Form, die üblicherweise als „Diamant" bezeichnet wird. Man könnte dieses Muster als Variante der Schulter-Kopf-Schulter-Formation betrachten. Genauer lässt sie sich allerdings als Formation beschreiben, die aus zwei Dreiecken besteht, deren Basen einander berühren und deren Scheitelpunkte in entgegengesetzte Richtungen zeigen – ein umgekehrtes symmetrisches Dreieck, das mit einem normalen symmetrischen Dreieck verschmilzt. Sie kommt selten in vollkommen symmetrischer und klar definierter Form vor, sodass man beim Zeichnen ihrer Grenzen einen gewissen zulässigen Spielraum lassen muss. Jedoch ist sie, wenn sie auftritt, eine zuverlässige Formation, die es dem Trader erlaubt, eine vorteilhafte Position einzunehmen. Sie kommt auf Tops häufiger vor als bei Böden.

Beispiele für Diamant-Umkehrformationen

Der Chart von Standard Oil of New Jersey vom ersten Halbjahr 1930 (Abbildung V.5) enthält eine sehr gute Illustration eines Diamant-Tops. Von 70 im Dezember 1929 fiel der Aktienkurs bis Februar 1930 auf 58. Eine rasante Erholung trug ihn wieder auf 80 hinauf, bevor er auf einen bedeutsamen Widerstand stieß. Eine kurze Reaktion und ein weiterer Schub brachten ihn auf 84. Leser, die damals die Börse verfolgt haben, werden sich an den damals herrschenden allgemeinen Optimismus erinnern, der viele zu der Prognose veranlasste, dass die Aktien wieder zu ihren Hochs aus dem Jahr 1929 unterwegs seien. Allerdings erschöpften mehrere Tage mit hohem Volumen im Bereich von 82 bis 84 die „gute Nachfrage" und der Kurs fiel innerhalb von vier Tagen um 13 Punkte. Die nächste Rally reichte nur noch bis 81 – aber die nachfolgenden Bewegungen brauchen wir nicht detailliert zu betrachten. Das Bild des Diamanten wurde ziemlich offensichtlich, und egal wie ungenau wir seine Begrenzungslinien auch gezeichnet haben, fand am 7. Mai ein Ausbruch statt, bei dem das Volumen eindeutig anzog (denken Sie daran, bei der Chartinterpretation samstägliches Volumen zu verdoppeln). Nach dem Ausbruch im Bereich von 78 sackte die Aktie rapide auf 61 ab und lief dann im Zuge der langen Baisse weiter nach unten.

Unsere nächste Umkehrformation hat ihren Namen von ihrer Ähnlichkeit mit einem Diamanten.

Abbildung V.5

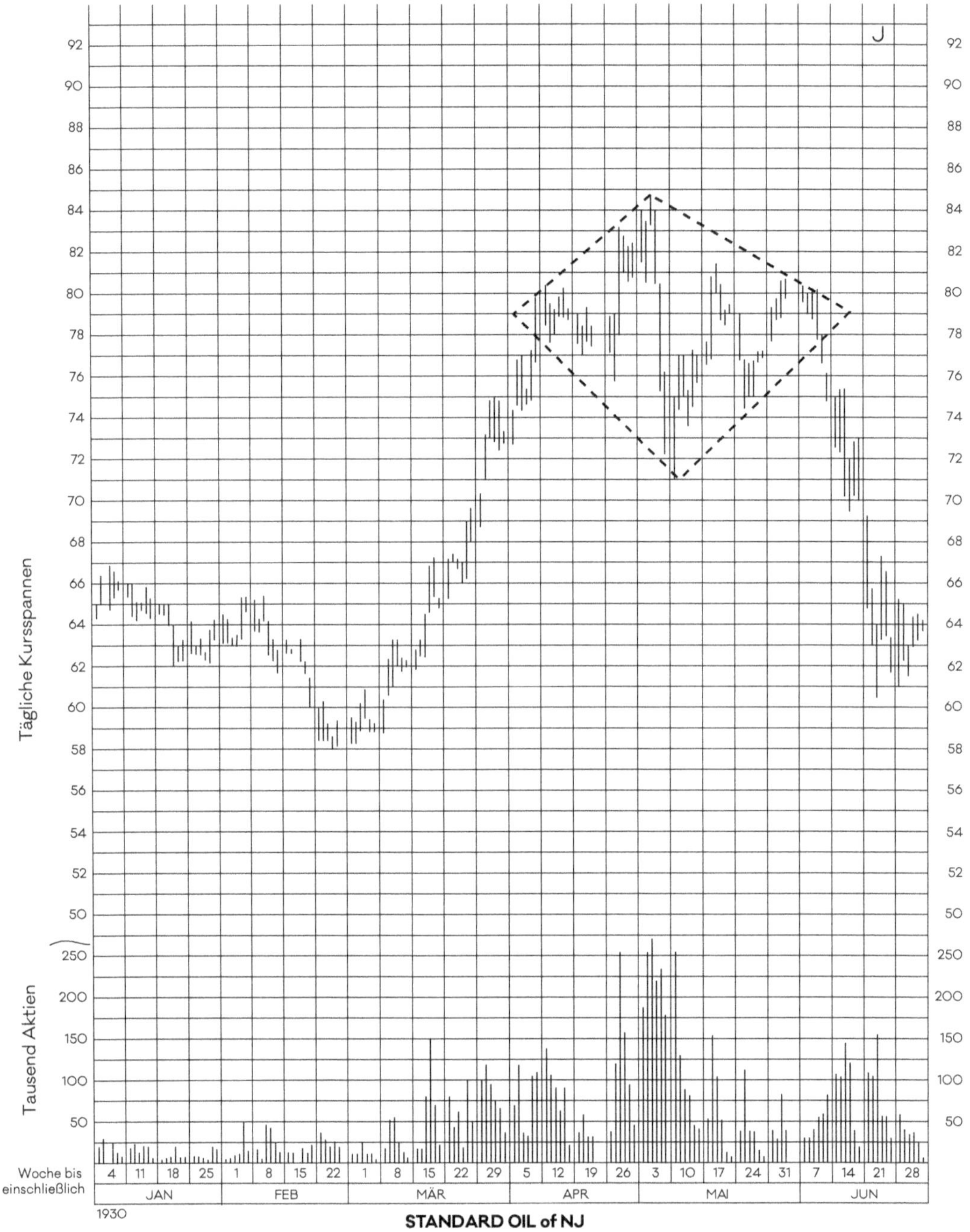

STANDARD OIL of NJ

Der Leser wird die Ähnlichkeit des Diamant-Tops 1930 von Standard Oil of NJ mit einer komplexen Schulter-Kopf-Schulter-Formation bemerken, deren Nackenlinie abwärtsverläuft. Schulter-Kopf-Schulter-Formationen mit abwärtsgeneigten Nackenlinien bieten normalerweise wenig Gelegenheiten, profitable Trading-Positionen einzugehen, aber wenn man sie auch als Diamanten konstruieren kann, geben sie auf viel höherem und vorteilhafterem Niveau ein gutes Ausbruchssignal.

Die April-Hochs 1936

Ein anderes Beispiel für den Diamanten, bei dem die Ähnlichkeit zur Schulter-Kopf-Schulter-Formation bei der Bildung des Musters nicht so offensichtlich war, ist in Abbildung V.6 zu sehen, dem Chart der 6-prozentigen Vorzugsaktie von Virginia Carolina Chemical im Jahr 1936. Der Ausbruch am 13. April wurde durch deutlich anziehendes Volumen sowie durch die Tatsache bestätigt, dass sie klar außerhalb der Formation schloss, und zwar am Boden der Tages-Kursspanne.

Diamant-Boden-Umkehrformationen

Der Diamant tritt sowohl auf Tops als auch bei Böden auf und ist als Umkehrformation in beiden Positionen gleichermaßen zuverlässig.

Der Chart von Sears Roebuck in Abbildung V.7 zeigt die Schulter-Kopf-Schulter-Formation, die sich bei der Bodenumkehr dieser Aktie Anfang 1935 bildete. Doch obwohl dieses Muster eine gute Schulter-Kopf-Schulter-Formation war, wurde es durch das Ausmaß der steilen Rally am 18. Februar gestört, und es ist zu bezweifeln, ob damals viele Chartisten Ausschau nach der Entwicklung einer Schulter-Kopf-Schulter-Formation gehalten hätten. Hingegen ist die Diamantformation sehr offensichtlich, der Ausbruch am 5. April war in jeder Hinsicht eindeutig und ließ reichlich Raum für beträchtliche Gewinne.

Wir brauchen uns nicht die Zeit zu nehmen, eine Erklärung für Diamantformationen zu suchen, weil es schlicht auf der Hand liegt, dass sie von der gleichen Abfolge technischer Faktoren hervorgebracht werden, die auch Schulter-Kopf-Schulter-Formationen hervorbringt.

Das Rechteck als Umkehrformation

Nun kommen wir im Rahmen unserer Untersuchung von Mustern, die sich anlässlich der Wende von Kurstrends bilden, zu einer Formation, deren Bild keine Ähnlichkeit mit denjenigen hat, die wir bereits untersucht haben. Wir werden sie als Rechteck bezeichnen, weil sie ein Muster von Kursschwankungen zwischen zwei ziemlich klar

Abbildung V.6

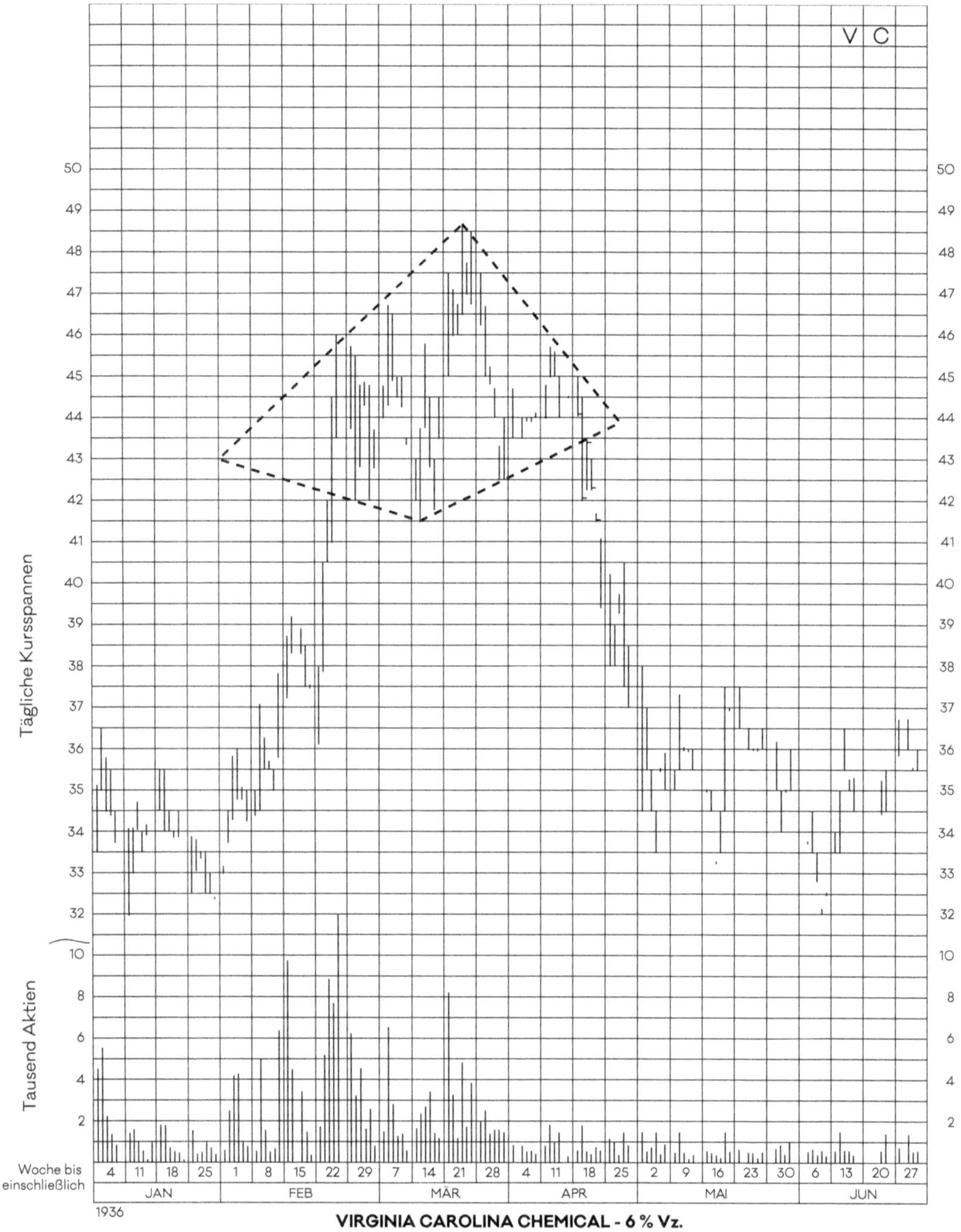

VIRGINIA CAROLINA CHEMICAL - 6 % Vz.

Abbildung V.7

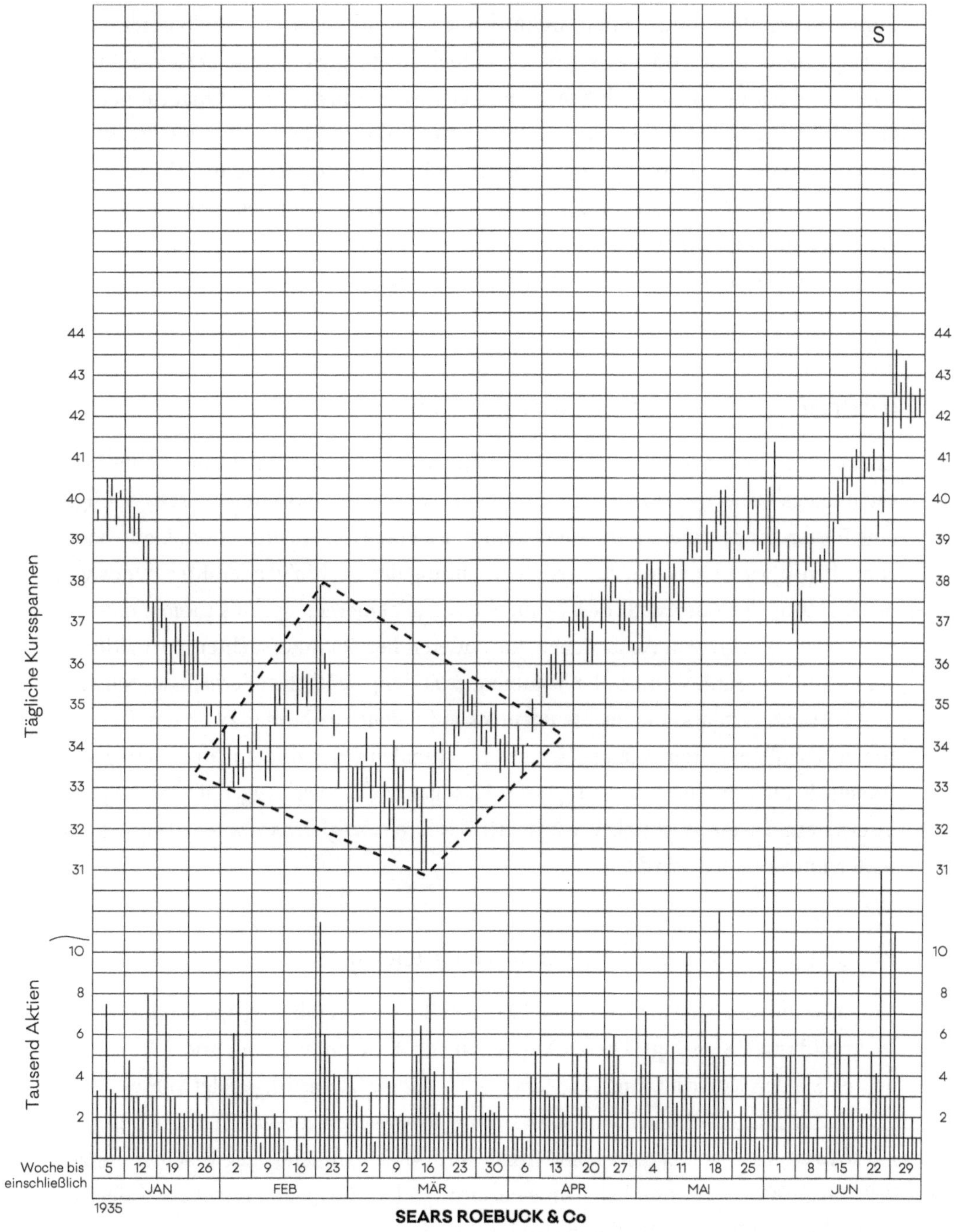

SEARS ROEBUCK & Co

definierten waagerechten Linien ist und somit das geometrische Erscheinungsbild eines Rechtecks besitzt. Es kann länglich sein, wenn es sich über einen beträchtlichen Zeitraum erstreckt, und schmal, wenn es aus Schwankungen innerhalb einer engen Kursspanne besteht – oder es kann sich schnell aus vergleichsweise breiten Schwankungen bilden und sich bezüglich seiner Seitenverhältnisse einem Quadrat nähern. Grundsätzlich ist das Volumengeschehen während der Bildung eines Rechtecks das gleiche wie bei der Bildung eines Dreiecks. Die erste Bewegung der Kurse in das Muster hinein erfolgt gewöhnlich unter ordentlichem Volumen; danach geht die Aktivität zurück und verschwindet oft fast völlig, wenn sich die Formation ihrem Abschluss nähert; und schließlich findet unter auffälliger Volumenzunahme ein Ausbruch statt.

Interpretation wie bei einem Dreieck

Ebenso wie das Dreieck kann das Rechteck entweder eine Umkehr oder eine Fortsetzung des bisherigen Kurstrends anzeigen. Ebenso wie das Dreieck ist es häufiger eine Fortsetzungs- oder Zwischenformation als eine Umkehrformation. Und wiederum ebenso wie beim Dreieck wird die Richtung des nachfolgenden Kurstrends von der Richtung des Ausbruchs bestimmt, der den allgemeinen Spezifikationen entsprechen muss, die wir von Ausbrüchen aus anderen bereits untersuchten Formationen verlangt haben: Schlusskurs unter Volumenbestätigung deutlich außerhalb des Musters.

Als Wendeformation kann das Rechteck auf einem Hoch oder an einem Tief auftreten. Vor allem in seiner lang gestreckten, schmalen Form findet man es häufiger an Böden als auf Tops. Sein Vorhersagewert ist sogar noch zuverlässiger als derjenige des Dreiecks und seine Wichtigkeit würde der des Dreiecks gleichkommen, wenn es sich bloß häufiger bilden würde.

Rechteck-Boden-Umkehrformationen

Eine sehr interessante Formation, die 1932 den Boden von Johns Manville bildete, wird in Abbildung V.8 gezeigt. Dieses Muster ist verhältnismäßig lang und schmal. Beachten Sie den Kursrückgang im März und Anfang Mai auf 10, gefolgt von vier Monaten mit Schwankungen zwischen diesem Tiefkurs und dem allgemeinen Niveau von 14. Tatsächlich sind zwei Obergrenzen zu sehen – eine bei circa 13 1/2, die die Mehrzahl der Rallys begrenzt, und eine bei 14 3/8, die die beiden steilen Schübe am 27. April und am 15. Juni begrenzt. Da so gut wie das gesamte Kursgeschehen unter dem Niveau von 13 1/2 stattfindet, dürfen wir die untere der beiden oberen Linien als wahre Begrenzung des

Das Rechteck ist häufiger eine Fortsetzungs- oder Zwischenformation als eine Umkehrformation.

Abbildung V.8

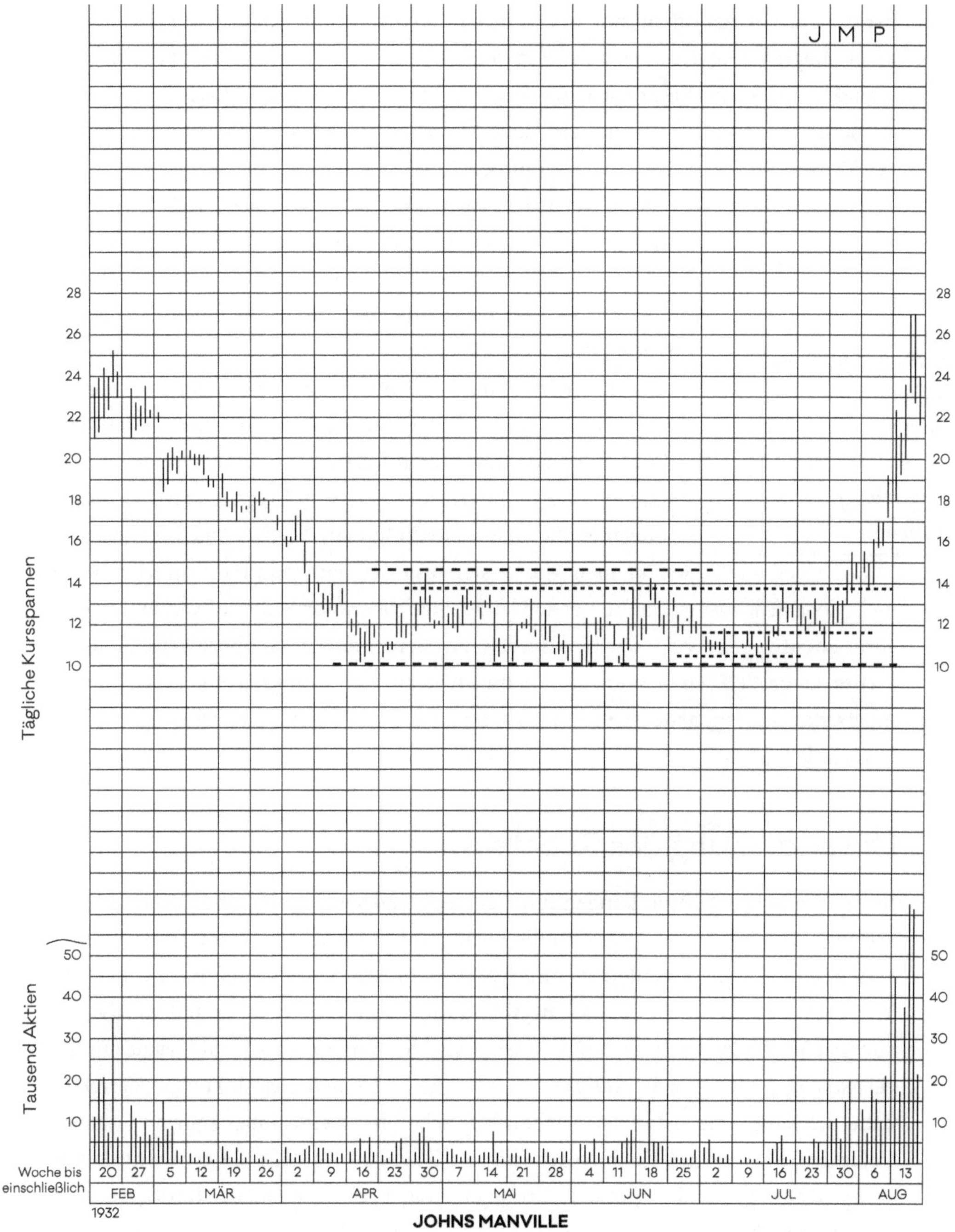

JOHNS MANVILLE

Musters betrachten. Beachten Sie auch das allmähliche Nachlassen der Aktivität von einem durchschnittlichen Niveau von 4.000 bis 5.000 Aktien pro Tag Mitte April zu Beginn der Formation auf nur noch circa 1.000 Aktien pro Tag Anfang Juli, als die untere Begrenzung der Formation zum letzten Mal berührt wurde. Und beachten Sie schließlich, dass das Volumen anzog, als die Aktie zum letzten Mal nach oben drehte. An dem Tag, an dem ein entscheidender Ausbruch erfolgte und die Aktie außerhalb des Musters schloss, erreichte das Volumen 20.000 Aktien am Tag.

Dass die Aktie am Tag des Ausbruchs nicht auf dem Top schloss, deutete auf eine weitere Konsolidierung vor einer schnellen Aufwertung hin, und die kurze Reaktion am 2. August auf das Niveau der oberen Begrenzung des Rechtecks entsprach einer normalen Erwartung ohne negative Implikationen.

Der technische Trader sollte alle klar definierten rechteckigen Handelsspannen in seinen Charts sorgfältig beobachten.

Die nähere Prüfung von Abbildung V.8 zeigt einen schmalen Rechteckboden, der sich in den ersten beiden Juliwochen innerhalb der Grenzen des großen Rechtecks bildete, das wir bereits untersucht haben. Interessant ist das im Vergleich zu den vorangegangenen Tagen erhöhte Volumen, das den Ausbruch aus diesem kleinen Muster signalisierte. Man konnte vernünftigerweise nicht erwarten, dass sich aus einer so kleinen Stauzone sofort eine Aufwärtsbewegung von Bedeutung ergeben würde. Von dem Ausbruch durch die obere Widerstandsgrenze des großen Musters hingegen konnte man angesichts des viermonatigen Fundaments, das es gelegt hatte, erwarten, dass er zu einer bedeutenden Kursbewegung führen würde.

Die Bedeutung des Rechtecks

In unseren Eingangsbemerkungen zum Rechteck haben wir seine große Zuverlässigkeit erwähnt. Das gilt auch, wenn sich die Formation unter sehr kleinem Transaktionsvolumen bildet. Ein auffallendes und typisches Muster trat am Tiefpunkt von Mack Trucks im Mai/Juni 1936 auf, das in Abbildung V.9 gezeigt wird. Nach dem Absturz von den 37, die im April erreicht wurden, hatte der Verkaufsdruck bald wieder nachgelassen, und nachdem die Aktie am 30. April den extremen Tiefpunkt von 28 erreicht hatte, schwankte sie fast sechs Wochen lang scheinbar ziellos unter sehr schwachem Volumen zwischen den Kursniveaus von 28 1/2 und 30 1/2. Das Muster wirkte kaum kompakt genug, um eine große Bedeutung zu tragen, doch sobald der Kurs am 8. Juni unter merklich anziehendem Volumen deutlich ausbrach, folgte darauf eine beträchtliche Bewegung im Rahmen des neuen Aufwärtstrends. Der technische Trader sollte alle klar definierten rechteckigen Handelsspannen sorgfältig beobachten, die sich in seinen Charts bilden.

Abbildung V.9

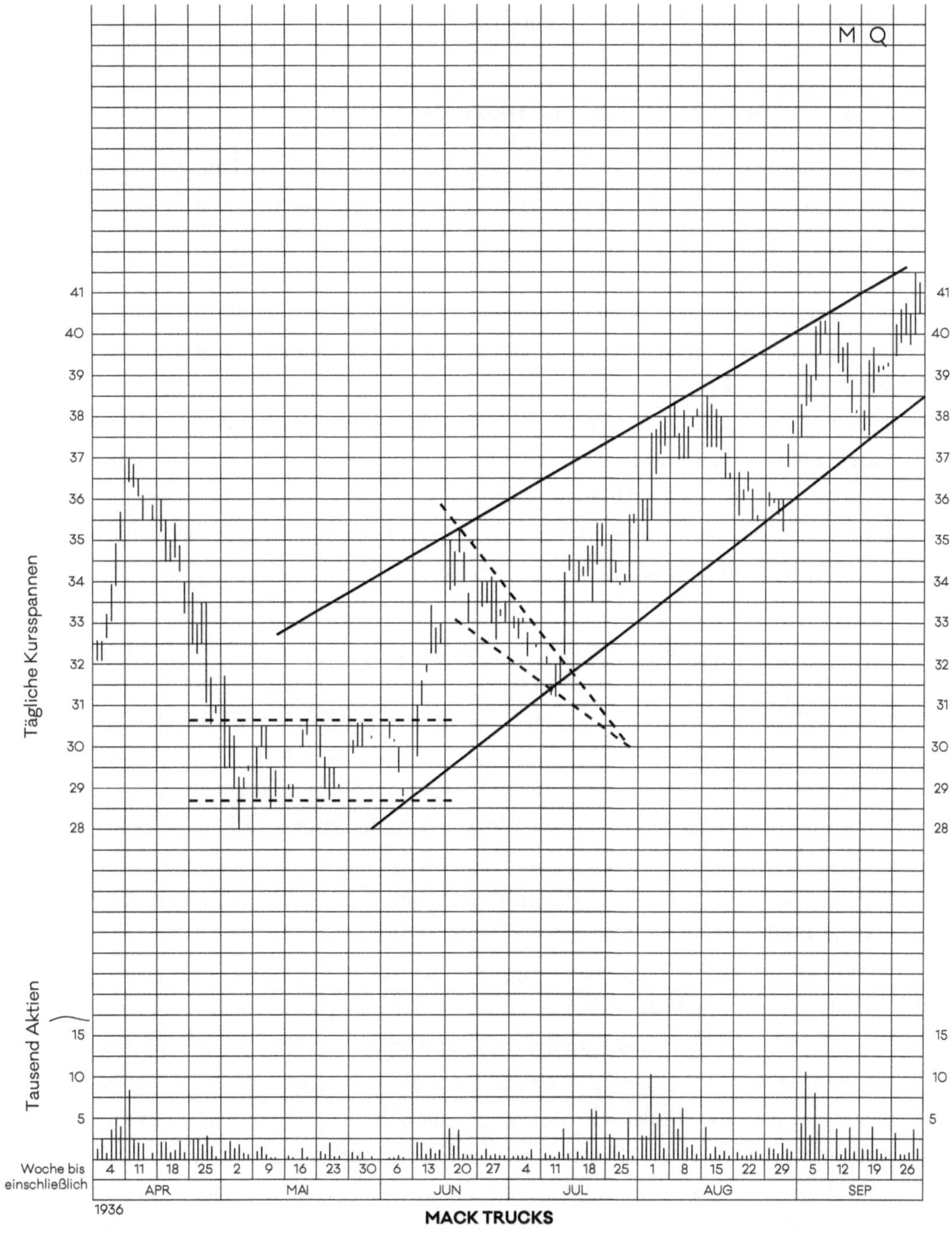

(Die abwärtsgeneigte Formation im Chart von Mack Trucks vom 15. Juni bis zum 9. Juli, die einem Keil ähnelte, war der Typ von Fortsetzungsformation, der als Wimpel bekannt ist und in Studie VI analysiert wird.)

Das Rechteck als Top-Umkehrformation

Wie zu Beginn unserer Untersuchung angemerkt, treten Rechtecke häufiger bei Böden als bei Tops auf. Rechteckige Tops treten jedoch gelegentlich auf und haben den gleichen Vorhersagewert.

Ein gutes Beispiel erscheint im Chart des Jahres 1930 von Auburn, der in Abbildung V.10 gezeigt wird. Die Aktie hatte sich von einem intermediären Boden vom Januar bei 176 bis zum 1. April auf 264 erholt. Danach schwankte sie fast vier Wochen lang meist unter abnehmendem Volumen in einem klar definierten rechteckigen Bereich, der am 24. April unter deutlich anziehender Handelsaktivität nach unten durchbrochen wurde. Das Ausmaß und die Schnelligkeit des nachfolgenden Rückgangs hätte man allein aus der Größe und der Spanne des Rechtecks nicht vorhersagen können, aber wir wissen, dass Auburn eine Aktie ist, die durch breite und häufig verblüffende Ausschläge gekennzeichnet ist.

Ausbruch aus dem Schlafzustand

Gegenstand unserer nächsten Analyse ist eine Formation, die wir als extrem lang gestreckten und extrem schmalen Rechteckboden oder als eigenes Muster betrachten können, das eine getrennte Klassifizierung verdient – oder gar als überhaupt kein Muster im üblichen Sinne des Wortes. Wir haben uns dafür entschieden, es hier als extreme Variante des Rechtecks anzusprechen, weil es den gleichen allgemeinen Regeln folgt und in den Charts alle denkbaren Zwischenformen zwischen ihm und den breiteren normalen Rechteck-Bodenformationen zu finden sind.

Wenn eine Aktie im Zuge eines langen Abwärtstrends bis zu dem Punkt gefallen ist, an dem jeglicher Liquidationsdruck nachgelassen hat, folgt darauf häufig ein beträchtlicher Zeitraum, in dem niemand die Aktie zu irgendeinem Kurs kaufen möchte und ihre Besitzer sie lieber behalten, als sie auf einem derart niedrigen Niveau zu opfern. Bis zu einem Zeitpunkt, zu dem die Aussichten auf höhere Gewinne in der Branche die Aufmerksamkeit ausgefuchster Akteure auf eine Schnäppchenjagd wecken, befindet sich die Aktie praktisch im Schlafzustand. Transaktionen finden selten, in großen Abständen sowie auf einem mehr oder weniger konstanten Niveau statt. Indes kommt plötzlich ein Tag echter Aktivität, an dem sowohl die Kurs- als auch die Volumenlinie im Chart nach oben schnellen. Wenn sich diese steile Rally mehrere Tage fortsetzt, in der Presse Aufmerksamkeit erregt und zwischenzeitlich gute Nachrichten über die Branche heraus-

Abbildung V.10

AUBURN AUTO

kommen, wird die Allgemeinheit zu der Aktie hingezogen, und aus dem Kursanstieg wird eine substanzielle Aufwärtsbewegung. Andererseits kann der steile Ausbruch auch sofort auf Angebote von Besitzern der Aktie treffen, die am Boden nicht zum Verkauf bereit waren, jetzt aber ermüdet und bereit sind, sie bei jeder vernünftigen Erholung loszuwerden. Je nach der Menge solcher Angebote, die die an der Akkumulation beteiligten Interessen aufnehmen müssen, kann die Bewegung eine Weile aufgehalten werden, aber selbst dann verfällt die Aktie in der Regel weder erneut in den Schlafzustand noch fällt sie auf ihren vorherigen Boden zurück. Solche Ausbrüche aus dem Schlafzustand bieten dem Studenten der Charttechnik, der bereit ist, nötigenfalls viele Monate lang zu warten, eine Gelegenheit, beträchtliche langfristige Gewinne mitzunehmen, da fast ausnahmslos alle derartigen Ausbrüche den Beginn einer bedeutenden Hausse signalisieren.

Übliches Bild eines langfristigen Bodens

Ein Student, dem Charts über billige, verhältnismäßig inaktive Aktien für die Jahre 1932 und 1933 vorliegen, wird dort zahlreiche Ausbrüche aus dem Schlafzustand finden. Zwei Beispiele dafür werden wir kurz untersuchen, eines ab dem Boden 1933 und eines zwei Jahre später.

Abbildung V.11 zeigt das Kursgeschehen bei Omnibus Corporation von März bis November 1935. In den ersten vier Monaten dieses Charts (und eine gewisse Zeit davor) war die Aktie extrem inaktiv; mehrere Tage nacheinander verzeichnete sie keinerlei Transaktionen und an vielen anderen Tagen wurde nur ein einziger, 100 Aktien umfassender Posten gehandelt. In dieser langen Periode des Schlafzustands lag der Kurs in der Regel zwischen 3 1/2 und 4. Die Indizien in diesem Chart berechtigen uns kaum, von einem Bild der Akkumulation zu sprechen, aber es ist offensichtlich, dass sich die Aktie langsam und unregelmäßig, aber sicher aus schwachen Händen heraus- und in starke Hände hineinbewegte. Viele Kleinaktionäre müssen davon entmutigt gewesen sein, dass sich die Aktie nicht gemeinsam mit dem restlichen Markt bewegte, und jeder technische Trader, der den Chart verfolgte, wird wohl daran verzweifelt sein, jemals irgendeine Transaktion zu bekommen.

Schnelle Änderung des technischen Bildes

Beachten Sie jedoch, wie schnell sich das Bild am 8. August änderte, als die Zahl der Transaktionen auf 5.000 Aktien anstieg und der Schlusskurs mehr als einen Punkt über demjenigen aller Tage vieler vorangegangener Monate lag. Offenbar war etwas geschehen, das die technische Situation der Aktie veränderte: Es herrschte plötzlich Nachfrage nach dieser Aktie am Markt und die Käufer mussten ihre Gebote erhöhen, um die Aktie zu bekommen. Die Aufwärtsbewegung setzte sich mit wenigen kurzen Unterbrechungen

Abbildung V.11

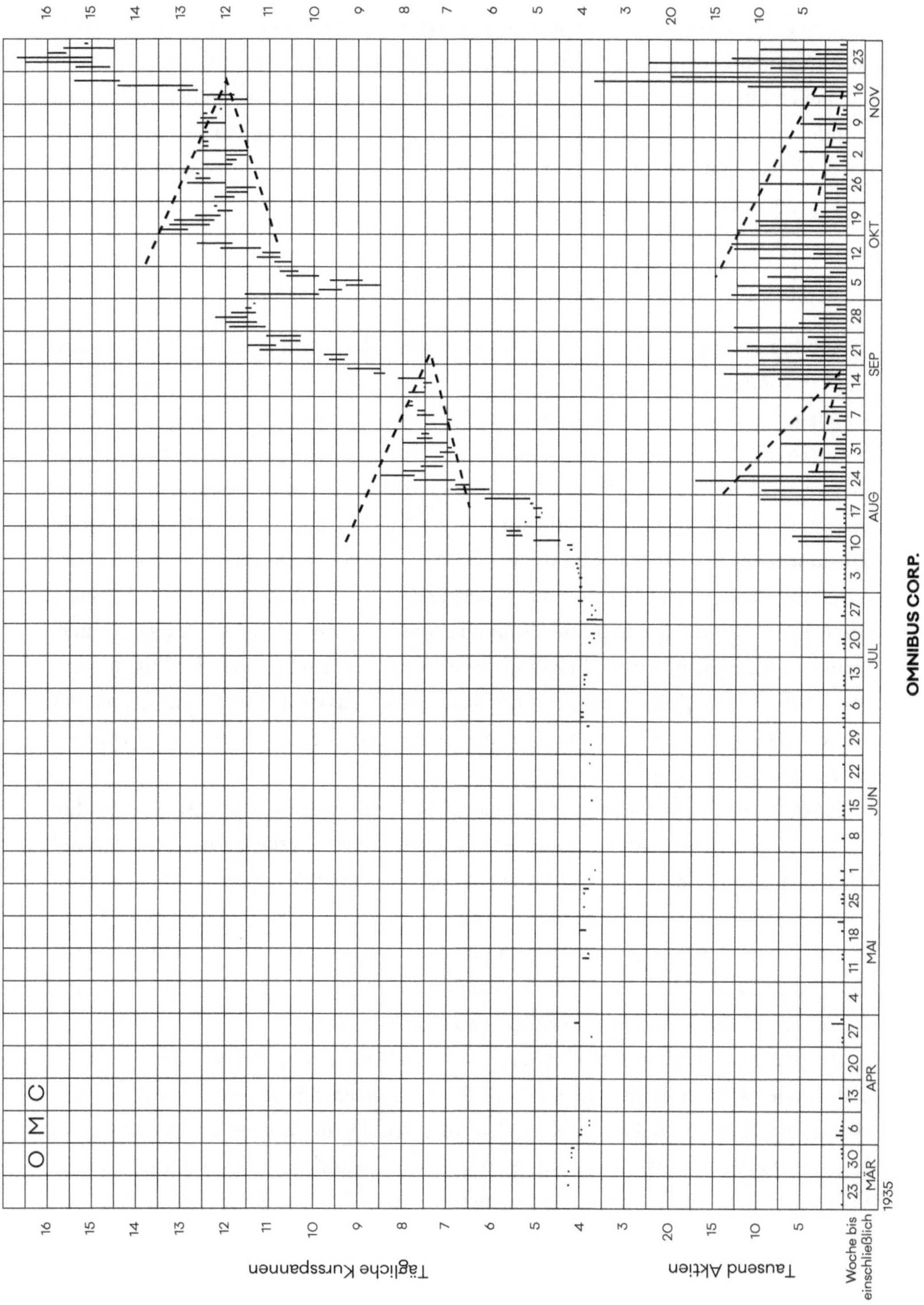

fort und erreichte weniger als ein Jahr nach dem in unserem Chart dargestellten Zeitraum einen Kurs von 25 – gegenüber dem Schlafzustand ein Zugewinn von 500 Prozent.

Es mag scheinen, dass Omnibus Corporation ein ziemlich extremes Bild des Schlafzustands bietet, jedoch ist das ein typisches Beispiel für ein recht übliches Bodengeschehen kursgünstiger Aktien, die keine große öffentliche Gefolgschaft haben. Bei teureren und aktiver gehandelten Aktien treten solche ungewöhnlich langen Perioden des Schlafzustands selten auf, aber kurze Phasen sehr geringer Aktivität kommen am Ende großer Haussen häufig vor.

Relativer Schlafzustand einer aktiven Aktie

In Abbildung V.12 sehen wir ein Beispiel für einen Ausbruch aus dem Schlafzustand von Consolidated Oil im April 1933. Diese Aktie weist normalerweise ein solides Volumen auf und hat eine nicht geringe öffentliche Anhängerschaft, sodass man nicht erwarten sollte, dass sie jemals so inaktiv wie Omnibus Corporation werden dürfte. Relativ gesehen zeigt das Bild am Anfang dieses Charts daher einen Schlafzustand innerhalb einer langen und sehr schmalen Rechteckformation. Das darauffolgende Kursgeschehen war vielleicht typischer für das, was man von solchen Mustern erwartet, als das Kursgeschehen bei Omnibus Corporation. Am 7. April gab es einen Versuch, den Kurs nach oben aus dem Muster hinauszutreiben, aber der Schlusskurs lag unterhalb der oberen Begrenzung. In den nächsten zehn Tagen schwankte der Kurs um das obere Niveau – ein Zeichen für grundsätzliche Stärke, das die Wahrscheinlichkeit einer Aufwärtsbewegung von profitablen Ausmaßen betonte, aber kein verlässlicher Hinweis darauf war, wie bald sie kommen würde.

Einem technischen Trader, der beschloss, die Kursbewegung am 7. April als echten Ausbruch aufzufassen, und der die Aktie aufgrund ihrer Stärke kaufte, hätte es wohl passieren können, dass sein Geld wochen- oder gar monatelang gebunden gewesen wäre, bevor sich eine lohnenswerte Bewegung entwickelte. Natürlich wissen wir aus unserer vorangegangenen Besprechung der Bedingungen für ein echtes Ausbruchssignal, dass dieses Geschehen nicht maßgeblich war. Trotzdem ist dieser erste versuchsweise Anstieg des Kurses von Consolidated Oil interessant.

Am 19. April fand indes ein echter, nachdrücklicher Ausbruch unter hohem Volumen statt, wobei der Schlusskurs klar außerhalb des Musters am oberen Ende der Tagesspanne lag. Eine leichte Reaktion zog den Kurs (wohlgemerkt unter etwas geringerem Volumen) ein paar Tage später knapp über das Niveau der letzten untergeordneten Stauzone herab, wo er ein paar Tage „ausruhte" und dann unter kräftigem Volumen stetiger nach oben lief. Ein technischer Trader, der auf das Ausbruchssignal hin handelte, verbuchte nach nicht allzu langer Zeit einen sehr beträchtlichen prozentualen Gewinn.

Abbildung V.12

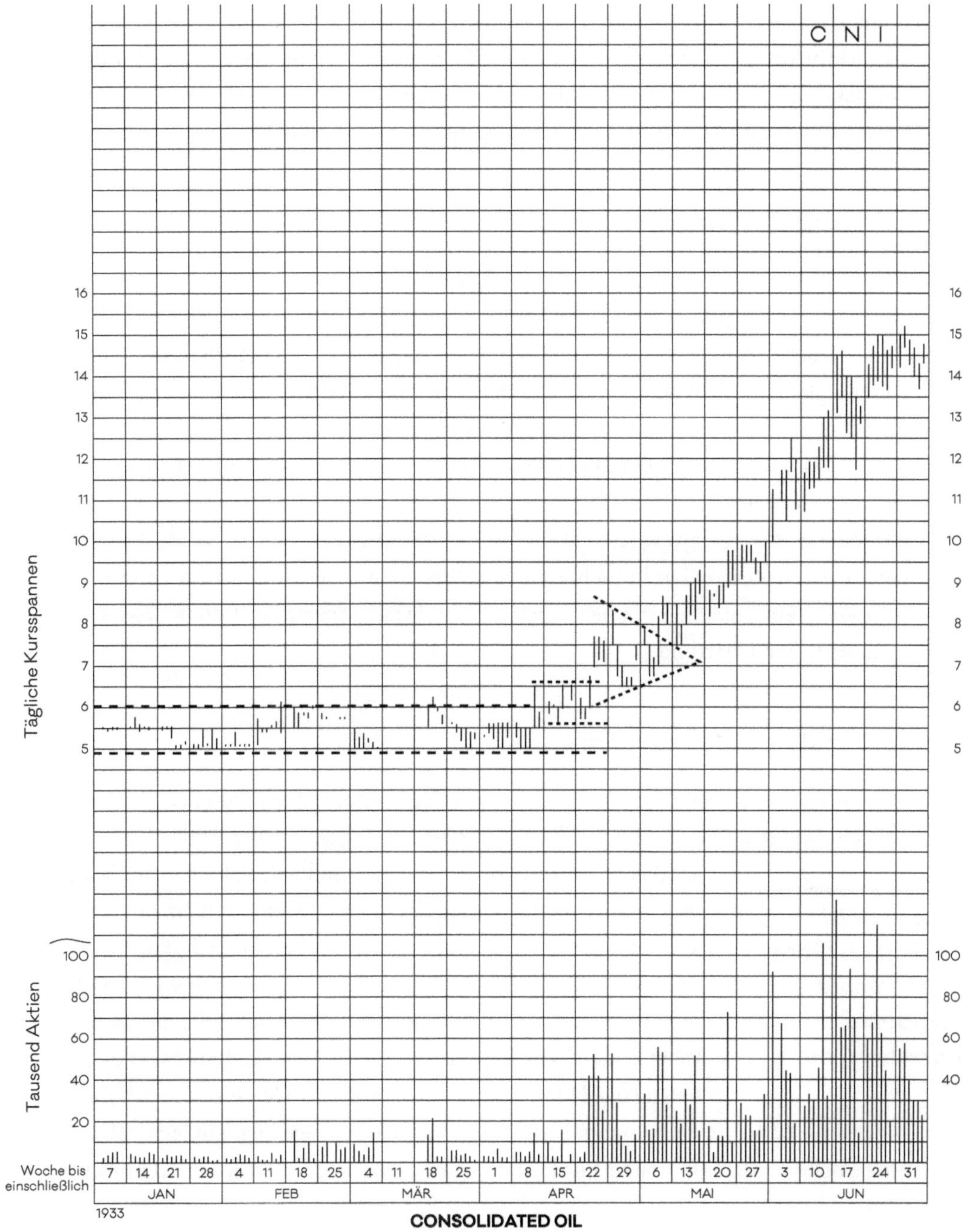

CONSOLIDATED OIL

Die Schritt-für-Schritt-Bewegung nach dem Ausbruch aus dem relativen Schlafzustand, die wir im Chart von Consolidated Oil gesehen haben, ist ein gängiges Phänomen. Häufig ist der Zeitraum zwischen den einzelnen Schritten langwierig, was der Grund für unsere Aussage ist, in vielen Fällen brauche man Geduld, um auf diese Formation hin zu handeln. Nichtsdestotrotz ist der Fortschritt sicher, und das Warten auf die Gewinne, die sich letztlich ergeben, lohnt sich fast immer.

Die Inselformation

Die letzte und zweifellos seltenste unter den Umkehrformationen dieser Studie, die einen bedeutenden Vorhersagewert besitzen, ist die Insel. In gewisser Hinsicht belegt sie sicherlich unter allen Umkehrsignalen den ersten Rang – das betrifft das angesichts der charakteristischen geringen Größe der Formation überraschende Ausmaß sowie die Schnelligkeit der Kursbewegungen, die sich daraus so oft entwickeln.

Um das Muster der Inselumkehr zu beschreiben, müssen wir zunächst ein anderes technisches Phänomen definieren, das man als Kurslücke oder als Gap bezeichnet. Das allgemeine Thema Gaps wird in Studie VII vollständig besprochen und dort werden wir lernen, dass das Gap in mehreren verschiedenen Erscheinungsformen und mit mehreren verschiedenen Implikationen auftritt, je nach seiner Position im Verhältnis zum restlichen Chartbild.

Ein erster Blick auf Gaps

Im Sinne unseres gegenwärtigen Themas brauchen wir allerdings lediglich zu wissen, dass ein Gap ein freier Raum im Chart ist, wobei das Tagestief einer Aktie höher liegt als das Hoch des vorigen Tages – oder das Hoch eines Tages unter dem Tief des Vortags liegt. Zweifellos reicht ein gutes Beispiel, um dieses Bild klarzumachen. Sehen Sie sich daher unsere Abbildung von Owens-Illinois Glass (Abbildung V.13) an und beachten Sie das Kursgeschehen in der Woche, die am 26. Oktober endete. Am dritten Tag dieser Woche, dem 23. Oktober, betrug das Hoch der Aktie 111 3/4, das Tief des nächsten Tages hingegen 112 3/4. Zwischen den Kursbalken der beiden Tage liegt ein leerer Raum, eine Lücke von einem vollen Punkt. Das ist ein gutes Beispiel für ein technisches Gap.

Eine Insel ist eine durch Gaps abgetrennte kompakte Kursstauzone.

Der Student wird viele Charts finden, die voller Gaps stecken, vor allem bei inaktiven Aktien und bei Aktien, von denen nur wenige Stücke im Umlauf sind. Die Charts von Papieren mit eher normaler Aktivität, von denen zahlreiche Stücke im Umlauf sind, weisen womöglich nur sehr selten Gaps auf. Vermutlich ist bei einer

Abbildung V.13

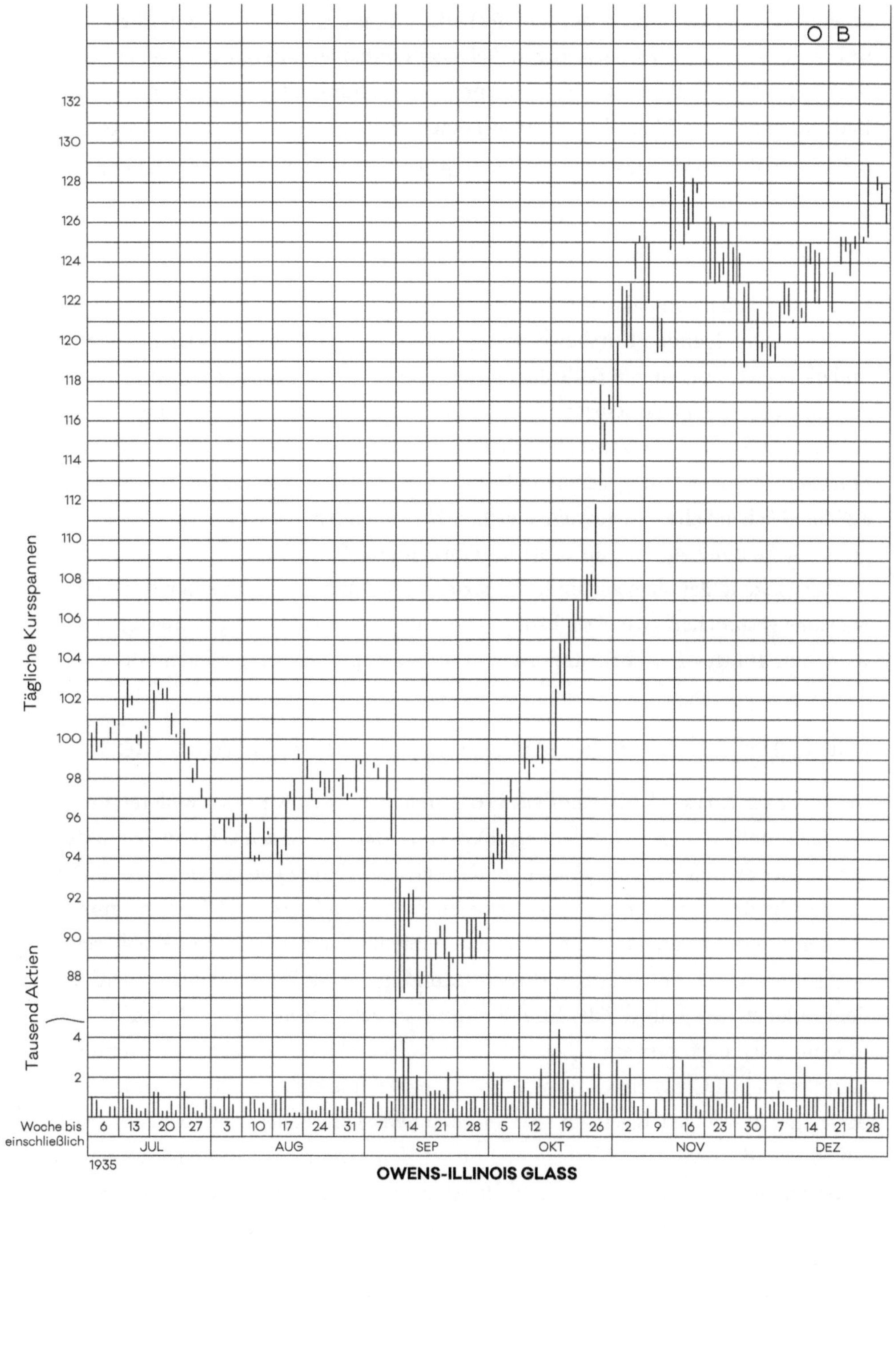

OWENS-ILLINOIS GLASS

Aktie letzterer Sorte ein Gap bedeutsamer als bei einer Aktie, die gewohnheitsmäßig öfter Kurslücken bildet. Und die Bedeutung eines Gaps ist wohl umso größer, je breiter es ist, aber auch hierbei muss man die früheren Gewohnheiten der unter Beobachtung stehenden Aktie berücksichtigen. Bei einer dünn oder unregelmäßig gehandelten oder teuren Aktie kann ein Gap von einem Punkt nur eine geringe oder gar keine Bedeutung haben, während ein Gap von einem halben Punkt bei einer aktiv gehandelten führenden Aktie oder bei einem billigen Papier höchst bedeutsam sein kann.

Beschreibung der Inselformation

Eine Insel ist eine kompakte Kursstauzone, die durch Gaps von der vorangegangenen und der nachfolgenden Kursbewegung getrennt ist. Wenn das eine Gap am oberen und das andere am unteren Ende der Stauzone auftritt – wenn beispielsweise der Kurs von unten ein Gap in die Stauzone hinein öffnet und sie später mit einem Abwärts-Gap verlässt –, liegt eine Stauzone ohne Bedeutung vor, die wir hier nicht zu betrachten brauchen. Wenn sich hingegen beim Eintritt in die Stauzone und beim Austritt Gaps auf der gleichen Seite und auf dem gleichen Niveau bilden, haben wir ein Muster von großer Bedeutung vor uns, die echte Inselformation.

Wir haben in der oben genannten Beschreibung von der Insel als einer kompakten Stauzone gesprochen, wobei sie häufig innerhalb eines einzigen Tages abgeschlossen wird. Eine 1-Tages-Inselformation ist ein Vorhersagemuster von perfekter Gültigkeit.

Die Gaps sollten sich auf dem gleichen Niveau bilden

Bevor wir zur Analyse konkreter Beispiele schreiten, müssen wir einen weiteren Punkt detailliert untersuchen, nämlich die Anforderung, dass die beiden Gaps an den Enden der Inselformation entgegengesetzt auf dem gleichen Niveau auftreten müssen. Das heißt nicht, dass die Ober- und Untergrenzen der beiden Gaps exakt übereinstimmen müssen, sondern nur, dass zumindest ein Teil jedes Gaps im gleichen Kursbereich liegen muss. Diese Anforderung ist wichtig, und in diesem Zusammenhang wird zudem verlangt, dass kein Teil der Insel-Stauzone an sich so weit in das anfängliche Gap hineinreichen darf, dass er es „schließt" oder vollständig damit überlappt. Wenn wir zum Beispiel im Chart ein Gap von 29 bis 30 haben und sich die nachfolgende Kursbewegung in wenigen Tagen auf 29 oder noch tiefer vorarbeitet, dann wieder zurück auf 30, und dann von 30 auf 29 ein Gap öffnet, dann stimmt es zwar, dass die beiden Gaps einander entgegengesetzt sind, allerdings wurde das erste Gap von der Kursbewegung geschlossen, bevor das zweite Gap auftrat, sodass keine echte Insel vorliegt. Kurz gesagt muss sich im Chart durch die beiden Gaps ein kleiner offener Kursbereich zwischen der Insel und dem Kursverlauf vor ihr und nach ihr erstrecken.

Wir brauchen wohl nicht hinzuzufügen, dass es vor dem ersten Gap eine ordentliche Bewegung in die Richtung dieses Gaps gegeben haben sollte, bevor man damit rechnen kann, dass sich eine Inselumkehr von einiger Bedeutung bildet.

Beispiel für eine kraftvolle Inselumkehr

Abbildung V.13, auf die wir bereits verwiesen haben, zeigt das Marktgeschehen bei Owens-Illinois Glass im zweiten Halbjahr 1935 und enthält ein fast perfektes Beispiel für eine sehr starke Inselumkehr. Die Aktie hatte im Sommer 1935 in einem unentschlossenen, aber grundsätzlich abwärtsgerichteten Trend gesteckt, der Anfang August bis auf circa 94 hinabreichte, sich dann auf circa 100 erholte und wieder auf 95 absackte, wo der Markt am 7. September auf Tagestief schloss. Am nächsten Handelstag, Montag, dem 9. September, reichte der Kurs von 93 bis hinab auf 87, wobei er im Chart zwischen 95 und 93 eine klare Lücke von zwei Punkten hinterließ. Dann schwankte die Aktie drei Wochen lang meist im Bereich von 88 bis 91 und kam nie an 93 heran. Jedoch trat zwischen Samstag, dem 28. September, und Montag, dem 30. September, erneut ein Gap auf, diesmal nach oben, vom Samstagshoch bei 91 3/8 zum Montagstief bei 93 1/2. Damit blieb im Chart eine Lücke zwischen dem Kursgeschehen um 93 und 93 1/2 mit einer kompakten Stauzone darunter – eine perfekte Insel, die nach sofortigem Handeln verlangte. Die Prognose dieses Musters lautete nicht nur auf eine Umkehr des vorherigen Trends, sondern auch auf eine kraftvolle Bewegung des neuen Trends. Und die Bewegung, die daraufhin folgte, war gegenüber dem, was man von einer Inselumkehr dieser Größe und Art erwarten konnte, kaum oder gar nicht unverhältnismäßig.

Bevor wir den Chart von Owens-Illinois Glass verlassen, erwähnen wir noch einmal das Gap in der letzten Oktoberwoche, sagen dazu aber nur, dass es sich um ein Fortsetzungs-Gap handelte – ein Typ, der in Studie VII detailliert aufgegriffen wird.

1-Tages-Insel-Prognosen

In dem soeben besprochenen Beispiel für eine Inselumkehr hatten wir eine Insel, die auf eine dreiwöchige Stauzone aufbaute und durch breite Gaps vom vorherigen und nachfolgenden Kursverlauf getrennt war. Das ergab die Vorhersage einer sehr bedeutenden Kursbewegung. Eine Insel, die nur einen Tag dauert, ist als Hinweis auf eine Trendwende genauso zuverlässig, führt aber in der Regel zu keiner so ausgedehnten Bewegung.

Der Chart von Electric Bond and Share für das zweite Halbjahr 1935 in Abbildung V.14 zeigt zwei gute Beispiele für Inselumkehren am 17. August und am 8. November auf den Hochs von intermediären Rallys. Das Gap nach dem zweiten Top wurde am

14. November und erneut am 20. November von der Kursspanne geschlossen, wobei aber festzuhalten ist, dass diese untergeordneten Erholungen nicht das Spitzenniveau der Insel erreichten und die Umkehrprognose letztlich verwirklicht wurde. Ein interessantes Merkmal dieses Charts ist die Bildung eines Doppelbodens bei 10 1/2, wo der Trend nach der ersten Insel erneut wendete (siehe Studie IV).

Der Chart von American Steel Foundries für 1936 (Abbildung V.15) zeigt eine 1-Tages-Inselumkehr am 8. Juli, die einen Minor-Trend umkehrte und zu einer kräftigen Aufwärtsbewegung führte. Die Bodenumkehr der Aktie Anfang Mai baute auf einem steigenden Dreieck auf (siehe Studie III).

Andere Erscheinungsformen der Inselumkehr

Der Chart 1936 von Atchison (Abbildung V.15) zeigt zwei andere Arten des Geschehens nach der Bildung von Inseln.

Am 7. und 8. Juli bildete sich im Chart nach einem Rückzug sehr kleinen Ausmaßes eine Insel. Ihre Implikation war eine Aufwärtsbewegung, die in diesem Fall eigentlich eine Wiederaufnahme eines vorangegangenen Aufwärtstrends war, der nur kurz unterbrochen worden war.

Am 8. September erschien auf dem Hoch einer zweiwöchigen Rally eine weitere Insel, diesmal eine eintägige Formation. Das war ein gutes Umkehrsignal, aber es verging ein bisschen Zeit – ganze fünf Wochen –, bevor eine richtige Abwärtsbewegung in Gang kam. Nichtsdestotrotz „funktionierte" die Insel, und zwar sehr vorteilhaft für den technischen Trader, der es nicht zuließ, sich vor Sorge durch die beiden Erholungsversuche der Aktie aus seiner Position treiben zu lassen, bevor sie der angezeigten technischen Schwäche erlag.

Erklärung der Inselformation

Bei unserer späteren Untersuchung von Gaps werden wir erfahren, dass das erste in eine Insel mündende Gap ein Exhaustion Gap oder Erschöpfungs-Gap ist, das einen letzten Aktivitätsschub eines Trends signalisiert und den Kurs in eine Zone hohen Widerstands trägt. Das zweite Gap, das aus der Insel herausführt, ist ein Breakaway Gap oder Ausbruchs-Gap, das die Bedeutung jeglichen Ausbruchs in einen neuen Trend betont. Die starken Implikationen beider Gaps, wenn sie wie bei der Inselumkehr im Rahmen einer Formation kombiniert sind, erklären die schnelle und ausgedehnte Kursbewegung des neuen Trends, den die Insel vorhersagt.

Abbildung V.14

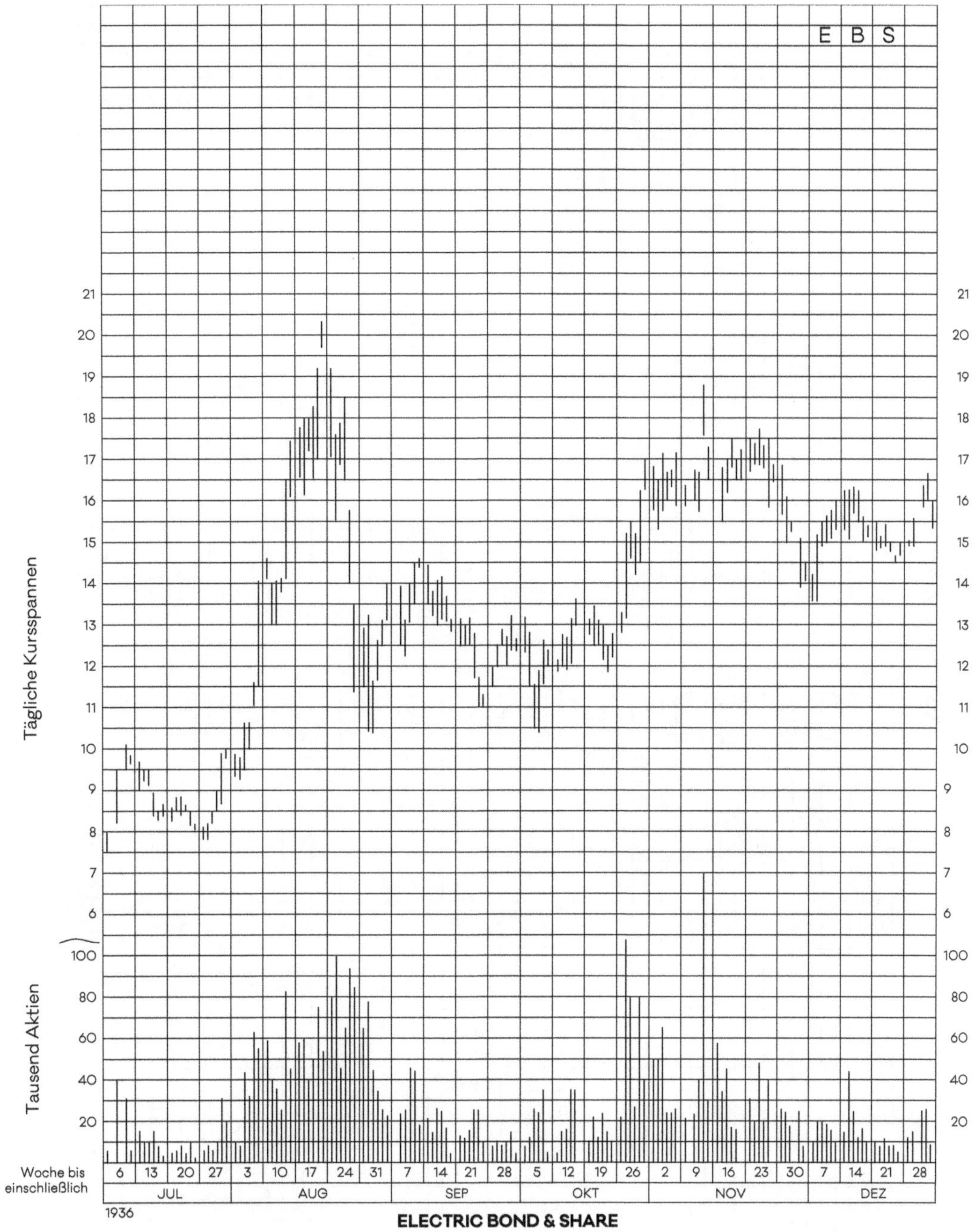

ELECTRIC BOND & SHARE

Abbildung V.15

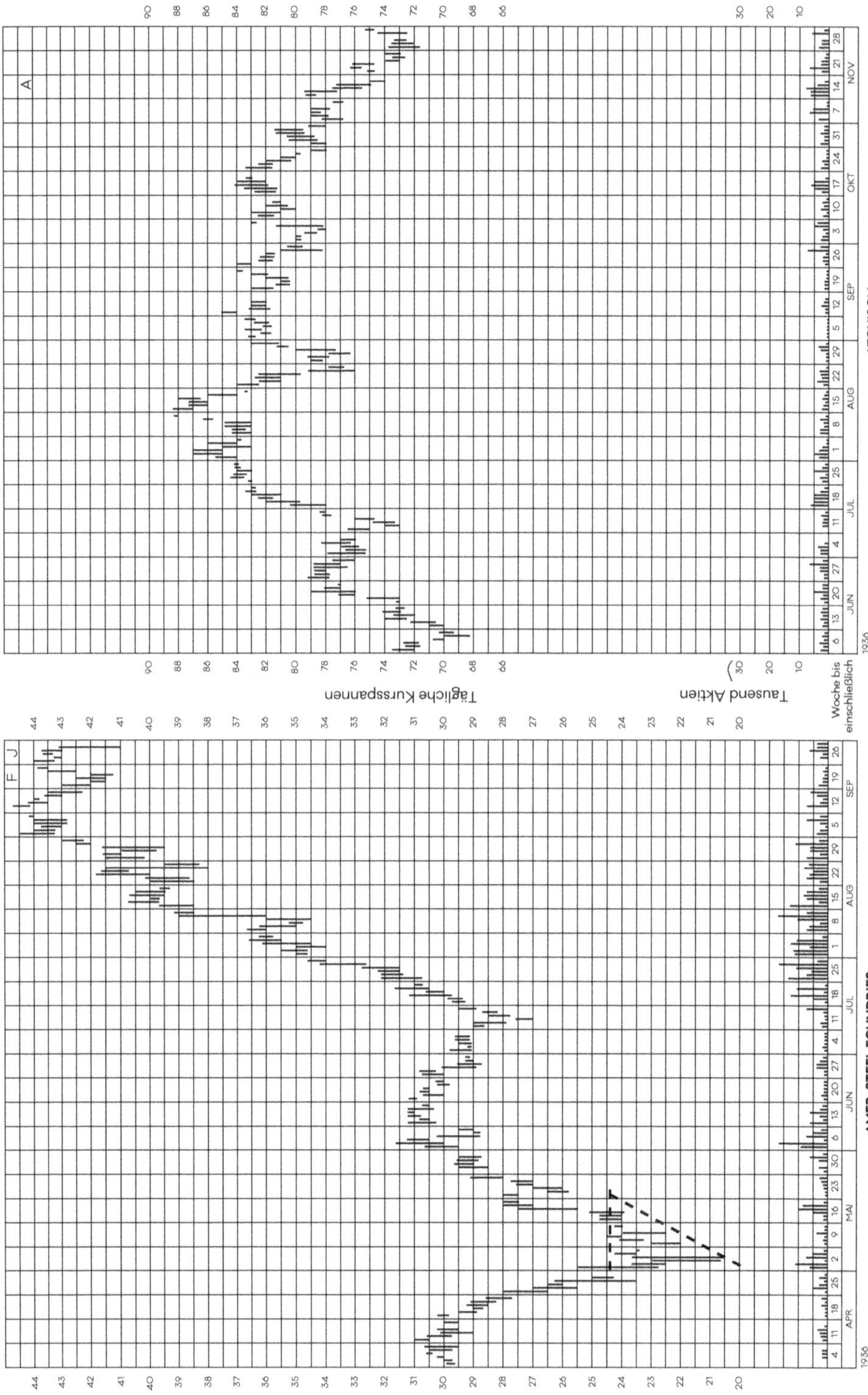

Zwei interessante, spektakuläre Charts

Abbildung V.16 zeigt zwei Charts, die die bedeutenden Kursbewegungen weiter illustrieren, die sich aus den beiden technischen Formationen entwickeln können, die wir in dieser Studie aufgegriffen haben.

Der Wochenchart von Bulova Watch zeigt im Jahr 1935 einen Ausbruch aus dem Schlafzustand und dazu ein sehr interessantes symmetrisches Dreieck, das sich während des Schlafzustands durch das Kursgeschehen entwickelte. Wir haben zuvor bereits festgestellt, dass ein technisches Muster häufig als Teil eines anderen erscheint und in einem solchen Fall in der Regel beide das gleiche nachfolgende Geschehen vorhersagen. Die sehr lange Dreiecksbasis bei Bulova Watch lieferte einen weiteren Hinweis auf das Ausmaß der nachfolgenden Aufwärtsbewegung.

Der Chart von Loew's zeigt eine hervorragende Inselumkehr, die das Hoch der Aktie im Jahr 1929 signalisierte. Auch wird der Leser sehen, dass diese Insel bei der fünften und letzten Umkehr der großen Broadening-Top-Formation erschien, deren Bildung Ende Januar begann und im März 1929 ihren Abschluss fand. Interessant ist die Feststellung, dass Loew's im April 1937 erneut ein Insel-Top bildete, wenn auch nicht so fest umrissen wie 1929, und dass sich die Insel 1937 auf dem dritten Wendepunkt einer großen Broadening-Top-Formation bildete, die man am besten im Wochenchart dieses Zeitraums erkennt.

Danach die Fortsetzungsformationen

Diese Studie schließt unsere Betrachtung technischer Formationen, die auf eine Umkehr des Kurstrends hindeuten, vorläufig ab, allerdings werden wir später im Rahmen der Trendlinien und Ähnlichem noch andere Umkehrsignale aufgreifen, die der Markt gelegentlich gibt. Studie VI befasst sich nun mit Formationen, die auf eine Fortsetzung oder aber auf eine Wiederaufnahme des vorherigen Trends hinweisen.

Abbildung V.16

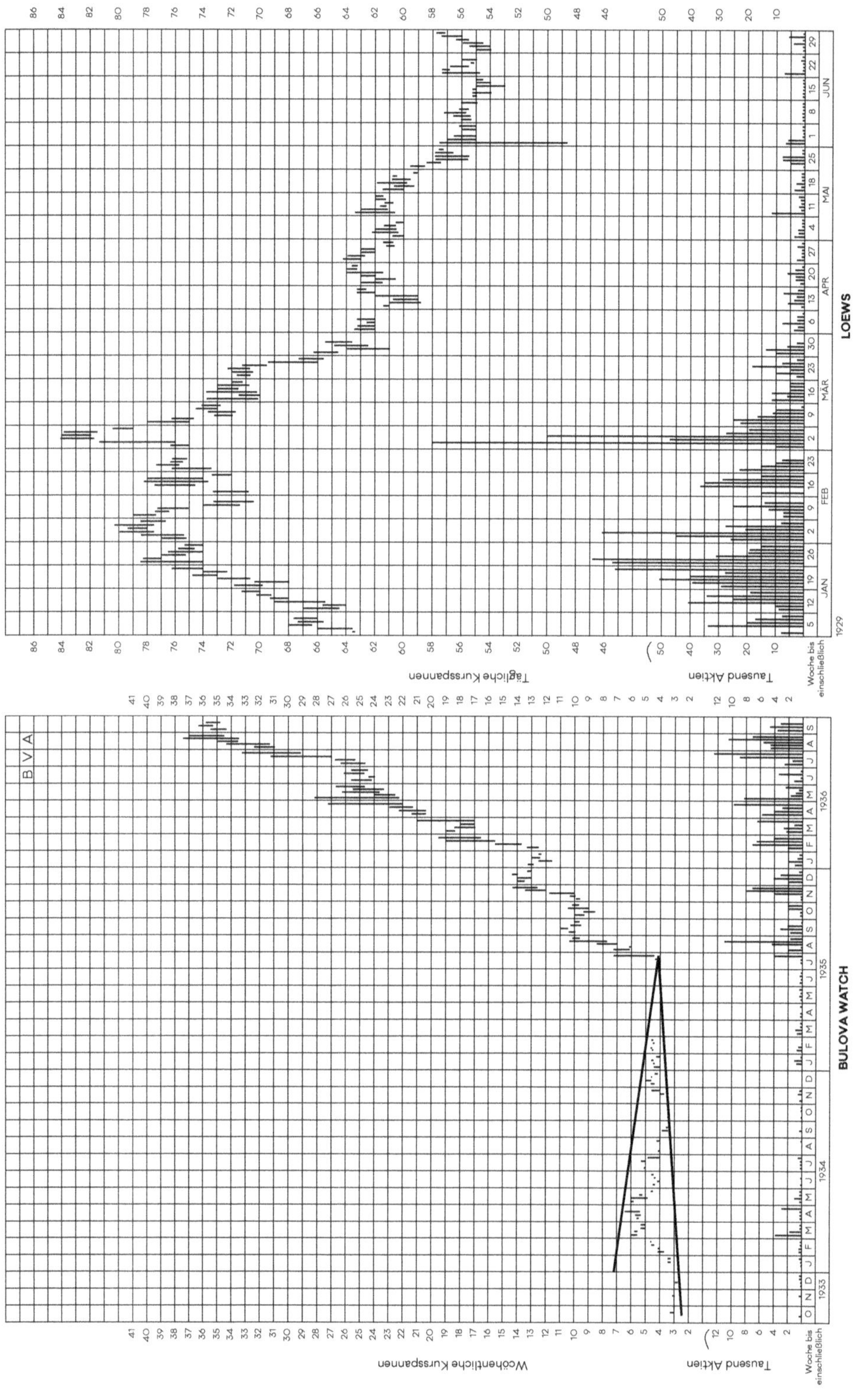

Studie VI

Wichtige Fortsetzungsformationen

- Definition der Fortsetzungsformation
- Die Logik des Zwischenbereichs
- Insidertransaktionen und intermediäre Chartmuster
- Der Markt schreibt seine eigene Prognose
- Rückblick auf das symmetrische Dreieck
- Aufwärtsgerichtete Fortsetzungsdreiecke
- Beispiele aus den bisherigen Abbildungen
- Volumengeschehen bei Fortsetzungsdreiecken
- Fortsetzungsdreiecke im Abwärtstrend
- Rechtwinklige Fortsetzungsdreiecke
- Echte rechtwinklige Dreiecke als Fortsetzungsformationen
- Starkes Bild bei Anaconda
- Fehlbewegungen, die später untersucht werden
- Fallende Dreiecke im Abwärtstrend
- Beispiele aus den bisherigen Studien
- Umgekehrte Dreiecke als Fortsetzungsformationen
- Beispiele für umgekehrte symmetrische Dreiecke
- Beinahe ein Broadening Top
- Rechtwinklige umgekehrte Dreiecke sind zuverlässiger
- Beispiele für profitable umgekehrte Dreiecke
- Das Rechteck als Fortsetzungsformation
- Beispiele für Rechtecke im Aufwärtstrend
- Rechtecke bei Chrysler, 1935
- Rechteck-Fortsetzungsformationen im Abwärtstrend
- Beispiele aus der Baisse 1931
- Rechteck-Fortsetzungsformationen in anderen Abbildungen
- Flaggen und Wimpel – verlässliche Signale
- Die Flagge weht von einem Mast
- Beispiele für Flaggen im Aufwärtstrend
- Diverse Aspekte und Interpretationen von Flaggen
- Aufwärtswehende Flaggen in Aufwärtstrends
- Flaggen in Abwärtsbewegungen
- Der Wimpel – ein Vetter der Flagge und des Keils
- Flaggen und Wimpel in Wochencharts
- Die Beziehung zwischen dem Wimpel und der Keilformation
- Die „Schulter-Kopf-Schulter"-Fortsetzungsformation
- Eine Illustration bei Crown Cork and Seal
- Häufig der einzige hilfreiche Hinweis
- Unterschiede zur echten Schulter-Kopf-Schulter-Umkehrformation
- Rückblick auf die Fortsetzungsformationen
- Anwendung der Fortsetzungsformationen in der Trading-Praxis
- Formationen, die ihren Charakter ändern

Definition der Fortsetzungsformation

Zweifellos ist der Leser bereits ausreichend mit dem Unterschied zwischen einer Umkehr- und einer Fortsetzungsformation vertraut, um sich eine eigene Definition Letzterer zu basteln. Die Fortsetzungs- oder Zwischenformation ist einfach ein dazwischengeschaltetes Muster, das den bisherigen übergeordneten Trend vorübergehend unterbricht und bei Abschluss der Formation die Fortsetzung des vorangegangenen übergeordneten Trends vorhersagt.

Die logische Erklärung für das Auftreten von Fortsetzungsmustern ist vielleicht nicht so leicht zu bekommen wie bei den Umkehrformationen. Bei Letzteren haben wir beobachtet, wie überaus natürlich es ist, in der Zeit, in der sich das vorherige Gleichgewicht zwischen Käufern und Verkäufern umkehrt, eine Phase des Zögerns zu erwarten – eine Chartformation, einen Kursbereich –, nach der die langsame Umkehr des Kurstrends folgt.

Die Logik des Zwischenbereichs

Im Falle der Zwischen- oder Fortsetzungsformation, die in den meisten Fällen auch einen bestimmten Bereich andeutet, tritt ebendieses Zögern auf, eine ähnliche Prüfung des bisherigen Trends, allerdings aus anderen Gründen. Die logischste Erklärung für die Fortsetzungsformation bezieht sich auf die grundsätzliche Möglichkeit, dass sie sich als Umkehrformation entpuppen *könnte.*

Wenn die bisherige übergeordnete Bewegung durch die Bildung einer Fortsetzungsformation angehalten wird, dann liegt das im Allgemeinen daran, dass sie auf zu viel Widerstand trifft, weil die vorangegangene Bewegung zu schnell war, weil Insider eine Phase ihrer Kampagne geschafft haben, diese Phase konsolidieren möchten und auf einen technischen Ratschlag zu dieser Frage vom Markt selbst warten.

Daher ist es, wenn sich eine Zwischenformation zu bilden beginnt, möglich, dass sich das Chartbild als Umkehrformation herausstellt. Es dauert aber nicht lange, bis am Markt selbst ein technisches Signal erscheint und sowohl den Insidern als auch dem Chartstudenten anzeigt, dass alles für eine Fortführung der bisherigen Kampagne spricht, die Formation eher eine Fortsetzung als eine Umkehr ist und die bisherige übergeordnete Bewegung am Ende der Formation wieder aufgenommen wurde.

Insidertransaktionen und intermediäre Chartmuster

Nehmen wir zum Beispiel an, die mächtigen Interessenten, die 10.000 Aktien angesammelt haben, haben den Kurs von 50 auf 75 getrieben. Auf letzterem Niveau beginnt sich der Verkaufswiderstand zu erhärten und stellt sich einem weiteren Anstieg in den Weg.

Die bullishen Akteure stoppen sofort ihre aggressive Kauftätigkeit und lassen erst einmal eine Weile die Allgemeinheit zum Zuge kommen. Der Kursanstieg wird überprüft. Die Interessenten haben Buchgewinne von 25 Punkten auf 10.000 Aktien, und während sie abwarten, um zu sehen, wie stark die technische Position ist, wenn die Aktie mehr oder weniger sich selbst überlassen wird, beschließen sie, auf Nummer sicher zu gehen und zumindest bei einem Teil ihrer Long-Position Gewinne mitzunehmen.

Die Kauftätigkeit der Allgemeinheit ist immer noch ordentlich, der Widerstand, der ein paar Tage zuvor noch zu spüren gewesen war, lässt nach, aber die Akteure bieten einen weiteren Test an, eine weitere Ruheperiode, damit noch mehr gute Nachrichten auflaufen und die Allgemeinheit von der Aktie hört und darüber spricht. Somit bedienen sie die weitere Nachfrage vonseiten der Allgemeinheit, indem sie allmählich vielleicht 4.000 Aktien ihrer Position abgeben und diese Gewinne mitnehmen. Das Ergebnis sind weitere Unregelmäßigkeiten im Kursverlauf und die Entwicklung einer Fortsetzungsformation.

Nun haben die Akteure die Aktie in eine enge Kursspanne gebracht, aber auch beschlossen, dass sich die Aktie immer noch für eine weitere Aufwertung auf mindestens 90 eignet. Also fangen sie an, einige der Aktien zurückzukaufen, die sie am Beginn der Formation verkauft hatten. Sie kontrollieren die Kursspanne, indem sie im obersten Bereich dieser Spanne verkaufen und sie in ihrem untersten Bereich zurückkaufen, wobei sie zwischenzeitlich eine sehr zufriedenstellende Umsatzrendite erzielen und die technische Position der Aktie stärken.

Die Allgemeinheit sieht, dass die Aktie zu steigen aufgehört hat, und nimmt ein Paar Gewinne mit – vor allem dann, wenn die Akteure am Ende der Zwischenformation sowie unmittelbar, bevor sie die zweite Phase des Hochtreibens beginnen, eine scharfe Bereinigung oder Fehlbewegung organisieren können. Auf diese Weise kaufen sie mit einem kleinen Nettogewinn vielleicht 3.000 der 4.000 Aktien zurück, die sie während der Formation verkauft hatten. Sie haben auf 1.000 Aktien mindestens 25 Punkte Gewinn mitgenommen und diese ebenso ins Trockene gebracht wie die sofortigen Handelsgewinne, die sie erzielt hatten, als die Kurse innerhalb des Musters schwankten.

Der Markt schreibt seine eigene Prognose

Da sie immer noch auf 9.000 Aktien long stehen, sind sie nun bereit, ihre Kampagne wieder aufzunehmen und die Aktie auf das neue Kursziel 90 hochzutreiben. Und die Formation, die begann, als sie den ersten leichten Widerstand verspürten, und die sich als Umkehrformation hätte herausstellen können, wenn sich dieser Widerstand fortgesetzt hätte, hat sich nun zu einer Fortsetzungsformation entwickelt. Die Aktie läuft weiter zu ihrem Ziel um die 90, wo sich schließlich der echte Umkehrbereich bildet.

Das ist nur eine ziemlich vereinfachte Illustration, aber sie mag nahelegen, dass Zwischenformationen ebenso, wie wir es bei den Umkehrformationen gesehen haben, logische Grundlagen haben. Der für den Chartstudenten wichtige Punkt ist allerdings, dass sich alle diese Faktoren, die die Entscheidungen der Akteure beeinflusst haben – das Gleichgewicht zwischen Kauf- und Verkaufstätigkeit von Insiderinteressen beziehungsweise die Weigerung der Allgemeinheit, zu kaufen oder zu verkaufen –, in der Bildung dieser Formation genau niederschlagen und dass sie die Faktoren sind, die uns die individuellen Phänomene liefern, die das Bild von einer Umkehrformation unterscheiden und sie als Fortsetzungsformation in eine Klasse für sich einsortieren. Und die Analyse dieser Fortsetzungsformationen mit ihren geringfügigeren Merkmalen werden wir nun in dieser Studie unseres Kurses in Angriff nehmen.

Der Markt schreibt seine eigene Prognose.

Rückblick auf das symmetrische Dreieck

In Studie III haben wir ab Seite 109 die diversen Definitionen des Dreiecks beziehungsweise der Sprungfeder als Umkehrformationen untersucht. Das Erscheinungsbild des symmetrischen Fortsetzungsdreiecks ist mit demjenigen des Umkehrdreiecks identisch und darum ist die Formation so verwirrend. Auch haben wir in Studie III festgehalten, dass uns das symmetrische Dreieck an sich nicht sagt, ob es sich als Umkehr oder als Fortsetzung herausstellen wird, allerdings ist Letzteres häufiger der Fall. Außerdem haben wir dort festgehalten, dass es auf jeden Fall für gewöhnlich diverse Hinweise außerhalb der eigentlichen Formation gibt.

Dazu gehören die fundamentalen Aspekte der einzelnen Aktie und des Gesamtmarkts, die technischen Hinweise bei anderen Aktien und im Gesamtmarkt, das Handelsvolumen und schließlich – als wichtigster und zuverlässigster Faktor – die Richtung der Kursbewegung beim Ausbruch.

Es gibt noch einen weiteren Faktor, auf den man sich nicht immer verlassen kann, der aber trotzdem eine anerkannte Hilfe ist. Dabei handelt es sich um die Länge und Stärke der Kursbewegung, die der Bildung des Dreiecks vorangegangen ist. War die vorangegangene Bewegung lang, ohne kurz zuvor erfolgten Stillstand oder intermediäre Korrekturen, dann ist das symmetrische Dreieck mit höherer Wahrscheinlichkeit eine Umkehrformation. War die vorangegangene Bewegung nur kurz und schwach, dann stehen die Chancen besser, dass sich die Formation als Fortsetzung der vorherigen Bewegung herausstellen wird.

Aufwärtsgerichtete Fortsetzungsdreiecke

Zweifellos ist der Leser inzwischen so weit mit dem Erscheinungsbild des symmetrischen Dreiecks vertraut, dass es ihm nicht schwerfallen wird, in seinen eigenen Charts und in den Abbildungen des vorliegenden Kurses zahlreiche Beispiele dafür zu erkennen. Häufig weist ein einziger Chart drei oder vier gute symmetrische Dreiecke auf. Diese können sich sowohl hinsichtlich ihrer Größe als auch hinsichtlich ihres Scheitelwinkels voneinander unterscheiden, aber sie alle haben für den technischen Studenten die gleiche grundsätzliche Bedeutung.

Abbildung VI.1, der Chart von Electric Boat, weist drei Fortsetzungsdreiecke vom symmetrischen Typ auf, die während ihrer Entwicklung einfach zu erkennen waren. Das erste, das sich im Laufe von zwei Monaten entwickelte und einen nachdrücklichen Ausbruch in Richtung des vorangegangenen Aufwärtstrends am 21. November beinhaltete, deutete durch seine Größe und durch sein allgemeines Erscheinungsbild darauf hin, dass die Aufwärtsbewegung des Kurses noch eine Strecke weit laufen würde. Das zweite, das sich unmittelbar danach bildete, diente lediglich dazu, die Prognose des ersten zu bestätigen. Die Bildung des dritten ist im Kursgeschehen der zweiten Januarhälfte 1936 zu sehen.

Bemerkenswert an der Analyse dieses Charts von Electric Boat ist das hohe Handelsvolumen, das jeweils mit dem Ausbruch aus einer Fortsetzungsformation einherging – ein Hinweis des authentischen Charakters der Bewegung, den wir in einer späteren Studie unter dem Stichwort „Fehlbewegungen" noch einmal aufgreifen werden. Ebenfalls bemerkenswert ist die Kursreaktion, die auf die Ausbrüche aus dem zweiten und dem dritten Dreieck folgt und ungefähr bis zum Niveau dieser Ausbrüche reicht, bevor der Aufwärtstrend weiterläuft. Diese Reaktion bis zum Unterstützungsniveau des Ausbruchs ist ein normaler Vorgang, mit dem man nach circa einem Viertel aller symmetrischen Dreiecke rechnen kann. Die Kenntnis dieser Tatsache – dass eine solche Reaktion normal ist und keine negative Bedeutung hat – beruhigt den technischen Trader, der beim Ausbruch eine Position eingegangen ist und andernfalls die Befürchtung haben könnte, er sei irregeführt worden. Außerdem bietet eine derartige Reaktion eine zweite Gelegenheit für einen zusätzlichen Kauf (beziehungsweise im Abwärtstrend einen Verkauf) auf einem profitablen Niveau. In diesem Zusammenhang ist noch zu erwähnen, dass solche Reaktionen nicht immer exakt das Niveau des Ausbruchs erreichen; sie können auch ein Stückchen weiter oder nicht ganz so weit reichen.

Abbildung VI.1

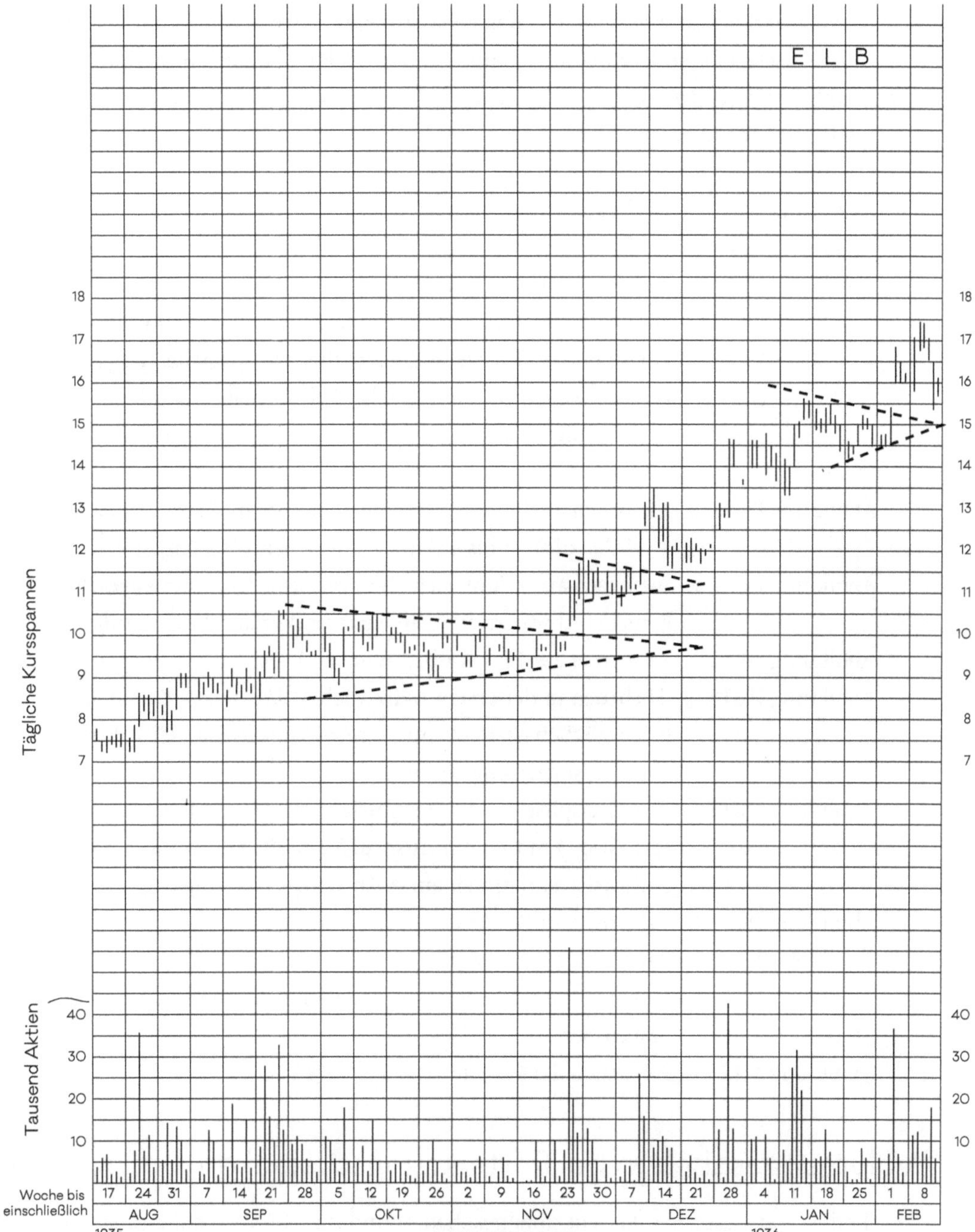

ELECTRIC BOAT

Beispiele aus den bisherigen Abbildungen

Um ein vollständiges geistiges Bild von den verschiedenen Formen zu bekommen, die ein symmetrisches Dreieck annehmen kann, wenn es als Fortsetzungsformation auftritt, empfehlen wir dem Leser, sich folgende Beispiele anzusehen, die in den Abbildungen früherer Studien erscheinen:

Abbildung II.1	– Ausbruch am 23. August
Abbildung II.4	– Ausbruch am 6. Februar
Abbildung III.3	– Ausbruch am 24. Dezember. Dieser Ausbruch weist eine fast, aber nicht ganz waagerechte untere Begrenzungslinie auf, die ein fallendes Dreieck andeutet, aber die Tatsache, dass er so kurz nach einer bedeutenden Umkehrformation stattfand, ließ es fast sicher erscheinen, dass daraus ein Fortsetzungsdreieck würde.
Abbildung III.7	– Ausbruch am 7. Dezember. Beachten Sie in diesem Fall, dass zwei Reaktionen bis auf das Ausbruchsniveau folgten.
Abbildung III.9	– Ausbruch am 4. Juni (siehe Besprechung des Volumengeschehens bei Abwärtstrends im weiteren Verlauf dieser Studie)
Abbildung III.10	– Ausbruch am 19. Oktober (Samstag)
Abbildung III.13	– Ausbruch in der ersten Märzwoche 1931. Beachten Sie, dass es unmöglich ist, in einem *Wochenchart* das Handelsvolumen eines Ausbruchs*tags* zu sehen.
Abbildung III.15	– Zwei Beispiele – eines im Abwärtstrend (innerhalb der Keilformation) mit einem Ausbruch am 29. April und eines im Aufwärtstrend mit einem Ausbruch am 22. August.
Abbildung IV.9	– Ausbruch am 15. Mai
Abbildung V.10	– Ausbruch am 15. Mai
Abbildung V.11	– Ausbruch am 12. September. Weiterer Ausbruch am 14. November
Abbildung V.12	– Ausbruch am 4. Mai

Volumengeschehen bei Fortsetzungsdreiecken

Wir hoffen, der Leser hat das Volumengeschehen und das Kursgeschehen bei den Beispielen für Fortsetzungsdreiecke überprüft, die wir oben genannt haben. Das Transaktionsvolumen schrumpft während der Bildung eines Fortsetzungsdreiecks tendenziell ebenso wie bei einem Dreieck, das eine Umkehr anzeigt, und der entscheidende Ausbruch aus dem Muster geht fast stets mit einem merklichen Anziehen des Volumens einher. Diese Volumenzunahme bei Ausbrüchen ist in Aufwärtsbewegungen stärker ausgeprägt als in Abwärtstrends. Bei Letzteren bewegen sich die Kurse gelegentlich ein kleines Stück vom theoretischen Scheitelpunkt weg, bevor es zu einer auffallenden Volumenzunahme kommt. Bei Fortsetzungsformationen sollten die gleichen Kursprüfungen hinsichtlich der Gültigkeit von Ausbrüchen durchgeführt werden wie bei den bereits untersuchten Ausbrüchen bei Umkehrformationen.

Fortsetzungsdreiecke im Abwärtstrend

In den oben angeführten Beispielen für Fortsetzungsdreiecke, die in den Abbildungen früherer Studien erscheinen, traten einige im Zuge von Abwärtstrends auf. Das symmetrische Dreieck bildet sich als Fortsetzungsmuster in Baissen genauso oft wie in Haussen, und es ist in beiden Trends gleichermaßen bedeutsam und nützlich.

Rechtwinklige Fortsetzungsdreiecke

Bei unserer Untersuchung des Dreiecks als Umkehrformation (Studie III) haben wir gelernt, zwischen dem gewöhnlichen oder symmetrischen und dem rechtwinkligen Dreieck zu unterscheiden. Bei letzterem Typus verläuft eine Seite waagerecht, während die andere – die Hypotenuse – entweder nach oben zum Scheitelpunkt geneigt ist und ein ansteigendes Dreieck bildet und eine Aufwärtsbewegung der Kurse ankündigt oder abwärtsgeneigt ist und eine abwärtsgerichtete Kursbewegung ankündigt. In der Praxis findet man viele dreieckige Bereiche, deren eine Seite fast, aber nicht ganz waagerecht verläuft und daher entweder auf ein steigendes oder ein fallendes Dreieck hindeutet. Solche Grenzfälle betrachtet man am besten als symmetrische Dreiecke, denn am sichersten ist es, stets anzunehmen, dass der Ausbruch in beide Richtungen erfolgen kann. Im Chart von Goodrich (Abbildung III.3) haben wir ein Beispiel für ein Dreieck gesehen, das auf das absteigende Bild hindeutete; eine nähere Prüfung zeigt allerdings, dass die untere Begrenzungslinie leicht aufwärtsgeneigt ist und der Ausbruch tatsächlich nach oben erfolgte. Der Chart von Holly Sugar (Abbildung VI.2) zeigt die Entwicklung einer Zwischenformation im Februar 1936, die man entweder als steigendes oder als symmetrisches Dreieck auslegen könnte. In diesem Fall verwirklichte sich mit dem Ausbruch in den Aufwärtstrend die Aufstiegstendenz, aber trotzdem hätte sich das Dreieck auch als Umkehrformation herausstellen können, was bei symmetrischen Dreiecken ja immer möglich ist.

Abbildung VI.2

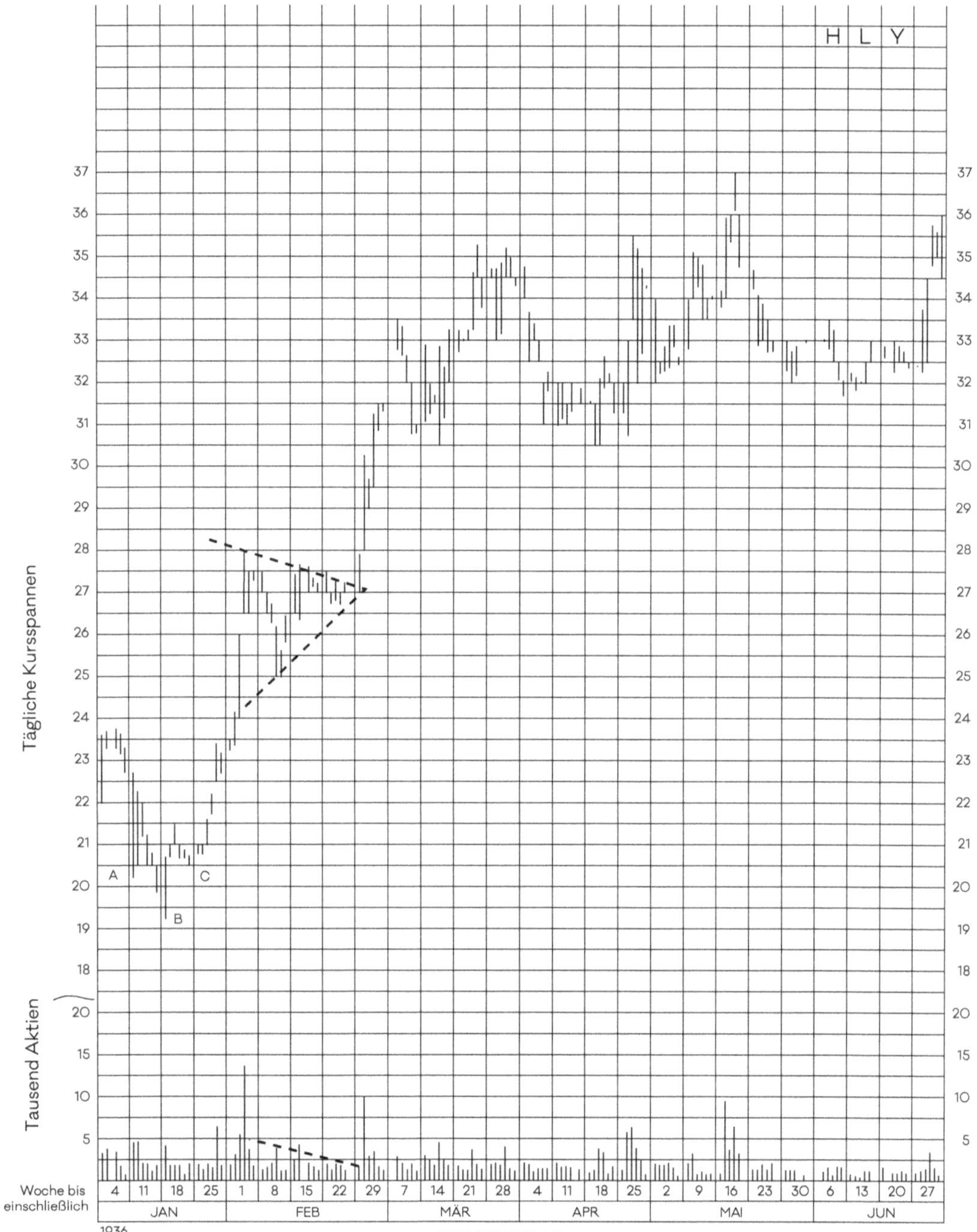

HOLLY SUGAR

Echte rechtwinklige Dreiecke als Fortsetzungsformationen

Dreiecke, die eine streng horizontale obere oder untere Begrenzungslinie aufweisen – anders gesagt echte steigende oder fallende Dreiecke – verwirklichen in der großen Mehrzahl der Fälle ihre steigende oder fallende Implikation. Bei unserer Untersuchung von Umkehrformationen haben wir gesehen, dass das Erscheinen eines fallenden Dreiecks in einem Aufwärtstrend eine Wende zu einem Abwärtstrend vorhersagt und dass die Entwicklung eines steigenden Dreiecks in einem Abwärtstrend eine Wende in einen steigenden Markt vorhersagt.

Daraus folgt natürlich, dass entgegengesetzte Bedingungen entgegengesetzte Vorhersagen hervorbringen. Beispielsweise sagt ein steigendes Dreieck, das sich in einem Aufwärtstrend entwickelt, eine Fortsetzung des Aufwärtstrends voraus, wenn die Formation vollständig abgeschlossen wird. Im gleichen Sinne impliziert ein fallendes Dreieck eine Fortsetzung, wenn es sich in einem Abwärtstrend bildet.

Der Chart von International Nickel für das erste Halbjahr 1935 (Abbildung VI.3) zeigt ein sehr gutes Beispiel für ein kleines kompaktes steigendes Dreieck, das eine schnelle Fortsetzung des bisherigen Aufwärtstrends signalisierte. In der ersten Jahreshälfte hatte sich diese Aktie allmählich nach oben bewegt und am 17. September einen kleinen Kaufhöhepunkt erreicht. Es liegt auf der Hand, dass sie dort, auf dem Niveau von 31 1/2, auf beträchtliche Gewinnmitnahmen stieß, die den Kurs rapide auf circa 29 drückten. Eine kurze Rally holte die Hälfte des Verlusts aus der Vorwoche wieder herein, und darauf folgte ein weiterer Absacker auf 29, wo wieder eine ordentliche Kauftätigkeit begann. Bis dahin hatte sich noch kein Muster von klarer Bedeutung entwickelt. Ein technischer Trader, der die Aktie noch von niedrigeren Niveaus her besaß, mag zu diesem Zeitpunkt gezweifelt haben, ob es ratsam wäre, diesen Gewinn mitzunehmen; allerdings wäre das beste Vorgehen gewesen, auf ein definitives Anzeichen einer Wende zu warten, selbst wenn das einen Verlust von einem oder zwei Punkten seines Buchgewinns bedeutete.

Die rapide Wende nach oben von 29 aus am 3. Oktober war bullish und von da an begann ein Muster zu erscheinen, das eine kräftige Fortsetzung des Aufwärtstrends immer wahrscheinlicher machte. Die waagerechte obere Begrenzungslinie war deutlich zu sehen, während bei allmählich nachlassendem Handelsvolumen die ansteigende Tendenz der unteren Begrenzungslinie immer offensichtlicher wurde. Somit bildeten die beiden Begrenzungslinien ein steigendes Dreieck, aus dem heraus man eine Aufwärtsbewegung erwarten sollte. Ein klarer, nachdrücklicher Ausbruch erfolgte am 1. November, als der Kurs unter hohen Umsätzen nach oben aus dem Muster hinauslief und auf Tageshoch schloss. Ein technischer Trader, der seinen Chart führte, erhielt dadurch den eindeutigen Rat, „Nickel“ zu kaufen; er hätte am nächsten Tag bei circa

Abbildung VI.3

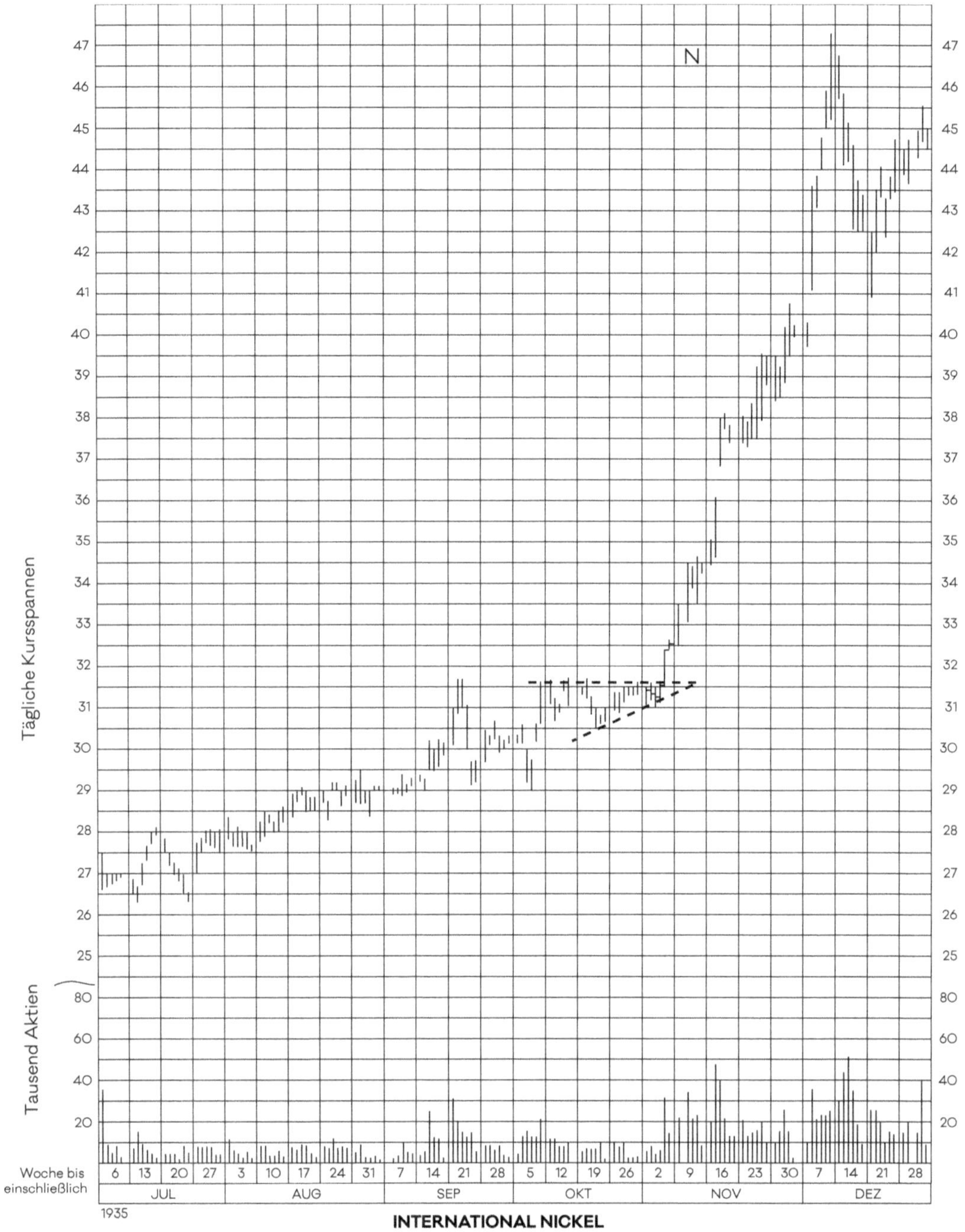

INTERNATIONAL NICKEL

32 1/2 kaufen können, weil diejenigen, die bereits long standen, sich dazu beglückwünschen konnten, dass sie sich nicht den hektischen Gewinnmitnahmen bei 30 bis 31 angeschlossen hatten, die gemäß dem Chart stattgefunden hatten. Es besteht kein Zweifel, dass viele, die den Ticker beobachteten und Gerüchten folgten, in dieser Zeit aus guten „Nickel"-Positionen hinausflogen, weil sie entweder keine Charthistorie hatten, von der sie sich hätten leiten lassen können, oder weil sie nicht begriffen, dass der Chart keine Umkehr angezeigt hatte.

Starkes Bild bei Anaconda

Ein weiteres hervorragendes Beispiel für ein steigendes Dreieck in einem Aufwärtstrend mit einigen interessanten Merkmalen, die einer detaillierten Untersuchung wert sind, bildete Anaconda Copper Ende 1935 und Anfang 1936. Dies wird in Abbildung VI.4 dargestellt. Am 10. Dezember begann eine Welle der Gewinnmitnahmen, die den Kurs von 30 auf 26 1/4 drückte. Danach stieg Anaconda sechs Wochen lang wiederholt auf 30, nur um dort auf Widerstand zu treffen und wieder zurückzufallen. Jede Rally war durch zunehmendes Volumen und jeder Rückschlag durch abnehmendes Volumen gekennzeichnet – ein ermutigendes Anzeichen (das wir in Studie VIII detailliert betrachten werden) dafür, dass sich der übergeordnete Trend nicht geändert hatte. In diesem Zeitraum bildete sich bis zum 17. Januar ein gutes Bild eines steigenden Dreiecks. Jedoch brach der Kurs am 18. Januar nach unten durch die Hypotenuse. *Aber*: Der Schlusskurs lag nur einen halben Punkt außerhalb des Musters, und das Volumen war unbedeutend. An den beiden Tagen danach bewegte sich der Kurs noch tiefer, aber auch das Volumen war noch geringer. An diesem Punkt schien unser Muster unbrauchbar geworden zu sein. Doch der nächste Tag, der 22. Januar, erzählte eine andere Geschichte: Anaconda stieg unter ordentlichem Volumen um einen Punkt und schloss wieder über der Hypotenuse. Am nächsten Tag stieg das Volumen auf mehr als 60.000 Aktien, der Kurs durchbrach die obere Begrenzungslinie und schloss deutlich darüber; damit war ein entscheidendes Ausbruchssignal gegeben worden, und zwar in die Richtung, auf die die Formation zuvor hatte schließen lassen. Noch bewegte sich der Kurs nur widerwillig weg, und zwei Wochen lang hielten sich kleinere Schwankungen knapp über der Widerstandslinie, aber es waren keine Schlusskurse unter dem kritischen Niveau zu verzeichnen. Am 11. Februar begleitete ein weiterer Ausbruch der Aktivität den Beginn einer echten Aufwertung.

Eine Fehlbewegung ist für gewöhnlich eine unentschlossene Bewegung aus einem Muster heraus unter geringem Volumen.

Abbildung VI.4

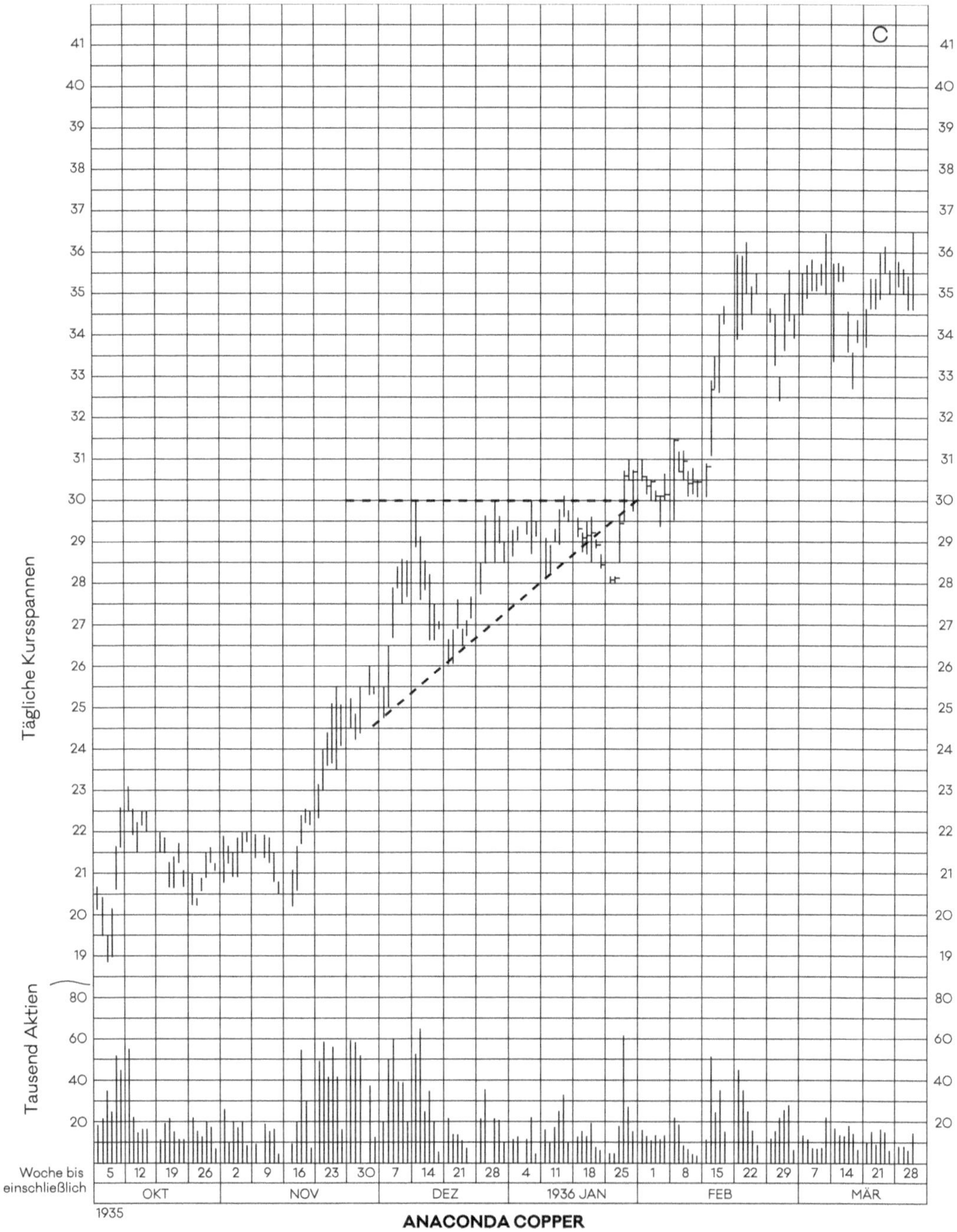

ANACONDA COPPER

Fehlbewegungen, die später untersucht werden

Im Anaconda-Chart, den wir soeben analysiert haben, war die Kursbewegung vom 18. bis zum 22. Januar eine sogenannte Fehlbewegung, ein nicht unübliches Phänomen, das wir in einer späteren Studie noch detailliert behandeln werden. An dieser Stelle mag die Aussage genügen, dass eine Fehlbewegung für gewöhnlich eine unentschlossene Bewegung aus einem Muster heraus unter *geringem* Volumen ist, während ein echter Ausbruch eine kräftige Bewegung unter hohem Volumen ist. Eine Fehlbewegung, wie wir sie im Anaconda-Chart gesehen haben, die wieder in das Muster zurückgekehrt ist, hat weder eine prognostische Bedeutung noch macht sie das Muster unbrauchbar.

Eine Fehlbewegung unterscheidet sich von der Out-of-line-Bewegung, die wir in Studie III besprochen haben, dahingehend, dass die Out-of-line-Bewegung bei recht hohem Volumen in der Richtung stattfindet, welche die Formation bereits andeutet, während eine Fehlbewegung der Implikation der Formation zuwiderläuft und durch geringes Volumen gekennzeichnet ist.

Fallende Dreiecke im Abwärtstrend

Fallende rechtwinklige Dreiecke treten in Abwärtstrends so oft auf wie steigende Dreiecke in Aufwärtstrends, und sie haben die gleiche Bedeutung, nämlich die Fortsetzung des bisherigen Trends.

Ein gutes Beispiel für das fallende rechtwinklige Dreieck als Fortsetzungsformation erscheint im Chart von American Can aus dem Jahr 1931 (Abbildung VI.5). Der schnelle Kursrückgang von „Can" wurde Anfang August gestoppt, und es bildete sich ein fallendes Dreieck, dessen horizontale Seite bei 88 bis 89 lag. Dieses Niveau wurde am 14. September unter erhöhtem Volumen entschlossen durchbrochen. Eine nachfolgende Rally reichte wieder bis 88, schaffte es aber nicht, das Ausbruchsniveau zu durchstoßen.

Beispiele aus den bisherigen Studien

Der Leser wird in den Abbildungen zu den bisherigen Studien dieses Kurses mehrere gute Beispiele für rechtwinklige Dreiecke als Fortsetzungsformationen finden. Sehen Sie sich dazu folgende Abbildungen an:

Abbildung II.2 – Ein fallendes Dreieck nach dem Schulter-Kopf-Schulter-Top von Western Union im Jahr 1934. Untere Begrenzung auf dem Niveau 52 bis 53, Ausbruch unter erhöhtem Volumen am 30. April.

Abbildung VI.5

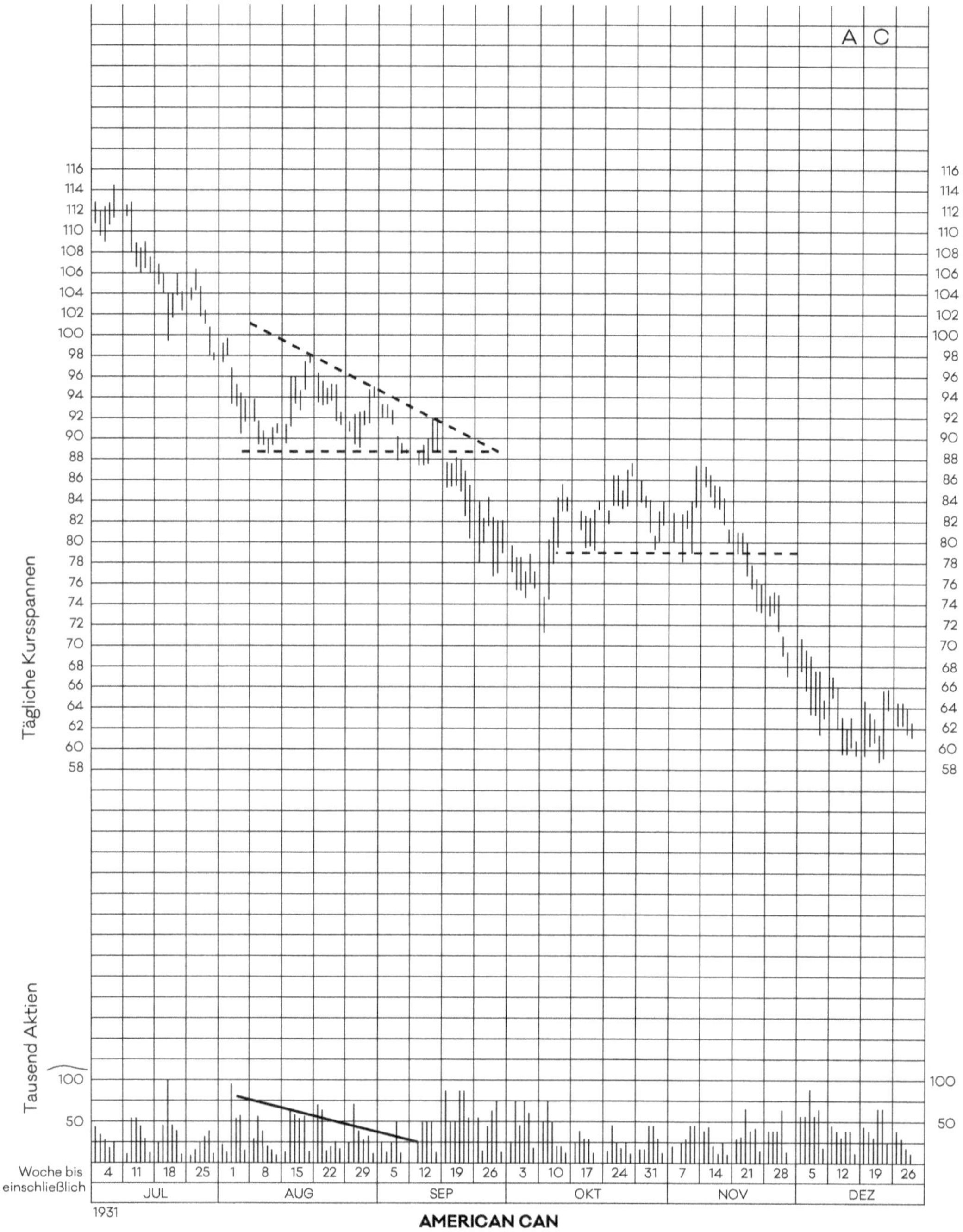

AMERICAN CAN

Abbildung III.11 – Steigendes Dreieck bei Hudson Motor unmittelbar nach der Bodenbildung dieser Aktie im Rahmen eines steigenden Dreiecks 1933. Ausbruch unter hohem Volumen am 15. Januar 1934.

Abbildung IV.6 – Steigendes Dreieck am Anfang des Charts von Timken Roller Bearing mit Ausbruch am 9. Februar.

Umgekehrte Dreiecke als Fortsetzungsformationen

Bei unserer Besprechung umgekehrter Dreiecke als Umkehrformationen in Studie V stellten wir fest, wie schwer diese Formation im Vergleich zum normalen Dreieck oder Standarddreieck zu interpretieren ist. Allgemein gesagt scheinen symmetrische umgekehrte Dreiecke keinen Hinweis auf ihre Ursache aufzuweisen. Das Volumen ist während ihrer Bildung für gewöhnlich ungleichmäßig und scheinbar bedeutungslos. Ausbrüche können mit oder ohne Volumenbestätigung erfolgen. Finden sie unter hohem Volumen statt, kann die nachfolgende Bewegung profitable Ausmaße haben, aber häufig wird sie schnell wieder gestoppt und gewendet. Und die Wahrscheinlichkeit, dass sich umgekehrte symmetrische Dreiecke als Umkehr statt als Fortsetzung herausstellen, ist eher größer als bei „normalen" Formationen.

Wäre da nicht die Tatsache, dass in den Charts recht häufig Muster erscheinen, die sich nur als umgekehrte Dreiecke symmetrischer Gestaltung klassifizieren lassen, könnten wir versucht sein, sie vollständig zu ignorieren. Doch so, wie es ist, fühlen wir uns gezwungen, den Anfänger zu warnen, dass er nicht versuchen sollte, anhand dieser Muster zu traden, wenn nicht im gleichen Chart gleichzeitig andere, nützlichere Muster erscheinen.

Beispiele für umgekehrte symmetrische Dreiecke

Der Chart von Sears Roebuck für die zweite Jahreshälfte 1936 in Abbildung VI.6 zeigt ein umgekehrtes Dreieck von symmetrischer Gestalt, das durch das Kursgeschehen im August und Anfang September gebildet wurde und das am besten zu sehen ist, wenn der Leser den Chart ab dem 12. September abdeckt. Bis zu diesem Punkt gab es in der Formation keinen zuverlässigen Hinweis darauf, was folgen würde. In den drei Wochen danach bildete sich jedoch ein kleines normales symmetrisches Dreieck, das entschlossen nach oben ausbrach und damit eine Fortsetzung der vorangegangenen Aufwärtsbewegung signalisierte.

Zu vermerken ist, dass die obere Begrenzungslinie des großen umgekehrten Dreiecks erst am 13. Oktober gut zehn Punkte über dem Kursniveau zu Beginn der Formation durchbrochen wurde. Wie es bei so vielen umgekehrten Formationen der Fall

Abbildung VI.6

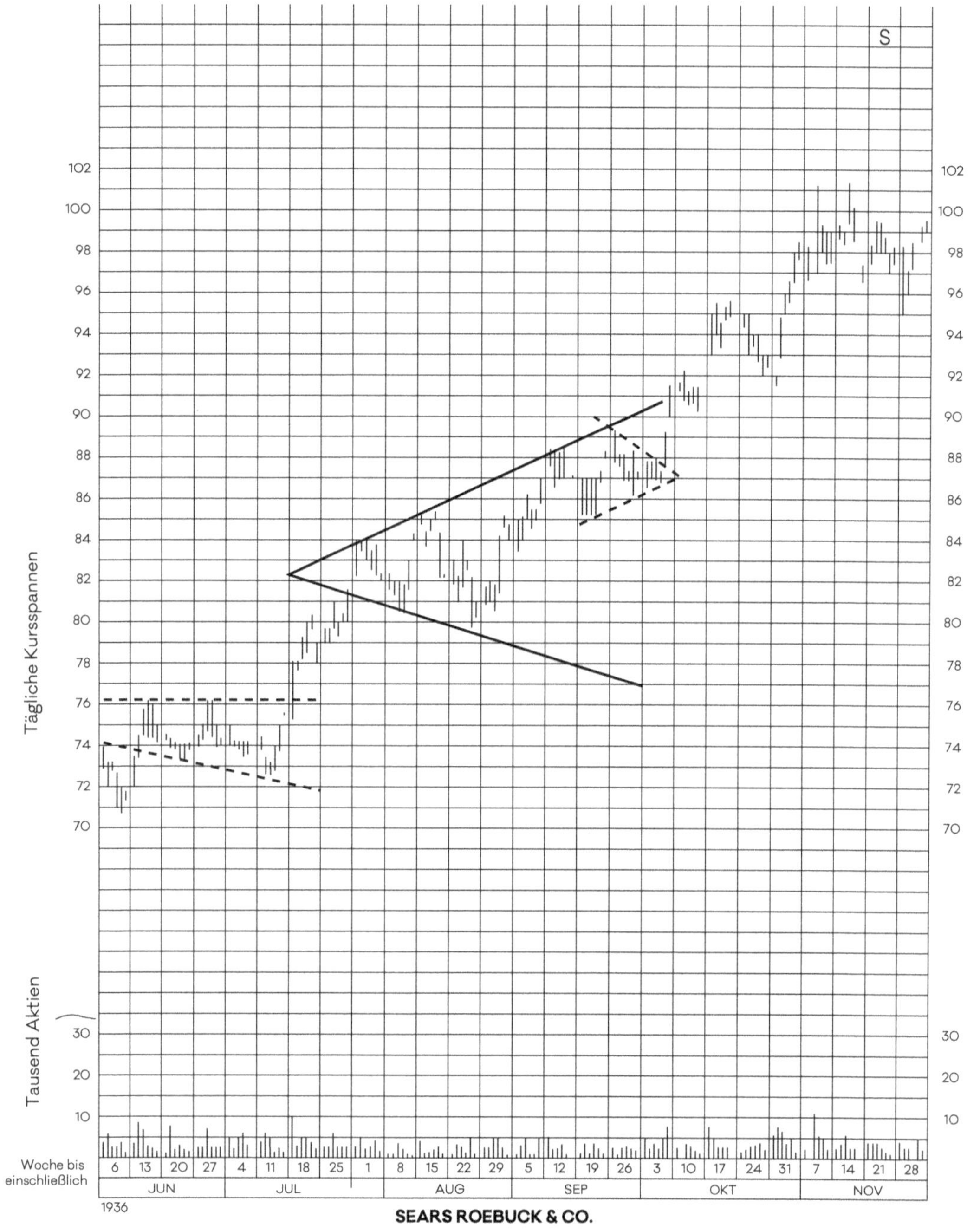

SEARS ROEBUCK & CO.

ist, hätte man auf den Ausbruchshinweis hin, der von dieser Formation an sich gegeben wurde, nicht profitabel agieren können. Zum Glück hätten uns das Geschehen an den Trendlinien und andere, verlässlichere Fortsetzungssignale während dieser Zeit long auf Sears gehalten.

Beinahe ein Broadening Top

Der Chart von Standard Oil of NJ für das erste Halbjahr 1936 in Abbildung VI.7 zeigt ein weiteres Beispiel für ein umgekehrtes Dreieck symmetrischer Gestaltung und einen Ausbruch am 13. März, der von enormer Aktivität begleitet wurde. Der Leser wird in diesem Muster ein Broadening Top sehen (Studie IV), das fast abgeschlossen wurde, aber nicht ganz. Wenn der Kursrückgang von Punkt 5 am 4. März unter 58 geführt hätte, wäre das Broadening Top abgeschlossen gewesen und hätte eine bedeutende Trendwende signalisiert. Nun kam es so, dass sehr bald danach eine bedeutende Wende stattfand, was die Warnung (siehe Studie IV, Seite 181) bekräftigte, die uns ein Broadening Top, dem der Abschluss nicht gelingt, häufig liefert.

Rechtwinklige umgekehrte Dreiecke sind zuverlässiger

Umgekehrte Dreiecke, bei denen eine Begrenzungslinie horizontal verläuft, sind für den technischen Trader gewissermaßen nützlicher als symmetrische. In der horizontalen Seite rechtwinkliger umgekehrter Dreiecke haben wir ein eindeutiges Bild von Unterstützung beziehungsweise – je nach Fall – Widerstand vorliegen, ein Muster von einer gewissen anscheinenden Logik, das somit verlässliche Ausbruchssignale liefert. Die Richtung, in welche die Hypotenuse solcher Formationen zeigt, scheint wenig oder gar keine Bedeutung zu haben, und so war es ja auch, wie wir in Studie V festgestellt haben, bei umgekehrten Dreiecken dieses Typs als Umkehrformationen. Ein umgekehrtes Dreieck kann sich unabhängig davon, ob die obere oder die untere Begrenzungslinie diejenige ist, die horizontal verläuft, sowohl im Aufwärtstrend oder im Abwärtstrend als Fortsetzungsmuster erweisen. In beiden Fällen signalisiert ein entschlossener Ausbruch aus einem schmalen Muster im Allgemeinen eine lohnenswerte Bewegung, und egal ob breit oder schmal, gilt dies, wenn der Ausbruch durch die waagerechte Linie weiterläuft.

Beispiele für profitable umgekehrte Dreiecke

Der Chart von Columbia Gas and Electric aus dem Jahr 1935 (Abbildung VI.8) zeigt eine lange und ziemlich ungenaue, aber trotzdem als umgekehrtes Dreieck mit waagerechtem Boden und steigender Hypotenuse erkennbare Formation. Die obere Begren-

Abbildung VI.7

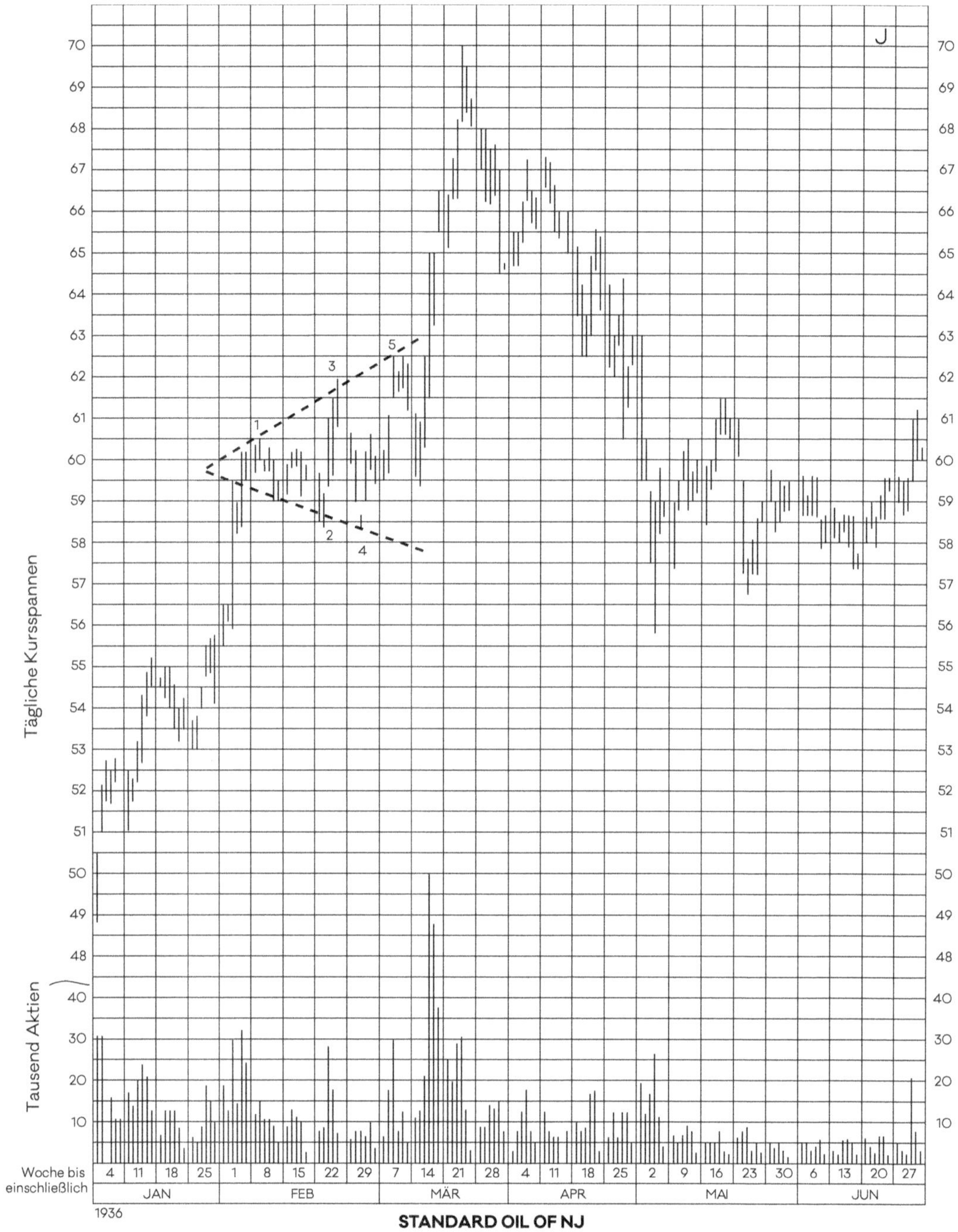

STANDARD OIL OF NJ

zung wurde am 3. August entschlossen durchbrochen und darauf folgte eine ordentliche Aufwärtsbewegung.

Der Chart von Burroughs Adding Machine (Abbildung VI.9) zeigt ein umgekehrtes Dreieck mit horizontaler oberer Begrenzung und abwärtsgeneigter Hypotenuse, das am Samstag, dem 19. Oktober nach oben ausbrach und den bisherigen Aufwärtstrend fortsetzte.

Umgekehrte Dreiecke dieses Typs – mit einer waagerechten Begrenzungslinie – sind im Abwärtstrend als Fortsetzungsformationen genauso nützlich.

Das Rechteck als Fortsetzungsformation

Bei unserer Analyse des Rechtecks als Umkehrformation in Studie V auf den Seiten 197 bis 204 haben wir angemerkt, dass dieses Muster auch als Zwischen- oder Fortsetzungsformation auftritt – tatsächlich sogar öfter als Fortsetzung denn als Umkehr. Wir haben auch angemerkt, in welch hohem Maße man sich auf jeglichen Ausbruch aus einer rechteckigen Stauzone verlassen kann. Fehlbewegungen aus Rechtecken heraus sind wirklich sehr selten.

Man kann wohl getrost sagen, dass Rechtecke als Fortsetzungsformationen häufiger im Frühstadium als im Spätstadium übergeordneter oder langfristiger Trends vorkommen. Daher erscheinen Rechtecke ziemlich oft, wenn die Kurse nach der Bildung eines übergeordneten Bodens erstmals schrittweise nach oben laufen. Für sich genommen stellen sie eine gut organisierte Akkumulation in einer Phase vergleichsweise geringer allgemeiner Begeisterung dar. Doch wann immer sie auftreten, ob früh oder spät in einem übergeordneten oder intermediären Marktzyklus – man kann sich darauf verlassen, dass die Richtung ihres Ausbruchs die Richtung der nachfolgenden Kursbewegung anzeigt.

Auch die Volumenmerkmale des Rechtecks wurden anlässlich seiner Umkehrversion in Studie V bereits besprochen, und sie sind im Wesentlichen die gleichen, wenn es als Fortsetzungsformation erscheint.

Beispiele für Rechtecke im Aufwärtstrend

Der Chart von Transamerica Corporation (Abbildung VI.10) zeigt ein Rechteck, das ein fast ideales Muster vorstellte und dem technischen Trader eine klare Prognose einer beträchtlichen Fortsetzung des Aufwärtstrends dieser Aktie lieferte. Die ersten Phasen dieser Aufwertung stießen in der zweiten Augustwoche 1935 auf Widerstand, und zwar entweder durch unkluge (wie später dargelegt) Gewinnmitnahmen oder durch wohlorganisierte professionelle Transaktionen beim Stand von 8. Danach schwankte der Kurs zehn Wochen lang zwischen 7 1/2 und 8, wobei er nie außerhalb

Abbildung VI.8

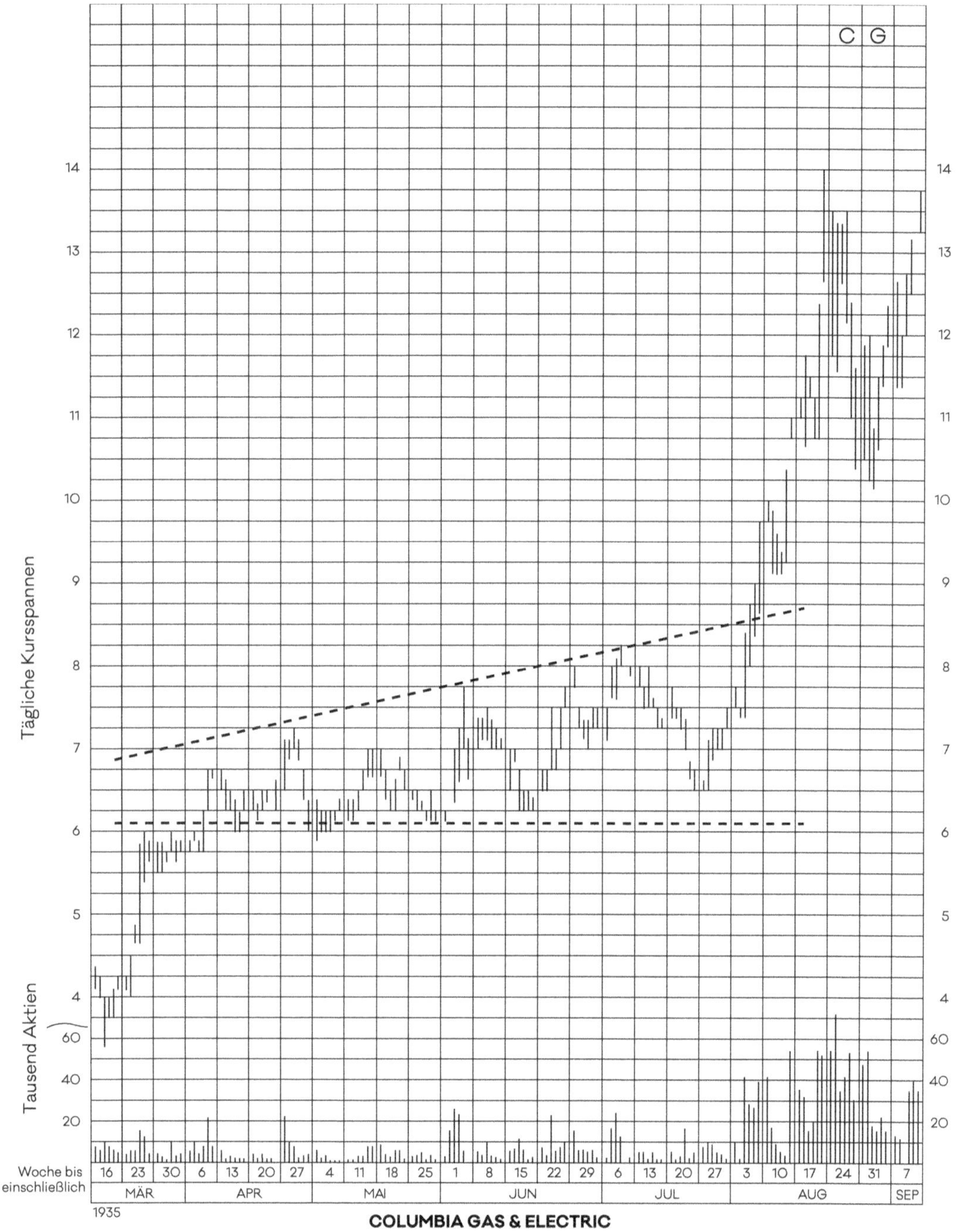

COLUMBIA GAS & ELECTRIC

Abbildung VI.9

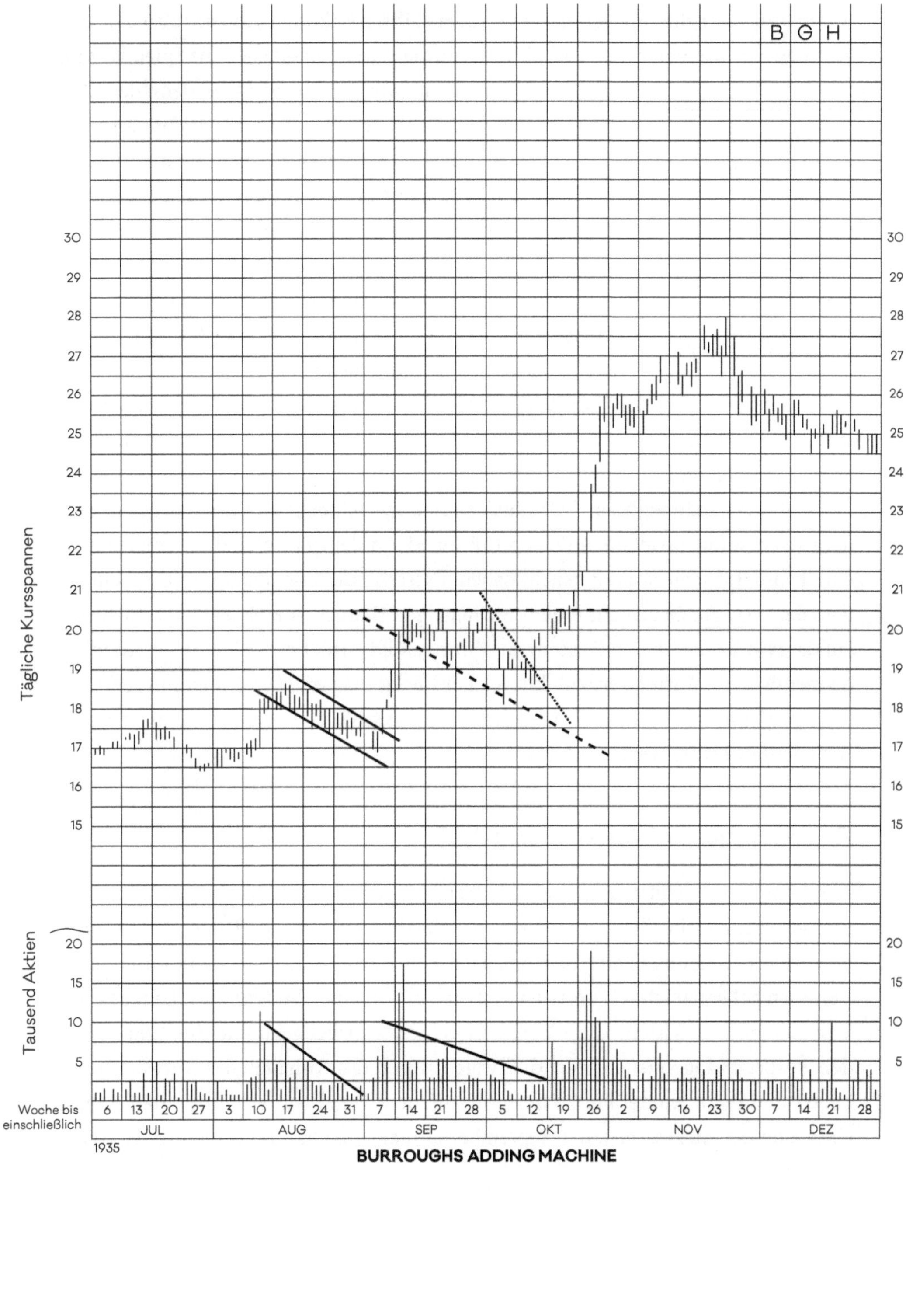

BURROUGHS ADDING MACHINE

dieser engen Spanne schloss. Auffallend ist die in dieser Periode allmählich nachlassende Aktivität. Allerdings sprengte die Aktie am 21. Oktober ihre Fesseln; entweder waren professionelle Anleger mit dem Ausmaß ihrer Akkumulationen zufrieden, oder günstige Nachrichten brachten kräftige Käufe aus anderen Quellen ins Spiel. Was uns betrifft, so kommt es auf die Ursache nicht an, denn der Chart sagte uns alles, was wir wissen mussten, als wir das Kurs- und Volumengeschehen am 21. Oktober eingetragen hatten. Da sahen wir, dass sich der Kurs bis auf 8 3/8 aus dem Muster herausgearbeitet und auf dem Hoch geschlossen hatte – bei einer 8-Dollar-Aktie eine klare Ausbruchsspanne –, und das anziehende Volumen war überzeugend. Der Chart sagte: „Transamerica kaufen." Innerhalb von fünf Wochen wies die Aktie mehr als 60 Prozent Gewinn auf.

Rechtecke stellen eine gut organisierte Akkumulation in einer Phase vergleichsweise geringer allgemeiner Begeisterung dar.

Beachten Sie, dass der Transamerica-Chart auf einer Kursskala von 1/4 Punkt basiert, sodass etwaige Muster sichtbar werden, die sich bei einem sehr billigen Papier entwickeln können.

Es ist nicht anzunehmen, dass alle Fortsetzungsrechtecke zu Kursbewegungen mit derartigen sofort profitablen Folgen führen wie in dem Beispiel, das wir soeben im Chart von Transamerica untersucht haben. Es ist mindestens genauso wahrscheinlich, dass der erste Ausbruch aus einem rechteckigen Bereich von einer Reaktion zurück auf das Niveau der oberen Begrenzungslinie gefolgt wird, bevor eine Aufwertung von nennenswertem Ausmaß erfolgt. Ein solcher Rückschlag geht fast immer mit schrumpfendem Volumen einher, und danach zieht die Aktivität wieder scharf an, wenn die Aufwärtsbewegung wieder aufgenommen wird.

Rechtecke bei Chrysler, 1935

Abbildung VI.11 zeigt zwei typische Fortsetzungsrechtecke, die sich während der Aufwärtsbewegung von Chrysler im zweiten Halbjahr 1935 bildeten. Diese Aktie ist unter normalen Bedingungen eine beliebte, aktiv gehandelte Aktie und somit durch hohes Volumen gekennzeichnet. Trotzdem ist eine allgemeine Tendenz zu sehen, dass das Volumen bei der Bildung der Übergangsrechtecke zurückgeht, und die Zunahme an den Ausbruchstagen ist auffallend. Etwaige. durch das Anhalten des Aufwärtstrends bei 62 und dann wieder bei 74 hervorgerufene Zweifel wurden durch den starken Charakter der Ausbrüche am 4. September und am 10. Oktober eindeutig zerstreut.

Abbildung VI.10

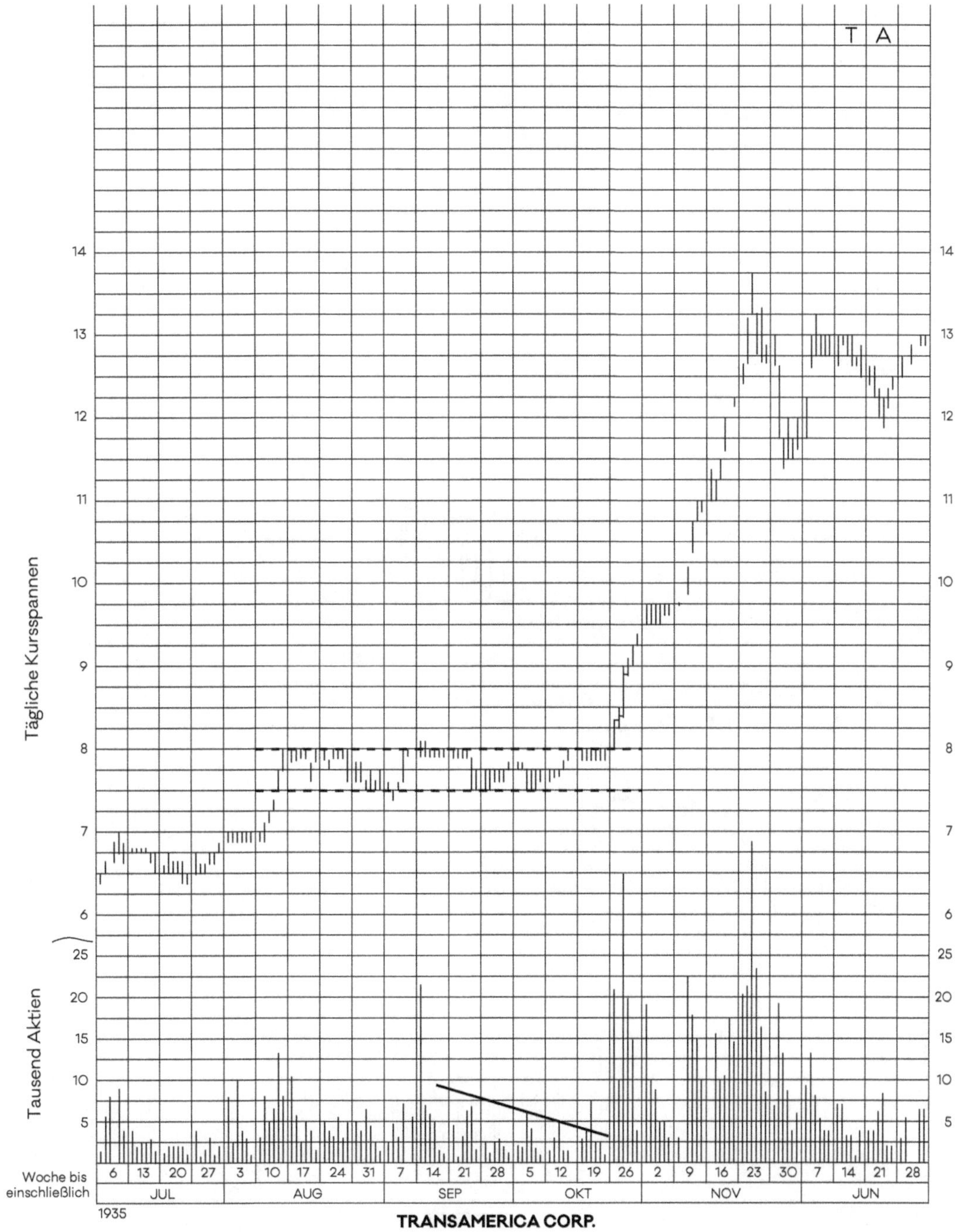

TRANSAMERICA CORP.

Abbildung VI.11

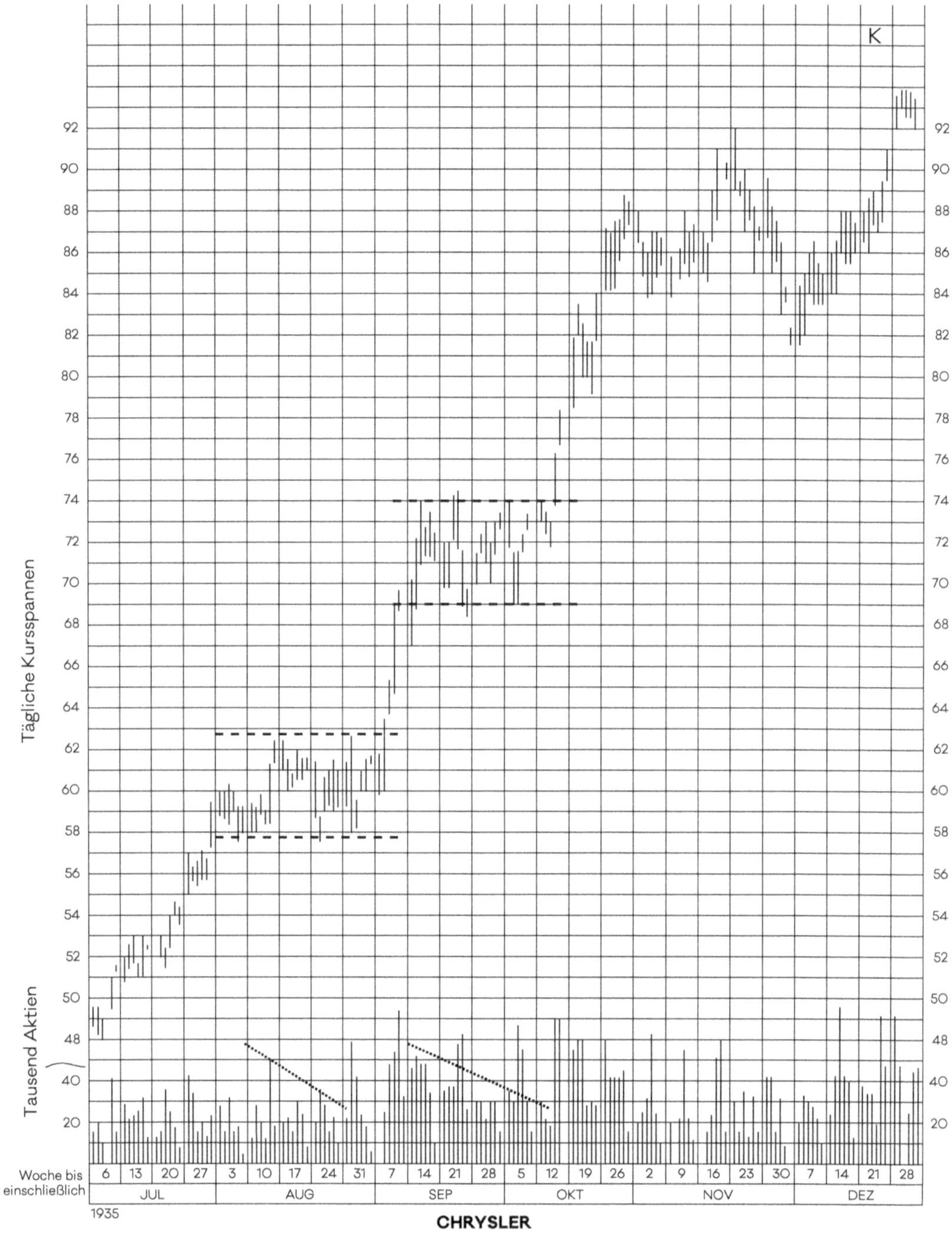

CHRYSLER

Rechteck-Fortsetzungsformationen im Abwärtstrend

Das Rechteck erscheint als Fortsetzungsformation in Abwärtsbewegungen etwas seltener als in Aufwärtsbewegungen, ist aber in beiden Trends gleichermaßen zuverlässig. Das Volumen, das mit dem ersten Ausbruch aus einem Fortsetzungsrechteck im Abwärtstrend einhergeht, weist häufig nur einen geringen oder gar keinen ausgeprägten Anstieg auf, doch bei unserer Betrachtung fallender Dreiecke als Tops (in Studie III), die wie das Rechteck eine klar definierte untere Begrenzungslinie beziehungsweise Unterstützung besitzen, haben wir festgestellt, dass die Bestätigung durch das Volumen nicht notwendig ist, wenn die Kursbewegung überzeugend ist. In solchen Fällen tritt eine auffällige Volumenzunahme womöglich erst am zweiten oder dritten Tag nach dem Ausbruch auf. Der technische Trader kann sich darauf verlassen, dass jeder Ausbruch nach unten durch ein klar definiertes Unterstützungsniveau, wenn der Schlusskurs deutlich darunter liegt, auch dann bedeutsam ist, wenn das Volumengeschehen uneindeutig ist.

Beispiele aus der Baisse 1931

Ein Blick auf den langfristigen Indexchart am Anfang dieses Kurses zeigt, dass eine der bedeutenden intermediären Erholungen während des langen Niedergangs von den Hochs des Jahres 1929 in den ersten drei Monaten des Jahres 1931stattfand, danach der Trend erneut wendete und sich der Kurs auf neue Tiefs hinunterarbeitete. Eine Reihe von Aktien bildete in ihren Charts im Laufe dieses rasanten Abstiegs gute Rechtecke aus. Zwei gute Beispiele sind in den Abbildungen VI.12 und VI.13 zu sehen.

Im Chart von Electric Auto-Lite (Abbildung VI.12) wurde der Fall ab dem Hoch von 74 3/4 bei 61 gestoppt, und der Kurs schwankte während drei Wochen im April zwischen 61 und 66. In dieser Periode bewegte sich die Aktivität auf vergleichsweise niedrigem Niveau und ging abgesehen von einem einzigen Tag – dem 13. April – im Allgemeinen zurück, doch interessanterweise brach der Kurs an jenem Tag nicht aus der Schwankungsformation aus, sodass das Handelsvolumen an jenem Tag keinen Vorhersagewert hatte. Am 17. April jedoch wurde das Rechteck unter noch höherem Volumen nach unten durchbrochen, was eine Fortsetzung der bearishen Bewegung vorhersagte.

Der Chart von Ingersoll Rand (Abbildung VI.13) ist deshalb von besonderem Interesse, weil er ein Rechteck aufweist, das sich unter ungewöhnlichen Umständen bildete. Im August und September 1931 war der Kurs dieser Aktie in einem extrem schwachen, inaktiven Markt von über 100 aus rapide gefallen. Das Volumen allerdings zog an, als der 1. Oktober näher rückte, und nun fand die Aktie sechs Wochen lang bei 48 bis 50 Unterstützung; dreimal rauschte sie im Zuge steiler Rallys bis auf 60

Abbildung VI.12

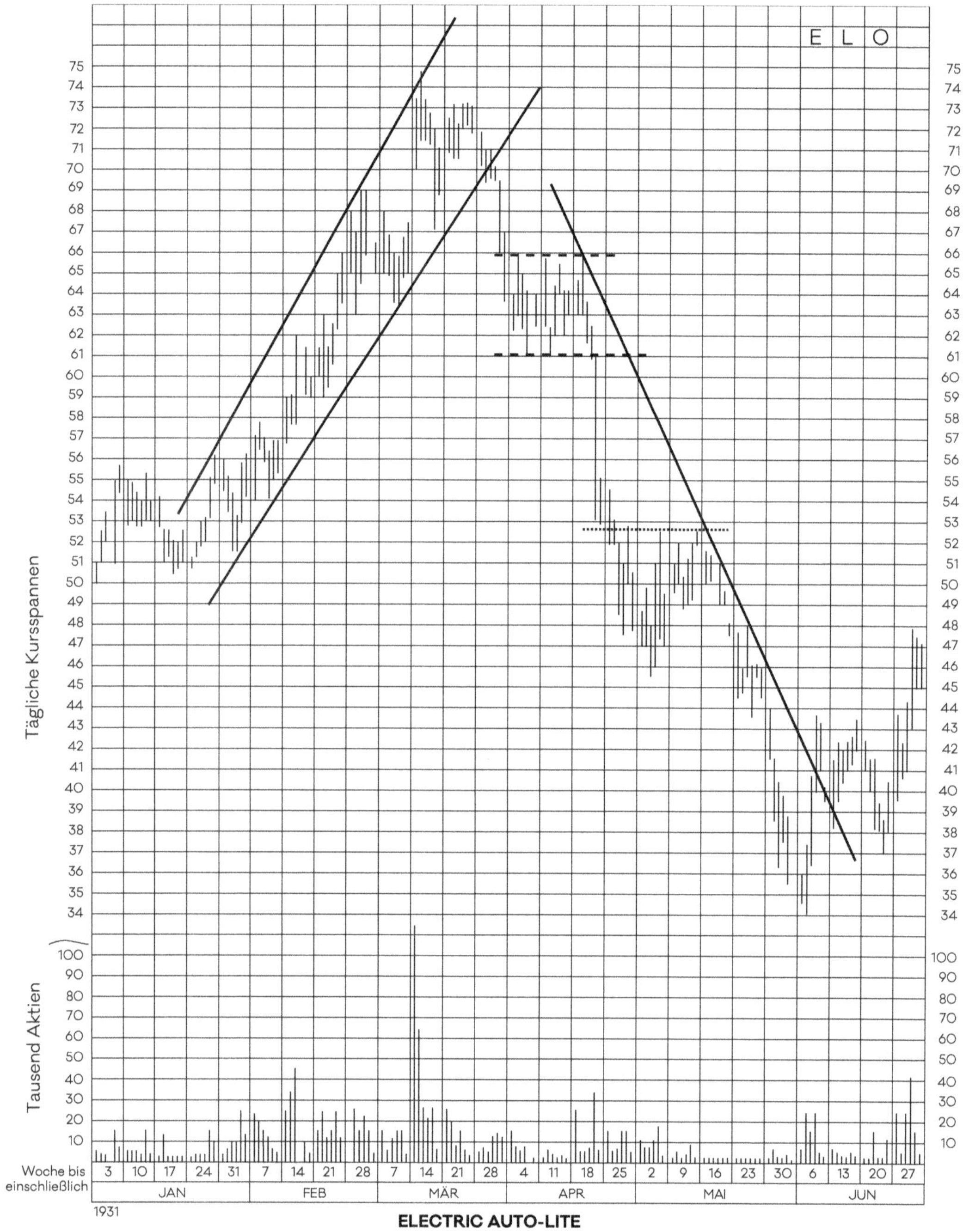

ELECTRIC AUTO-LITE

Abbildung VI.13

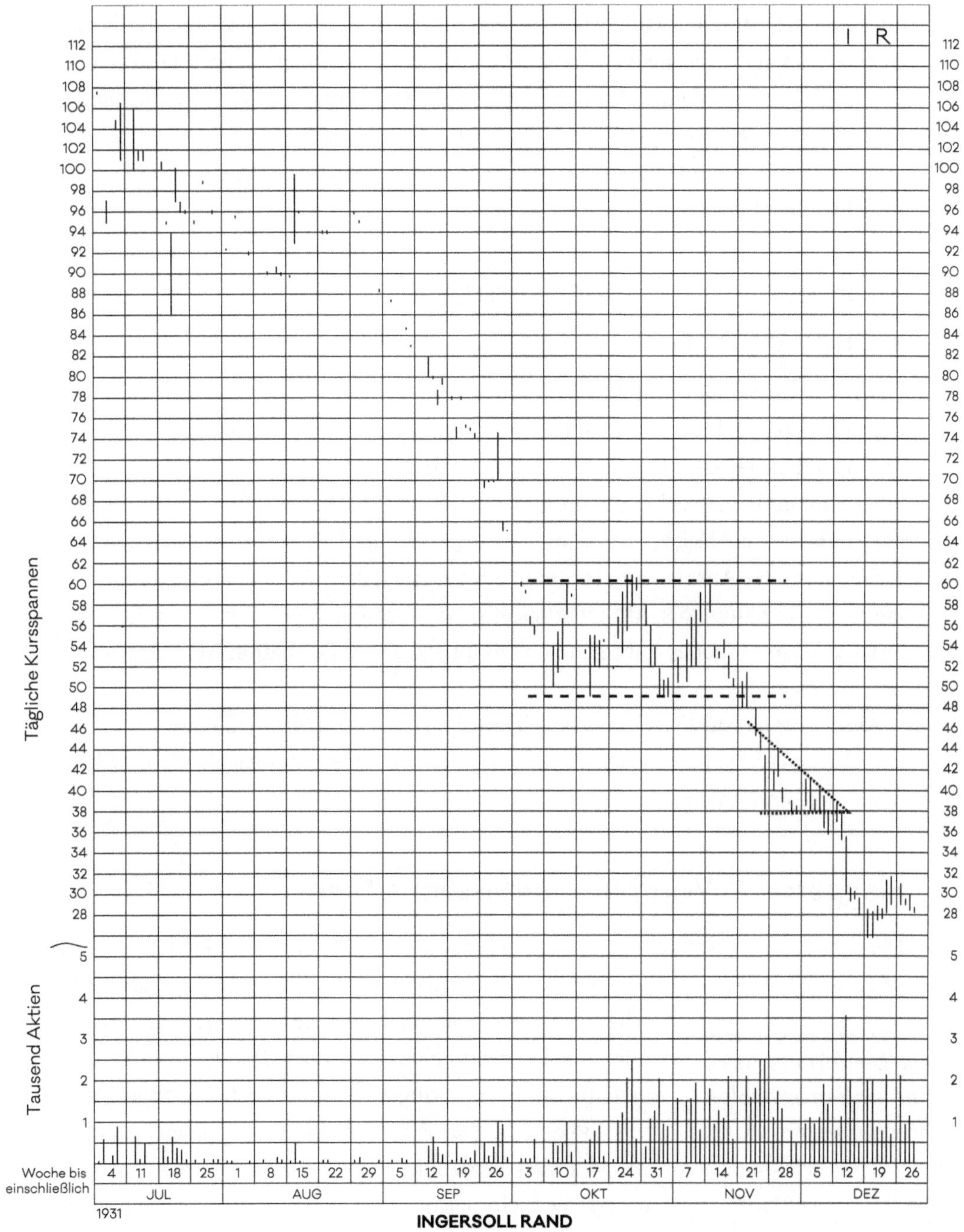

INGERSOLL RAND

hinauf, wobei es im Nachhinein scheint, dass Insider eine große Menge IR-Aktien an die Allgemeinheit verteilten. Die Unterstützung wurde am 18. November aufgegeben oder jedenfalls durchbrochen. Dabei war die Aktivität zwar hoch, aber nicht höher als an vielen der vorangegangenen Tage. Eine auffallende Volumenzunahme fand erst am 21. November statt (denken Sie daran, samstägliches Volumen zu verdoppeln), als der Kurs unter 40 fiel. Dieser Chart veranschaulicht die Tatsache, dass das Volumen bei Durchbrüchen durch Unterstützungsniveaus in Abwärtstrends hinein, wie oben besprochen, nicht zwingend anzieht.

Rechteck-Fortsetzungsformationen in anderen Abbildungen

Der Leser wird in den Abbildungen im gesamten Verlauf dieses Kurses eine Reihe weiterer guter rechteckiger Stauzonen finden, die eine Fortsetzung des bisherigen Trends signalisierten. Manche sind lang und flach, andere kurz und hoch. Eine, die interessant und untersuchungswürdig ist, war das große Rechteck, das sich bei US Steel nach dem ersten Absacker aus dem Rounding Top im April 1930 zwischen 166 und 175 bildete. Der Ausbruch nach unten am Samstag, dem 7. Juni, wurde durch eine merkliche Zunahme der Aktivität bestätigt, die sichtbar wird, wenn man die Regel beachtet, samstägliches Volumen zu verdoppeln. Diese Formation ist in Abbildung III.1 zu sehen.

Die Stauzone von 23. Januar bis 9. Februar im Chart von National Power and Light (Abbildung IV.9) kann man als Fortsetzungsrechteck mit einer eintägigen Out-of-line-Bewegung am 27. Januar auslegen.

Flaggen und Wimpel – verlässliche Signale

Die Fortsetzungsformationen, die wir bislang in dieser Studie behandelt haben – die verschiedenen Typen von Dreiecken und das Rechteck –, haben eine unselige Eigenschaft gemeinsam, nämlich dass sie entweder eine Umkehr oder eine Fortsetzung des bisherigen Trends anzeigen können und uns daher zwingen, abzuwarten, bis sie abgeschlossen sind und die neue Bewegung bereits begonnen hat, bevor wir gefahrlos handeln können. Doch jetzt werden wir zwei unterschiedliche, leicht zu erkennende Formationen untersuchen, die nicht auf eine Umkehr schließen lassen und eine Wiederaufnahme der bisherigen Bewegung auf einem Niveau anzeigen, das es erlaubt, eine profitable Position einzunehmen.

Diese beiden verlässlichen und profitablen Fortsetzungsmuster bezeichnen wir als Flagge und Wimpel.

Wir haben beschlossen, diese beiden sehr verlässlichen und profitablen Fortsetzungsmuster als Flagge und Wimpel zu bezeichnen, weil sie in den Charts eine offensichtliche Ähnlichkeit mit einer Flagge beziehungsweise mit einem Wimpel haben, die beziehungsweise der von einem Mast weht. Grundsätzlich sind sie kompakte, schnell abgeschlossene Bereiche der „Korrektur" oder „Konsolidierung" im Laufe eines schnellen Anstiegs oder Abstiegs. Sie können frühzeitig oder spät im Laufe eines Intermediate- oder Major-Trends auftreten, allerdings immer in einer Phase, in welcher der Kurs mit einer höheren als der üblichen Geschwindigkeit steigt beziehungsweise fällt.

Die Flagge weht von einem Mast

Daher ist die erste Anforderung an die Flaggenformation eine annähernd senkrechte Kursbewegung im Chart, entweder nach oben oder nach unten. Diese wird abrupt gestoppt, und zwar für gewöhnlich, wenn auch nicht immer, durch einen Tag hoher Aktivität, und es folgen mehrere Tage bis mehrere Wochen der Kursstauung innerhalb klar definierter paralleler Begrenzungslinien. In dieser Phase nimmt das Handelsvolumen häufig merklich ab. In den meisten Fällen sind die parallelen Linien, die die Stauzone begrenzen, abwärtsgeneigt, wenn der Trend zuvor aufwärtsgerichtet war, und aufwärts, wenn der Trend nach unten gerichtet war – sie können aber auch waagerecht oder sogar leicht in die gleiche Richtung des bisherigen Trends geneigt sein. Somit bildet sich in einem Aufwärtstrend das Bild einer rechteckigen, von einem Mast wehenden Flagge, die normalerweise erwartungsgemäß durch ihr Eigengewicht etwas nach unten hängt, aber gelegentlich durch eine kräftige Brise stark gestrafft oder sogar leicht nach oben getrieben wird (dieses Bild kehrt sich im Abwärtstrend natürlich um).

Am Ende der Flagge finden unter ausgeprägt anziehendem Volumen ein steiler Ausbruch und eine Wiederaufnahme der schnellen Kursbewegung im Rahmen des bisherigen Trends statt.

Beispiele für Flaggen im Aufwärtstrend

Der Chart von Deere & Co. vom ersten Halbjahr 1936, zu sehen in Abbildung VI.14, bildete im Februar eine typische Flaggen-Fortsetzungsformation aus. Nach dem Ausbruch aus einem symmetrischen Dreieck am 22. Januar stieg der Kurs innerhalb von drei Wochen von 17 auf 75 – ein fast senkrechter Wertzuwachs und ein echter Mast. Dann schwankte der Kurs drei Wochen lang in einem Bereich von circa 3 1/2 Punkten zwischen den beiden abwärtsgeneigten parallelen Linien, die die Flagge bildeten. Am 2. März wurde die obere Begrenzung durchstoßen, aber ein entschlossener Ausbruch kam erst am 5. März, als das Volumen merklich zunahm und der Kurs bei 74 schloss (zwei Punkte außerhalb der Flaggenformation). Danach stieg der Kurs innerhalb von weniger als fünf Wochen auf 89. (Der Student wird die Bildung eines Musters auf dem Höhepunkt dieser Bewegung bemerken, aus der die Kurse „herausschwappten". Seine Konstruktion ist fast zu ungenau, um als ordentlicher Keil bezeichnet zu werden, aber es setzte die Prognose eines Keils um.)

Die Flaggenformation im Chart von Deere weicht nur in einer Hinsicht vom Ideal ab: Der Bereich innerhalb der Flagge selbst ist nicht so dicht mit Kursbewegungen vollgepackt, wie es manchmal der Fall ist. Trotzdem ist das ein gutes Durchschnittsbeispiel.

Diverse Aspekte und Interpretationen von Flaggen

Eine schmalere und kompaktere Flaggenformation erschien im Chart von Burroughs Adding Machine (Abbildung VI.9) an einem sehr kurzen Mast. In diesem Fall waren das kompakte Geschehen innerhalb der Flagge und der kurze Ausbruch am 5. September ermutigend, aber der vorangegangene Mast war so kurz, dass man nicht erwarten konnte, dass die Fortsetzung nach Abschluss der Formation sehr weit reichen würde. Die nachfolgende Bewegung wurde auch tatsächlich bald aufgehalten, und es war eine weitere Formation (ein umgekehrtes Dreieck) erforderlich, um die Grundlage für einen weiteren Anstieg zu legen.

Ein weiteres Beispiel für eine Flagge erscheint im Chart von Sharon Steel Hoop in Abbildung V.2. Beachten Sie, dass der Ausbruch erst durch zunehmendes Volumen bestätigt wurde, als der Kurs am 6. Februar einen ganzen Punkt außerhalb der Formation schloss.

Im Zuge lang anhaltender schneller Kursbewegungen können in schneller Abfolge mehrere Flaggen auftreten. Der Chart von Greyhound Corporation (Abbildung VI.15) zeigt im März und im April mehrere interessante Beispiele dafür. Der Leser kann das Kurs- und Volumengeschehen im gesamten Chart mit großem Nutzen studieren.

Aufwärtswehende Flaggen in Aufwärtstrends

Das normale Bild einer Flagge in einer aufwärtsgerichteten Kursbewegung hängt, wie wir in den obigen Beispielen gesehen haben, etwas durch beziehungsweise ist von dem Mast aus, an dem sie sich bildet, leicht abwärtsgeneigt. Weniger häufig findet man in steilen Anstiegen (oder Abstiegen) Fortsetzungsmuster, die in die gleiche Richtung wie der bisherige Trend geneigt sind und als Flaggen eingeordnet werden müssen, weil sie den gleichen Regeln gehorchen und keine andere Konstruktion zulassen. Ein gutes Beispiel für eine nach oben wehende Flagge in einer Anstiegsbewegung erscheint Ende 1936 im Chart von International Harvester (Abbildung VI.16). Beachten Sie den Mast,

Abbildung VI.14

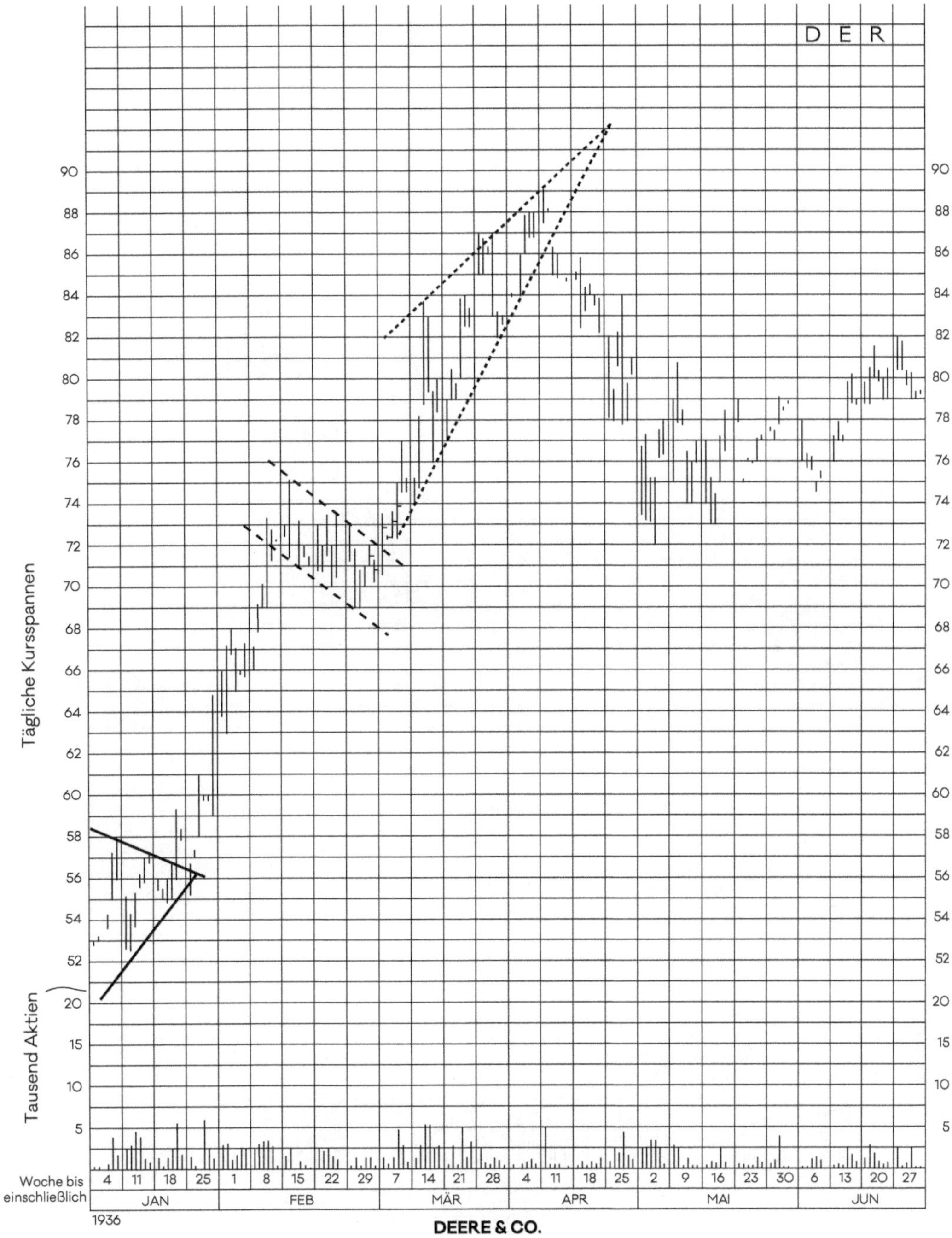

DEERE & CO.

Abbildung VI.15

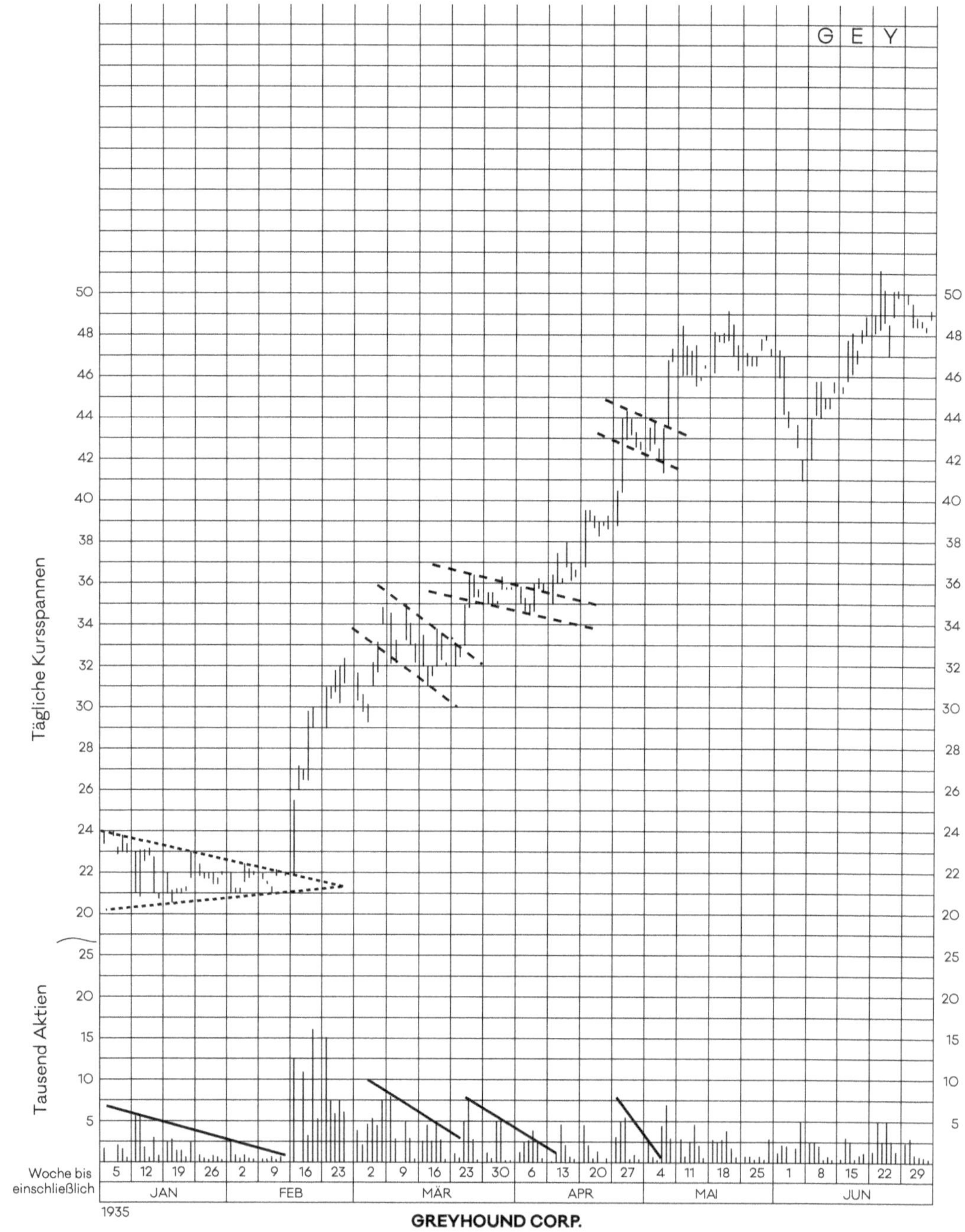

GREYHOUND CORP.

der sich durch den rasanten Kursanstieg von 17. September bis 13. Oktober bildete, die Flagge, die sich durch das Kursgeschehen von diesem Zeitpunkt bis zum 2. November unter abnehmendem Volumen bildete, und den steilen Ausbruch unter hohem Volumen am 4. November, auf den ein weiterer rasanter Kursanstieg folgte.

Das normale Bild einer Flagge in einer aufwärtsgerichteten Bewegung ist vom Mast aus leicht abwärtsgeneigt.

(Das Kursgeschehen in der dritten Septemberwoche wird in Studie X behandelt.)

Flaggen können sich, wie wir bei unserer Vorstellung dieser Formation angemerkt haben, auch zwischen streng waagerechten Begrenzungslinien entwickeln. Natürlich könnte man solche horizontalen Muster auch als Fortsetzungsrechtecke betrachten, die zufällig eine kompakte Form besitzen und zufällig im Rahmen schneller Kursbewegungen auftreten. Darauf, ob wir sie als Flaggen oder Rechtecke auslegen, kommt es nicht an, denn die Prognose ist in beiden Fällen die gleiche.

Flaggen in Abwärtsbewegungen

Die Fortsetzungsflagge im Abwärtstrend ist natürlich die kopfstehende Entwicklung der Bilder, die wir gerade in Aufwärtstrends analysiert haben. Der Mast wird zunächst durch einen rapiden Kursverfall gebildet; normalerweise ist die Flagge leicht aufwärtsgeneigt; das Volumen nimmt während der Bildung meist ab und zieht dann wieder scharf an, wenn der Kurs durch die untere Begrenzung bricht; und darauf folgt ein weiterer rapider Rückgang.

Sehen Sie sich als typisches Beispiel den Chart 1931 von Columbian Carbon an (Abbildung VI.17). Nach einem scharfen Einbruch vom Februar-Hoch bei 111 1/2 auf 93 innerhalb von zwei Wochen bildete sich in den drei ersten Märzwochen eine breite Flagge, und am 24. März brach der Kurs in einen erneuten rapiden Rückgang aus. Auch wenn diese Flagge keine spezielle Bedeutung hat, ist es interessant, festzustellen, dass sich diese Flagge zur gleichen Zeit wie das Fortsetzungsrechteck bildete, das oben anhand von Electric Auto-Lite (Abbildung VI.12) veranschaulicht wurde.

Der Wimpel – ein Vetter der Flagge und des Keils

Der Wimpel ist einfach eine Flagge, die sich innerhalb konvergierender statt paralleler Begrenzungslinien bildet. Von dieser einzigen Ausnahme abgesehen ähnelt er in Erscheinungsbild, Dauer, Volumengeschehen und Auslegung der normalen Flagge. Bei einem aufwärtszeigenden Mast zeigt der Wimpel immer abwärts und sagt eine schnelle Fortsetzung der Aufwärtsbewegung voraus. In einem Abwärtstrend bietet er das entgegengesetzte Bild.

Abbildung VI.16

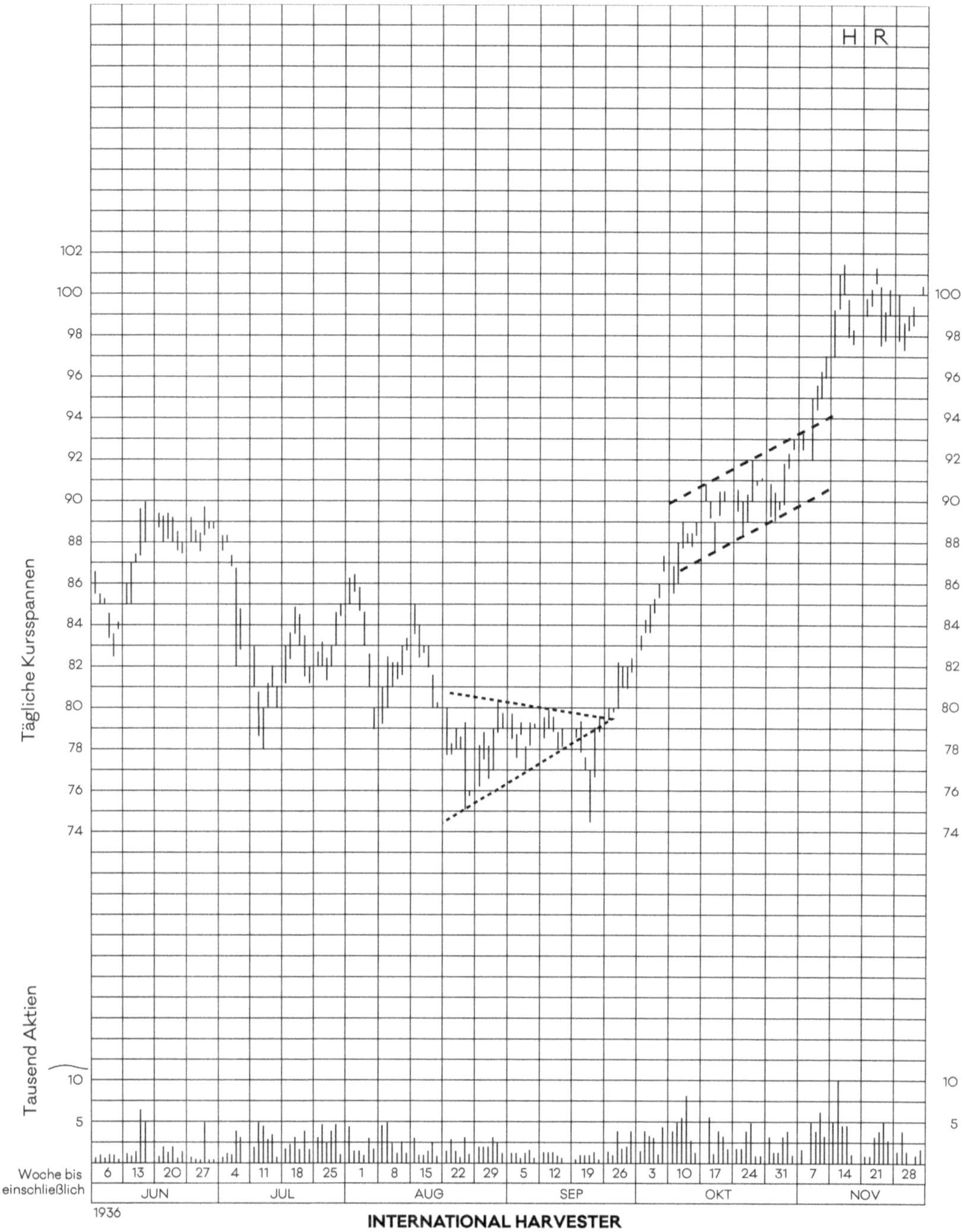

INTERNATIONAL HARVESTER

Abbildung VI.17

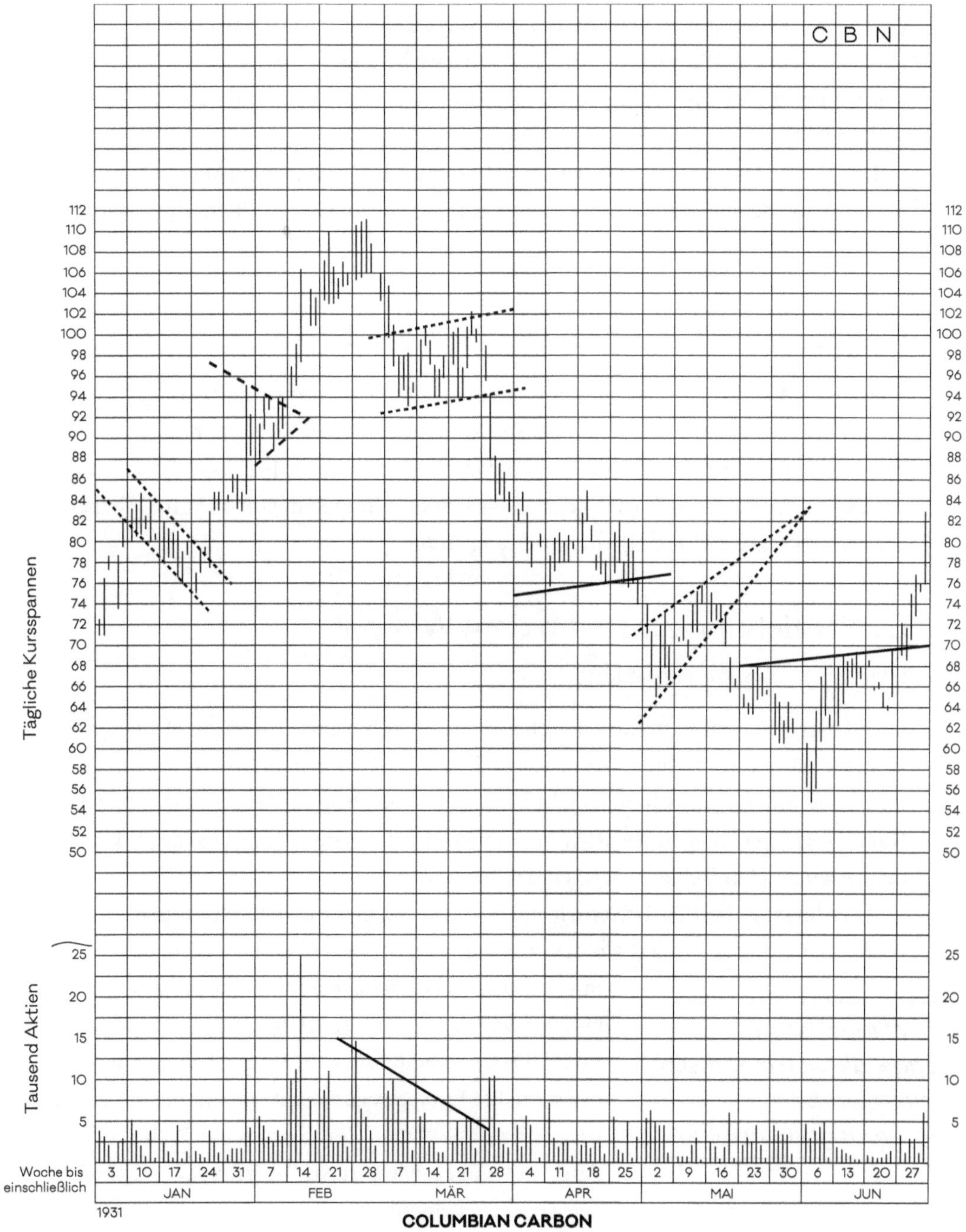

COLUMBIAN CARBON

Ein gutes Beispiel für einen Wimpel in einem Aufwärtstrend erscheint in Abbildung V.9, dem Chart von Mack Trucks. Der Ausbruch aus dem Rechteck, das die Boden-Umkehrformation dieser Aktie im Mai 1936 signalisierte, mündete in einen 5-Punkte-Mast, an dem ein Wimpel in Form des Kursgeschehens in den beiden letzten Juniwochen und Anfang Juli „hing". Ein steiler Ausbruch unter hohem Volumen nahm die vorherige Aufwärtsbewegung wieder auf.

Der Chart von Columbian Carbon (Abbildung VI.17) zeigt einen Wimpel, der sich in den ersten beiden Maiwochen 1931 als Fortsetzungsmuster in einem Abwärtstrend bildete.

Flaggen und Wimpel in Wochencharts

Ebenso wie bei den meisten anderen technischen Formationen findet man Flaggen und Wimpel gelegentlich auch in Charts der wöchentlichen Kursspanne, selten auch in Indexcharts – ihre Implikationen sind dann die gleichen wie bei Tagescharts einzelner Papiere. Sehen Sie sich zum Beispiel die beiden Wimpel im Jahr 1931 im Wochenchart von Standard Oil of NJ an, Abbildung III.6.

Die Beziehung zwischen dem Wimpel und der Keilformation

Dem Leser wird beim Studium der oben erwähnten Beispiele für Wimpel eine große Ähnlichkeit mit der Keilformation aufgefallen sein, die wir in Studie III als Umkehrformation untersucht haben. Es gibt bezüglich ihrer Prognose einer nachfolgenden Kursbewegung entgegen der Richtung, in welche die Formation selbst zeigt, keinen bedeutsamen Unterschied zwischen den beiden.

Allerdings ist die Keil-Umkehrformation eine Formation, die sich für gewöhnlich – aber nicht immer – innerhalb des bisherigen Kurstrends umkehrt und häufig bis zu ihrem theoretischen Scheitelpunkt (manchmal sogar ein bisschen weiter) voranschreitet, bevor die Umkehr stattfindet. Dagegen bildet sich ein Wimpel an einem Mast mit schneller Kursbewegung und verläuft nur für einen vergleichsweise kurzen Zeitraum in der Richtung, die dem Mast entgegengesetzt ist. Der Wimpel arbeitet sich nur selten zu einer Spitze oder zu einem Scheitelpunkt vor, bevor er in eine Fortsetzung des Trends ausbricht, den der Mast gesetzt hat (was selbstverständlich gleichzeitig eine Umkehr des formationseigenen Trends ist).

Der Wimpel ist eine Flagge, die sich innerhalb konvergierender Begrenzungslinien bildet.

Die „Schulter-Kopf-Schulter"-Fortsetzungsformation

Da die Schulter-Kopf-Schulter-Formation die erste technische Formation war, die wir untersucht haben, und sie so ein charakteristisches Erscheinungsbild hat, ist es nur natürlich, dass Studenten der Charttechnik einen gewissen Typ von Kursgeschehen, der recht häufig in einem intermediären Verhältnis zum allgemeinen Kurstrend erscheint, mit dem gleichen Namen bezeichnen. Diese Formation ist aus vielen wichtigen Gründen keine echte Schulter-Kopf-Schulter-Formation, doch wir müssen einräumen, dass es angesichts ihrer oberflächlichen Ähnlichkeit mit der Schulter-Kopf-Schulter-Umkehrformation schwierig ist, dafür eine bessere Bezeichnung zu finden. Glücklicherweise gelangt man bei sorgfältiger Analyse auf die gleiche Weise zu einer Vorhersage wie bei der Schulter-Kopf-Schulter-Formation. Unter der Warnung, dass der Student das Muster stets gewissenhaft und gründlich analysieren sollte, bevor er daraufhin Schritte unternimmt, akzeptieren wir den vorgeschlagenen Namen und bezeichnen es als Schulter-Kopf-Schulter-Fortsetzungsformation.

Eine Illustration bei Crown Cork and Seal

Die Schulter-Kopf-Schulter-Fortsetzungsformation lässt sich leichter beschreiben und interpretieren, wenn wir uns diesbezüglich gleich auf ein sehr einfach gestaltetes Beispiel beziehen, wie es im ersten Halbjahr 1936 im Chart von Crown Cork and Seal erscheint (Abbildung VI.18). Der allgemeine Aufwärtstrend der Aktie erreichte am 15. Januar bei 54 einen untergeordneten Höhepunkt, auf den mehr als zwei Monate mit grundsätzlich unentschlossenem Kursgeschehen folgten. Jedoch bildete sich am 25. und 26. Februar ein Absacker (in Bezug auf die nachfolgende Kursbewegung), den wir als linke Schulter bei A bezeichnen könnten. Der nächste Absacker am 13. März, der tiefer reichte, bildete bei B einen Kopf. Und die dritte Reaktion am 30. März lieferte uns bei C eine rechte Schulter, wobei sich die Nackenlinie durch die Hochs erstreckte, die durch die Rallys beiderseits des Kopfes verliefen – angezeigt durch die gestrichelte Linie im Chart. Sie wurde unter sehr stark zunehmender Aktivität am 3. April durchbrochen und danach stieg der Kurs in drei Wochen um zehn Punkte.

Häufig der einzige hilfreiche Hinweis

In dem Beispiel, das wir vor uns haben, könnte man das Kursgeschehen vom 9. März bis zum 3. April als symmetrisches Dreieck auslegen, dessen obere Begrenzung mit der Nackenlinie unserer Schulter-Kopf-Schulter-Fortsetzungsformation zusammenfällt und dessen untere Begrenzung durch die Punkte B und C verläuft. Dies ist bei Forma-

Abbildung VI.18

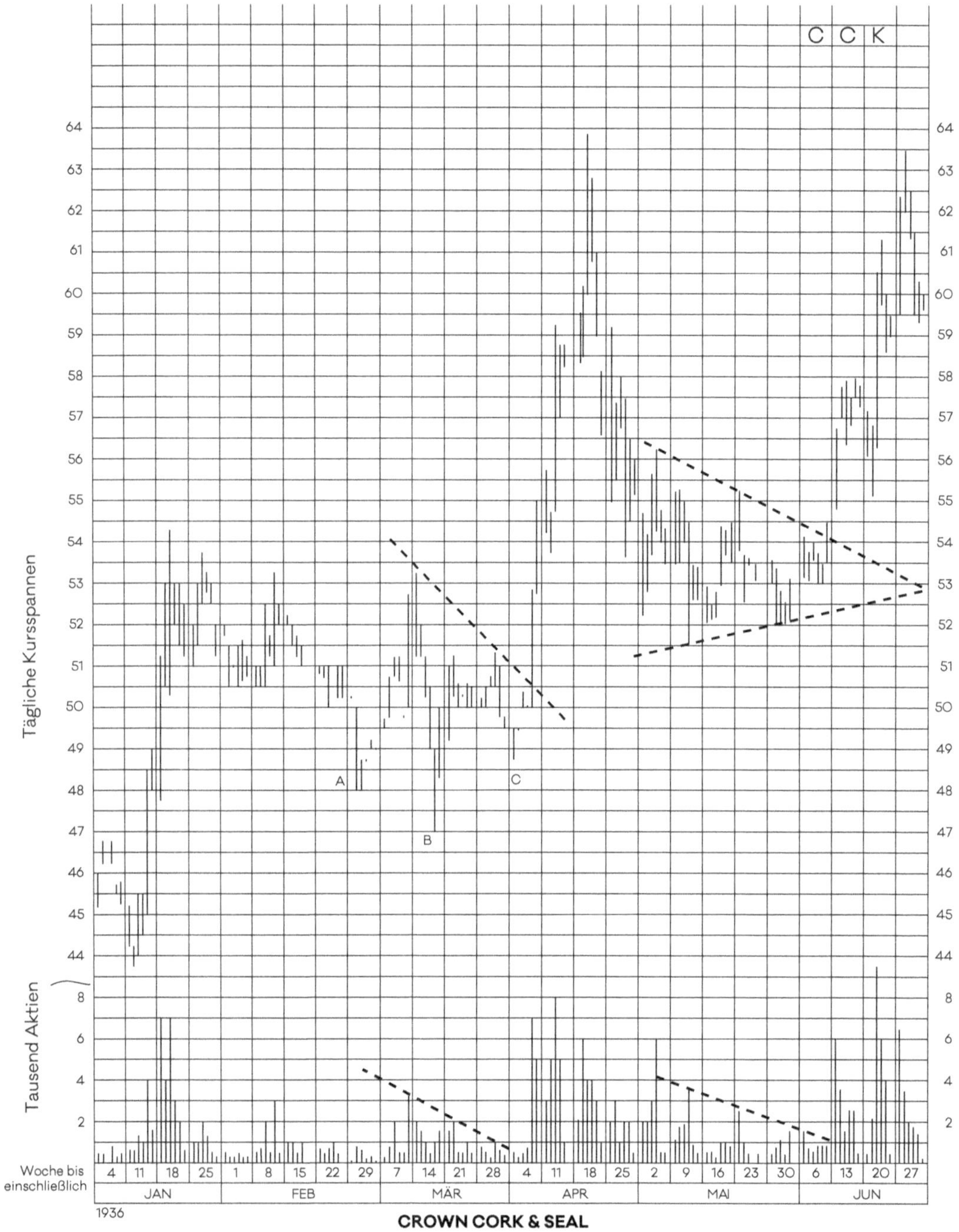

CROWN CORK & SEAL

tionen dieses Typs allerdings nicht immer so deutlich der Fall und häufig liefert uns das Erscheinungsbild der Schulter-Kopf-Schulter-Fortsetzungsformation den einzigen entscheidenden Hinweis darauf, wie der nachfolgende Trend aussehen wird. Dazu muss betont werden, dass die Nackenlinie ein genauso wichtiger Teil des Musters ist wie der Kopf und die Schultern; bevor die Nackenlinie nicht entschlossen durchbrochen wurde, ist das Muster nicht abgeschlossen und hat keinen Vorhersagewert.

Weitere Beispiele für Schulter-Kopf-Schulter-Fortsetzungsformationen kann man auch in anderen Abbildungen in dieser Studie und den vorigen Studien erkennen. Sehen Sie sich die folgenden an:

Abbildung II.2	– Linke Schulter bei J, Kopf bei K, rechte Schulter bei L. Nackenlinie am 30. April durchbrochen.
Abbildung II.6	– Linke Schulter am 27. November, Kopf am 20. Dezember, rechte Schulter am 6. Januar. Nackenlinie am 10. Januar durchbrochen.
Abbildung IV.15	– Linke Schulter am 4. April, Kopf am 11. April, rechte Schulter am 18. April. Nackenlinie am 28. April durchbrochen.
Abbildung VI.9	– Linke Schulter am 20. September, Kopf am 3. Oktober, rechte Schulter am 9. Oktober. Nackenlinie am 10. Oktober durchbrochen. In diesem Fall lieferte die Verwendung der Schulter-Kopf-Schulter-Formel eine frühere und profitablere Prognose als der Ausbruch vom Hoch des leichter zu sehenden umgekehrten Dreiecks.

Der Leser wird bemerken, dass die obigen Beispiele Formationen sowohl in Aufwärts- als auch in Abwärtstrends beinhalten.

Unterschiede zur echten Schulter-Kopf-Schulter-Umkehrformation

Ein offenkundiger Unterschied zwischen der Fortsetzungsformation, die wir untersucht haben, und der echten Schulter-Kopf-Schulter-Umkehrformation, die in Studie II behandelt wurde, ist die Tatsache, dass Erstere immer entgegengesetzt zum vorangegangenen allgemeinen Trend ist. Ein weiterer beachtenswerter Unterschied taucht auf, wenn man das Volumengeschehen analysiert. Man wird sich erinnern, dass die echte Schulter-Kopf-Schulter-Umkehrformation normalerweise von hohem Volumen an der linken Schulter und am Kopf sowie von geringem Volumen zwischen den beiden Schultern und dem Kopf begleitet wird und dass das Volumen an der rechten Schulter nur sehr moderat anzieht, wonach schließlich das Volumen anzieht, wenn die Nackenlinie entschlossen durchbrochen wird. Ein Blick auf unser Beispiel für eine Schulter-Kopf-Schulter-Fortsetzungsformation im Chart von Crown Cork and Seal (Abbildung VI.18) zeigt allerdings, dass bei diesem Muster das hohe Volumen nicht bei der Bildung der Schultern oder des Kopfes auftritt, sondern vielmehr bei der Entwicklung der Rallys zwischen ihnen. Bei unserer späteren und detaillierteren Betrachtung des Volumengeschehens in Studie VIII werden wir sehen, dass es für diesen Unterschied einen sehr guten Grund gibt. Es mag einstweilen genügen, sich dieses typische gewohnheitsmäßige Volumenverhalten der Fortsetzungsformation zu merken und sich daran zu erinnern. Der einzige Punkt, in dem die Schulter-Kopf-Schulter-Umkehrformation und die Schulter-Kopf-Schulter-Fortsetzungsformation hinsichtlich ihrer Volumencharts übereinstimmen müssen, ist die steile Volumenzunahme beim Ausbruch durch die Nackenlinie.

Die Fortsetzungsformation tritt stets in einer dem bisherigen Trend entgegensetzten Position auf.

Rückblick auf die Fortsetzungsformationen

Mit diesem Abschnitt unseres Kurses haben wir die Betrachtung klar definierter Muster und Bereiche des Kursgeschehens, welche die Kursbewegungen eines etablierten Trends unterbrechen und mit ihrem Abschluss zur Fortsetzung des betreffenden Trends führen können, abgeschlossen. Es empfiehlt sich, an dieser Stelle noch einmal kurz auf die Fortsetzungsformationen zurückzublicken, die wir untersucht haben, und sie mit Blick auf die Mehrung unserer praxisbezogenen Arbeitskenntnisse für ihre Anwendung beim Trading neu einzuordnen.

Bedenkt man dies, wird sofort klar, dass die wichtigste Unterteilung, die wir bei diesen Formationen vornehmen können, diejenige zwischen Formationen ist, die entweder eine Umkehr oder eine Fortsetzung signalisieren können, und denjenigen, die normalerweise nur eine Fortsetzung signalisieren. Dabei müssen wir bedenken, dass keine technische Formation zu 100 Prozent zuverlässig ist, denn zu jeder Regel der Technischen Analyse gibt es Ausnahmen. Für praktische Zwecke sind die Prognosen allerdings in den allermeisten Fällen hinreichend fundiert, um uns in die Lage zu versetzen, folgende Übersicht zu erstellen:

1. Formationen, die entweder zu einer Umkehr oder zu einer Fortsetzung führen
    - das symmetrische Dreieck
    - das umgekehrte Dreieck – alle Typen
    - das Rechteck

2. Formationen, die nur eine Fortsetzung vorhersagen
   a. in einem etablierten Aufwärtstrend
      - das steigende rechtwinklige Dreieck
      - die Flagge (die für gewöhnlich, aber nicht immer, abwärts zeigt)
      - der Wimpel (nach unten gerichtet)
      - die Schulter-Kopf-Schulter-Fortsetzungsformation mit hängendem Kopf
   b. in einem etablierten Abwärtstrend
      - das fallende rechtwinklige Dreieck
      - die Flagge (die für gewöhnlich, aber nicht immer, aufwärts zeigt)
      - der Wimpel (nach oben gerichtet)
      - Die Schulter-Kopf-Schulter-Fortsetzungsformation mit Kopf nach oben

3. Sonderfälle, die nur eine Umkehr vorhersagen
   a. in einem etablierten Aufwärtstrend
      - das fallende rechtwinklige Dreieck
   b. in einem etablierten Abwärtstrend
      - das steigende rechtwinklige Dreieck

Anwendung der Fortsetzungsformationen in der Trading-Praxis

Aus der oben getroffenen Klassifizierung wird der technische Trader, der eine Aktie bereits besitzt, ersehen, dass jedes Auftreten einer Formation der Gruppe 1 in seinen Charts wachsame Aufmerksamkeit erfordert, weil sie sich als Umkehrformation entpuppen und somit ein promptes Schließen des Trades notwendig machen kann. Wenn der Ausbruch hingegen eine Fortsetzung des bisherigen Trades anzeigt, kann der Trader seine Wachsamkeit zumindest vorläufig verringern und so lange mit dem Trend segeln, bis ein anderes Warnsignal auftaucht. In manchen Fällen (zum Beispiel bei umgekehrten Dreiecken) könnte er gut beraten sein, seinen Trade zu schließen, ohne den Ausbruch abzuwarten – insbesondere wenn ihm andere Charts zur gleichen Zeit anscheinend bessere Profitgelegenheiten zeigen.

Bedenken Sie, dass keine technische Formation zu 100 Prozent zuverlässig ist.

(Im Zusammenhang mit Gruppe 1 haben wir festgestellt, dass es häufig weitere Faktoren außerhalb der Formationen an sich gibt, die uns helfen können, vorherzusehen, ob eine Umkehr oder eine Fortsetzung das wahrscheinlichere Ereignis ist.)

Das Auftreten einer Formation der Gruppe 2 braucht einem Trader, der sich bereits im richtigen Trend engagiert hat, keine Sorgen zu bereiten; sie stellt lediglich eine vorübergehende Verzögerung des Gewinnwachstums dar. Formationen der Gruppe 3 (und natürlich alle zuvor untersuchten echten Umkehrformationen und Umkehrsignale) fordern dazu auf, Trades bei der ersten günstigen Gelegenheit zu schließen und die Gewinne mitzunehmen.

Für den Trader, der sich noch nicht in einer Aktie engagiert hat, stellen alle Formationen der Gruppen 1, 2 und 3 schlicht Chancen dar. Er sollte darauf vorbereitet sein, am Markt den Schritt zu unternehmen, den die Formation an sich oder die Richtung des Ausbruchs anzeigt.

Formationen, die ihren Charakter ändern

Wir können diese Diskussion allerdings nicht abschließen, ohne unser übliches Wort der Warnung hinzuzufügen, nichts zu überstürzen. Wir haben in den bisherigen Lektionen angemerkt, dass rechtwinklige Dreiecke für gewöhnlich sehr zuverlässige Prognosen liefern, dass es aber sogar bei ihnen Ausnahmen gibt. Rechtwinklige Dreiecke brechen gelegentlich in die falsche Richtung aus, also auf der Seite der Hypotenuse. Wenn solche Ausbrüche entgegen der laut dem vorangegangenen Muster zu erwartenden Richtung erfolgen, ist im weiteren Verlauf normalerweise mit einer der beiden folgenden Alternativen zu rechnen: Die eine Alternative ist, dass der Kurs bis zum ersten Umkehrpunkt der Formation weiterläuft und dann eine doppelte Umkehrformation bildet – im Falle eines fallenden Dreiecks nach einem Aufwärtstrend ein Doppel-Top, im Falle eines steigenden Dreiecks nach einem Abwärtstrend einen Doppelboden. In solchen Fällen werden letztendlich die Implikationen des ursprünglichen rechtwinkligen Dreiecks verwirklicht, aber erst nach einer zwischengeschalteten nennenswerten Kursbewegung in die entgegengesetzte Richtung.

Die andere und vielleicht häufigere Alternative ist, dass aus dem rechtwinkligen Dreieck ein Rechteck wird. Wenn dieses Rechteck ziemlich vollständig und deutlich ausgebildet ist, kann der Ausbruch ebenso wie bei allen anderen rechtwinkligen Dreiecken in beide Richtungen erfolgen. Beispielsweise könnte man die Formation bei Anaconda (Abbildung VI.4) von 23. Dezember bis 23. Januar als derartiges Rechteck auslegen. In diesem Beispiel trug der Ausbruch am 23. Januar den Kurs in die bereits von dem steigenden Dreieck vorhergesagten Richtung, aber wenn der Kurs etwa einen weiteren Monat lang innerhalb der Spanne des Musters geschwankt hätte, sagen wir zwischen 28 und 30, dann wäre ein Ausbruch nach unten genauso wahrscheinlich gewesen.

Studie VII

Verschiedene Zwischenformationen und Zwischenphänomene

- Doch zunächst ein paar allgemeine Überlegungen
- Der hängende Boden
- Andeutung einer Fortsetzung immer offensichtlich
- Ein hängender Boden bietet schnelle Gewinne
- Das Muster mit anziehender Spitze
- Teil der Rounding-Bottom-Umkehrformation
- Beispiele ohne vorherige Ausbrüche sind sehr selten
- Trading anhand der anziehenden Muster
- Die Hornformation
- Das Horn als Fortsetzungsformation
- Das umgekehrte Horn
- Fazit der Untersuchung von Bereichsformationen
- Out-of-line-Bewegungen
- Gelegentliche Ähnlichkeit mit einem echten Ausbruch
- Beispiele für Out-of-line-Bewegungen
- Die Interpretation des Out-of-line-Geschehens
- Zweitägige Out-of-line-Bewegung
- Out-of-line-Bewegungen aus einem symmetrischen Dreieck heraus
- Out-of-line-Beispiele aus früheren Studien
- Die Zickzack-Bewegung
- Beispiele für die Zickzack-Bewegung
- Wiederkehrende Muster des Kursgeschehens
- Die Muschel – Chance und Warnung
- Die Warnung durch wiederkehrende Bewegungen
- Die Kurslücke oder Gap – ein interessantes, aber oft auch irritierendes Phänomen
- Allgemeine Beschreibung des Gaps
- Gaps sind in dünn gehandelten Märkten häufiger
- Gaps fallen in vier Kategorien
- Das Common Gap – bald geschlossen
- Das Breakaway Gap
- Beispiele für Breakaway Gaps
- Scheinbare Breakaway Gaps, die später geschlossen werden
- Die Schwierigkeit der sofortigen Einordnung
- Die praktischen Anwendungsmöglichkeiten des Breakaway Gaps
- Fortsetzungs- und Erschöpfungs-Gaps
- Das Verhältnis von Fortsetzungs- zu Breakaway Gaps
- Merkmale des Erschöpfungs-Gaps
- Unter hohem Volumen gebildete Erschöpfungs-Gaps
- Ein Erschöpfungs-Gap mit nur vorübergehender Wirkung
- Das Erschöpfungs-Gap ist nicht häufig
- Rückblick auf die Inselformation
- Gaps, die Fortsetzungsinseln bilden
- Eine anormale Inselumkehr
- Begrenzte Vorhersagekraft von Inseln innerhalb von Mustern
- Gaps, die der Klassifizierung trotzen
- Gaps an Ex-Dividende- und Ex-Bezugsrechte-Tagen
- Vernachlässigung von Gaps, die durch Ex-Dividende-Tage verursacht werden
- Zusammenfassung der Untersuchung von Gaps
- Später noch zu untersuchende Implikationen von Gaps

In unseren bisherigen Studien haben wir uns zunächst mit technischen Formationen beziehungsweise Mustern befasst, die eine Umkehr des Major- oder des Intermediate-Kurstrends signalisieren, und dann mit Formationen, die eine Fortsetzung des Trends signalisieren, in dem sie auftreten. Dabei haben wir gelernt, dass manche von ihnen entweder eine Umkehr oder eine Fortsetzung anzeigen können, uns aber in beiden Fällen ein zuverlässiges Signal geben, wenn der Kurs aus dem Muster ausbricht.

In dieser Studie werden wir eine Anzahl spezieller Formationen und Phänomene des Kursgeschehens aufgreifen, die in den meisten Fällen einen eher begrenzten Vorhersagewert haben, aber trotzdem wesentliche Teile der Arbeitskenntnisse eines technischen Traders sind.

Wir werden folgende Formationen betrachten:

- Den hängenden Boden und das anziehende Top
- Das Horn
- Das umgekehrte Horn

Danach werden wir Folgendes aufgreifen:

- Gaps
- Out-of-line-Bewegungen
- Muscheln und andere Wiederholungsphänomene

Doch zunächst ein paar allgemeine Überlegungen

Bei unserer Einführung in die allgemeine Gruppe der Fortsetzungsformationen haben wir festgestellt, dass es logische Gründe für diese Art von Zwischenformationen gibt, dass diese Gründe allerdings hauptsächlich auf der Tatsache beruhen, dass die Fortsetzung im Allgemeinen als mögliche Umkehr beginnt. Sogar wenn Insider vollständig darauf vertrauen, dass sie ihre Aktie noch weitere 30 Punkte in die Höhe treiben können, deutet allein die Tatsache, dass sie sich selbst für eine Zwischenphase der Ruhe und der Konsolidierung des bisherigen Anstiegs entscheiden können, darauf hin, dass zumindest die schiere Möglichkeit besteht, dass die technische Position umgekehrt werden muss und dabei die zusätzlichen 30 Punkte geopfert werden müssen.

Da praktisch jede Zwischenformation einen gewissen Widerstand gegen die vorherige geradlinige Bewegung aufweist und da in Wirklichkeit die meisten von ihnen bloß stärkere Entwicklungen dessen sind, was unter schwächeren Umständen eine Umkehr sein könnte, sollte eigentlich leicht zu erkennen sein, weshalb unsere hauptsächlichen Umkehrformationen nicht immer entsprechend ihrer üblichen Vorhersage einer Wende funktionieren und weshalb sich manche Formationen, die auf den ersten

Blick wie zufriedenstellende Beispiele unserer Umkehrformationen aussehen, letztlich als bloße Fortsetzungsformationen erweisen können.

Mit Blick auf den Wert und die Praxisorientierung unserer Untersuchung können wir mit dieser Erkenntnis allerdings zur Betrachtung von ein paar spezifischen Formationen übergehen, die in der Regel eher Zwischenformationen nahelegen als eine Umkehr. Vor allem aus Gründen, die wir bereits in der vorliegenden Studie und in unserer vorangegangenen Einführung in das Thema Fortsetzungsformationen erwogen haben, ist die Gruppe der spezifischen Zwischenformationen weder so groß noch so wichtig wie die Gruppe der Umkehrformationen.

Wir haben bereits die große Rolle erkannt, die verschiedene Aspekte der Dreiecksformation in der gesamten Gruppe der Fortsetzungsmuster spielen. Tatsächlich ist das Dreieck das wichtigste einzelne Bild, das eine Fortsetzung der bisherigen Bewegung verheißt. Und die wichtigste unter den Formationen, die wir in diesem Abschnitt behandeln werden, ist lediglich ein besonders ausgeprägter Aspekt des rechtwinkligen Dreiecks. Wenn sie auf ein fallendes Dreieck hindeutet, wird sie als hängender Boden bezeichnet. Wenn sie auf ein steigendes Dreieck hindeutet, wird unsere neue Zwischenformation als anziehende Spitze bezeichnet.

Der hängende Boden

Als hängender Boden gilt fast jede Art von Kursformation oder Stauzone, die dazu neigt, gegen Ende ihrer Entwicklung zu einer hängenden Spitze zu werden. Diese Formation braucht nicht lang zu sein. Tatsächlich gibt es Fälle, in denen sich kaum eine Bereichsformation erkennen lässt, aber die hängende Spitze gibt es immer. Der hängende Boden bildet sich allerdings häufiger im Rahmen einer Bereichsformation oder danach und am häufigsten wohl aus irgendeiner Form der Dreiecksformation. Um dies noch näher zu spezifizieren: Am häufigsten und am zuverlässigsten als Fortsetzungsformation ist der hängende Boden, wenn er den letzten Teil eines fallenden Dreiecks bildet, und in vielen Fällen deutet er fast eine spezielle Phase dieser Formation an.

Ein interessantes Beispiel, das man als spezielle Phase des fallenden Dreiecks oder als hängenden Absturz aus einer Rechteck-Umkehrformation auslegen kann, wird in Abbildung VII.1 gezeigt, dem Chart von Chicago Pneumatic Tool für das erste Halbjahr 1930. Vom 15. März bis zum 5. April schwankte die Aktie unter weit überdurchschnittlichem Volumen zwischen 34 und 37, was ein Rechteck nahelegte, aus dem – wie wir in den bisherigen Studien gelernt haben – eine Umkehr oder eine Fortsetzung hätte werden können. Indes begann das Muster in der zweiten Aprilwoche, das Auftreten eines fallenden Dreiecks nahezulegen, allerdings mit einer durchhängenden beziehungsweise nach unten gebogenen unteren Begrenzungslinie. Der Boden des untergeordneten Rückgangs bei A lag ein bisschen tiefer als die vorangegangenen Minor-Böden, der nächste Boden bei B fiel noch tiefer aus und bei C nochmals tiefer. Beachten Sie, dass bis zu diesem Punkt das Volumen nicht angezogen hatte, um einen Ausbruch aus einem Muster zu bestätigen. Trotzdem war das Gesamtbild eines der Schwäche, die auch dem oberflächlichsten Beobachter auffiel. Bei C hatte die Aktie ein Niveau erreicht, auf dem man aus Gründen, die wir im Detail in Studie IX besprechen werden, eine Unterstützung hätte erwarten können, aber der Rückgang auf D, der das durchhängende Bild fortführte, war überzeugend.

Der hängende Boden neigt dazu, gegen Ende seiner Entwicklung zu einer durchhängenden Spitze zu werden.

Andeutung einer Fortsetzung immer offensichtlich

Die Schwäche der hängenden Bodenformation ist immer sehr offensichtlich, so auch in diesem Fall. Die Aktie hängt durch und welkt unter unseren Augen dahin, und beinahe könnte ein Kind erraten, dass der Kurs weiterhin und immer schneller abwärtslaufen wird.

Der hängende Boden begann im Chart von Chicago Pneumatic Tool bei B aufzutauchen. Ein wagemutiger Trader hätte an diesem Punkt die Aktie shorten können, aber ein eher konservativer Chartist hätte es zweifellos vorgezogen, einen Test des Unterstützungsniveaus bei 31 bis 32 abzuwarten, bevor er eine Short-Position eingegangen wäre, und er wäre sich bei D seiner Vorhersage sicherer gewesen.

Die hängende Bodenformation impliziert eine Fortsetzung des bergab laufenden Kurses in rapide zunehmendem Tempo, bis ein sogenannter Verkaufshöhepunkt (Selling Climax) erreicht wird. In den ersten Phasen dieser Formation nimmt das Volumen tendenziell ab, und es zieht erst ab dem Verkaufshöhepunkt an, der von einem scharfen Ausbruch der Aktivität begleitet wird. Danach bildet sich für gewöhnlich irgendein Muster und entwickelt eine Fortsetzung der Abwärtsbewegung in eher gemessenem Tempo – in selteneren Fällen kann sich der Abwärtstrend auch in eine sofortige Erholung umkehren. Im Falle von Chicago Pneumatic Tool kam es Ende April zu einer unbedeutenden Stauzone im Abwärtstrend, am 5. Mai zu einem steilen Absacker auf 17 1/2, auf den eine ebenso steile Erholung in die Zone zwischen 22 und 24 und dann eine Wiederaufnahme der Abwärtsbewegung bis auf 12 und noch tiefer folgten.

Ein hängender Boden bietet schnelle Gewinne

Die Schnelligkeit, mit der die Bewegung vorankommt und ihren Höhepunkt erreicht, macht den hängenden Boden zu einem sehr profitablen Muster für technische Trader, die auf ihre Implikationen hin zügig handeln. Dabei muss man allerdings darauf vor-

Abbildung VII.1

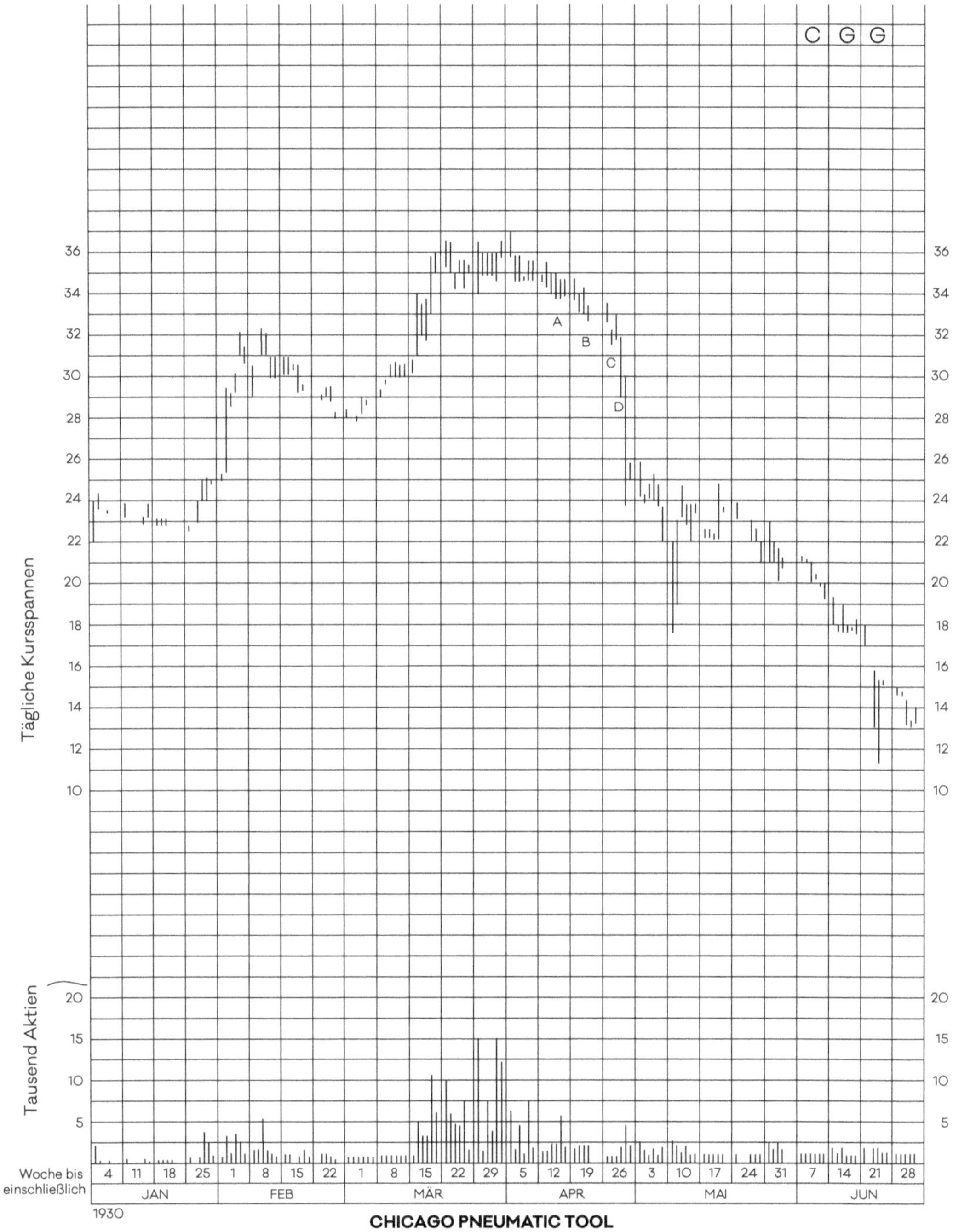

CHICAGO PNEUMATIC TOOL

bereitet sein, seinen Short-Trade genauso zügig zu schließen, denn wie wir oben bereits angedeutet haben, kann sich die Bewegung umkehren, nachdem sie den Höhepunkt fast so schnell erreicht, wie sie begonnen hat. Ein hervorragendes Beispiel für eine solche Umkehr wird im Chart von Inland Steel in Abbildung VII.2 gezeigt. Ohne dass davor irgendein entscheidendes Muster offensichtlich gewesen wäre, begann sich Anfang April an den Punkten A, B, C und D ein hängender Boden zu entwickeln. Von 104 ab bei D sackte der Kurs überstürzt innerhalb von zwei Wochen auf 92 und in zwei weiteren Wochen auf 90 ab, wobei das Volumen andeutete, dass der Höhepunkt am 30. April bei 93 auftreten würde. Allerdings begann sich hier ein neues Muster zu bilden – ein umgekehrtes Horn, das wir im weiteren Verlauf der Studie noch analysieren werden –, das auf eine Wende hindeutete. Nach einem Monat kam der neue Aufwärtstrend in Gang und Ende August war die Aktie wieder auf 114 geklettert, das Niveau, auf dem der hängende Boden begonnen hatte.

Das Muster mit anziehender Spitze

Das Muster mit anziehender Spitze sollte eigentlich einfach das umgekehrte Bild des Musters mit hängendem Boden sein. In der Praxis jedoch findet sich fast niemals ein Muster, das als anziehende Spitze und sonst nichts klassifiziert werden muss. Mit anderen Worten: Obwohl man manchmal anziehende Bewegungen findet, die auf Bodenformationen folgen, werden die Formationen selbst fast ausnahmslos durch einen erkennbaren Ausbruch abgeschlossen, bevor die anziehende Aufwärtsbewegung beziehungsweise Spitze offensichtlich wird. Infolgedessen kann man die Spitze in solchen Fällen nicht als Teil des Musters an sich betrachten, sondern nur als Betonung der Dringlichkeit des Kaufsignals, das die Bodenformation und der Ausbruch bereits gegeben haben.

Das Gleiche gilt für anziehende Spitzen oder Aufwärtsbewegungen, die im Aufwärtstrend auf Fortsetzungsformationen folgen. Die Richtung der Bewegung wird fast immer von einem offenkundigen Ausbruch *vor* dem Anziehen der Bewegung zu einer Spitze hin signalisiert.

Der wichtige Punkt, der bezüglich Formationen festzuhalten ist, auf die nach einem guten Ausbruch eine anziehende Aufwärtsbewegung folgt, besteht darin, dass der schnelle aufwärtsgerichtete Bogen der Kursentwicklung eine starke Fortsetzung zu einem Höhepunkt der Aufwärtsbewegung hin anzeigt, der bereits vorhergesagt worden war.

Teil der Rounding-Bottom-Umkehrformation

Dem Studenten ist zweifellos schon der Gedanke gekommen, dass der spätere Teil fast jedes Rounding Bottoms oder Common Bottom Turns als anziehende Spitze bezeich-

Abbildung VII.2

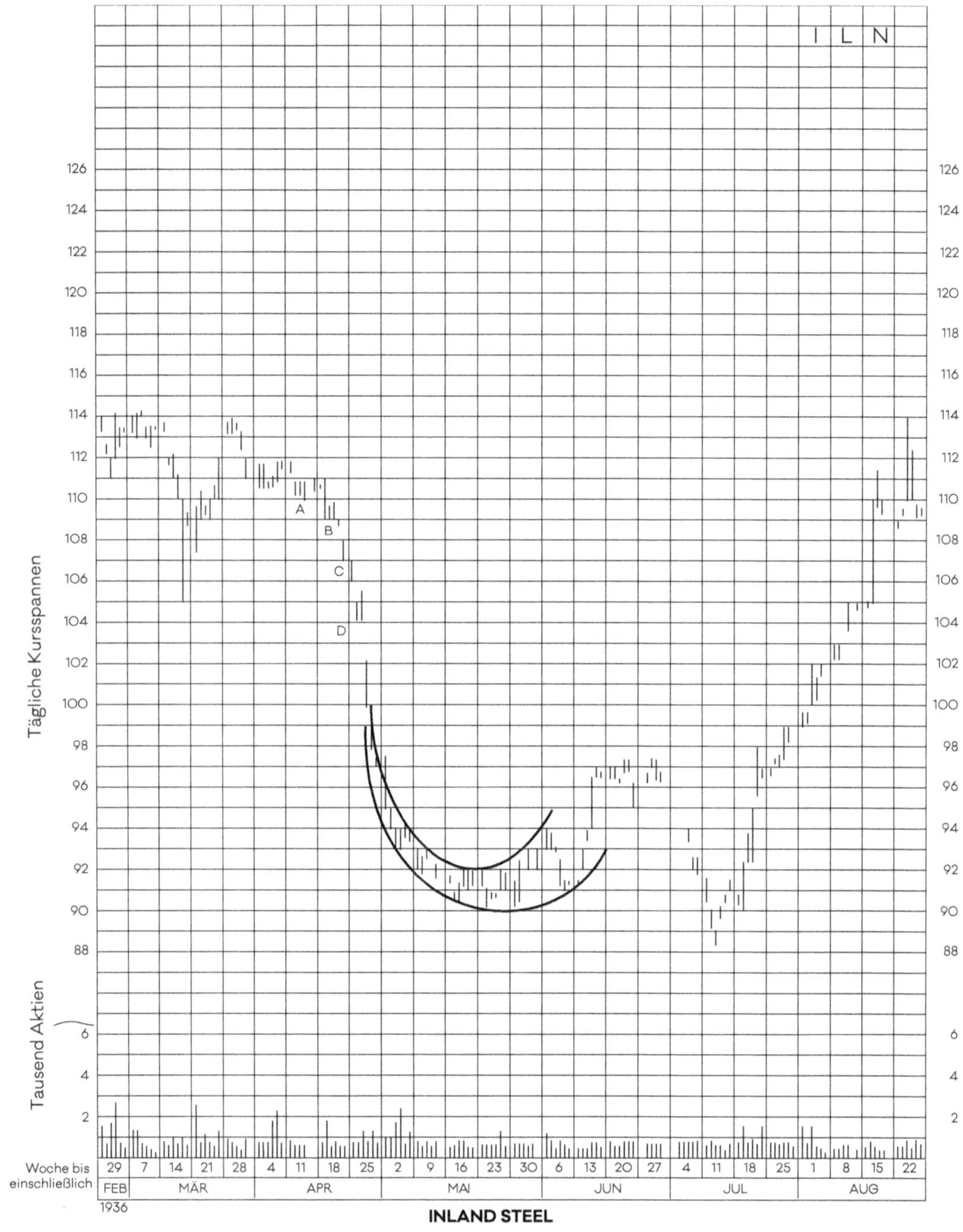

net werden könnte, aber auch hier brauchen wir die Interpretation als anziehende Spitze nur, um die Implikationen einer Formation zu betonen oder zu stärken, von der wir bereits erkannt haben, dass sie höhere Kurse ankündigt. Das Volumengeschehen, das mit dem Teil eines Rounding Bottoms einhergeht, der eine anziehende Spitze darstellt, sowie jegliche anziehende Aufwärtskurve, die auf andere Typen von Bodenformationen folgt, ist mit dem Volumengeschehen bei der Formation des hängenden Bodens vergleichbar. Das heißt, das Volumen ist zunächst verhältnismäßig niedrig und zieht dann an, wenn sich die Kursbewegung beschleunigt – und schließlich erreicht es den Höhepunkt in Form eines Ausbruchs hoher Aktivität, wenn sich die Kauftätigkeit ihrem Gipfel nähert.

Beispiele ohne vorherige Ausbrüche sind sehr selten

Es gibt einen guten und logischen Grund dafür, dass Formationen, die keinen gewöhnlichen entschlossenen Ausbruch aufweisen, sondern nur eine allmählich anziehende Aufwärtsbewegung aus einer ansonsten nicht klassifizierbaren Stauzone heraus, so selten sind. Dieser Grund wird in dem bekannten Wall-Street-Sprichwort ausgedrückt, wonach der Kurs zwar durch sein Eigengewicht fallen kann, nach oben jedoch *geschoben* werden muss. Anders als viele andere Sprüche altgedienter Trader, die nur Halbwahrheiten sind oder gar nicht zutreffen, gründet sich dieser auf eine unbestreitbare Tatsache. Diese Tatsache besteht darin, dass die meisten Wenden dann auftreten, wenn Aktien aus starken Händen heraus in schwache Hände verteilt wurden und aufgrund des Wegfalls der starken Unterstützung sehr wenig Angebotsdruck oder Angebotsvolumen erforderlich ist, um die Kurse auf den Weg abwärts aus einem Bereich herauszuschicken, in dem die Verteilung abgeschlossen wurde. Dies ist für das Phänomen verantwortlich (das wir im Zusammenhang mit Ausbrüchen nach unten aus fallenden Dreiecken und aus Rechtecken bereits besprochen haben), dass es gute und gültige Ausbruchssignale gibt, die ausschließlich auf der Kursbewegung beruhen und nicht mit erhöhtem Volumen einhergehen. Bei Böden ist das Volumengeschehen jedoch anders, weil hier Käufe mit verhältnismäßig hohem Volumen nötig sind, um den Kurs aus einer Stauzone heraus nach oben anzuschieben und die Aufwertungsphase zu starten.

Ein Beispiel für den sehr seltenen Typ eines Musters, das sich nur schwer durch andere Merkmale als die anziehende Spitze klassifizieren lässt, ist im Chart von Atchison in Abbildung VII.3 am Tief 1932 zu sehen. In der gezeigten Periode war das Volumen abgesehen von der ersten Julihälfte grundsätzlich hoch und unregelmäßig. Dass der Kurs vom Juli-Tief aus anzog, wurde gegen Ende des Monats offensichtlich, als auch das durchschnittliche Tagesvolumen merklich zunahm.

Abbildung VII.3

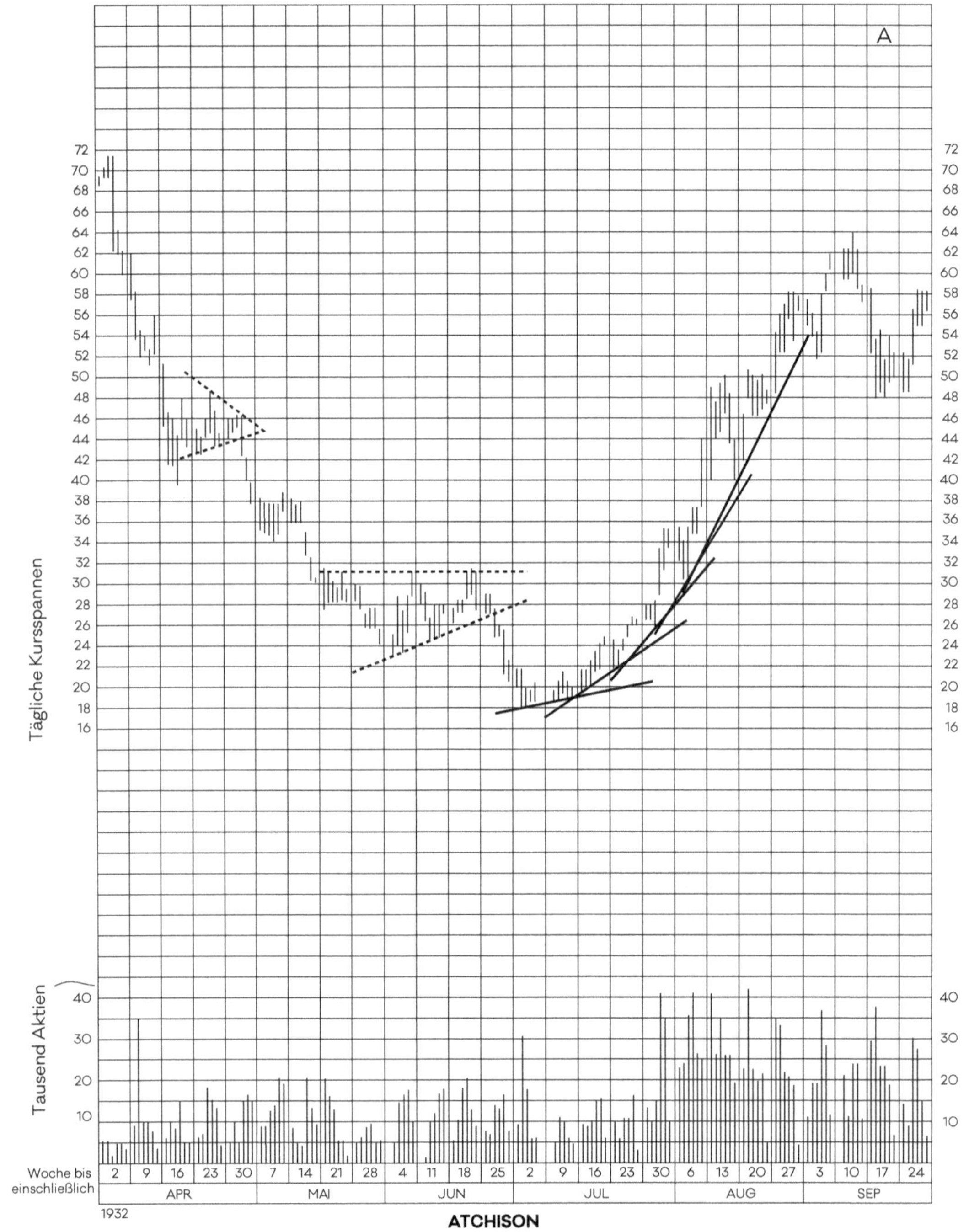

ATCHISON

Trading anhand der anziehenden Muster

Anziehende Aufwärtsbewegungen aus Stauzonen am Boden heraus (oder aus intermediären Formationen im Aufwärtstrend heraus) bieten dem Trader die gleichen Chancen auf schnelle Gewinne bei zügigem Handeln wie Muster mit hängendem Boden im Abwärtstrend. Es ist für gewöhnlich gute, solide Praxis, dem Markt nicht „nachzulaufen". Zumindest der Anfänger sollte eine Bewegung, die bereits die anziehende Phase erreicht hat, als Zug betrachten, der gerade den Bahnhof verlassen hat, und lieber auf den nächsten warten, als dem nachzulaufen, den er verpasst hat. Hingegen kann ein Trader, der seine Charts täglich auf den neuesten Stand bringt und deshalb womöglich die Entwicklung des anziehenden Bildes schon im Frühstadium sieht – und der außerdem in einer Position ist, schnell ein- und ebenso schnell wieder auszusteigen, wenn der Höhepunkt eine Wende anzuzeigen scheint –, einer Bewegung dieses Typs recht gefahrlos nachlaufen.

Ein weiterer sehr wichtiger Faktor, den man berücksichtigen muss, bevor man sich allein aufgrund der Stärke einer anziehenden Bewegung engagiert, sind die früheren Gewohnheiten der beobachteten Aktie und dabei insbesondere die wahrscheinlichen Widerstands- beziehungsweise Unterstützungsniveaus, die womöglich das Ausmaß der Bewegung begrenzen. Unterstützung und Widerstand als wichtige begrenzende Faktoren werden in Studie IX noch einmal detaillierter aufgegriffen.

Die Hornformation

Unsere nächste Zwischenformation mit begrenztem Vorhersagewert ist das Horn – eine recht klar definierte Formation, die Ähnlichkeiten sowohl mit dem Rounding Turn (Studie III) als auch mit den soeben besprochenen anziehenden Mustern hat. Da die Begrenzungslinien des Kursgeschehens zusammenlaufen, hat sie auch eine leichte Ähnlichkeit mit dem Dreieck. Ihre Interpretation ist fast die gleiche wie beim hängenden Boden oder bei der anziehenden Spitze. Das heißt, sie sagt eine schnelle Fortsetzung der Kursbewegung in der bereits angezeigten Richtung voraus, auf einen Höhepunkt zu, auf dem es für gewöhnlich zu einem Halt und zu einer Stauzone kommt, bevor ein anderer Trend beginnt.

Das Horn kann anlässlich der Umkehr eines intermediären Trends oder als Fortsetzungsformation auftreten. Der Chart von Certain-Teed Products für das erste Halbjahr 1936 in Abbildung VII.4 zeigt eine Hornformation, die eine intermediäre Wende dieser Aktie anzeigte. Beachten Sie die bogenförmige Kursbewegung im März und April, bei der die Kursschwankungen tendenziell enger wurden und die Bewegung schneller wurde, nachdem der Höhepunkt überschritten war. In diesem Fall gelangte die Hornformation sehr schnell zu einem Höhepunkt und im Bereich um 13 entwickelte sich eine vorübergehende Stauzone beziehungsweise Trading-Range, aus welcher der Kurs in der ersten Juniwoche wieder rapide herausfiel. Die Stauzone bei 13 bis 14 hätte sich wohl zu einem vorhersagekräftigen Muster entwickeln können, das eine weitere Wende zu einem Aufwärtstrend angezeigt hätte, da das Horn an sich keine sichere Kursbewegung vorhersagt, die weit über den nachfolgenden Höhepunkt hinausreicht. Jedoch wurde in diesem Fall keine Vorhersageformation gebildet, also kein Fundament für eine Aufwärtsbewegung gelegt, und der Abwärtstrend wurde sehr bald wieder aufgenommen.

Chrysler markierte das Hoch der Hausse der 1920er-Jahre im Oktober 1928 bei 140 – ein ganzes Jahr vor den Börsenindizes.

Der Chart von Standard Oil of California in Abbildung VII.5 zeigt ein Horn am Boden einer untergeordneten Umkehr im Herbst 1935.

Das Horn als Fortsetzungsformation

Der Chart von Chrysler in Abbildung VII.6 zeigt das Kursgeschehen bei dieser Aktie im ersten Halbjahr 1929. (Interessant ist, dass Chrysler das Hoch der Hausse der 1920er-Jahre im Oktober 1928 bei 140 markierte – ein ganzes Jahr vor den allgemeinen Börsenindizes.) Im Zuge der schnellen Abwärtsbewegung der Aktie in dem gezeigten Zeitraum wurde eine kurze Erholung Mitte April schnell wieder gestoppt und wurde zu einem Horn, das die Kursentwicklung wieder nach unten richtete.

Wir bezeichnen das Horn im Chrysler-Chart als Fortsetzungsformation und das im Certain-Teed-Chart als Umkehrformation – dies aufgrund des Verhältnisses, in dem das Muster im jeweiligen Fall zur vorangegangenen allgemeinen Bewegung steht. Es liegt natürlich auf der Hand, dass das Horn an sich eine untergeordnete Wende beinhaltet, während sein schmales, anziehendes Ende ebenso eine Fortsetzung seines Trends zu einem Höhepunkt hin vorhersagt wie Formationen mit dem oben untersuchten hängenden Boden oder einer anziehenden Spitze.

Das umgekehrte Horn

Ein wie ein Horn geformtes Kursmuster, bei dem sich allerdings das schmale Ende zuerst bildet, tritt in den Charts seltener auf als die normale Hornformation. Auch das umgekehrte Horn beinhaltet eine untergeordnete Trendwende, aber das Ausmaß der nachfolgenden Bewegung im Rahmen des neuen Trends kann sehr eingeschränkt sein.

Ein typisches umgekehrtes Horn erscheint im Chart von Inland Steel (Abbildung VII.2) aufgrund des Kursgeschehens von Ende April bis Anfang Juni.

Die Vorhersage eines umgekehrtes Horns lässt sich mit der Vorhersage eines umgekehrten Dreiecks vergleichen. Beide sind sich verbreiternde Muster von ziemlich begrenztem Nutzen, die sich nicht so leicht in Profit verwandeln lassen.

Abbildung VII.4

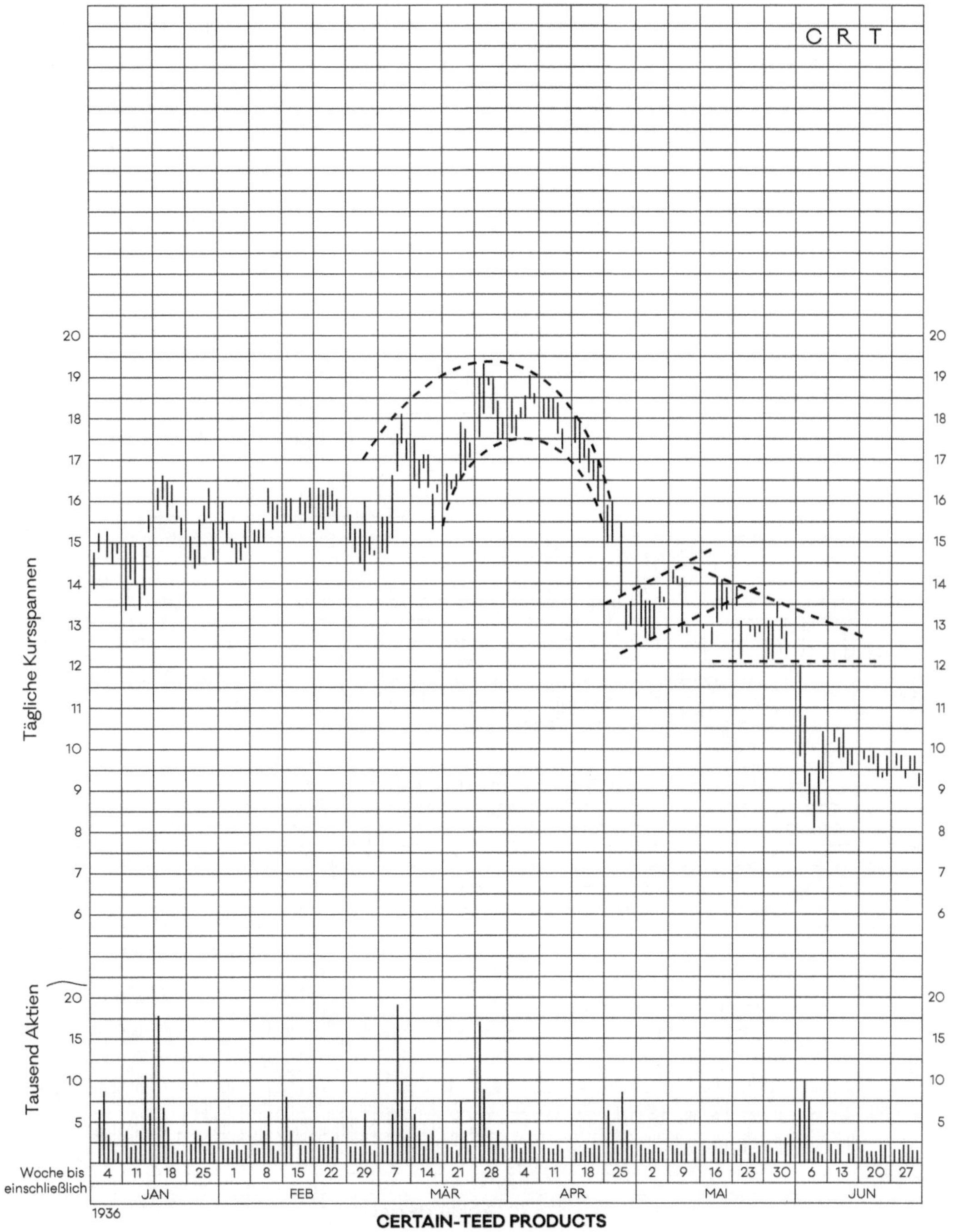

CERTAIN-TEED PRODUCTS

Abbildung VII.5

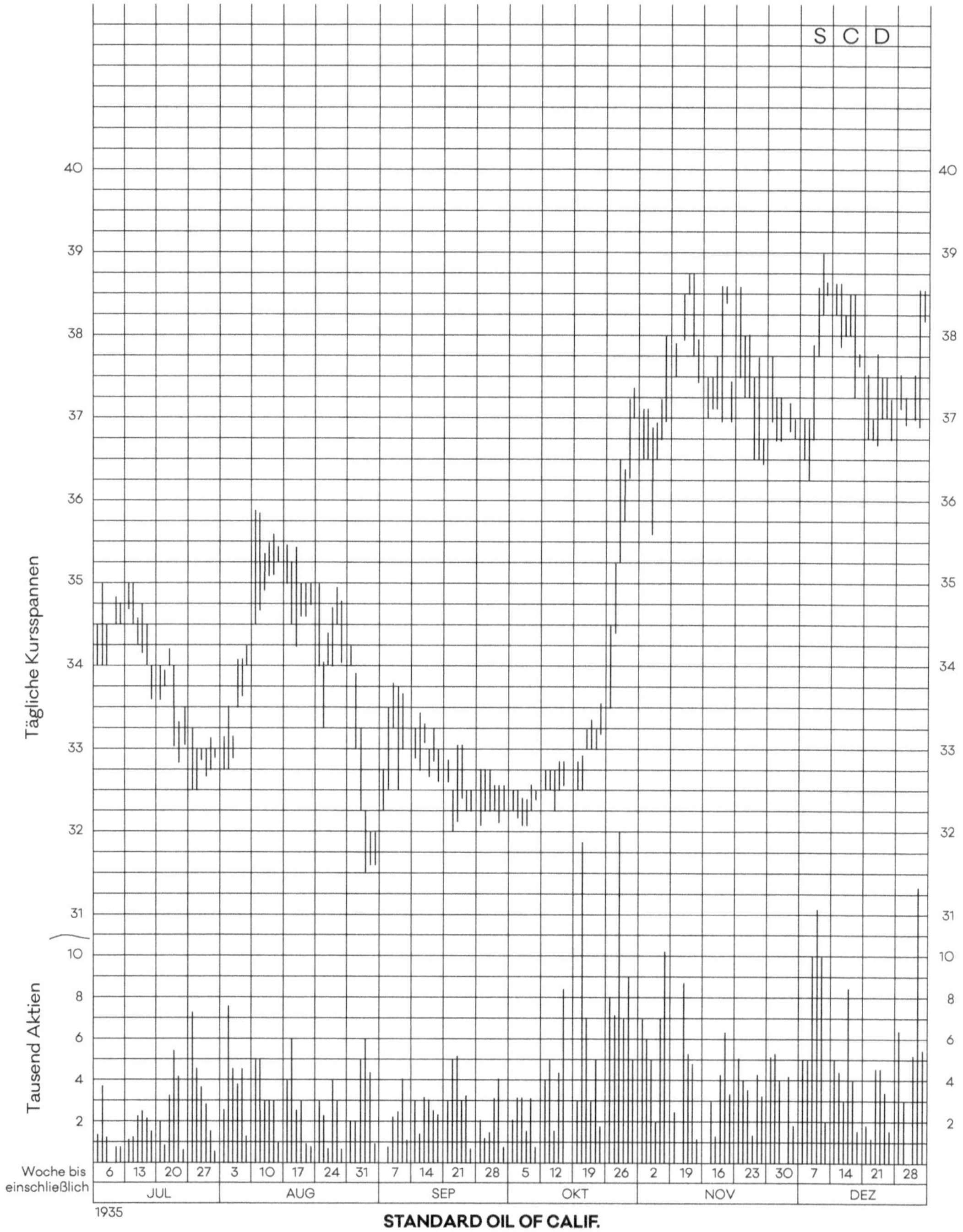

STANDARD OIL OF CALIF.

Abbildung VII.6

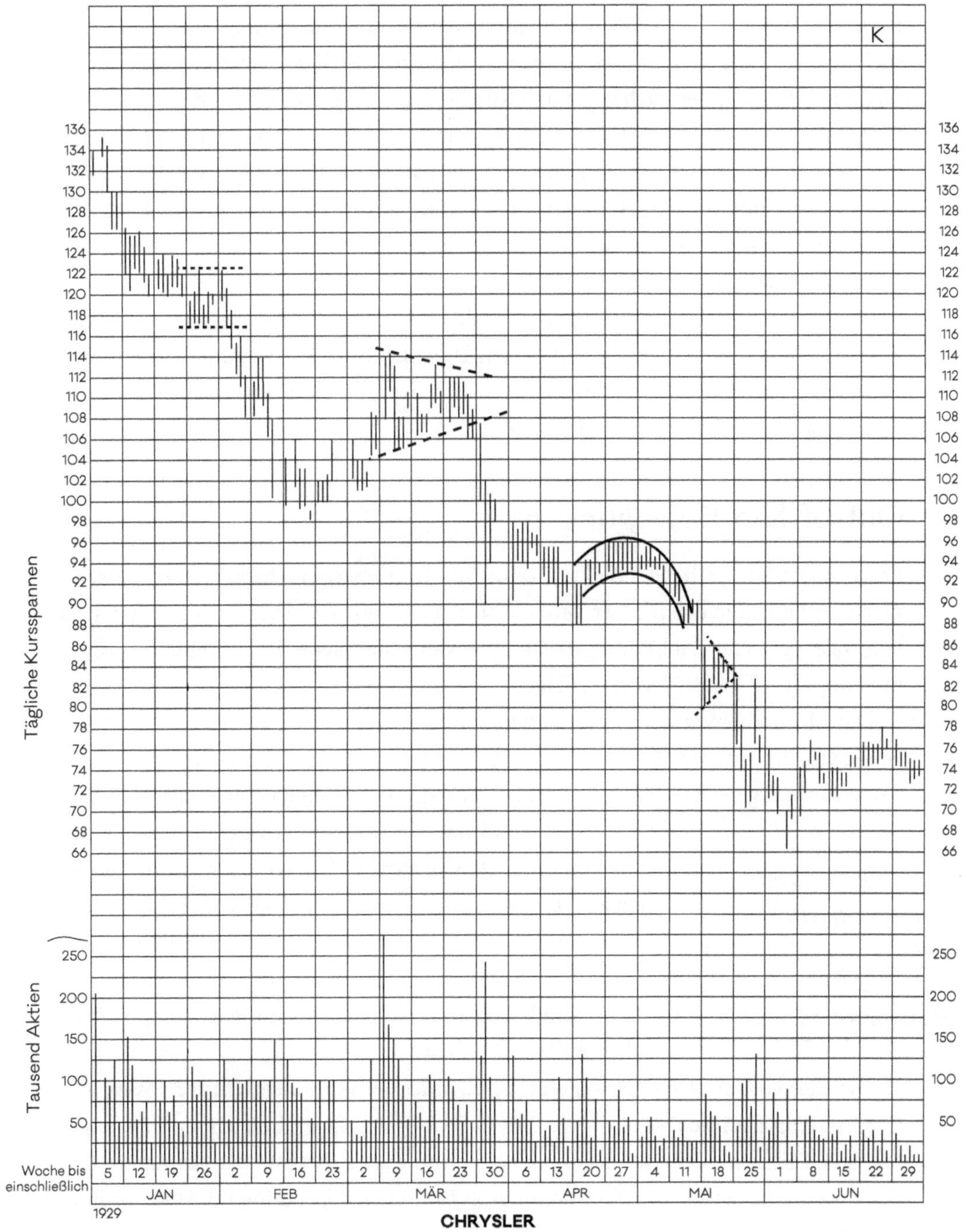

CHRYSLER

Fazit der Untersuchung von Bereichsformationen

Bis jetzt haben wir Formationen beziehungsweise Bereiche des Kursgeschehens untersucht, die entweder durch ihren Aufbau an sich oder durch den Ausbruch, der auf sie folgt, die Richtung der nachfolgenden Kursbewegung anzeigen. Damit sind wir nun fertig und somit bereit, die Untersuchung gewisser anderer Phänomene des Kursgeschehens in Angriff zu nehmen, die man zwar nicht als Formationen oder Muster bezeichnen kann, die jedoch häufig eine gewisse Vorhersagebedeutung haben, entweder für sich selbst genommen oder wenn man sie in Verbindung mit begleitenden Mustern betrachtet.

Das erste dieser Sonderphänomene ist die Out-of-line-Kursbewegung, die nur im Zusammenhang mit einer der definierten Umkehr- oder Fortsetzungsformationen auftritt, die wir zuvor analysiert haben, und dies erst, wenn sich eine solche Formation in unseren Charts bereits klar abzeichnet.

Out-of-line-Bewegungen

Einen ersten kurzen Blick auf eine Out-of-line-Kursbewegung haben wir bei unserer detaillierten Untersuchung der Umkehr in Form eines fallenden Dreiecks im Chart von Nash geworfen, Abbildung III.10. Eine wahrscheinliche Erklärung dafür wurde in Studie III auf Seite127 vorgeschlagen.

Out-of-line-Bewegungen sind nicht häufig, aber sie kommen in unseren Charts oft genug vor, um eine weitere Betrachtung zu rechtfertigen. Am häufigsten kommen sie bei rechtwinkligen Dreiecken und bei Rechtecken vor, sie können sich gelegentlich aber auch bei allen anderen Formationen entwickeln, die wir untersucht haben. Oder vielleicht sollten wir eher sagen, dass sie sich aus einer Formation heraus entwickeln, nicht „bei" einer Formation, denn eigentlich ist eine Out-of-line-Bewegung ein steiler Kursschub weg von einem bereits etablierten Muster. Dieser Schub wendet allerdings schnell wieder, und der Kurs kehrt in das Muster zurück.

Eine Out-of-line-Bewegung ist ein steiler Kursschub weg von einem bereits etablierten Muster.

Die meisten Out-of-line-Bewegungen sind innerhalb eines Tages abgeschlossen und werden dann natürlich als eintägige Out-of-line-Bewegungen bezeichnet. In weniger häufigen Fällen verbleibt der Kurs zwei oder drei Tage außerhalb der Formation, vor allem wenn die betreffende Formation groß ist. In der Regel erfolgt die Out-of-line-Bewegung unter höherem Volumen als das benachbarte Kursgeschehen innerhalb der Formation. Wird eine Out-of-line-Bewegung innerhalb eines Tages abgeschlossen, befindet sich der Schlusskurs dieses Tages gewöhnlich innerhalb des zuvor definierten Musters oder zumindest sehr dicht daran.

Gelegentliche Ähnlichkeit mit einem echten Ausbruch

Es kommt zwar nicht oft vor, aber es gibt Ausnahmefälle, in denen der Out-of-line-Schub den Kurs ein ordentliches Stück weit aus dem Muster hinausträgt und zu einem Schlusskurs führt, der einen ganzen Punkt oder noch weiter von dessen Begrenzung entfernt ist. Wenn solche Schübe unter auffallend hohem Volumen stattfinden, können sie das vollständige Erscheinungsbild eines gültigen Ausbruchs haben und allen entsprechenden Anforderungen genügen. Und gerade solche Out-of-line-Bewegungen können den technischen Trader verwirren sowie ihn dazu verleiten, vorzeitig eine Aktienposition einzugehen. Er sieht den steilen Kursschub, der durch ordentliches Volumen bestätigt wird, und platziert dementsprechend bei seinem Broker eine Order. Und dann sieht er, dass die Aktie in das Muster zurückkehrt und dort mehrere Tage bleibt, vielleicht sogar eine Woche oder zwei.

Zum Glück besagt die Prognose einer Out-of-line-Bewegung, dass das Muster recht bald abgeschlossen wird und dann ein echter Ausbruch in die gleiche Richtung wie die der Out-of-line-Bewegung folgt. Daher ist abgesehen von einer kleinen Verzögerung und vielleicht ein paar nervenzehrenden Gedanken kein großer Schaden entstanden. Am Ende bewegt sich die Aktie in die „richtige" Richtung.

Um jedoch auf die üblichere Erscheinungsform der Out-of-line-Bewegung zurückzukommen: Es liegt auf der Hand, dass kein guter Ausbruch vorliegt, wenn der Schlusskurs unabhängig von der Höhe des Umsatzes nicht in einem deutlichen Abstand außerhalb des Musters liegt. Man sollte sich daher davon nicht zu verfrühtem Handeln verleiten lassen. Vielmehr ist dies ein sehr hilfreicher Hinweis – erstens auf den baldigen Abschluss der Formation und zweitens auf die Richtung des nachfolgenden Kurstrends.

Beispiele für Out-of-line-Bewegungen

Wir haben weiter oben die Out-of-line-Bewegung im Nash-Chart in Studie III erwähnt, und dem Studenten wird empfohlen, noch einmal auf diesen Punkt zurückzukommen, falls er es nicht bereits getan hat, und die Beschreibung samt Erklärung auf Seite 127 f. noch einmal zu lesen.

Ein typisches Beispiel für eine eintägige Out-of-line-Bewegung erscheint in Abbildung VII.7, dem Chart von Johns Manville von 1934. Ab der letzten Septemberwoche begann sich das Kursgeschehen bei dieser Aktie etwas aufzubauen, das zunächst so wirkte, als könnte es ein steigendes Dreieck werden. Als der Kurs dann am 23. Oktober auf 46 fiel und sich am nächsten Tag auf das allgemeine Niveau der drei vorangegangenen untergeordneten Hochs erholte, begann das Muster ein Rechteck nahezulegen. In beiden Fällen war eine klar definierte obere Begrenzungslinie etabliert worden und der Volumenrückgang während des Aufbaus dieses Kursbereichs ließ den Schluss zu, dass ein Muster mit einem gewissen Vorhersagewert im Begriff stand, abgeschlossen zu werden.

Am 25. Oktober jedoch war die Performance der Johns-Manville-Aktie eher erschreckend. Unter einem auffallenden Ausbruch von Aktivität, der mit einem höheren Volumen als an allen Tagen seit Monaten einherging, stieg der Kurs auf 50 1/4 und damit 1 1/4 Punkte über die obere Begrenzung des Musters. Hätten wir an jenem Tag den Ticker verfolgt, hätten wir uns gewiss zu der Überzeugung verleiten lassen, dass ein entscheidender Ausbruch stattfand und es gleichzeitig ein Kaufsignal für Johns Manville gab. Hätten wir jedoch bis zum Abend oder bis zum nächsten Morgen abgewartet, als wir das gesamte Kurs- und Volumengeschehen in unserem Chart verbuchen konnten, dann hätten wir festgestellt, dass die Bewegung im Laufe des Tages gewendet hatte und der Schlusskurs in der Nähe des Bodens des Schwankungsbereichs sowie einen Punkt unter der entscheidenden Begrenzungslinie lag. Gemäß den Tests, die anzuwenden wir gelernt haben, hatte es keinen Ausbruch gegeben. Der Kursverlauf der Aktie verlief während der nächsten acht Handelstage innerhalb der Grenzen des zuvor angedeuteten Rechtecks, doch erst am 5. November erfolgte ein entscheidender Ausbruch, der allen Anforderungen bezüglich Durchschlagskraft, Volumen und Schlusskurs genügte. Das Kursgeschehen am 25. Oktober war eine eintägige Out-of-line-Bewegung.

Die Interpretation des Out-of-line-Geschehens

Aus unserer Analyse des Johns-Manville-Charts geht klar hervor, dass ein Trader, der die Aktie am 25. Oktober kaufte, als sie auf 50 gestiegen war, am nächsten Tag ausgestoppt worden wäre, wenn er beispielsweise bei 47 1/2 eine Stop-Loss-Order platziert hätte. Und wenn er keinen Stopp platziert hätte, dann hätte er bestenfalls durch diese übereilte Aktion nichts gewonnen und hätte länger als eine Woche warten müssen, bevor sein Trade wieder aus den roten Zahlen heraus war. Einem Trader hingegen, der nicht vorzeitig agierte, lieferte die eintägige Out-of-line-Bewegung eine wertvolle Information. Sie deutete darauf hin, dass das Kursmuster nach oben gerichtet sein würde.

Wir möchten den Studenten nicht glauben machen, die Prognose einer Out-of-line-Bewegung sei unfehlbar, denn keine technische Formation und kein technisches Phänomen ist zu 100 Prozent zuverlässig. Allerdings ist es äußerst selten, dass aus einem Kursschub dieses Charakters aus einem klar definierten Muster heraus und dann wieder hinein keines der beiden Ergebnisse resultiert, die wir im letzten Satz des vorigen Absatzes als Folgen einer Out-of-line-Bewegung genannt haben.

Abbildung VII.7

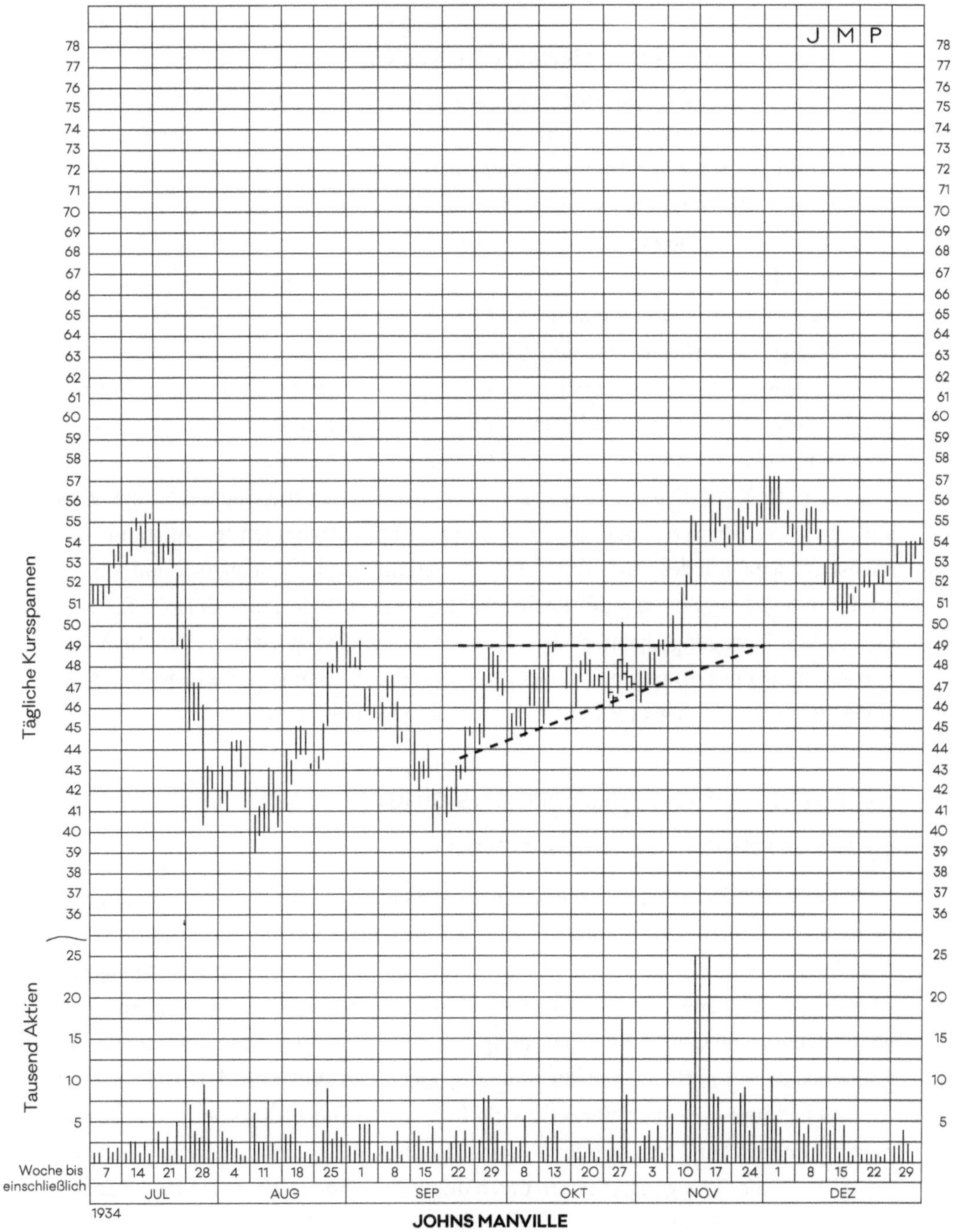

JOHNS MANVILLE

Zweitägige Out-of-line-Bewegung

Ein weiteres Beispiel einer Out-of-line-Bewegung ist im Chart von Warner Brothers Pictures aus dem Jahr 1936 in Abbildung VII.8 zu sehen. Nachdem die Aktie Anfang des Jahres von 14 1/2 aus gefallen war, wurde der Rückgang im Mai bei 9 gestoppt. Danach baute der Kursverlauf ein ziemlich ungenaues symmetrisches Dreieck auf, aus dem er am 1. Juni auszubrechen versuchte; an diesem Tag war zwar das Volumen bemerkenswert, aber der Schlusskurs lag bei 10, kaum außerhalb des Musters, und das hinderte uns daran, diesen Versuch als Ausbruchstag zu interpretieren. Man hätte ihn allerdings als Out-of-line-Bewegung bezeichnen können, die auf jeden Fall nahegelegt hätte, dass sich das technische Bild änderte und dass ein Fundament für die Umkehr des bisherigen Kursrückgangs gelegt wurde.

Nach diesem Ausbruchsversuch, der am 1. Juni scheiterte, schwankte Warner Brothers drei Wochen lang im Bereich von 9 1/2 bis 10 1/2, der nun im Chart Ähnlichkeit mit einem Rechteck hatte. Am 24. Juni gab es wieder einen Tag mit hohem Volumen, der Kurs stieg auf 10 und schloss bei 10 5/8. Diesmal lag der Schlusskurs außerhalb des Musters, aber wieder nicht in einem entscheidenden Abstand. Am nächsten Tag wurde der Kurs zwar auf 10 7/8 geschoben, fiel aber zurück und schloss an der unteren Begrenzung des Rechtecks. Das war ein sehr gutes Beispiel für eine Out-of-line-Bewegung, die zwei Tage dauerte. Sie signalisierte, dass auf die Beinahe-Fertigstellung der Formation ein echter Ausbruch nach oben folgen würde. Der Ausbruch, der allen Kriterien genügte, kam am Sonntag, dem 11. Juli.

Out-of-line-Bewegungen aus einem symmetrischen Dreieck heraus

Der Student wird zweifellos bemerkt haben, dass auf die Out-of-line-Bewegung aus dem Rechteck heraus am 24. und 25. Juni zwar die übliche Out-of-line-Prognose folgte, jedoch das Out-of-line-Geschehen am 1. Juni den Aufbau eines erheblich längeren Musters benötigte, bevor der Aufwärtstrend losging. Dafür gibt es zwei Gründe. Der erste ist, dass eine Out-of-line-Bewegung durch eine klar definierte horizontale Begrenzung, die vermutlich eine Unterstützung oder einen Widerstand darstellt, für die technische Prognose ein größeres Gewicht hat als eine Out-of-line-Bewegung aus einem symmetrischen Dreieck oder aus einer Rounding Formation heraus. Daher hat eine Out-of-line-Bewegung, die nach unten durch den Boden eines fallenden Dreiecks, nach oben durch die Oberseite eines steigenden Dreiecks oder durch eine der Begrenzungslinien eines Rechtecks bricht, eine besondere Bedeutung.

Hingegen müssen wir im Falle eines symmetrischen Dreiecks mit einem Muster beginnen, dessen Begrenzungen weniger ausgeprägt sind; die Linien, die seine Seiten

Abbildung VII.8

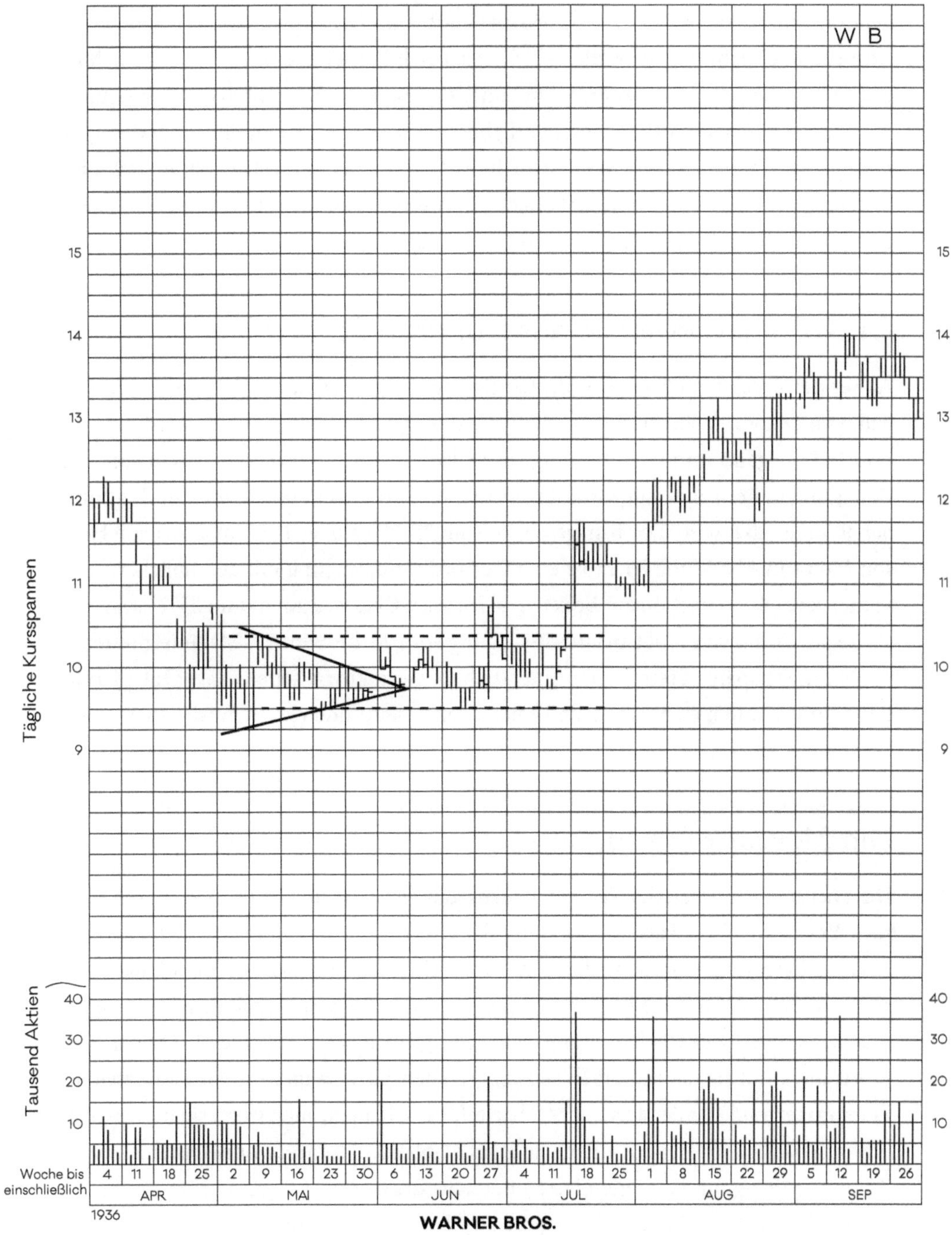

WARNER BROS.

definieren, müssen häufig mehrmals neu gezogen werden, bevor das Muster abgeschlossen ist. Wenn eine Out-of-line-Bewegung in der Nähe des theoretischen Scheitelpunkts stattfindet, kann man sie wie im Chart von Warner Brothers als gescheiterten Ausbruch bezeichnen; wenn dieses Scheitern sichtbar wird, sollten wir natürlich erwarten können, dass ein weiteres Fundament gelegt wird. Die Abfolge der Ereignisse, die wir bei Warner Brothers gesehen haben, ist sehr häufig: erst ein schmales symmetrisches Dreieck, dann eine Out-of-line-Bewegung, die ihrerseits zum Teil eines rechteckigen Bildes wird, und schließlich ein Ausbruch aus dem Rechteck, dem häufig eine Out-of-line-Bewegung mit gutem Vorhersagewert vorausgeht.

Out-of-line-Beispiele aus früheren Studien

Außer der bereits bei Nash erwähnten Bewegung gibt es in den Charts, die unsere früheren Lektionen illustrieren, noch weitere Beispiele. Die Rally bei Case, die am 10. Juni 1932 begann und in Abbildung III.2 gezeigt wurde, kann man als Out-of-line-Bewegung in der Rounding-Bottom-Formation betrachten, die zu diesem Zeitpunkt bereits erkennbar wird. Das Kursgeschehen am 27. November 1933 im Chart von Hudson Motor in Abbildung III.11 ist eine Out-of-line-Bewegung mit den üblichen Konsequenzen. Die Formation am Boden des Chrysler-Charts in Abbildung IV.7 kann man als Rechteck mit einer Out-of-line-Bewegung vom 26. bis zum 28. Mai interpretieren.

Wenn wir später Trendlinien untersuchen, werden wir sehen, dass Out-of-line-Bewegungen durch etablierte Trendlinien ebenso stattfinden können wie aus Mustern heraus.

Die Zickzack-Bewegung

Das nächste Phänomen des Kursgeschehens, das wir untersuchen müssen, ist die Zickzack-Bewegung. Man kann sie als Vetter der Out-of-line-Bewegung betrachten, da sie aus zwei Bewegungen besteht, die nicht zum bisherigen Bild passen („out of line" dazu sind), wobei jedoch diese beiden Bewegungen in entgegengesetzten Richtungen herausragen. Die Zickzack-Bewegung ist allerdings nicht so häufig wie die Out-of-line-Bewegung, und sie hat nur einen sehr begrenzten Vorhersagewert. Sie kann zu allen Zeitpunkten und an allen Orten des Chartbilds erscheinen, auch wenn sie für gewöhnlich im Zusammenhang mit einem ganz gut etablierten Trend zu finden ist, fast nie im Zusammenhang mit einer definierten Bereichsformation.

Das Zickzack ist eine Bewegung, die aus dem Rest des Trends herausragt und die Form einer scharfen Out-of-line-Bewegung in die eine Richtung annimmt, die schnell wieder wendet und der sehr bald ein ebenso auffallender, nicht zum Muster passender Schub in die entgegengesetzte Richtung folgt. Die erste scharfe Bewegung kann man als „Zick“ bezeichnen und die zweite, entgegengesetzte, als „Zack“. Die Vorhersage, die sie andeutet, besagt, dass nach Abschluss des „Zacks“ bald ein erneuter Ausbruch aus dem etablierten Trend in Richtung der ersten Out-of-line-Bewegung – also des „Zicks“ – folgt. Diese Prognose ist ziemlich verlässlich, allerdings nur in Bezug auf eine begrenzte Bewegung, die außerdem hinsichtlich ihrer Geschwindigkeit und Steilheit ziemlich moderat sein kann.

Beispiele für die Zickzack-Bewegung

Ein ausgezeichnetes Beispiel der Zickzack-Bewegung erschien im Chart von Loews für das Jahr 1936 in Abbildung VII.9. Beachten Sie den Aufwärtstrend dieser Aktie, der im Juni innerhalb klar definierter paralleler Begrenzungslinien begann. Am 12. August gab es jedoch einen steilen Vorstoß über die Linie, der umkehrte und am 14. August zwischen die Begrenzungen zurückkehrte. Das konnte man für sich genommen als Out-of-line-Bewegung auslegen, und wenn nichts passiert wäre, was sie ausglich, hätte sie vorhergesagt, dass bald ein weiterer Ausbruch nach oben folgen würde und ein neuer und womöglich steilerer Trend etabliert würde. Jedoch passierte etwas, das sie ausglich; die kleine Reaktion nach der ersten Out-of-line-Bewegung führte direkt abwärts und mündete am 21. August in einen genauso steilen Kursschub durch die untere Linie. Dann kehrte der Kurs in den bisherigen Trend zurück, und nun hatten wir statt einer einfachen Out-of-line-Bewegung eine Zickzack-Bewegung, wobei das „Zick“ am 12. August und das „Zack“ am 21. August stattfand. Dies sagte eine weitere begrenzte Bewegung in der Zick-Richtung voraus, und diese kam gewissermaßen planmäßig am 10. September.[1]

Beachten Sie, dass die Zickzack-Bewegung erst dann abgeschlossen ist, wenn die zweite Out-of-line-Bewegung – das „Zack“ – gewendet hat und in den zugrunde liegenden Trend beziehungsweise in das Muster zurückgekehrt ist. Kurz gesagt muss jeder Kursschub scharf aus dem etablierten Trend oder Muster herausragen und wieder ins Innere zurückkehren, bis wir eine Zickzack-Bewegung haben, die eine dritte Bewegung in der Richtung der Zick-Bewegung vorhersagt.

Was das Ausmaß der Bewegung angeht, so könnte man das Beispiel im Chart von Loews als durchschnittliches Beispiel für eine Zickzack-Bewegung bezeichnen. Der Student der Charttechnik wird gelegentlich Zickzack-Bewegungen finden, die noch viel auffallender aus dem betreffenden Trend oder Muster herausragen. Von der dritten Bewegung in Zick-Richtung kann man erwarten, dass sie mindestens so weit über die Linie ragt wie die erste Bewegung, und natürlich kann sie noch weiter reichen, aber die Vorhersagekraft der Zickzack-Bewegung an sich ist begrenzt.

1 Für Anhänger der Elliott-Wellen dürfte der Abschnitt über Zickzack-Bewegungen von besonderem Interesse sein und sich in Kombination zu Elliotts Schriften zu diesem Thema als nützlich erweisen.

Abbildung VII.9

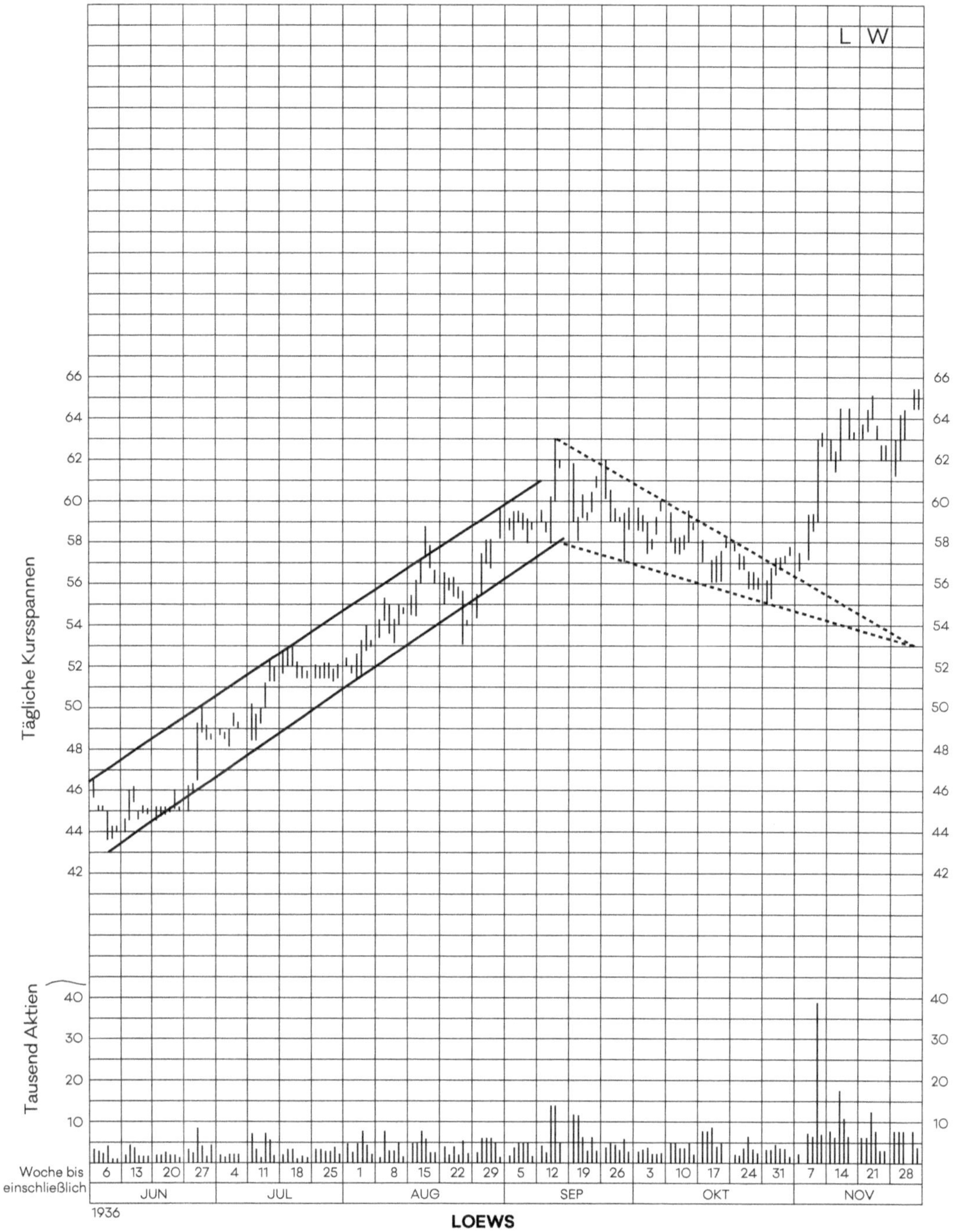

LOEWS

Wiederkehrende Muster des Kursgeschehens

Jedem Studenten der Charttechnik sind schon viele Fälle aufgefallen, in denen sich Aktien gemäß Mustern bewegen, die sich mit erstaunlicher Regelmäßigkeit immer wieder wiederholen. Natürlich wissen wir, dass große Konjunkturzyklen große Auf- und Abwärtsbewegungen von Wertpapieren hervorrufen, die wiederum in den Charts ein sich wiederholendes Muster von Gipfeln und Tälern hervorrufen, jedoch sind die zeitlichen Unterschiede zwischen diesen großen Ausschlägen zu groß, als dass sie es uns erlauben würden, allein anhand des Zeitfaktors auf sie bezogen zu traden. Des Weiteren wissen wir, dass es bei gewissen Aktien und Branchen zu saisonalen Ausschlägen kommt, aber auch hier gibt es wieder derart viele durch andere Faktoren verursachte Ausnahmen, die den saisonalen Zyklus durcheinanderbringen, dass es unmöglich ist, anhand ihrer gewinnbringend zu traden.

Indes tauchen gelegentlich in den Charts einzelner Aktien wiederkehrende Muster oder zyklische Bewegungen innerhalb der Major-Trends und sogar innerhalb der Intermediate-Trends auf, die anscheinend in keiner Beziehung zu fundamentalen Gegebenheiten wie etwa saisonalen Unternehmensgewinnen stehen und auch sonst keine logische Ursache zu haben scheinen. Kurz gesagt scheinen gewisse Aktien zeitweise gewisse klar erkennbare Gewohnheiten des Kursgeschehens zu haben, die man als wiederkehrende oder sich wiederholende Muster bezeichnen kann.

Jedem Studenten sind schon Aktien aufgefallen, die sich gemäß Mustern bewegen, die sich immer wieder wiederholen.

Als gute Illustration solcher Gewohnheitsmuster innerhalb eines übergeordneten Trends können wir die Wochencharts von Chesapeake & Ohio und von Commercial Solvents betrachten, die in Abbildung VII.10 nebeneinander dargestellt werden. Sie zeigen die zwischenzeitlichen Kursrückgänge und Kurserholungen während des größten Teils der langen Baisse nach den Hochs des Jahres 1929.

Im Chart von Chesapeake & Ohio besteht die Gewohnheit in steilen und schnell wieder wendenden Böden, die sich mit eher massiven und manchmal gerundeten Hochs abwechseln. Dieses Bild wurde nur an einem Punkt gebrochen, nämlich als der Boden im Juni 1930 nicht wie die anderen in eine steile Spitze mündete. Möglicherweise war für diese Ausnahme der erwartete 4:1-Split verantwortlich.

Im Chart von Commercial Solvents ist die Gewohnheit hingegen eine ganz andere. Das Kursgeschehen ist schwerfälliger und an den Böden gerundeter sowie auf den Hochs steiler und spitzer. Diese beiden Charts werden nicht als perfekte Beispiele für wiederkehrende Muster gezeigt, sondern um die allgemeine Aussage zu veranschaulichen, dass verschiedene Aktien sogar bei ihren langfristigen zyklischen Bewegungen unterschiedliche Gewohnheiten haben. Jedoch sind diese langfristigen Gewohnheiten

Abbildung VII.10

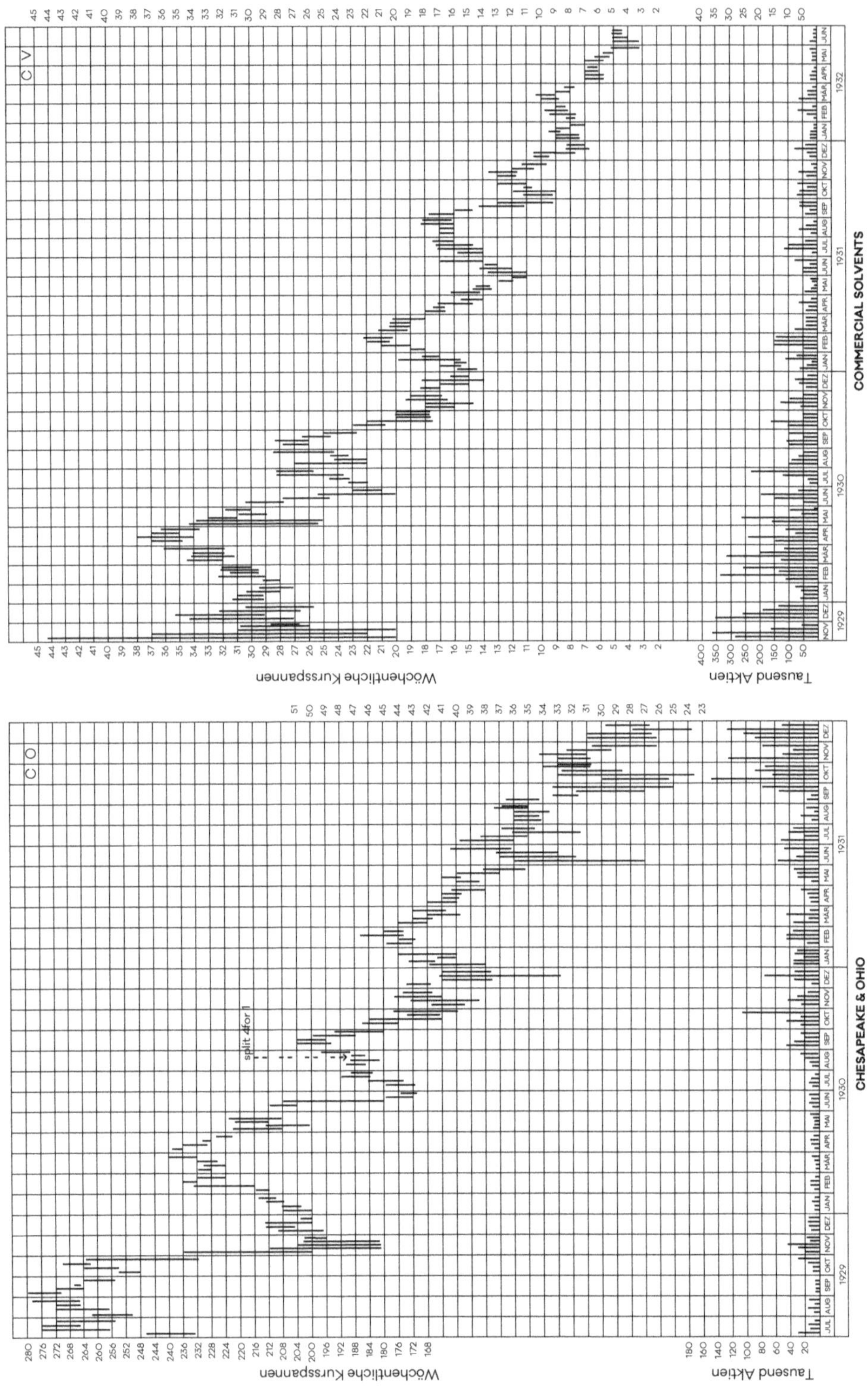

Abbildung VII.11

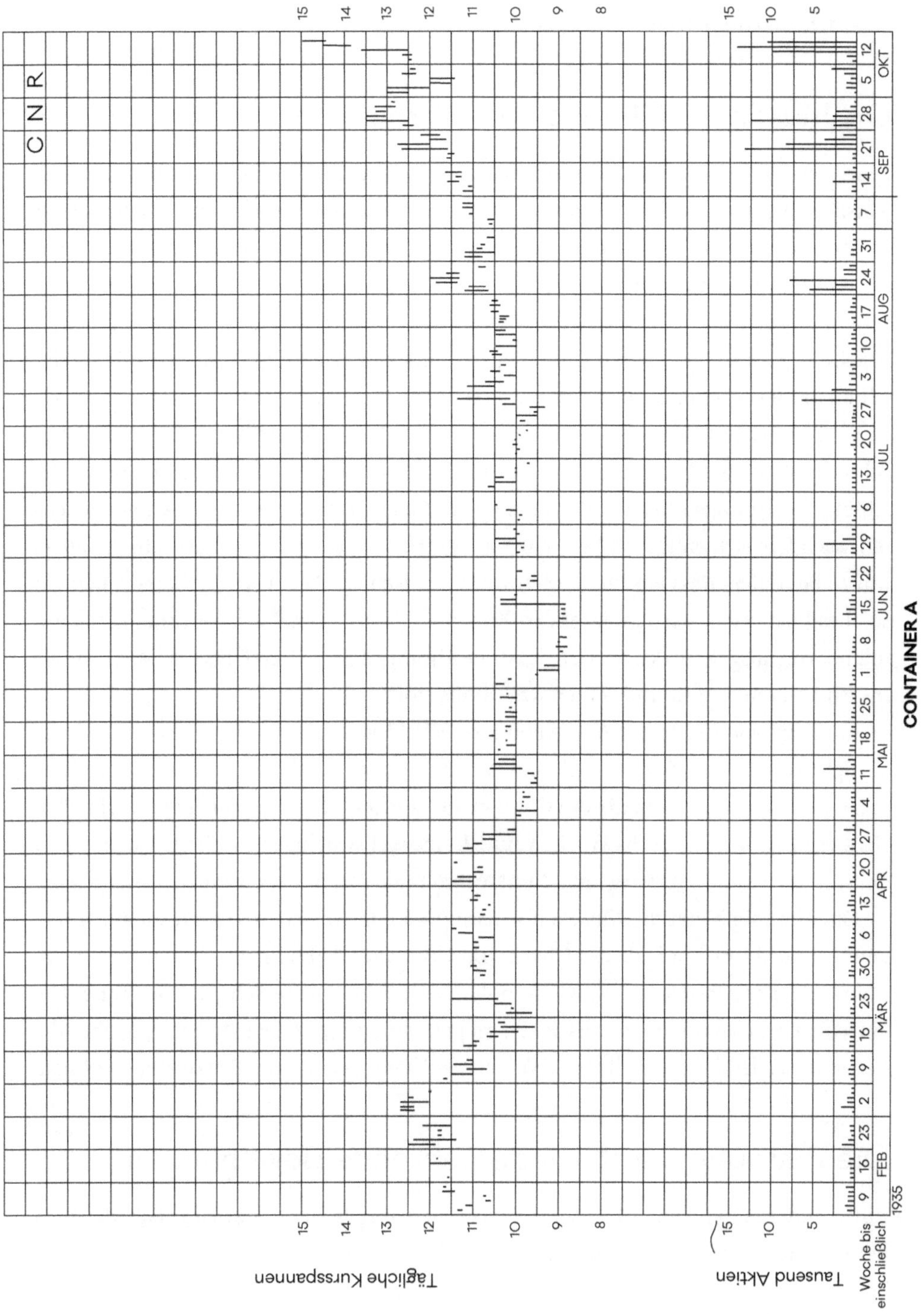

nicht das, worum es uns in dieser Studie geht; vielmehr interessieren wir uns für ähnliche Gewohnheitsbilder, die sich im Rahmen der laufenden Bewegungen innerhalb von intermediären Trends entwickeln.

Die Muschel – Chance und Warnung

Eines der wiederkehrenden Muster, die mit ausreichender Häufigkeit auftreten, ist die Muschel, die im Chart von Container-A über die ersten neun Monate des Jahres 1935 in Abbildung VII.11 zu sehen ist. Beachten Sie die Regelmäßigkeit der untergeordneten Anstiege und Rückgänge innerhalb des allmählichen Abwärtstrends der Aktie bis Juni und weiter über die ersten drei Monate des Aufwärtstrends bis in den September hinein. Besonders auffallend ist die Regelmäßigkeit beziehungsweise Periodizität der Minor-Böden – jeder Boden wird etwa sechs Wochen nach dem vorherigen erreicht.

Eine logische Erklärung für Bilder wie diese ließe sich schwerlich finden, aber schließlich ist eine Erklärung auch gar nicht notwendig. Wir brauchen lediglich die Abfolge beziehungsweise Wiederholung von Wellen des Kursgeschehens zu beobachten, nachdem sich einige solche Wellen in unserem Chart bildlich abgezeichnet haben, um zu begreifen, dass ein Phänomen von technischem Wert vorliegt. Sobald sich ein solches Phänomen wiederkehrenden Kursgeschehens einmal abgezeichnet hat, kann man davon ausgehen, dass es sich auf unbestimmte Zeit fortsetzt, bis ein neuer Faktor ins Bild hineinkommt und seinen Rhythmus stört.

Im Chart von Container A in Abbildung VII.11 kann der Student selbst sehen, wie abrupt das Muster in der ersten Oktoberwoche zerstört wurde. Die unmittelbar darauffolgende Bewegung, die in diesem Chart nicht zu sehen ist, kann man kurz als schnellen Anstieg innerhalb von sechs Wochen auf 19, eine sechswöchige Seitwärtsbewegung und dann einen weiteren Anstieg um 4 Punkte innerhalb von nur einer Woche beschreiben.

Offenkundig bietet die Muschelformation dem technischen Trader, sobald sie erkennbar wird (was im Falle des Charts von Container A durchaus schon in der ersten Maiwoche passieren konnte), wiederholte Gelegenheiten für schnelle Gewinne. Die einzelnen Transaktionen mit der Aktie mögen nur geringe Gewinne bringen, aber die Gesamtheit aller dieser möglichen „Wendungen“ kann sich mit der Zeit durchaus lohnen.

Die Warnung durch wiederkehrende Bewegungen

Einen anderen Typ von „Muschel“-Kursgeschehen zeigt der das zweite Halbjahr 1936 betreffende Chart von Commercial Solvents in Abbildung VII.12. Hier haben wir eine Wiederholung von Bewegungen vor uns, die einen unerfahrenen Trader fälschlicherweise dazu hätte verleiten können, eine verfrühte Position einzugehen. Jeder Aufwärtsschub sah in jeder Hinsicht nach dem Beginn einer profitablen Bewegung aus, aber jeder wurde gestoppt und der Kurs fiel wieder zurück. Ein derartiges Muster warnt uns, scheinbaren Ausbruchssignalen erst dann zu trauen, wenn der Chart zeigt, dass die Kontinuität gebrochen wurde und die Aktie ihre „schlechten Gewohnheiten" abgelegt hat.

Es versteht sich wohl von selbst, dass man die Charthistorie der Aktie gründlich studiert haben und dann in der Lage sein muss, prompt und entschieden zu handeln, um anhand wiederkehrender Kursbewegungen zu traden. Zudem muss man darauf gefasst sein, eine Position in der Minute aufzugeben, in der unerwartetes Kurs- oder Volumengeschehen eine Veränderung des Bildes anzeigt.

Die Kurslücke oder Gap – ein interessantes, aber oft auch irritierendes Phänomen

Unser nächster Untersuchungsgegenstand – die Kurslücke beziehungsweise das Gap – ist einer, über den schon viel geschrieben wurde. Zum Auftreten von Gaps wurden schon viele Theorien aufgestellt und hinsichtlich ihres Vorhersagewerts viele Behauptungen aufgestellt. Nimmt der Student des technischen Geschehens diese Theorien für bare Münze, ohne gewissenhafte Recherchen und praktische Tests durchzuführen, können sie ihn zu dem Glauben verleiten, Gaps seien für die Vorhersage von Marktbewegung von großer Bedeutung. Das Gap hat in der charttechnischen Prognostik durchaus seinen Platz, aber sein Wert ist vor allem bestätigender oder modifizierender Natur im Zusammenhang mit anderen Chartinterpretationen. Wie wir noch sehen werden, lässt sich ein Gap zum Zeitpunkt seines Entstehens nicht klassifizieren und mit der korrekten Interpretation versehen. Daher gehören Gaps nicht zu unseren wichtigen Formationen und Vorhersagefaktoren, sondern vielmehr zu den sekundären Chartformationen mit begrenztem Nutzen. Wir müssen sie erkennen, ihrem wahren Wert gemäß würdigen und sie nur dann nutzen, wenn wir es können.

Allgemeine Beschreibung des Gaps

Bei der Analyse der Insel-Umkehrformation in Studie V (Seite 213 f.) haben wir eine eher oberflächliche Einführung in das Gap gegeben, aber die Gap-Familie ist groß und eine detaillierte Untersuchung wert. In Studie V wurde erläutert, dass das Gap ein Streifen „offenes Gewässer" in einem Aktienchart zwischen den Kursspannen zweier aufeinanderfolgender Tage ist. Anders gesagt besteht es einfach darin, dass sich die Kursspannen der beiden Tage nicht überlappen. Ein Gap nach oben entsteht, wenn das Tief der Kursspanne eines Tages über dem Hoch des Vortags liegt; ein Gap nach unten entsteht, wenn ein Tageshoch unter dem Tief des Vortags liegt.

Das Gap hat in der charttechnischen Prognostik durchaus seinen Platz.

Abbildung VII.12

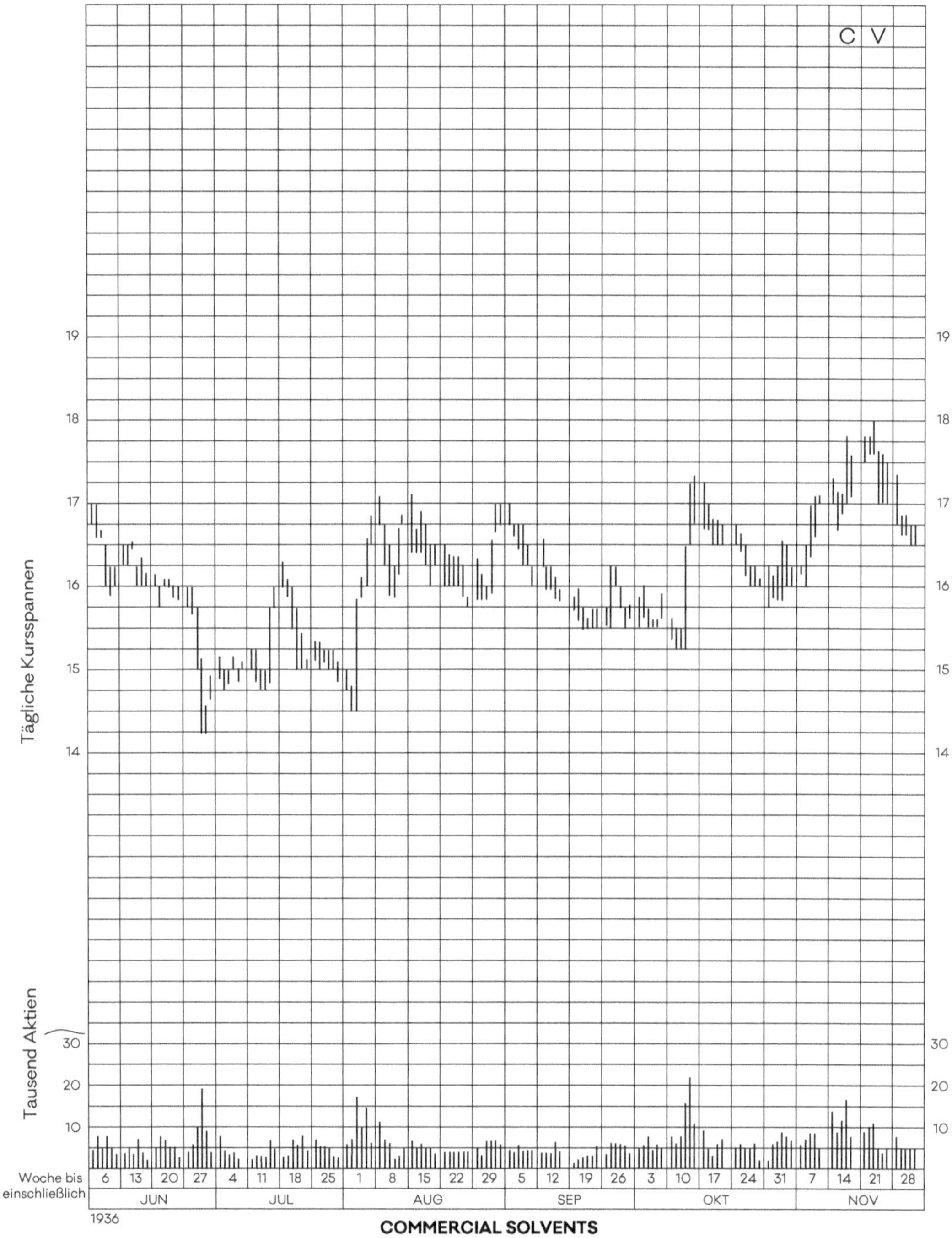

COMMERCIAL SOLVENTS

Gaps sind in dünn gehandelten Märkten häufiger

Da Kursbewegungen im Allgemeinen eher allmählich verlaufen, sodass sich die Kursspanne eines Tages üblicherweise mit derjenigen des nächsten Tages überschneidet, liegt die Überlegung nahe, dass das Fehlen eines solchen Überlappens, das ein Gap zur Folge hat, das Ergebnis einer ungewöhnlich schnellen Veränderung der technischen Situation sein muss. Bei Gaps, die sich in den Charts aktiv gehandelter Aktien bilden, trifft das mehr oder weniger zu, doch sogar in solchen Fällen wird der anormale Zustand für gewöhnlich zu einem frühen Zeitpunkt korrigiert und die Kursausschläge fallen wieder in die übliche Gewohnheit der überlappenden Schwankungen zurück.

Wenn allerdings eine Aktie einen „engen" Markt hat, also wenn sie inaktiv ist, wenig bekannt oder nur wenige Stücke im Umlauf sind, kann die Bildung von Gaps lediglich das Resultat dieses dünnen Marktes sein und ist es für gewöhnlich auch. In solchen Fällen darf man das Auftreten von Gaps keinesfalls als anormales Ereignis betrachten. Bei dünn gehandelten Aktien zieht sich die Überlappung häufig über mehrere Tage oder Wochen, während bei aktiv gehandelten Papieren täglich damit zu rechnen ist.

Der Chart von Allied Chemical (Abbildung VII.13) veranschaulicht die häufige Bildung von Gaps bei einer dünn gehandelten Aktie. Es liegt auf der Hand, dass solche Gaps keine technische Bedeutung haben, da sie einfach das natürliche Ergebnis eines engen Marktes für eine verhältnismäßig unbeliebte Aktie sind, von der nur sehr wenige Stücke im Umlauf sind.

Aktien mit recht großen Stückzahlen, die normalerweise über einen aktiven Markt verfügen, können manchmal die allgemeine Gunst verlieren oder aus verschiedenen Gründen vorübergehend inaktiv werden. In solchen Perioden bilden sie viele Gaps, die für unsere Studie nicht von Bedeutung sind. Beachten Sie beispielsweise die vielen Gaps in der zweiten Hälfte des Charts von Sharon Steel Hoop in Abbildung V.2, also in einem Zeitraum, in dem die Aktie inaktiv gehandelt wurde.

Gaps fallen in vier Kategorien

Nachdem wir die Gaps bei dünn gehandelten Aktien zumindest vorläufig abgeschrieben haben, müssen wir nun zur Untersuchung ihrer Bedeutung in den Charts aktiv gehandelter Papiere zurückkehren, wo sie – wie wir gesehen haben – einen anormalen technischen Zustand darstellen. Wir werden feststellen, dass man solche Gaps folgendermaßen in vier Gruppen einordnen kann:

Abbildung VII.13

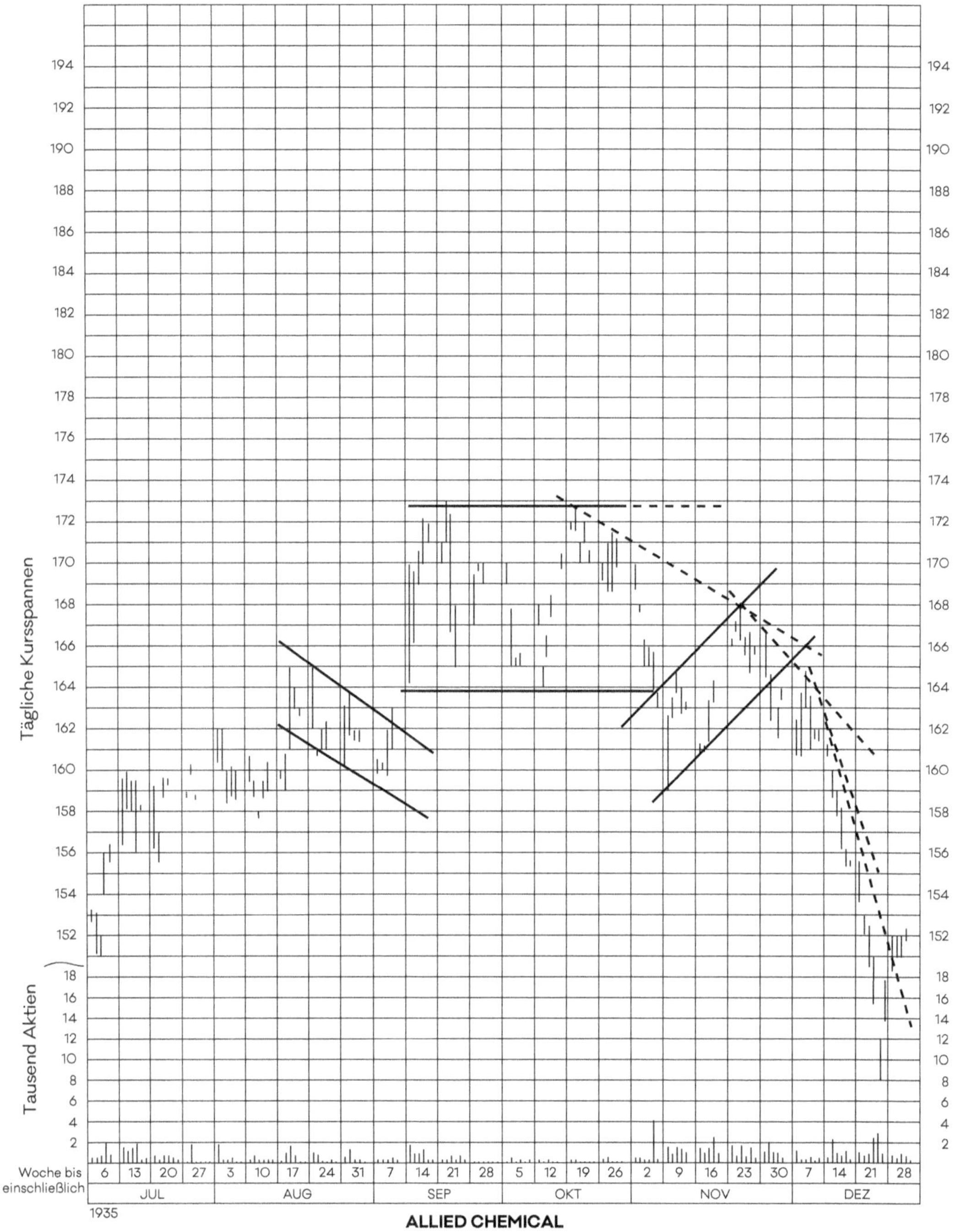

ALLIED CHEMICAL

1. Das Common Gap
2. Das Breakaway Gap
3. Das Fortsetzungs-Gap
4. Das Erschöpfungs-Gap oder Exhaustion Gap

Die Klassifizierung hängt davon ab, wo und wie sich das Gap bildet, und in gewissem Maße – wie wir bereits bemerkt haben – auch davon, was danach geschieht.

Das Common Gap – bald geschlossen

Das Common Gap ist in der technischen Terminologie die Art von Gap, die charakteristischerweise in nervösen Marktlagen auftritt und im Allgemeinen innerhalb von ein paar Tagen geschlossen wird, allenfalls nach ein bis zwei Wochen. Man spricht davon, dass ein Gap geschlossen wurde, wenn die Kursspanne zu einem *künftigen* Zeitpunkt wieder mit der Spanne überlappt, die dem Gap unmittelbar vorausgegangen war, sodass das „offene Gewässer" zwischen den beiden Kursspannen verschwindet. Bis dahin spricht man davon, dass das Gap noch offen ist.

Das Common Gap bildet sich im Allgemeinen während des Prozesses, durch den sich eine Bereichsformation bildet. Der Student wird in den Charts, die unsere bisherigen Studien illustrieren, sowie auch in fast allen Charts, mit denen er sich befasst, unzählige Beispiele dafür finden. Im Chart von Johns Manville in Abbildung III.12 gibt es zwischen den Punkten B und F gleich mehrere. Im Chart von Mack Trucks in Abbildung V.9 gibt es innerhalb der Rechteck-Bodenformation sieben Gaps. Eine Reihe gibt es auch innerhalb des umgekehrten Dreiecks im Chart von Sears Roebuck, Abbildung VI.6. Die Broadening Tops bei Air Reduction und United States Steel in den Abbildungen IV.14 und IV.15 sowie das umgekehrte Dreieck bei Standard Oil of NJ in Abbildung VI.7, das beinahe zu einem Broadening Top wurde – sie alle weisen häufiger Gaps auf, als man es bei ihren normalen Trends erwarten sollte. Beachten Sie, dass Gaps in aktiven, aber „nervösen" Marktlagen auftreten. Beachten Sie außerdem, dass so ungefähr die einzige Prognose, die man an Gaps dieses Typs knüpfen kann, darin besteht, dass sie bald wieder geschlossen werden und daher für die Technische Analyse keine großartige Bedeutung haben.

Das Breakaway Gap

Das Gap vom Breakaway-Typ ist in vielerlei Hinsicht so ziemlich das Gegenteil des Common Gaps. Es erscheint zu Beginn einer Bewegung sowie im Allgemeinen beim Abschluss einer klar definierten Bereichsformation. Es wird selten auf absehbare Zeit geschlossen, und wenn es von einer starken Major-Bodenformation ausgegangen ist, kann es sein, dass es niemals oder zumindest erst dann geschlossen wird, wenn der Kurs ein paar Jahre später in den nächsten großen Zyklus zurückkehrt. Das Breakaway Gap ist vergleichsweise selten und zeigt eine definitive Änderung des technischen Bildes an. Es deutet darauf hin, dass die technische Position der Aktie plötzlich so schwach beziehungsweise so stark geworden ist, dass das normale Verhältnis zwischen Kauf- und Verkaufstätigkeit vollkommen aus dem Gleichgewicht gebracht wurde, was daraus hervorgeht, dass die übliche Überlappung der Kursspanne fehlt. Daraus ergibt sich der logische Schluss, dass sich diese mangelnde Ausgewogenheit fortsetzt und eine kräftige Bewegung in der Richtung stattfindet, in der das Gap geöffnet wurde.

Beispiele für Breakaway Gaps

Wenn wir uns noch einmal dem Chart von Johns Manville in Abbildung III.12 zuwenden, sehen wir ohne Weiteres gleich den Unterschied zwischen Common Gaps und Breakaway Gaps. Das Breakaway Gap tritt bei J nach der Bildung des starken steigenden Dreiecks mit den vielen nervösen Common Gaps auf.

Weitere Beispiele für Breakaway Gaps sind im Chart von Pullman in Abbildung IV.13 beim Bruch der Nackenlinie des komplexen Bodens zu finden; im Chart von Auburn in Abbildung V.10 beim Ausbruch aus dem Fortsetzungsdreieck im Mai; im Chart von Electric Boat in Abbildung VI.1 beim Ausbruch aus dem langen Dreieck im November; im Chart von Electric Auto-Lite in Abbildung VI.12 beim Ausbruch aus dem Fortsetzungsrechteck im April; im Chart von Columbian Carbon in Abbildung VI.17 beim Ausbruch aus der Flagge im März; außerdem im Chart von New York Central in Abbildung III.14 beim Ausbruch aus der Keilformation im Februar. Dazu ist anzumerken, dass keines dieser Gaps innerhalb der jeweiligen Formation auftrat. In allen Fällen war sie bereits klar definiert, und das Gap erschien, als der Kurs aus dem Muster ausbrach.

Scheinbare Breakaway Gaps, die später geschlossen werden

Es gibt aber auch Fälle, in denen sich ein Gap beim Ausbruch aus einem Muster bildet, wonach der Kurs dreht, um das Gap zu schließen und sozusagen eine Ergänzung des Musters aufzubauen, bevor der wirkliche Ausbruch stattfindet. Ein Beispiel für ein solches Geschehen kann man im Chart von Republic Steel in Abbildung II.1 sehen. Der Kursverlauf in diesem Chart von Anfang Juli bis zum 8. August bildete ein symmetrisches Dreieck, aus dem der Kurs am 9. August mit einem Gap nach unten ausbrach und in der Nähe des Tagestiefs schloss. Abgesehen davon, dass es keine nennenswerte Volumenzunahme gab, schien dieses Geschehen ein gültiger Ausbruch zu sein, der einen Kursrückgang vorhersagte. Stattdessen lief der Kurs am nächsten Tag zurück und schloss am unteren Rand des Gaps, am Tag darauf wurde das Gap geschlossen, und im weiteren Verlauf bildete die Kursentwicklung ein weiteres Dreieck, aus dem am 23. August ein Ausbruch nach oben erfolgte. Das Volumen war an dem Tag, als das Gap geschlossen wurde, merklich höher als an dem Tag, an dem es sich geöffnet hatte. In diesem Fall hätte sich ein erfahrener Trader nicht in die Irre führen lassen, denn wie wir gelernt haben, sollte ein Ausbruch aus einem symmetrischen Dreieck durch das Handelsvolumen bestätigt werden, bevor man daraufhin Schritte unternimmt. (*Anmerkung:* Ein deutlicher Ausbruch nach unten aus einer Formation mit einer klar definierten *horizontalen* Begrenzungslinie braucht nicht am betreffenden Tag durch das Volumen bestätigt zu werden. In vielen derartigen Fällen – zum Beispiel bei rechtwinkligen Dreiecken und bei Rechtecken – nimmt das Volumen erst am nächsten Tag oder am zweiten Tag nach dem Ausbruch zu. Ausbrüchen aus symmetrischen Dreiecken sollte man hingegen so lange misstrauen, bis sie durch das Volumen bestätigt werden.)

Die Schwierigkeit der sofortigen Einordnung

So offenkundige Ausnahmen wie die im Chart von Republic Steel, die wir gerade besprochen haben, veranlassen Skeptiker gelegentlich zu dem Einwand, die Unterscheidung zwischen dem Common Gap und dem Breakaway Gap sei lediglich die Definition zweier gegensätzlicher Möglichkeiten, von denen sich notwendigerweise eine bewahrheiten muss. So dürfe beispielsweise jedes Gap, das frühzeitig geschlossen wird, per Definition nicht als Breakaway Gap betrachtet werden, während jedes Gap, das den Kurs so weit von der bisherigen Formation wegführt, dass es für einen langen Zeitraum nicht geschlossen werden kann, mehr oder weniger von Natur aus anzeigt, dass eine lange Bewegung folgen wird. Das ist ein echter Einwand gegen unsere Definition dieser beiden Arten von Gaps, aber nicht zwingend ein Einwand, der die Verwendungen von Gaps für Prognosen vollständig zunichtemacht.

Es ist ja tatsächlich immer schwierig und häufig sogar unmöglich, in dem Moment, in dem eine Kurslücke auftritt, sicher zu sein, ob sie ein Common Gap oder ein Breakaway Gap ist. Das ist der Hauptgrund, weshalb wir den diversen Gap-Theorien nicht allzu viel Glauben schenken dürfen und Gaps nur eine zweitrangige Bedeutung für Prognosen beimessen sollten.

Bleibt die Tatsache, dass die meisten Gaps, die deutlich aus einem etablierten Muster herausführen, nicht geschlossen werden – sie sind und bleiben echte Breakaway Gaps. Und je breiter das Gap bei einem Ausbruch, umso weniger wahrscheinlich wird es geschlossen.

Die praktischen Anwendungsmöglichkeiten des Breakaway Gaps

Es liegt natürlich auf der Hand, dass jedes Gap, das erscheint, wenn der Kurs aus einer technischen Formation ausbricht, den betreffenden Ausbruch umso auffälliger macht. Das Gap trägt dazu bei, unsere Aufmerksamkeit auf das Kursgeschehen im Chart zu lenken, und somit erweist es uns in dieser Hinsicht einen nützlichen Dienst, egal wie beschränkt seine sonstigen Funktionen auch sein mögen.

Des Weiteren ist die Bildung eines Gaps an einem solchen Punkt auf den ersten Blick ein Indiz dafür, dass eine drastische Änderung der technischen Position der Aktie stattgefunden hat. Daher ist es logisch, davon auszugehen, dass die nachfolgende Bewegung zumindest anfänglich schneller sein wird als eine Kursbewegung, die auf einen gewöhnlichen Ausbruch ohne Gap folgt, und tatsächlich bewahrheitet sich diese Schlussfolgerung in der Mehrzahl der Fälle. Die weitergehende Schlussfolgerung, dass die Bewegung nach dem Breakaway Gap aufgrund der plötzlichen Änderung der technischen Position ausgedehnter oder bedeutender sein wird, ist in der Praxis der Chartanalyse schwer nachzuweisen, jedoch gibt es in der Regel weitere Faktoren, die in technischer Hinsicht hilfreicher und bedeutsamer sind und von denen wir uns diesbezüglich leiten lassen können. So sind beispielsweise Größe und Charakter des Musters, welches das Fundament der Bewegung bildet, und die voraussichtlichen Niveaus, auf denen sie später auf Widerstand stoßen könnte (damit werden wir uns später noch in Studie IX befassen), für die Vorhersage von weitaus größerer Bedeutung als das Breakaway Gap an sich.

Das Breakaway Gap betont den Ausbruch des Kurses.

Kurz gesagt betont das Breakaway Gap den Ausbruch des Kurses und zeigt eine plötzliche Änderung des technischen Bildes an. Die bloße Tatsache, dass der Kurs deutlich aus der technischen Formation ausgebrochen ist, hat größere Bedeutung als das Gap. Wenn das Indiz des Gaps zu den ganzen anderen Indizien für einen deutlichen Ausbruch hinzukommt, ermuntert es uns, prompt und entschlossen zu handeln.

Fortsetzungs- und Erschöpfungs-Gaps

Wir haben nun das Common Gap, das schnell wieder geschlossen wird und innerhalb einer Formation oder einer allgemeinen Stauzone erscheint, und das Breakaway Gap besprochen, das auftritt, wenn der Kurs aus einer Formation ausbricht, und lange Zeit nicht geschlossen wird. Nun bleiben noch zwei weitere Spielarten des Gaps, die man wohl kaum mit den beiden ersten verwechseln kann, deren Unterscheidung voneinander jedoch zum Zeitpunkt ihres Entstehens schwierig sein kann. Es geht um das Fortsetzungs-Gap und das Erschöpfungs-Gap.

Der Chart von Woolworth für das zweite Halbjahr 1936 in Abbildung VII.14 wird dazu beitragen, den Unterschied zwischen Fortsetzungs- und Erschöpfungs-Gaps klarzumachen, und er enthält eine Reihe von Punkten, die eine sorgfältige Untersuchung rechtfertigen. Übrigens ist es auch interessant, diesen Chart mit dem Woolworth-Chart für die sechs unmittelbar vorangegangenen Monate in Abbildung II.5 zu vergleichen und dabei den starken Kursauftrieb auf 71 zu beachten, der auf die Bildung des Schulter-Kopf-Schulter-Bodens folgte.

Ab der zweiten Oktoberwoche muss das mit A gekennzeichnete Gap bei Woolworth offensichtlich als Breakaway Gap klassifiziert werden, das die starke technische Position betonte, die die Aktie entwickelt hatte. Darauf kamen in schneller Folge Gaps bei B, C und D. Beachten Sie, dass diese Gaps entstanden, nachdem sich der Kurs im Zuge einer anhaltenden schnellen Bewegung bereits weit von der vorherigen Stauzone entfernt hatte. Man konnte sie gewiss nicht als Breakaway Gaps klassifizieren, und in Anbetracht des zuvor Festgestellten dürfte es keinen Grund zu der Vermutung gegeben haben, dass sie schnell geschlossen würden und zum Teil einer weiteren Bereichsformation würden. B und C sind typische Fortsetzungs-Gaps, die eine Fortsetzung der aktuellen Bewegung in schnellem Tempo anzeigen. D bot bei seinem ersten Erscheinen ein etwas anderes Bild als B und C. Wir kommen später noch auf eine detailliertere Analyse des Gaps bei D zurück, gehen jedoch zunächst auf die Gaps E, F und G ein.

Das Verhältnis von Fortsetzungs- zu Breakaway Gaps

Das Gap bei E war ebenso wie das bei A eindeutig ein Breakaway Gap, das auftrat, als der Kurs aus der Wimpelformation ausbrach. Auch das Gap bei F stuft man wahrscheinlich am besten als Breakaway Gap ein, auch wenn bereits am 13. November ein Ausbruch aus der kleinen Stauzone signalisiert wurde, die einem steigenden Dreieck ähnelte. Wenn wir wollen, können wir die Kursbewegung am 13. November als eintägige Out-of-line-Bewegung und die Bewegung am 16. November als den eigentlichen Ausbruch bezeichnen. Darauf kommt es aber nicht an. Man kann ein Fortsetzungs-Gap tatsächlich auch einfach als besondere Form eines Breakaway Gaps betrachten beziehungsweise umgekehrt, da beide auf die schnelle Fortsetzung einer Bewegung hindeuten. Das eine tritt zu Beginn der Bewegung auf, das andere, nachdem sie bereits begonnen hat, und beide werden eine Weile nicht geschlossen. Daher kann man auch das Gap bei F im Woolworth-Chart als Fortsetzungs-Gap einordnen, und es ist sicherlich eines, wenn man das Zögern im Kursbereich von 63 bis 64 ignoriert und das Gap nur in Bezug auf den Anstieg von 60 bis 71 betrachtet.

Das Gap bei G ist wieder eindeutig ein Fortsetzungs-Gap, hingegen liegt bei H ein viel breiteres Gap vor, gefolgt von einem Umkehrtag und begleitet von sehr

Abbildung VII.14

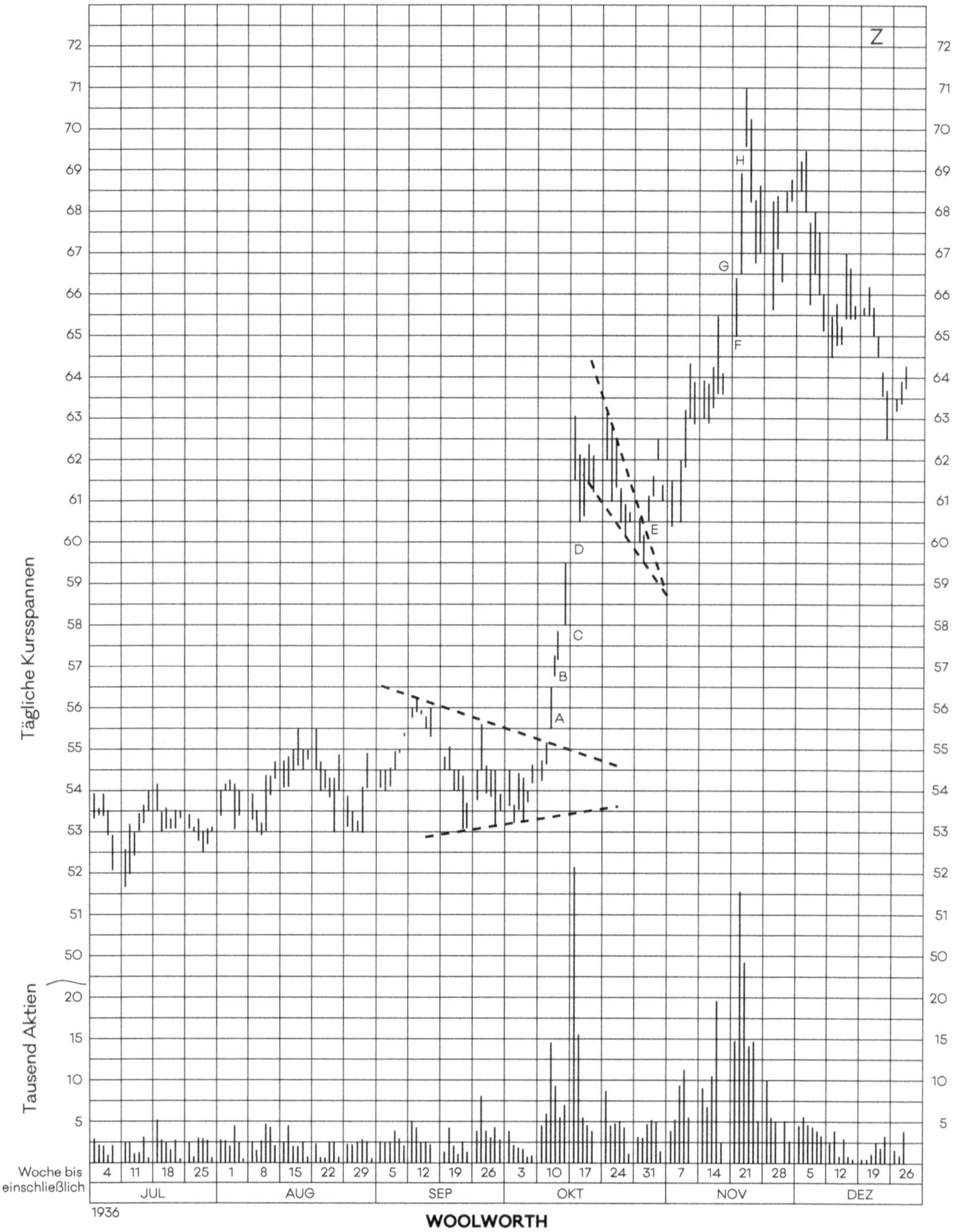

WOOLWORTH

hohem Volumen. Darauf folgte das Ende des Anstiegs. Das Gap bei H war ein Erschöpfungs-Gap, das den letzten Aktivitätsspurt signalisiert, der eine Bewegung „erschöpft" und auf eine frühzeitige Korrektur beziehungsweise intermediäre Umkehr vorausdeutet.

Merkmale des Erschöpfungs-Gaps

Das Erschöpfungs-Gap ist der vierte und letzte unserer wichtigen Gap-Typen. Es ist die logische Ergänzung der Gap-Serie. Das Common Gap zeigt nur kleinere Veränderungen an, meist in einer Stauzone; das Breakaway Gap deutet auf den Beginn eines starken Trends hin; das Fortsetzungs-Gap verspricht die schnelle Fortsetzung eines solchen Trends; und das Erschöpfungs-Gap schließlich legt den Abschluss der Bewegung und eine frühzeitige Wende nahe.

Wir werden sehen, dass man Erschöpfungs- und Fortsetzungs-Gaps leicht miteinander verwechseln kann. Es gibt kein Kriterium, anhand dessen man ein Gap an dem Tag, an dem es in einer schnellen Bewegung erscheint, positiv als den Fortsetzungs- oder den Erschöpfungstyp identifizieren kann. Es gibt allerdings eine Reihe recht zuverlässiger Indizien, mit deren Hilfe wir in der Mehrzahl der Fälle zu einer korrekten Einschätzung gelangen. Erstens erscheint das Erschöpfungs-Gap nach einer ausgedehnten Bewegung, die – soweit wir das beurteilen können – die gesamte Prognose der Formation erfüllt hat, aus der es hervorgegangen ist. Normalerweise tritt es am Ende eines sehr schnellen Kursanstiegs beziehungsweise Kursverfalls auf und selten ist es in einer solchen Bewegung das erste Gap. Die schnellen Anstiege und Rückgänge, die zu den extrem überkauften oder überverkauften Bedingungen führen, die Erschöpfungs-Gaps hervorbringen, beinhalten in der Regel (jedoch nicht immer) eines oder mehrere Gaps, die natürlich Fortsetzungs-Gaps sind.

Unter hohem Volumen gebildete Erschöpfungs-Gaps

Zweitens wird ein Erschöpfungs-Gap fast immer von einem Tag mit auffallend hoher Aktivität hervorgebracht. Beachten Sie das Volumen am 17. November im Chart von Woolworth. Anders gesagt wird das Erschöpfungs-Gap, das den Höhepunkt einer schnellen Bewegung darstellt, von dem äußerst hohen Volumen begleitet, das wir als Hinweis auf Höhepunkte oder plötzliche Wenden erwarten. Drittens weist das Kursgeschehen am Tag nach dem Gap für gewöhnlich, aber nicht immer, eine 1-Tages-Umkehr auf. Und viertens lässt die Kursentwicklung einen oder zwei Tage danach keine Zweifel mehr, denn das Erschöpfungs-Gap wird schnell wieder geschlossen. Und schließlich ist das Erschöpfungs-Gap in den meisten Fällen breiter als ein Fortsetzungs-Gap.

Im Hinblick auf diese Punkte kommen wir im Woolworth-Chart noch einmal auf die Serie der Gaps A, B, C und D zurück. Wie wir schon gesehen haben, ist das Gap bei A schnell als Breakaway Gap identifiziert. Das Gap bei B ist eine Fortsetzung und der einzige Aspekt, in dem es von dem abweicht, was wir als Idealtyp bezeichnen könnten, ist der Schlusskurs am unteren Ende der Kursspanne des nächsten Tages (8. Oktober). Wir müssen allerdings festhalten, dass dieses Gap nicht nach einer ebenso großen Bewegung wie beim vorangegangenen Muster samt Ausbruch auftrat, und auch, dass das Volumen am 8. Oktober merklich geringer war als am 7. Oktober.

Ein Erschöpfungs-Gap mit nur vorübergehender Wirkung

Das Gap bei C ist fraglos ein Fortsetzungs-Gap. Das Volumen war am 10. Oktober hoch, aber nicht extrem, und der Schlusskurs lag beim Hoch der Kursspanne des Vortags. D bietet hingegen ein anderes Bild. Zunächst einmal ist das ein für diese Aktie außerordentlich breites Gap – zwei volle Punkte –, das auf einen sehr schnellen Anstieg von beträchtlichem Ausmaß folgte. Sogar noch bemerkenswerter sind die Volumenspitze am 13. Oktober und die Tagesumkehr, die an jenem Tag vom Kursgeschehen bewirkt wurde. Das Gap bei D besaß alle Merkmale eines Erschöpfungs-Gaps. Vielleicht der einzige Aspekt, der uns veranlasst hätte, uns diesmal mit einem Urteil zurückzuhalten, war die Zurkenntnisnahme des äußerst bedeutsamen Fundaments für eine ausgedehnte Aufwärtsbewegung, das in den vorangegangenen Monaten gelegt worden war.

Trotzdem signalisierte das Gap bei D eine vorübergehende Erschöpfung der Kaufkraft, was bald klar wurde, und es musste eine weitere Formation gebildet werden, um sozusagen Kraft für eine Fortsetzung des Aufwärtstrends zu sammeln. Diese Formation nahm die Form eines Wimpels an, der – wie wir in Studie VI gesehen haben – eine der zuverlässigsten Fortsetzungsformationen ist. Das Auftreten dieses starken Musters und die Tatsache, dass es abgeschlossen wurde, bevor das vorangegangene Gap vollständig geschlossen war, belegte ausgiebig, dass die Bewegung keineswegs beendet war. Daher war das Gap bei D ein Erschöpfungs-Gap von nur vorübergehender Bedeutung.

Das Erschöpfungs-Gap ist nicht häufig

Das Erschöpfungs-Gap ist der am seltensten anzutreffende der vier grundlegenden Gap-Typen, und nicht alle Erschöpfungs-Gaps sind so klar und vollständig durch alle üblichen Indizien gekennzeichnet wie diejenigen, die wir im Chart von Woolworth analysiert haben. Ein weiteres Beispiel, das wir untersuchen können, ist in Abbildung VI.8 zu sehen. Das Gap zwischen dem 16. und dem 17. August war ein Erschöpfungs-Gap, aber erst dann als solches bezeugt, als es am nächsten Tag geschlossen wurde.

Beachten Sie jedoch die Volumenspitze (unter Berücksichtigung der Samstagsregel für das Volumen) am 17. August. Beachten Sie außerdem das Fortsetzungs-Gap in der Woche davor.

Das Gap zwischen dem 7. und dem 9. März im Chart von Electric Auto-Lite (Abbildung VI.12) erwies sich ebenfalls als Erschöpfungs-Gap, war aber zum Zeitpunkt seines Entstehens nicht als solches erkennbar. Das Handelsvolumen war am 9. März sicherlich hoch genug für einen Höhepunkt, doch zugegebenermaßen fehlten die ganzen anderen Signale und das Gap schien zunächst ein Breakaway Gap zu sein. Zum Glück sind solche extrem trügerischen Fälle selten.

Rückblick auf die Inselformation

An diesem Punkt unserer Untersuchung der Erscheinungsformen von Gaps ist es wohl geboten, noch einmal auf die Behandlung der Inselumkehr ab Seite 213 in Studie V zurückzukommen. Sie werden sich erinnern, dass die Erklärung für das starke Umkehrsignal der Inselformation auf der seltenen Verbindung eines Erschöpfungs-Gaps mit einem Breakaway Gap beruhte: Das erste Gap zeigt an, dass der bisherige technische Trend zu weit gelaufen ist, das zweite eine kräftige Bewegung in einem neuen Trend. Das erste Gap ist nicht immer klar als Erschöpfungs-Gap zu erkennen, vor allem dann nicht, wenn die Bildung der Insel mehrere Tage dauert, aber das zweite Gap, das ein Breakaway Gap ist, räumt etwaige Zweifel aus. Im Falle der 1-Tages-Insel sind die Indizien für ein Erschöpfungs-Gap normalerweise ganz offensichtlich. Beachten Sie beispielsweise das Kursgeschehen und die Volumenspitze bei der Bildung der 1-Tages-Insel-Umkehrformationen im Chart von Electric Bond and Share in Abbildung V.14. Vergessen Sie nicht, das im Chart zu sehende Volumen am Samstag, dem 17. August zu verdoppeln.

Gaps, die Fortsetzungsinseln bilden

Bei unserer Untersuchung der Inselumkehr haben wir kurz einen anderen Typ der Inselformation erwähnt, der durch ein Gap über der Stauzone und ein Gap unter der Stauzone entsteht, bei dem sich also die beiden Gaps nicht auf dem gleichen Kursniveau bilden. Eine solche Fortsetzungsinsel erscheint im Chart 1936 von US Industrial Alcohol (Abbildung VII.15) Anfang Mai. Die Gaps C und D machen aus der rechteckigen Stauzone zwischen 49 und 45 eine Insel. D könnten wir zwar als Breakaway Gap einstufen, aber logisch betrachtet sind C und D Fortsetzungs-Gaps, denn da alle Kursbewegungen zwischen 49 und 45 nur die Zeit eines Tages beanspruchten, dürften wir eigentlich nur das übliche Bild eines Fortsetzungs-Gaps haben. Bei E erschien ein weiteres Fortsetzungs-Gap, und F war ein Erschöpfungs-Gap, auf das ein Muster folgte, das eine Reihe von Common Gaps und eine Umkehr des vorherigen Abwärtstrends beinhaltete. Das Volumen am 11. Juni war nicht auffällig, außer wenn man es mit der Aktivität der Vorwoche vergleicht, aber ein definitiver Hinweis auf die Klassifizierung des Gaps bei F und auf die Änderung der technischen Position wurde dadurch gegeben, dass der Kurs am 12. Juni nicht fiel, um die Dividende auszugleichen, die an diesem „Ex-Tag" eigentlich hätte wegfallen müssen.

Eine anormale Inselumkehr

Im Chart von Industrial Alcohol erschien Anfang April nach dem Gap bei A noch eine weitere sehr interessante Formation. Wenn wir die Kursentwicklung am 7. April, die gerade weit genug reichte, um das Gap bei A zu schließen, missachtet hätten, dann hätte uns das zweite Gap bei B alle Merkmale einer Inselumkehr geliefert. Das Schließen des ersten Gaps machte diese Interpretation zwar bei strenger Anwendung der Regeln zunichte, aber das nachfolgende Kursgeschehen verwirklichte die Prognose der Inselumkehr. In diesem fortgeschrittenen Stadium unserer Studien ist es vielleicht angebracht, anzumerken, dass ein solches Geschehen keinesfalls einmalig ist und ein auf diese Art „zerbrochenes" Muster häufig trotzdem „funktioniert", vor allem wenn das erste Gap Erschöpfungsmerkmale besitzt. Beachten Sie die Volumenspitze am 2. April. In diesem Fall gaben uns die Messungsimplikationen der vorangegangenen Flaggenformation, die in Studie X behandelt werden, einen weiteren Hinweis.

Gelegentlich taucht eine andere Art von Formation auf, die streng genommen nicht als Inselumkehr gilt, weil sich die Gaps nicht auf dem gleichen Niveau bilden, aber ansonsten das komplette Erscheinungsbild einer Insel besitzt. Der im Chart von Bethlehem Steel (Abbildung IV.4) zu sehende Boden im Juli ist ein Extrembeispiel für eine solche Formation. Weitere Beispiele erscheinen im Chart von C&O (Abbildung IV.11) im November und im Chart von Pullman (Abbildung IV.13) Anfang Dezember. Solche Pseudo-Inseln „funktionieren" häufig in begrenztem Maße, aber der Anfänger sollte lieber nicht versuchen, anhand ihrer zu traden, wenn ihnen keine sichereren technischen Aspekte Bestätigung verschaffen, und auf keinen Fall ohne Schutz durch enge Stop-Losses. Einen gewissen Hinweis auf das wahrscheinliche Ausmaß der nachfolgenden Bewegung kann man aus den relativen Niveaus ableiten, auf denen sich die beiden Gaps bilden. Diesen Punkt kann der Student in kurzer Zeit untersuchen, indem er in beide Charts eine Linie einzeichnet, die durch die beiden Gaps verläuft, und ihre Neigung mit der darauffolgenden Kursbewegung vergleicht. Doch auch hier müssen wir wieder die Warnung aussprechen, sich nicht zu sehr auf Inseln zu verlassen, die sich nicht streng an die Regeln halten.

Abbildung VII.15

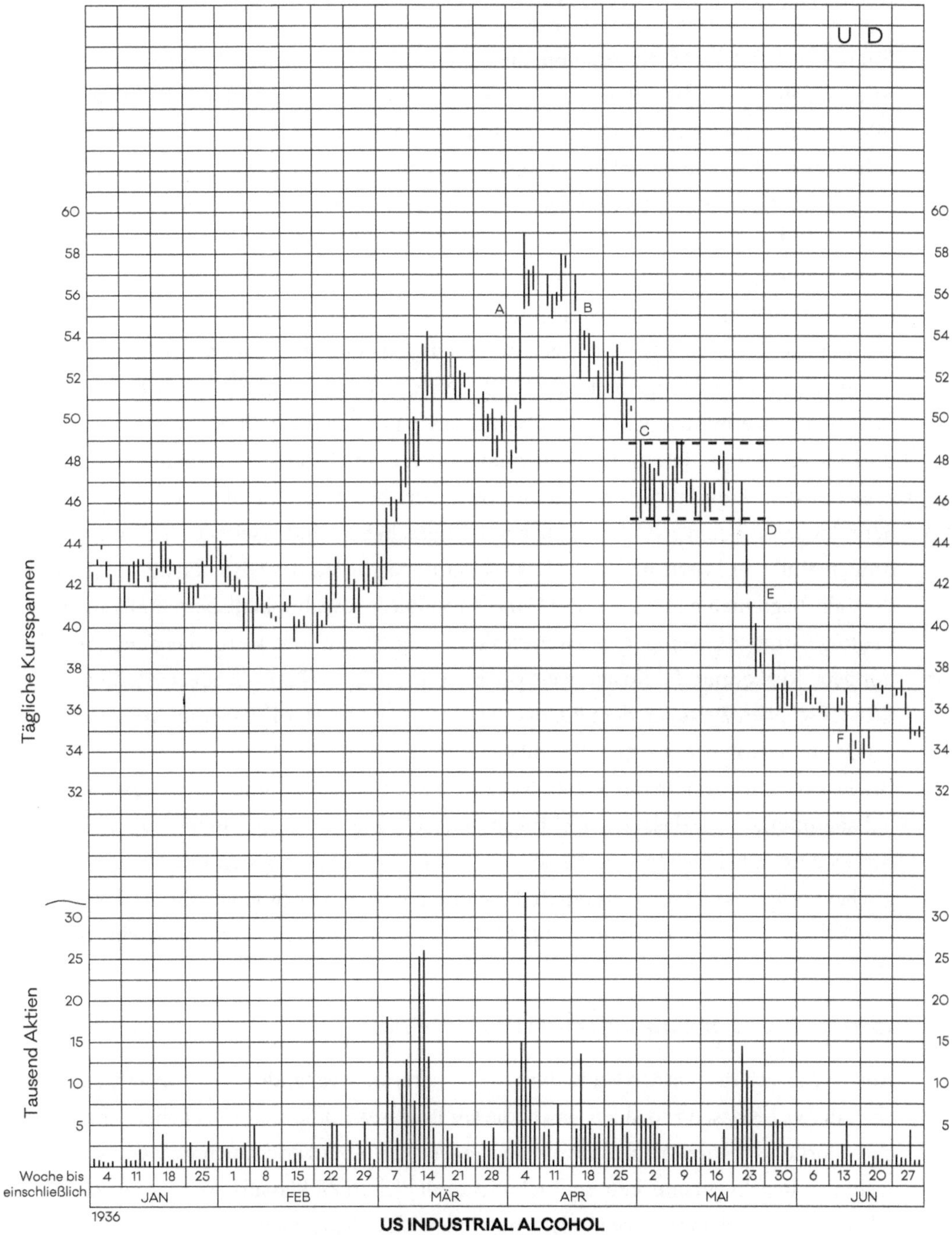

US INDUSTRIAL ALCOHOL

Begrenzte Vorhersagekraft von Inseln innerhalb von Mustern

Ein weiterer Typ der Inselformation, die der Neuling häufig zu ernst nehmen möchte, ist eine kleine Insel, die sich nach einer sehr kurzen vorangegangenen Kursbewegung bildet, und das häufig innerhalb der Grenzen eines großen Musters. Solche Inseln haben eine äußerst beschränkte Vorhersagekraft, die grob dem Ausmaß der Bewegung entspricht, die zu ihnen geführt hat. Diese Einschränkung gilt natürlich auch für die Mehrzahl der typischen Insel-Umkehrformationen, die sich außerhalb der Niveaus zuvor etablierter Muster bilden, aber in diesen Fällen hat die nachfolgende Kursbewegung natürlich ein profitableres Ausmaß.

Beispiele für kleine Inseln, die sich innerhalb von Stauzonen bilden, erscheinen im Chart von Woolworth in Abbildung VII.14. Natürlich ist es sehr gut möglich, dass es den Studenten ermüdet, sich diesen Chart anzuschauen, aber wir bitten ihn um Geduld und darum, ihn in diesem Zusammenhang noch einmal zurate zu ziehen. Die Gaps zwischen dem 4. und dem 5. September sowie zwischen dem 12. und dem 14. September bildeten mit dem zwischenzeitlichen Kursgeschehen eine Insel, die eine untergeordnete Rally umkehrte und den Kurs wieder ungefähr auf das Niveau trug, auf dem die Rally begonnen hatte. Schnelles Handeln auf diese Insel hin hätte bestenfalls einen Bruttogewinn von weniger als zwei Punkten eingebracht, was kaum das damit verbundene Risiko und die Kosten wert gewesen wäre. Ein weiteres Beispiel erschien in dem Geschehen zwischen dem 29. und dem 31. Oktober. Der Kursverlust von einem Punkt am nächsten Tag setzte die vollständige Prognose um, die von dieser 1-Tages-Insel zu erwarten war. In der letzten Novemberwoche erschien eine weitere Insel, wobei anzumerken ist, dass der nachfolgende Rückgang von dem Umkehrsignal, das bereits durch die Erschöpfung des schnellen Anstiegs auf 71 gegeben worden war, logischer vorhergesagt wurde als durch diese Insel, die man so begreifen könnte, dass sie lediglich die unmittelbar vorangegangene Rally von circa zwei Punkten umgekehrt hat.

Gaps, die der Klassifizierung trotzen

Auch wenn sich die meisten Gaps, die in den Charts aktiv gehandelter Aktien auftreten, einer der vier Klassen zuordnen lassen, die wir in dieser Studie analysiert haben – manche sofort und manche nach nur wenigen Tagen –, so gibt es doch auch viele Gaps, die nicht den Regeln entsprechen und sich nicht mit Sicherheit klassifizieren lassen. Aber selten, wenn überhaupt, werfen solche nicht identifizierbaren Gaps das allgemeine Bild um oder führen zu einer unzutreffenden Interpretation. Wie wir gesehen haben, muss sich jede Vorhersage anhand eines Gaps auf seine Beziehung zu dem gesamten Chartbild stützen, das seiner Entstehung vorausgegangen ist. Ein Gap, das keine offenkundige Verbindung zum vorangegangenen Kursgeschehen beziehungsweise keine Grundlage darin hat, sollte man mit Vorsicht genießen oder als Vorhersagefaktor vollständig abtun (außer als möglichen Unterstützungs- oder Widerstandspunkt, siehe Studie IX), wenn ihm die nachfolgende Kursentwicklung keine Bedeutung zu verleihen scheint.

Gaps an Ex-Dividende- und Ex-Bezugsrechte-Tagen

In Studie I (Seite 48) wurde bereits empfohlen, Ex-Dividende-Tage in den Charts zu vermerken. Theoretisch müsste der Kurs einer Aktie am ersten Tag, an dem sie an der Börse ohne das Recht gehandelt wird, die zuvor angekündigte Dividende zu beziehen, um den Betrag der Dividende sinken. Solche Tage, an denen die Dividende „abgeht" und die Aktie „ex Dividende" gehandelt wird, werden in Zeitungen, die vollständige Finanzberichte veröffentlichen, stets durch das Zeichen „x d" oder ein anderes Symbol hinter dem Namen der Aktie gekennzeichnet.

Werden auf eine Aktie 2,00 Dollar ausgeschüttet, dann müsste die Kursspanne am Ex-Tag im Chart eigentlich zwei Punkte unter derjenigen des Vortags liegen. In diesem Fall wäre ein Gap zwischen dem Vortag und dem Ex-Tag zu erwarten, vor allem wenn die Aktie zu dieser Zeit innerhalb eines engen Bereichs schwankt. Es liegt auf der Hand, dass ein Gap, das dem Dividendenbetrag entspricht, bei einer solchen Gelegenheit keine Bedeutung hat. Wenn jedoch das Gap um einen nennenswerten Betrag über die Dividende hinausgeht, hat es je nach Betrag eine begrenzte Bedeutung. Wenn es dem Chartisten schwerfällt, sich die Wirkung des Dividendenabzugs bildlich vorzustellen, kann er sie im Chart sichtbar machen, indem er die Kursspanne am Ex-Tag gestrichelt oder farbig um den Dividendenbetrag nach oben verlängert. Das hilft, das „eigentliche" Gap einzuschätzen, falls eines vorliegt.

Vernachlässigung von Gaps, die durch Ex-Dividende-Tage verursacht werden

In der Praxis werden technische Chartmuster selten dadurch aus dem Sattel geworfen, dass eine Aktie „ex" einer kleinen Dividendenzahlung gehandelt wird. Hohe regelmäßige Dividenden und außergewöhnlich hohe Ausschüttungen zum Jahresende können gelegentlich „abgehen", wenn eine Aktie innerhalb einer schmalen Formation schwankt, und der aus dem Dividendenabzug resultierende Absacker beziehungsweise die Korrektur kann in solchen Fällen einen scheinbaren Ausbruch oder zumindest eine Kursbewegung hervorrufen, die das Muster unbrauchbar macht. Ausbrüche, die offenkundig lediglich das Ergebnis einer normalen Ex-Dividende-Korrektur sind, sollte man selbstverständlich ignorieren und das nachfolgende Kursgeschehen beobachten, um den wahren technischen Trend herauszufinden.

Die gleichen Überlegungen gelten für die Auslegung von Gaps und Kursbewegungen, die dadurch hervorgerufen werden, dass eine Aktie „ex Bezugsrechte" gehandelt wird, allerdings lässt sich der Wert der Bezugsrechte häufig nur schwer exakt einschätzen.

Zusammenfassung der Untersuchung von Gaps

Kurz zusammengefasst haben wir gelernt, dass das Common Gap unter den vier erkennbaren Typen die geringste Bedeutung trägt und höchstens eine frühzeitige Rückkehr zum normalen Kursbereich vorhersagt. Auch das Breakaway Gap hat über die Betonung eines Ausbruchs aus einem technischen Muster sowie über die Andeutung einer schnellen nachfolgenden Bewegung hinaus nur geringe Bedeutung. Das Fortsetzungs-Gap ist ebenso wie das Breakaway Gap vor allem als Betonung der Stärke und Schnelligkeit der Kursbewegung nützlich, in deren Rahmen es entsteht. Der wichtigste der vier Typen ist das Erschöpfungs-Gap, das sich – hoffentlich – in den meisten Fällen erkennen lässt, und zwar nicht nur am Ausmaß der vorangegangenen Bewegung, sondern auch daran, dass es gewöhnlich von hohem Volumen begleitet wird und gleich danach Hinweise auf eine Umkehr folgen.

Wir haben gelernt, dass man Gaps in Bezug auf das gesamte vorangegangene und damit einhergehende Chartbild analysieren muss. Man sollte ihnen bestenfalls einen zweitrangigen beziehungsweise bestätigenden Wert beimessen.

Und schließlich sind sie wie auch andere technische Phänomene und Muster nicht unfehlbar. Insbesondere Gaps können unklar und irreführend sein, wenn man eine zu hastige Analyse versucht. Wenn man sie hingegen als untergeordnete Indikatoren im Zusammenhang mit dem restlichen Chartbild betrachtet, bieten sie eine entscheidende Hilfe bei der Abwägung aller technischen Faktoren, durch die man zu einer angemessenen Prognose des künftigen Trends gelangt.

Später noch zu untersuchende Implikationen von Gaps

Nebenbei haben wir bereits auf die Verwendung von Gaps im Zusammenhang mit Unterstützung und Widerstand hingewiesen, die wir später bei unseren allgemeinen Betrachtungen zu Unterstützungs- und Widerstandsniveaus in Studie IX aufgreifen werden. Es gibt noch eine andere Anwendung des Gap-Phänomens im Kursgeschehen auf die Prognose von Kursbewegungen, die wir ebenfalls auf eine spätere Studie verschieben. Es wurden bestimmte Theorien zur Messung des Ausmaßes von Kursbewegungen anhand von Gaps vorgebracht, die von beträchtlichem Interesse sind, wenngleich nicht ganz verlässlich. Diese Theorien werden unter dem allgemeinen Thema der Messformeln in Studie X umfassend behandelt.

Bevor wir die jetzige Besprechung der Gaps verlassen, sollten wir noch hinzufügen, dass manche Chartisten die verschiedenen Regeln bei Gelegenheiten anwenden, bei denen kein echtes Gap auftritt, sondern sich lediglich die Kursspannen zweier aufeinanderfolgender Tage nicht überlappen – oder in denen für sich betrachtet ein nennenswertes Gap zwischen dem Schlusskurs eines Tages und der Kursspanne des nächsten vorliegt. Dahinter steht zwar insbesondere im letzteren Fall eine gewisse Logik, aber es liegt nahe, dass echte Gaps, die eine größere und offensichtlichere Abweichung von der Normalität darstellen, bei der Technischen Analyse ein größeres Gewicht haben müssen. Wenn das Gap-Geschehen nicht zweifelsfrei ist, müssen die üblichen Implikationen eines Gaps zumindest im entsprechenden Verhältnis abgeschwächt werden.

Studie VIII

Trendlinien

- Die Trendlinie – eine Arbeitsdefinition
- Beispiele für langfristige Trendlinien
- Die Theorie der Trendlinien
- Praktische Verwendungen von Trendlinien
- Die Methode von Versuch und Irrtum beim Zeichnen von Linien
- Die richtigen Winkel für Trendlinien
- Im Chart üben
- Eine vorläufige Trendlinie erscheint
- Die nächsten sechs Monate
- Muster, die innerhalb von Trends auftreten
- Festlegung einer neuen langfristigen Trendlinie
- Vervollständigung des Bildes bei Baltimore and Ohio
- Trading anhand einer einfachen primären Trendlinie
- Die doppelte Trendlinie beziehungsweise der Trendkanal
- Einzeichnen paralleler Trendlinien
- Versuch und Irrtum beim Einzeichnen paralleler Linien
- Nutzung des Major-Trends
- Relative Gewinne mit dem Major-Trend und gegen ihn
- Trendlinien helfen, „die Gewinne laufen zu lassen"
- Trendlinien geben häufig frühzeitige Umkehrsignale
- Horizontale Trading-Ranges
- Trendlinien als Umkehrindikatoren
- Was stellt einen signifikanten Trendbruch dar?
- Das Volumengeschehen beim Bruch einer Trendlinie
- Gefächerte Trendlinien und sich abflachende Trends
- Sich abflachende Trends im Zusammenhang mit Rounding Turns
- Muster helfen bei der Interpretation von Trendlinien
- Der Rückschlag nach Trendbrüchen
- Die praktische Verwendung des Rückschlags
- Einschätzung des wahrscheinlichen Ausmaßes der Bewegung anhand von Trendlinien
- Trendlinien im logarithmischen Maßstab
- Der logarithmische und der arithmetische Maßstab im Vergleich

ALLGEMEINE ÜBERSICHT ÜBER DAS HANDELSVOLUMEN

- Bei der Untersuchung des Volumens ist die Vorgeschichte wichtig
- Bereits besprochene Volumenmerkmale
- Das Volumen als Hinweis auf eine Wende
- Das typische Volumengeschehen bei Trendwenden
- Unterschiede zwischen Volumencharts bei Hochs und Tiefs
- Das Volumengeschehen bei vorübergehenden Trendunterbrechungen
- Volumenrückgang bei der Bildung von Formationen
- Das Volumen als Hinweis auf eine Fortsetzung
- Das Verhältnis zwischen Volumen und Kursbewegung
- Das Verhältnis zwischen Volumengeschehen und dem grundlegenden Trend
- Beim Trading auf Intermediate-Trends am nützlichsten

DIE DOW-THEORIE

- Die beiden Indizes, die Dow verwendete
- Die wichtigsten Grundsätze der Dow-Theorie
- Anwendung auf den Aktienhandel

In den bisherigen Studien haben wir die verschiedenen einzelnen Chartformationen und Phänomene detailliert untersucht, die in gewissen Abständen innerhalb von Trends oder bei Trendwenden auftreten. Jetzt sind wir bereit, die weiteren Aspekte des Kurs-, Trend- und Volumengeschehens aufzugreifen. Diese Themen sind vielleicht weniger eindeutig als unsere grundlegenden Vorhersagemuster, aber trotzdem wichtig, vor allem für die Einschätzung übergeordneter Zyklen und Wenden. Sie führen zu langfristigen Ausblicken auf den Aktienmarkt, aber wir werden sehen, dass dieser langfristige Blickpunkt auch bei unseren Handelsgeschäften anhand unmittelbarer Kursbewegungen stets hilfreich sein kann. Dank der Korrelation zwischen den breiteren Implikationen von Trends und den grundlegenden Einzelformationen können wir das technische Kursgeschehen vollständiger erfassen.

Die Trendlinie – eine Arbeitsdefinition

Der erste unserer grundlegenden Untersuchungsgegenstände in dieser Studie ist die Trendlinie, ein Thema, mit dem der Student wahrscheinlich schon etwas vertraut ist, da sie die erste technische Manifestation des Marktes war, die beobachtet wurde, und bereits viel darüber geschrieben wurde. Die Tatsache, dass sich Aktien einzeln und als Gesamtheit in ziemlich klar definierten Trends bewegen, ist seit Langem anerkannt und wird von Ökonomen sowie von Praktikern des Tradings untersucht. Die Dow-Theorie, die wir dann später besprechen werden, beruht auf dem allgemeinen Trendgeschehen. Die frappierende Gleichmäßigkeit und Festlegung der großen Trends sind einige der ersten Punkte, die man bei einer oberflächlichen Untersuchung langfristiger Charts einzelner Aktien oder von Indizes feststellt.

Eine Trendlinie ist eine gerade Linie, die im Chart durch die maßgeblichen Grenzen einer Kursbewegung gezogen wird, um den Trend der Marktbewegung zu definieren.

In der Praxis können Trendlinien jede beliebige Länge haben und einen Major-, Intermediate- oder Minor-Trend beziehungsweise die Grenzen einer Bereichsformation definieren. Je weiter sie reichen, umso wertvoller und bedeutsamer werden sie für die technische Prognose. Normalerweise werden sie durch zwei oder mehr Hochs beziehungsweise Tiefs gezogen, doch es ist auch zulässig, sie schwach innerhalb der Extrema einiger einzelner Kursspannen zu zeichnen, wenn diese Konstruktion sie durch eine größere Anzahl von Hochs oder Tiefs des allgemeinen Trends führt, was durchaus der Fall sein kann. Diese Abweichung von der strengen Konstruktion, die durch Extremwerte verläuft, ist deshalb zulässig, weil es zutrifft, dass eine Trendlinie umso verlässlicher ist, je mehr Extrema sie berührt.

Beispiele für langfristige Trendlinien

Es wird uns helfen, zu einer klareren und vollständigeren Definition der Trendlinie und der Art zu gelangen, wie sie gezeichnet wird, wenn wir hier eine Pause einlegen und zwei Beispiele für das Trendgeschehen in langfristigen Charts untersuchen. Die monatliche Kursspanne des Dow Jones Industrial Average von 1924 bis 1936 ist in Abbildung VIII.1 zu sehen. Der Monatschart von Bethlehem Steel für den gleichen Zeitraum wird in Abbildung VIII.2 dargestellt. Die durchgezogenen diagonalen Linien in diesen Charts sind übergeordnete Trendlinien; die gestrichelten Linien sind sekundäre oder untergeordnete Trendlinien, die wir später noch besprechen werden.

Das zweifellos beeindruckendste Merkmal dieser beiden Monatscharts ist die außerordentliche Genauigkeit, mit der die Trendlinie der Baisse 1929 bis 1932 (in beiden Fällen E bis F) die oberen Grenzen aller zwischenzeitlichen Rallys innerhalb des Major-Trends definiert. Bevor wir uns weiter zu diesen Charts äußern, muss allerdings noch ein Punkt festgehalten werden. Die primären Trendlinien werden in Abwärtstrends durch Hochs und in Aufwärtstrends durch Tiefs gezogen. Der Grund dafür ist, dass die Erfahrung gezeigt hat, dass solche Linien bedeutsamer und zutreffender sind als Linien, die die anderen Seiten der Trends begrenzen. Man kann diese Regel auch so formulieren, dass primäre Trendlinien durch die rechtsseitigen Begrenzungen diagonaler Kurstrends gezogen werden.

Eine Trendlinie ist umso verlässlicher, je mehr Extrema sie berührt.

Die Theorie der Trendlinien

Wie nützlich Trendlinien sind, hängt von unserem grundlegenden Lehrsatz ab, dass eine technische Position oder eine Kursbewegung, nachdem sie etabliert sind, so lange fortbesteht, bis etwas passiert, das die technische Situation ändert. Auf den ersten Blick mag es scheinen, als böte dies wenig Trost, denn wir wissen ja, dass sich eine technische Situation jederzeit ändern kann. Jedoch bewegen sich Aktien, wie ein flüchtiger Blick auf fast jeden Chart zeigt, definitiv in Form von Trends. Je machtvoller die Ursachen sind, die eine im Chartbild zu erkennende Kursbewegung hervorrufen, umso klarer definiert wird der Trend sein, umso länger wird er fortgesetzt und umso profitabler wird er für den Trader sein. Sobald ein Trend recht gut begrenzt ist, spricht die Wahrscheinlichkeit deutlich für seine Fortsetzung.

Allgemein liegt der größte Nutzen der Trendlinien darin, dass sie die Aufmerksamkeit auf den hauptsächlichen Kurstrend lenken. Wenig nützen sie während des Prozesses der Bildung einer Bereichsformation, wo der Kurs weder nach oben noch nach unten vorankommt. Ihre größte Bedeutung hingegen erlangen sie, wenn der Kurs eine recht regel-

Abbildung VIII.1

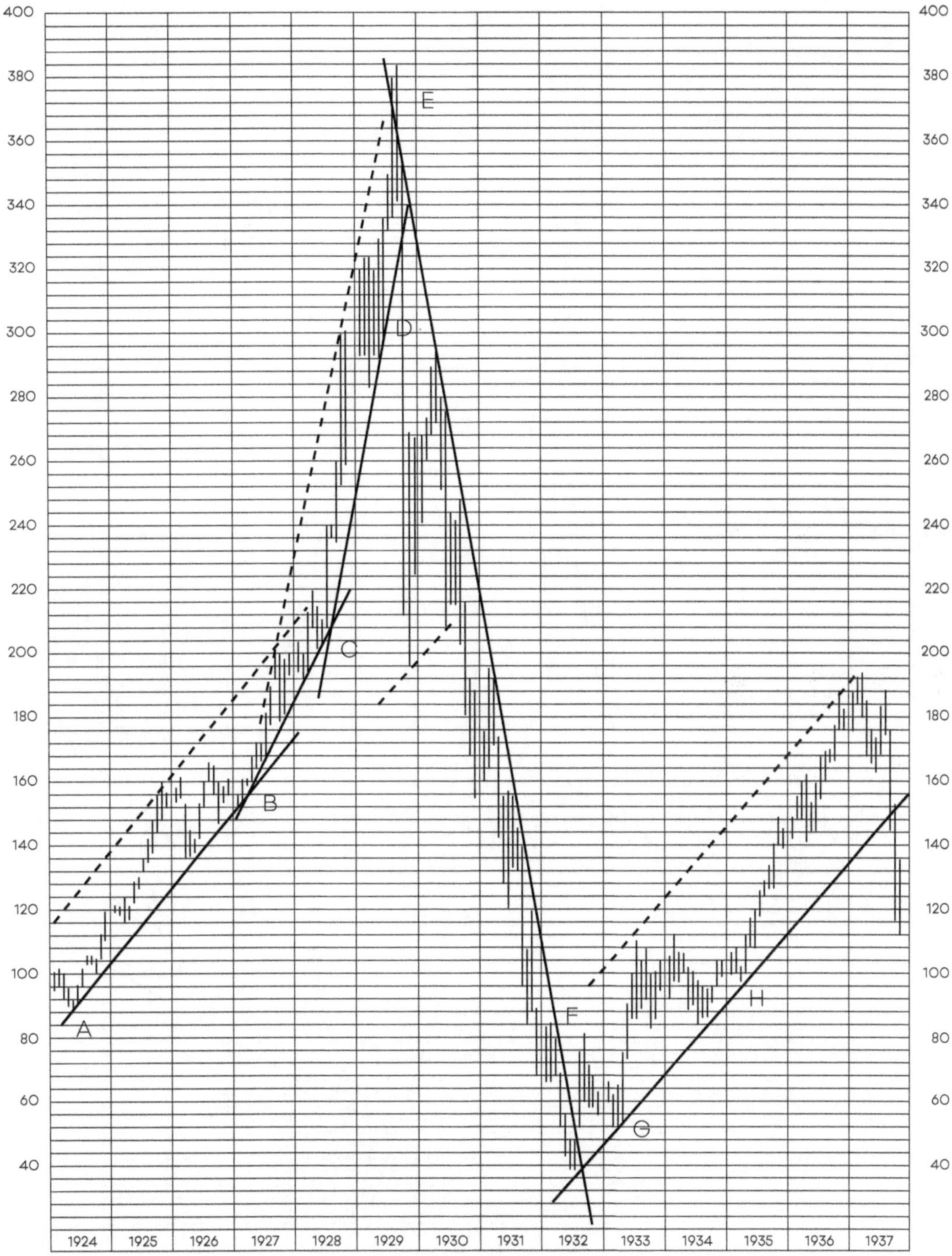

Monatliche Kursspannen
DOW JONES INDUSTRIAL AVERAGE

Abbildung VIII.2

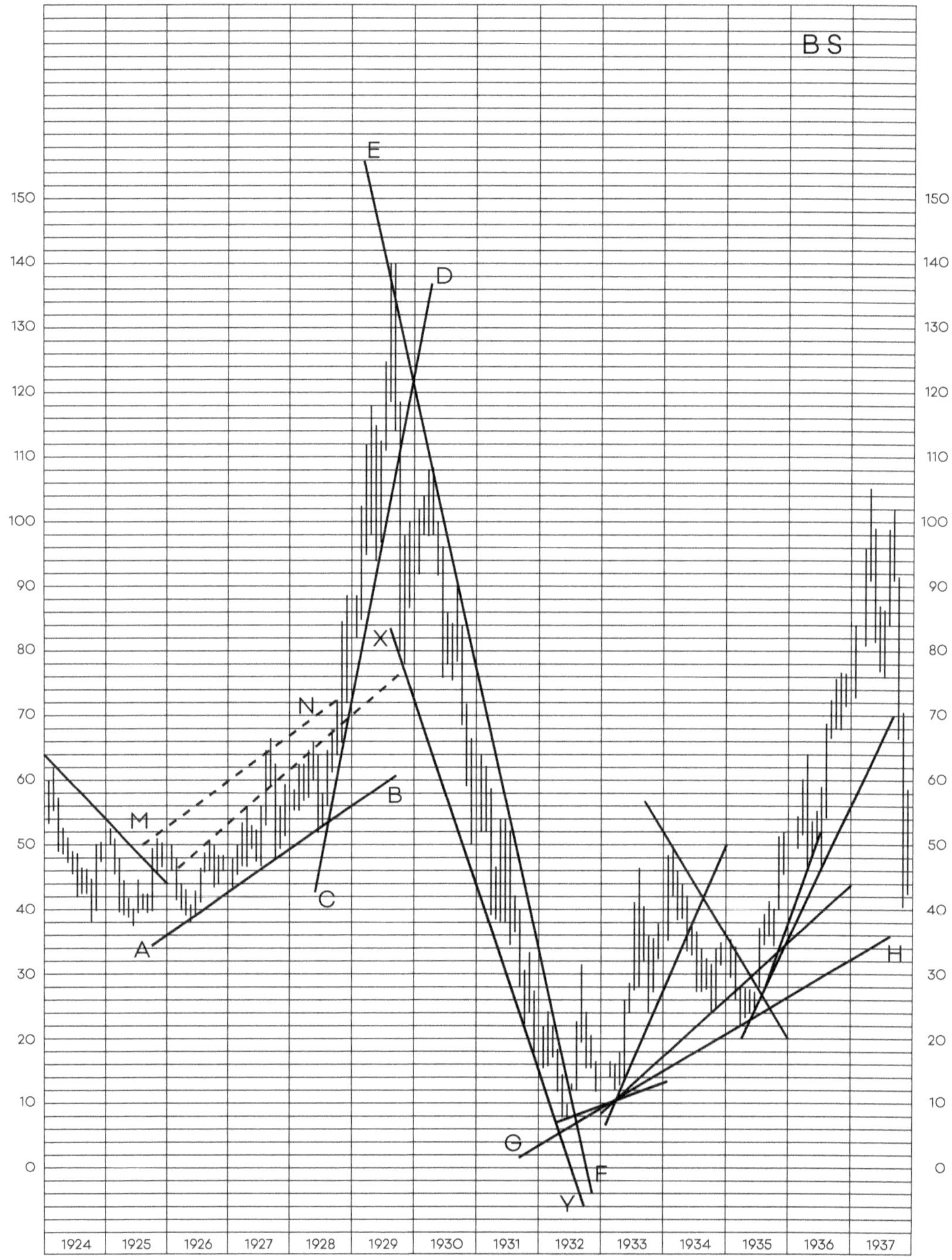

Monatliche Kursspannen
BETHLEHEM STEEL

mäßige Bewegung nach oben oder nach unten beschreibt. Die nützlichsten Trendlinien sind daher solche, die in einem Winkel – diagonal – durch den Chart gezogen werden.

Praktische Verwendungen von Trendlinien

Trendlinien sind von großem praktischem Wert für die Ermittlung der wahrscheinlichen Grenzen intermediärer Rückgänge und Erholungen innerhalb bestehender Major-Trends beziehungsweise von Minor-Rallys und -Reaktionen innerhalb bestehender Major-Trends. Egal wie klar sie definiert sind, unterliegen sie fast immer intermediären Umkehrbewegungen. Doch solange keine Major-Umkehr erscheint, kehrt die Kursbewegung meist in den zuvor etablierten Trend zurück. Indem Trendlinien solche Trends konturieren, liefern sie uns die theoretischen Grenzen von Kursausschlägen und helfen uns, das wahrscheinliche äußerste Ziel der nächsten Wende innerhalb eines vorliegenden Trends vorherzusagen.

Auch im entgegengesetzten oder negativen Sinne leisten Trendlinien großartige Dienste, nämlich wenn sie durchbrochen werden. Irgendwann müssen Trendlinien zwangsläufig durchbrochen werden, denn der Aktienmarkt verfolgt niemals ewig nur eine einzige Richtung. Sie werden durchbrochen, sobald eine bedeutende Wende der technischen Bewegung stattfindet, und dann werden sie nützlich, da sie unsere Aufmerksamkeit bereits auf solche Umkehrbewegungen lenken, wenn sie sich noch im Anfangsstadium befinden. Daher brauchen wir Trendlinien nicht zu verfluchen, wenn sie durchbrochen werden, vor allem nicht, wenn sie sich bereits als lang, zuverlässig und profitabel erwiesen haben. Vielmehr sollten wir sie dafür segnen, dass sie derart profitabel waren und uns nun mitteilen, dass eine Änderung wahrscheinlich ist.

Somit erfüllen Trendlinien einen doppelten Zweck. Solange sie halten, definieren sie die Fortsetzungslinie einer Bewegung, und wenn sie durchbrochen werden, kündigen sie eine wahrscheinliche Wende an und raten uns, die alten Linien zu vergessen und uns auf die Suche nach neuen zu machen, die den neuen Trend definieren.

Die Methode von Versuch und Irrtum beim Zeichnen von Linien

Für sich genommen sind Trendlinien allerdings keine mit Rosen bestreuten Pfade zu einer definitiven Börsenprognose und zu Gewinnen. Sie sind ebenso wie alle anderen Chartphänomene, die wir untersucht haben, fehlbar. Und zuverlässige Trendlinien sind nicht immer leicht und schnell zu definieren. Die Ermittlung und Verwendung von Trendlinien ist in beträchtlichem Maße eine Sache des richtigen Gefühls, der Vertrautheit und der Erfahrung. Hinzu kommt, dass beim Zeichen oder Platzieren von Trendlinien sogar bei erfahrenen Profis viel Versuch und Irrtum im Spiel sein kann.

Niemand kann einen Chart hernehmen, sofort Trendlinien einzeichnen und sicher sein, dass dies die richtigen oder auch nur die besten Trendlinien sind, die man als Fortsetzung der aktuellen Bewegung hätte einfügen können. Das ist genauso unmöglich wie eine absolut sichere Vorhersage eindeutiger künftiger Kurse.

Im Gegenteil: Je erfahrener der Chartstudent ist, umso bescheidener wird er mit seiner derzeitigen oder vorherigen Ansicht sein und umso bereiter und umso mehr willens wird er sein, seine zuvor gezogenen Trendlinien aufzugeben und eine andere Linie beziehungsweise eine andere Zusammenstellung von Linien auszuprobieren, wenn das Geschehen im Kurschart darauf hindeutet, dass eine solche Revision klug wäre.

Die richtigen Winkel für Trendlinien

Insbesondere gibt es einen großen Spielraum dafür, den Winkel einer Trendlinie zu ändern. Was zunächst wie eine Major-Bewegung aussieht, kann sehr scharf und steil beginnen. Als Analyst ist man durchaus berechtigt, entsprechende Trendlinien einzuzeichnen, um diesen ursprünglichen Winkel der Bewegung zu definieren, aber ein erfahrener Analyst wird bei seinem mentalen Vorbehalt bleiben, dass der Anstiegs- oder Abstiegswinkel viel steiler ist als bei dieser Aktie üblich und die Linie wahrscheinlich später verändert werden muss.

Somit weiß er, inwieweit er den Trendlinien vertrauen darf, welche die Bewegung bis dahin erfordert. Wenn spätere Bewegungen den Winkel seiner zu steilen Trendlinie verkleinern, wird er eher dankbar als verärgert sein, denn natürlichere Winkel versprechen mehr Verlässlichkeit und Dauerhaftigkeit.

Andererseits weiß der erfahrene Analyst ungefähr, wie klein ein Winkel bei der betreffenden Aktie gefahrlos sein darf, ohne dass er eine tatsächliche Umkehr nahelegt. Wenn sich die bisherige steile Bewegung ein paarmal abflacht, zeichnet er mit Freuden neue Trendlinien ein. Wenn aber die späteren Bewegungen den Winkel des bisherigen Trends um ein gewisses Maß unter den üblichen Trendwinkel herabsetzen, wird er gegenüber dem bisherigen Trend misstrauisch und hält nach Anzeichen für eine bedeutsame Wende zum entgegengesetzten Trend Ausschau.

Im Chart üben

Wir können die theoretische Diskussion des Zeichnens von Trendlinien in den vorangegangenen Absätzen auf die Probe stellen und eine eher praktische Vorstellung vom Trendgeschehen gewinnen, indem wir Abbildung VIII.3 analysieren. Dieser Chart zeigt das Kurs- und Volumengeschehen bei Baltimore and Ohio im zweiten Halbjahr 1935.

Abbildung VIII.3

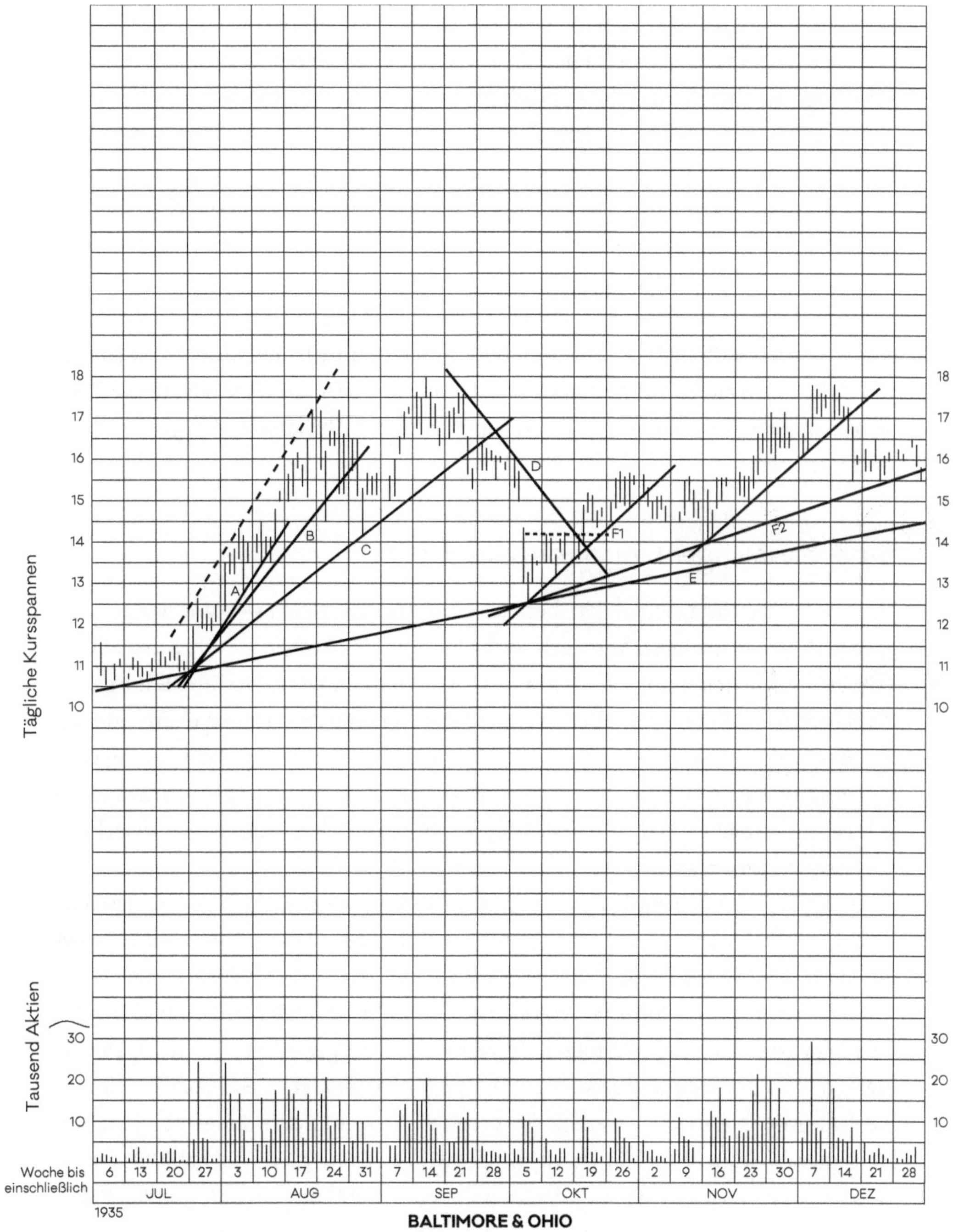

BALTIMORE & OHIO

Am 22. Juli erfolgte nach einer Formation, die in diesem Chart nicht in ihrer Gesamtheit zu sehen ist, ein Ausbruch, der einen kräftigen Anstieg der Aktie anzeigte. Der erste kleinere Rückschlag nach diesem Ausbruch lieferte uns die beiden ersten Punkte (Tiefs am 22. und am 26. Juli), durch die wir eine Trendlinie ziehen konnten – Linie A. Allerdings war diese Linie offensichtlich zu steil, um von Dauer zu sein. Sie wurde am 8. August durchbrochen, und danach hatten wir eine neue, bessere Linie – B. Dieser zweite Trend wurde am 27. August durchbrochen, und das Volumengeschehen bei dieser untergeordneten Reaktion (die wir im Laufe der Studie noch besprechen werden) deutete darauf hin, dass der Aufwärtstrend noch nicht gekippt war. Nun war eine neue Trendlinie – C – etabliert, die erst am 20. September durchbrochen wurde. Der darauffolgende Abstieg wurde am 3. Oktober umgekehrt; allerdings hatten wir inzwischen eine Abwärtstrendlinie – D –, die durch die Hochs vom 19. und vom 30. September verlief. Beachten Sie, dass diese Linie durch die äußere Spitze am 19. September verläuft, nicht durch die Kursbewegung am 11. September; der Abwärtstrend begann erst am 19. September.

Eine vorläufige Trendlinie erscheint

Nach dem Umkehrtag am 3. Oktober baute das Kursgeschehen so etwas wie ein steigendes Dreieck mit einem Ausbruch nach oben am 15. Oktober auf (beachten Sie das Volumengeschehen in diesem Zeitraum). Nun konnten wir Trendlinie E durch die Tiefs vom Juli und vom Oktober zeichnen. Die Neigung dieser Linie deutete darauf hin, dass sie durchaus eine bedeutende und lang anhaltende Aufwärtsbewegung definieren könnte. Beachten Sie, dass die Abwärtstrendlinie D aufgrund des gleichen Kursgeschehens durchbrochen wurde, das den Ausbruch aus dem steigenden Dreieck am 15. Oktober signalisierte.

Diese Trendwende verschaffte uns mit F-1 wieder eine erste Minor-Aufwärtstrendlinie, die zu steil war, um halten zu können, aber die zweite Minor-Trendlinie F-2 hielt bis zum Ende dieses Charts.

Bevor wir diesen 6-Monats-Chart verlassen und in der nächsten Abbildung das nachfolgende Geschehen verfolgen, ist der Student aufgefordert, sich für später zu merken, dass der erste untergeordnete Anstieg im August erst gebrochen wurde, als die dritte Minor-Aufwärtstrendlinie (C) gezeichnet war, und dass diese dritte Linie am 20. September durchbrochen wurde, als der Minor-Trend gewendet hatte. Beachten Sie auch, dass es nach dem Bruch der Trendlinien B und C den darauffolgenden Rallys nicht gelang, sie wieder zu queren. Dieses spezielle Phänomen wird in Studie IX zum Thema Widerstand besprochen.

Die nächsten sechs Monate

Sehen Sie sich nun Abbildung VIII.4 an, worin die nächsten sechs Monate des Kursgeschehens bei Baltimore and Ohio an die sechs Monate angefügt wurden, die wir soeben untersucht haben, sodass wir diesmal einen ganzjährigen Chart dieser Aktie vom 1. Juli 1935 bis zum 27. Juni 1936 haben. In diesem Chart haben wir die Linien A, B, C, D und F-1 weggelassen, weil sie uns nichts mehr nützen, hingegen haben wir die signifikanten Linien F-2 und E fortgeführt.

Das Erste, was uns auffällt, ist die fast sieben Monate lange Fortsetzung des Trends oberhalb der Linie F-2. Diese Linie, die wir durch die Tiefs vom 2. Oktober und vom 12. November gezogen haben, wurde am 28. Dezember zwar knapp durchstoßen, aber der Schlusskurs lag wieder darüber. Sie wurde mehrmals „getestet“ beziehungsweise der Kurs kam sehr dicht an sie heran – am 19. Dezember, am 21. Januar sowie am 13., 23. und 30. März. Erst am 21. April wurde sie durch eine eindeutige Kursspanne durchbrochen.

Muster, die innerhalb von Trends auftreten

An dieser Stelle können wir die Behandlung der Trendlinien unterbrechen und kurz die sonstigen, besser vertrauten Chartmuster betrachten, die dem Studenten zweifellos bereits aufgefallen sind.

Im Verlauf des Trends F-2 trat erst Ende Januar eine klar definierte technische Kursformation auf, als sich ein recht ordentliches steigendes Dreieck mit einem Ausbruch am 4. Februar entwickelte, der von einer merklichen Volumenzunahme begleitet wurde und auf den am 21. Februar ein schneller Anstieg auf 24 1/4 folgte. Diese Rally wurde von einem weiteren Dreieck gekippt, das am 9. März nach unten ausbrach und auf das ein schneller Rückgang an unsere Trendlinie folgte. Am 2. April bildete sich erneut ein Dreieck mit Ausbruch, diesmal nach oben, und dieser Ausbruch durchbrach auch die Minor-Trendlinie H. Allerdings war der nachfolgende Anstieg vergleichsweise schwach.

Das rechtwinklige Dreieck, das sich mit dem Februar-Hoch unter hohem Volumen bildete, war die bis dahin größte und am bedeutsamsten aussehende Formation; es zeigte einen Niedergang von größeren Ausmaßen als die Reaktion zur F-2-Linie an. Tatsächlich wurde diese Linie Ende April durch einen schnellen Kursverfall auf 16 durchbrochen, der auch die vorläufige langfristige Linie E durchbrach und uns so zwischenzeitlich eine untergeordnete Abwärtstrendlinie J sowie eine bedeutendere Linie I verschaffte.

Festlegung einer neuen langfristigen Trendlinie

Der steile Abwärtstrend J wurde am 5. Mai gebrochen, und danach baute das Kursgeschehen unter geringem Volumen ein langes und eher vages steigendes Dreieck auf,

Abbildung VIII.4

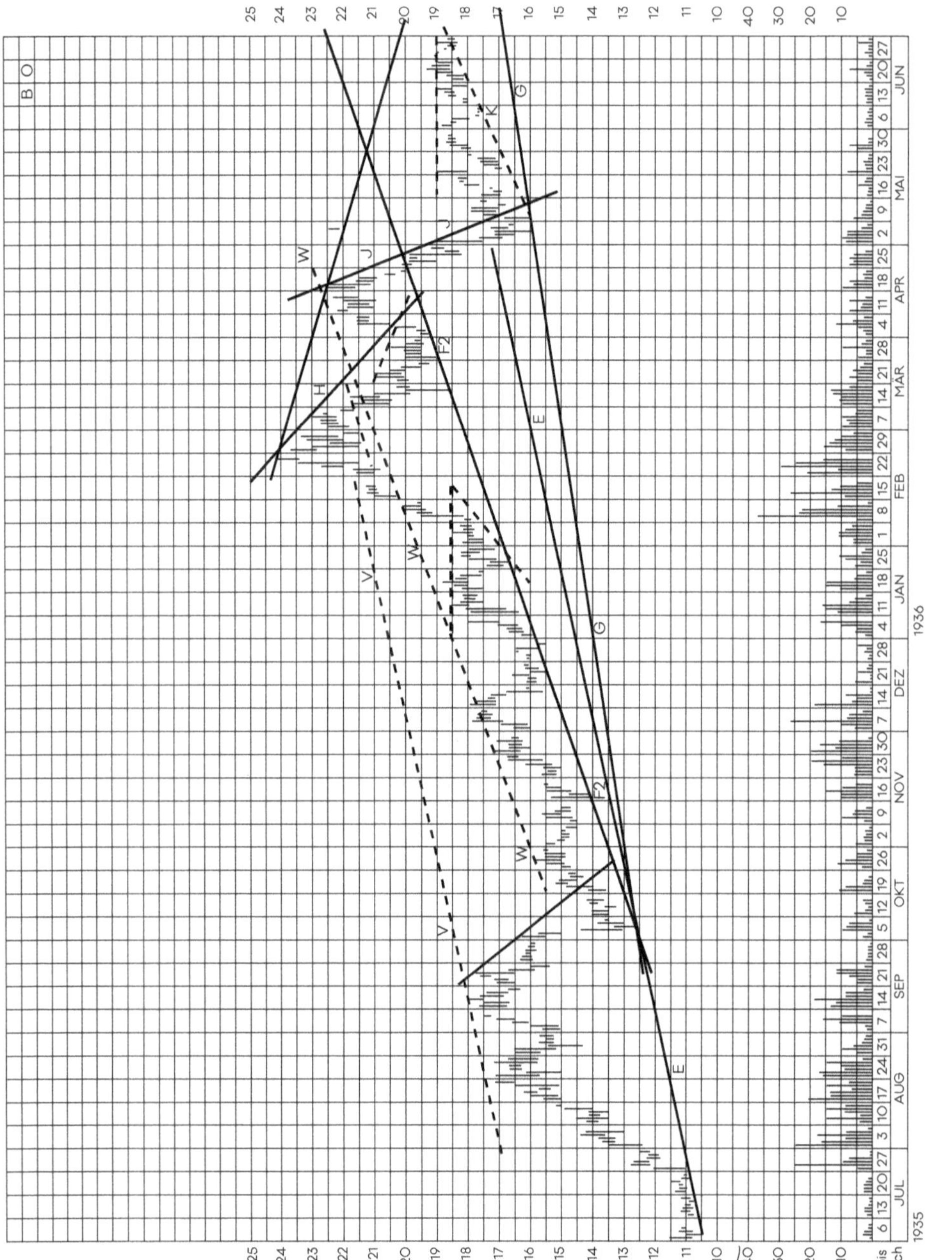

das sich gegen Ende dieses Charts einem Höhepunkt näherte und dessen Boden durch die untergeordnete Trendlinie K definiert wurde.

Die Verbindungslinie durch das Tief am 30. April und das alte Oktober-Tief brachte uns eine neue langfristige Trendlinie G ein.

An diesem Punkt wird der Student vielleicht etwas ungeduldig angesichts unseres detaillierten Berichts über die Trendlinienphänomene im Chart von Baltimore and Ohio und möchte zu einer praxisorientierteren Betrachtung der prognostischen Schlussfolgerungen übergehen. Unter dem Versprechen, dass es viele hilfreiche Schlussfolgerungen geben wird, wenn wir alles berücksichtigt haben, holen wir nun tief Atem und untersuchen weitere sechs Monate der Charthistorie von B & O. Abbildung VIII.5 zeigt das Kurs- und Volumengeschehen im gesamten Jahr 1936 und fügt zu den letzten sechs in Abbildung VIII.4 gezeigten Monaten weitere sechs Monate hinzu.

Vervollständigung des Bildes bei Baltimore and Ohio

Der erste interessante Punkt, der dem Studenten auffallen wird, wenn er diesen neuen Chart mit Abbildung VIII.4 vergleicht, ist das Kursgeschehen in den ersten beiden Juliwochen. Das steigende Dreieck, das höhere Kurse ankündigte und sich im Laufe des Juni in der Entstehung befand, produzierte keinen normalen Ausbruch. Stattdessen verlief die Kursentwicklung aus ihm heraus in der Nähe des Scheitelpunkts schleppend und fiel um fast anderthalb Punkte und somit beinahe auf die neue Trendlinie G. Allerdings mangelte es dieser unnormalen Bewegung auffallend an Volumen, was uns einen wichtigen Hinweis lieferte: Es handelte sich um eine sogenannte Fehlbewegung und ein recht typisches Beispiel für dieses Phänomen, das wir in Studie X noch detailliert besprechen werden.

In der zweiten Juliwoche zog das Volumen an und auch der Kurs kam schnell voran, wodurch er die Prognose des steigenden Dreiecks verwirklichte. Die Abwärtstrendlinie I wurde am 14. Juli durchbrochen. Danach wurde bald auch die erste untergeordnete Aufwärtstrendlinie L durchbrochen, die offenkundig zu steil war, um zu halten. Eine zweite Linie M wurde durch die Reaktion am 21. und 22. August durchbrochen, wodurch eine dritte Linie N entstand. Diese dritte Linie wurde zwar am 1. Oktober durchstoßen, aber erst am 15. Oktober eindeutig durchbrochen. Auch hier signalisierte der Bruch der dritten Minor-Trendlinie wie im August 1935 eine Trendwende, und erneut gelang es der nachfolgenden Rally nicht, die Trendlinie zu queren. Bis Ende des Jahres war der Kurs von B & O fast bis zu unserer langfristigen Trendlinie G gefallen.

Abbildung VIII.6 führt B & O bis November 1937 fort. Das interessanteste Kennzeichen dieses Charts ist die Fortsetzung der langfristigen Aufwärtstrendlinie G, zu der der Kurs im Juni nach dem Rückgang vom Frühjahr 1937 zurückkehrte und die

Abbildung VIII.5

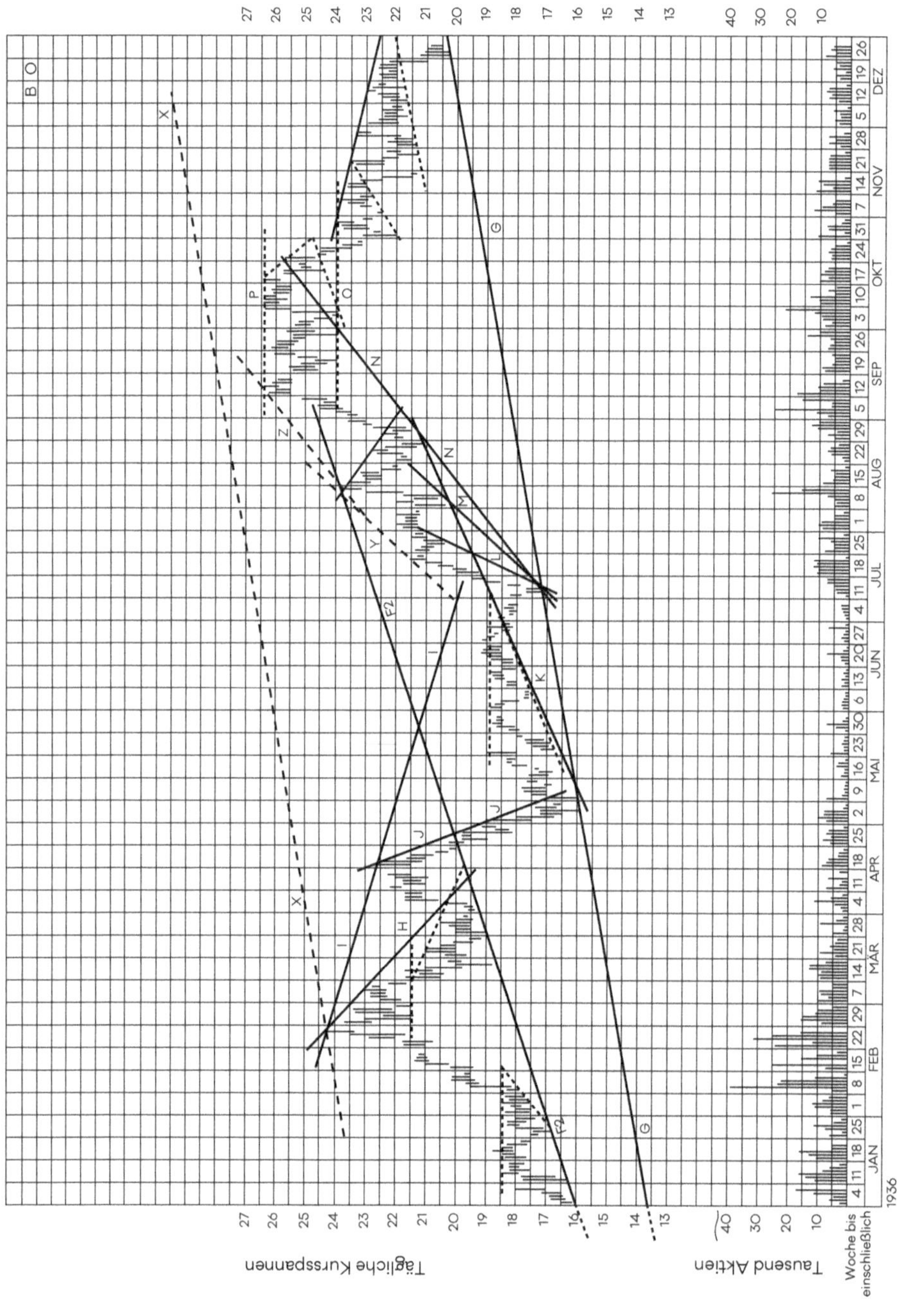

BALTIMORE & OHIO

Abbildung VIII.6

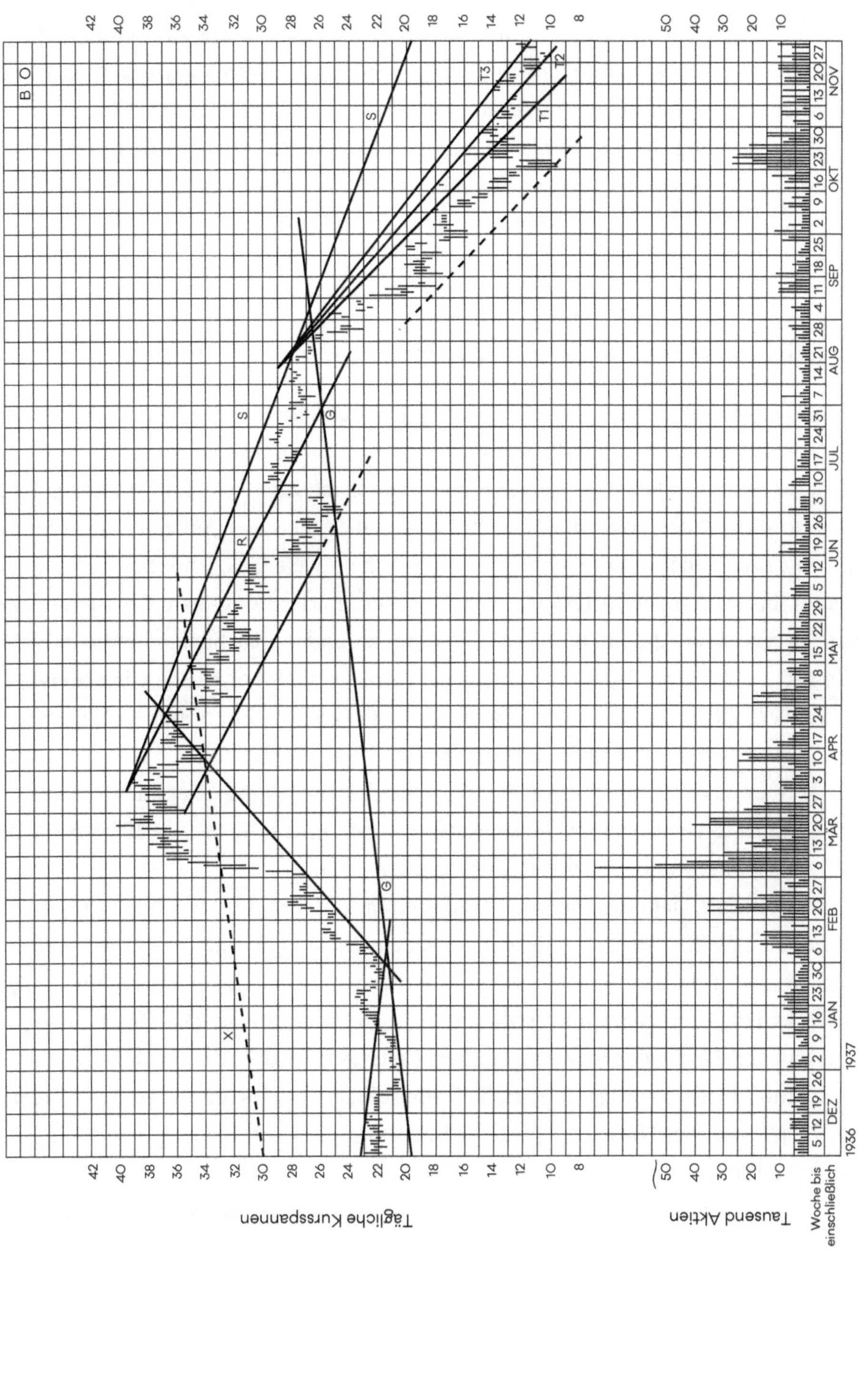

BALTIMORE & OHIO

schließlich am 26. August mit einem Gap eindeutig durchbrochen wurde. Die Fortsetzung des Rückgangs von diesem Punkt aus ergab einen neuen übergeordneten Trend – einen Abwärtstrend – und die neue übergeordnete Trendlinie S.

Der Student wird in dieser Reihe von Charts zu B & O, die zwei Jahre abdeckt, außer den von uns erwähnten noch diverse weitere Kursmuster sowie weitere Trendlinien von experimentellem oder zumindest sehr vorübergehendem Charakter bemerken. Allerdings haben wir alle Trendlinien festgehalten, die ein erfahrener Chartanalyst zu dem Zeitpunkt, als sie definiert wurden, als signifikant betrachtet hätte.

Die gestrichelt eingezeichneten zweitrangigen Trendlinien beziehungsweise Parallelen (V, W, X und so weiter) werden im Laufe dieser Studie noch besprochen.

Trading anhand einer einfachen primären Trendlinie

Möglicherweise ist der Leser von dem vorläufigen und unzuverlässigen Charakter von Trendlinien, den wir anhand der Charts von Baltimore beispielhaft gezeigt haben, enttäuschter, als er von den Vorteilen beeindruckt ist. Aber rein auf Grundlage einer angemessenen Interpretation der Trendlinien gab es bei dieser Aktie in den 18 Monaten, in denen wir ihre Entwicklung verfolgt haben, viele Gelegenheiten für schnelle Trades. Beispielsweise hätten wir, wenn wir nur auf der Long-Seite des Marktes gehandelt hätten, am 24. Juli bei circa 12 1/4 kaufen und am 23. September beim Bruch von Linie C bei circa 16 verkaufen können. Am 15. Oktober hätten wir bei etwa 15 erneut verkauft und am 9. März 1936 bei etwa 21 verkauft. Ein dritter Kauf war am 2. April bei circa 21 angezeigt, und diesen Trade hätten wir mit Verlust bei 19 1/2 schließen können, als die Linie F-2 am 20. April durchbrochen wurde. Der nächste Kauf war am 13. Juli angezeigt, als Linie I durchstoßen wurde, und er hätte etwa 20 gekostet; der nächste Verkauf stand am 15. Oktober bei circa 25 an.

Beachten Sie, dass drei der vier Trades einen ordentlichen Profit aufwiesen, der vierte einen kleinen Verlust – ein sehr zufriedenstellender Schnitt. Beachten Sie außerdem, dass wir bei diesen Trades weder die Stärke der Implikationen des rechtwinkligen Dreiecks-Hochs im Februar und März 1936 noch die des steigenden Dreiecks im Mai und Juni vollständig berücksichtigt haben. Ersteres hätte uns davon abhalten müssen, den dritten Trade zu tätigen, der sich als unprofitabel erwies, und Letzteres hätte uns bei 18 1/2 statt bei 20 in den Trade gebracht und unseren Bruttogewinn um 1 1/2 Punkte erhöht.

Wir sehen also, dass der einfache Trend zwar nicht unfehlbar ist, er aber eine sehr profitable Hilfe beim Trading bietet, vor allem wenn man ihn in Verbindung mit einer unserer zuvor untersuchten Formationen und anderen womöglich auftretenden Phänomenen betrachtet.

Die doppelte Trendlinie beziehungsweise der Trendkanal

Bis jetzt haben wir nur die einfache oder primäre Trendlinie betrachtet. Die doppelte Trendlinie ist eine Kombination aus zwei einzelnen Trendlinien, die die Obergrenze und die Untergrenze eines Trends bilden. Eine davon ist die primäre Trendlinie, die wir bereits mit einer gewissen Ausführlichkeit in den Charts von Baltimore and Ohio untersucht haben; die andere ist eine parallel dazu verlaufende sekundäre Linie, die die entgegengesetzten Grenzen definiert. Doppelte Trendlinien brauchen nicht exakt parallel zu sein, aber wenn sie nicht annähernd parallel sind, sind sie für die Vorhersage nur von sehr geringem Wert.

Wie zu erwarten sind parallele Trendlinien sehr viel weniger häufig als einzelne beziehungsweise primäre Linien, aber wenn man sie findet, sind sie viel zuverlässiger. Und wenn sie im Zusammenhang mit übergeordneten langfristigen Bewegungen erscheinen, bieten sie herausragende Gewinnchancen. Ein geübter Blick auf fast jeden Aktienchart wird dem erfahrenen Studenten sagen, ob eine Chance auf parallele Trendlinien besteht. Ebenso wie bei den einzelnen primären Linien ist ein gewisser Spielraum zulässig, wenn man sie zeichnet.

Einzeichnen paralleler Trendlinien

Normalerweise sind als Grundlage zum Einzeichnen vorläufiger paralleler Trendlinien mindestens drei Endpunkte einer Kursspanne notwendig. Zwei davon braucht man natürlich, um die primäre Linie festzulegen, und die entgegengesetzte Grenze der Kursbewegung zwischen diesen Punkten liefert uns den dritten Punkt, durch den man parallel zur primären Linie eine sekundäre Linie zeichnen kann. Je mehr Punkte vorliegen, durch die die parallelen Trendlinien verlaufen, umso zuverlässiger und bedeutsamer ist natürlich der durch sie definierte Trend.

Etablierte Trendlinien bilden einen Trendkanal, innerhalb dessen der Kurs hin- und herschwankt, ähnlich, wie ein Fluss innerhalb der Grenzen seines Talgrunds von einer Seite zur anderen mäandert. Wenn die parallelen Linien einen Major-Trend definieren – wenn er also mit anderen Worten breit ist –, kann der Trader seine Position jedes Mal umkehren, wenn sich der Kurs einer seiner Trendbegrenzungen nähert, oder alternativ lohnenswerte Profite auf der Long- und auf der Short-Seite ernten, also indem er abwechselnd kauft und Gewinne mitnimmt beziehungsweise shortet und sich eindeckt.

Versuch und Irrtum beim Einzeichnen paralleler Linien

Um zu üben, zuverlässige Trendlinien zu finden, können wir noch einmal auf Abbildung VIII.4 zurückkommen. Die erste Gelegenheit, das Prinzip der parallelen Linien zu testen, kam, als wir die erste vorläufige langfristige primäre Linie E durch die Tiefs vom Juli und vom Oktober einzeichneten. Das Ziehen einer Linie – der gestrichelten Linie V – durch das September-Hoch und parallel zu E verschaffte uns einen rein vorläufigen Trendkanal. Beide Linien wurden durch die nächsten intermediären Bewegungen durchbrochen und mussten daher aufgegeben werden.

Eine weitere Gelegenheit tauchte auf, als die primäre Linie F-2 etabliert wurde. Die sekundäre Linie W, die parallel zu F-2 durch das Hoch der Zwischenerholung in der letzten Oktoberwoche gezeichnet wurde, „funktionierte" mehr als drei Monate lang ganz gut.

Je mehr Punkte vorliegen, durch die die parallelen Trendlinien verlaufen, umso zuverlässiger und bedeutsamer ist der Trend.

Dazu ist anzumerken, dass parallele Trendlinien für Trading-Zwecke erst dann als zuverlässig betrachtet werden dürfen, wenn sie mindestens einmal getestet und vom nachfolgenden Kursgeschehen bestätigt wurden. Wenn zum Beispiel der Kurs von B & O am 19. Februar nicht durch die Linie V gestiegen, sondern gefallen wäre, wären wir berechtigterweise überzeugt gewesen, dass wir einen zuverlässigen Trendkanal gezeichnet hätten, und wir hätten die Aktie in der Erwartung leerverkaufen können, dass sie im Rahmen ihres Rückgangs wieder in die Nähe von E weiterlaufen würde. Interessant ist die Feststellung, dass der Anstieg durch V tatsächlich schnell wendete, aber die Linie trotzdem durchbrochen wurde und für konservatives Trading eine neue Definition des Major-Trends erforderlich war.

Nutzung des Major-Trends

In der Zwischenzeit jedoch hatten die parallelen Linien F-2 und W einen guten Trendkanal gebildet, allerdings einen verhältnismäßig schmalen. Diesen können wir als Veranschaulichung einer wichtigen Begleiterscheinung des allgemeinen Prinzips für das Trading anhand paralleler Trendlinien nutzen. Diese Begleiterscheinung besteht darin, dass es viel sicherer und profitabler ist, auf die intermediären Bewegungen zu setzen, die in der Richtung des grundsätzlichen Major-Trends verlaufen, statt auf die untergeordneten Korrekturen, die entgegengesetzt verlaufen.

Das gleiche Prinzip drückt sich auch in einem alten Trader-Axiom aus: „Nutze in einer Hausse die Absacker zum Kauf, in einer Baisse verkaufe bei Rallys." Der Punkt ist, dass die untergeordneten Bewegungen, die entgegen dem allgemeinen Trend verlaufen, in Punkten beziehungsweise Dollar gerechnet nicht so weit laufen wie diejenigen, die im Trend liegen. Die Anwendung dieses Prinzips in der Trading-Praxis hängt natürlich davon ab, wie schmal der Kanal und wie steil der Trend ist. Ist die Neigung des Trends steil – nach oben oder nach unten – und der Kanal schmal, bieten die Gegentrend- beziehungsweise Korrekturbewegungen wenig oder gar keinen Raum für Gewinne. Wenn hingegen der Kanal breit und der Trend sehr sanft geneigt ist, laufen die Gegentrendbewegungen in Punkten gerechnet weiter und können sich in Gewinn verwandeln lassen.

Relative Gewinne mit dem Major-Trend und gegen ihn

Diesen Punkt erwähnten wir mit Bezug auf den Trend W-F-2 im Chart von B & O, aber deutlicher veranschaulicht wird er durch den Chart von Industrial Rayon in Abbildung VIII.7. Nach der „Aprildelle" dieser Aktie im Jahr 1936 wurde am 6. Juni ein Boden und durch die nachfolgende Rally am 17. Juni ein Hoch gebildet. Der nächste Boden verschaffte uns eine Trendlinie, die sich bis in die sechs Monate hineinerstreckte, die in unserer jetzigen Abbildung dargestellt sind, und durch A-1 gekennzeichnet ist. Die sekundäre parallele Linie A-2 wurde zwar durch den Anstieg im September geschnitten, aber inzwischen hatte sich ein anderer Trend etabliert, gekennzeichnet durch die Linien B-1 und B-2.

Der Kauf von Industrial Rayon war Anfang Juni angezeigt worden. Der Verkauf wurde durch die Anwendung der Trendkanaltheorie angezeigt, als sich der Kurs am 18. August der Linie A-2 näherte, der erneute Kauf, als die Linie A-1 am 21. August berührt wurde. Beachten Sie jedoch nun beim steileren Trend B, wie wenig Gewinn es gebracht hätte, nach den aufeinanderfolgenden Anstiegen auf der Oberseite des Trendkanals zu verkaufen. Beispielsweise wurde am 6. Oktober bei circa 38 zwar ein Verkauf angezeigt, doch der Kursrückgang führte nur bis 37 und ließ praktisch keinen Spielraum auf der Short-Seite. Natürlich wäre ein Trader, der Industrial Rayon im Juni gekauft hätte, besser bedient gewesen, wenn er durch die ganzen untergeordneten Schwankungen innerhalb des Trendkanals hindurch im Juni long auf Industrial Rayon geblieben wäre, bis die Linie B-1 am 23. November (mit einem typischen Breakaway Gap) durchbrochen wurde.

Daneben wird der Student feststellen, dass die Linien B-1 und B-2 nicht exakt parallel sind, allerdings fast; parallel genug, um den Anforderungen an einen gültigen Trendkanal zu genügen, und sie sind durch die Hochs und Tiefs, aus denen sie sich ergeben, perfekt definiert.

Trendlinien helfen, „die Gewinne laufen zu lassen"

So enge und steile Trendkanäle wie der, den wir gerade bei Industrial Rayon untersucht haben, erfüllen daher einen sehr nützlichen Zweck, da sie uns long halten, wenn der Trend aufwärtsverläuft, beziehungsweise short, wenn der Trend abwärtsverläuft – so

Abbildung VIII.7

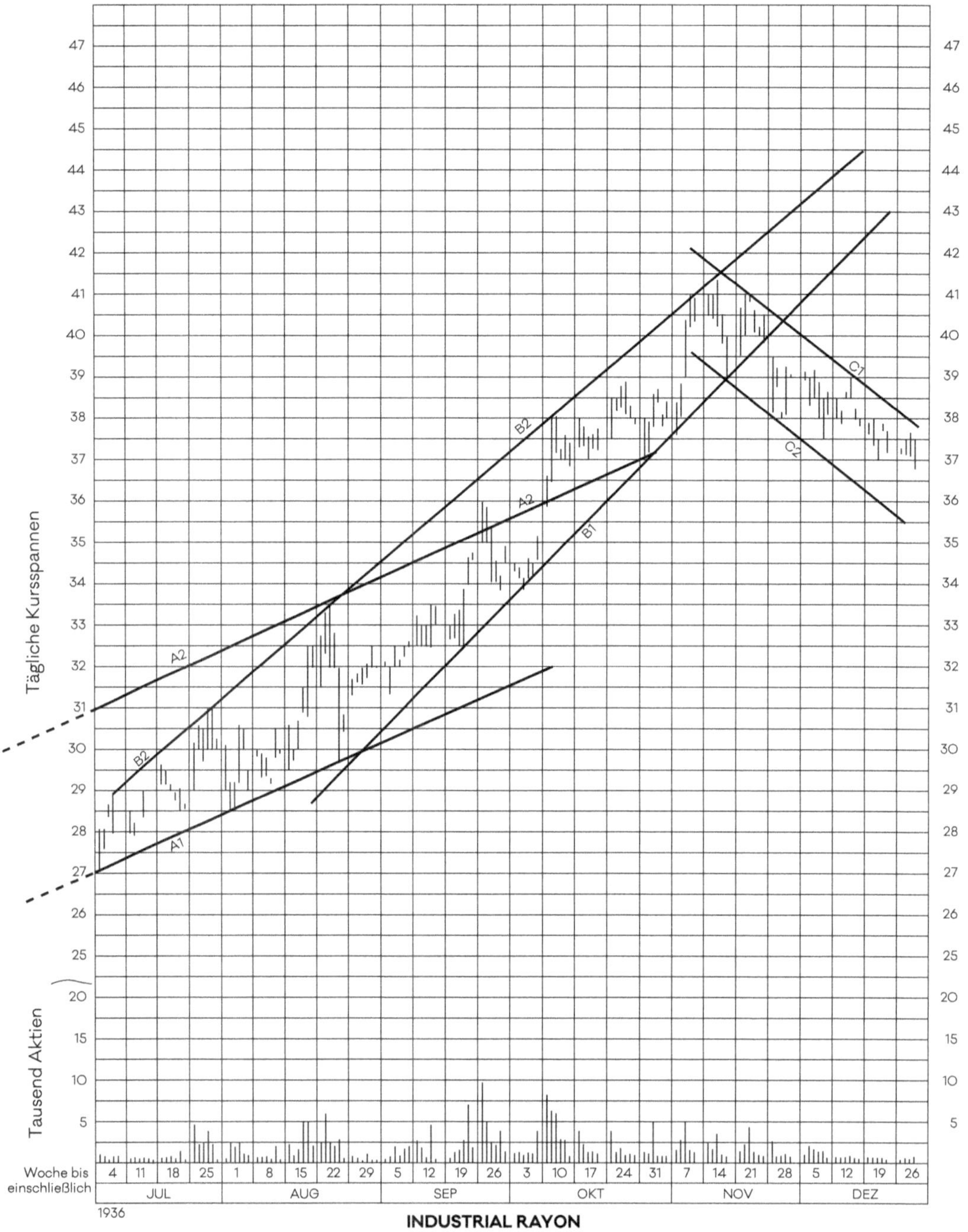

INDUSTRIAL RAYON

lange, bis der intermediäre Trend tatsächlich gewendet wird. Den gleichen Zweck erfüllt tatsächlich häufig auch ein einzelner beziehungsweise primärer Trend in Fällen, in denen es nicht möglich zu sein scheint, eine eindeutige sekundäre Trendlinie beziehungsweise einen Trendkanal zu etablieren. Beachten Sie in diesem Zusammenhang das Trendliniengeschehen im Chart von Sears Roebuck für das zweite Halbjahr 1936, zu sehen in Abbildung VIII.8. Die Nutzung der einzelnen Trendlinie hätte uns in diesem Fall sicherlich davon abgehalten, vorzeitig Gewinne mitzunehmen, wenn wir die Aktie im Juli besessen hätten.

Dieser Punkt bringt uns zu dem allgemeinen taktischen Trading-Prinzip, Verluste zu begrenzen und Gewinne laufen zu lassen. Ein erfahrener Trader weiß, wie wichtig das ist. Dem Anfänger mag sein Wert vielleicht weniger klar sein. Wir werden diesen Grundsatz später noch einmal unter dem allgemeinen Thema der Markttaktiken behandeln; zwischenzeitlich mag es genügen, dass einer der häufigsten Fehler, die unerfahrene Trader begehen, darin besteht, dass sie ihre Verluste laufen lassen, hingegen ihre Gewinne begrenzen, indem sie ein paar Punkte zu früh zugreifen.

Bei der Verhinderung vorzeitiger Engagements sind Trendlinien für den langfristigen Trader oder Anleger, der sich nach Major-Zyklen richtet, von noch größerem Nutzen. Beachten Sie zum Beispiel, dass die Major-Trendlinie E-F im Chart von Bethlehem Steel in Abbildung VIII.2 vor einem Kauf dieser Aktie als langfristige Position gewarnt hatte, bevor die Linie im August 1932 eindeutig durchbrochen wurde.

Trendlinien geben häufig frühzeitige Umkehrsignale

Ein weiterer nützlicher Dienst, den Trendlinien häufig leisten, ist die Vorhersage einer Wende, bevor das Umkehrsignal durch die Vervollständigung einer der technischen Informationen gegeben wird, die wir in unseren früheren Studien behandelt haben. Dies wird auch durch den Chart von Sears Roebuck (Abbildung VIII.8) veranschaulicht. Beachten Sie, dass die Trendlinie in der zweiten Dezemberwoche eine Wende nahelegte, was einen Verkauf im Bereich von 97 bis 98 ermöglichte, während das symmetrische Dreieck, das sich im gleichen Zeitraum bildete, erst am 21. Dezember ausbrach, als der Kurs auf 92 gefallen war.

Der Chart von Baltimore and Ohio (Abbildung VIII.5) zeigt eine ähnliche Situation im Oktober 1936, als die Trendlinie N am 15. Oktober durchbrochen wurde, während die große Rechteckformation erst am 22. Oktober anderthalb Punkte tiefer nach unten ausbrach.

In anderen Fällen kann eine technische Formation von ausreichender Größe und Stärke, um eine bedeutsame Wende anzuzeigen, abgeschlossen werden und ein Trading-Signal gegeben werden, bevor die Trendlinie durchbrochen wird. Ein gutes Beispiel ist das symmetrische Dreieck als Hoch im Februar und März 1936 im Chart von B & O.

Abbildung VIII.8

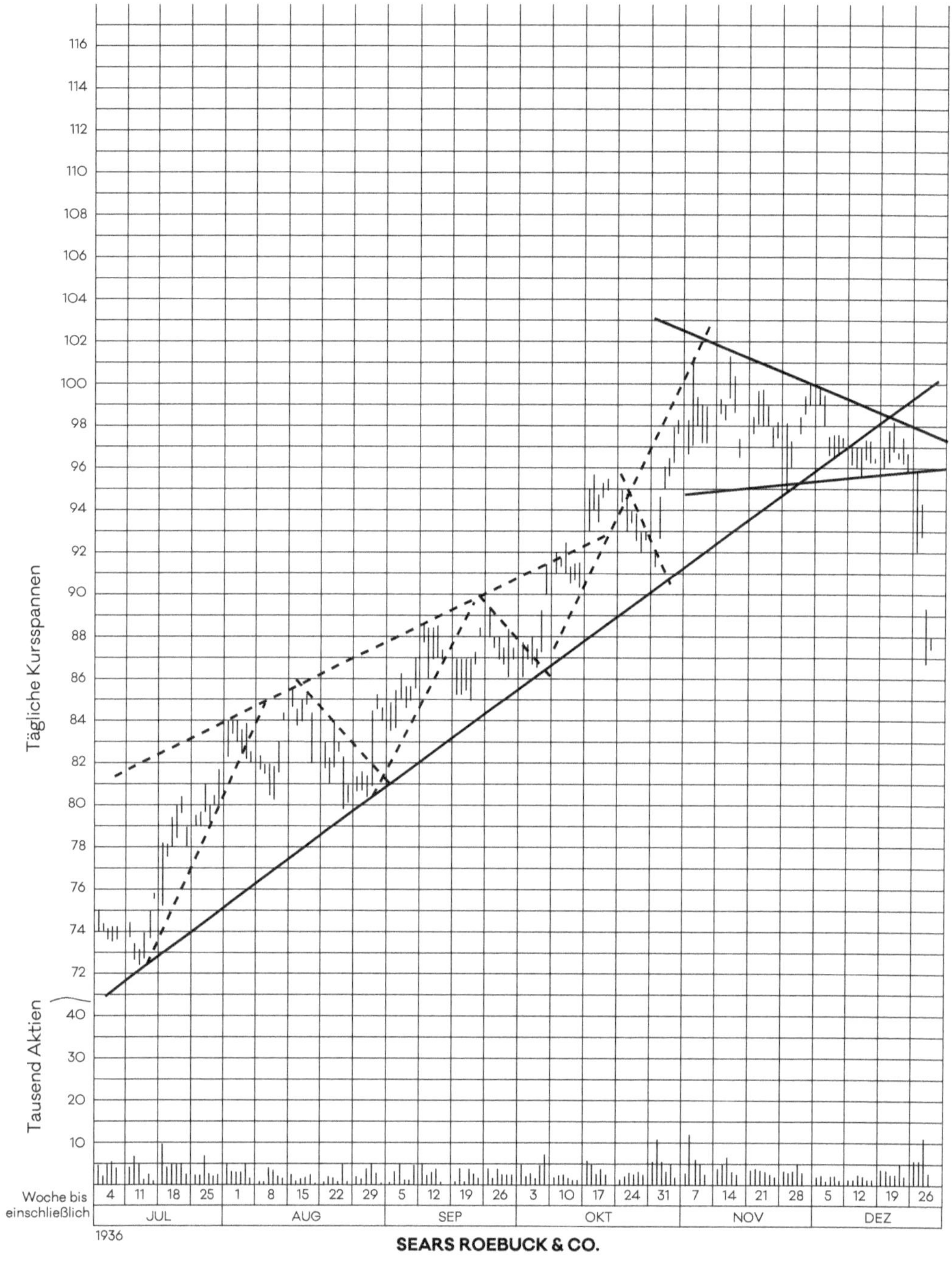

SEARS ROEBUCK & CO.

Horizontale Trading-Ranges

Bisher haben wir bei unserer Behandlung von parallelen Trendlinien beziehungsweise Trendkanälen unsere gesamte Aufmerksamkeit diagonalen aufwärts- beziehungsweise abwärtsgeneigten Trends gewidmet. Dabei haben wir gesehen, dass es, je steiler ein Trend geneigt ist und je weiter er von der Horizontalen abweicht, desto weniger profitabel ist, innerhalb des Trendkanals in beide Marktrichtungen zu traden. Am entgegengesetzten Extrem finden wir gelegentlich klar definierte Trendkanäle, die praktisch waagerecht verlaufen. Wenn solche Kanäle breit sind und zwischen der oberen und der unteren Linie Platz für Ausschläge um mehrere Punkte ist, bieten sie gewinnbringende Gelegenheiten, abwechselnd Long- und Short-Positionen einzunehmen. Sind solche Kanäle schmal, gibt es zwar immer noch Gelegenheiten, aber die Gewinne sind begrenzter, und der Trader muss flinker sein, um sie wahrzunehmen.

Ein Beispiel für einen horizontalen Trendkanal wird im Chart von American Radiator and Standard Sanitary über das zweite Halbjahr 1936 in Abbildung VIII.9 gezeigt. Dieser Kanal ist nur etwa zwei Punkte breit, doch der Student wird trotzdem sehen, dass der Kanal einem geschickten Trader Möglichkeiten bot, wenn er seine Implikationen zügig erfasste. Natürlich ist die enge Beziehung zwischen diesem Bild und unserem alten Freund, dem Rechteck, leicht zu sehen. Allerdings weist das Volumengeschehen innerhalb solcher parallelen Trends in der Regel nicht den allmählichen, aber merklichen Rückgang auf, der erwartungsgemäß mit der Bildung eines Rechtecks einhergeht. Bei breiteren und unklareren horizontalen Trendkanälen zeigt sich die Ähnlichkeit zum Rechteck nicht so deutlich. Sehen Sie sich zum Beispiel den Chart von US Smelting in Abbildung VIII.9 an.

Trendlinien als Umkehrindikatoren

Wir haben in dieser Studie der Trendlinien häufig auf die Vorhersagebedeutung von Kursbewegungen hingewiesen, die sie durchbrechen. Wenn eine Trendlinie zum ersten Mal durchbrochen wird, kommt immer die Frage auf, ob eine Trendwende signalisiert wurde oder nicht. Bevor wir zu einer gründlichen Besprechung dieser zugegebenermaßen lästigen Frage schreiten, wollen wir erst überlegen, was man als signifikanten Ausbruch bezeichnen kann.

Zunächst einmal ist es offensichtlich, dass die Wahrscheinlichkeit eines leicht fehlerhaften Winkels umso größer ist, je länger die Linie im Chart ist. Je weiter man die Linie von den Punkten aus verlängert, die sie anfänglich bestimmt haben, umso stärker wirkt sich jegliche leichte Abweichung vom wahren Trend aus. Das heißt, je weiter sich die Linie von ihrem Ursprung entfernt hat, desto kritischer müssen wir jegliches Kursgeschehen beurteilen, das scheinbar die Linie durchbricht, und umso konserva-

Abbildung VIII.9

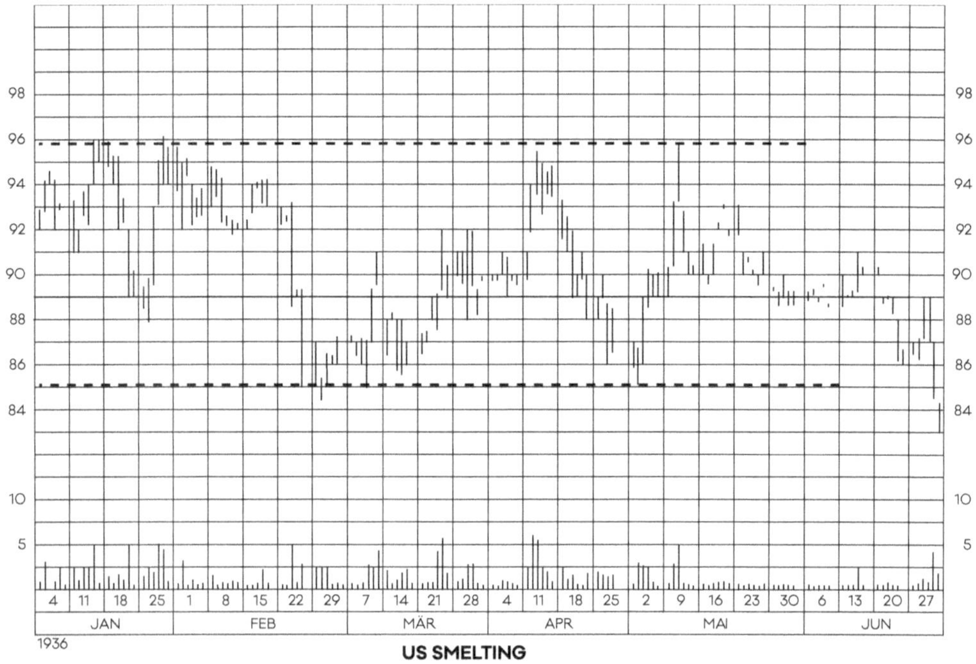

US SMELTING

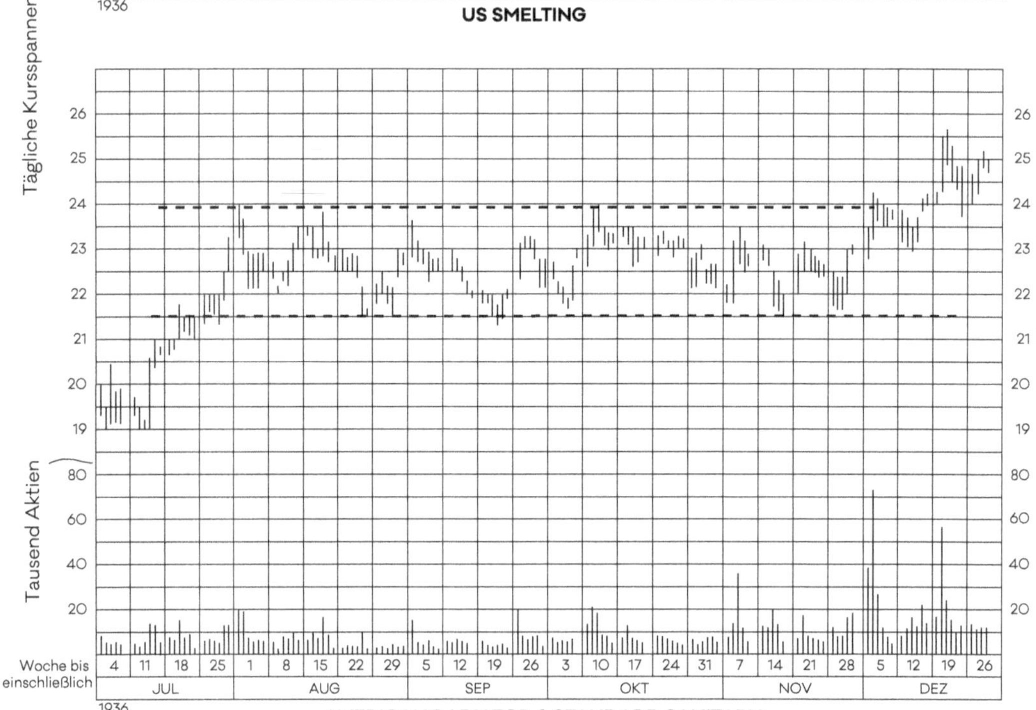

AMERICAN RADIATOR & STANDARD SANITARY

tiver muss man daraufhin handeln. Ein oder zwei Punkte sind bei der Beurteilung des Kursgeschehens einer Aktie in einem langfristigen zyklischen Trend ebenso wenig von Bedeutung wie der Bruchteil eines Punktes bei einem mehrwöchigen intermediären Trend. Dieses Grundprinzip einer gewissen Fehlerwahrscheinlichkeit und natürlicher Varianten ohne technische Bedeutung stets im Kopf behaltend, können wir unsere Aufmerksamkeit nun spezifischeren Regeln zuwenden.

Was stellt einen signifikanten Trendbruch dar?

Grundsätzlich sollten wir bei der Beurteilung der Bedeutung eines Durchbruchs durch eine Trendlinie die gleichen Regeln anwenden wie bei einem Ausbruch aus einer unserer vertrauten Formationen. Mit anderen Worten müssen wir das Ausmaß der Kursbewegung, den Schlusskurs am Tag des Durchstoßens der Linie und schließlich das Volumen berücksichtigen, auch wenn das Volumen, wie wir noch sehen werden, keine notwendige Begleiterscheinung des entscheidenden Bruchs einer Trendlinie ist.

Die erste und wichtigste Überlegung ist das Ausmaß der Durchdringung. Eine Kursbewegung, die eine gut etablierte intermediäre Trendlinie um weniger als einen Punkt durchstößt, kann bei einer Aktie unter 50 geringe oder keine technische Bedeutung haben, die darüber hinausgeht, dass sie später vielleicht eine leichte Korrektur der gezeichneten Linie an sich veranlasst. Bei einer Aktie, die zwischen 25 und 50 gehandelt wird, sollten wir einen ganzen Punkt der Durchdringung verlangen, bei höher stehenden Aktien entsprechend einen weiteren Weg. Ein kurzer untergeordneter Trend hingegen kann bereits durch eine geringere Durchdringung entwertet werden.

Neben dem Ausmaß der Kursbewegung muss man auch den Schlusskurs berücksichtigen. Wenn der Kurs an einem Tag durch eine Trendlinie läuft, aber in den Trend zurückkehrt und dort schließt, ist es selten angeraten, den Trend als gebrochen zu betrachten, auch wenn auf ein solches Geschehen häufig nach kurzer Zeit eine zulässige Durchdringung folgt. In der Regel muss man abwarten, bis der Kurs um eine entscheidende Marge über die Trendlinie hinausläuft und dort schließt, bevor man den Trend als gebrochen erklärt.

Das Volumengeschehen beim Bruch einer Trendlinie

Zwar geht das entscheidende Durchbrechen einer Trendlinie oft mit einer Zunahme der Aktivität einher, vor allem wenn es nach oben erfolgt, aber verlassen dürfen wir uns darauf nicht. Höchstens können wir sagen, dass hohes Volumen, das mit einer Durchdringung einhergeht, die Signifikanz dieser Durchdringung betont. Wenn der Kurs den Trend durchbricht und durch das gleiche Geschehen aus einer Formation ausbricht, ist die Signifikanz des Trendbruchs messbar erhöht.

Gaps treten häufig auf, wenn eine wichtige Trendlinie durchstoßen wird. Solche Gaps sind Breakaway Gaps mit der gleichen Bedeutung wie diejenigen, die beim Ausbruch aus Bereichsformationen erscheinen, und man kann sie als eindeutige Durchdringung auslegen.

Der Student kann sich an diesem Punkt noch einmal unsere detaillierte Analyse der vier Charts von Baltimore and Ohio (Abbildungen VIII.3, VIII.4, VIII.5 und VIII.6) unter besonderer Beachtung von Brüchen vornehmen, die sich als signifikant erwiesen hatten. Beachten Sie auch, dass es mehrere Fälle nicht entscheidender Durchdringung gab, die man übergehen konnte – zum Beispiel das Kursgeschehen in der ersten Dezemberwoche 1935 und dann wieder am 28. Dezember. Ein weiteres gutes Beispiel für Kursgeschehen, das man hinsichtlich des Ausmaßes nicht als entscheidend betrachten konnte, trat in der ersten Oktoberwoche auf.

Gefächerte Trendlinien und sich abflachende Trends

Nachdem wir die Merkmale eines eindeutigen Bruchs einer Trendlinie untersucht haben, können wir nun noch einmal auf die allgemeinere Frage der Vorhersagebedeutung eines solchen Bruchs zurückkommen. Die wichtigste Frage lautet immer: „Hat eine Wende stattgefunden? Wird ein Kurs, der gestiegen war, jetzt fallen, oder wird ein Kurs, der sich in einem Abwärtstrend befunden hat, jetzt steigen?“ Leider gibt es keine einfachen und sicheren Tests, die man anwenden kann, um eine schnelle Antwort zu bekommen. Versuch und Irrtum, stetige Untersuchung und praktische Erfahrung verleihen dem technischen Studenten irgendwann in hohem Maße die Fähigkeit, Brüche von Trendlinien zu interpretieren. Das Geschehen an Trendlinien ist ebenso wenig unfehlbar wie die anderen technischen Formationen und Chartphänomene, aber wenn man das gesamte Chartbild untersucht, findet man für gewöhnlich viele hilfreiche Anhaltspunkte für eine zutreffende Prognose.

Wie wir bei der Analyse der Charts von Baltimore and Ohio gesehen haben, ist die Steilheit des Trends häufig ein verlässlicher Hinweis auf die Wahrscheinlichkeit einer Wende. Wenn ein Trend mit hoher Steigung beginnt, sollte man erwarten, dass er vor einer tatsächlichen Umkehr zu einer Bewegung in die entgegengesetzte Richtung gebrochen und zu einem mäßigeren Winkel korrigiert wird. Solche Korrekturen eines Trends kann man als Auffächern der Trendlinien bezeichnen, da sich die aufeinanderfolgenden Linien spreizen beziehungsweise verteilen wie bei einem Fächer. In der Regel – also in der Mehrzahl der Fälle – signalisiert bei einem solchen Fächergeschehen der Ausbruch durch die dritte Linie eine Umkehr von zumindest untergeordneter Bedeutung. Bei B & O haben wir dafür zwei gute Beispiele gesehen – das erste im August und im September 1935, als A, B und C durchbrochen wurden, das zweite im Trend von Juli bis Oktober 1936, als L, M und N durchbrochen wurden.

Sich abflachende Trends im Zusammenhang mit Rounding Turns

Ein weiteres Trendliniengeschehen, das gewissermaßen mit dem Fächerphänomen sowie mit der Formation zu vergleichen ist, die wir unter den Bezeichnungen „Common Turn“ und „Rounding Turn“ untersucht haben, nennt man einen sich abflachenden Trend. Tatsächlich könnte man dieses Geschehen als sehr großen, sehr allmählichen und eher unregelmäßigen Rounding Turn bezeichnen (wenn auch ohne das charakteristische Volumengeschehen, anhand dessen wir die Verlässlichkeit des Kursgeschehens bei einem Rounding Turn testen). Als Beispiel für das Phänomen sich abflachender Trends können wir den Wochenchart von Atlantic Refining von 1929 bis 1932 (Abbildung VIII.10) heranziehen. Es ist weder eine detaillierte Analyse noch ein spezieller Kommentar nötig, um unsere Aufmerksamkeit darauf zu lenken, dass eine Umkehr unmittelbar bevorstand, als sich der Trend im Jahr 1932 der Horizontalen näherte.

Muster helfen bei der Interpretation von Trendlinien

Wenn sich zu dem Zeitpunkt, zu dem eine Trendlinie durchbrochen wird, ein Muster mit Vorhersagewert bildet, hilft einem das oft sehr dabei, zu ermitteln, ob der Ausbruch eine bedeutsame Wende oder bloß eine Korrektur des Trendwinkels signalisiert. Wenn wir ein solches Muster als eines von großer technischer Bedeutung erkennen, brauchen wir selbstverständlich das Trendliniengeschehen nicht mehr als Hinweis auf eine Umkehr. Die meisten übergeordneten und intermediären Trendwenden werden tatsächlich neben dem Bruch von Trendlinien auch von Formationen oder anderen Einzelphänomenen vorhergesagt, die wir untersucht haben. Für den Studenten kommt es darauf an, dass er zu allen Zeiten alle diese Werkzeuge nutzt, seine aus Mustern resultierenden Vorhersagen durch das Trendliniengeschehen einschränkt und die Bedeutung von Trendphänomenen im Lichte etwaiger Muster einschätzt, die in seinen Charts auftreten. Beachten Sie, dass uns bei der Interpretation der Trendlinien im Chart von B & O mehrere vertraute Muster halfen und unsere Interpretation bestätigten.

Der Rückschlag nach Trendbrüchen

Im Zusammenhang mit dem Bruch von Trendlinien bei Umkehrbewegungen gibt es noch ein sehr praktisches und hilfreiches Kursgeschehen, das häufig genug auftritt, um zu rechtfertigen, dass wir ihm an dieser Stelle eine sorgfältige Untersuchung widmen. Wir bezeichnen es als Rückschlag oder Throwback. Das ist die starke Tendenz des Kurses, bald nach einem Durchbruch zu der Trendlinie zurückzukehren, die sich wohl in zwei Dritteln der gewöhnlichen Ausbrüche aus Trends verwirklicht.

Abbildung VIII.10

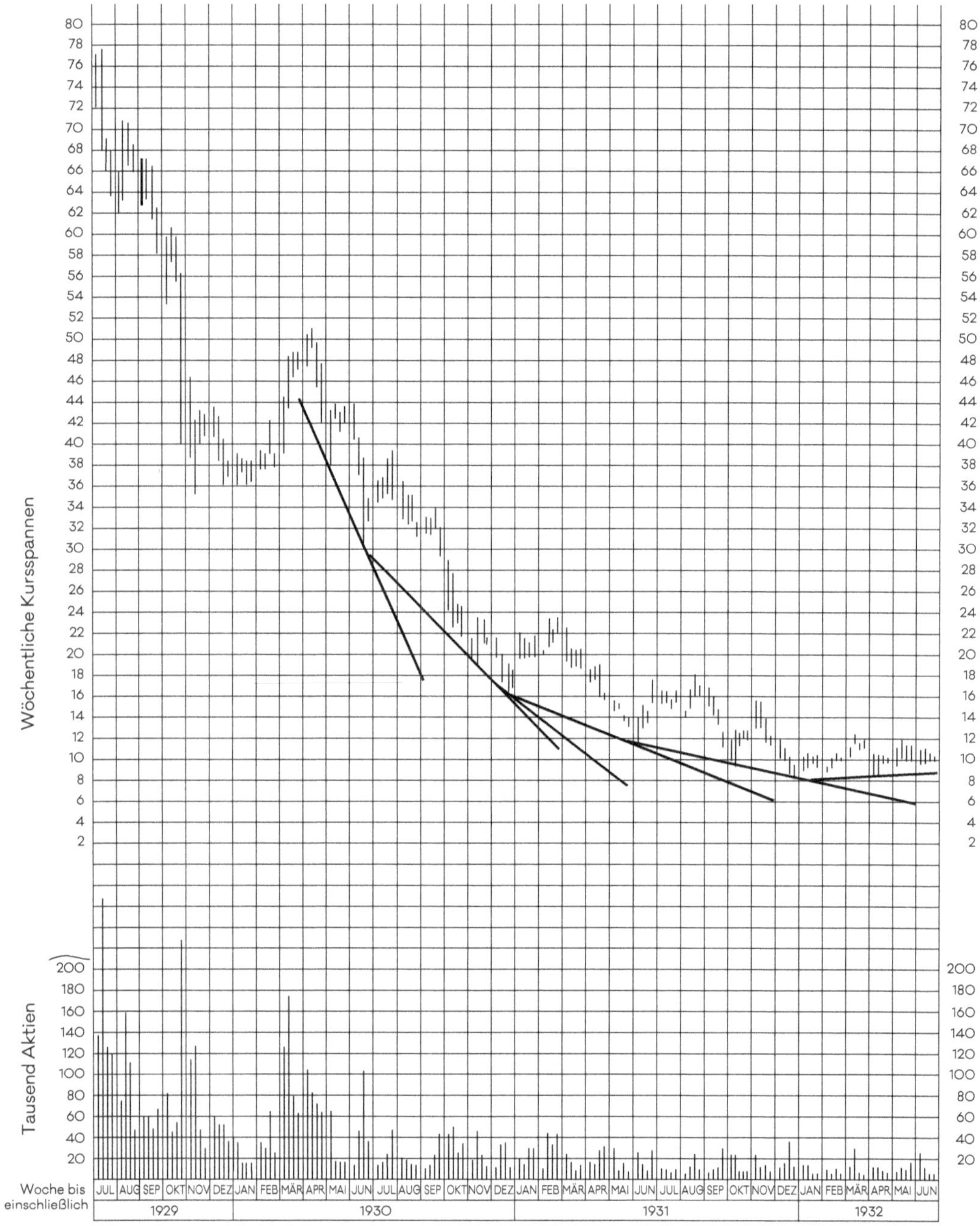

ATLANTIC REFINING

Der Rückschlag oder Throwback ist die Tendenz des Kurses, zu der Trendlinie zurückzukehren.

In den Charts von Baltimore and Ohio gibt es mehrere gute Beispiele für den Rückschlag. Beachten Sie beispielsweise in Abbildung VIII.3 die Kurserholung in der ersten Septemberwoche zur Trendlinie B, die am 27. August durchbrochen worden war, und die Kurserholung an die Linie C am 23. September, die am 20. September durchbrochen worden war. Beachten Sie in Abbildung VIII.4 den Rückgang am 17. Februar fast auf das Niveau von Linie W, nachdem diese in der Vorwoche nach oben durchbrochen worden war. In Abbildung VIII.5 erscheint am 19. Oktober ein Throwback nach dem Durchstoßen der Trendlinie N. Der Student wird in diesen Charts sowie in den anderen, die diese Studie illustrieren, zahlreiche weitere Beispiele dafür finden, und davon abgesehen auch in fast allen Charts, die er untersucht.

Die praktische Verwendung des Rückschlags

Es ist schwer, eine logische Erklärung für das Rückschlagsphänomen zu finden, aber seine praktische Anwendung beim Trading ist ziemlich offensichtlich. Leider können wir uns nicht darauf verlassen, dass es bei jedem Durchstoßen auftritt, und der Rückschlag reicht nicht immer ganz bis zur alten Trendlinie – er kann die Linie berühren, er kann mehrere Tage daran „entlangrumpeln" und sie in seltenen Fällen sogar um den Bruchteil eines Punktes durchstoßen oder aber einen merklichen Abstand von ihr halten.

Mit all diesen Möglichkeiten und Varianten im Hinterkopf kann es der erfahrene Trader trotzdem mit so einer zuvorkommenden Rückschlagbewegung probieren, indem er nur eine Teilposition eingeht, wenn durch den Bruch der Trendlinie das erste Signal gegeben wird. Hingegen sollte der durchschnittliche Anfänger am besten sicher sein, dass er seinen Trade bekommt, ohne das Risiko einzugehen, dass ihm die Aktie freundlicherweise mit einem Throwback entgegenkommt.

Dazu ist anzumerken, dass man selten mit einem Rückschlag rechnen kann, wenn beim Bruch der Trendlinie ein Breakaway Gap erscheint.

Einschätzung des wahrscheinlichen Ausmaßes der Bewegung anhand von Trendlinien

Zu Beginn dieser Studie haben wir kurz erwähnt, wie nützlich Trendlinien sind, um zu einer Schätzung des Ziels von Kursbewegungen zu gelangen, die sich aus einer Bereichsformation heraus ergeben. Nun, da wir das Trendliniengeschehen in mehreren Charts geprüft haben, können wir diese sehr praktische Angelegenheit etwas genauer untersuchen. Das ist immer dann ein wichtiger zu bedenkender Punkt, wenn wir entscheiden müssen, ob wir auf die Implikationen eines Fortsetzungsmusters hin handeln wollen oder nicht, und vor allem dann, wenn wir entscheiden müssen, welches von zwei oder mehr solchen Mustern in verschiedenen Charts das größte Gewinnpotenzial bietet. Das kommt auch im Zusammenhang mit Umkehrformationen in untergeordneten oder intermediären Trends auf.

Sehen Sie sich als Arbeitsbeispiele an, dass die Kursbewegung nach dem Ausbruch aus dem rechtwinkligen Dreieckshoch im März 1936 im Chart von B & O (Abbildung VIII.4) an der Linie F-2 gestoppt wurde und eine kleinere Korrektur notwendig war, bevor ein weiterer Kursrückgang den Kurs weiter nach unten trug. Beachten Sie dann, dass die Abwärtsbewegung danach letztlich im Bereich der längerfristigen Linie E gestoppt wurde. Beachten Sie außerdem, dass der Anstieg im Juli aus dem vorangegangenen starken steigenden Dreieck heraus (VIII.5) im Bereich der neuen langfristigen Linie X gestoppt wurde, die parallel zu G gezogen wurde.

Trendlinien im logarithmischen Maßstab

Bevor wir das Thema der parallelen Trendlinien verlassen, mag es ratsam sein, sie in Bezug auf den Maßstab zu betrachten, der für die Chartdarstellung verwendet wird. Für Aktiencharts werden hauptsächlich drei Skalen verwendet: die geradlinige oder arithmetische Skala, die logarithmische oder Verhältnisskala und die Quadratwurzelskala. Jede hat ihre Verfechter, wobei allerdings die Wurzelskala am wenigsten verwendet wird und keine bedeutenden Vorteile zu haben scheint. Wahrscheinlich kennt der Leser den Unterschied bereits, aber kurz gesagt wird bei der logarithmischen Darstellung mit jedem Punkt, den sich der Kurs nach oben bewegt, der senkrechte Abstand pro Punkt kleiner, da hier prozentual gleiche Bewegungen den gleichen Abstand einnehmen. So ist etwa der Abstand von 10 bis 20 in der Verhältnisdarstellung der gleiche wie der zwischen 20 und 40, der wiederum gleich dem Abstand von 40 bis 80 ist und so weiter. Die arithmetische Skala hingegen gibt jedem Punkt den gleichen Raum, egal wie hoch oder tief der Kurs steigt beziehungsweise fällt. Bis jetzt haben wir in diesem Kurs bei allen Charts die arithmetische Skala verwendet.

Die Quadratwurzelskala kann man als halbe Verhältnisskala bezeichnen, die zwischen dem arithmetischen und dem logarithmischen Typ steht. Für mathematisch Interessierte fügen wir hinzu, dass die Trendlinie einer Aktie, die über einen gegebenen Zeitraum jeden Tag um einen Punkt gestiegen ist, im arithmetischen Chart eine gerade Linie ergibt. In einem logarithmischen Chart ist die Trendlinie eine logarithmische Kurve und in der Wurzeldarstellung eine echte Parabel, die sich schneller abflacht als der Logarithmus.

Die behaupteten Vorteile der logarithmischen Skala beruhen vor allem auf der Tatsache, dass die Kursschwankungen in Punkten gerechnet meist umso größer werden, je weiter eine Aktie gestiegen ist. Die logarithmische Skala soll diese Tendenz dadurch ausgleichen, dass sie die prozentualen Abstände darstellt.

Der logarithmische und der arithmetische Maßstab im Vergleich

Unserer Erfahrung nach ist allerdings die arithmetische Skala leichter zu verwenden, und sie verzerrt die Muster sehr viel weniger als die logarithmische Skala. Die Verhältnisdarstellung presst die Formationen bei hohen Kursniveaus fast zur Bedeutungslosigkeit zusammen und auf niedrigen Niveaus wirken sie im Verhältnis zu ihrer technischen Bedeutung übertrieben groß – das erschwert ihre zutreffende Interpretation sehr.

Was Trendlinien angeht, so liefern logarithmische Charts von einer möglichen Ausnahme abgesehen keine geraden Linien, die man beim Trading in Gewinn verwandeln kann. Diese eine mögliche Ausnahme ist ein langfristiger Aufwärtstrend, der anzieht und im arithmetischen Chart aufwärtsgekrümmt ist. Am deutlichsten erscheint dieses Phänomen in Monatscharts von Indizes sowie bei manchen gewichtigeren führenden Aktien, die eng dem allgemeinen Markt folgen. Beachten Sie beispielsweise die Beschleunigung der Hausse 1924 bis 1929 im arithmetischen Monatschart des Dow Jones Industrial Average in Abbildung VIII.11. In der logarithmischen Darstellung wäre die Linie A-B-C-D keine anziehende Kurve, sondern praktisch eine gerade Linie, und ihr Bruch im Oktober 1929 signalisierte das Ende dieser übergeordneten Bewegung. Eine ähnliche gerade Linie durch die Tiefs 1932 und 1933 im logarithmischen Chart wurde im März 1937 durchbrochen.

Im Vergleich von logarithmischem zu arithmetischem Maßstab ist die arithmetische Skala leichter zu verwenden.

Andererseits sind logarithmische Charts weder in übergeordneten Abwärtstrends noch in aufwärts- oder abwärtsgerichteten intermediären Trends eine Hilfe. Kurz gesagt sind wir überzeugt, dass sich der durchschnittliche Trader nicht mit logarithmischen Charts zu plagen braucht, außer wenn er einfach aus grundsätzlichem Interesse heraus einen logarithmischen Wochen- oder Monatschart führen möchte.

Allgemeine Übersicht über das Handelsvolumen

Bei allen unseren bisherigen Untersuchungen von Kursmustern und Kursphänomenen haben wir gleichzeitig auch das charakteristische Volumen besprochen, das mit ihnen einhergeht, und der Student hat, so hoffen wir, inzwischen erkannt, dass das Volumen ein äußerst wichtiger Teil der Wissenschaft der Technischen Analyse ist. Die Aussage,

Abbildung VIII.11

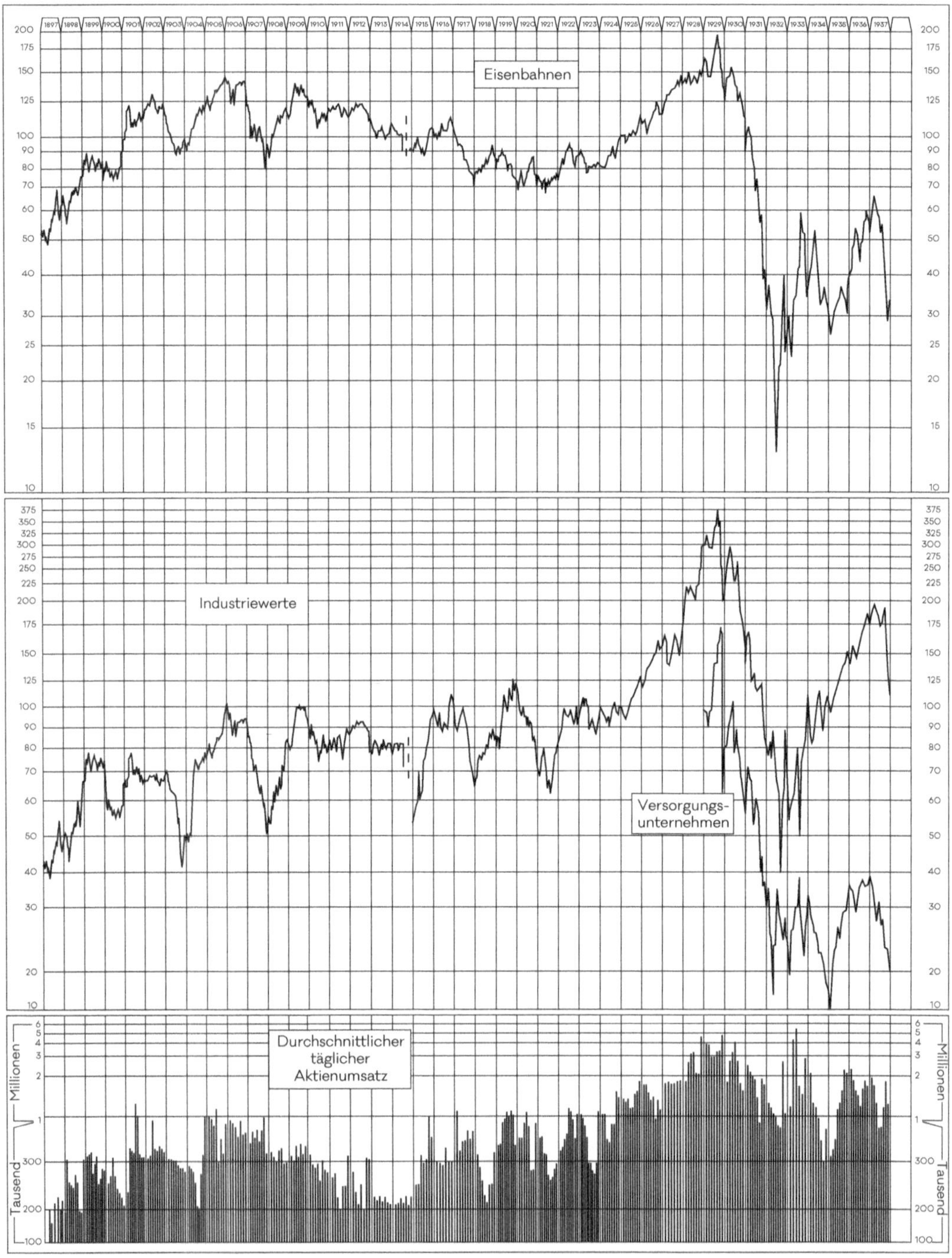

Der Dow Jones Industrial Average auf einer halb-logarithmischen Skala
Nehmen Sie die Darstellung in Bezug zur Diskussion über Trendlinien im logarithmischen Maßstab auf S. 340 f. und vergleichen Sie sie mit der Darstellung auf S. 7.

das Volumen sei die Hälfte des Gesamtbilds, mag nicht absolut zutreffend sein, doch sie ist hilfreich, weil sie betont, wie wichtig es ist, stets *sowohl* das Kurs- *als auch* das Volumengeschehen zu betrachten, wenn man aus Charts Prognosen ableitet.

Daher ist es an dieser Stelle angebracht, einen Überblick über die Grundsätze des Volumengeschehens zu bieten, die wir in unseren Studien bislang angesprochen haben, und sie in einer kurzen Übersicht zusammenzufassen.

Das Volumen ist das Maß für die Käufe und Verkäufe einer bestimmten Aktie, die in einem bestimmten Zeitraum stattfinden. An jeder Transaktion sind ein Käufer und ein Verkäufer beteiligt. Einer von ihnen ist willens (oder gezwungen), die Aktie zu einem bestimmten Kurs zu kaufen, der andere, sie zu verkaufen. Als voraussichtliche Händler dieser Aktie ist es unser Wunsch, diese Transaktionen hinsichtlich ihrer wahrscheinlichen Auswirkungen auf die Kursentwicklung zu interpretieren. Grundsätzlich haben wir keine Möglichkeit, zu erfahren, wer kauft und wer verkauft oder warum jemand das tut. Aus der bloßen Tatsache, dass eine Transaktion oder eine gewisse Anzahl von Transaktionen stattgefunden haben, erfahren wir nicht, ob die Käufer klüger sind als die Verkäufer oder umgekehrt. Wenn sich allerdings das Volumen der Transaktionen in Beziehung zur Kursbewegung setzen und mit der früheren Volumenhistorie unserer Aktie vergleichen lässt, sind wir häufig in der Lage, daraus seine Bedeutung im technischen Bild abzuleiten.

Bei der Untersuchung des Volumens ist die Vorgeschichte wichtig

Die wichtigsten Punkte bei der technischen Interpretation des Handelsvolumens sind erstens die Volumengewohnheiten im vorangegangenen Zeitraum und zweitens die Kursbewegung beziehungsweise die fehlende Kursbewegung, die damit einhergegangen ist. Anders gesagt ist nicht die Anzahl von Aktien, die an einem bestimmten Tag gehandelt werden, von Bedeutung, sondern der Vergleich dieser Anzahl mit der Anzahl, die an den Tagen davor gehandelt wurde, und in geringerem Maße auch die Anzahl, die in den Wochen und Monaten davor gehandelt wurde. Bevor man aus einem Volumenchart hilfreiche Schlüsse ziehen kann, braucht man daher eine gewisse Vorgeschichte als Vergleichsgrundlage. Daher versteht sich bei allen unseren Besprechungen des Volumens, dass mit hohem Volumen ein Volumen gemeint ist, das höher ist als bei der betreffenden Aktie im betrachteten Zeitraum üblich.

Und auch wenn wir allgemeine Grundsätze formulieren, müssen wir doch stets wiederholen, dass technische Faktoren und technische Phänomene nicht unfehlbar sind. Das gilt für das Volumen genauso wie für den Kurs.

Bereits besprochene Volumenmerkmale

In unseren bisherigen Studien hatten wir in folgenden Zusammenhängen Gelegenheit, das Volumen beziehungsweise die relative Aktivität anzusprechen:

1. Das Grundprinzip des hohen Volumens bei Trendwenden. Dieser Punkt verlangt im Lichte unseres inzwischen fortgeschrittenen Verständnisses der technischen Prognose eine weitere Analyse sowie beträchtliche Einschränkungen – diese werden wir im Folgenden noch genauer besprechen.
2. Der charakteristische Rückgang des Tagesvolumens während der Bildung von Bereichsformationen wie Dreiecken, Flaggen und Rechtecken, insbesondere wenn sich die Formationen ihrem Abschluss nähern und während der Bildung der Rounding Formations, bis sie den „Totpunkt" hinter sich haben.
3. Die merkliche Volumenzunahme, die normalerweise den Ausbruch des Kurses aus einer Bereichsformation begleitet oder in manchen Fällen einen oder zwei Tage später folgt.
4. Das hohe Volumen, das den Höhepunkt einer schnellen Bewegung aus einem anziehenden oder hängenden Kursmuster heraus signalisiert.
5. Das hohe Volumen, das mit der Bildung eines Erschöpfungs-Gaps einhergeht.

Das Volumen als Hinweis auf eine Wende

In diesem Stadium unserer Studien dürfte es für den Leser auf der Hand liegen, dass die unter den Punkten 4. und 5. genannten Volumenphänomene eng miteinander zusammenhängen. In beiden Fällen resultiert ein steiler Anstieg oder Rückgang entweder in einer überkauften oder einer überverkauften Situation, die von einem auffallenden Volumenausbruch signalisiert wird. Und diese Typen von klimaktischem, also sich zuspitzendem Volumen oder Erschöpfungsvolumen hängen offenbar mit der allgemeineren Bedingung des erhöhten Volumens bei Wenden zusammen. Wenn wir jedoch das charakteristische Volumengeschehen bei Wenden analysieren, stellen wir fest, dass das klimaktische Volumen beziehungsweise Erschöpfungsvolumen zwar eine gewisse Rolle spielt, aber nur einen Teil des Gesamtbilds darstellt. Auch stellen wir einen interessanten und häufig hilfreichen Unterschied zwischen dem typischen Volumengeschehen bei Umkehrbewegungen bei Hochs beziehungsweise bei Tiefs fest.

Das typische Volumengeschehen bei Trendwenden

Der typische Volumenchart in einer Periode der Trendwende weist zwei Schübe beziehungsweise Anstiege auf, wobei der erste mit der letzten kräftigen Kursbewegung im alten Trend und der zweite mit dem Ausbruch in den neuen Trend einhergeht. Der erste bedeutet Klimax- oder Erschöpfungsaktivität, der zweite hängt mit der Volumenzunahme zusammen, die wir bereits als charakteristisch für Ausbruchsbewegungen aus technischen Formationen recht detailliert besprochen haben. Auch wenn das Chartbild nicht immer klar ist und auch wenn es von der allgemeinen Regel viele Ausnahmen gibt, so weisen doch die meisten Charts von Umkehrbewegungen, wenn man sie sorgfältig analysiert, selbst dann sowohl Klimax- als auch Ausbruchsvolumen auf, wenn keine sehr deutliche technische Bereichsformation auftritt.

Im Falle von Schulter-Kopf-Schulter-Umkehrformationen, bei denen der Kopf nur um eine kurze Distanz über das Niveau der linken Schulter hinausragt, erscheint das klimaktische Volumen gewöhnlich bei der Bildung der linken Schulter, und der Kopf wird von einer kleineren Klimax beziehungsweise einem kleineren Umsatzschub begleitet. Das Ausbruchsvolumen erscheint, wenn die Nackenlinie durchbrochen wird, oder sehr bald danach. Ragt der Kopf weit über das Niveau der linken Schulter hinaus, begleitet das wirkliche klimaktische Volumen gewöhnlich den Anstieg, der den Kopf bildet. Im Falle von Dreiecks-Umkehrformationen tritt das klimaktische Volumen zu Beginn der Formation beim letzten Kursschub innerhalb des alten Trends auf, bevor das Kursgeschehen die dreiecksförmige Konvergenz aufzuweisen beginnt. Das ist natürlich gewöhnlich der Punkt, an dem der Kurs im Rahmen des alten Trends am weitesten läuft.

> *Die meisten Charts von Umkehrbewegungen weisen sowohl Klimax- als auch Ausbruchsvolumen auf.*

Im Falle von Rechteck-Umkehrformationen ist das Volumengeschehen normalerweise das gleiche wie bei Dreiecken. Bei Rounding- und komplexen Umkehrformationen sieht das Bild allerdings ein bisschen anders aus. Beim typischen Rounding Turn oder Common Turn erscheint das klimaktische Volumen kurz bevor sich der Kursverlauf abzuflachen beginnt, und das Ausbruchsvolumen, nachdem der Kurs in den neuen Trend einzuschwenken begonnen hat. Bei komplexen Umkehrformationen ist der Volumenchart gewöhnlich eher verwirrend. Im Allgemeinen ähnelt er vielleicht dem bei einem Common Turn oder bei einer Schulter-Kopf-Schulter-Formation – oder einer Kombination aus beiden.

Unterschiede zwischen Volumencharts bei Hochs und Tiefs

Der charakteristische Unterschied zwischen dem Volumengeschehen bei Hochs und bei Tiefs erscheint, wenn wir ihr relatives Volumen bei der Klimax und beim Ausbruch vergleichen. Sehr allgemein gesagt – denn es gibt viele Ausnahmen – ist bei einem Hoch das klimaktische Volumen größer als das Ausbruchsvolumen, während bei einem Tief das Ausbruchsvolumen meist höher steigt als das klimaktische Volumen. Dieser Unterschied beruht zweifellos auf dem gleichen grundlegenden Faktor, der sich in einem alten Sprichwort von der Wall Street ausdrückt: „Kurse können fallen, aber nach oben müssen sie geschoben werden."

Zusätzlich zu diesem üblichen, aber nicht immer vorhandenen Unterschied zwischen den Volumenmustern bei Hochs und bei Tiefs besteht auch die Tendenz, dass das Volumen zwischen Klimax und Ausbruch bei Böden schwerfälliger verläuft als bei Hochs.

Das Volumengeschehen bei vorübergehenden Trendunterbrechungen

Bei unserer genauen Untersuchung diverser Charts und Chartformationen in früheren Studien hat der Student wahrscheinlich schon entdeckt, dass das Volumenmuster, das sich bei intermediären Unterbrechungen von Trends ergibt, demjenigen sehr ähnlich ist, das sich bei Umkehrbewegungen entwickelt. Da solche Unterbrechungen in der Regel in einem leichten Rückzug oder einer leichten Korrektur resultieren, sind sie in gewissem Sinne mit Umkehrbewegungen vergleichbar. In beiden Fällen werden die technischen Gezeiten gehemmt, wobei klimaktisches Volumengeschehen auftreten kann, und in beiden Fällen erfolgt nach einem mehr oder weniger unentschlossenen Kurstrend ein Ausbruch, der für gewöhnlich mit Ausbruchsvolumen einhergeht. Der Unterschied zwischen dem Volumenmuster bei einer Wende und demjenigen bei einer intermediären Stauzone ist eher einer des Grades als des Charakters. Der bedeutende Unterschied zwischen beiden findet sich eher in der Richtung der Kursbewegung beim Ausbruch als im Volumengeschehen. Trotzdem kann der erfahrene technische Trader ein Gefühl für das Volumen entwickeln, das ihm dabei hilft, zu einer vernünftigen Einschätzung der Frage zu gelangen, ob eine Umkehr oder eine Fortsetzung wahrscheinlich ist oder nicht.

Volumenrückgang bei der Bildung von Formationen

Eine weitere Eigenschaft des Volumengeschehens, die in unseren bisherigen Studien recht ausführlich besprochen wurde, ist die Tendenz, dass das Volumen im Zeitraum der Bildung einer technischen Bereichsformation zurückgeht. Diese Schrumpfung der Aktivität ist in der Regel besonders auffallend, wenn sich die Formation ihrem Abschluss nähert, also kurz vor einem Ausbruch. Für den technischen Trader ist es nützlich, diese Regel zu kennen, weil sie ihm zu entscheiden hilft, ob ein bestimmtes Muster als zuverlässige Vorhersageformation zu klassifizieren ist. Wenn das Kursgeschehen ein klar definiertes Bereichsbild darstellt, ist das Volumen bestätigend, aber nicht ausschlaggebend. Wenn das Kursgeschehen ein schlecht definiertes Muster darstellt, ist das Volumengeschehen häufig ausschlaggebend. Es ist ein gängiger Anfängerfehler, technische Formationen zu sehen, wo gar keine sind; die Anwendung des Volumentests hilft Anfängern in solchen Situationen, unzutreffende Schlüsse und Trades ohne Gewinn zu vermeiden.

Das Volumen als Hinweis auf eine Fortsetzung

Natürlich ist das gängige Phänomen, dass mit Ausbrüchen aus technischen Formationen erhöhtes Volumen einhergeht, ein konkretes Beispiel für die Nutzung des Volumencharts zur Vorhersage einer Fortsetzung. Wir haben gesehen, dass ein Ausbruch nach oben fast ausnahmslos mit anziehendem Volumen einhergeht und dass das für gewöhnlich, aber nicht immer, bei einem Ausbruch nach unten auch so ist. Wenn der erste Ausbruch nach unten nicht von höherem Volumen begleitet wird, zieht es für gewöhnlich innerhalb von einem oder zwei Tagen an, wenn die Bewegung weiterläuft. Wenn das Volumen nicht anzieht, muss man eine Fehlbewegung (damit befassen wir uns in Studie X) befürchten. Wir brauchen das Ausbruchsvolumen nicht weiter zu besprechen und sagen nur noch, dass jede auffällige Zunahme der Aktivität dann, wenn der Kurs aus einer Stauzone herausläuft, unabhängig vom jeweiligen Muster auf eine Fortsetzung hinweist. Auch ist festzuhalten, dass eine Volumenzunahme, die mit dem Durchstoßen einer Trendlinie einhergeht, gewissermaßen die gleiche Bedeutung wie die Zunahme hat, die mit dem Ausbruch aus einem Muster einhergeht, und dass sie die Bedeutung des Trendbruchs bestätigt.

Häufig sieht man technische Formationen, wo gar keine sind; die Anwendung des Volumentests hilft.

Erinnern wir uns in diesem Zusammenhang außerdem noch einmal an die Regel, dass das tatsächliche Volumen im samstäglichen Handel verdoppelt werden muss, um einen angemessenen Vergleich mit dem Handelsvolumen an den anderen Wochentagen vornehmen zu können.

Das Verhältnis zwischen Volumen und Kursbewegung

Es gibt noch einen weiteren Aspekt der Volumenuntersuchung, den wir bis zu diesem Punkt noch nicht erwähnt haben, nämlich das Verhältnis zwischen dem Volumen und dem Fortschritt der Kursbewegung. Dazu wurden beträchtliche Forschungen angestellt, die allerdings hinsichtlich der Entdeckung zuverlässiger Trading-Regeln ziemlich enttäuschende Ergebnisse gebracht haben. Was man höchstens sagen kann, ist, dass die Prognose auf Fortsetzung lautet, solange sich eine Kursbewegung offenbar proportional zur Handelsaktivität fortsetzt. Wenn hingegen mehrere Tage mit hohem Volumen nicht von einer Kursbewegung begleitet werden, legt dies nahe, dass der Kurs auf einen bedeutenden Widerstand gestoßen ist und darauf eine Korrekturbewegung folgen wird. Bei der Anwendung dieses allgemeinen Prinzips auf konkrete Situationen gibt es einen großen Spielraum und bei der Einschätzung seiner Bedeutung im Zusammenhang mit anderen Faktoren, die im gleichen Chart erscheinen, bedarf es eines guten Urteilsvermögens.

Das Verhältnis zwischen Volumengeschehen und dem grundlegenden Trend

Und schließlich gibt es noch eine weitere Grundregel zum Volumengeschehen, die für den technischen Trader häufig von Nutzen ist, wenn andere Bestandteile des Chartbilds keine definitiven Hinweise liefern. In einfachen Begriffen kann man diese Regel so formulieren: Tendenziell steigt das Volumen, wenn sich der Kurs in der Richtung des grundsätzlichen Trends bewegt, und es fällt, wenn sich der Kurs entgegen dem grundsätzlichen Trend bewegt. Dabei ist zu beachten, dass diese Regel nur vom Grundsatz her gilt und man sie nicht auf das Volumengeschehen eines einzelnen Tages anwenden sollte, weil es von ihr viele Ausnahmen gibt. Betrachtet man hingegen das Chartbild über einen angemessenen Zeitraum, funktioniert sie mit einem hohen Maß an Zuverlässigkeit.

Dafür gibt es zahlreiche gute Beispiele – tatsächlich findet man sie in fast jedem Chart, den man untersucht. Der Student wird sich erinnern, dass wir diese Regel bei der Analyse des umgekehrten Dreiecks angewendet haben, das sich beim Hoch 1929 von General American Transportation (Abbildung V.1) bildete, und dann wieder bei der Analyse des steigenden Dreiecks bei Anaconda Copper (Abbildung VI.4). Sie kam auch bei der Analyse der Out-of-line-Bewegung ins Spiel, die wir in Studie VII aufgriffen, und sie ist eine große Hilfe bei der Erkennung von Fehlbewegungen, mit denen wir uns später noch in Studie X befassen werden. Und schließlich bietet sie eine entscheidende Unterstützung bei der Beurteilung der Signifikanz von Rücksetzern, die häufig auf Ausbrüche aus Bereichsformationen folgen – ein Phänomen, das wir schon bei mehreren Gelegenheiten erwähnt haben, insbesondere in Studie VI auf Seite 226.

Beim Trading auf Intermediate-Trends am nützlichsten

Die allgemeine Regel, über die wir hier sprechen, gilt auch für die breit angelegten Bilder von Major-Trends oder zyklischen Trends, die in Wochencharts zu sehen sind, aber für das langfristige Trading haben sie einen geringen praktischen Nutzen, weil immer zu viel Zeit vergehen muss, bis sich das Volumenverhältnis klar entwickelt hat. Hingegen ist sie beim Traden auf intermediäre Bewegungen von großem praktischem Nutzen, sowohl in den Fortsetzungs- als auch in den Umkehrphasen dieser Bewegungen.

Tendenziell steigt das Volumen, wenn sich der Kurs in der Richtung des grundsätzlichen Trends bewegt.

Konkret gesagt ist sie von größtem Nutzen, um zu entscheiden, ob eine Reaktion in einem Aufwärtstrend der Beginn einer Wende zu einem Abwärtstrend oder einfach eine kleinere Schwankung ist, die bald ausgelaufen sein wird und auf die eine Wiederaufnahme der Aufwärtsbewegung folgt. Oder um in einem Abwärtstrend zu entscheiden, ob eine Rally eine Wende startet oder schlicht einen vorübergehenden überverkauften Zustand korrigiert.

Der Student wird verstehen, dass diese Regel lediglich ein weiteres Werkzeug in seinem Kasten ist. Für sich genommen ist sie von begrenztem Nutzen, jedoch hilft sie uns im Zusammenhang mit allen unseren anderen technischen Anhaltspunkten betrachtet – Formationen, Gaps, Trendlinien und so weiter –, zu einer geeigneten Prognose des künftigen Kursgeschehens zu gelangen.

Die Dow-Theorie

Dies ist ein guter Zeitpunkt, um im Rahmen unserer Studie der Dow-Theorie etwas Aufmerksamkeit zu schenken, denn diese Theorie beruht hauptsächlich auf allgemeinen Überlegungen zu Trend und Volumen und nimmt so gut wie keinen Bezug auf die vielen spezifischen Formationen und Phänomene, die wir in diesem Kurs untersucht haben.[1]

Bemerkenswert ist, dass Charles H. Dow selbst, der Mann, der als Erster die Prinzipien vorgebracht hat, die zu dem weiterentwickelt wurden, was man heute als Dow-Theorie kennt, diese Prinzipien ausschließlich auf Indizes und somit offenbar ausschließlich – oder zumindest hauptsächlich – als Mittel anwendete, um die grundlegenden wirtschaftlichen und finanziellen Trends zu beurteilen, nicht als Hilfe bei der Spekulation. Seine

1 Für weitere Informationen über die hochrespektierten Grundsätze und praktischen Anwendungen der Dow-Theorie sowie über ihre wohlbegründete Verwendung für die Marktanalyse, einschließlich mehrerer durch Gewinne nachgewiesener Verbesserungen durch Samuel Moment, empfehlen wir das nächste Buch in dieser (der amerikanischen) Reihe der Börsenklassiker: „New Blueprints for Gains in Stocks and Grains" und „One-Way Formula", beide von William Dunnigan.

Anhänger widmeten der spekulativen Anwendung der Prinzipien mehr Aufmerksamkeit, und die Allgemeinheit fasst die Dow-Theorie nun als vollständige Anleitung für den erfolgreichen Aktienhandel auf, was jedoch sehr weit von den Tatsachen und von den ursprünglichen Absichten ihres Urhebers entfernt ist.

Die beiden Indizes, die Dow verwendete

Die Dow-Theorie basiert auf der gleichzeitigen Untersuchung und Interpretation von zwei Indizes – des Dow Jones Industrial Average (von dem vor Beginn dieser Studie ein langfristiger Chart gezeigt wird) und des Dow Jones Railroad Average. Zu der Zeit, als Dow seine Grundprinzipien des Marktgeschehens erstmals veröffentlichte, bildeten die Eisenbahngesellschaften zusammengenommen einen höchst bedeutsamen Teil der amerikanischen Finanzwelt. Das Kapital, das in die Bahnen investiert war, stellte einen sehr großen Teil des unternehmerischen Vermögens des Landes. Zudem fanden so gut wie alle Gütertransporte – ob Rohmaterialien oder Fertigerzeugnisse – auf der Schiene statt. Infolgedessen schlug sich jede Änderung der konjunkturellen Aktivität unverzüglich und unmittelbar in den Einnahmen der Bahngesellschaften nieder. Dieser Zustand, der heute nicht mehr besteht, ist für die große Bedeutung verantwortlich, die Dow den Bewegungen des Eisenbahnindex beimaß. Viele, die sich heutzutage mit den Indizes befassen, setzen die Bedeutung der Bahngesellschaften herab. Auf jeden Fall ist die Anwendung der Bewegungen der Eisenbahnindizes im Rahmen der Dow-Theorie zwecks Interpretation des Gesamtmarkts seit 1932 schwierig und häufig sogar offenkundig irreführend.

Die wichtigsten Grundsätze der Dow-Theorie

Der derzeit führende Vertreter der Dow-Theorie ist zweifellos Robert Rhea, aus dessen Buch „The Dow Theory“ wir in unserer nun folgenden kurzen Zusammenfassung von sechs der wichtigsten Grundsätze der Theorie zitieren.

1. Dows drei Bewegungen: „Es gibt drei Bewegungen der Indizes, die alle zur gleichen Zeit stattfinden können. Die erste und wichtigste ist der primäre Trend, die breiten Aufwärts- oder Abwärtsbewegungen, die man als Haussen und Baissen kennt und die mehrere Jahre lang dauern können. Die zweite und trügerischste Bewegung ist die sekundäre Reaktion: ein bedeutender Rückgang innerhalb einer primären Hausse oder eine Rally innerhalb einer primären Baisse. Solche Reaktionen dauern für gewöhnlich drei Wochen bis drei Monate. Die dritte und für gewöhnlich unwichtige Bewegung ist die tägliche Schwankung.“

2. Beide Indizes müssen bestätigen: „Man muss die Bewegungen des Index der Eisenbahnwerte und des Index der Industriewerte stets gemeinsam betrachten. Die Bewegung des einen Aktienindex muss durch den anderen bestätigt werden, bevor man daraus verlässliche Schlüsse ziehen kann. Schlussfolgerungen, die sich auf die Bewegung eines Index gründen und nicht vom anderen bestätigt werden, erweisen sich fast mit Gewissheit als irreführend."
3. Ermittlung des Trends: „Aufeinanderfolgende Rallys, die vorangegangene Hochpunkte durchstoßen und auf die Rückgänge folgen, die oberhalb vorangegangener Tiefpunkte enden, liefern einen bullishen Hinweis. Gelingt es hingegen den Rallys nicht, die vorangegangenen Hochpunkte zu durchstoßen und es folgen Rückgänge, die unter die vorangegangenen Tiefpunkte reichen, ist das bearish. Auf diese Art gezogene Schlüsse sind nützlich, um sekundäre Reaktionen zu beurteilen, und sie sind von großer Bedeutung, um die Wiederaufnahme, Fortsetzung oder Änderung des primären Trends vorherzusagen. Zum Zwecke der vorliegenden Diskussion ist eine Rally oder ein Rückgang definiert als eine oder mehrere Tagesbewegungen, die in einer Netto-Richtungsänderung resultiert, die mehr als drei Prozent des Kurses des betreffenden Index beträgt. Solche Bewegungen sind kaum maßgeblich, wenn ihre Richtung nicht durch beide Indizes bestätigt wird, allerdings braucht die Bestätigung nicht am gleichen Tag stattzufinden."
4. „Linien": „Eine ‚Linie' ist eine Kursbewegung, die sich über drei Wochen oder mehr erstreckt, wobei sich die Kursschwankungen beider Indizes innerhalb eines Bereichs von circa fünf Prozent bewegen. Eine solche Bewegung zeigt entweder eine Akkumulation oder eine Distribution an. Gleichzeitige Anstiege über die Grenzen der ‚Linie' hinaus zeigen eine Akkumulation an und sagen höhere Kurse voraus; im Gegenzug lassen gleichzeitige Rückgänge unter die ‚Linie' auf eine Distribution schließen, worauf mit Sicherheit niedrigere Kurse folgen. Schlüsse, die man aus der Bewegung des einen Index zieht und die nicht vom anderen bestätigt werden, erweisen sich im Allgemeinen als unzutreffend."
5. Das Verhältnis zwischen Volumen und Kursbewegungen: „Ein überkaufter Markt wird bei Rallys matt und entwickelt bei Rückgängen Aktivität; dagegen besteht bei einem überverkauften Markt die Tendenz, dass er bei Rückgängen ermattet und bei Rallys aktiv wird. Haussen enden in einer Periode überhöhter Aktivität und beginnen mit vergleichsweise schwachen Transaktionen."
6. Einzelne Aktien: „Alle aktiv gehandelten und breit gestreuten Aktien amerikanischer Großunternehmen steigen und fallen im Allgemeinen zusammen mit den Indizes, aber jede einzelne Aktie kann Bedingungen widerspiegeln, die für den Durchschnittskurs einer diversifizierten Aktienliste nicht gelten."

Anwendung auf den Aktienhandel

Studenten, die sich ausführlich mit der Dow-Theorie befassen wollen, finden in den Büchern von Robert Rhea eine Darstellung aller ihrer Grundzüge. Als breit angelegte fundierte Untersuchung der allgemeinen Markttrends ist sie zweifellos unangreifbar, aber als Hilfestellung für den erfolgreichen Handel mit einzelnen Aktien ist sie – darauf deuten unsere Erfahrungen hin – von äußerst begrenztem Wert. Man kann einen Index weder kaufen noch verkaufen, und die einzelnen Aktien erreichen ihre Hochs und Tiefs weder zur gleichen Zeit noch in gleichem Maße wie die Indizes. In der Mehrzahl der Fälle sind bis zu dem Zeitpunkt, zu dem die Indizes ein Signal gegeben haben, bedeutende Gewinne beziehungsweise Gewinnchancen bereits vertan.

Studie IX

Unterstützungs- und Widerstandsniveaus

- Die Bedeutung von Umkehrniveaus
- Entscheidung über unsere Terminologie
- Methoden für die Vorhersage von Widerstandsniveaus
- Widerstandsniveaus werden später zu Unterstützungsniveaus
- Eine logische Erklärung für Umkehrniveaus
- Der Erinnerungsfaktor kommt ins Spiel
- Auch künstliche Faktoren sind manchmal wirksam
- Die Zuverlässigkeit von Angebots- und Nachfrageniveaus
- Aus alten Tiefs werden künftige Hochs
- Und aus alten Hochs neue Tiefs
- Der Wert von Wochencharts für Prognosen
- Das Volumen als Faktor bei der Einschätzung des künftigen Einflusses
- In der Baisse etablierte Niveaus
- Sich im entgegengesetzten Trend wiederholende Niveaus
- Vorhersage der nächsten Schritte bei General Electric
- Widerstands- und Unterstützungsniveaus in intermediären Trends
- Untergeordnete Hochs werden später zu untergeordneten Tiefs
- Der negative Nutzen untergeordneter Unterstützungsniveaus
- Durch Muster und Trendlinien etablierte Widerstände
- Trendlinien, die Unterstützung und Widerstand definieren
- Durchbrochene Trendlinien verlieren bald ihre technische Bedeutung
- Die Wiege – ein starker Unterstützungspunkt
- Widerstand und Unterstützung bei Schulter-Kopf-Schulter-Umkehrformationen
- Unterstützung und Widerstand bei Mehrfachformationen
- Die Anwendung der Regeln auf Rechtecke und rechtwinklige Dreiecke
- Durch symmetrische Dreiecke etablierte Unterstützungen und Widerstände
- Das Niveau des Scheitelpunkts erhält Bedeutung
- Das symmetrische Dreieck bildet eine Wiege
- Ein drittes signifikantes Niveau
- Die Vorhersage von Unterstützungsniveaus erfordert Urteilsvermögen
- Unterstützung und Widerstand bei Gaps
- Praktische Verwendungen der Untersuchung von Widerstandsmustern
- Eine zweite Kauf- beziehungsweise Verkaufsgelegenheit
- Wie lange sind bisherige Niveaus gültig?
- 50 und 100 als kritische Niveaus
- Die Theorie der Mitte von intermediären Bewegungen
- Das „Rückfedern" von Unterstützung oder Widerstand
- Ein guter Ort für Gewinnmitnahmen
- Der Einsatz von Unterstützungs- und Widerstandsniveaus bei Leerverkäufen

In der vorigen Studie haben wir gelernt, dass eine der Verwendungen von Trendlinien darin besteht, das wahrscheinliche Ziel einer intermediären Kursbewegung abzuschätzen. Das Bestehen eines gut definierten Trends, der nahelegt, dass eine Kursbewegung gewendet wird, wenn sie die Trendlinie erreicht, bietet uns eine Grundlage, um den wahrscheinlichen unmittelbar bevorstehenden Gewinn zu bemessen, der mit einem voraussichtlichen Trade zu erzielen ist, und um den potenziellen Gewinn einer Aktie mit dem einer anderen zu vergleichen. Diese einschränkende Wirkung von Trendlinien kann man als Widerstandsphänomen bezeichnen – eines von vielen, die zu kennen und zu nutzen der Trader profitabel finden wird. Das allgemeine Thema von Unterstützung und Widerstand ist eines der interessantesten und auch eines der praktischsten in unserem Kurs der Technischen Analyse. Ihm werden wir den größten Teil dieses Abschnitts widmen.

Die Bedeutung von Umkehrniveaus

Als Erstes haben wir unsere Aufmerksamkeit in diesem Kurs den diversen Formationen oder Mustern gewidmet, die eine Umkehr des Kurstrends vorhersagen. Ganz sicher sind Hinweise auf Wenden in der Trading-Praxis von vorrangiger Bedeutung, weil man so lange von einer Fortsetzung des bisherigen oder aktuellen Trends ausgehen kann, bis Anzeichen einer Umkehr erscheinen. Umkehrformationen sind unsere Signale dafür, dass die technische Position einen Wandel durchmacht und es notwendig ist, etwas zu unternehmen, um unser Trading-Vorgehen an den sich verändernden technischen Trend oder an die sich verändernde Prognose anzupassen.

Wenn wir auf die eine oder andere Weise im Voraus Informationen über den wahrscheinlichen Punkt bekommen, an dem die Trendwende eintreten könnte, haben wir einen großen Vorteil bei der Planung unseres praktischen Vorgehens am Markt. Dann sind wir vorgewarnt, dass wir, wenn wir beschließen, bei einer bestimmten Aktie eine Position einzugehen, ihr im Chart abgebildetes Verhalten besonders sorgfältig beobachten, wenn sie sich diesem Punkt oder Niveau nähert. Und dann sind wir darauf gefasst, etwaige Indizien für eine Umkehr, die dort erscheinen, umso schneller zu akzeptieren und daraufhin zu handeln. Somit ist jegliche Information über die Niveaus, an denen starker Widerstand gegen eine weitere Bewegung zu erwarten ist, erstens dahingehend von praktischem Nutzen, dass wir herausfinden, ob es profitabel sein wird oder nicht, bei einer Aktie eine Position einzugehen, und zweitens, um herauszufinden, wann es klug sein könnte, Gewinne mitzunehmen.

Entscheidung über unsere Terminologie

Allgemein ausgedrückt sind Widerstandsniveaus Kursbereiche, bei denen oder innerhalb deren man auf mehr Angebot stößt, was die technischen Gezeiten hemmt und in einer Umkehr des Trends oder zumindest in einer vorübergehenden Unterbrechung und einer Stauzone resultiert. Es wird allerdings unsere Untersuchung erleichtern, wenn wir diese umfassende Verwendung des Begriffs „Widerstand" aufgeben und seine Anwendung auf Niveaus beschränken, an denen *aufwärtsgerichtete* beziehungsweise steigende Kursbewegungen gestoppt werden, und an seiner Stelle den Begriff „Unterstützung" verwenden, um Niveaus zu bezeichnen, an denen *abwärtsgerichtete* beziehungsweise fallende Trends angehalten werden.

Ein Widerstandsniveau ist also ein ungefähres Niveau oder eine recht gut definierte Kursspanne, wo eine zuvor steigende Aktie auf Widerstand in Form starker Verkäufe trifft. Ein Unterstützungsniveau ist ein ungefähres Niveau oder eine Kursspanne, wo ein vorheriger Rückgang auf Unterstützung in Form starker Käufe trifft. Daher kann man ein Widerstandsniveau auch als „Angebotszone" bezeichnen – ein Bereich, in dem man auf ein erhöhtes Angebot zum Verkauf stehender Aktien stößt. Im gleichen Sinne kann man ein Unterstützungsniveau auch als „Nachfragezone" bezeichnen.

Methoden für die Vorhersage von Widerstandsniveaus

Bei den in der vorigen Studie behandelten Trendlinien haben wir eine Methode für die Vorhersage wahrscheinlicher Unterstützungs- und Widerstandsniveaus gesehen. Tatsächlich gibt es eine Menge nahegelegener und vorübergehender Unterstützungen und Widerstände, die durch die verschiedenen Kursmuster gebildet werden, die wir in den bisherigen Teilen dieses Kurses untersucht haben, und wir werden sie alle im Laufe dieses Kurses aufgreifen. Die für die Trading-Praxis allerwichtigsten Unterstützungs- und Widerstandsniveaus sind allerdings diejenigen, die durch das Erscheinen von Bereichsformationen oder Stauzonen bereits zu einem früheren Zeitpunkt der Handelshistorie der Aktie markiert und identifiziert wurden. Solche künftig entstehenden Unterstützungs- und Widerstandsniveaus sind natürlich die spätere Wiederholung von Unterstützungs- beziehungsweise Widerstandsniveaus, die sich zuvor auf den gleichen Niveaus manifestiert haben, denn wir wissen, dass jede Stauzone oder Kursformation, ob nun Umkehr oder Fortsetzung, für sich genommen ein gewisses Maß an Unterstützung oder Widerstand darstellt.

Widerstandsniveaus werden später zu Unterstützungsniveaus

An dieser Stelle muss erwähnt werden, dass eine Bereichsformation, die durch Widerstand gebildet wurde, wenn sie später durchbrochen wird, noch später als Unterstützungsniveau fungiert. Im gleichen Sinne erscheint ein Unterstützungsniveau, wenn es durchbrochen wurde, im Zuge einer künftigen Kursbewegung als Widerstandspunkt wieder. Beide können sich auch in ihrer ursprünglichen Funktion wiederholen, aber häufiger tauschen sie die Rollen. Anders gesagt kann sich eine Bereichsformation unabhängig davon, ob sie ursprünglich ein Widerstand oder eine Unterstützung war, später in der gleichen oder in der entgegengesetzten Position wiederholen, wobei sie dazu neigt, die Bewegung zu testen, die sich von oben oder von unten ihrem Niveau nähert.

Eine logische Erklärung für Umkehrniveaus

Eine logische Erklärung der Unterstützungs- und Widerstandsniveaus muss verschiedene natürliche und auch künstliche Ursachen berücksichtigen. Eine natürliche Erklärung liegt in der Tatsache, dass die Allgemeinheit und alle am Handel Beteiligten dazu neigen, sich an frühere Bereichsniveaus zu erinnern und ihnen dadurch Bedeutung zu verleihen. Während eine Aktie ihr Kursniveau Tag für Tag schnell ändert, wird die Allgemeinheit auf weit voneinander abweichenden Niveaus kaufen, und solche Kursänderungen werden weder einen Konsens noch einen starken Gedächtniseindruck bewirken.

Wenn die Aktie hingegen einen Bereich gebildet und sich eine gewisse Zeit innerhalb eines recht engen Bereichs gehalten hat, dann kauft die Allgemeinheit, und die Verkäufe ballen sich tendenziell in dieser Kursspanne, sodass sich die Allgemeinheit an dieses konkrete Kursniveau erinnert. Je mehr Zeit die Aktie in dieser Spanne verbracht hat und je größer das Volumen der Transaktionen, die darin stattgefunden haben, desto bedeutsamer ist die Spanne für spätere technische Überlegungen.

Die Allgemeinheit und die am Handel Beteiligten neigen dazu, sich an frühere Bereichsniveaus zu erinnern und ihnen dadurch Bedeutung zu verleihen.

Wenn eine Aktie beispielsweise sehr schnell von 75 auf 100 steigt, dann verbringt sie nicht genug Zeit in einer bestimmten Kursspanne, um ihr Bedeutung zu verleihen. Wenn die Aktie hingegen auf Widerstand stößt und einen Monat lang zwischen 95 und 100 schwankt, dann ist es sehr viel wahrscheinlicher, dass sich die Allgemeinheit im Zusammenhang mit dieser Aktie an diese Kursspanne erinnert und sich daher später davon leiten lässt. Und natürlich prägt sich diese Spanne jemandem, der innerhalb ihrer gekauft oder verkauft hat, ganz besonders ein.

Nehmen wir nun an, dass die Aktie erneut relativ geradlinig und schnell steigt und dann eine weitere lange Bereichsspanne um circa 125 ausbildet. Nun nimmt der Bereich um 125 größere Bedeutung an als alle Kurse zwischen 100 und 125. Es wurden also auf zwei Niveaus, bei 100 und bei 125, Bereichsformationen und somit Widerstands- beziehungsweise Unterstützungspunkte gebildet.

Der Erinnerungsfaktor kommt ins Spiel

Lassen wir nun die Aktie, deren theoretische Bewegungen wir im vorigen Abschnitt verfolgt haben, eine Reaktionsbewegung von 125 zurück auf 100 vollführen. Auf dem Weg des nach und nach fallenden Kurses nach unten wird es nicht annähernd so viel allgemeines Interesse geben wie dann, wenn der Kurs wieder die Bereichsspanne um die 100 erreicht. Wenn dieser Kurs erreicht wird, fangen Menschen zu kaufen an, die sich daran erinnern, dass sie diesen Kurs schon einmal gesehen haben, und die sich gewünscht hatten, sie hätten auf diesem früheren Niveau gekauft. Jetzt sehen sie darin eine zweite Kaufchance und viele von ihnen kaufen tatsächlich.

Es kann aber auch viele Trader geben, die die Aktie erstmals geshortet haben, als sie bei 100 zögerte, die sich törichterweise nicht durch Stop-Loss-Orders abgesichert haben, die sich wegen ihrer Buchverluste Sorgen machten, als die Aktie auf 125 gestiegen war, und die jetzt froh sind, ihre Leerverkäufe durch Rückkauf ohne Verlust eindecken zu können, da die Aktie wieder bei 100 steht. Somit baut sich ganz natürlich eine ausgeprägtere Kauftätigkeit beziehungsweise eine höhere Nachfrage auf, die zu einer technischen Unterstützung bei 100 wird, wo sich zuvor ein Widerstandspunkt befand.

Wenn wir davon ausgehen, dass das Unterstützungsniveau bei 100 den Kurstrend erneut wendet, dann wird die Aktie in ihrem weiteren Anstieg erneut auf Widerstand stoßen, wenn sie wieder das frühere Widerstandsniveau bei circa 125 erreicht. Auf diesem Niveau stellen viele, die gewünscht hatten, sie hätten verkauft, als die Aktie zum ersten Mal auf 125 gestiegen war – bevor sie den Rückweg auf 100 antrat –, fest, dass sie eine zweite Chance haben, bei 125 zu verkaufen, und tun dies auch. Leerverkäufer, die während des Rückgangs der Aktie auf 100 gewünscht hatten, sie hätten sie bei 125 geshortet, stellen nun fest, dass sie eine zweite Gelegenheit haben, die Aktie zu diesem Kurs zu shorten. Daher steckt in der Bedeutung von Widerstands- und Unterstützungsniveaus ganz einfach aus recht selbstverständlichen Erwägungen eine klare Logik.

Auch künstliche Faktoren sind manchmal wirksam

Es lassen sich aber auch andere Gründe finden, wenn man eher künstliche Bewegungen betrachtet, wie sie beispielsweise durch die Pläne professioneller Akteure hervorgerufen werden können. Insidergruppierungen arbeiten nicht nur mit solchen Vorstellungen, wie wir sie gerade beschrieben haben, sondern sie haben für gewöhnlich auch sehr deutliche Vorstellungen von den Kursniveaus, auf denen sie möglichst viele Stücke ihrer Aktie akkumulieren beziehungsweise verteilen wollen. Für eine solche Kampagne muss man im Voraus einen eindeutigen und organisierten Plan für den Kauf eines großen Aktienpakets auf einem gewissen Kursniveau und für den Verkauf auf einem anderen Kursniveau formulieren.

Wenn die Akteure den größten Teil ihrer Aktienposition um die 100 kaufen und beschließen, sie bei circa 125 abzuverkaufen, ist es unwahrscheinlich, dass sie gleich alles verkaufen, wenn die Aktie zum ersten Mal 125 erreicht. Wahrscheinlicher ist, dass es ihnen gelingt, beim ersten Mal, wenn der Kurs dieses Ziel erreicht, vielleicht nur zwei Drittel zu verkaufen. Wenn sie die Kaufkraft bei 125 vorläufig ausgeschöpft haben, lassen sie die Aktie von allein nach unten driften – es sei denn, sie ist schwächer, als sie gedacht hatten, und gerät wieder in Schlagdistanz zur 100. In diesem Fall könnte es durchaus das für sie beste Vorgehen sein, einen Teil der Aktien, die sie bei 125 verkauft haben, zurückzukaufen, dadurch den Fall auf 100 abzufangen und die Aktie wieder nach oben zu schieben. Wenn sich der erneute Anstieg wieder 125 nähert, werden sie allerdings beginnen, den Rest ihrer Positionen zu verkaufen – im Einklang mit ihrem ursprünglichen Vorhaben, um die 100 zu kaufen und um die 125 zu verkaufen.

Wir sehen also, dass einmal etablierte Unterstützungs- und Widerstandsniveaus durchaus einen bedeutenden und zuverlässigen Einfluss auf künftige Bewegungen nehmen können.

Die Zuverlässigkeit von Angebots- und Nachfrageniveaus

Auf jeden Fall stellen wir fest, dass Unterstützungs- und Widerstandsniveaus ziemlich zuverlässig sind. Wie schon gesagt und wie wir wissen, sind sie nicht unfehlbar, aber wahrscheinlich sind sie im Schnitt zuverlässiger als die diversen Muster und Regeln, die wir bereits untersucht haben. Manchmal halten die von der Vorgeschichte verheißenen wahrscheinlichen Widerstands- oder Unterstützungsniveaus nicht, sind aber für den Chartstudenten trotzdem von Nutzen. Es kann sein, dass sie nur vorübergehend halten, doch sobald relativ klar ist, dass die zuvor festgestellten Niveaus nicht halten, werden sie zumindest im negativen Sinne nützlich, weil sie die bestimmende Kraft der aktuellen Bewegung bezeugen, sie als kräftig und machtvoll kennzeichnen und mit Nachdruck darauf hindeuten, dass sich die Bewegung so lange fortsetzen wird, bis sie auf das nächste Widerstands- beziehungsweise Unterstützungsniveau trifft.

Natürlich fließt in jede Einschätzung der Zuverlässigkeit von Unterstützungs- und Widerstandsniveaus die Frage ein, wie lange sie wirksam bleiben. Jedoch machen wir uns, bevor wir diesen Punkt besprechen, die Untersuchung leichter, indem wir zunächst ein paar Beispiele für das Geschehen an Unterstützungs- und Widerstandsniveaus analysieren, das sich in übergeordneten Trends äußert.

Aus alten Tiefs werden künftige Hochs

Ein annähernd perfektes Beispiel für das Grundprinzip, dass gebrochene Unterstützungsniveaus bei späteren Anstiegen zu Widerstandspunkten werden und umgekehrt, findet der Student im Monatschart des Dow Jones Industrial Average in Abbildung VIII.1. Verfolgen wir darin zunächst die lange Hausse von 1924 bis 1929 und halten wir die Niveaus fest, auf denen sie auf Widerstand stieß. Das erste Niveau tauchte bei 120-124 auf, wo der Anstieg für fünf Monate aufgehalten wurde. Das nächste erschien im Bereich 160-164 (in diesem Chart steht jede Linie für vier Punkte), wo der Kurs mehr als ein Jahr zu kämpfen hatte, bevor er sich wieder nach oben schob. Auf dem Niveau von 200 entwickelte sich erneut ein Widerstand, der erst nach sechs Monaten gebrochen wurde. Den Bereich 216-220 zu durchlaufen bereitete gewisse Schwierigkeiten, dann folgte ein annähernd vertikaler Anstieg auf 320-324, der auf einen fünf Monate langen Widerstand traf, bevor der abschließende Schub den Kurs durchgehend bis zum Hoch 1929 schob.

Verfolgen Sie nun das Kursgeschehen im Laufe der großen Baisse 1929 bis 1932. Der erste panische Zusammenbruch zog den Kurs innerhalb von zwei Monaten auf 212 und dann auf 196 herab, wo er auf eine Unterstützung traf und sich aus einem Bereich heraus erholte, der sich zuvor als Widerstandsniveau manifestiert hatte und den wir im vorigen Absatz als solches vermerkt haben. Der Katastrophencharakter des Zusammenbruchs 1929 ließ sich an der Leichtigkeit ablesen, mit der er durch das Unterstützungsniveau krachte, das man eigentlich bei circa 320 hätte erwarten können.

Nach diesem ersten panischen Schub erschien allerdings eine eher normale Abfolge von Kursausschlägen. Die Rally von 196 fiel kräftig aus und trug den Index im April 1930 wieder auf 296. Beachten Sie, dass sich der Widerstandspunkt hier etwa auf dem gleichen Niveau befand wie die Unterstützung während der ersten sechs Monate des Kursgeschehens im Jahr 1929. Anders gesagt wurde ein ehemaliges Tief zu einem neuen Hoch.

Und aus alten Hochs neue Tiefs

Der nächste Rückgang im Zuge der Baisse wurde um die 216 kurz aufgehalten und traf dort auf Unterstützung, wo sich während des Anstiegs 1928 Widerstand formiert hatte. Ein ehemaliges Hoch war zu einem neuen Boden geworden. Der nächste steile Rückgang stieß bei circa 160 auf Unterstützung, also auf einem Niveau, dessen Bedeutung im Chart von Oktober 1925 bis März 1927 demonstriert worden war. Auch hier äußerte sich wieder ein ehemaliges Widerstandsniveau später als Unterstützungsniveau. Die Rally im Jahr 1931 stieß bei 196 auf Widerstand und wurde nach unten gewendet, also auf dem gleichen Niveau, auf dem der erste panische Kursverfall 1929 auf Unterstützung getroffen war. Der nächste Absacker wurde bei 120 gestoppt, was nun als Unterstützungsniveau erscheint, nachdem es von Ende 1924 bis 1925 ein Widerstandsniveau gewesen war.

Das Kursgeschehen in den ersten Phasen der Hausse, die Anfang 1932 begann, lässt sich in den Frühstadien nicht so leicht vergleichen, aber es ist festzustellen, dass der erste Anstieg etwa auf dem Niveau der letzten Stauzone im Zuge der Baisse gekippt wurde. Auch das Niveau von 160, das zunächst 1925 bis 1927 als Widerstand, 1930 als Unterstützung und 1931 wieder als Widerstand aufgetaucht war, erschien im April 1936 wieder als Widerstand. Der Rückgang im Juni 1931 traf bei 120 auf Unterstützung, und die Rally im November stieß auf dem gleichen Niveau von 120 auf Widerstand. Das Hoch des Anstiegs im September 1932 bot in den Jahren 1933 und 1934 durchgehend Unterstützung.

Der Wert von Wochencharts für Prognosen

Der Student ist unweigerlich beeindruckt von dem außerordentlichen Einfluss, den diese ehemaligen Hochs und Tiefs sogar nach Monaten und Jahren noch haben. Ihre Bedeutung für die Vorhersage der wahrscheinlichen nächsten Ziele aktueller Bewegungen liegt auf der Hand, und das bereits nach unserer schnellen Durchsicht von zwölf Jahren Kursentwicklung des Dow Jones Industrial Average. Wendet man diese Untersuchung von Unterstützungs- und Widerstandsniveaus auf einzelne Aktien an, liefern allerdings Wochencharts genauere und detailliertere Informationen als Monatscharts. Sie zeigen die Niveaus, auf denen Stauzonen von signifikanter Dauer auftraten, und die Niveaus, die der Kurs schnell durchlaufen hat, ohne Unterstützungs- oder Widerstandsmuster zu entwickeln, deutlicher. Außerdem stellen Wochencharts auch das Volumen bei verschiedenen Kursniveaus dar – dieser Faktor ist bei der Ermittlung der wahrscheinlichen künftigen Bedeutung dieser Niveaus von Nutzen.

Wochencharts zeigen die Niveaus, auf denen Stauzonen von signifikanter Dauer auftraten, deutlicher.

Der Wochenchart fast jeder aktiv gehandelten Aktie weist bei sorgfältiger Analyse eine Reihe guter Beispiele für den Einfluss früherer Unterstützungs- und Widerstandsniveaus auf das spätere Kursgeschehen auf. Untersuchen wir zum Beispiel die Handelshistorie von General Electric ab Juli 1929 in Wochencharts dieser Aktie. In Abbildung IX.1 ist das Kurs- und Volumengeschehen bis Juli 1932 zu sehen. Die Zahlen am linken Rand geben den Aktienkurs vor dem 4:1-Split im Januar 1930 an, die Zahlen am rechten Rand den Kurs nach dem Split; für unsere Untersuchung brauchen wir nur Letztere.

Abbildung IX.1

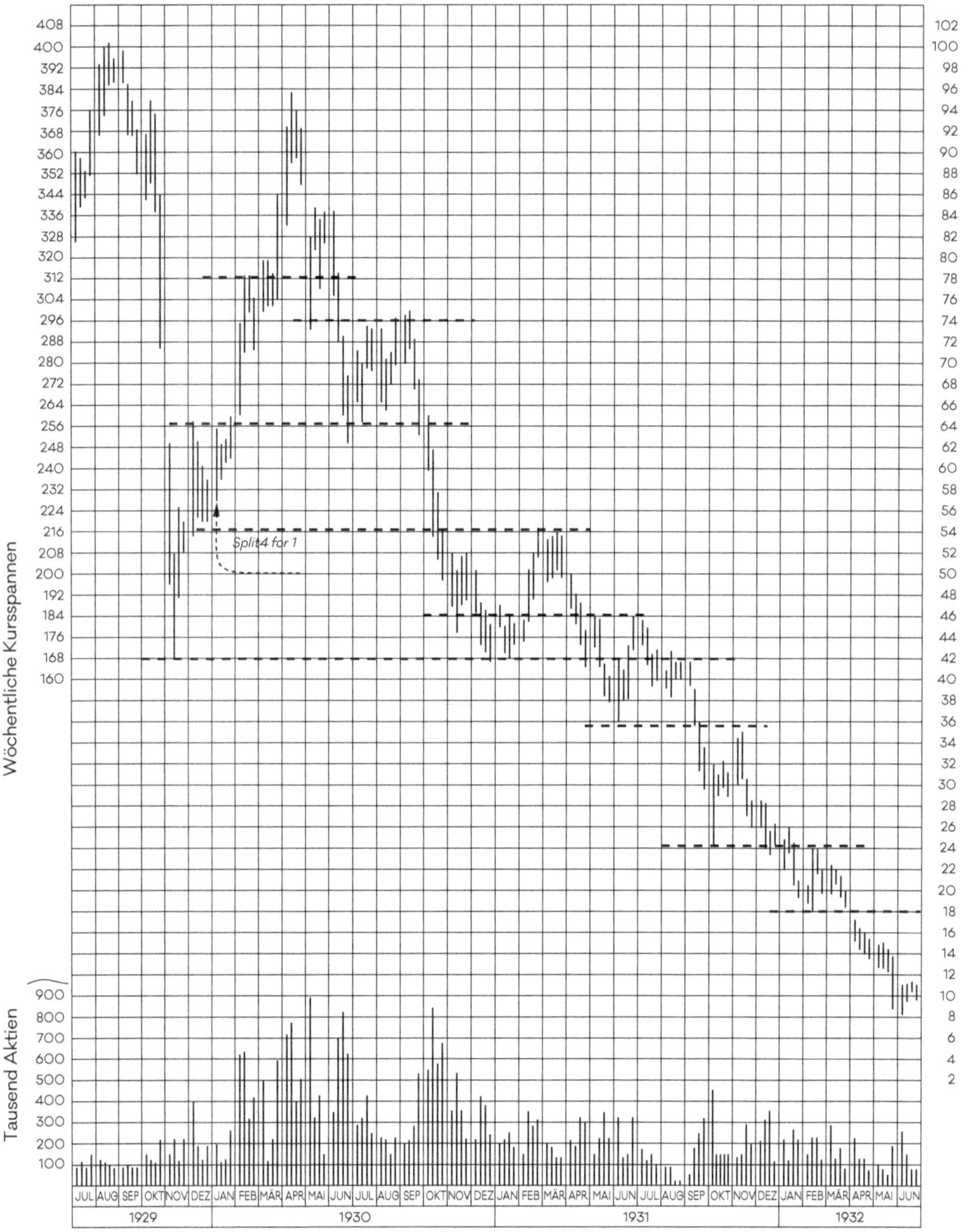

GENERAL ELECTRIC

Das Volumen als Faktor bei der Einschätzung des künftigen Einflusses

Im Zuge des Absturzes vom Hoch bei circa 400 fiel der Kurs von General Electric im November 1929 auf 168. In Kursen nach dem Aktiensplit entsprach dies Kursen von 100 beziehungsweise 42, und so wurde 42 zu einem Niveau, das man sich für die Zukunft merken musste. Die nächste Erholung „nach der Panik" trug den Kurs wieder auf 64-65, wo er auf einen zweimonatigen Widerstand traf, dann kam eine Reaktion auf 54-55, bevor sich der Anstieg fortsetzte. Der nächste Kursschub stieß anderthalb Monate lang bei 78-79 auf Widerstand, lief dann weiter und wurde schließlich bei 94-96 gewendet. Dann ging es abwärts, der erste steile Absacker durchstieß das Niveau 78-79 (eine entschieden bearishe Entwicklung), stieß allerdings bei 74 auf Unterstützung. Das hohe Volumen, das bei dieser Bewegung zu verzeichnen war (in der letzten Aprilwoche und der ersten Maiwoche 1930) ließ vermuten, dass diese Unterstützung künftig sehr bedeutsam sein würde. Denken Sie übrigens, wenn Sie das in diesem Chart dargestellte Volumen untersuchen, daran, das Volumen vor dem 4:1-Split mit 4 zu multiplizieren, damit es sich mit dem späteren Volumen vergleichen lässt.

Der nächste Abstieg im Zuge der Baisse traf im Bereich 64-65, die Ende 1929 eine Widerstandszone gewesen war, auf Unterstützung. Dann stieß eine Erholung im Bereich um 74 auf Widerstand, ein Niveau, das wir zuvor als wahrscheinlich bedeutsam notiert hatten. Das Kursgeschehen in den nächsten drei Monaten zwischen 64-65 und circa 74 verlieh diesen Niveaus zusätzliches Gewicht für spätere Überlegungen.

In der Baisse etablierte Niveaus

Ohne sich in ermüdenden Details zu ergehen, können wir nun das weitere Kursgeschehen bei General Electric während der Baisse bis zum Tief 1932 verfolgen und die Niveaus kurz vermerken, auf denen Unterstützungen und Widerstände auftraten.

Unterstützungen erschienen bei circa 46-47 im November 1930 und bei 42 im Dezember, wobei Letztere bereits 1929 eine Unterstützung gewesen war. Dann stieß der Kurs bei 54 auf Widerstand (wie im Dezember 1929), bei circa 36 auf Unterstützung, bei fast 46 auf Widerstand und dann auf eine unter Berücksichtigung des Volumens offenbar bedeutende Unterstützung bei 24-25. Die nachfolgende Erholung erreichte jedoch nicht die 36, die wir hätten erwarten können (Juni 1931), und wurde bei 34-35 gekippt. Das nächste Unterstützungsniveau trat bei circa 18 auf, und bei 24 erschien, wie wir hatten erwarten können, im Februar 1932 der nächste Unterstützungspunkt.

Bevor wir diesen Chart verlassen, raten wir dem Studenten, die obige Analyse noch einmal durchzugehen und die gestrichelten Linien im Chart zu beachten, welche die offenbar bedeutsamen Grenzen der Kursbewegungen und der Stauzonen markieren.

Um diese Linien zu erhalten, wird eine optische Herangehensweise der Durchschnittsbildung verwendet, da zu bedenken ist, dass spätere Kursbewegungen leicht über zu exakt festgelegte Linien hinausgehen oder sie nicht ganz erreichen können. Untersuchen Sie auch das Volumen, denn natürlich ist es logisch, anzunehmen, dass je höher das Gesamtvolumen ist, das mit der Bildung eines Unterstützungs- oder Widerstandsniveaus einhergeht, dieses Niveau umso länger Auswirkungen auf das künftige Kursgeschehen hat.

Sich im entgegengesetzten Trend wiederholende Niveaus

Nachdem wir im Rahmen unserer Untersuchung von Unterstützung und Widerstand die Kursniveaus beziehungsweise Kurszonen definiert haben, die während der Baisse von General Electric von Bedeutung sein konnten, können wir nun ihre tatsächliche Wirkung auf die weitere Kursentwicklung im entgegengesetzten Trend überprüfen. Sehen Sie sich Abbildung IX.2 an, die die Handelshistorie von Juli 1932 bis Dezember 1936 nachzeichnet, sowohl die wöchentlichen Kursspannen als auch das Handelsvolumen. In diesem Chart wurden die im vorigen Chart markierten Niveaus durch gestrichelte Linien verlängert, damit wir ihren fortgesetzten Einfluss leichter studieren können.

Als Erstes stellen wir fest, dass das Niveau von 18 von der ersten steilen Erholung durchstoßen wurde, obwohl wir dort einen Widerstand hätten erwarten können. Trotzdem hatte dieses Niveau, wenn wir auch die Jahre 1933 und 1934 durchsehen, eine anhaltende Bedeutung, einmal kurz als Widerstand im November 1932 und danach bei vielen Reaktionen als Unterstützung.

Abgesehen von der steilen Überschreitung im Sommer 1933 wurde das Niveau 24-25, das wir im Jahr 1931 als wahrscheinlich bedeutsam vermerkt hatten, zu einer Mauer des Widerstands, die erst im Juni 1935 endgültig durchbrochen wurde. Das Niveau 42, das zunächst in dem panischen Kurseinbruch 1929 als Unterstützung auftauchte, bewies seine Bedeutung im Jahr 1936, als es zum Widerstand und zum intermediären Wendepunkt wurde. Tatsächlich begann sich die Bedeutung dieses Niveaus im November 1935 bei 41 abzuzeichnen. Der offenbare Einfluss der drei nächsten ehemaligen Unterstützungs- und Widerstandsniveaus über 42 ist im Tageschart von General Electric für das zweite Halbjahr 1936 in Abbildung IX.3 noch deutlicher zu sehen.

Vorhersage der nächsten Schritte bei General Electric

In der vorigen Studie haben wir gesehen, wie lange ehemalige Unterstützungs- und Widerstandsniveaus ihre Stärke in späteren Marktlagen behalten können. Und es gab einige bemerkenswerte Beispiele früherer Unterstützungsniveaus beziehungsweise

Abbildung IX.2

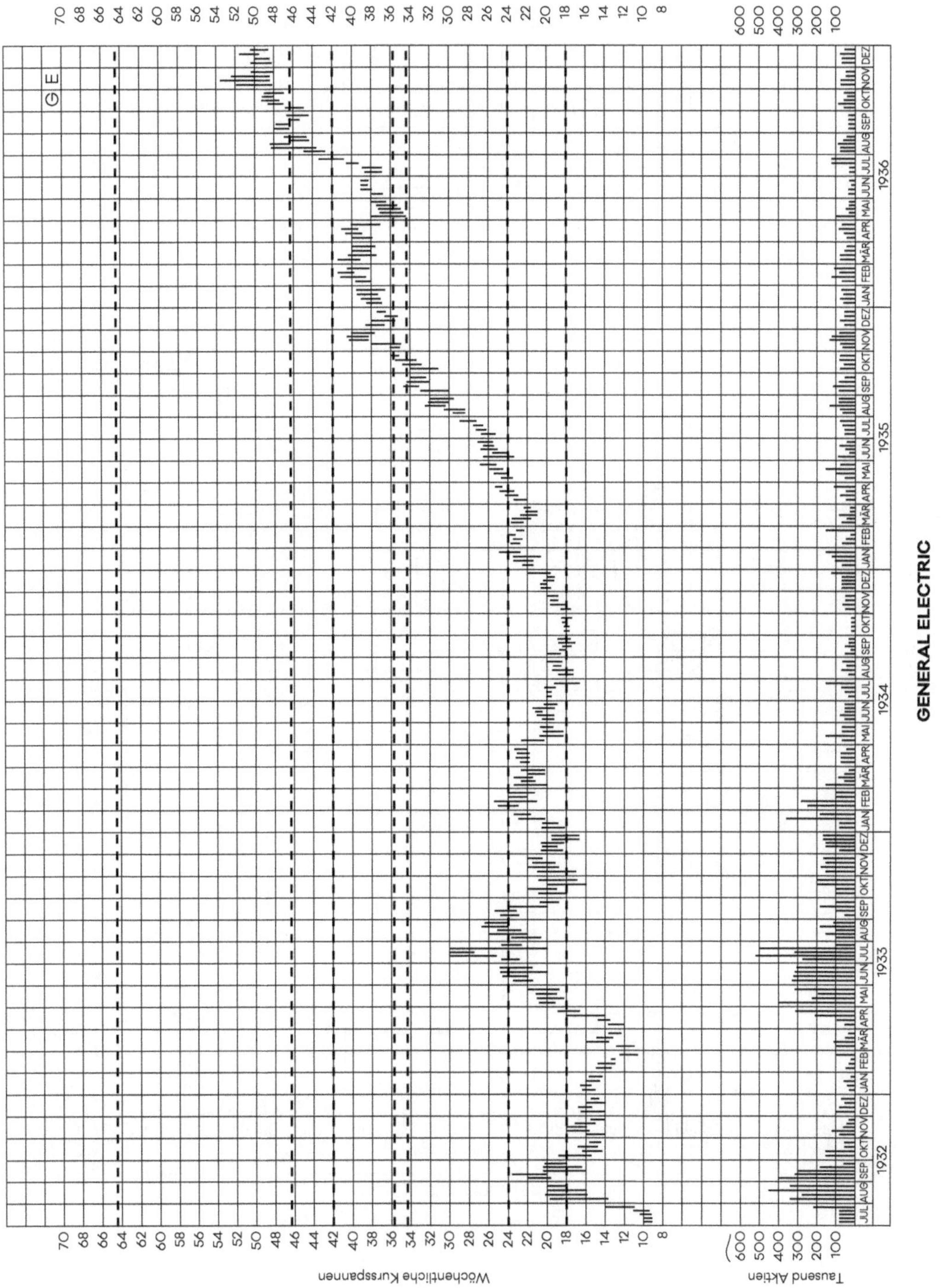

Abbildung IX.3

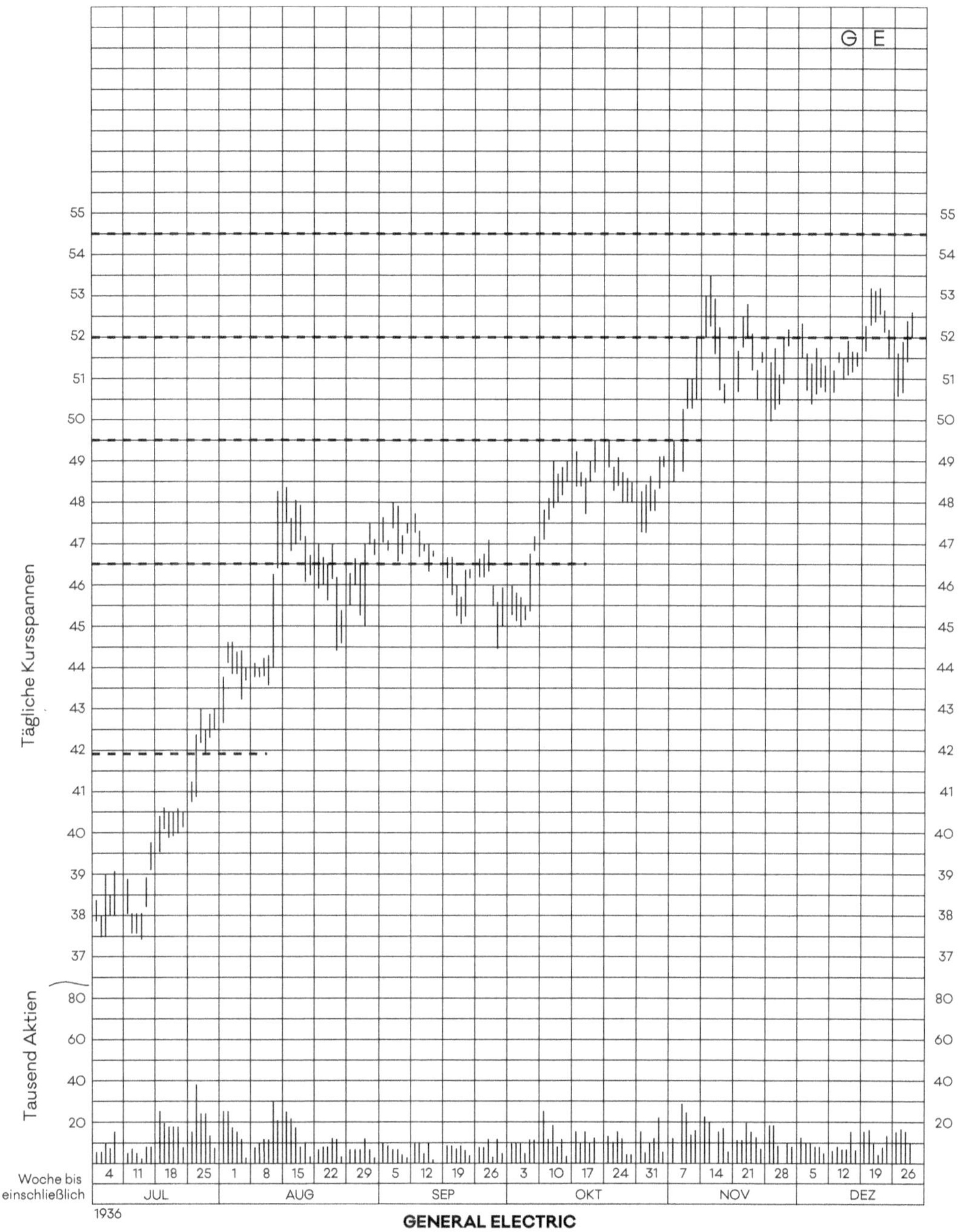

GENERAL ELECTRIC

Böden, die in späteren Bewegungen zu Widerstandsniveaus beziehungsweise Hochs wurden, als sich ihnen der Kurs von unten näherte. Aus der bisherigen Historie von General Electric könnten wir, während dies geschrieben wird, logischerweise vorhersagen, dass die Aktie in ihrem weiteren Anstieg bei 54-55 auf Widerstand stoßen (siehe Dezember 1929 und Februar 1931) und der Weg nach der Überschreitung dieses Niveaus bis etwa 64-65 (siehe Juni-August 1930) relativ frei sein dürfte.

Widerstands- und Unterstützungsniveaus in intermediären Trends

Bis zu diesem Punkt in unserer Studie haben wir uns auf die bedeutenden Unterstützungs- und Widerstandsniveaus konzentriert, die sich in langfristigen Charts abzeichnen und die im Allgemeinen durch die Grenzen der intermediären Kursbewegungen definiert werden. Natürlich sind das die wichtigsten Kursniveaus, die der technische Trader nach Möglichkeit im Voraus ermitteln sollte, und wir haben gesehen, dass sie sich am leichtesten aus der bisherigen Handelshistorie vorhersagen lassen, die in Wochencharts zu sehen ist. Auch haben wir gesehen, dass man solche Niveaus nicht durch ein mathematisches Verfahren genau festlegen kann und dass ein gewisses Maß an Urteilsvermögen und optischer Einschätzung des Kurs- und Volumengeschehens notwendig ist, um ihre künftige Wirksamkeit abzuschätzen. Doch trotz dieses Fehlens absoluter Präzision liegt recht klar auf der Hand, dass wichtige Unterstützungs- und Widerstandsniveaus beziehungsweise Nachfrage- und Angebotsbereiche sehr eng angenähert werden können.

Wenn wir uns nun der Untersuchung kleinerer Kursschwankungen innerhalb eines intermediären Trends zuwenden, stellen wir fest, dass sich darin exakt die gleichen Phänomene von Unterstützung und Widerstand manifestieren, die wir bei den übergeordneten Trends gefunden haben. In Wochencharts sind diese kleineren Schwankungen nicht zu sehen, können aber im Tageschart fast jeder Aktie gefunden werden, die sich aktiv bewegt. Mehrere gute Beispiele für Unterstützungen sind im Chart von Snider Packing in Abbildung IX.4 zu sehen.

Untergeordnete Hochs werden später zu untergeordneten Tiefs

Der Kursanstieg von Snider Packing stieß im Juli und im August 1935 bei 19 auf einen Widerstand, der schließlich am 29. August gebrochen wurde (man beachte das Volumen). Die nachfolgende Rally bildete bei rund 21 ein Hoch aus, dann folgte eine Reaktion auf 19, die dort auf dem ehemaligen Widerstandsniveau auf Unterstützung traf. Nach einem Anstieg auf etwa 23 1/2 wurde die nächste Reaktion bei rund 21 gestoppt,

Abbildung IX.4

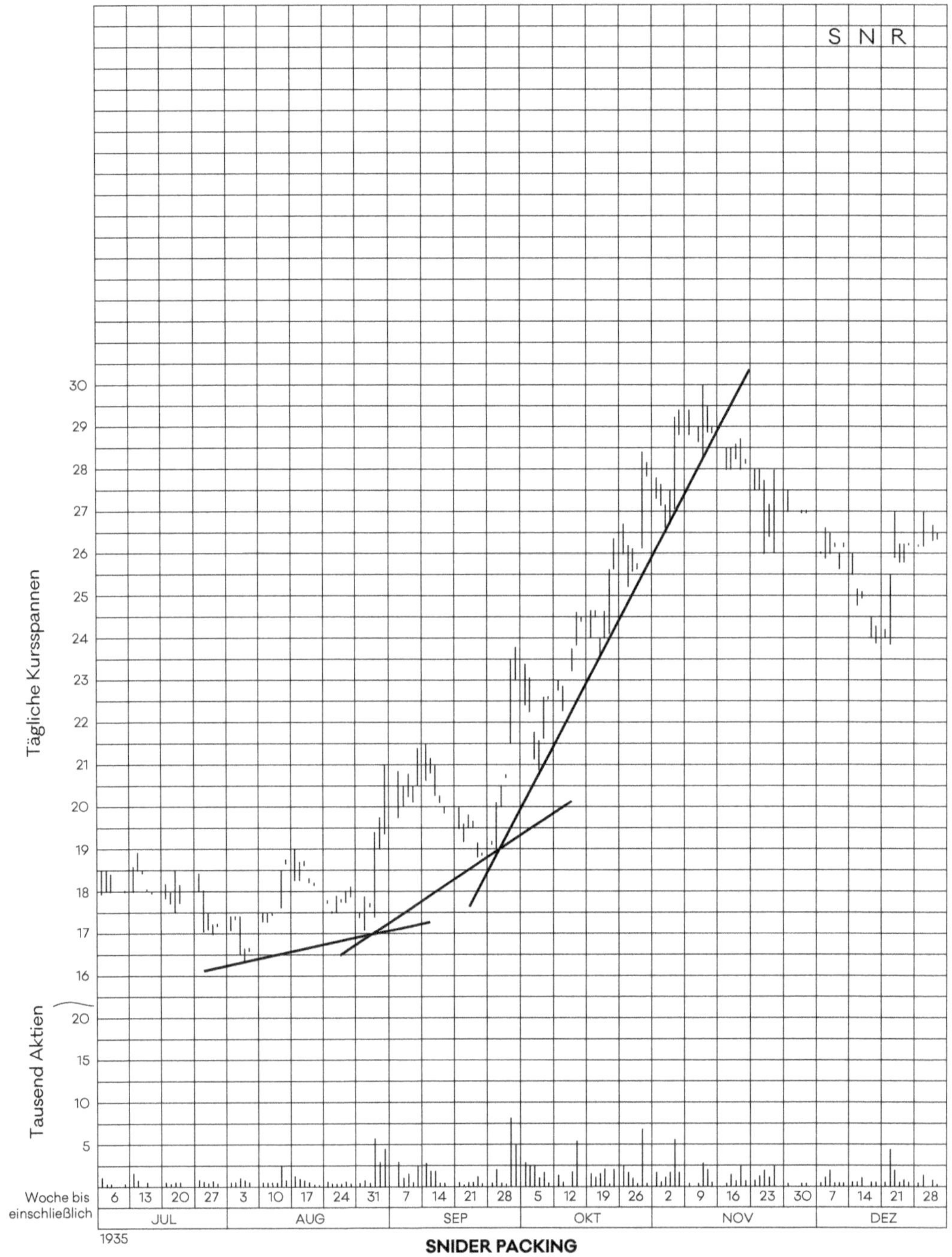

SNIDER PACKING

und wieder war ein früheres Hoch zu einem neuen untergeordneten Tief geworden. Und so fort – jede untergeordnete Reaktion traf auf dem ungefähren Niveau eines früheren untergeordneten Hochs auf Unterstützung und wendete, mit nur einer Ausnahme: Der Rückgang am 22. Oktober reichte nicht ganz bis zu dem vorigen Hoch bei 24 1/2.

Als im November eine intermediäre Umkehr stattfand, wurde der erste steile Einbruch etwa auf dem Niveau des untergeordneten Hochs von Ende Oktober aufgehalten, und der nächste Einbruch traf in der Gegend des Hochs auf eine Unterstützung, die unter verhältnismäßig hohem Volumen in der letzten Septemberwoche gebildet worden war.

Der negative Nutzen untergeordneter Unterstützungsniveaus

Der technische Trader entwickelt schnell ein praktisches Gefühl dafür, welche Niveaus künftigen Kursbewegungen je nach Fall am wahrscheinlichsten Unterstützung bieten oder Widerstand leisten. Natürlich sind untergeordnete Unterstützungen, wie sie bei Snider Packing im Anstieg von August bis November zu sehen waren, nur dann für den intermediären Trend von Bedeutung, wenn sie durchbrochen werden. Reaktionen bis zu den Niveaus vorheriger Hochs von intermediären Anstiegen entsprechen den üblichen Erwartungen und bringen keine ungünstigen Implikationen mit sich. Der Bruch eines Niveaus, das eigentlich ein gutes Unterstützungsniveau für eine untergeordnete Reaktion sein sollte, legt allerdings eine bedeutendere Änderung des technischen Bildes und die starke Möglichkeit einer intermediären Trendwende nahe.

Gute Beispiele für untergeordnete Unterstützungs- und Widerstandsniveaus kann der Student in den Charts finden, die unsere bisherigen Studien in diesem Kurs illustrieren. Klar definiert sind die Niveaus in den Charts von Mack Trucks (Abbildung V.9) und von Electric Boat (Abbildung VI.1) sowie in beiden Trends im Chart von Columbian Carbon (Abbildung VI.17).

Durch Muster und Trendlinien etablierte Widerstände

Wir haben die Bedeutung der technischen Vorhersage von Unterstützungs- und Widerstandsniveaus kennengelernt, die in der Trading-Vorgeschichte etabliert wurden, und wir haben beobachtet, dass solche Niveaus austauschbar entweder als Widerstand oder Unterstützung fungieren können, je nachdem, aus welcher Richtung sich ihnen der Kurs nähert. Wir haben bei unserer Vorabdiskussion des Widerstands festgestellt, dass es für dieses wiederholte Geschehen verschiedene mögliche Gründe einschließlich des Erinnerungsfaktors gibt. Sobald solche Niveaus einmal etabliert sind, ändern sie sich im

Laufe der Zeit nicht mehr, auch wenn sie irgendwann ihre Wirkung verlieren können; anders gesagt kann sich ein Widerstand auf einem bestimmten Niveau erschöpfen und verschwinden, nicht aber sein Niveau ändern. Und wir haben festgestellt, wie lange sie halten, vor allem wenn sie ursprünglich unter hohem Volumen gebildet wurden.

Jetzt kommen wir allerdings zu einem anderen Typ von Widerstand, der sich nicht aus früheren Manifestationen von Unterstützung oder Widerstand ergibt und sich nicht immer auf etwa dem gleichen Niveau wiederholt, sondern vielmehr durch einen Kurstrend, ein Kursmuster oder eine unserer klar definierten Bereichsformationen gebildet wird. Auf diese Weise entstandene Unterstützungen und Widerstände können je nach dem zeitlichen Element auf verschiedenen Niveaus angetroffen werden. Diese Woche kann man sie auf einem gewissen Kursniveau erwarten, in der nächsten Woche hingegen auf einem höheren oder niedrigeren Niveau. Anders ausgedrückt sind die Unterstützungs- beziehungsweise Widerstandslinien, die durch viele Trend- und Bereichsmuster gebildet werden, eher horizontalen als diagonale Linien.

Trendlinien, die Unterstützung und Widerstand definieren

In Studie VIII haben wir die Tendenz von Kursen besprochen, sich wellenförmig innerhalb ziemlich regelmäßiger Trends zu bewegen, die sich häufig durch eine einzelne Trendlinie sehr präzise definieren lassen, gelegentlich auch durch zwei mehr oder weniger parallele Linien auf beiden Seiten des Trendkanals. In einem Aufwärtstrend wird die primäre und zuverlässigere Linie durch die Tiefs aufeinanderfolgender Reaktionsbewegungen gezogen. Im Endeffekt wird eine solche Linie zu einer Art beweglicher Unterstützungslinie, die Kursrückgänge jedes Mal, wenn sie sich ihr nähern, tendenziell stoppt und umkehrt. In einer abwärtsgerichteten Kursbewegung wird die primäre Trendlinie durch die Hochs aufeinanderfolgender Rallys gezogen und wird zu einem beweglichen Widerstandsniveau. Wenn der Trendkanal so gleichmäßig ist, dass sich parallele Trendlinien konstruieren lassen, fungiert die obere Linie als bewegliches Widerstandsniveau und die untere als bewegliches Unterstützungsniveau.

Diese Unterstützungs- beziehungsweise Widerstandslinien sind keine horizontalen, sondern diagonale Linien.

Vielleicht gründet sich dieser Versuch, das übliche Trendgeschehen mit Unterstützungs- und Widerstandsniveaus in Beziehung zu setzen, nicht auf einen echten und grundlegenden Zusammenhang zwischen den beiden, außer in dem sehr breiten Sinne, dass man von Natur aus damit rechnen sollte, dass sich gegen jede große Abweichung von einem Trend, der durch grundlegende übergeordnete Bedingungen diktiert wird, Widerstand entwickelt. Wenn man jedoch das Kursgeschehen betrachtet, das charakteristischerweise auf den Bruch einer Trendlinie folgt, haben wir etwas ganz anderes vor uns. Wir hatten schon bei unserer Untersuchung von Trendlinien im vorigen Teil dieses Kurses beim Thema des Rückschlags beziehungsweise Throwbacks (Seite 337) Gelegenheit, dieses Phänomen anzusprechen.

Durchbrochene Trendlinien verlieren bald ihre technische Bedeutung

Die anhaltende Wirksamkeit von Trendlinien, nachdem sie durchbrochen wurden, verschwindet allerdings schnell wieder. Sobald ein neuer Trend außerhalb der Grenzen des alten Trends klar definiert ist, haben die alten Trendlinien offenbar selten noch irgendeine technische Bedeutung. Tatsächlich tritt der Widerstand (oder die Unterstützung) gegen einen Throwback nur einmal auf; eine zweite Kursbewegung zurück zum alten Trend trifft wahrscheinlich an der alten Linie auf wenig oder gar keinen Widerstand im allgemeinen Sinne. Je mehr Zeit nach dem Bruch einer Trendlinie vergangen ist, bevor eine Throwback-Bewegung stattfindet, desto schwächer wird die Linie als Unterstützung beziehungsweise Widerstand für beziehungsweise gegen diese Bewegung.

Die Wiege – ein starker Unterstützungspunkt

Mit dem Wissen, dass eine einzelne Trendlinie sogar dann noch wichtige Unterstützungs- und Widerstandsfunktionen hat, wenn sie zumindest für begrenzte Zeit durchbrochen wurde, sollten wir normalerweise erwarten, dass es dem Kurs doppelt schwerfallen sollte, einen Punkt zu durchstoßen, an dem zwei Trendlinien zusammenfallen.

Die Wiege erscheint dort, wo sich zwei konvergierende Trendlinien schneiden. Ihr Erscheinungsbild in einem schnellen Aufwärtstrend ist im Chart von Anaconda in Abbildung IX.5 zu sehen, wo sich die beiden Linien A und B in der ersten Maiwoche 1936 bei 30 schneiden. Beachten Sie die Kursreaktionen bis zu diesem Punkt. Der Kurs kehrt zu einer Wiege nicht immer zurück, doch es ist auffallend, dass er es in vielen Fällen tut und die Bewegung dort fast jedes Mal gestoppt und umgekehrt wird. Später dann, deutlich hinter der Wiege, können auch eine oder beide Trendlinien durchbrochen werden.

Widerstand und Unterstützung bei Schulter-Kopf-Schulter-Umkehrformationen

Auch die verschiedenen Umkehr- und Fortsetzungsformationen, die wir im ersten Teil dieses Kurses untersucht haben, beinhalten charakteristische Unterstützungs- und

Abbildung IX.5

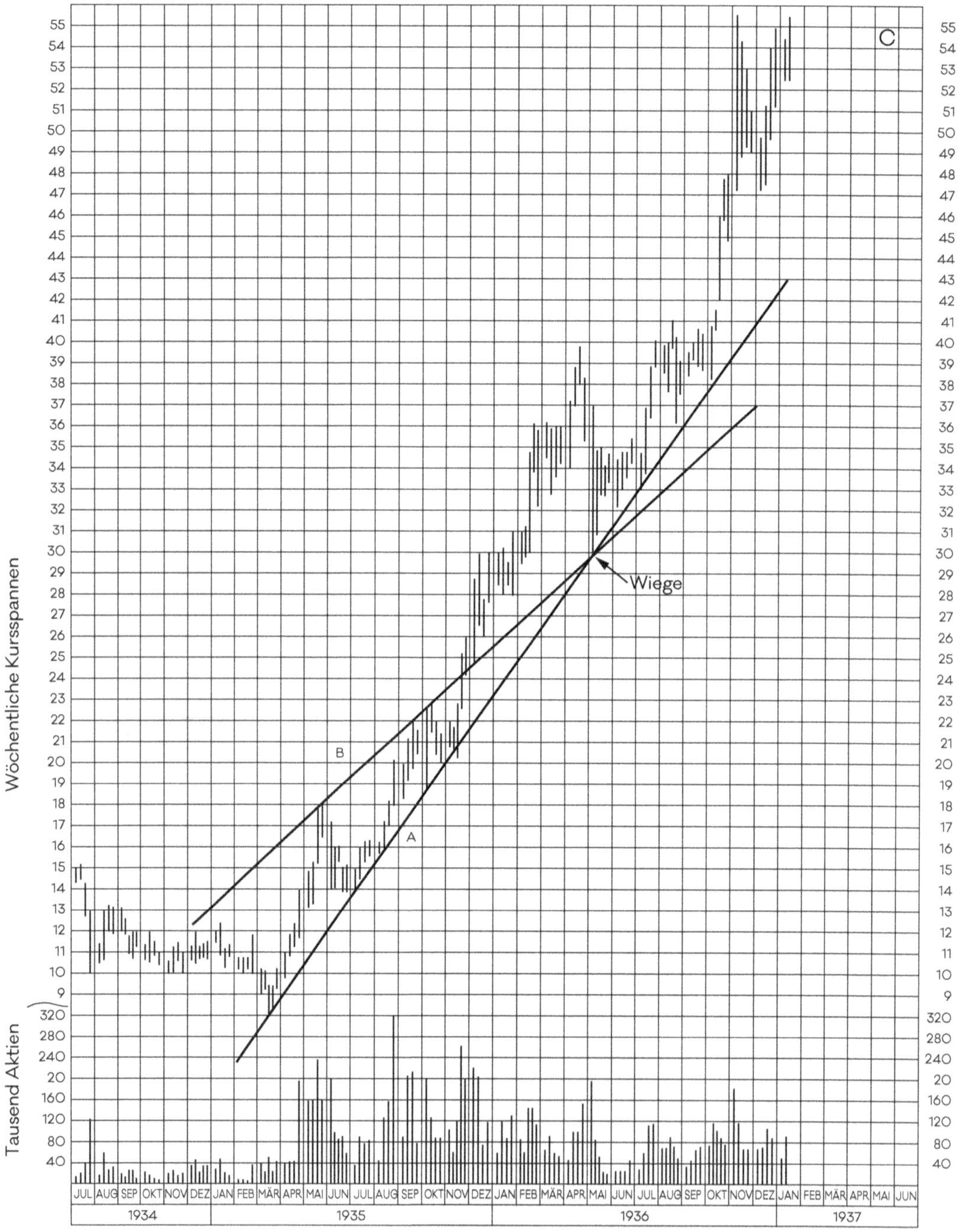

ANACONDA

Widerstandslinien, die ebenso wie Trendlinien über eine gewisse zeitliche Dauer noch stark wirken, nachdem der Kurs die Formation verlassen hat. Im Falle der Schulter-Kopf-Schulter-Formation bildet die Verlängerung der Nacken-Grundlinie über den Punkt hinaus, an dem sie durchbrochen wurde, eine entscheidende Linie im Chart. Nachdem diese Linie zum ersten Mal durchbrochen wurde und so das Signal für eine Trendumkehr gegeben wurde, kann es sein, dass der Kurs zu ihr zurückkehrt, aber sehr selten gelingt es ihm, um einen entscheidenden Abstand durch die Linie zurückzulaufen. Wenn die Nackenlinie waagerecht verläuft, lässt sich die Unterstützung beziehungsweise der Widerstand, den sie bildet, leicht durch die allgemeinen Regeln erklären, die wir im ersten Teil dieser Studie vorgebracht haben. Ist die Nackenlinie allerdings aufwärts- oder abwärtsgeneigt, lässt sich ihre Funktion als Unterstützung oder Widerstand nur mit der ähnlichen Wirkung von Trendlinien vergleichen.

Dem Kurs fällt es doppelt schwer, einen Punkt zu durchstoßen, an dem zwei Trendlinien zusammenfallen.

Ein gutes Beispiel für Widerstand an der verlängerten Nackenlinie eines normalen Schulter-Kopf-Schulter-Hochs ist im Chart von Union Carbide and Carbon am 24. Oktober in Abbildung IX.6 zu sehen. Dass eine geneigte Nackenlinie als Unterstützung fungiert, ist im Chart des Schulter-Kopf-Schulter-Hochs auf der gleichen Seite zu sehen (in den Wochen, die am 12. beziehungsweise am 19. Oktober enden).

Ebenso wie die untergeordneten Unterstützungs- und Widerstandsniveaus, die wir im Tageschart von Snider Packing (Abbildung IX.4) untersucht haben, sollte der intermediäre Trend-Trader auch die Unterstützungs- und Widerstandsfunktion von Nackenlinien eher im Falle des Bruchs als im Falle der Einhaltung würdigen. Eine Rückkehr des Kurses an diese Linie ist nicht als anormal zu betrachten und sie widerspricht auch nicht der Vorhersage der Schulter-Kopf-Schulter-Formation. Solange die Nackenlinie gegen alle Versuche des Kurses, wieder durch sie zurückzulaufen, hält (was sie fast immer tut), bleibt die ursprüngliche Vorhersage in Kraft.

Unterstützung und Widerstand bei Mehrfachformationen

Bei unserer Analyse des Doppel-Tops und des Doppelbodens sowie der damit zusammenhängenden Mehrfachformationen (in Studie IV) haben wir festgestellt, dass ein Doppel-Top erst dann technisch abgeschlossen ist, wenn der Kurs vom zweiten Hoch aus unter das Niveau des Tals zwischen den beiden Hochs gefallen ist. Jetzt können wir diese Beobachtung mit unserer Untersuchung der Unterstützungs- und Widerstandsphänomene in Beziehung setzen. Das Tal hat ein Unterstützungsniveau angezeigt, und bevor diese Unterstützung durchbrochen wurde, konnten wir nicht den Schluss ziehen, dass eine Trendwende stattgefunden hat. Natürlich wird ein solches

Abbildung IX.6

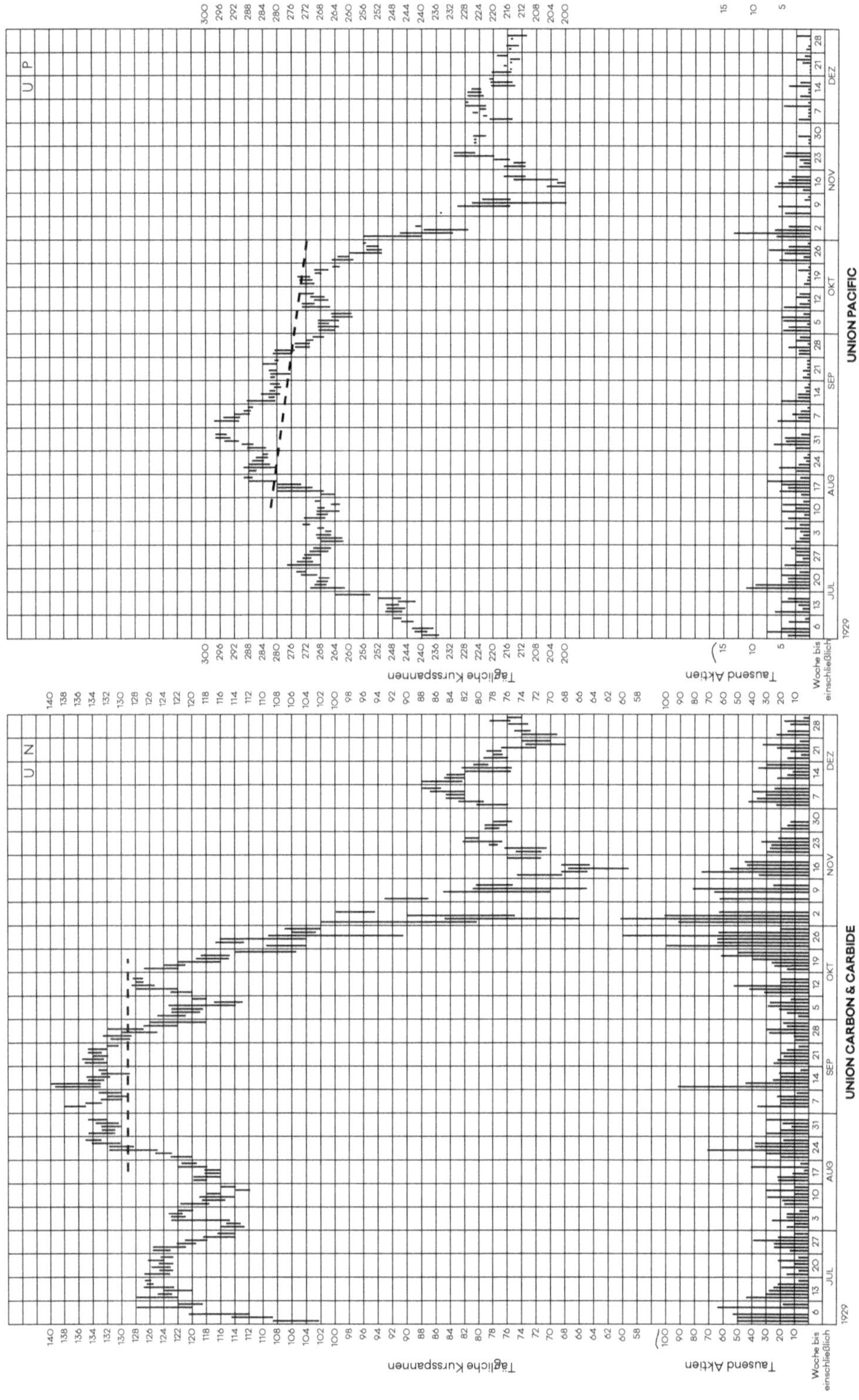

Unterstützungsniveau, wenn es durchbrochen wurde, für spätere Anstiege zu einem Widerstandsniveau. Das gleiche Prinzip gilt für die Analyse der anderen Varianten von Mehrfach-Tops und Mehrfachböden.

Die Anwendung der Regeln auf Rechtecke und rechtwinklige Dreiecke

Eine ähnliche Interpretation als Unterstützung und Widerstand gilt für das Kursgeschehen innerhalb eines Rechtecks und nach seinem Verlassen. Es liegt auf der Hand, dass die obere und die untere Begrenzungslinie dieses vertrauten und zuverlässigen Vorhersagemusters ein Widerstands- und ein Unterstützungsniveau sind. Findet ein Ausbruch statt, wodurch eines dieser Niveaus durchbrochen wird, ändert dieses Niveau sofort seine Rolle. Steigt der Kurs und durchstößt das obere Niveau, also das Widerstandsniveau, wird dieses daher zu einer Unterstützung. Es kann sein, dass der Kurs nach dem Ausbruch noch ein paar Tage lang oder gar eine oder zwei Wochen lang steigt und dann eine Reaktion auf die obere Begrenzung des alten Musters erfolgt, wo er Unterstützung findet, bevor sich ein kräftiger Aufwärtstrend entwickelt. Bricht der Kurs nach unten aus einem Rechteck aus, wird dessen Boden beziehungsweise untere Begrenzung zu einem Widerstandsniveau, an das eine nachfolgende Rally zurückkehren kann, das sie aber selten durchstößt.

Auf die gleiche Art wird die obere horizontale Begrenzung eines steigenden Dreiecks nach einem Ausbruch zu einem Unterstützungsniveau und die untere Begrenzung eines fallenden Dreiecks zu einem Widerstandsniveau. Die Unterstützungswirkung wurde anhand der Kursbewegung nach dem Ausbruch des steigenden Dreiecks bei Anaconda Copper demonstriert, die wir in Studie VI (Seite 231) untersucht haben. Ein ausgezeichnetes Beispiel für die Widerstandsfunktion eines fallenden Dreiecks erschien im Chart von American Can in Abbildung VI.5. Die gleichen Regeln gelten selbstverständlich für alle Muster mit einer horizontalen Begrenzungslinie.

Durch symmetrische Dreiecke etablierte Unterstützungen und Widerstände

Wenn wir nun die Punkte analysieren, an denen Indizien für Unterstützungs- oder Widerstandsniveaus nach Ausbrüchen aus einem symmetrischen Dreieck auftauchen, finden wir ein ganz anderes Geschehen vor. Das Muster aus Unterstützungs- und Widerstandslinien, das sich um den späteren Teil eines symmetrischen Dreiecks bildet, ist interessant, man könnte es fast mit einem Magnetfeld vergleichen.

Die erste Verteidigungslinie gegen eine etwaige Rückbewegung des Kurses nach einem bedeutenden Ausbruch hängt davon ab, wie weit entfernt vom Scheitelpunkt der Ausbruch stattfindet. Wenn der Ausbruch stattfindet, bevor das Muster abgeschlossen ist – zum Beispiel bereits nach der Hälfte oder zwei Dritteln des Abstands zwischen dem Anfang der Formation und ihrem theoretischen Scheitelpunkt –, und wenn sich der Kurs daher nicht sehr weit davon entfernt, bevor eine Reaktion stattfindet, können wir damit rechnen, dass die Reaktion an der verlängerten Begrenzungslinie der Formation oder in ihrer Nähe gestoppt wird. Anders gesagt: Wenn der Kurs nach oben ausbricht und der Anstieg dann sehr bald wieder gestoppt und gewendet wird, dann wird die obere Begrenzung des ursprünglichen Musters auf ganz ähnliche Weise wie eine Trendlinie, nachdem sie durchstoßen wurde, zu einer Unterstützungslinie. Wenn der Ausbruch nach unten erfolgt, wird die untere Begrenzung zu einem Widerstand gegen eine etwaige unmittelbare Rally.

Ein gutes Beispiel für Widerstand an der Begrenzung eines symmetrischen Dreiecks erscheint im Chart von Chicago Pneumatic Tool für das zweite Halbjahr 1935, der in Abbildung IX.7 dargestellt ist. Das Kursmuster, das sich in der dritten Septemberwoche aufzubauen begann, brach am 4. November mit einem entschlossenen Anstieg aus, der von einem auffallenden Volumenschub begleitet wurde. Allerdings setzte sich dieser Anstieg nur noch einen Handelstag lang fort, dann fiel der Kurs wieder zurück (wobei das Volumen charakteristischerweise zurückging). Am 12. November berührte die Kursspanne die verlängerte obere Begrenzungslinie des symmetrischen Dreiecks und federte wieder zurück. Natürlich sollten wir nicht damit rechnen, dass sich eine Unterstützung immer so präzise auf der exakten Linie darstellt wie in diesem Beispiel. Ein Bruchteil eines Punkts darüber oder darunter wäre bei einer Aktie in diesem Kursbereich ein ebenso guter Ausdruck von Unterstützung.

Das Niveau des Scheitelpunkts erhält Bedeutung

Nehmen wir nun an, unsere symmetrische Dreiecksformation bricht erst in der Nähe des Scheitelpunkts aus, und es folgt eine Reaktion, bevor sich der Kurs sehr weit vom Ausbruchsniveau entfernt hat. In diesem Fall erwartet man normalerweise, dass die Rückkehrbewegung auf dem ungefähren Niveau des Scheitelpunkts des Dreiecks auf Widerstand stößt. Eine Illustration dafür kann man im Chart 1931 von US Industrial Alcohol in Abbildung II.3 sehen. Innerhalb des großen Schulter-Kopf-Schulter-Tops, das sich bei dieser Aktie im Februar und im März bildete, lag ein ordentliches symmetrisches Dreieck vor, das von den dick gestrichelten Linien begrenzt wurde. Der Ausbruch daraus erfolgte am 12. März in der Nähe des Scheitelpunkts, jedoch entwickelte sich beim ersten Ausbruch kein großes Liquidierungsvolumen und es folgte eine kurze Erholung. Beachten Sie, dass diese Rally jedoch auf dem Niveau des Scheitelpunkts drei Tage lang aufgehalten wurde und erst dann ernstlich die Abwärtsbewegung begann.

Abbildung IX.7

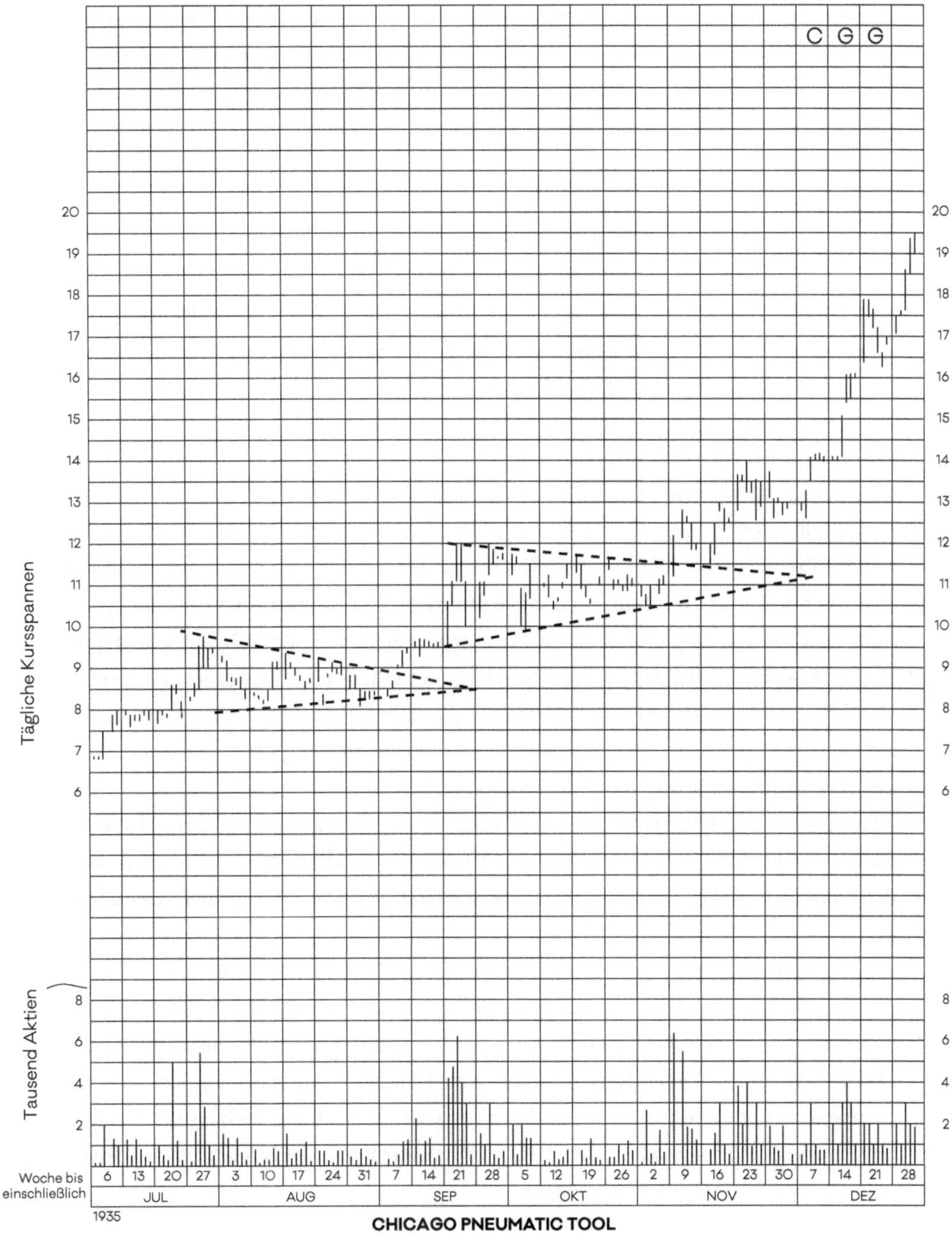

CHICAGO PNEUMATIC TOOL

Die Wirksamkeit des Scheitelniveaus als Unterstützung oder Widerstand scheint sich eine gewisse Distanz über den Scheitelpunkt hinaus fortzusetzen, und der Chartstudent wird im Laufe seiner Arbeit mit Charts sicherlich viele Beispiele für Reaktionen auf dieses Niveau nach einem ersten Ausbruch aus einer symmetrischen Dreiecksformation finden. Solange dieses Niveau der Rückkehr des Kurses durch das Niveau hindurch widersteht, darf man die vom Ausbruch gegebene Prognose als nach wie vor wirksam betrachten.

Das symmetrische Dreieck bildet eine Wiege

Der Schnittpunkt der beiden Seiten eines symmetrischen Dreiecks bildet ebenso eine Wiege wie der bereits besprochene Schnittpunkt zweier zusammenlaufender Trendlinien. Und so, wie wir es erwarten können, baut eine solche Wiege einen sehr starken Widerstand gegen jeglichen Versuch des Kurses auf, sich durch sie hindurchzubewegen; für gewöhnlich wird ein solcher Versuch sehr schnell gekippt. Ein Beispiel für Widerstand an einem Wiegenpunkt erscheint im Chart von New York Central von Ende 1936 in Abbildung IX.8. Nach dem Hoch der Aktie Mitte Oktober baute das Kursgeschehen von 26. Oktober bis 12. November ein breites symmetrisches Dreieck auf. Nach dem Ausbruch nach unten erholte sich der Kurs am 17. November bis an die untere Begrenzung des Dreiecks und stieß dort, wie wir es erwarten konnten, auf Widerstand. Der nachfolgende Rückgang reichte bis 41 1/4, wo eine weitere untergeordnete Wende stattfand, die die Aktie am 28. November wieder hinauf auf 45 1/2 trug. Dort stieß sie auf Widerstand in Form der Wiege, die durch die Verlängerung der Seiten des Dreiecks gebildet wurde. Eine spätere Rally in der zweiten Dezemberwoche wurde vor dem Niveau des Scheitelpunkts an der verlängerten oberen Begrenzung des Dreiecks wieder nach unten gedreht, die somit ganz ähnlich wie eine Trendlinie funktionierte. Tatsächlich kann man die Seiten eines symmetrischen Dreiecks als untergeordnete Trendlinien betrachten.

Eigentlich war das symmetrische Dreieck im Chart von New York Central Teil des größeren komplexen Tops, das der Student zweifellos erkannt hat; das Kursgeschehen war ziemlich klar definiert, aber das Volumen war während der Bildung unregelmäßig. Das Muster der Widerstandsniveaus hingegen, die auf den Ausbruch folgten, war exakt so, wie wir es erwarten konnten, und die Tatsache, dass auf diesen Niveaus drei kräftige Rallys auf Widerstand stießen, trug lediglich zur Bestätigung bei, dass das Dreieck einen weiteren Rückgang vorhersagte.

Abbildung IX.8

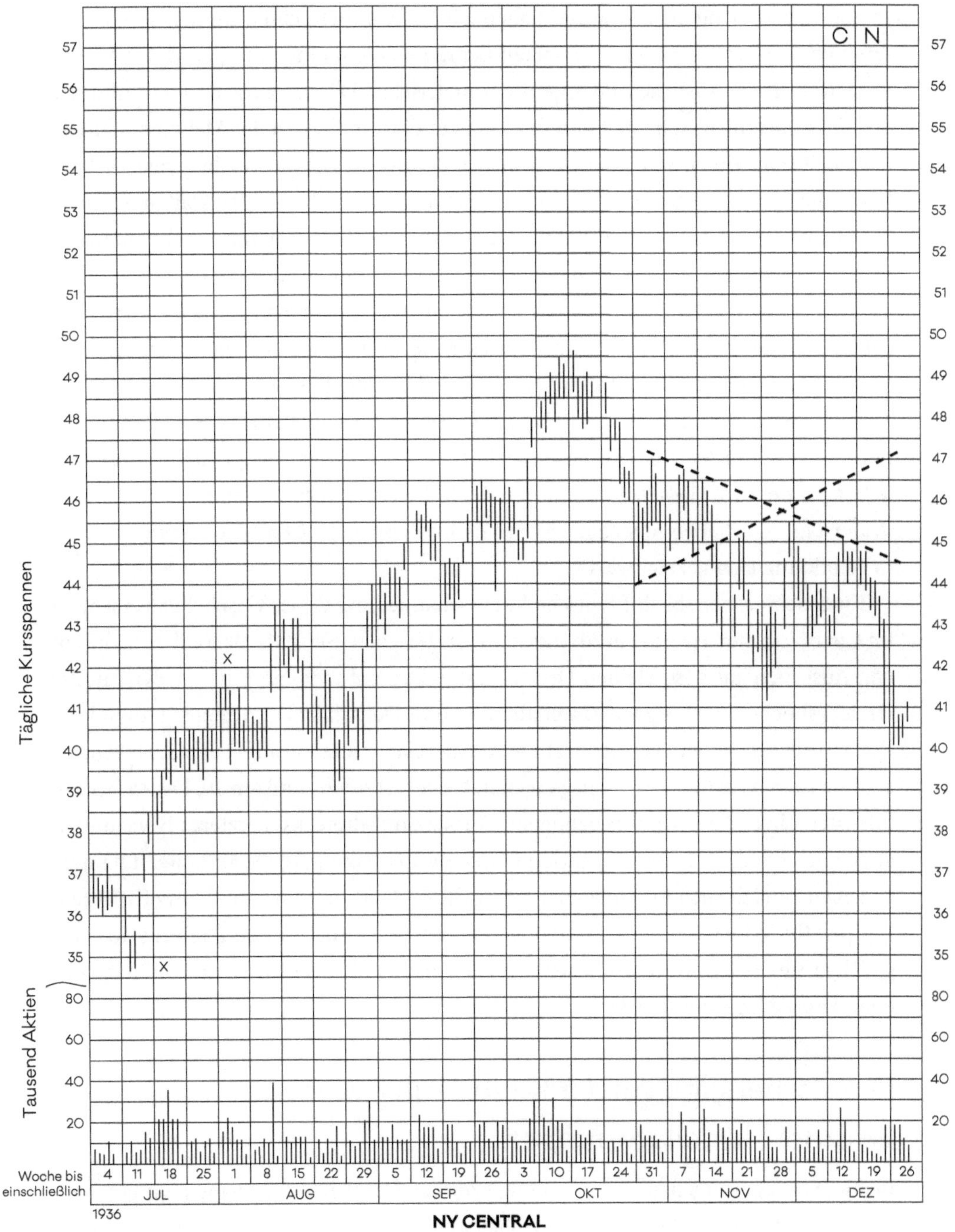

NY CENTRAL

Ein drittes signifikantes Niveau

In den vorangegangenen Absätzen haben wir Niveaus betrachtet, auf denen man Unterstützung oder Widerstand erwarten kann, nachdem eine untergeordnete Wende kurz nach einem Ausbruch aus einem symmetrischen Dreieck aufgetreten ist und sich der Kurs noch nicht sehr weit von dem Muster entfernt hat. In der Mehrzahl der Fälle jedoch trägt ein entschlossener Ausbruch den Kurs über eine recht große Distanz, bevor die Bewegung gestoppt oder korrigiert wird. In solchen Fällen sollten wir nicht mit einer Rückkehr bis ganz zurück auf das Niveau des Scheitelpunkts rechnen, jedenfalls nicht ohne einen recht eindeutigen Hinweis auf eine Änderung des technischen Trends. Bei der normalen Abfolge der Kursbewegungen stellt man tatsächlich fest, dass, sobald sich der Kurs deutlich vom Dreieck entfernt hat, eine etwaige untergeordnete Wende beziehungsweise Korrektur für gewöhnlich ungefähr auf dem Niveau des äußersten Hochs (beziehungsweise Tiefs) des Dreiecks gestoppt wird, das zu Beginn der Formation gebildet wurde. Anders gesagt haben wir nun das „Magnetfeld" des eigentlichen Dreiecks verlassen und können nach dem gängigeren Unterstützungs- und Widerstandsgeschehen Ausschau halten, das am Beispiel des Charts von Snider Packing in Abbildung IX.4 gezeigt wurde.

Eine kleine, aber absolut typische Veranschaulichung dieses Geschehens erscheint im Chart von Electric Boat in Abbildung VI.1. Beachten Sie, dass die Reaktion, die auf den Ausbruch aus dem kleinen Dreieck am 5. Dezember folgte, auf dem Niveau des Dreieckshochs bei 11 3/4 auf Unterstützung traf. Der Chart von Auburn (Abbildung III.7) weist zwei gute Beispiele für diese Art der Unterstützung auf – am 15. November am höchsten Niveau des vorangegangenen Dreiecksbodens und am 20. Dezember am höchsten Niveau des vorangegangenen Fortsetzungsdreiecks. Letzteres Niveau hielt auch noch bei der nächsten Reaktion in der zweiten Januarwoche als Unterstützung.

Sehen Sie sich auch im Wochenchart von Texas Corporation (Abbildung III.13) ein Beispiel für Widerstand am unteren Extrem eines symmetrischen Dreiecks an. Vergleichen Sie dieses Dreieck, das sich von Dezember 1930 bis Februar 1931 bildete, mit dem Anstieg im August 1931.

Die Vorhersage von Unterstützungsniveaus erfordert Urteilsvermögen

Bei der vorangegangenen Untersuchung symmetrischer Dreiecke haben wir gesehen, dass die Niveaus, auf denen man normalerweise mit der Entwicklung von Unterstützungs- oder Widerstandsniveaus rechnen kann, von dem Ausmaß der Kursbewegung abhängen, die auf den Ausbruch folgt, und von dem Zeitpunkt, zu dem die Umkehrbewegung stattfindet. Es ist unmöglich, eine exakte rechnerische Regel festzulegen, anhand derer der Student ermitteln könnte, wo und wann genau ein Niveau durchbrochen und ein anderes erreicht wurde. Man braucht Erfahrung und muss sich damit beschäftigen, um ein solides Urteilsvermögen dafür zu erlangen, wo die kritischen Niveaus in allen Phasen der Kursbewegung liegen. Der Anfänger braucht aber nicht übermäßig beunruhigt zu sein; wenn er seine Charts sorgfältig studiert und jede Aktion und Reaktion in Bezug auf die vorangegangenen Muster analysiert, wird er bald ein Gefühl für Unterstützungs- und Widerstandsphänomene bekommen, und nebenbei auch großen Respekt für dieses sehr interessante Thema.

Unterstützung und Widerstand bei Gaps

Wir müssen im Zusammenhang mit unseren Musterstudien noch kurz ein weiteres Phänomen betrachten, und zwar die Wirkung von Gaps auf Unterstützungs- und Widerstandsniveaus. Wir haben gelernt, dass ein Gap, das auftritt, wenn der Kurs aus einer technischen Formation ausbricht, selten geschlossen wird. Daraus müsste eigentlich folgen, dass der anormale technische Zustand, der das Breakaway Gap hervorgebracht hat, gleichzeitig auch ein Unterstützungs- beziehungsweise Widerstandsniveau begründet, das etwaige Versuche des Kurses stoppt, in das alte Muster zurückzukehren. Eine Reaktion, die kurz nach einem aufwärtsgerichteten Breakaway Gap folgt, findet tatsächlich für gewöhnlich auf dem Niveau des oberen Gap-Endes Unterstützung. Beachten Sie zum Beispiel das Kursgeschehen am 19. Juni im Chart von Johns Manville in Abbildung III.12. Und Abwärts-Gaps begründen ähnliche Widerstandsniveaus.

Man braucht Erfahrung, um ein solides Urteilsvermögen dafür zu erlangen, wo die kritischen Niveaus der Kursbewegung liegen.

Fortsetzungs-Gaps funktionieren manchmal genauso. Ein gutes Beispiel für Unterstützung auf dem Niveau eines aufwärtsgerichteten Fortsetzungs-Gaps erscheint im Chart von Timken Roller Bearing (Abbildung IV.6). Beachten Sie das Gap, das sich in der zweiten Februarwoche bei 52 bildete, und die Reaktion auf dieses Niveau in der ersten Märzwoche. Allgemein gilt: Wenn das Gap breit ist, kann man am oberen Ende mit einer gewissen Unterstützung rechnen; hält diese nicht, kann innerhalb des Gaps oder an seinem unteren Ende eine Unterstützung auftreten. Versagen beide, lässt dies vermuten, dass sich die Kursbewegung letztlich bis zum nächsten Unterstützungsniveau fortsetzen wird.

Praktische Verwendungen der Untersuchung von Widerstandsmustern

In diesem Kapitel unserer technischen Studien haben wir den verschiedenen Unterstützungs- und Widerstandsniveaus, die sich normalerweise durch die wichtigsten Fortsetzungs- und Umkehrformationen entwickeln, viel Zeit und Raum gewidmet. Es wäre nur natürlich, die Frage zu stellen, weshalb wir ihnen so viel Aufmerksamkeit schenken müssen. Ein Grund – und zwar der wichtigste – ist, dass uns das Verständnis der üblichen Gewohnheiten von Kursbewegungen viele unnötige Sorgen erspart. Wir machen uns beispielsweise keine allzu großen Sorgen, wenn wir eine Aktie gekauft haben, als ihr Chart einen entschlossenen Ausbruch nach oben aus einem steigenden Dreieck zeigte, und wir dann sehen, dass der Kurs eine Reaktionsbewegung genau bis zum Niveau des Dreiecks vollzieht. Solange auf diesem Niveau der normale Widerstand erscheint, können wir das Vertrauen auf unsere ursprüngliche Prognose beibehalten und damit rechnen, dass die lohnenswerte Aufwärtsbewegung, die das Dreieck vorhergesagt hat, auf absehbare Zeit kommen wird.

Eine zweite Kauf- beziehungsweise Verkaufsgelegenheit

Ein zweiter, sehr praktischer Grund, Unterstützungs- und Widerstandsphänomene im Zusammenhang mit Vorhersageformationen zu untersuchen, ist, dass uns dies häufig in die Lage versetzt, uns auf einem profitablen Niveau zu engagieren, das wir verpasst hatten, als es zum ersten Mal im Chart angezeigt wurde. Es kann ja sein, dass wir aus dem einen oder anderen Grund eine Aktie nicht gekauft haben, als sie zum ersten Mal aus einem Muster in einer Aufwärtsbewegung ausgebrochen ist. Wenn darauf jedoch eine Reaktion zurück zum Unterstützungsniveau des Musters folgt, haben wir eine weitere gute Kaufgelegenheit, bevor uns die Bewegung davonläuft.

Tatsächlich kaufen viele erfahrene technische Trader beim Ausbruch nur eine Teilposition und überlegen sich den Kauf der restlichen Position, falls und wenn eine Reaktion auf die Unterstützung erfolgt, und sie platzieren sogar im Voraus eine Order über den Kauf auf dem voraussichtlichen Unterstützungsniveau. Es gibt vieles, was für diese Vorgehensweise spricht, aber der Anfänger sollte die Tatsache im Gedächtnis behalten, dass solche Reaktionen nicht immer auftreten – oder dass eine schnelle Reaktion nicht immer bis zurück zum Unterstützungsniveau reicht. Ein schneller Überblick über die Abbildungen typischer Formationen im Laufe dieses Kurses wird zeigen, dass die günstigsten Kauf- beziehungsweise Verkaufsgelegenheiten in der großen Mehrzahl der Fälle auftreten, sobald der Ausbruch im Chart sichtbar wird.

Die günstigsten Kauf- beziehungsweise Verkaufsgelegenheiten treten auf, sobald der Ausbruch im Chart sichtbar wird.

Wie lange sind bisherige Niveaus gültig?

Bei der technischen Chartanalyse kommt oft die Frage auf, wie lange ein bisheriges Unterstützungs- oder Widerstandsniveau seine Kraft und seine Bedeutung behält. Eine definitive Antwort zu finden ist zugegebenermaßen schwierig. Ein paar Hinweise kann man aus unserer Untersuchung der möglichen Erklärungen dieser Niveaus am Anfang dieses Kapitels ablesen. Auch haben wir festgestellt, dass der Volumenfaktor zu berücksichtigen ist.

Sehr allgemein gesagt verlieren Unterstützungs- und Widerstandsniveaus, die durch untergeordnete Schwankungen etabliert wurden, wie wir sie im Chart von Snider Packing (Abbildung IX.4) gesehen haben, ihre Bedeutung nach zwei oder drei Monaten. Hingegen können Unterstützungs- und Widerstandsniveaus, die durch die Hochs oder Tiefs bedeutender intermediärer Bewegungen innerhalb eines Major-Trends etabliert wurden (wie diejenigen, die wir im Wochenchart von General Electric in Abbildung IX.1 gesehen haben), auch nach Jahren noch wirksam sein, wenn der nächste Major-Trend den Kurs wieder auf diese Niveaus zurückbringt. Nun haben wir also die allgemeine Regel, dass die Wirksamkeit eines Niveaus im künftigen Marktgeschehen umso länger anhält, je größer die Bewegung war, die sie hervorgebracht hat.

Unterstützungs- und Widerstandsniveaus, die durch die Hochs oder Tiefs bedeutender intermediärer Bewegungen innerhalb eines Major-Trends etabliert wurden, können auch nach Jahren noch wirksam sein.

Dann können sich natürlich im nächsten Major-Trend neue Niveaus entwickeln – und die alten sich wiederholen –, und diese neuen Niveaus können wiederum in einem noch späteren Trend bedeutsam werden. Beachten Sie beispielsweise im Tageschart von General Electric in Abbildung IX.3 den Widerstand, der in der Woche, die am 1. August endete, bei 44 1/2 auftrat. Dieses Niveau von 44 1/2 wurde für die Reaktionen am 21. August und am 25. September zur Unterstützung. Und dieses Niveau von 44 1/2 kann Monate später wieder als Unterstützung oder als Widerstand auftauchen und vielleicht als bedeutsames Niveau im künftigen Handel den Platz des alten Niveaus von 46 1/2 einnehmen. Doch soweit wir das in diesem Chart sehen, ist es nur als eines unserer untergeordneten Niveaus zu betrachten, die ihren Wert bald wieder verlieren können.

Noch ein weiterer Faktor scheint eine gewisse Bedeutung für die Frage der Langlebigkeit zu haben, und zwar die Steilheit der Kursbewegung zum ursprünglichen Umkehrniveau und wieder weg davon. Ein sanft gerundetes Hoch, das auf einen langsamen Kursanstieg folgt, ist für gewöhnlich nach einer gewissen Zeit als Unterstützungsniveau weniger wirksam als eine scharfe Spitze, die durch einen schnellen Kursanstieg und dann einen rapiden Rückzug gebildet wird. Beachten Sie in diesem Zusammenhang die lang anhaltende Bedeutung des Niveaus von 42 in den Charts von General Electric (Abbildungen IX.1 und IX.2), die zuerst durch den steilen Absacker auf dieses Niveau im Herbst 1929 und die darauffolgende schnelle Rally weg davon etabliert wurde.

50 und 100 als kritische Niveaus

Jeder, der den Aktienmarkt verfolgt, hat das eine oder andere Mal schon einmal gemerkt, dass Kursbewegungen auf den runden Niveaus 50 und 100 gestoppt werden und dass sich dort Stauzonen bilden. Es besteht kein Zweifel, dass es dem Kurs in vielen Fällen schwerfällt, sich durch diese Niveaus „durchzuarbeiten". Der Grund dafür liegt wahrscheinlich in unser aller Tendenz, in runden Zahlen zu denken. Wir oft hören wir wohl den Kommentar zu einer Aktie, die vielleicht bei 42 steht, sie „müsste eigentlich auf 50 steigen". Trader haben einen Hang dazu, Kauf- oder Verkaufsorders auf solchen runden Niveaus zu platzieren, und dadurch wird etwas, das als rein künstlicher Widerstand begonnen hatte, durch Eindeckungskäufe oder Gewinnmitnahmen verstärkt und der Einfluss dieser Niveaus auf das künftige Marktgeschehen noch weiter gestärkt. Zudem war in früheren Zeiten 100 der Ausgabekurs beziehungsweise Nennwert der meisten führenden Aktien, und der Parikurs war natürlich ein wichtiges und bedeutsames Niveau, das tendenziell alle Kursbewegungen durch dieses Niveau von beiden Seiten her stoppte. Solche sehr künstlichen Unterstützungs- und Widerstandsniveaus sind allerdings nicht so mächtig wie die zuvor behandelten natürlichen Niveaus. Letztlich ist die Vorgeschichte des Handels eben unsere beste und sicherste Richtschnur.

Die Theorie der Mitte von intermediären Bewegungen

Auch wenn es vielleicht technisch nicht mit unserer Untersuchung von Unterstützung und Widerstand zusammenhängt, scheint dies doch ein logischer Zeitpunkt zu sein, um kurz eine allgemeine Theorie der Kursbewegung anzusprechen, die zu gewissen Zeiten beträchtliches Interesse bei den Marktanalysten geweckt hat. Diese Theorie besagt, dass dann, wenn eine Major-Bewegung durch eine Umkehrbewegung unterbrochen wird, diese Unterbrechung nur so lange als intermediäre Bewegung zu betrachten ist, bis sie die Hälfte oder weniger als die Hälfte des Terrains gutgemacht hat, das die vorherige Bewegung erobert hatte. Läuft die vermutete intermediäre Bewegung weiter und macht mehr als die Hälfte des Terrains gut, das die vorherige Bewegung in der Richtung des Major-Trends erobert hatte, dann legt dies nahe, dass sich eine Umkehr des grundlegenden Trends anbahnen könnte. Was wir zunächst nur als intermediäre Korrektur betrachteten, kann nun sehr wahrscheinlich stattdessen zur ersten echten Bewegung im Zuge eines neuen Major-Trends werden.

Die Prüfung sehr vieler Charts über mehrere Jahre hinweg zeigt, dass diese Theorie in gewisser Hinsicht faktenbasiert ist, jedoch keine ganz zuverlässige Handelsregel ist. Die meisten intermediären Korrekturen laufen zwar nicht viel weiter als bis zur Mitte der vorherigen Bewegung in Richtung des Major-Trends zurück, manche jedoch um zwei Drittel der Distanz, und manchmal trägt eine Korrektur den Kurs fast den ganzen Weg zurück, ohne dass sich dadurch der grundlegende Trend umkehrt. Vielleicht sind zwei Drittel als Grenzwert sicherer: Eine intermediäre Bewegung, die um zwei Drittel der von der vorherigen Major-Bewegung zurückgelegten Distanz zurückläuft, ist auf jeden Fall verdächtig, eine mögliche übergeordnete Trendwende anzuzeigen.

Das „Rückfedern" von Unterstützung oder Widerstand

Bleibt noch ein Punkt, der im Zusammenhang mit der praktischen Anwendung unserer Untersuchung von Unterstützungen und Widerständen besprochen werden muss, und zwar das Kursgeschehen bei der Annäherung an ein solches Niveau. Eine kurze Prüfung der verschiedenen Chartbeispiele, die wir genutzt haben, um diese Phänomene zu verstehen, ergibt, dass der Kurs folgendermaßen reagieren kann – entweder hält er an und baut eine Stauzone auf, die eine Weile hält, bevor das Niveau schließlich durchstoßen wird, oder er federt in einer Umkehrbewegung von größerer oder kleinerer Bedeutung zurück.

Es scheint keinen zuverlässigen Anhaltspunkt für die Vorhersage zu geben, welche Art von Kursgeschehen auf die Erreichung eines kritischen Unterstützungs- oder Widerstandsniveaus folgen wird. (Tatsächlich haben wir gesehen, dass manchmal kein nennenswerter Halt der laufenden Bewegung eintritt, aber das ist eher die Ausnahme als die Regel.) Wir müssen noch weitere Chartfaktoren berücksichtigen, zum Beispiel das Handelsvolumen, Ausmaß und Steilheit der vorangegangenen Bewegung, Art und Größe des Musters, aus dem es hervorgegangen ist, das Erscheinungsbild der Charts anderer Aktien, den Gesamtmarkt sowie die potenzielle Stärke der erwarteten Unterstützung beziehungsweise des erwarteten Widerstands. Und dann müssen wir noch danach Ausschau halten, welche Art von Muster sich im Chart der einzelnen Aktie entwickelt, die ihr kritisches Niveau erreicht hat.

Ein guter Ort für Gewinnmitnahmen

Letztendlich gilt die ziemlich sichere Regel, sich aus einer Aktie zurückzuziehen, wenn sie sich etwas nähert, das so aussieht, als könnte es je nach Position eine starke Unterstützungs- oder Widerstandszone sein, dann abzuwarten, bis man sieht, was sich daraus entwickelt, und erst dann den Markt zu betreten. Wenn wir beispielsweise im Jahr

1935 General Electric gekauft hätten und beim Anstieg bis Februar 1936 dabeigeblieben wären (siehe Abbildung IX.2), wären wir gut beraten gewesen, sie zu verkaufen und unseren Gewinn mitzunehmen, als sie sich dem Niveau von 42 näherte, von dem die Trading-Vorgeschichte angezeigt hatte, dass es wahrscheinlich ein „harter" Widerstandspunkt sein würde. Dann hätten wir abwarten können, ob sich GE durch dieses Niveau durcharbeiten kann, bevor wir es wieder gekauft hätten, oder wir hätten beobachten können, ob der Aufbau eines starken aufsteigenden Musters darauf hinwies, dass der Anstieg für eine Fortsetzung bereit war. Und tatsächlich entwickelte sich ein solches Muster (im Tageschart dieses Zeitraums) im Mai 1936.

Eine natürliche Folgerung aus dieser soliden Handelsregel deutet darauf hin, dass es keine gute Praxis ist, eine Aktie zu kaufen – also eine neue Long-Position auf sie einzugehen –, wenn der Kurs dicht unter einem starken Widerstandsniveau steht. Es kann nur zwei oder drei Punkte unter einem Widerstandsniveau zu einem Ausbruch aus etwas kommen, das ein machtvolles Muster zu sein scheint; urteilen wir allein anhand des Musters, könnten wir versucht sein, zu kaufen, aber wir wissen ja, dass ein Widerstand vorliegt, der die technische Kraft unseres Musters vollständig überwinden kann. In solchen Fällen wartet der vorsichtige Trader ab, um zu sehen, ob der Widerstand halten wird. Wird das Widerstandsniveau eindeutig durchbrochen, kann er zuversichtlich auf eine lohnenswerte Bewegung zählen.

Der Einsatz von Unterstützungs- und Widerstandsniveaus bei Leerverkäufen

Auf Seite 360 haben wir bereits festgestellt, dass selbst die besten naheliegenden Unterstützungsniveaus in der panischen Phase einer Baisse womöglich nicht halten. Zu solchen Zeiten fällt der Kurs überstürzt unter dem Druck sich häufender Nachschussforderungen und Zwangsverkäufe, bis auch die letzten Aktienbestände und das Publikum gründlich durchgeschüttelt sind. Von dieser Ausnahme abgesehen unterscheidet sich allerdings die Taktik in Baissen keineswegs von der in den obigen Absätzen besprochenen Taktik in Haussen.

Es ist nicht ratsam, eine Aktie zu shorten, wenn ihr Kurs auf ein gutes Unterstützungsniveau oder fast bis dahin gefallen ist. Das sicherste Niveau zum Shorten besteht nach einer Rally in die Nachbarschaft eines Widerstandspunkts oder nach einem entschlossenen Bruch einer Unterstützung nach unten. Dann sollte man den Leerverkauf bei Annäherung an das nächste Unterstützungsniveau eindecken und der Aktie eine Chance geben, sich zu erholen, bevor man sie erneut shortet.

Studie X

Messregeln und Formationen

- Die Vorgeschichte von Unterstützung und Widerstand
- Die Feststellung signifikanter Kursniveaus in laufenden Charts
- Trendlinien als Messhinweise
- Primäre Trendlinien sind zuverlässiger
- Die Messimplikationen der Muster an sich
- Die Messimplikationen der Schulter-Kopf-Schulter-Formation
- Test der Schulter-Kopf-Schulter-Messformel
- Zuverlässigkeit der Schulter-Kopf-Schulter-Messregel
- Die Messimplikationen von Dreiecken
- Flaggen und Wimpel als Messformationen
- Die Messung gilt nur für den Mast
- Die Flaggenregel sagt keine Wende voraus
- Die Halbmast-Stauzone
- Beispiele für Halbmast-Stauzonen
- Ein weniger klares Beispiel
- Die Zuverlässigkeit der Halbmast-Formation
- Anwendung von Messtheorien auf Gaps
- Die Einzel-Gap-Messtheorie
- Große Schwankungsbreite bei Bewegungen nach Gaps
- Ein weniger leicht zu interpretierendes Beispiel
- Die Mehrfach-Gap-Theorie
- Anwendung auf zwei Fortsetzungs-Gaps ebenfalls möglich
- Arbeitsbeispiel der Measuring-Gap-Analyse
- Die Zuverlässigkeit der Mehrfach-Gap-Regel
- Das zeitliche Element bei Messungen

FEHLBEWEGUNGEN UND BEREINIGUNGEN

- Der verwirrendste Feind des Charts
- Zum Glück sind irreführende Fehlbewegungen selten
- Dreiecke sind für Fehlbewegungen am anfälligsten
- Die übliche Fehlbewegung im symmetrischen Dreieck
- Die meisten Fehlbewegungen gehen mit geringem Volumen einher
- Die Ausnahme-Fehlbewegung mit hohem Volumen
- Fehlbewegungen aus rechtwinkligen Dreiecken heraus
- Fehlbewegungen aus Rechtecken heraus
- Fehlbewegung und Out-of-line-Bewegung im Vergleich
- Fehlbewegungen nach Schulter-Kopf-Schulter-Formationen
- Verteidigung gegen Fehlbewegungen
- Die Bereinigung unter hohem Volumen
- Strenge Konstruktion von Ausbruchsregeln
- Der Einsatz von Stop-Loss-Orders gegen Fehlbewegungen
- Fehlbewegungen haben auch ihr Gutes
- Der „End Run" – keine Fehlbewegung

STOP-LOSS-ORDERS

- Die Funktionsweise der Stop-Loss-Order
- Wann man Stop-Losses platzieren sollte
- Verschieben einer Stop-Loss-Order
- Wo man Stoppkurse setzen sollte
- Anwendung der Prinzipien auf ein langfristiges Engagement
- Die erste Verschiebung des Stop-Loss-Niveaus
- Ein Gap liefert einen neuen Ausgangspunkt
- Der Abschluss des Trades mit US Rubber
- Endlich wurde unsere Stopp-Order ausgeführt
- Stop-Loss-Orders bei Leerverkäufen
- Platzierung des ersten Stoppkurses bei Short-Engagements
- Beim Shorten sind Stop-Loss-Orders Kauforders
- Die Verwendung „mentaler Stopps"
- Innerhalb von Formationen bringen Stop-Loss-Orders wenig
- Vernachlässigen Sie andere Charthinweise nicht
- Sonstige, unwichtige Verwendungen von Stopp-Orders

Wer mit Aktien handelt, muss drei Fragen beantworten, bevor er bei einem konkreten Papier eine Position eingeht:

1. Wann hat eine Bewegung begonnen?
2. In welche Richtung wird sich der Kurs bewegen – nach oben oder nach unten?
3. Wie lange kann die Bewegung tragen, bevor sie gewendet oder von einer langen, unprofitablen Stauzone angehalten wird?

Die beiden ersten Fragen werden für den technischen Studenten direkt und mit hoher Zuverlässigkeit von den Mustern und Formationen beantwortet, die wir in den ersten sieben Kapiteln dieses Kurses besprochen haben. Die dritte Frage hingegen ist zwar sicherlich ebenso wichtig, denn angesichts der großen Auswahl am Markt wollen wir natürlich unser Handelskapital jederzeit mit größtem Vorteil einsetzen. Wir wollen nur diejenigen Aktien kaufen oder verkaufen, welche die prozentual gesehen lohnenswertesten Kursbewegungen versprechen. Daher obliegt es uns, bei der Interpretation unserer Charts ständig die eine Gelegenheit mit der anderen zu vergleichen und nach Möglichkeit auch abzuschätzen, welche mehr Profit bietet.

Die Vorgeschichte von Unterstützung und Widerstand

Bei unserer Untersuchung von Unterstützung und Widerstand (Studie IX) haben wir gesehen, wie nützlich diese Niveaus, die in der vorherigen Handelsgeschichte einer Aktie etabliert wurden, für die Vorhersage des künftigen Marktgeschehens wurden. Vor allem bei der längerfristigen Analyse übergeordneter und intermediärer Trends, die in Wochencharts zu sehen sind, lag der Einfluss alter Unterstützungs- und Widerstandspunkte auch dann noch klar auf der Hand, als bereits Jahre vergangen waren. Aus solchen Niveaus leiten wir unsere erste und beste Hilfestellung für die Schätzung des wahrscheinlichen Kursziels einer Bewegung ab, sobald sie in Gang gekommen ist. Nehmen wir an, wir finden unter den Aktien, zu denen wir Charts führen, zwei mit einem etwa gleich hohen Kurs, die Formationen von offenbar gleicher Stärke gebildet haben, und beide brechen gleichzeitig in einer Form aus, die anscheinend eine profitable Aufwärtsbewegung verheißt. Nehmen wir aber auch an, die Vorgeschichte der einen Aktie, die im langfristigen Wochenchart zu sehen ist, zeigt eine wahrscheinliche Widerstandszone nur wenige Punkte oberhalb des derzeitigen Kursniveaus an, während es in der Vorgeschichte der anderen Aktie bis 20 oder 30 Punkte oberhalb des Ausbruchs nichts gibt, was auf Widerstand hindeutet. Natürlich hat unter sonst gleichen Bedingungen die zweite Aktie bessere Chancen, einen lohnenswerten Anstieg zu vollziehen. Es kann durchaus sein, dass die erste, wenn ihre technische Aktivität sehr stark ist, geradlinig durch das ehemalige Widerstandsniveau rauscht und um viele Punkte steigt, ohne anzuhalten, aber die Chancen sprechen dagegen; die wahrscheinlichere Folge ist zumindest eine lange Verzögerung am alten Widerstandsniveau, die die Geduld auf die Probe stellt, und möglicherweise eine Reaktion und die Bildung eines weiteren Musters, bevor der Widerstand schließlich durchstoßen wird.

Die Feststellung signifikanter Kursniveaus in laufenden Charts

Eine gründliche und mühselige Analyse der Handelshistorie jeder Aktie, deren Kursentwicklung wir zu Handelszwecken mit Charts verfolgen möchten, lohnt daher durchaus die Zeit und die Mühe, die sie mit sich bringt. Am leichtesten lassen sich diese Handelsgeschichte und die Unterstützungs- und Widerstandsniveaus anhand von Wochencharts untersuchen und ermitteln. Und unsere Studie sollte mindestens bis zum Anfang des vorherigen Major-Trends zurückreichen. Das heißt, wenn wir den Chart einer Aktie während einer langen Hausse-Bewegung des Marktes erstellen, sollten wir ihre Handelshistorie bis zurück zu dem Hoch untersuchen, von dem aus die vorherige Baisse begonnen hatte. Wenn wir eine Aktie in einer Baisse verfolgen, sollten wir ihr Verhalten bis zurück zu den Tiefs analysieren, von denen aus die vorangegangene Hausse begonnen hatte, um ihre wahrscheinlichen Unterstützungsniveaus zu ermitteln.

Wenn wir besonders gründlich sein wollen, können wir unsere Studien mithilfe von Monatscharts noch weiter in die Vergangenheit führen und einen Blick auf die Bildung der wichtigsten Widerstandsniveaus werfen, die sich tendenziell als Angebots- oder Nachfragebereiche wiederholen. Tatsächlich kann man auch für die Analyse des Trends, der dem aktuellen unmittelbar vorangegangen ist, Monatscharts statt Wochencharts verwenden. Allerdings sind einige der signifikantesten Niveaus und auch das Volumengeschehen im Monatschart häufig unklar; sofern verfügbar, ist der Wochenchart viel nützlicher. Sobald wir, so gut wir das mithilfe unserer Untersuchung der früheren Handelshistorie der Aktie können, die Widerstands- oder Unterstützungsniveaus ermittelt haben, auf die unsere Aktie im laufenden Trend wahrscheinlich stoßen wird, können wir diese Niveaus in unseren laufenden Tagescharts vermerken. Wir können diese Niveaus sogar mithilfe eines geeigneten Codes entsprechend ihrer zu erwartenden Bedeutsamkeit markieren. Indem wir unsere Anmerkungen von einem zum nächsten Blatt übertragen, wenn wir ein neues Blatt beginnen müssen, haben wir ständig einen wertvollen Maßstab für die potenziellen Bewegungen unserer Aktie vor uns, während wir ihre täglichen Entwicklungen beobachten, um herauszufinden, wann wir mit ihr handeln sollten. So können wir uns die Zeit und Arbeit ersparen, jedes Mal die Vorgeschichte herauszukramen, wenn sich die Aktie bewegt.

Trendlinien als Messhinweise

In Studie VIII haben wir Trendlinien und das Geschehen an Trendlinien untersucht und dabei gelernt, dass wir uns, sobald ein definitiver Trend etabliert wurde, in vernünftigem Maße darauf verlassen können, dass er sich zumindest so lange fortsetzen wird, bis starke Anzeichen für eine Wende auftauchen. Daher bietet uns das Trendgeschehen ein weiteres Maß für das wahrscheinliche Ziel einer laufenden untergeordneten oder intermediären Bewegung. Die Wahrscheinlichkeiten sprechen dafür, dass der Kurs in der Nähe der Trendlinie gestoppt und gekippt wird, auf die er sich zubewegt. Das exakte Kursniveau, auf dem die Wende stattfindet, hängt allerdings vom Winkel der Bewegung ab – also davon, wie lange es dauert, bis der Kurs die Trendlinie erreicht. Verläuft der Trendkanal in einem steilen Winkel nach oben, kann eine untergeordnete Kursbewegung innerhalb des Kanals in die entgegengesetzte Richtung des grundlegenden Trends oder quer dazu hinsichtlich der tatsächlichen Kursänderung äußerst begrenzt sein. Diese wichtige Beobachtung wurde sehr schön bei unserer Analyse des Trendliniengeschehens bei Industrial Rayon (Abbildung VIII.7 und Seite 329 f.) veranschaulicht.

Primäre Trendlinien sind zuverlässiger

Allgemein gesagt finden wir Trendlinien bei unseren Abstandsvorhersagen am hilfreichsten, wenn wir sie auf Korrekturbewegungen anwenden, die entgegen dem allgemeinen Trend verlaufen. So funktionieren beispielsweise Trendlinien am besten, um die wahrscheinlichen Grenzen intermediärer Anstiege innerhalb einer Major-Baisse oder der Minor-Anstiege innerhalb eines intermediären Abwärtstrends zu definieren – und umgekehrt in Haussen. In solchen Fällen arbeiten wir mit den einfachen beziehungsweise primären Trendlinien, von denen wir bereits gelernt haben, dass sie im Abwärtstrend die Hochs und im Aufwärtstrend die Tiefs definieren. Nur gelegentlich lässt sich eine gute und brauchbare parallele beziehungsweise sekundäre Trendlinie einzeichnen; wenn das klappt, sind die Linien sehr nützlich als Anhaltspunkte für die wahrscheinlichen Ziele von Kursbewegungen innerhalb des Trendkanals in beiden Richtungen.

Die Messimplikationen der Muster an sich

Der Student wird sehen, dass die beiden vorstehenden Methoden für die Einschätzung des wahrscheinlichen Ausmaßes einer Kursbewegung davon abhängen, ob wir im Voraus gewisse Bedingungen vorhersehen, die dieser Bewegung tendenziell Grenzen setzen, etwas, auf das diese Bewegung treffen wird und durch das sie vermutlich gestoppt oder gekippt wird. Aber es gibt selbstverständlich auch viele Fälle, in denen uns die Vorgeschichte keine Hinweise auf Widerstands- oder Unterstützungsniveaus liefert und wo in den Charts keine gut etablierte Trendlinie erscheint. In solchen Fällen sind wir gezwungen, unsere Schätzung des wahrscheinlichen Ausmaßes der Bewegung in Bezug auf ihren Ursprung abzugeben; wir schauen uns das Muster an, aus dem sie hervorgegangen ist, oder Anzeichen, die sich innerhalb der Bewegung an sich entwickeln, um zu ermitteln, wie stark sie ist und wie weit sie wahrscheinlich laufen wird.

In früheren Studien haben wir gelernt, dass ganz allgemein gilt: Je größer und klarer das Muster – sei es eine Umkehr- oder eine Fortsetzungsformation –, desto länger die Kursbewegung, die wir nach seinem Abschluss erwarten können. Wir haben außerdem die Tatsache festgehalten, dass bei der Einschätzung der Bedeutung eines Musters die Richtung des grundlegenden Trends berücksichtigt werden muss. Meistens läuft der Kurs leichter in der Richtung des grundlegenden Markttrends. Infolgedessen können in einer allgemeinen Hausse kleine Bodenformationen überraschend weite Aufwärtsbewegungen hervorbringen, während auf sehr lange und beeindruckende Top-Formationen ziemlich bedeutungslose Kursrückgänge folgen können. Um diese Berücksichtigung des grundlegenden Trends brauchen wir uns allerdings nicht zu kümmern, wenn wir die Muster vergleichen, die gleichzeitig bei zwei verschiedenen Aktien auftreten, die beide offenkundig im gleichen Trend laufen.

Wir finden Trendlinien bei unseren Abstandsvorhersagen am hilfreichsten, wenn wir sie auf die Korrekturbewegungen anwenden, die entgegen dem allgemeinen Trend verlaufen.

Die Messimplikationen der Schulter-Kopf-Schulter-Formation

Die erste Umkehrformation, die wir in diesem Kurs untersucht haben, war die Schulter-Kopf-Schulter-Formation. Bei unserer Analyse dieses Musters haben wir kurz eine recht zuverlässige Messformel erwähnt (Seite 96), die man darauf anwenden kann. Diese Formel lautet einfach ausgedrückt so: Die Kursbewegung wird nach dem Bruch der Nackenlinie (in Punkten beziehungsweise Dollar) mindestens so weit weiterlaufen wie der senkrechte Abstand in Punkten zwischen dem Kopf und der Nackenlinie, bevor sie gestoppt wird. An diesem Punkt kann sie nur kurz halten und dann den Trend wieder aufnehmen, oder sie kann sich zu einer untergeordneten vorläufigen Umkehr entwickeln, die den Kurs in der Gegenrichtung bis zum Niveau der alten Nackenlinie laufen lässt, bevor die ursprünglich von der Schulter-Kopf-Schulter-Formation vorhergesagte Bewegung wieder aufgenommen wird. Oder es entwickelt sich an diesem Punkt eine vollständige technische Änderung, die die Vorhersage der Schulter-Kopf-Schulter-Formation zunichtemacht und umkehrt.

Test der Schulter-Kopf-Schulter-Messformel

Wir können diese Regel auf die verschiedenen Schulter-Kopf-Schulter-Formationen anwenden, die in den Charts unserer bisherigen Lektionen dargestellt sind, und überprüfen, wie zutreffend sie ist. Fangen wir mit dem Schulter-Kopf-Schulter-Hoch bei Republic Steel (Abbildung II.1) an. Wenn wir die Nackenlinie durch die Punkte C und I ziehen, beträgt der senkrechte Abstand zwischen dieser Linie und der Spitze des Kopfes circa 28 Punkte. In der letzten Oktoberwoche wurde die Nackenlinie vom Kursgeschehen auf dem Niveau von 112 durchbrochen. Wenden wir unsere Messregel an, dürfen wir ein Anhalten der Abwärtsbewegung 28 Punkte tiefer erwarten, also um die 84 Punkte. In Wirklichkeit wurde die Bewegung erst gestoppt, als sie 73 erreicht hatte, wo eine untergeordnete Rally sie wieder hinauf auf 89 schickte.

Beim Schulter-Kopf-Schulter-Hoch bei Western Union (Abbildung II.2) funktionierte unsere Regel mit überraschender Genauigkeit, aber im Falle des Tops von US Industrial Alcohol (Abbildung II.3) sagte die Regel einen Stopp bei rund 56 voraus, doch die Bewegung schoss direkt durch dieses Niveau und wies erst Zeichen eines Anhaltens auf, als sie 38 erreichte. Die Regel funktionierte beim Chart von Borden (Abbildung II.4) und im Zusammenhang mit den Schulter-Kopf-Schulter-Bodenformationen im Chart von Montgomery Ward (Abbildung II.6) sowie in dem von Du Pont (Abbildung II.7). Im Chart von Woolworth (Abbildung II.5) hingegen sagte die kleine Schulter-Kopf-Schulter-Formation einen ersten Anstieg auf circa 52 voraus, bevor es zu einem Halt kommen würde, doch stattdessen trat bei 50 1/2 bei G eine kleine Wende auf. Auf die größere äußere Schulter-Kopf-Schulter-Formation angewendet gab die Formel einen Anstieg auf 56 an, und auch dieser wurde knapp verfehlt.

Zuverlässigkeit der Schulter-Kopf-Schulter-Messregel

Die Prüfung der im vorigen Absatz angeführten Beispiele gibt uns eine sehr gute Vorstellung davon, welches Maß an Verlässlichkeit wir unserer Regel zuschreiben können, wobei allerdings dem Studenten empfohlen wird, auch die ganzen anderen Schulter-Kopf-Schulter-Formationen zu überprüfen, die ihm vorliegen, unter anderem in den Abbildungen II.9, III.5, IV.10 und IX.8. Bei letzterem Chart – New York Central, Abbildung IX.8 – ist die Feststellung interessant, dass unsere Regel einen Stopp bei circa 40 vorhersagte, aber bei 41 1/4 eine untergeordnete Umkehr stattfand. Offenbar funktioniert diese Messformel ganz gut, wenn auch mit vielen Ausnahmen. Es ist wohl kaum nötig, dass wir eine darauf basierende praktische Trading-Regel aufstellen. Gelegentlich mag sie sich als nützlich erweisen, da sie einen guten Zeitpunkt für eine Gewinnmitnahme und Umschichtung andeutet, sofern zwischenzeitlich in einem anderen Chart andere, interessantere Gelegenheiten auftauchen.

Die Messimplikationen von Dreiecken

Menschen, die sich mit dem technischen Geschehen bei Aktien befassen, versuchen von Zeit zu Zeit, zuverlässige Mess- beziehungsweise Abstandsregeln zu finden, die man auf Kursbewegungen anwenden kann, die aus Dreiecksformationen hervorgehen. Aufgrund der kritischen Untersuchung vieler Hundert Beispiele sind wir zu dem Schluss gekommen, dass man sich auf keine der Theorien verlassen kann, die bislang vorgebracht wurden. Die interessanteste dieser Theorien besagt, dass der Kurs (in Punkten) vom Ausbruchsniveau bis zum nächsten Halt beziehungsweise zur nächsten Wende etwa die gleiche Distanz zurücklegen wird wie von der letzten vorangegangenen Stauzone bis zum ersten Umkehrpunkt, der das Dreieck gestartet hat. Wir bezeichnen diese Theorie als interessant, weil sie in vielen Fällen zu funktionieren scheint. Ein solcher Fall erscheint im Chart von Holly Sugar (Abbildung VI.2), und mehrere recht nahekommende Beispiele erscheinen in den Charts von Omnibus Corporation (Abbildung V.11) und Electric Boat (Abbildung VI.1). Ein kurzer Blick auf die vielen anderen in diesem Kurs dargestellten Dreiecke zeigt allerdings, dass diese Formel in der großen Mehrzahl der Fälle nicht funktioniert. Natürlich kann man sie auch nicht auf alle Umkehrdreiecke anwenden.

Eine konservativere, auf Dreiecke anwendbare Regel besagt, dass die Kursbewegung nach dem Ausbruch mindestens so weit reichen wird wie die Kursspanne am offenen Ende des Dreiecks oder anders gesagt wie die größte Tiefe der Formation. Es scheint, dass diese Dreiecks-Messregel mit hoher Verlässlichkeit funktioniert, allerdings können wir die Bewegung zuverlässiger anhand des Trends oder anhand von Unterstützung beziehungsweise Widerstand erfassen, meistens anhand des Trends.

Flaggen und Wimpel als Messformationen

Auch wenn man sich, wie wir gesehen haben, in der Trading-Praxis kaum auf die Messimplikationen von Dreiecken verlassen kann, finden wir eine ganz andere Situation vor, wenn wir das Kursgeschehen prüfen, das auf den Abschluss der eng mit ihnen verwandten Formationen Flagge und Wimpel folgt. Tatsächlich liefern uns diese beiden sehr interessanten und zufälligen Fortsetzungsformationen einige unsere genauesten Abstandsvorhersagen.

Wir haben in Studie VI gelernt, dass sich eine Flagge an einem Mast bildet – einer annähernd vertikalen Bewegung nach oben oder nach unten. Man wird feststellen, dass die Länge des Mastes in Punkten von der vorangegangenen Stauzone bis zu dem Punkt, an dem sich die Flagge zu bilden beginnt, in der mit Abstand großen Mehrzahl der Fälle das Ausmaß der schnellen Kursbewegung anzeigt, die von dem letzten Wendepunkt der Flagge aus weiterläuft. Sehen Sie sich zum Beispiel die im Chart von

Deere & Co. (Abbildung VI.14) gezeigte Flagge an. Der Mast lief in diesem Chart 18 Punkte nach oben, von 57 auf 75, und auf diesem Niveau begann sich die Flagge zu entwickeln. Dann bildete sich bei 69 der Boden der Flagge, von dem aus der Kurs seinen schnellen Anstieg wieder aufnahm. Die Addition von 18 Punkten zu 69 ergab 87 als wahrscheinliches unmittelbares Ziel der Bewegung, die tatsächlich nur um zwei Punkte übertroffen wurde.

Die Messung gilt nur für den Mast

Die gleiche Regel gilt mit der gleichen Zuverlässigkeit für alle Arten von Flaggen und auch für Wimpel. Ein sauberes Beispiel für diese Genauigkeit im Zusammenhang mit einer aufwärtswehenden Flagge im Aufwärtstrend erscheint im Chart von International Harvester (Abbildung VI.16), wobei die Vergleichspunkte hier bei 79 bis 91 und 89 bis 101 liegen. Beachten Sie allerdings, dass wir bei unserer Messung nur die Länge des Mastes von der letzten vorangegangenen Stauzone beziehungsweise dem letzten vorangegangenen untergeordneten Wendepunkt nehmen und alle vorherigen Kursbewegungen ignorieren. In Falle der ersten Flagge, die sich Anfang März im Chart von Greyhound (Abbildung VI.15) bildete, sollten wir daher nur den Mast von der untergeordneten Umkehr bei 30 aus messen, im Falle der dritten Flagge, die sich Ende April bildete, nur von der Stauzone der Woche auf dem Niveau von 39.

Die Flaggenregel sagt keine Wende voraus

Der Chart von Greyhound (Abbildung VI.15) veranschaulicht noch einen anderen Punkt im Zusammenhang mit unserer Flaggen-Messformel. Diese Formel gibt das wahrscheinliche unmittelbare Ziel der Kursbewegung an, sagt allerdings keine Trendwende und nicht einmal einen längeren Stopp bei Erreichung dieses Ziels voraus. Es kann tatsächlich sein, dass es auf diesem Niveau nur zu einem kurzen Stopp kommt, auf den eine schnelle Fortsetzung des bisherigen Trends folgt, und so war es auch bei Greyhound im Frühjahr 1935. Dazu ist festzuhalten, dass die Masten in diesem Chart ziemlich kurz und die Flaggen verhältnismäßig groß waren. Wenn ein Mast hingegen lang ist (in Punkten) und die Flagge verhältnismäßig klein, dann können wir natürlich erwarten, dass die Bewegung ziemlich erschöpft sein wird, wenn das angezeigte Ziel erreicht ist. Kurz gesagt sollten wir, wenn wir diese Messformel beim Trading anwenden, das gleiche Urteilsvermögen einsetzen, das wir auch beim Trading anhand aller technischen Muster oder Theorien für notwendig halten. Wenn es scheint, als hätte die Bewegung den Kurs so weit getragen, wie wir es vernünftigerweise erwarten konnten, dann zeigt die Flagge als Maßstab ein sehr gutes Niveau an, um Gewinne mitzunehmen, beiseitezutreten und die weitere Chartentwicklung zu beobachten.

Die Halbmast-Stauzone

Flaggen und Wimpel entstehen offenbar durch schnelle Gewinnmitnahmen in ungewöhnlich schnellen Kursbewegungen, aber es lässt sich schwer durch logische Überlegungen erklären, warum sie in den meisten Fällen so dicht an der Mitte dieser Bewegungen auftreten. Natürlich ist diese Tatsache an sich das, was uns bei unserer Studie hauptsächlich interessiert, nicht ihre möglichen Gründe. Was auch immer die Gründe sein mögen, offenbar kann man den gleichen Ursachen die Entstehung eines anderen Abstandsmusters zuschreiben, das die gleiche Vorhersage mit sich bringt wie die echte Flagge.

Wir bezeichnen dieses eng verwandte Abstandsmuster als Halbmast-Stauzone. Man kann sie wohl kaum als Muster in dem Sinne einstufen, wie wir diesen Begriff in diesem Kurs verwenden, weil sie keine bestimmte definierte Form annimmt. Sie ist einfach eine sehr kompakte Kursstauzone, die sich an einem Mast bildet und sich über fünf Tage bis drei Wochen erstreckt, wobei ihre Dauer grob von der Länge des Mastes abhängt. Diese Stauzone kann das Aussehen eines sehr kleinen „soliden" Dreiecks oder Rechtecks annehmen, wobei das Volumen bei ihrer Bildung tendenziell zurückgeht, so wie wir es gegen Ende jeder echten Fortsetzungsformation erwarten. In manchen Fällen kann man sie visuell nicht mit einem unserer anerkannten Muster in Verbindung bringen, aber in allen Fällen ist sie solide beziehungsweise kompakt und sollte keinerlei Tendenz dazu aufweisen, dass der Kurs „nachgibt" oder sich die Kursspanne verbreitert. Sie sagt eine schnelle Fortsetzung der Kursbewegung in der bisherigen Richtung und etwa über die gleiche Distanz wie den bisherigen Mast voraus, und in der Mehrzahl der Fälle legt sie ein gutes Niveau für Gewinnmitnahmen nahe.

Beispiele für Halbmast-Stauzonen

Ein fast perfektes Beispiel dieser äußerst nützlichen Abstandsformation ist im Chart von Western Union für das zweite Halbjahr 1935 (Abbildung X.1) zu sehen. Nachdem der Kurs zwei Monate lang zu kämpfen hatte, durchstieß er am 14. Oktober das Widerstandsniveau 51-52 unter einem gewaltigen Aktivitätsschub, und darauf folgte ein annähernd senkrechter Anstieg auf 64. Dort wurde die Bewegung gestoppt, und das Kursgeschehen baute bis zum 7. November ein sehr kompaktes Staumuster mit nachlassendem Volumen auf, dann kam es zu einem erneuten Volumenausbruch, und der Kurs stieg innerhalb von weniger als zwei Wochen auf 77. Die Messung vom Ausbruchsniveau bei 52 zur Spitze des ersten Mastes bei 64 ergab einen Abstand von zwölf Punkten für das wahrscheinliche Ausmaß der nächsten Bewegung; beachten Sie, wie genau diese Vorhersage erfüllt wurde. Diese konkrete Halbmast-Stauzone besitzt eine leichte optische Ähnlichkeit mit einem Dreieck, kann aber nicht streng als solches definiert werden. Immerhin ist es eine sehr kompakte Stauzone ohne offensichtlichen Spielraum. Wenn wir zu diesem Zeitpunkt noch nicht long auf Western Union gegangen wären, hätten wir die Aktie zurückkaufen können, als wir im Chart ihre Kurs- und Volumenentwicklung im Laufe der Woche sahen, die am 2. November endete.

Ein weniger klares Beispiel

Der Chart von US Rubber für das erste Halbjahr 1936 (Abbildung X.2) beinhaltet ein weiteres gutes Beispiel für eine Halbmast-Stauzone, die sich in der Woche bildete, die am 21. März endete. In diesem Fall stieg der Kurs in Form eines „Mastes" von 19 1/2 auf 27 und baute dann um das Niveau von 26 eine Woche lang eine kompakte Stauzone auf, während der das Volumen zurückging. Eine schnelle Fortsetzung auf 34 war angezeigt und begann tatsächlich am 24. März (beachten Sie das Volumen). Aber in diesem Fall wurde die Bewegung schnell um die 30 wieder gestoppt, wo sie erst die Hälfte des angezeigten Anstiegs bewältigt hatte. Es folgten zwei Wochen mit unentschlossenem Geschehen und diesmal schien unser Halbmast-Muster durch die scharfe Wende des allgemeinen Markttrends, der sich damals vollzog, über den Haufen geworfen worden zu sein. Indes trat am 8. April ein erneuter Aktivitätsschub auf und der Kurs stieg auf das vorhergesagte Ziel.

Die Zuverlässigkeit der Halbmast-Formation

Die beiden Beispiele für Halbmast-Stauzonen, die wir gezeigt haben, funktionierten so genau, dass es vielleicht nötig ist, hier eine Pause einzulegen und noch einmal unsere warnenden Worte zu wiederholen, sich nicht einfach blind auf irgendein technisches Muster oder einen anderen Prognosehinweis zu verlassen. Die Wörter „immer" und „nie" gibt es bei der Technischen Analyse von Aktiencharts nicht. Die Halbmast-Stauzone und die Flaggen sind für technische Formationen sehr zuverlässig, aber gelegentlich verstoßen sie auch gegen alle Regeln und enttäuschen uns, weil sie nicht funktionieren. Ein Trader, der auf ihre Implikationen hin kauft oder verkauft, muss bereit sein, seine Meinung zu ändern und seine Position aufzugeben, wenn die Ausnahme auftritt, die die Regel bestätigt.

Ebenso wie Flaggen und Wimpel erscheint die Halbmast-Stauzone sowohl in Abwärts- als auch in Aufwärtstrends und trifft in beiden Richtungen die gleiche Vorhersage.

Abbildung X.1

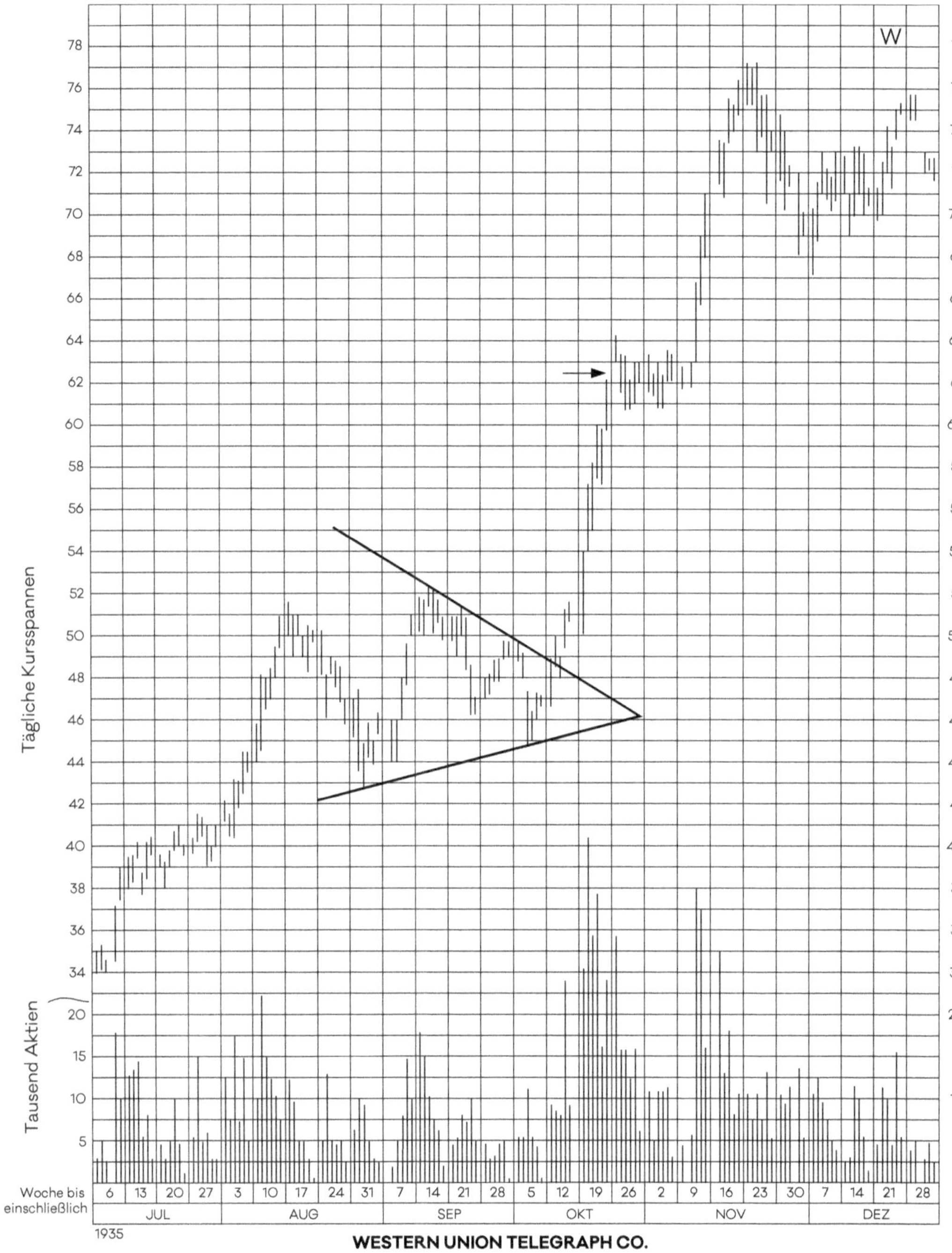

WESTERN UNION TELEGRAPH CO.

Abbildung X.2

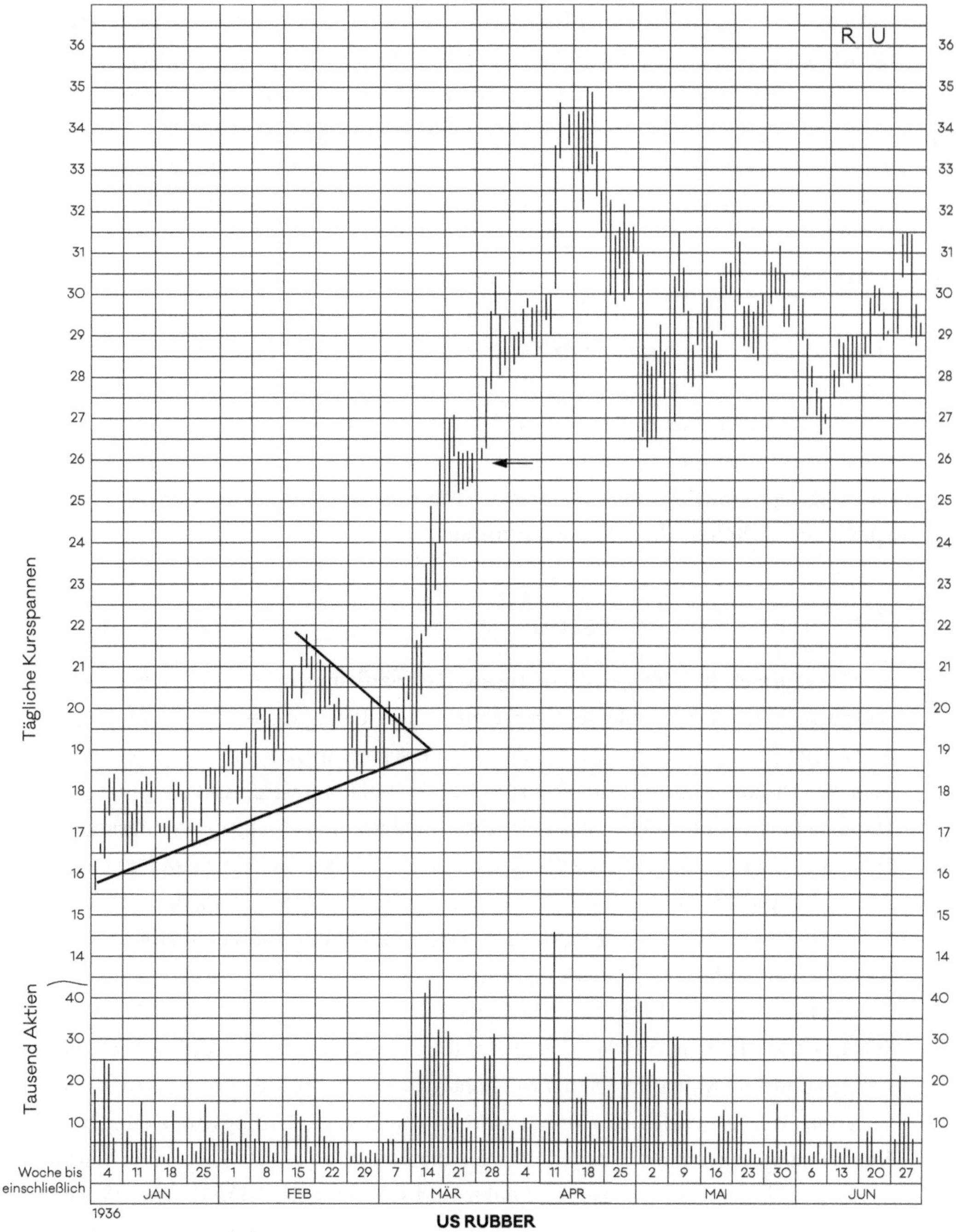

US RUBBER

Anwendung von Messtheorien auf Gaps

Wieder eine andere Gruppe von Messtheorien gründet sich auf das Auftreten von Gaps. Tatsächlich werden Fortsetzungs-Gaps von manchen Studenten als Measuring Gaps bezeichnet, weil sie angeblich Messungen beisteuern. Es mag Logik in der Überzeugung liegen, dass man Gaps in gewisser Weise dem Ausmaß der Kursbewegung zuordnen kann. Gaps sind Indizien für einen anormalen Zustand des technischen Bildes und sollten sich daher für die Messung der technischen Stärke beziehungsweise Schwäche eignen, was sich wiederum in dem nachfolgenden Kursanstieg beziehungsweise Kursrückgang äußern müsste. Doch ob logisch oder nicht, wir haben festgestellt, dass keine der diversen Regeln oder Theorien zu Gaps ausreichend zutreffend funktioniert, um sie zu einer durch und durch zuverlässigen Richtlinie für den Handel zu machen. Trotzdem wird es sich lohnen, zwei dieser Theorien zu prüfen, weil sie – wenn auch ungenau – eine Messung der Kursbewegung ausdrücken, in der Gaps entgegen den Gewohnheiten der betreffenden Aktie auftreten.

Die Wörter „immer" und „nie" gibt es bei der Technischen Analyse von Aktiencharts nicht.

Die Einzel-Gap-Messtheorie

Eine Messformel, die auf einen Chart angewendet wird, in dem nach einem normalen Ausbruch und einer mehr oder weniger schnellen Kursbewegung ein Fortsetzungs-Gap (siehe Seite 298 ff.) erscheint, besagt, dass die Bewegung um das Ein- bis Eineinhalbfache der Distanz vom Ausbruch bis zum Gap weiterlaufen wird. Anders gesagt tritt das erste Fortsetzungs-Gap eines schnellen Anstiegs oder Rückgangs (sofern kein Breakaway Gap vorangegangen ist) dann auf, wenn die Bewegung zu rund 40 bis 50 Prozent abgeschlossen ist. Natürlich müssen wir bei der Anwendung der Regel bedenken, dass Gaps bei dünn gehandelten Aktien, die häufig Gaps aufweisen, wenig oder gar keine technische Bedeutung haben.

Man kann die Einzel-Gap-Messtheorie auf den Chart von US Steel in Abbildung X.3 anwenden. Im Januar 1936 traten in der Kursentwicklung dieser Aktie keine Gaps auf. Am Ende des Monats brach der Kurs unter einer ordentlichen Volumenzunahme nach oben aus einem kleinen symmetrischen Dreieck aus, allerdings ohne offenkundige Neigung, „davonzulaufen". Jedoch legte die Bewegung am 10. Februar an Stärke zu, stieg an diesem Tag um fast vier Punkte und schloss in der Nähe des Tageshochs bei 55 1/2. Der kräftige Aufwärtsschub setzte sich am nächsten Tag fort, trug den Kurs auf 58 1/2 und hinterließ ein Gap von fast einem ganzen Punkt. Unter Berücksichtigung der bei US Steel normalerweise eng überlappenden täglichen Kursspannen war das eine bemerkenswerte Performance, die uns Gelegenheit gab, unsere Messtheorie zu

Abbildung X.3

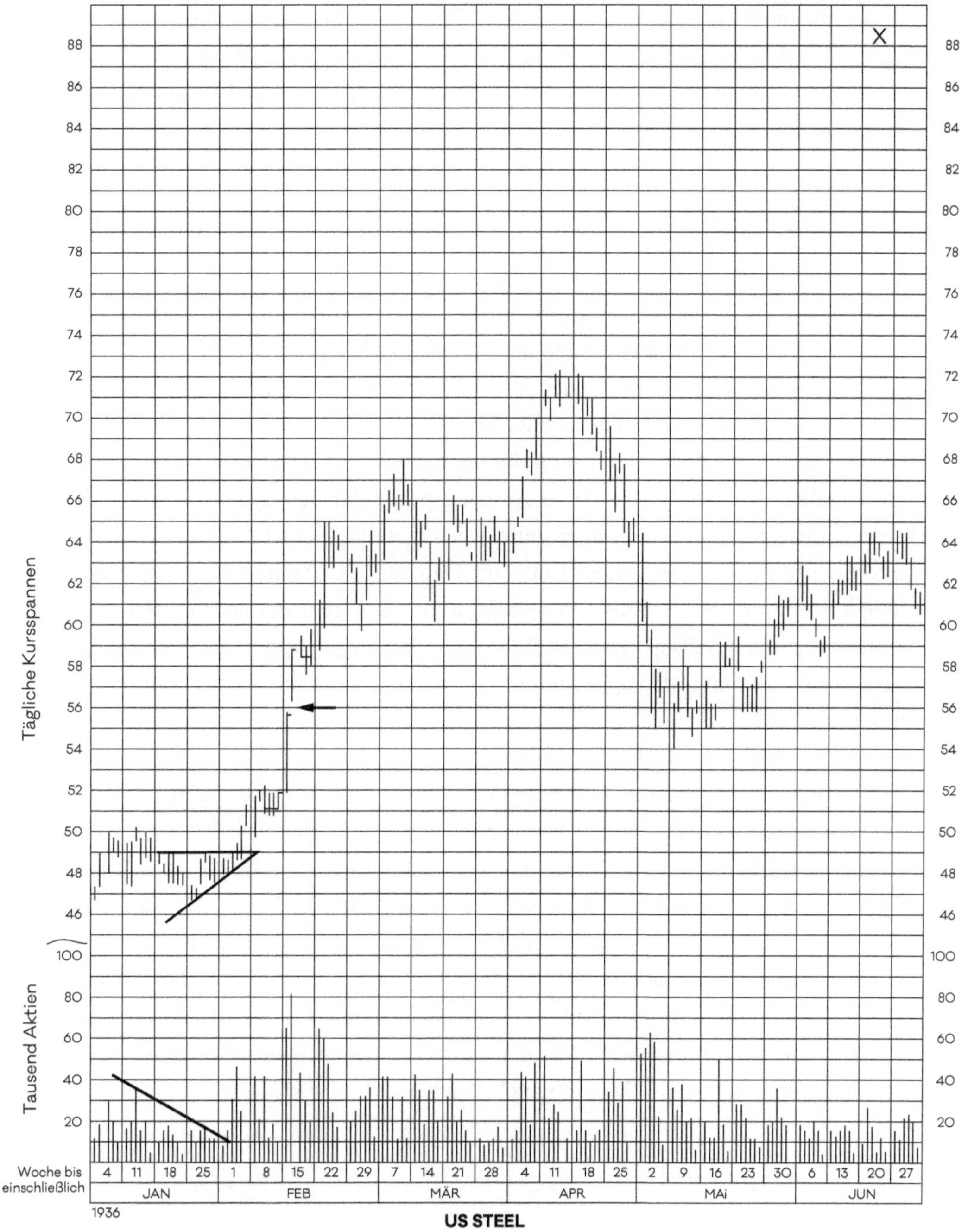

US STEEL

testen. Die Bewegung vom Ausbruch bei 49 zum Gap bei 56 (ohne Berücksichtigung von Bruchteilen) deckte sieben Punkte ab, und die Prognose des Gaps lautete infolgedessen auf einen weiteren schnellen Anstieg von sieben auf zehn Punkte, der die Aktie in den Bereich zwischen 63 und 66 tragen würde, bevor wir mit einem Halt oder mit einer Wende rechnen konnten. Tatsächlich stieg die Aktie auf 65 und erfüllte somit die Prognose höchst großzügig.

Große Schwankungsbreite bei Bewegungen nach Gaps

Fairerweise sollten wir erwähnen, dass der Student, dem eine umfangreiche Charthistorie zur Verfügung steht, eine ordentliche Anzahl von Beispielen finden kann, um fast jede Messformel in den Grenzen der Vernunft zu belegen, die er beweisen möchte. Sie lassen sich leicht finden, jedenfalls nach Abschluss der Bewegung. Jedoch sind wir bei der praktischen Anwendung der Einzel-Gap-Messregel zu dem Zeitpunkt, da das Gap in unserem Chart erscheint, häufig mit der Schwierigkeit konfrontiert, zu entscheiden, welches Niveau wir als Ausgangspunkt der Bewegung nehmen sollen, an dem unsere Messung beginnen sollte. Auch können wir nicht immer positiv und sofort entscheiden, ob wir ein Fortsetzungs-Gap oder ein Erschöpfungs-Gap vor uns haben. Und schließlich kann selbst dann, wenn der Ursprung der Bewegung klar definiert ist und das Gap offenkundig ein Fortsetzungs-Gap ist, die nachfolgende Bewegung weit hinter den angedeuteten Grenzen zurückbleiben oder weit darüber hinausreichen.

Einzelne Gaps innerhalb schneller Kursbewegungen erscheinen im Chart von General Theatres Equipment (Abbildung IV.12) und im Chart von Standard Oil of NJ (Abbildung V.5). In Ersterem bildete sich zwischen dem 22. und dem 23. April ein Gap in dem Abwärtstrend, der auf eine Mehrfach-Schulter-Kopf-Schulter-Top-Umkehr folgte. Die theoretische Nackenlinie der Top-Formation (durch die Tiefs vom 29. Januar und vom 13. März) wurde von der Kursentwicklung in der Woche, die am 11. April endete, auf dem Niveau von 10 1/2 durchbrochen. Das Gap trat bei 7 3/4 auf. Unter Anwendung unserer Regel lag ein weiterer schneller Abstieg um 3 bis 4 1/2 Punkte nahe. Der tatsächliche Rückgang zog den Kurs um vier Punkte herab und wurde fast innerhalb eines Tages abgeschlossen.

Ein weniger leicht zu interpretierendes Beispiel

Im Chart von Standard Oil of NJ (Abbildung V.5) erschien zwischen dem 24. und dem 25. März ein auffallendes Gap, das ganz offensichtlich zur Fortsetzungsklasse gehörte. Bevor wir unsere Messregel anwenden konnten, mussten wir zuerst den Ausgangspunkt ermitteln. Das sicherste – und sicherlich das konservativste – Niveau, von dem aus wir messen konnten, war die kleine, recht unbestimmte Stauzone bei 67 gleich unter dem Gap und diese Messung der nächsten untergeordneten Stauzone funktionierte sehr gut. Warf man einen längerfristigen Blick auf den Chart, war allerdings offensichtlich, dass auf dem Niveau von 64 ein wichtigerer Durchbruch stattgefunden hatte, als eine abwärtsgeneigte intermediäre Trendlinie durch die Hochs vom Januar und vom Februar unter signifikant zunehmendem Volumen durchstoßen wurde. Maß man von 64 aus, wurde eine Bewegung auf 77 bis 80 vorhergesagt. Aber wenn wir noch weiter zurückblickten, sahen wir, dass der schnelle Aufwärtstrend, in dem unser Gap erschien, in Wirklichkeit aus der kleinen Boden-Stauzone bei 61 heraus begonnen hatte (beachten Sie das Volumen), und von da aus konnte unser Gap eine Fortsetzung des Anstiegs auf 79 bis 84 vorhersagen, bevor es zu einer Wende käme. Zufällig hätten beide Interpretationen ganz gut funktioniert, denn die erste Wende kam bei 80.

Außerdem sollte sich der Student die folgenden Beispiele ansehen, die in früheren Studien auf den Tisch kamen und von denen manche funktionierten, manche nicht:

Abbildung I.3 – Viertelpunkt-Gap bei 131 nach dem Bruch der Trendlinie am 28. Juli.
Abbildung II.1 – Das große Gap bei 118 Ende August.
Abbildung II.3 – Das Gap bei 112.
Abbildung VI.8 – Das Gap bei 10 1/2 in der Woche, die am 10. August endete.

Wahrscheinlich ist es gar nicht nötig, unserer Besprechung der Einzel-Gap-Regel die Warnung hinzuzufügen, dass man ein Gap nicht als Messgrundlage verwenden sollte, wenn es schnell wieder geschlossen wird.

Die Mehrfach-Gap-Theorie

In den vorigen Abschnitten haben wir die Anwendung der Messformel auf ein einzelnes Fortsetzungs-Gap untersucht, das in einer ansonsten normalen Bewegung auftrat. Wenn allerdings eine Bewegung mit einem Breakaway Gap beginnt und dann ein Fortsetzungs-Gap aufweist, besagt die logische Annahme, dass wir es mit einer drastischeren technischen Veränderung zu tun haben und vielleicht mit einer ausgedehnteren Bewegung rechnen können.

Dies drückt sich in der Mehrfach-Gap-Messregel aus, die besagt, dass sich die Bewegung etwa zweimal so weit über das zweite Gap hinaus fortsetzt wie der Abstand (in Punkten) zwischen dem ersten und dem zweiten Gap.

Eine gute, eindeutige Gelegenheit, diese Regel anzuwenden, erschien im Chart von US Industrial Alcohol (Abbildung VII.15). Am 19. Mai brach der Kurs mit einem Breakaway Gap (D) nach unten aus dem Fortsetzungsrechteck aus. Darauf folgte unmittelbar ein Fortsetzungs-Gap (E). Das erste Gap erschien bei 45 und das zweite bei 41 1/2, eine Differenz von 3 1/2 Punkten. Das multipliziert mit zwei ergab sieben. Die Vorhersage besagte also, dass sich die Bewegung von 41 1/2 aus um sieben Punkte nach unten auf circa 34 1/2 fortsetzen würde. Tatsächlich wurde der Abwärtstrend bei 33 1/2 gestoppt.

Anwendung auf zwei Fortsetzungs-Gaps ebenfalls möglich

Die gleiche Messformel lässt sich auf das Auftreten von zwei Fortsetzungs-Gaps in einer schnellen Bewegung sowie auf die Kombination aus einem Breakaway Gap und einem Fortsetzungs-Gap anwenden und sie lässt sich zumindest theoretisch bis ins Unendliche fortsetzen, solange innerhalb der Bewegung weiterhin Fortsetzungs-Gaps auftauchen. Natürlich warnt einen der gesunde Menschenverstand, dass jede anormal schnelle Kursbewegung irgendwann in Schwierigkeiten gerät; ein überkaufter oder überverkaufter Zustand kann sich sehr schnell entwickeln. Daher sollten wir uns nicht allzu sehr auf eine Messregel verlassen, die auf solchen Gaps basiert. Es besteht immer die Gefahr, dass sich eines unserer Gaps als Erschöpfungs-Gaps entpuppt.

Arbeitsbeispiel der Measuring-Gap-Analyse

Für die Anwendung der Mehrfach-Gap-Regel auf Fortsetzungs-Gaps können wir uns unserem alten Freund, dem Chart von Woolworth (Abbildung VII.14), zuwenden. Die erste Gelegenheit, die Regel zu testen, kam, als das Fortsetzungs-Gap B unmittelbar nach dem Breakaway Gap A auftrat. Diese beiden Gaps lagen circa 1 1/2 Punkte auseinander, sodass sie einen weiteren Anstieg um rund drei Punkte vorhersagten, was aufgrund des Niveaus des zweiten Gaps von 56 1/2 ein wahrscheinliches Ziel von 59 1/2 ergab. Allerdings wurde Gap B unmittelbar von C gefolgt, das uns eine neue Messgrundlage verschaffte. Übergehen wir die genaue Berechnung, die der Student problemlos selbst anstellen kann – nun hatten wir eine neue Prognose, die auf einen weiteren Anstieg in den Bereich um die 60 lautete, und schon bald wurde diese Prognose sehr schön erfüllt.

Die nächste Gelegenheit, die Regel zu testen, kam, als auf das Breakaway Gap bei E nach drei Tagen bei 62 ein weiteres Gap folgte. Diese Kombination sagte eine Fortsetzung bis 65 voraus. Doch stattdessen entwickelte sich eine kleine Inselformation und der Kurs fiel auf das Unterstützungsniveau bei Gap E zurück, bevor er den Anstieg wieder aufnahm. Zufällig wurde die Prognose später erfüllt, aber zwischenzeitlich hatte die Regel versagt. Ein weiterer Test kam bei der abschließenden Rally, als Gap F von Gap G gefolgt wurde, was gemäß unserer Formel einen Anstieg auf etwa 71 1/2 voraussagte. Wie man sieht, wurde das nicht ganz verwirklicht. Allerdings ließ das Volumen in diesem Stadium das Gap bei H zu verdächtig nach einem Erschöpfungs-Gap aussehen, um uns zu veranlassen, noch viel mehr von der Bewegung zu erwarten, und als das Gap am nächsten Tag geschlossen wurde, war sein Erschöpfungscharakter klar.

Die Zuverlässigkeit der Mehrfach-Gap-Regel

Der Chart von Woolworth bietet uns einen sehr guten Test der Mehrfach-Gap-Messtheorie und bestätigt die Notwendigkeit, Vorsicht walten zu lassen, wenn sich die Bewegung immer weiter von einem Muster entfernt, das eine gute Grundlage bot. Dies beweist, dass es nicht ratsam ist, sich zu hartnäckig auf die Messregel zu verlassen. Man sollte im Chart genau und ständig nach anderen technischen Andeutungen Ausschau halten und die Messprognose unverzüglich aufgeben, sobald Faktoren erscheinen, die sie kippen könnten. Die in Studie VII erwähnte Schwierigkeit, deutlich zwischen Fortsetzungs- und Erschöpfungs-Gaps zu unterscheiden, betont noch mehr, wie riskant es ist, sich blind auf die Mehrfach-Gap-Theorie zu verlassen.

Auch den Chart von Chrysler (Abbildung IV.7) kann man im Hinblick auf die Anwendung der Mehrfach-Gap-Regel in einem Fall untersuchen, in dem die beiden Gaps in beträchtlichem Abstand auftreten – tatsächlich so weit voneinander entfernt, wie wir es erwarten sollten, um sie für Messzwecke für nützlich zu halten. Allgemein gesagt: Je dichter die beiden Gaps aufeinanderfolgen, um so zuverlässiger ist ihre Messprognose.

Das zeitliche Element bei Messungen

Bevor wir das Thema der Messregeln verlassen, sollte wohl noch einmal gesagt werden, dass wir niemals eine Theorie der Zeitzyklen gefunden haben, auf die man sich in der Handelspraxis verlassen könnte. Die Untersuchung von Zeittheorien ist faszinierend und hat Analysten zu den umfassendsten Forschungen veranlasst – aber noch nie wurde eine einzige verlässliche Regel entdeckt.

Fehlbewegungen und Bereinigungen

Wir haben in früheren Kapiteln von Zeit zu Zeit das Thema der Fehlbewegungen und Bereinigungen angesprochen, aber bislang noch keine angemessene Erklärung für dieses Phänomen geliefert. Solche Bewegungen treten auf, wenn auch selten, und sie sind irreführend genug (zumindest für den Neuling), um die nachstehenden detaillierten Bemerkungen zu rechtfertigen.

Was ihre Chartinterpretation angeht, so gibt es eigentlich nur einen sehr kleinen Unterschied zwischen den Implikationen dieser beiden Begriffe. Tatsächlich verwenden viele Studenten „Fehlbewegung“ und „Bereinigung“ unterschiedslos, um identische Situationen zu beschreiben, und wir hadern kaum mit dieser abwechselnden Verwendung.

Genauer betrachtet wird der Begriff „Fehlbewegung“ allerdings häufiger verwendet, um eine etwas längere Kursbewegung als eine „Bereinigung“ zu bezeichnen – Letztere benötigt für gewöhnlich bloß einen oder zwei Tage (ähnlich wie die 1-Tages-Umkehr und die eintägige Out-of-line-Bewegung), während die Fehlbewegung weniger steil ist und sich über eine Woche oder noch mehr erstrecken kann. Eine Bereinigung kann mehr oder weniger jederzeit auftreten, innerhalb oder außerhalb einer Formation, während „Fehlbewegung“ für gewöhnlich eher auf die irritierenden, eher unentschlossenen, aber vergleichsweise begrenzten Kursbewegungen angewandt wird, die in der falschen Richtung aus klar definierten Formationen herauslaufen, also entgegen der nachfolgenden echten oder ausgedehnteren Bewegung. Es ist davon auszugehen, dass die Bereinigung eindeutig von Akteuren ins Werk gesetzt wird, um die Allgemeinheit an der Nase herumzuführen und Stop-Loss-Orders abzufangen, bevor sie ihre Kampagne der Kurstreiberei nach oben oder nach unten starten. Hingegen ist die eigentliche Fehlbewegung eher das Ergebnis einer vorübergehenden Unentschiedenheit des Marktes oder des Rückzugs professioneller Akteure.

Der verwirrendste Feind des Charts

Doch auf jeden Fall interessieren wir uns weniger für ihre Ursachen als für ihre Ergebnisse. Für die Zwecke dieser Studie können wir den Begriff „Fehlbewegung“ verwenden, um alle Kursbewegungen zu beschreiben, die eine falsche Prognose abgeben oder abzugeben scheinen. Wenn sie (hinsichtlich der Kursbewegung) weit genug laufen und mit erhöhtem Volumen einhergehen, werden sie zu den gefährlichsten und ärgerlichsten aller Kursformationen der Chartanalyse und der Handelspraxis am Markt. Sie können einen echten, gültigen Ausbruch simulieren und uns so veranlassen, eine Aktienposition einzugehen, die von der nachfolgenden Bewegung als falsch entlarvt wird. In solchen Fällen können daraus konkrete Verluste, Ärger und Verwirrung resultieren.

Auch wenn Fehlbewegungen nicht alle Anforderungen an einen gültigen Ausbruch erfüllen, sind sie verwirrend und ärgerlich, und sie ziehen zumindest vorübergehend die gesamte Theorie des praktischen Tradings anhand von Chartmustern in Zweifel. Nehmen wir beispielsweise an, eine starke und sehr verlässliche Abwärts-Umkehrformation wurde abgeschlossen und alle positiven Hinweise deuten auf den frühzeitigen Beginn eines langen und profitablen Kursrückgangs einer Aktie hin. Doch gerade als die Aktie am schwächsten und perfekt auf den Beginn des erwähnten übergeordneten Rückgangs vorbereitet wirkt, springt der Kurs plötzlich innerhalb weniger Tage um mehrere Punkte in die Höhe. Diese Bewegung läuft eigentlich dem Diktat unserer

Technischen Analyse zuwider. Doch wir haben ja durch ständige Wiederholung des Grundsatzes, wenn auch noch nicht durch praktische Erfahrung, gelernt, dass keine Chartformation unfehlbar ist, dass manchmal alle Formationen schieflaufen und die nachfolgende übergeordnete Bewegung manchmal exakt in die Richtung läuft, die der Erwartung entgegengesetzt ist. Daher sieht man leicht, dass ein plötzlicher, wenn auch nur kleiner Anstieg, wenn wir einen großen Rückgang erwartet hatten, alle sorgfältig aufgestellten Pläne umwerfen und beim praktischen Chartstudenten oder Trader zu Verwirrung führen kann.

Eine solche Fehlbewegung kann den durchschnittlichen Trader dermaßen erschüttern, dass er beschließt, sein Chart habe versagt, seine Analyse habe sich als falsch erwiesen und er sollte seine Vorhersage von einer langen Abwärtsbewegung auf eine größere Aufwärtsbewegung umstellen. Stellen Sie sich einmal das weitere Chaos des analytischen Urteilsvermögens vor, wenn die Fehlbewegung gerade dann, als der Trader seine ursprüngliche Analyse umgestoßen hat, an ihr Ende gelangt, die Aktie wieder absackt und sich danach zu der langen, kräftigen und profitablen übergeordneten Abwärtsbewegung anschickt, die der Beobachter aufgrund seiner ursprünglichen Analyse der Abwärts-Umkehrformation richtigerweise vorhergesagt hatte.

Zum Glück sind irreführende Fehlbewegungen selten

Eine Fehlbewegung kann in fast allen Situationen auftreten, in denen sich eine Chartformation für eine eindeutige und zuverlässige Analyse eignet. Sie kann also im Zusammenhang mit fast allen Formationen auftreten, die zu erkennen und denen Vorhersagewert zuzuschreiben unsere Studien uns gelehrt haben. Glücklicherweise dürften uns die meisten Fehlbewegungen nicht dazu verleiten, tatsächlich auf ihre irreführenden Implikationen hin zu handeln, sofern wir sie dem „Lackmustest" auf einen gültigen Ausbruch unterziehen, mit dem wir uns bereits befasst haben. Trotzdem sollten wir derjenigen Sorte eine gewisse Aufmerksamkeit schenken, die uns nicht fälschlicherweise dazu verleiten sollte, eine unkorrekte Position einzugehen, und auch den selteneren Beispielen, die uns am meisten Sorgen bereiten, weil sie definitiv eine falsche Vorhersage liefern. Wir müssen lernen, sie zu erkennen und uns gegen sie zu wehren, und dies nicht nur im Hinblick auf die Begrenzung etwaiger Verluste, sondern auch um unser Wissen darüber zu vervollkommnen, wie sich Aktienkurse verhalten können, und um zu vermeiden, dass wir das Zutrauen zu unseren Vorhersagemethoden verlieren.

Dreiecke sind für Fehlbewegungen am anfälligsten

Wir haben bereits gesehen, dass das Dreieck entweder eine Umkehrformation oder eine Fortsetzungsformation sein kann, auch wenn es häufiger als Fortsetzung auftritt.

Diese Zweideutigkeit führt in den meisten Fällen dazu, dass wir uns mit unserer Vorhersage der Richtung der nächsten bedeutenden Bewegung so lange zurückhalten müssen, bis das Dreieck abgeschlossen ist und die Bewegung durch den Ausbruch signalisiert wurde. Dadurch ist die Dreiecksformation besonders anfällig für den verwirrenden Einfluss von Fehlbewegungen. Auch vom rein logischen und natürlichen Standpunkt her können wir damit rechnen, dass im Zusammenhang mit Dreiecken Fehlbewegungen auftreten, vor allem am Scheitelpunkt. Denn bei der Annäherung an den Scheitelpunkt ist die Aktivität so gering und die Kursspanne so eng, dass schon ein leichtes Ungleichgewicht des technischen Status quo eine erratische und vorübergehende Fehlbewegung des Kurses hervorrufen kann. Auch liegt es auf der Hand, wie leicht es professionellen Akteuren unter solchen Umständen fällt, eine Fehlbewegung zu inszenieren. Wir wollen damit nicht unterstellen, alle Fehlbewegungen seien absichtlich von Insidern inszeniert, aber manche sind es sicherlich.

Fehlbewegungen sollten nicht dazu verleiten, tatsächlich auf ihre irreführenden Implikationen hin zu handeln.

Die übliche Fehlbewegung im symmetrischen Dreieck

Ein gutes Beispiel für eine Fehlbewegung aus einem symmetrischen Dreieck heraus erscheint im Chart von General Motors für das Jahr 1936 (Abbildung X.4). Er zeigt das, was man als den „normalen“ Typ von Fehlbewegung bezeichnen könnte, und zwar eine, die nicht zu einer falschen Vorhersage hätte führen sollen. Beachten Sie das symmetrische Dreieck, das vom Kursgeschehen vom 30. April bis zum 1. Juni gebildet wurde, wobei das Volumen zurückging, als sich das Muster seinem Scheitelpunkt näherte. Bis zum 1. Juni war das Dreieck so schmal geworden, dass eine normale Kursspanne fast unweigerlich zum Bruch einer seiner Seiten führen musste. Tatsächlich wurde die Unterseite am 2. Juni durchstoßen und drei Tage lang bewegte sich der Kurs unentschlossen nach unten. Danach schloss er am 4. und 5. Juni bei 61, also einen vollen Punkt unter dem Bruch. Dann wurde der Trend – wieder unentschlossen – bis zum 10. Juni umgekehrt, als der Kurs um anderthalb Punkte stieg und über dem Scheitelniveau des Dreiecks schloss, worauf ein ordentlicher Anstieg folgte. Beachten Sie sorgfältig das Volumengeschehen, das mit dieser Entwicklung einherging. Während der gesamten Woche, in der sich der Kurs unterhalb des Dreiecks bewegte, herrschte bei der Aktivität extrem tiefe Ebbe – niedriger als in allen vorangegangenen Wochen in diesem Chart –, aber als der Kurs zu steigen begann, zog das Volumen insbesondere an dem Tag merklich an, an dem das Scheitelniveau nach oben durchstoßen wurde.

Abbildung X.4

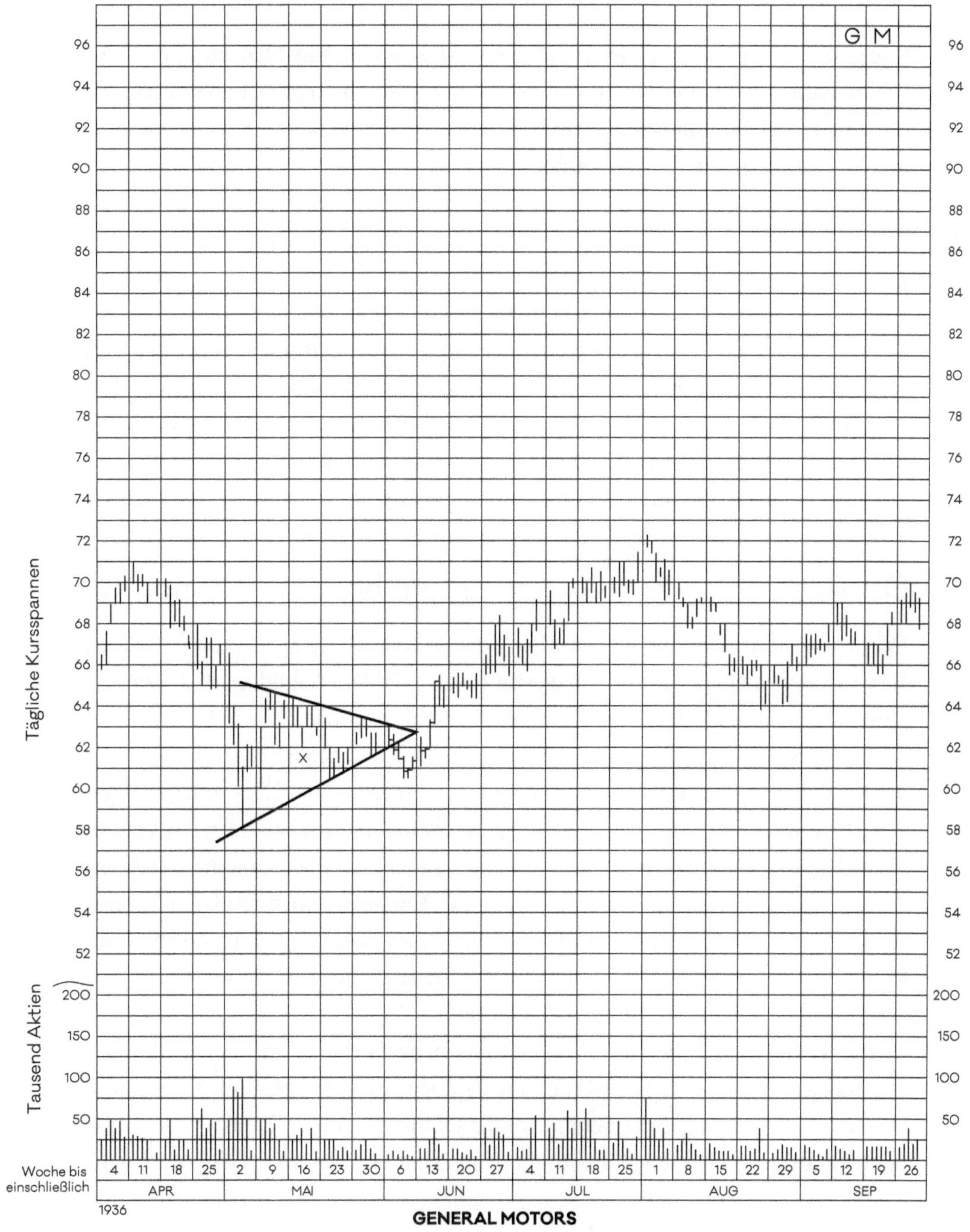

GENERAL MOTORS

Die meisten Fehlbewegungen gehen mit geringem Volumen einher

Wie gesagt zeigt dieses Beispiel den eher normalen und weniger trügerischen Typ von Fehlbewegung, bei dem das Volumen während der Kursbewegung in die falsche Richtung niedrig bleibt und erst anzieht, wenn der eigentliche Trend in Gang kommt. In diesem Fall sehen wir, dass die Fehlbewegung kein gültiges Ausbruchssignal gab. Die Kursbewegung war unentschlossen und es gab nicht die Volumenzunahme, die wir bei einem guten Ausbruch aus einem symmetrischen Dreieck erwarten. Wenn wir General Motors damals verfolgt hätten, hätte uns das Kursgeschehen in der Woche, die am 6. Juni endete, folglich gewisse Sorgen machen können, uns aber nicht zur Vorhersage einer Abwärtsbewegung veranlassen sollen. Bei genauer Beobachtung des Volumens hätten wir eine Fehlbewegung vermuten müssen, und als das Volumen in der Woche danach anzog, hätte dies unseren Verdacht bestätigt und uns zur korrekten Prognose eines Kursanstiegs veranlasst.

Das Volumen zieht an, wenn der eigentliche Trend in Gang kommt.

Die Ausnahme-Fehlbewegung mit hohem Volumen

Ein ungewöhnlicherer und trügerischer Typ von Fehlbewegung aus einem symmetrischen Dreieck heraus wird im Chart von Hiram Walker (Abbildung X.5) gezeigt. In diesem Fall war das Dreieck am 5. August abgeschlossen, aber es entwickelte sich kein Ausbruch, sondern der Kurs lief in einem unentschlossenen Seitwärtstrend bis Ende der Woche weiter, wo am Samstag das Volumen anzog und der Kurs zu fallen begann. Am Dienstag darauf, am 11. August, zeigten sowohl das Kurs- als auch das Volumengeschehen einen gültigen Ausbruch nach unten an und sagten einen weiteren Rückgang voraus. Am nächsten Tag jedoch hielt sich der Kurs trotz noch größeren Volumens stabil. Zwei Tage später stieg er und schloss über dem Scheitelniveau, und am Samstag legte er unter gewaltigem Volumen mehr als anderthalb Punkte zu, wobei er ein Breakaway Gap von einem ganzen Punkt hinterließ.

Das weitere Geschehen bei Hiram Walker bedarf keines Kommentars. Die Kursbewegung von 8. bis 12. August war eine Fehlbewegung der gefährlichsten und verwirrendsten Sorte und bot keinerlei Hinweis auf ihren wahren Charakter. Dem Trader, der daraufhin handelte, blieb nichts übrig, als seine Position umzukehren, als sich die eigentliche Bewegung entwickelte, und einen kleinen Verlust um des viel größeren Gewinns willen mitzunehmen, der von der vorhergesagten Bewegung zu erwarten war. Diese Fehlbewegung enthielt, wenn wir den vollständigen Chart anschauen, alle Anzeichen dafür, dass er von Insidern inszeniert wurde, um den Kurs der Aktie zu drücken und ihre Position aufzustocken, bevor sie anfingen, sie in die Höhe zu treiben. Kurz

Abbildung X.5

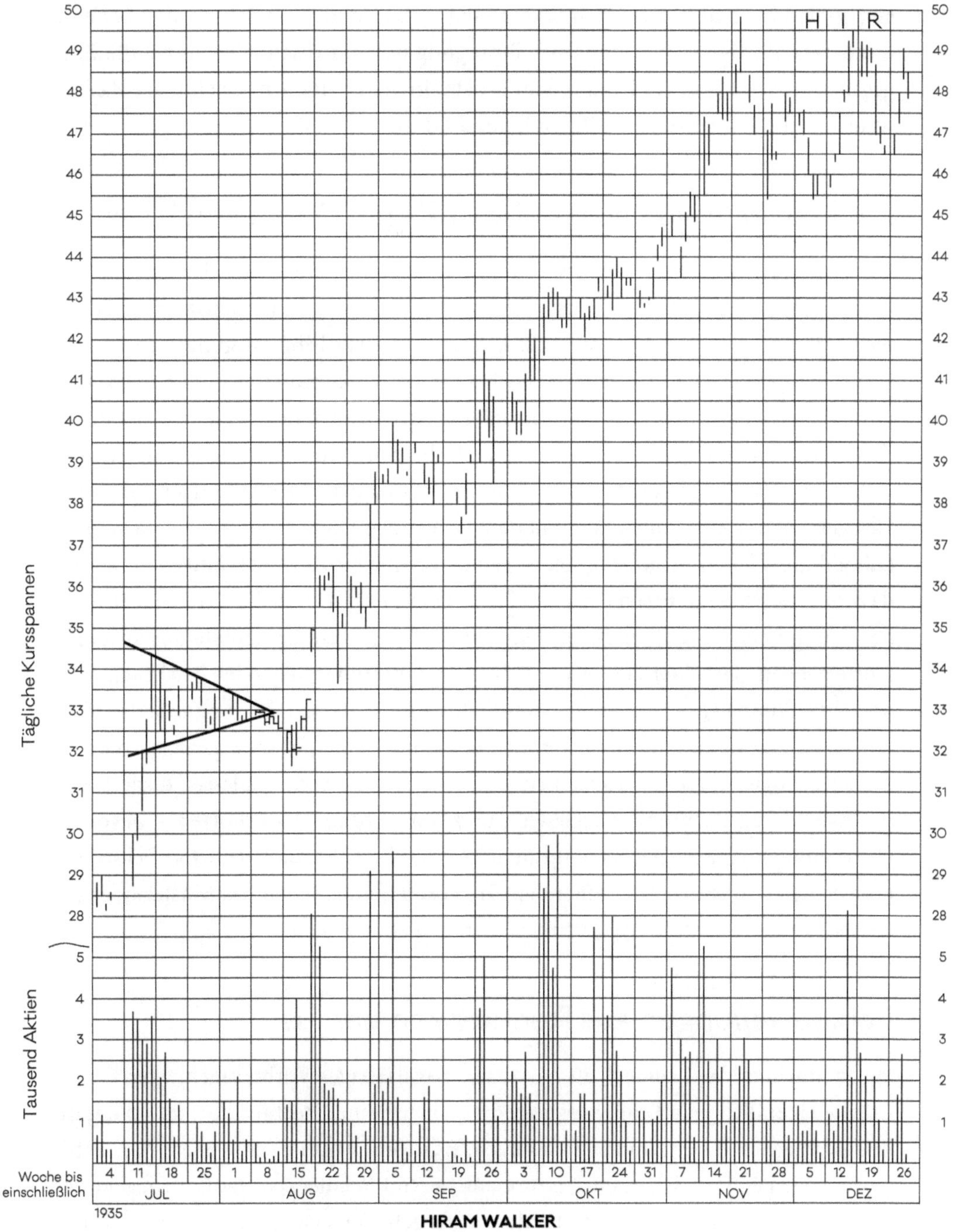

HIRAM WALKER

gesagt ist das die Art von Bewegung, die wir konkret als Bereinigung bezeichnen könnten, und es ist für den technischen Trader in der Tat ein Glück, dass solche Bewegungen an den heutigen Märkten äußerst selten sind und nicht erzielt werden können, ohne dass die Signale für die wahre Bewegung nur umso schneller und auffälliger gegeben werden. Wir werden uns damit später in dieser Studie noch einmal befassen, wenn wir die Sonnenseite des Bereinigungsbilds betrachten.

Fehlbewegungen aus rechtwinkligen Dreiecken heraus

Die beiden zuvor gezeigten Beispiele für Fehlbewegungen ergaben sich aus symmetrischen Dreiecken. Dazu ist anzumerken, dass sie in beiden Fällen auftraten, nachdem die Formation mit ihrem Scheitelpunkt abgeschlossen war. Fehlbewegungen entwickeln sich unter den gleichen Umständen auch aus rechtwinkligen Dreiecken heraus, aber es ist ziemlich natürlich, dass sie nicht so sehr dazu neigen, uns in die Irre zu führen, denn jede Kursbewegung gegen den Trend, die von dem Muster selbst angedeutet würde, unterläge einem eindeutigen Verdacht. Wir hatten in den bisherigen Lektionen Gelegenheit, im Zusammenhang mit dem steigenden Dreieck bei Anaconda Copper (Abbildung VI.4) kurz auf eine solche Fehlbewegung hinzuweisen, und es ist ratsam, dass sich der Student diesen Chart und die Bemerkungen auf Seite 231 f. zu der Fehlbewegung noch einmal anschaut. Das Muster bei Anaconda deutete durch seinen aufsteigenden Charakter definitiv auf einen irgendwann erfolgenden Ausbruch nach oben hin. Somit lief die Bewegung vom 17. bis zum 21. Januar der Prognose des Musters an sich zuwider, und wenn wir auch das damit einhergehende geringe Volumen berücksichtigten, hätten wir uns nicht irrigerweise dazu verleiten lassen dürfen, eine profitable Long-Position aufzugeben – und erst recht nicht zu shorten –, bevor im Chart eindeutigere Anzeichen auftraten. Es ist zu betonen, dass derartige Fehlbewegungen aus steigenden oder fallenden Dreiecken heraus selten das Muster oder die Chance verderben, seine Begrenzungslinien neu zu zeichnen.

Fehlbewegungen aus Rechtecken heraus

Wir betrachten das Rechteck als besonders zuverlässiges Vorhersagemuster. Daher müsste eigentlich jede Fehlbewegung, die sich aus einer Rechteckformation ergibt, höchst trügerisch sein, und so ist es auch. Es ist ermutigend, zu wissen, dass Fehlbewegungen äußerst selten im Zusammenhang mit Rechtecken stattfinden, aber das macht den ausnahmsweise auftretenden Ausbruch, der sich als falsch erweist, umso anfälliger für eine Fehlinterpretation.

Ein Beispiel für diese Anomalie ist im Chart von American Machine and Foundry (Abbildung X.6) zu sehen. Das Kursgeschehen dieser Aktie vom 8. Juli bis zum 25.

August 1935 baute ein Rechteck auf, wobei das Volumen in der letzten Woche dieses Zeitraums merklich zurückging, was auf einen unmittelbar bevorstehenden Ausbruch hindeutete. Am 27. August brach der Kurs bei 23 nach unten durch die untere Begrenzungslinie und schloss unter ordentlicher Volumenzunahme auf dem Tagestief von 22 1/4. Das sah in jeder Hinsicht nach einem gültigen Ausbruch aus; es fehlte nur ein kleiner Bruchteil eines Punktes, um die vollständige Kursbewegung auszuführen, die wir für den entschlossenen Ausbruch einer Aktie, die auf diesem Kursniveau gehandelt wird, gern gehabt hätten. Das Geschehen am nächsten Tag trug den Kurs aber kein Stück weiter, und dann blieb das Volumen wieder fast eine Woche lang niedrig, während der Kurs keine Entscheidung zeigte. Am 9. September begann eine kräftige Aufwärtsbewegung, die am 11. September einen gültigen Ausbruch unter hohem Volumen hervorbrachte, und darauf folgte ein ordentlicher Anstieg.

Fehlbewegung und Out-of-line-Bewegung im Vergleich

Was eine Fehlbewegung aus einem Rechteck heraus noch tückischer macht, wenn sie von erhöhtem Volumen begleitet wird, ist die recht natürliche Annahme seitens des technischen Traders, er habe es mit einer Out-of-line-Bewegung zu tun. Als zum Beispiel der Kurs am 6. September wieder innerhalb der Begrenzungen des Rechtecks im Chart von American Machine and Foundry schloss, war es logisch, den vorangegangenen Ausbruch nach unten als Out-of-line-Bewegung zu betrachten, die den letztlich wahren Trend vorhersagte. Daher war der Ausbruch in die entgegengesetzte Richtung eine vollkommen unerwartete und höchst verstörende Entwicklung.

Fehlbewegungen nach Schulter-Kopf-Schulter-Formationen

Ein weiterer, ebenfalls sehr trügerischer Typ von Fehlbewegung tritt auf, wenn der Kurs die Nackenlinie einer Schulter-Kopf-Schulter-Formation durchbricht und sich dann weigert, in dem Trend weiterzulaufen, den dieses Geschehen vorhersagt. Ein Beispiel für dieses Phänomen erscheint im Chart von New York Central (Abbildung IX.8). Beachten Sie die Schulter-Kopf-Schulter-Formation, die sich durch das Kursgeschehen von 23. Juli bis 21. August bildete; dabei bildete sich die linke Schulter am 28. Juli, der Kopf am 6. August und die rechte Schulter am 19. August. Die Nackenlinie dieses Musters war leicht nach oben geneigt und wurde am 21. August durchbrochen, als der Kurs unter erhöhtem Volumen auf 39 fiel und fast auf Tagestief schloss. Das war ein Durchbruch um etwa einen ganzen Punkt – wenn man das Volumen und den Schlusskurs bedenkt, eigentlich schon genug, um von einem gültigen Ausbruch zu

Abbildung X.6

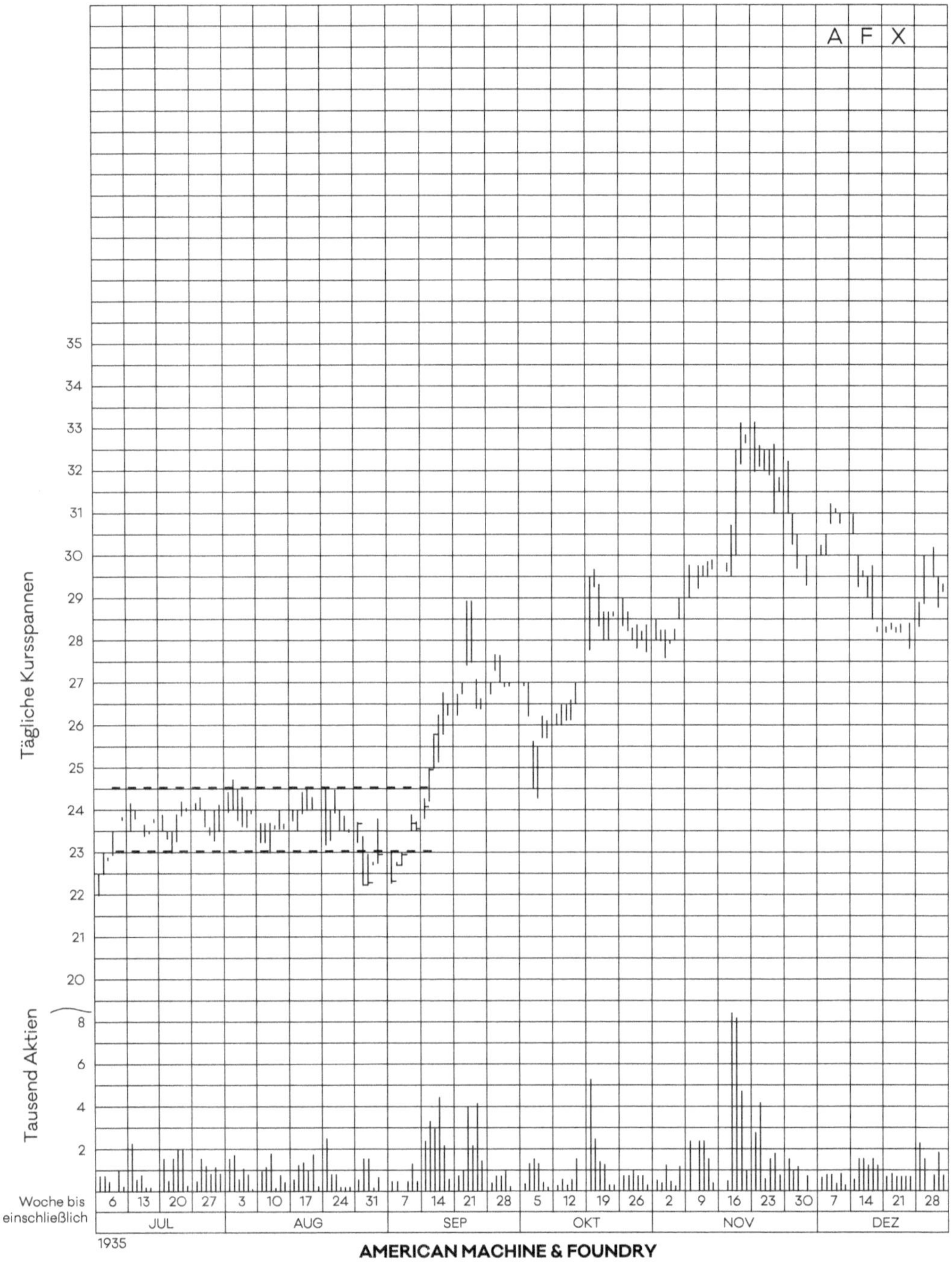

AMERICAN MACHINE & FOUNDRY

sprechen. Jedoch wanderte der Kurs am nächsten Tag wieder nach oben, schloss auf der Nackenlinie und auch danach nicht mehr darunter. Am 27. August kam, erneut unter erhöhtem Volumen, eine kräftige Aufwärtsbewegung in Gang.

Verteidigung gegen Fehlbewegungen

Nachdem er das Vorstehende gelesen und die Charts studiert hat, mag sich der Student fragen, ob wir ständig diesen irreführenden Phänomenen ausgesetzt sind. Bis zu einem gewissen Grad muss die ehrliche Antwort lauten, dass es keine angemessene oder unfehlbare Verteidigung gegen den extremsten Fall von Fehlbewegung gibt. Aber der extreme Typ ist nicht häufig, und gegen den normalen Typ von Fehlbewegung haben wir diverse hilfreiche Schutzmaßnahmen.

Wie wir bereits festgestellt haben, besteht eine solche Abwehr in der genauen Beobachtung des Volumens. In den meisten Fällen ist dann, wenn das Volumen bei einer Bewegung aus einem Muster heraus oder durch eine kritische Chartlinie tendenziell anzieht, diese Bewegung mit größerer Wahrscheinlichkeit echt. Ist das Volumen während der Bewegung niedrig oder geht tendenziell zurück, dann ist sie mit höherer Wahrscheinlichkeit eine Fehlbewegung. Das ist auch logisch, denn wenn die Insider bereit sind, eine Aktie in einem langen, übergeordneten Kursschwung zu treiben, dann haben sie die meisten um das aktuelle Niveau verfügbaren Aktien abgeräumt, und in diesem Stadium braucht es nicht viel Volumen, um eine Bewegung hervorzurufen. Wenn nun die Akteure wünschen, eine Fehlbewegung zu erzwingen, versuchen sie, nicht mehr von ihrer nun kostbaren Position zu verlieren als unbedingt notwendig. Und wenn – was durchaus möglich ist – ihre inszenierte Fehlbewegung auf Maßnahmen seitens der Allgemeinheit trifft, die eher darauf abzielen, ihre Position zu verkleinern, als sie wie beabsichtigt zu vergrößern, dann werden sie sicherlich ihre täuschende Taktik unterbinden. Wenn hingegen die Bewegung aus dem Muster heraus echt ist, wissen die Insider, dass sie beherzt handeln und ihre Position schnell komplettieren müssen, bevor ihr Schachzug andere Trader auf dieser Seite des Marktes anlockt.

Die Bereinigung unter hohem Volumen

Es gibt eine erwähnenswerte Ausnahme von der Regel, dass geringes Volumen eine Fehlbewegung und hohes Volumen einen echten Trend anzeigt. Dabei handelt es sich um die 1-Tages-Umkehr beziehungsweise den Umkehrtag. Ein solcher Tag ist durch fast den ganzen Tag herrschendes hohes Volumen gekennzeichnet, wobei allerdings der Kurs am Morgen in die eine Richtung losläuft, unter höherem Volumen wendet und am Nachmittag wieder genau auf das Niveau vom frühen Morgen zurückkehrt. Wenn eine solche 1-Tages-Umkehr aus einem Muster ausbricht, spricht das eher für eine Bereinigung. Jedenfalls lässt sich das leicht von der Wende unterscheiden, die im Laufe des Tages stattfindet und darauf hinweist, dass die Bewegung eine Fehlbewegung war und zumindest der unmittelbare Trend wahrscheinlich in die entgegengesetzte Richtung gehen wird. Man sieht natürlich leicht, dass solche kurzen Bereinigungen den Kurs selten weit genug aus dem Muster hinaustragen, damit dies ein verlässliches Ausbruchssignal darstellt, vor allem wenn wir – was wir auch sollten – verlangen, dass sich der Kurs nicht nur um einen eindeutigen Abstand aus dem Muster hinausbewegen, sondern auch dort schließen muss.

Strenge Konstruktion von Ausbruchsregeln

Fazit: Unsere beste Verteidigung gegen die gängigeren Erscheinungsformen der Fehlbewegung ist eine sehr strenge und konservative Haltung gegenüber allen Ausbrüchen, sowohl hinsichtlich des Volumens und des Ausmaßes der Kursbewegung als auch hinsichtlich des Schlusskurses. Wenn nicht nur alle diese Anforderungen erfüllt sind, sondern mit dem Ausbruch auch noch ein Breakaway Gap einhergeht (bei Aktien, bei denen Gaps selten sind), dann können wir natürlich doppelt darauf vertrauen, dass es sich um eine echte Bewegung handelt.

In diesem Zusammenhang sollte noch einmal erwähnt werden, dass jeder nach unten aus einem Muster erfolgende Ausbruch, der innerhalb von einem oder zwei Tagen nach einem Ex-Dividende- oder Ex-Bezugsrechte-Tag stattfindet, so lange missachtet werden sollte, bis das nachfolgende Kurs- und Volumengeschehen bestätigt, dass der Bruch eher dauerhaften und grundlegenden Faktoren geschuldet ist. Ganz besonders gilt dies, wenn der Bruch nur von üblichem Volumen begleitet wird und das Ausmaß des Kurseinbruchs recht genau dem Betrag entspricht, um den die Aktie „ex" ist. Ein Beispiel für eine Fehlbewegung, die dem Ex-Dividende-Geschehen zuzuschreiben war, erschien im Chart von International Harvester (Abbildung VI.16) in der Woche, die am 19. September endete.

Der Einsatz von Stop-Loss-Orders gegen Fehlbewegungen

Wir wissen bereits aus Erfahrung oder wir lernen bald (später in dieser Studie), welche praktischen Vorteile der Einsatz von Stop-Loss-Orders bei den meisten Trades am Markt hat. Als Verteidigung gegen jenen seltenen und höchst trügerischen Typ von Fehlbewegung, der alle Kurs- und Volumenmerkmale eines echten, gültigen Ausbruchs aufweist, ist die korrekte Platzierung von Stop-Loss-Orders von größter Bedeutung. Leider ist einer der häufig angeführten Nachteile des Einsatzes von Stop-Loss-Orders die Gefahr, dass sie genau von solchen extremen Fällen von Fehlbewegungen oder

Bereinigungen ausgelöst werden, wie wir sie untersucht haben. Wir räumen diese Gefahr ein, vor allem wenn der Stop-Loss unüberlegt gesetzt wurde, halten aber nichtsdestotrotz seine gewohnheitsmäßige Verwendung für angezeigt.

Stop-Loss-Orders sollten so platziert werden, dass die Wahrscheinlichkeit reduziert ist, dass sie von etwas anderem als von einer echten Bewegung ausgelöst werden. Das heißt, dass man sie weit genug entfernt setzen muss, um die Wahrscheinlichkeit auf ein praktikables Minimum zu senken, dass sie von einer Bereinigung ausgelöst werden. Ein erfahrenes Auge, bewährtes Urteilsvermögen und das Verständnis der Grundprinzipien beim Setzen von Stop-Loss-Orders – dafür braucht es mehr Überlegungen, als wir sie hier beiläufig bei unserer Untersuchung von Fehlbewegungen bieten können. Wir greifen das später in dieser Lektion ab Seite 420 detailliert auf – beim Studium dieses Abschnitts sollte man die Möglichkeit von Fehlbewegungen stets im Hinterkopf haben.

Fehlbewegungen haben auch ihr Gutes

Wenn wir einmal in unseren Charts zugesehen haben, wie sich eine Fehlbewegung gebildet hat, und wenn wir sie eindeutig als solche identifiziert haben, dann können wir daraus einen sehr erfreulichen Schluss ziehen. Sehr selten gibt es aus einem Muster heraus mehr als eine Fehlbewegung. Daher dürfen wir nun recht sicher sein, dass wir auf keine Fehlbewegung in die entgegengesetzte Richtung stoßen werden. Aus diesem Grund begrüßen viele technische Trader Fehlbewegungen sogar wegen der eindeutigen Kursentwicklung, die im entgegengesetzten Trend zu erwarten ist, sobald die Fehlbewegung abgeschlossen ist und die wahre Bewegung begonnen hat. Somit wird eine Fehlbewegung, auch wenn sie zum Zeitpunkt ihres Auftretens irritierend ist, in Wahrheit zu einem verkleideten Freund, der uns die Zuversicht gibt, unsere Position beizubehalten, wenn der Kurs begonnen hat, entschlossener in seinem wahren Trend zu laufen.

Insgesamt sind Fehlbewegungen in unseren Charts von Zeit zu Zeit zu erwarten, und wir sollten ständig vor ihnen auf der Hut sein. Sie können zwar bei Mustern aller Art auftreten, aber sie scheinen häufiger in der Nähe der Scheitelpunkte von Dreiecken vorzukommen und fallen für gewöhnlich durch leichtes Volumen und unentschlossenes Kursgeschehen auf. Eine weit ausschlagende Bereinigung, gegen die es kaum einen anderen Schutz gibt, als die ursprüngliche Position zu ersetzen, wenn es das spätere technische Geschehen rechtfertigt, ist sehr selten. Alles in allem sollte man Fehlbewegungen weniger fürchten, sondern sie vielmehr als das anerkennen, was sie sind, und sie nach Möglichkeit zu eigenem Nutzen und Vorteil einsetzen.

Sehr selten gibt es aus einem Muster heraus mehr als eine Fehlbewegung.

Der „End Run" – keine Fehlbewegung

Ein Phänomen des Kursgeschehens, das gelegentlich in Charts auftritt und das bei oberflächlicher Analyse etwas mit den Fehlbewegungen zu tun haben scheint, die wir soeben untersucht haben, ist der „End Run". Er tritt auf, wenn die Kursbewegung, die aus einem vollkommen gültigen Ausbruch aus einem sehr starken Muster entsteht, nicht so weit reicht, wie es die Stärke des Musters vorhergesagt hat, und stattdessen schnell in eine beträchtliche Bewegung in die entgegengesetzte Richtung gewendet wird. Ein gutes Beispiel für einen End Run erschien im Chart von Kennecott Copper für das erste Halbjahr 1936 (Abbildung X.7). In der Zeit vom 19. Februar bis zum 4. April entwickelte sich bei dieser Aktie ein starkes aufsteigendes Fortsetzungsdreieck mit einer streng definierten oberen Begrenzungs- beziehungsweise Widerstandslinie bei 39. Am 6. April brach der Kurs entschlossen aus dieser Formation aus und alle Anzeichen im Chart deuteten auf einen ausgedehnten Anstieg hin. Doch stattdessen wurde die Bewegung um 41 1/2 schnell gekippt, und es folgte ein rapider Kursrückgang durch das natürliche Unterstützungsniveau hindurch, das vom Hoch des vorangegangenen steigenden Dreiecks gebildet wurde, und dann weiter bis 33 1/2, was einen Verlust von acht Punkten beziehungsweise 20 Prozent darstellte. Dieser Rückschlag bei dem Marktführer Kennecott trat zum Zeitpunkt der beträchtlichen intermediären Reaktion des Gesamtmarkts auf, die bereits begonnen hatte und manche Indizes um bis zu 30 Prozent herabzog, und wurde zweifellos auch davon verursacht. Kennecott war bereit für einen Anstieg und unternahm einen Versuch, konnte der damals stattfindenden allgemeinen Liquidierung allerdings nicht lange widerstehen. Trotzdem zeigten sich Anzeichen der Stärke dieser Aktie und die Implikationen ihrer starken, von Februar bis März reichenden Formation kamen später voll zum Tragen, und zwar durch eine schnelle Erholung und einen nachfolgenden Anstieg, der im September 63 erreichte.

Der „End Run" tritt auf, wenn die Kursbewegung nicht so weit reicht, wie es die Stärke vorhergesagt hat, und stattdessen schnell gewendet wird.

End Runs lassen sich gelegentlich auf zuvor angezeigte starke Widerstands- oder Unterstützungszonen nahe am Ausbruchsniveau zurückführen. In solchen Fällen warnt uns die Untersuchung der Vorgeschichte für gewöhnlich vor und hindert uns daran, uns zu sehr auf die Implikationen des Musters allein zu verlassen. Im Chart von Kennecott zeigte die Vorgeschichte, dass die Aktie wahrscheinlich im Bereich 41-42 auf starken Widerstand stoßen würde und der Aufwärtstrend daher dort vielleicht für eine Weile angehalten würde – die Reaktionsbewegung bis auf 33 1/2 ließ sich damit aber nicht erklären.

Wenn ein End Run durch die allgemeinen Marktbedingungen oder durch unerwartete Entwicklungen von bedeutendem grundlegendem Charakter verursacht wird, die

Abbildung X.7

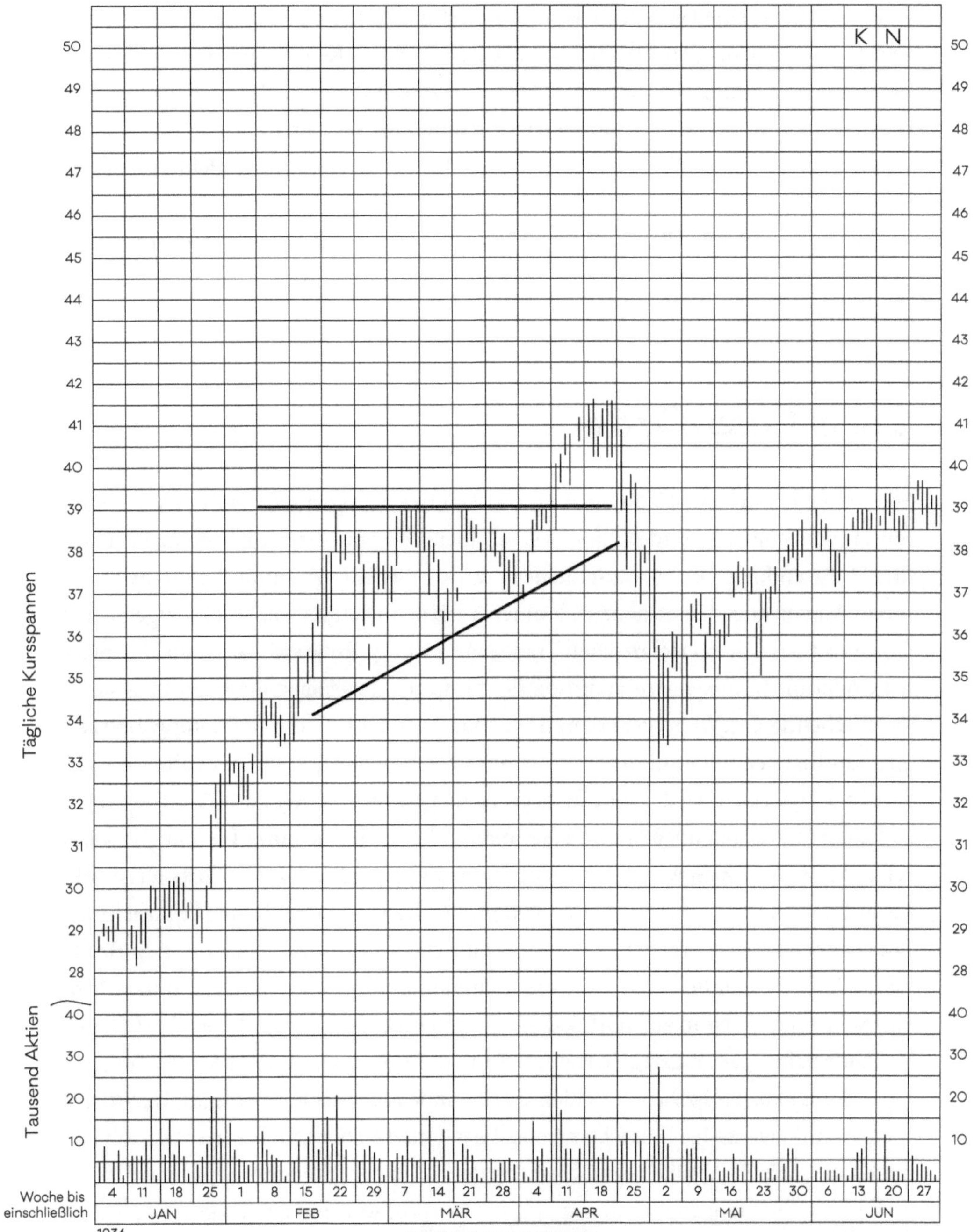

KENNECOTT COPPER

sich auf eine ganze Branche auswirken, dann ist der Bruch von etwas, das eigentlich ein starkes Unterstützungs- oder Widerstandsniveau sein sollte, das durch das Muster etabliert wurde, eine eindeutige Warnung, mit möglichst wenig Verlust auszusteigen und abzuwarten, bis sich die Situation klärt. Im Fall von Kennecott war die Kurs- und Volumenentwicklung von 20. bis 23. April überzeugend; der Rückgang hätte durchaus noch viel weiter reichen können, wenn die fundamentale Situation dieser Aktie, die sich in ihrem vorangegangenen technischen Muster niederschlug, nicht so stark gewesen wäre.

End Runs sind ebenso wie Fehlbewegungen nicht häufig, aber es ist wichtig, sie als das zu erkennen, was sie sind, und darauf vorbereitet zu sein, bei ihrem Auftreten zügig zu handeln.

Stop-Loss-Orders

Wir haben bei unserer Untersuchung von Fehlbewegungen kurz auf den defensiven Einsatz von Stop-Loss-Orders hingewiesen, aber das ist nur ein recht begrenzter Aspekt ihrer Verwendung. Ihr hauptsächlicher Zweck – Verluste zu minimieren – wird von ihrem Namen angedeutet, aber sie können auch beim Schutz von bereits angefallenen Gewinnen aus einem erfolgreichen Trade eine wichtige Rolle spielen, wenn eine plötzliche oder unvorhersehbare Trendwende stattfindet. Im Allgemeinen erfüllen sie die weitreichende und wichtigste Funktion, quasi automatisch die Einhaltung eines der Grundprinzipien des erfolgreichen Tradings zu erzwingen, das in dem alten Börsenspruch ausgedrückt wird: „Verluste begrenzen, Gewinne laufen lassen".

Leider ist es ganz normal und auch menschlich, dass sich unerfahrene Trader zu schnell mit kleinen Gewinnen zufriedengeben, während sie ihre Verluste aus erfolglosen Engagements so lange laufen lassen, bis diese schwere Ausmaße annehmen. Dieses irregeleitete Vorgehen ist für eine Tatsache verantwortlich, zu der sich Broker häufig äußern, nämlich dass zwar die Mehrzahl der einzelnen Transaktionen ihrer Klienten einen Gewinn aufweist, jedoch ein erschreckend großer Anteil ihrer Depots am Ende beliebiger längerer Zeiträume Nettoverluste aufweist. Ein paar unnötig große Verluste haben also die vielen kleinen Gewinne mehr als wettgemacht. Der ständige, gewohnheitsmäßige Einsatz von Stop-Loss-Orders bei jedem Engagement, ob long oder short, schafft Abhilfe gegen diese Tendenz. Richtig gesetzte Stopps halten etwaige Verluste des ursprünglichen Kapitals in Grenzen, sie schützen das gesamte Kapital zuzüglich der Kosten, die auf das Engagement anfallen, sobald es in die gewünschte Richtung zu laufen beginnt, und schrittweise werden sie sicherstellen, dass ein großer Teil der Buchgewinne gesichert wird, sobald diese anfallen.

Die Funktionsweise der Stop-Loss-Order

Eine Stop-Loss-Order oder ein Stoppkurs ist eine Order, die man bei seinem Broker über den Kauf oder Verkauf einer bestimmten Anzahl von Aktien nur dann, wenn eine Transaktion mit dieser Aktie zu einem bestimmten Kurs oder jenseits dieses Kurses verzeichnet wurde, aufgibt. Die Stopp-Order wird erst ausgeführt, wenn die Aktie zu dem angegebenen Kurs (oder jenseits davon) gehandelt wurde. Nehmen Sie beispielsweise an, Sie hätten 100 Aktien von US Steel bei 50 gekauft, wollten sie aber nicht behalten, wenn der Kurs auf 48 oder darunter fällt, weil ein Rückgang auf dieses Niveau das technische Bild verändern und anzeigen würde, dass tiefere Kurse folgen dürften. Dann können Sie sicherstellen, dass Ihre Aktien in diesem Fall prompt verkauft werden, indem Sie bei Ihrem Broker eine Stopp-Order über 48 „gültig bis auf Widerruf" aufgeben. Diese Order bleibt so lange unausgeführt in den Büchern stehen, bis Sie sie widerrufen oder US Steel an der Börse für 48 oder weniger gehandelt wird. Ein Rückgang auf 48 1/2 wirkt sich darauf nicht aus, doch sobald eine Transaktion zu 48 oder weniger stattfindet, wird Ihre Stopp-Order zu einer normalen Market-Order, und Ihr Broker verkauft sofort Ihre 100 Aktien von US Steel zum besten verfügbaren Kurs.

Wenn Ihre Order auf den Verkauf eines „Odd Lot" beziehungsweise einer Fraktion (bei den meisten Aktien weniger als 100 Stücke) lautet, wird Ihre Order 1/8 Punkt unter der ersten Round-Lot-Transaktion ausgeführt, die stattgefunden hat, nachdem Ihr Stoppkurs erreicht wurde.

Bei aktiv gehandelten Aktien werden Stop-Loss-Orders normalerweise recht dicht am in der Order angegebenen Stoppkurs ausgeführt, aber im Falle dünn gehandelter Aktien sowie bei Transaktionen, die von bedeutenden unerwarteten Nachrichten beeinflusst werden, können Stopp-Orders auch mehrere Punkte entfernt ausgeführt werden. Eine solche gelegentlich und natürlich höchst schmerzliche Ausführung (ein paar Punkte jenseits der durch den Stoppkurs gesetzten Grenze) sollte Sie jedoch nicht davon abhalten, bei Ihren Handelsaktivitäten weiterhin ausnahmslos Stoppkurse einzusetzen. Nur selten wird das Endergebnis die Weisheit der Stop-Loss-Order nicht rechtfertigen.

Wann man Stop-Losses platzieren sollte

Eine Frage im Zusammenhang mit unserer Betrachtung von Stop-Loss-Orders lässt sich schnell und bestimmt beantworten, und zwar die Frage, wann man die Stopp-Order platzieren sollte. Man sollte sie zur gleichen Zeit platzieren, zu der man sein ursprüngliches Engagement eingeht, oder spätestens sobald man von seinem Broker die Mitteilung bekommt, dass die reguläre Order ausgeführt wurde. Es gibt keinen Anlass für Ausnahmen von dieser Regel. Ihr Urteilsvermögen bezüglich der Platzierung von Stopp-Orders wird zu dem Zeitpunkt, zu dem Sie Ihr Engagement eingehen, weit-

Abbildung X.8

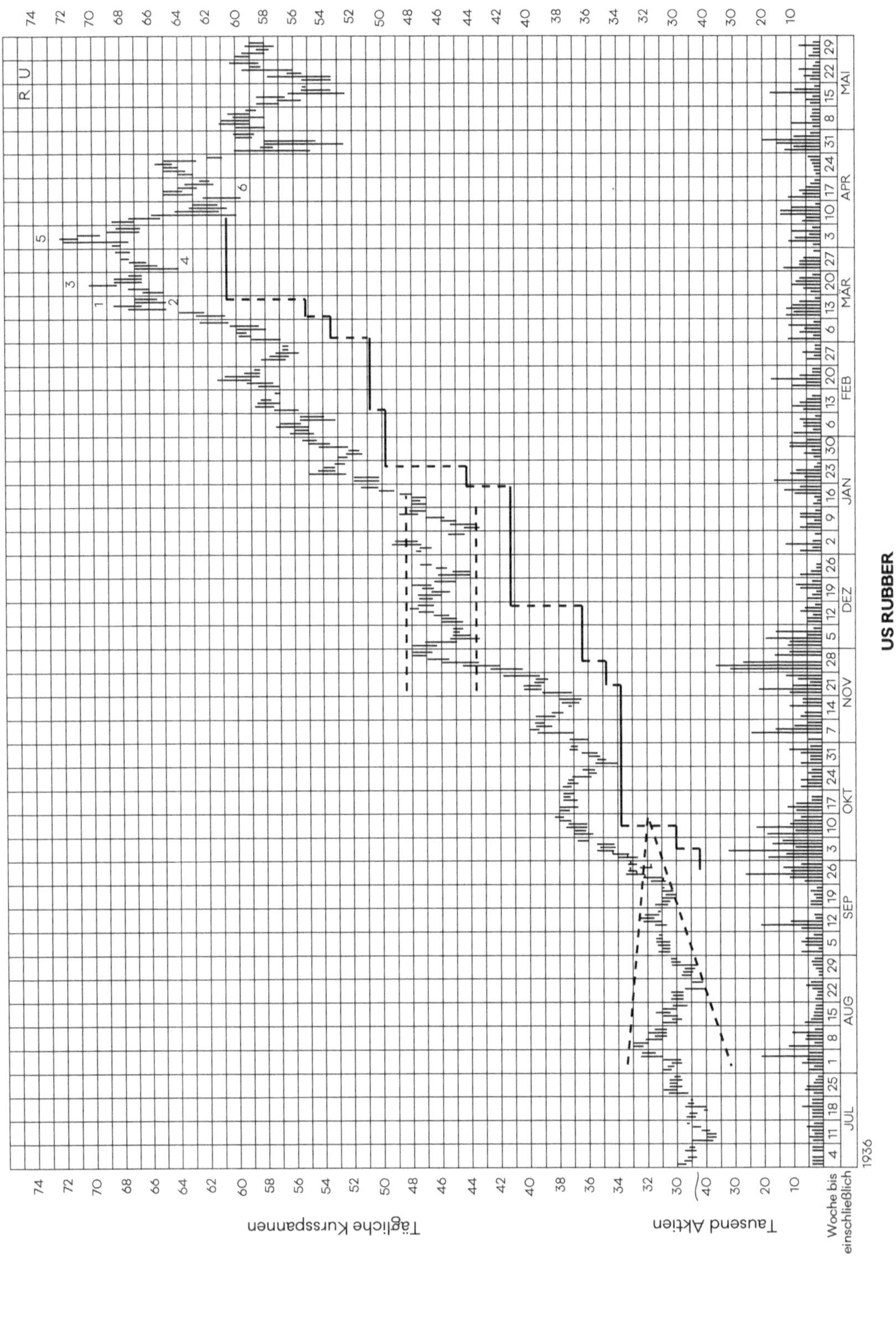

aus besser sein als später, wenn Sie bereits engagiert sind und vielleicht unter dem Stress eines irritierenden Marktgeschehens oder bekannt werdender Meldungen beziehungsweise der Befürchtung stehen, einen Verlust mitnehmen zu müssen.

Wenn Sie starke technische Indizien sehen – beispielsweise einen gültigen Ausbruch aus einer definitiven Umkehr- oder Fortsetzungsformation –, die den Kauf oder Verkauf eines Wertpapiers rechtfertigen, sollten Sie zur gleichen Zeit das Bild prüfen und entscheiden, auf welchem Niveau eine Kursbewegung in die entgegengesetzte Richtung anzeigen würde, dass Ihre Prognose schiefgegangen ist, oder über das hinaus Sie Ihre Position nicht mehr halten möchten. Platzieren Sie dann Ihre Stop-Loss-Order zu dem gleichen Zeitpunkt, zu dem Sie Ihren Broker anweisen, die Aktie für Sie zu kaufen beziehungsweise zu verkaufen, auf diesem Niveau.

Verschieben einer Stop-Loss-Order

Sobald Ihre Stop-Loss-Order platziert ist, sollte sie niemals verschoben werden, es sei denn, auf ein Niveau etwas weiter in der Richtung des Trends, der Ihnen einen Gewinn verschafft – also des Trends, den Sie vorausgesehen haben, als Sie Ihr Engagement eingegangen sind. Wenn Ihre Vorhersage klappt, können und sollten Sie Ihre Stopp-Order nachziehen, jedoch dabei bedenken, dass Sie Ihre erste Stop-Loss-Order platziert haben, um einen etwaigen Verlust möglichst kleinzuhalten. Ein Stoppkurs sollte nur verschoben werden, um Gewinne zu sichern. Wenn Sie eine Aktie gekauft und einen Stoppkurs unter dem Kaufkurs platziert haben, können Sie ihn nach oben nachziehen, aber niemals nach unten verschieben. Wenn Sie umgekehrt eine Aktie geshortet und einen Stoppkurs über dem Verkaufskurs gesetzt haben, verschieben Sie ihn auf niedrigere Niveaus, während Gewinne anfallen, aber ziehen Sie ihn niemals nach oben.

Wo man Stoppkurse setzen sollte

Für die Platzierung von Stop-Loss-Orders gibt es viele willkürliche Formeln. Wir räumen zwar gern ein, dass jede Formel – sogar eine starre rechnerische Formel – besser ist als gar keine, doch die korrekte Planung von Stopps sollte vor allem von den technischen Bildern beherrscht werden, die wir in diesem Kurs untersucht haben. Letztlich sind die Prinzipien dafür ganz einfach. Stopps werden eingesetzt, damit wir schlechte Trades schnell und automatisch loswerden, wenn sich die Prognosen, auf die wir unsere Engagements gegründet hatten, als irrig erweisen oder wenn ein unerwarteter Trendwechsel stattfindet. Darum sollten sie so platziert werden, dass sie von jeder Kursbewegung ausgelöst werden, die unsere ursprüngliche Vorhersage kippt oder die darauf hinweist, dass sich ein Trend, der bislang zu unseren Gunsten gelaufen ist, nun gegen uns gewendet hat. Gleichzeitig sollten sie so platziert werden, dass sie nicht von jeder kleinen Bewegung ausgelöst werden, die unsere grundlegende Prognose weder erschüttert noch kippt.

Die Anwendung dieser Prinzipien ist nicht schwer. Am leichtesten können wir sie unter Bezugnahme auf ein konkretes Chartbeispiel untersuchen. Nehmen wir zunächst ein Long-Engagement und schauen wir, wo Stopp-Orders platziert werden sollten, um es zu schützen. Nehmen wir zum Beispiel an, wir hätten uns von den Möglichkeiten anlocken lassen, im Herbst 1936 von einem Anstieg der Stammaktie von US Rubber zu profitieren. Im August und September bildete die Aktie ein symmetrisches Dreieck, das in Abbildung X.8 gezeigt wird. Am 23. September stieg der Kurs unter auffälliger Volumenzunahme aus dem Muster heraus, was – obwohl der Schlusskurs kaum über einen entscheidenden Abstand hinausging – einen sofortigen Kauf sehr ratsam erscheinen ließ, vor allem im Hinblick auf die Tatsache, dass sich der Gesamtmarkt zu dieser Zeit in einem übergeordneten zyklischen Aufwärtstrend befand.

Anwendung der Prinzipien auf ein langfristiges Engagement

Bei diesem Kauf waren wir stark davon überzeugt, dass eine kräftige Aufwärtsbewegung von US Rubber startbereit war, allerdings mussten wir auch die Möglichkeit einer Fehlbewegung oder einer Out-of-line-Bewegung berücksichtigen. Wenn wir es mit einer Out-of-line-Bewegung zu tun hatten, dann würde unser Kauf letztlich einen Gewinn abwerfen und sollte gehalten werden, jedoch würde der Kurs zwischenzeitlich in das Muster zurückfallen. In diesem Fall sollte es nicht um einen beträchtlichen Betrag weiter als das Tief der letzten Delle oder untergeordneten Umkehr innerhalb des Musters fallen, die in der Woche, die am 19. September endete, bei 30 lag. Wir müssen aber auch einen gewissen Spielraum für eine scharfe Bereinigung lassen. Die Erfahrung deutet darauf hin, dass ein Spielraum von fünf Prozent des Aktienkurses angebracht ist. Im Falle der Aktie von US Rubber, die auf diesem Tief bei circa 30 stand, wären fünf Prozent etwa anderthalb Punkte gewesen. Daher hätten wir unsere Stop-Loss-Order anderthalb Punkte unter 30 setzen müssen, also bei 28 1/2. Wenn wir das festgelegt haben, geben wir bei unserem Broker am 24. September eine Order auf, US Rubber bestens zu kaufen, und gleichzeitig eine Stopp-Order über den Verkauf bei 28 1/2. Am 25. September sank der Kurs knapp in das Muster zurück, wendete aber am nächsten Tag wieder nach oben und lief schnell davon, ohne unseren Stopp bei 28 1/2 auszulösen.

Bevor wir unseren Trade mit US Rubber weiterverfolgen, wäre es wohl eine gute Idee, uns noch ein paar zusätzliche Gedanken über den im vorigen Abschnitt empfohlenen Spielraum von fünf Prozent zu machen. Bei einer Aktie, die im Bereich von zehn Dollar verkauft wird, wäre das ein halber Punkt; im Bereich von 50 Dollar wären es zweieinhalb Punkte, im Bereich von 80 Dollar vier Punkte und so weiter. Das ist natürlich eine willkürliche Zahl und folglich unterliegt sie wie alle anderen willkürlichen Regeln für Ausbrüche und Messungen, die wir in diesem Kurs untersucht haben, dem Urteilsvermögen und der Einschränkung. Wenn sich die Aktie, mit der wir es zu tun haben, üblicherweise innerhalb einer engen Kursspanne bewegt – wie zum Beispiel General Motors –, können wir unseren Spielraum etwas unter fünf Prozent verkleinern. Haben wir es hingegen mit einem sehr volatilen Papier wie Vanadium Steel zu tun, sollten wir ihm etwas mehr Spielraum lassen, sagen wir acht Prozent. Eine Untersuchung der vergangenen Kursentwicklung der Aktie ergibt meistens, welche Abweichung von der Normalität gegebenenfalls erwartet werden kann und zugelassen werden sollte.

Die erste Verschiebung des Stop-Loss-Niveaus

Jetzt können wir auf unseren US-Rubber-Trade zurückkommen und uns den nächsten Schritt der Stop-Loss-Taktik überlegen. Nachdem sich der Kurs von einem guten Vorhersagemuster, wie wir es in diesem Fall hatten, entfernt hat, treten kleinere Rücksetzer, Gaps, Fortsetzungsmuster und Stauzonen beziehungsweise unbestimmte Seitwärtsbewegungen auf, die – wie wir gelernt haben – neue untergeordnete Unterstützungspunkte etablieren und uns eine Grundlage für die Platzierung neuer Stopp-Orders liefern. Bei US Rubber hatten wir bereits eine solche Grundlage – den Rücksetzer am 25. September auf 31 1/2 –, und nachdem der Kurs gestiegen war und sich deutlich von dem Muster entfernt hatte, konnten wir bei 30 eine neue Stop-Loss-Order platzieren, also fünf Prozent unter dem Tief dieser kleineren Delle, oder besser noch bei 29 7/8, da es gute Praxis ist, Stopps leicht unterhalb runder Zahlen wie 25, 30, 50 und so weiter zu setzen. Bereinigungen werden häufig an solchen Punkten gestoppt.

Wie bald kann man eine Stopp-Order gefahrlos nachziehen?

Doch hier haben wir eine andere Frage: Wie bald kann man eine Stopp-Order gefahrlos nachziehen? Wieder müssen wir eine ziemlich willkürliche Regel als allgemeine Richtlinie festlegen, wobei uns klar sein muss, dass sie durch unsere Untersuchung der Gewohnheiten der Aktie relativiert werden kann. Unsere Regel besagt, dass wir abwarten, bis die Kursspannen zweier Tage vollständig jenseits der Kursspanne des Tages liegen, an dem der Kurs das neue Stop-Loss-Niveau etabliert. Wenn wir uns wie im Beispiel US Rubber in einem Aufwärtstrend bewegen, warten wir ab, bis die Tiefs zweier Tage höher waren als der höchste Kurs am tiefsten Tag der Kursdelle. In diesem Beispiel lag das Hoch am Tag des Tiefs – dem 25. September – bei 32 3/4. Die ersten Tage, die sich vollständig innerhalb dieses Bereichs hielten, waren der 29. und der 30. September. Am 1. Oktober konnten wir unsere ursprünglich beim Kauf der Aktie bei 28 1/2 platzierte Stopp-Order streichen und bei 29 7/8 neu setzen.

Diese „Zwei Tage außerhalb"-Regel oder „Zwei Tage weg"-Regel (mit Abwandlungen je nach der einzelnen Situation und dem eigenen Urteilsvermögen) gilt in Aufwärts- und in Abwärtstrends sowie für Gaps und die anderen Chartmuster, nach denen wir Stopp-Orders ausrichten, sowie für untergeordnete Wenden. Wir werden sie bei der Fortsetzung unseres US-Rubber-Trades anwenden.

Denken Sie immer daran, eine bisherige Stopp-Order gleichzeitig mit der Platzierung einer neuen zu streichen. Anderenfalls bleiben in den Büchern des Brokers beide Orders offen und es kann sein, dass beide zu einem späteren Zeitpunkt ausgeführt werden. Ihr Broker wird die vorherige Stopp-Order nur streichen, wenn Sie ihn dazu anweisen, und solange sie nicht widerrufen wurde, ist er sogar gehalten, sie auszuführen.

Ein Gap liefert einen neuen Ausgangspunkt

Nach dem kleineren Rücksetzer vom 25. September bewegte sich der Kurs von US Rubber stetig nach oben und lieferte uns erst am 3. Oktober einen neuen technischen Hinweis, den Stop-Loss erneut zu verschieben. Das Kursgeschehen an diesem Tag verursachte ein Gap von einem halben Punkt, von 35 1/2 bis 36. Wie wir wissen, etablieren Fortsetzungs-Gaps kleinere Unterstützungs- und Widerstandsniveaus, die in der Regel nur bei einer Trendwende eindeutig durchbrochen werden. Bevor wir unsere Stopp-Order von 29 7/8 aus nachziehen, müssen wir wieder die „Zwei Tage außerhalb"-Regel anwenden. Das obere Ende des Gaps lag bei 36, und erst am 7. Oktober bewegten sich zwei Tage vollständig oberhalb dieses Niveaus. Am 8. Oktober konnten wir unsere Stopp-Order bei 29 7/8 widerrufen und einen neuen Stopp bei 33 3/4 platzieren, fünf Prozent unter dem Gap bei 35 1/2.

Danach kam es zu einem weiteren kleinen Anstieg und dann am 23. Oktober zu einem Rücksetzer auf 35 1/4. Zu dem Zeitpunkt sah das nach einem untergeordneten Wendepunkt aus, aber darauf folgte am 26. Oktober ein weiterer Rückgang auf 34. Dieser jedoch schloss die untergeordnete Reaktion ab und der Kurs stieg wieder, ohne unseren Stoppkurs bei 33 3/4 zu berühren. Beachten Sie, dass wir unseren Stopp nicht wegen des neuen untergeordneten Bodens verschoben hätten, denn das hätte bedeutet, ihn niedriger zu platzieren, und die Regel besagt ja, dass wir einen Stopp nur in die gewinnbringende Richtung verschieben.

Der Abschluss des Trades mit US Rubber

Unsere nächste Gelegenheit, den Stoppkurs zu verschieben, kam am 18. November, als wir „zwei Tage weg" von dem untergeordneten Tief vom 14. November bei 36 1/2 gewesen waren und den Stopp auf fünf Prozent unter diesen Punkt nachziehen konnten. Am 24. November konnten wir ihn erneut verschieben, auf 36 1/2 beziehungsweise fünf

Prozent unter das Tief vom 20. November. Dann kamen bis zum 10. Dezember keine „zwei Tage weg" vom Tief der Reaktion in der ersten Dezemberwoche, aber dann konnten wir den Stopp auf fünf Prozent darunter nachziehen, auf 41 1/4. Dann verging mehr als ein Monat, bevor wir auf eine neue Entwicklung stießen, die eine weitere Verschiebung rechtfertigte. In dieser Zeit entwickelte sich ein Rechteck, und am 15. Januar folgte nach der fünftägigen Stauzone ein entschlossener Ausbruch nach oben – beinahe eine Flagge – vom 8. bis 14. Januar. Der Boden dieser Stauzone konnte nun als neuer Ausgangspunkt genutzt werden, der unseren Stopp auf 44 1/2 brachte.

Das Gap, das die Kursbewegung am 20. Januar bildete, versetzte uns wieder in die Lage, unseren Stopp zu verschieben, diesmal auf 49 7/8 (unter Vermeidung der runden 50). Eine weitere Verschiebung auf 50 7/8, 5 Prozent unter der Reaktion vom 5. Februar, war am 9. Februar angesagt. Die Seitwärts-Stauzone vom 9. bis zum 15. Februar lieferte uns einen guten Ausgangspunkt für eine Verschiebung auf 54 1/4, aber die konservativere Vorgehensweise bestand darin, eine deutlichere Entwicklung abzuwarten, die jedoch erst nach der Reaktion auf 56 in der letzten Februarwoche kam. Am 2. März, nach „zwei Tagen weg" vom Tief dieser Kursspanne, konnten wir unsere Stopp-Order auf 53 1/2 verlagern. Am 8. März konnten wir sie aufgrund der Reaktion am 4. März auf 58 weiter auf 55 1/4 hochschieben.

Endlich wurde unsere Stopp-Order ausgeführt

Der nächste Ausgangspunkt für eine Stopp-Order lieferte das große Gap, das am 10. März erschien. Erst am 13. März hatten wir zwei Tage, die sich vollständig oberhalb dieses Gaps bewegt hatten, und nun konnten wir unseren Stoppkurs auf 60 3/4 schieben. Und das war auch unsere letzte Verschiebung, denn wir bekamen keinen neuen Ausgangspunkt mehr geliefert, anhand dessen wir uns hätten nach oben arbeiten können. Die Reaktion am 22. März hielt sich zwar über unserem Stoppkurs, doch der steile Einbruch am 7. April warf uns hinaus. Als der Kurs an diesem Tag auf 60 3/4 fiel, wurde unsere Stopp-Order zur Market-Verkaufsorder, und dementsprechend verkaufte unser Broker die Aktie. Wir hatten die Aktie von rund 33 auf mehr als 60 begleitet und einen Bruttogewinn von circa 27 Punkten eingesteckt.

Nachdem wir nun aufgrund unserer Stopp-Order draußen waren, stieg der Kurs und arbeitete sich tatsächlich noch vor dem Monatsende auf 66 vor, allerdings legte diese Rally keinen erneuten Kauf nahe. Im Gegenteil schloss gerade der Kursrückgang, der unseren Stopp ausgelöst hatte, ein bedeutsames, deutliches Broadening Top (1-2-3-4-5-6) ab (siehe Studie IV, Seite 172), und die Rally auf 66 entsprach nur knapp der Erholung um 50 Prozent durch die letzte Bewegung des Musters, mit der in vielen Fällen zu rechnen wir gelernt haben, die sich aber nicht immer entwickelt. Wir waren wirklich aus US Rubber ausgestiegen, und ein halbes Jahr später fiel die Aktie auf 20.

Stop-Loss-Orders bei Leerverkäufen

Der intermediäre Aufwärtstrend, den wir mit den Chartbildern von US Rubber begleitet haben, stellt den Nutzen richtig platzierter Stopp-Orders eindeutig dar. Sie halten den Trader in seiner Position in der Richtung eines etablierten Trends und ersparen ihm die Sorgen und die geistige Verwirrung von Menschen, die den Ticker beobachten oder aus dem Bauch heraus agieren und sehr häufig bereits in der Frühphase einer Kursbewegung hinausgeworfen werden. Doch wenn Stopp-Orders schon beim Long-Trading von Nutzen sind, so sind sie beim Shorten praktisch unentbehrlich. Wenn ein Trader eine Aktie kauft, kann sich der Kurs unmöglich um mehr als den Kaufkurs der Aktie gegen ihn wenden, doch wenn er eine Aktie leerverkauft, riskiert er theoretisch einen fast unendlichen Anstieg. In der Praxis sind alle gut informierten Ökonomen der Auffassung, dass das Shorten aufgrund seiner eigenen Verdienste gerechtfertigt ist, jedoch ist es vom Standpunkt der Trading-Praxis her nur gerechtfertigt, wenn bei jedem Short-Engagement konkrete Stoppkurse gesetzt werden.

Platzierung des ersten Stoppkurses bei Short-Engagements

Die Methoden, die wir beim Setzen von Stopp-Orders angewendet haben, um eine Long-Position im Rahmen unseres hypothetischen Trades mit US Rubber zu schützen, gelten natürlich auch für das Short-Trading. Wenn der Student unsere Diskussion genau verfolgt und die Anwendung unserer Stoppkurs-Prinzipien auf den Chart von US Rubber beobachtet hat, braucht er vielleicht keine weitere Erklärung unserer Stop-Loss-Technik mehr, aber eine Untersuchung ihrer Verwendung im Zusammenhang mit einem Leerverkauf wird sicherlich nicht schaden, wenn wir sie angemessen kurz halten.

Verfolgen wir also einen hypothetischen Trade mit US Steel im Laufe des Abwärtstrends, der im August 1937 begann. Abbildung X.9 zeigt das tägliche Kurs- und Volumengeschehen dieser Aktie im zweiten Halbjahr. Vom März-Hoch bei 127 fiel US Steel bis Juni 1937 auf 91 und erholte sich im Juli schnell wieder fast bis auf das vorherige Hoch. In diesem ersten Teil der Bewegung war das Volumen recht ordentlich, doch als sich der Anstieg im August tendenziell zu verlangsamen begann, schwand das Volumen auf immer geringere Ausmaße. In der dritten Augustwoche begann der Kurs unter zunehmendem Volumen zu fallen. Am 26. August war ein Rounding Top klar zu erkennen, und US Steel war offensichtlich ein guter Short.

Bei der Betrachtung im Zusammenhang mit dem vorangegangenen Tageschart und dem Wochenchart gab es noch weitere Indizien, die Ende Juli und Anfang August eine Liquidierung von US Steel nahelegten, doch nun ist es uns um eine konservative Short-

Abbildung X.9

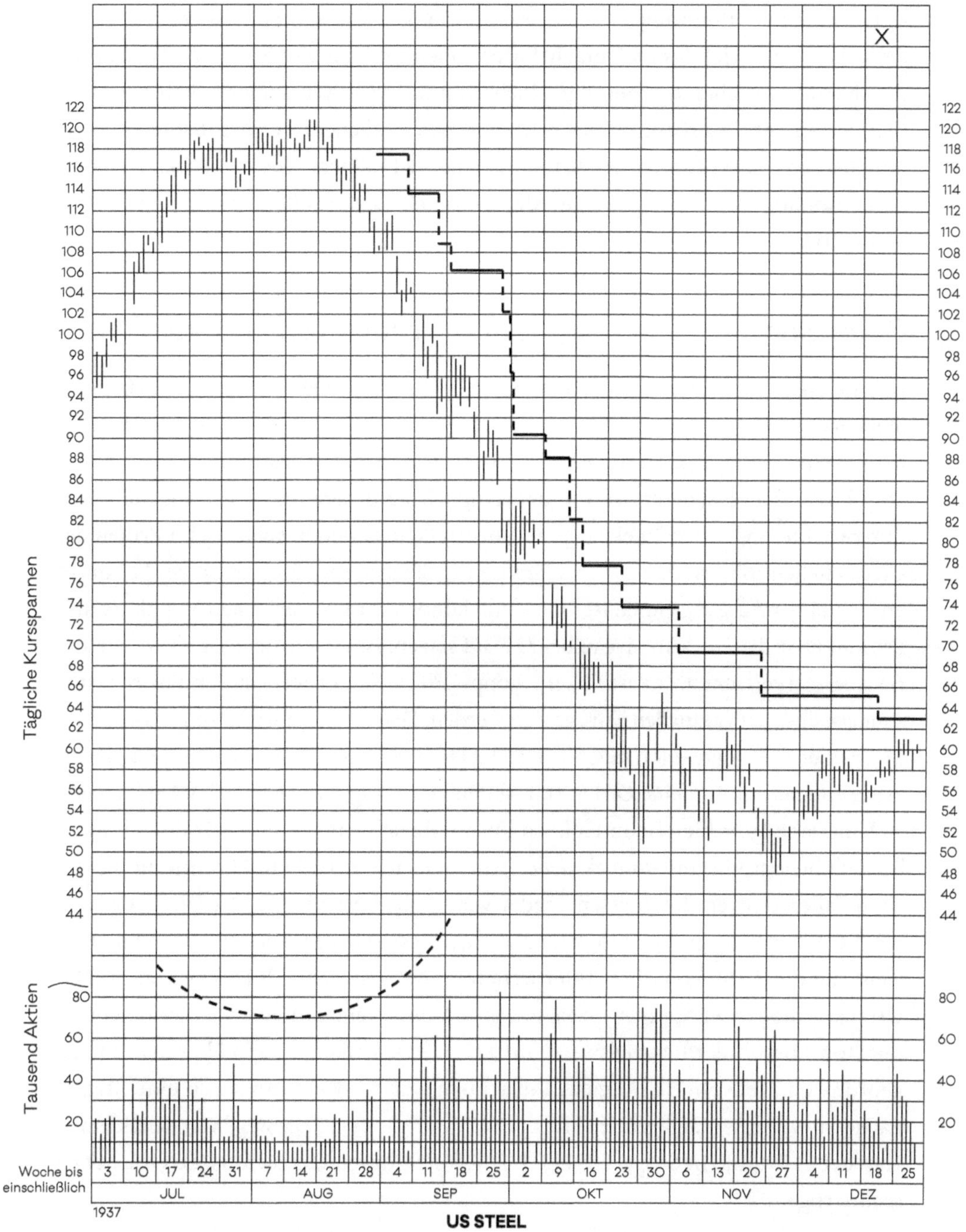

US STEEL

Position zu tun, die man erst eingegangen wäre, nachdem der Trendwechsel vollständig offenkundig war. Natürlich wurde ein solcher Wechsel überzeugend durch die Entwicklung des Rounding Tops angezeigt, von dem wir in Studie III gelernt haben, dass es eine der wichtigsten Umkehrformationen ist. Überdies ist es eine Formation, die charakteristischerweise auf den Hochs von Baisse-Erholungen erscheint, und infolgedessen signalisiert es Kursrückgänge von beträchtlichem Ausmaß. Seine Entwicklung bei sehr vielen führenden Aktien im August 1937 war eine der stärksten denkbaren Bestätigungen einer übergeordneten Baisse (siehe Seite 102 und Seite 104 in Studie III).

Beim Shorten sind Stop-Loss-Orders Kauforders

Um auf unser Beispiel zurückzukommen, nehmen wir einmal an, wir beschließen, US Steel nach dem Charteintrag für den 26. August zu shorten. Bevor wir bei unserem Broker eine Verkaufsorder aufgeben, müssen wir zunächst bestimmen, wo wir eine Stop-Loss-Order platzieren, die uns unverzüglich aus unserer Position bringt, falls sich unsere Vorhersage eines Rückgangs als unzutreffend erweisen sollte. Beim Prüfen des Charts stellen wir fest, dass die Obergrenze der Stauzone am 23. August bei 117 unser erster gültiger Ausgangspunkt ist, und somit können wir unseren ersten Stoppkurs fünf Prozent über diesem Kursniveau bei 122 3/4 setzen. Beachten Sie, dass wir in diesem Beispiel leerverkaufen, sodass unsere Stopp-Orders Kauforders sind und nicht unter, sondern über dem aktuellen Kurs gesetzt werden. Daher weisen wir unseren Broker am Morgen des 27. August an, sagen wir 100 Aktien von Steel zu verkaufen, und gleichzeitig erteilen wir ihm eine Order, 100 Aktien beim Stoppkurs von 122 3/4 zu kaufen.

Nun haben wir hier einen Fall, wo unsere Regel verlangt, dass wir den Stopp in beträchtlichem Abstand vom aktuellen Kurs setzen, circa 15 Punkte entfernt. In solchen Fällen dürften die meisten Trader verständlicherweise das Gefühl haben, sie möchten keinen so großen möglichen Verlust riskieren, egal wie sehr sie möglicherweise auf die Richtigkeit ihrer Interpretation des technischen Bildes vertrauen. Das Urteilsvermögen würde hier raten, etwas von der strengen Regel abzuweichen und die Stop-Loss-Order beispielsweise auf 117 1/2 zu senken, knapp über dem untergeordneten Tief vom 11. August. Tatsächlich war der Kurs innerhalb eines Tages, nachdem wir unser Engagement eingegangen waren „zwei Tage weg" von dem kleinen Gap bei 113, und ein Stopp bei 117 1/2 ließ sich durch das technische Geschehen rechtfertigen.

Das Abwärts-Gap unter erhöhtem Volumen am Tag danach, am Mittwoch, dem 1. September, lieferte eine dankenswerte Bestätigung unserer Vorhersage, und als sich der Kurs in den nächsten beiden Tagen deutlich unter diesem Gap bewegte, konnten wir unsere Stopp-Order auf fünf Prozent darüber nachziehen, also auf 113 1/2. Am 7.

September erschien ein weiteres Gap, das noch größer als das vorangegangene war und auch mit noch mehr Volumen einherging. Daher konnten wir aufgrund dieser Entwicklung unser Stoppniveau auf 109 1/4 senken. Die nächste Gelegenheit, unsere Stopp-Order herunterzuziehen, kam am 13. September, als wir sie auf 106 1/8 verschieben konnten. Nach dem 23. September, als der Kurs für zwei Tage unter die Spanne des Spitzentags der Rally in der Vorwoche gefallen war, konnten wir unseren Stopp bei 106 1/8 streichen und eine neue Order über den Kauf zum Stoppkurs von 103 aufgeben.

In den nächsten vier Wochen wies unser Short-Engagement bei US Steel schnell wachsende Gewinne auf, weil der Kurs weiterhin purzelte. In diesem Zeitraum gab es mehrere gute technische Hinweise, die eine Änderung des Stoppkurses verlangten. Wir brauchen sie bloß kurz aufzulisten, dann kann sie der Student im Chart nachprüfen und die Handlungsgrundlage in den einzelnen Fällen selbst entdecken.

Hier die angezeigten Verschiebungen:

Nach dem 25. September auf 96 3/4
Nach dem 27. November auf 90 1/4
Nach dem 4. Oktober auf 88 1/4
Nach dem 7. Oktober auf 82
Nach dem 11. Oktober auf 77 3/4
Nach dem 20. Oktober auf 73 1/2

Ende Oktober wies der Trend Anzeichen für eine Verlangsamung auf, aber bis zum Ende unseres Charts über sechs Monate war noch kein Indiz für eine Umkehr aufgetaucht. Allerdings boten sich im November zwei weitere Gelegenheiten, den Stoppkurs in die gewinnbringende Richtung zu verschieben, also nach unten. Nach dem Geschehen vom 3. November konnte man den Stopp auf 69 1/2 verschieben, und nach dem 19. November auf 65 1/4, also jedes Mal fünf Prozent über dem Hoch der vorangegangenen Erholung. Und nach dem 14. Dezember konnte er erneut abgesenkt werden, auf 63.

Die Verwendung „mentaler Stopps"

Viele Trader verwenden aus dem einen oder anderen Grund nur ungern Stopp-Orders und ziehen es vor, ihre Engagements mit den von ihnen so bezeichneten „mentalen Stopps" zu versehen und die Market-Order über den Kauf beziehungsweise Verkauf bei Erreichung ihrer mentalen Stoppniveaus selbst aufzugeben. Die meisten Einwände gegen den Einsatz regulärer Stopp-Orders, die im Voraus beim Broker platziert werden, besitzen unserer Meinung nach an den heutigen Märkten wenig oder gar keine Gültigkeit. Ein häufig geäußerter Einwand besagt, dass genau in dem Moment, in dem Stopps ausgelöst werden, der Markt wendet und sich wieder in die ursprünglich erwartete Richtung bewegt, was zur Folge hat, dass der Trader einen unnötigen Verlust einsteckt und seine Position verliert. Natürlich ist diese unangenehme Erfahrung nicht dem Einsatz der Stop-Loss-Order, sondern in den meisten Fällen ihrer ungeeigneten Platzierung geschuldet.

Andere Trader zögern, ihre Broker mit Stopp-Orders zu belästigen, weil ihre Depots nur klein sind oder weil sich ihr Broker abfällig über diese Praxis geäußert hat. Es ist jedoch die Pflicht eines Brokers, Stopp-Orders anzunehmen und auszuführen. Sie haben ein Anrecht, von ihm höflich behandelt zu werden und in dieser Angelegenheit einen effizienten Service zu bekommen – darauf sollten Sie auch bestehen. Gute Broker ermuntern zum Einsatz von Stop-Loss-Orders als kluges und konservatives Mittel, das Kapital und die Gewinne ihrer Kunden zu schützen.

Theoretisch gibt es keinen Grund, weshalb ein mentaler Stopp diesen Zweck nicht genauso gut erfüllen würde wie eine beim Broker aufgegebene Stop-Loss-Order – natürlich nur, sofern der Trader seinen Markt ständig beobachtet und sofort erfährt, dass sein mentaler Stoppkurs erreicht wurde. Jedoch liegt in der Praxis stets die Versuchung vor, das Handeln im entscheidenden Moment hinauszuziehen und daher letztlich einen viel größeren Verlust als nötig mitzunehmen. Auf lange Sicht wird der erfahrene Trader feststellen, dass die sorgfältig platzierte Stopp-Order ein wesentlicher Teil der erfolgreichen Handelspraxis ist, und durch die Platzierung im Voraus – also mit kühlem Kopf – vermeidet er die geistige Verwirrung und die Neigung des Hinausschiebens, die unerwartete Wenden am Markt immer hervorrufen.

Innerhalb von Formationen bringen Stop-Loss-Orders wenig

Beachten Sie bei den Beispielen für intermediäre Auf- und Abwärtsbewegungen, mit denen wir in dieser Studie die Platzierung von Stop-Loss-Orders veranschaulicht haben, dass die Engagements erst eingegangen wurden, nachdem sie durch den Abschluss bedeutsamer Vorhersagemuster angezeigt waren. Bei solchen verhältnismäßig sicheren technischen Positionen sind Stopp-Orders am wirkungsvollsten. Manche Trader spekulieren gern auf kurzfristige Gewinne aus untergeordneten Bewegungen innerhalb von Formationen, zum Beispiel in den weit ausschwingenden Trading-Ranges, die der Markt in den Monaten nach der Panik vom Oktober 1937 ausbildete. Das Handeln in solchen Bereichen ist bestenfalls heikel, und leider wird es durch den Einsatz von Stopp-Orders nicht gefahrloser, denn sie lassen sich nur selten eng genug setzen, um die Chancen ohne ungebührliches Verlustrisiko zugunsten der Gewinnerseite zu wenden. Der Einsatz von Stop-Losses bei Engagements, die innerhalb von Bereichsformationen eingegangen werden, kann daher nicht empfohlen werden.

Vernachlässigen Sie andere Charthinweise nicht

Nachdem wir in dieser Studie so lange bei der Wichtigkeit des Einsatzes von Stop-Loss-Orders verweilt haben, möchten wir natürlich nicht den Eindruck vermitteln, der Student solle immer warten, bis seine Stopps ausgelöst werden, bevor er seine Engagements schließt. In der großen Mehrzahl der Fälle wird er, wenn er seine Charts genau verfolgt, irgendein Anzeichen für eine Umkehr oder für eine Erschöpfung sehen, das es ihm ermöglicht, seinen Gewinn mitzunehmen und auf einem viel besseren Niveau als dem seiner aktuellen Stopp-Orders auszusteigen. Messformeln, Widerstandsniveaus, klimaktisches Volumen, Erschöpfungs-Gaps – alle diese technischen Phänomene, die wir in diesem Kurs untersucht haben, sollte man beobachten und nutzen, um sich die profitabelsten Ausstiegskurse zu sichern.

Sonstige, unwichtige Verwendungen von Stopp-Orders

Stopp-Orders lassen sich nicht nur einsetzen, um den Trader aus einer alten Position herauszubringen oder damit er seine Marktposition bei einer plötzlichen Trendwende umkehrt, sondern auch, um ihn in eine neue Position hineinzubringen. Wenn wir beispielsweise 100 Aktien kaufen und für die doppelte Anzahl von Aktien eine Stop-Loss-Order unterhalb unseres Engagements aufgeben, dann lässt uns eine Trendwende nicht nur unsere Long-Position verkaufen, sondern stellt uns gleichzeitig auch mit 100 Aktien short. Diese Art von Stopp-Order wird auch als „Doubling Stop" oder „Switching Stop" bezeichnet. Manche Trader greifen dem Ausbruch aus einer Formation wie etwa einem Rechteck dadurch vor, dass sie eine Stopp-Order auf einem Niveau oberhalb der Formation platzieren, das von einem gültigen Ausbruch eigentlich erreicht werden sollte. Das heißt, wenn sich ein Ausbruch entwickelt, werden sie sofort long in der Aktie gestellt. Ein finanziell gut ausgestatteter Trader kann Stopp-Orders gelegentlich auf diese Weise einsetzen, doch wir finden nicht, dass sie spezielle Vorteile hat, und dem durchschnittlichen Studenten der Charttechnik empfehlen wir sie nicht.

Letztlich setzt man Stop-Loss-Orders am besten als Versicherung ein, die im Geschäft des Aktienhandels genauso notwendig ist wie andere Formen der Versicherung bei anderen Geschäften.

Studie XI

Die Verwendung von langfristigen Charts, Indizes und Branchen

- Übersicht über die Grundlagen
- Der Monatschart
- In Monatscharts entwickeln sich Formationen
- Monatscharts sind für das Trading nicht von Nutzen
- Die Verwendungen von Indexcharts
- Die Verwendungen von Branchencharts
- Mit Einzelcharts verbringt man seine Zeit gewinnbringender
- Lehren der langfristigen Analyse

KÜRZERE ZEITINTERVALLE FÜR DIE CHARTDARSTELLUNG

- Die Aufteilung des Tages in kleinere Intervalle
- Der Ticker- oder Transaktionschart
- Der Chart der untergeordneten Bewegungen
- Der Chart der untergeordneten Trendlinien
- Point-and-Figure-Charts
- Grenzen des Point-and-Figure-Charts
- Intraday-Charts sind nur von speziellem Nutzen
- Weitere spezielle Richtungen der Chartforschung

DIE CHARTDARSTELLUNG ANDERER HANDELSGÜTER

- Der Anleihemarkt
- Ein Beispiel für das Geschehen in Anleihecharts
- Chartdarstellung von Rohstoffmärkten
- Charts, die durch die Nutzung verschiedener Optionen unterbrochen werden
- Verschiedene Methoden für die Chartdarstellung der Optionen
- Durchschnittsbildung aus allen aktiven Optionen
- Chartdarstellung verschiedener Märkte oder Börsen
- Enge Beziehungen zwischen den Kursen verschiedener Getreidesorten
- Im Weizenchart auftretende Formationen
- Ein Fortsetzungsdreieck und ein Measuring Gap
- Keine Änderung der grundlegenden Formationen und Interpretationen
- Chartdarstellung des Baumwollmarkts
- Ein Beispiel für Baumwollcharts
- Der Rohstoffhandel bringt seine ganz eigenen Herausforderungen mit sich

Übersicht über die Grundlagen

In allen bisherigen Studien haben wir einen einzelnen Aspekt der technischen Charttheorie nach dem anderen aufgegriffen, sie jeweils mehr oder weniger getrennt voneinander untersucht und versucht, ihre jeweiligen Vorteile und ihre Bedeutung aufzudecken. Diese Untersuchung der Einzelphänomene hat uns, so steht zu hoffen, eine breite grundlegende Basis verschafft, auf der wir aufbauen und nun unsere erhoffte Ausbildung im gesamten Feld der vollständigen Chartanalyse abrunden können.

Wir haben eines nach dem anderen die Werkzeuge aufgegriffen und untersucht, die bei der bevorstehenden praktischen Arbeit unsere Hilfsmittel darstellen werden. Wir haben diese Werkzeuge eines nach dem anderen geprüft und ihre einzelnen Verwendungen sowie ihre jeweilige Bedeutung und ihren Platz im Gesamtbild hinsichtlich der einzelnen Verlässlichkeit beobachtet. Nachdem wir so unsere Lehrzeit abgeschlossen haben, brauchen wir nur noch diese Werkzeuge konkret an ihre tatsächliche Verwendung für die bedeutendere Aufgabe der praktischen Chartanalyse anzupassen und dabei nach und nach die Erfahrung zu erwerben, die sich aus den nun folgenden größeren bildlichen Aufzeichnungen des Handelsgeschehens ergeben. Und dann müssen wir nur noch entscheiden, welche Werkzeuge, welche Indikatoren und welche Formationen wir an den jeweiligen Punkten verwenden, an denen sie auftreten, und so unsere einzelnen Richtlinien und Regeln in einem kompakten Wissenskatalog für die erfolgreiche Analyse sämtlicher Arten von Aktiencharts koordinieren und dadurch zu unserem Idealziel der zutreffenden Börsenprognose gelangen.

Der Monatschart

Im Allgemeinen haben wir uns mit den kürzeren und häufigeren Formationen beschäftigt, die sich in Tagescharts entwickeln. Diese Muster können jedoch eine fast unendliche Dauer haben und immer stärker werden, während sie breiter und länger werden. Wenn sich solche Formationen über mehr als nur ein paar Monate hinziehen, werden sie in Wochen- oder Monatscharts leichter erkennbar als in Tagescharts.

Zu solchen Zeiten sind Wochencharts sehr nützlich. Auch haben sie den bedeutenden Vorteil, dass ihre praktische Konstruktion sehr viel weniger Arbeit und Aufmerksamkeit erfordert. Außerdem lenken sie unsere Aufmerksamkeit häufig auf Formationen, die in einem kleinen Tageschart weniger klar sein oder dort überhaupt nicht auftreten können. Inzwischen sollte dem Leser klar sein, dass sich die Theorien und Formationen, die wir studiert haben, nicht nur auf Tagescharts anwenden lassen, sondern auch auf Charts, die auf fast jeder beliebigen zeitlichen oder maßstäblichen Grundlage basieren. Und da diese Theorien lediglich Phänomene sind, die aus dem

Handel am freien Markt resultieren, gelten sie auch für die Preisbewegungen der Rohstoffmärkte, zum Beispiel für Baumwolle, Weizen und Mais sowie für die bildliche Darstellung so gut wie jeder Ware, deren Preisschwankungen sich an einem offenen und frei verhandelnden Markt aus Angebot und Nachfrage ergeben. Zu den Rohstoffcharts werden wir später noch etwas sagen, doch zunächst untersuchen wir die Muster, die in Aktien-Monatscharts erscheinen können.

In Monatscharts entwickeln sich Formationen

Die Monatscharts von General Motors und von Liggett & Myers Tobacco-B in Abbildung XI.1 zeigen das Kursgeschehen dieser beiden Aktien über 13 Jahre. Die vertikalen Linien in diesen Charts stellen die monatlichen Kursspannen vom Hoch zum Tief von Januar 1924 bis einschließlich Dezember 1936 dar. Das Volumen wird nicht gezeigt.

Auf den ersten Blick wird der Chart von General Motors durch mehrere Aktiensplits sowie durch die Aktiendividende von 50 Prozent, die im September 1926 ausgegeben wurde, verkompliziert. Doch brauchen wir uns von solchen gelegentlichen Änderungen der Kapitalstruktur nicht stören zu lassen, denn die Kursskala wurde bei jeder Veränderung so angepasst, dass die Kontinuität der Kursentwicklung im Chart gewahrt bleibt. Die am rechten Rand angegebenen Kurse gelten für die Zeit, zu der dieses Buch geschrieben wird.

Das erste Muster, das sich ab 1924 in diesem Chart abzeichnet, ist ein kleines symmetrisches Dreieck aufgrund des Kursgeschehens von November 1925 bis Juni 1926, auf das ein weiterer rasanter Anstieg folgte. Dann haben wir in den ersten Monaten des Jahres 1927 eine anziehende Spitze und zum Ende des Jahres ein sehr gutes steigendes Dreieck, das im März 1928 in einen Anstieg von 140 bis 199 in nur einem Monat mündete. Auf dem Höhepunkt finden wir eine komplexe Formation – eine zweiköpfige Schulter-Kopf-Schulter-Formation von riesigen Ausmaßen, deren Vervollständigung anderthalb Jahre dauerte. Der nachfolgende Kurseinbruch zog den Kurs auf 34 herab, und dann baute das Kursgeschehen über fast zwei Jahre hinweg die Andeutung eines enormen fallenden Dreiecks auf, das im Jahr 1932 in einen weiteren Abstieg auf 8 mündete. Im Zuge der Wende in einen Aufwärtstrend finden wir einen guten Vertreter einer Flagge, die sich von August 1932 bis März 1933 bildete. Das Muster von Juli 1933 bis März 1935 sah aus, als könnte es als Schulter-Kopf-Schulter-Umkehrformation abgeschlossen werden, aber die Nackenlinie wurde nie durchbrochen. Das Kursgeschehen setzte sich bis in den Juni 1933 hinein fort, wodurch sich ein großes Fortsetzungsdreieck aufbaute, aus dem ein Ausbruch in einen weiteren schnellen Anstieg erfolgte. Zum Ende des Charts hin erscheint keine entschiedene Formation mehr, aber der Student wird problemlos die Möglichkeiten der Entwicklung verschiedener interessanter Muster erkennen.

Abbildung XI.1

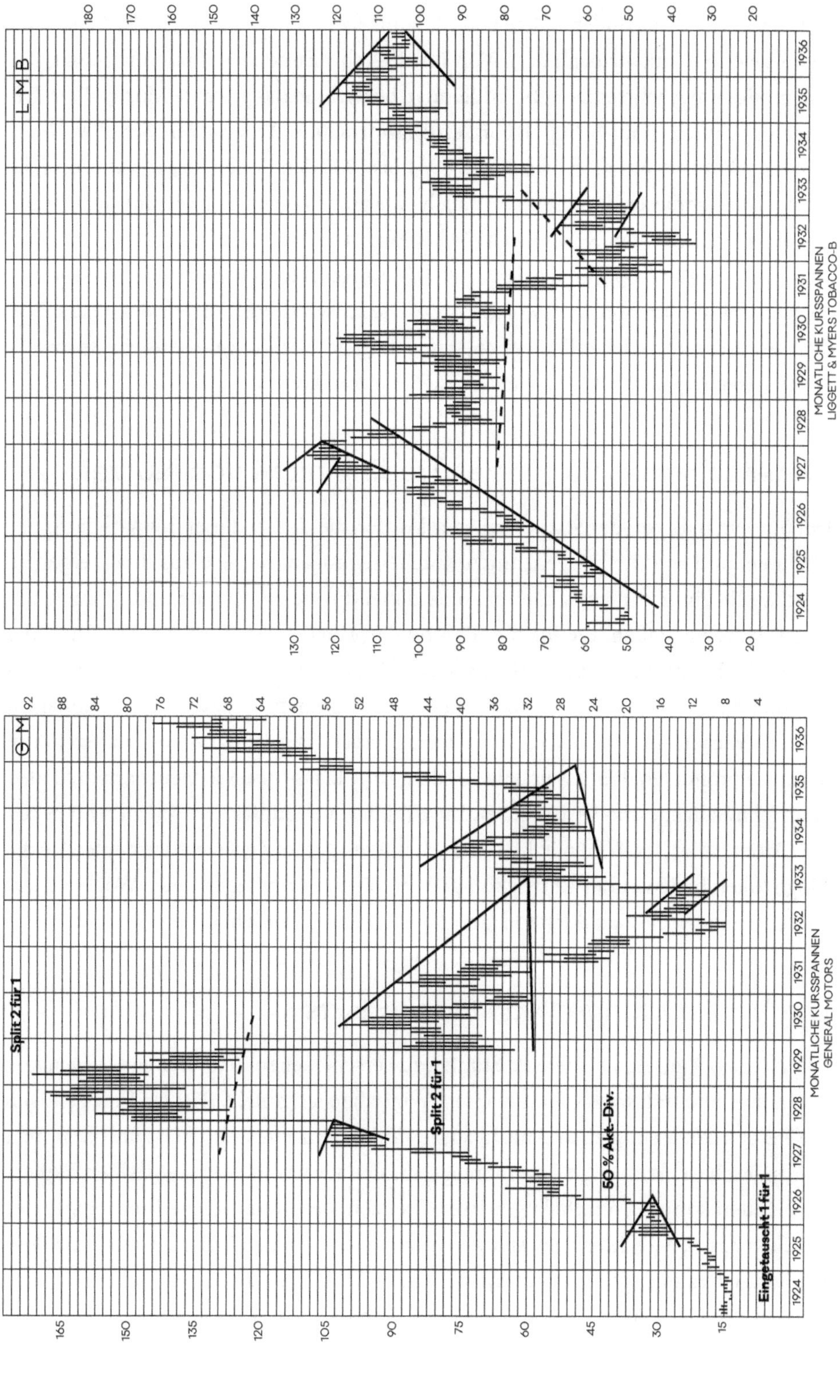

Auf ähnliche Weise kann man den Chart von Liggett & Myers Tobacco-B analysieren. Von 1924 bis 1927 finden wir einen gut definierten Aufwärtstrend und die Andeutung einer anziehenden Spitze von März bis Juli 1926. Beim Hoch 1927 erscheint eine Dreiecks-Umkehrformation. Von Juli 1928 bis Ende 1930 finden wir ein gutes und großes umgekehrtes Dreieck – oder man bezeichnet das gesamte Muster über drei Jahre als Schulter-Kopf-Schulter-Fortsetzungsformation. Eine weitere Schulter-Kopf-Schulter-Umkehrformation bildete von 1931 bis 1933 den Boden dieser Aktie, und die rechte Schulter dieser Formation war auch eine gute Flaggen-Fortsetzungsformation. Das Kursgeschehen von November 1934 bis August 1936 wies auf ein mögliches Schulter-Kopf-Schulter-Top hin, das aber nur hätte abgeschlossen werden können, wenn die Nackenlinie durchbrochen worden wäre. Die Entwicklung im Laufe des Jahres 1936 deutete ein symmetrisches Dreieck an, das je nach der Richtung des Ausbruchs sowohl eine Fortsetzung als auch eine Umkehr signalisieren konnte.

Monatscharts sind für das Trading nicht von Nutzen

Der Student mag von der Stärke mancher Muster, die sich in diesen Monatscharts abzeichnen, und von den ausgedehnten Kursbewegungen, die sich aus ihnen ergeben, durchaus beeindruckt sein, aber er sollte dabei die vielen Monate und in manchen Fällen Jahre bedenken, die für die Bildung der Muster erforderlich waren, und die langen Zeiträume, in denen überhaupt keine Muster auftauchen. Nach unserer kurzen Prüfung dieser Charts liegt es auf der Hand, dass es einem Trader selten möglich ist, aus den Mustern in Monatscharts rechtzeitig zuverlässige Prognosen abzuleiten, um davon zu profitieren. Für das übliche Trading sind Tages- und Wochencharts auf jeden Fall viel nützlicher und verlässlicher. Im Hinblick auf langfristige Anlagen hingegen sind Monatscharts sowohl nützlich als auch interessant und gelegentlich deuten sie die Möglichkeit bedeutender Entwicklungen an, die man im Tages- oder Wochenchart nachprüfen und die sich dann in Handelsgewinne verwandeln lassen.

Die Verwendungen von Indexcharts

Wir hatten bei unseren bisherigen Studien zu verschiedenen Zeitpunkten Gelegenheit, auf Indizes und Indexcharts hinzuweisen. Wir haben festgestellt, dass ein Index einfach die Zusammenfassung einer Anzahl ausgewählter einzelner Aktien ist und dass man den Indexchart als eine Art Fotomontage aus den Charts all dieser einzelnen Papiere bezeichnen könnte. Innerhalb gewisser Grenzen kann man solche Indexcharts der gleichen Art von Technischer Analyse unterziehen wie die Charts einzelner Aktien. Und da wir es mit einem zusammengesetzten Index zu tun haben, der mehr oder weniger den Gesamtmarkt repräsentiert, dürften technische Formationen, die wir bei den Indizes entdecken, bedeutsamer für die Vorhersage des Gesamtmarkts sein als Formationen, die nur bei einer oder bei wenigen Aktien auftreten. Anders gesagt ist leicht einzusehen, dass dann, wenn ausreichend viele Aktien grafisch so einstimmig agieren, dass sich eine Chartformation ergibt, die prognostischen Hinweise nur umso stärker sind.

Allerdings wissen wir, dass es bei manchen Aktien oder ganzen Branchen von Aktien, die in einem Börsenindex enthalten sind, vorkommen kann, dass sie sich in einem übergeordneten Abwärtstrend befinden, während andere gleichzeitig nach oben tendieren. Sogar bei einer bedeutenden Wende „des Marktes" erreichen manche Papiere ihren Wendepunkt Wochen oder Monate vor anderen (vergleichen Sie diesbezüglich die beiden Monatscharts in Abbildung XI.1). Für Trader mit begrenztem Portfolio, die natürlich ihr Kapital stets möglichst vorteilhaft einsetzen wollen, sind Charts der einzelnen Aktien daher von viel größerem praktischen Nutzen als jeder Indexchart.

Man kann Indexcharts ebenso der Technischen Analyse unterziehen wie die Charts einzelner Aktien.

Andererseits wissen wir, dass die meisten Aktien früher oder später den Ausschlägen des Marktes folgen. Infolgedessen sind die Indizes für Anleger mit einem großen Portfolio, die auf längere Kursschwünge achten und denen es weniger darum geht, bei einem Papier nach dem anderen umzuschichten, um Handelsgewinne zu erzielen, als vielmehr um größere Investmentmaßnahmen oder um Dividenden, von vorrangiger Bedeutung. Der Student wird es ebenso interessant wie lehrreich finden, selbstständig die verschiedenen Muster anzuwenden, die wir im Tageschart des Index der Industrie-Aktien der *New York Herald Tribune* untersucht haben, der in Abbildung XI.2 zu sehen ist.

Die Verwendungen von Branchencharts

Im allgemeinen Sinne gelten unsere Bemerkungen zu den breiten Marktindizes in den vorigen Abschnitten auch für Branchenindizes – Öl, Lebensmittel, Stahl, Eisenbahnen, Versorger und so weiter. Der Student, der von Zeit zu Zeit Branchenindizes kaufen oder Charts zu bestimmten Branchenindizes führen möchte, wird sie zwar sehr interessant, jedoch ziemlich nutzlos für die Handelspraxis finden. Ebenso wie große Aktienbranchen häufig entgegengesetzt zu dem Trend verlaufen, der sich in den Gesamtmarktindizes zeigt, so entwickeln sich auch einzelne Aktien innerhalb einer bestimmten Branche manchmal entgegen dem Trend des Branchenindex. Man kann wohl getrost sagen, dass es in aller Regel profitabler ist, Aktien zu kaufen, deren Branchen ein starkes technisches Bild aufweisen, als Aktien, deren Branchen ein schwaches Bild aufweisen, und umgekehrt – allerdings gibt es auch viele Ausnahmesituationen.

Abbildung XI.2

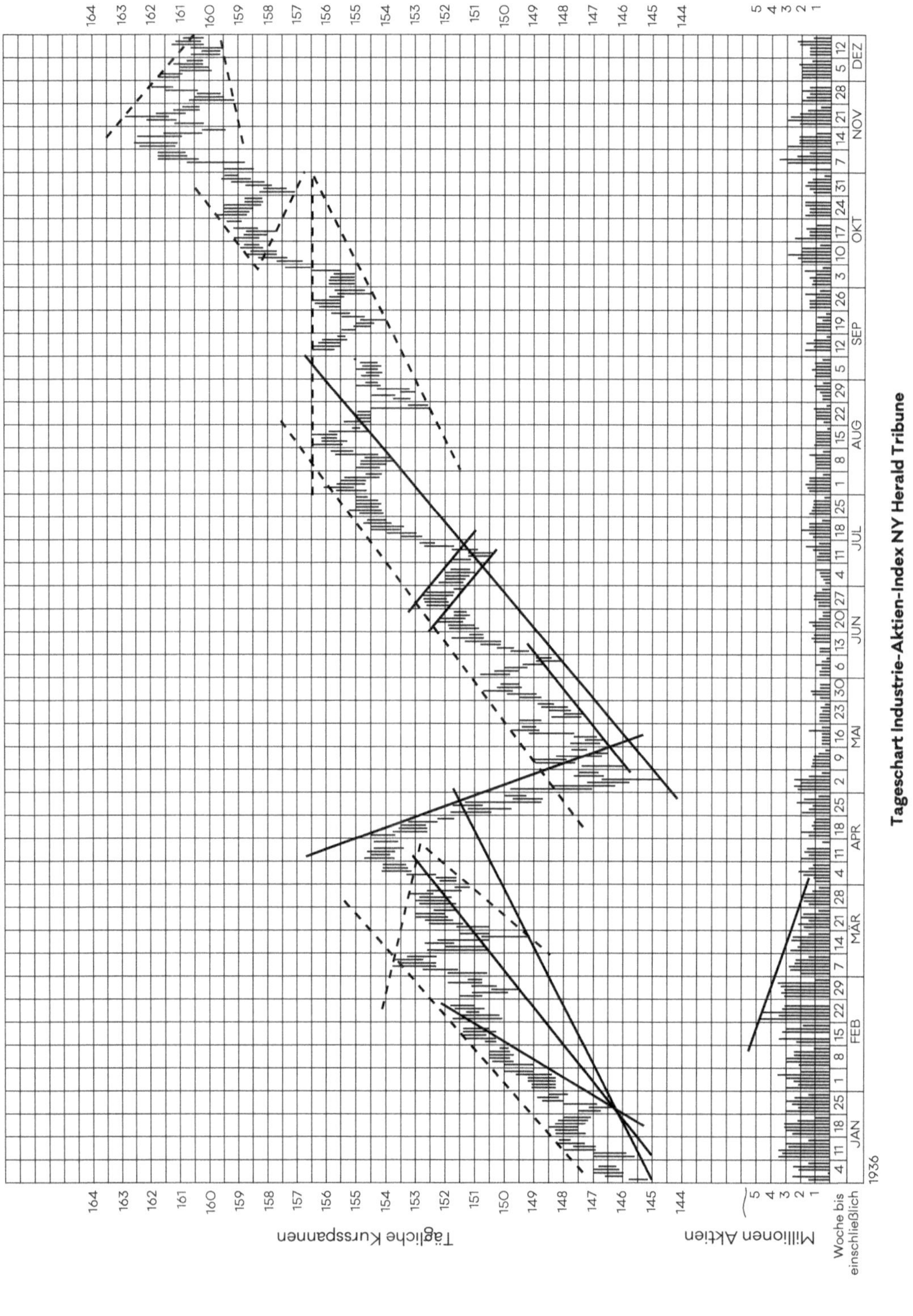

Abbildung XI.3

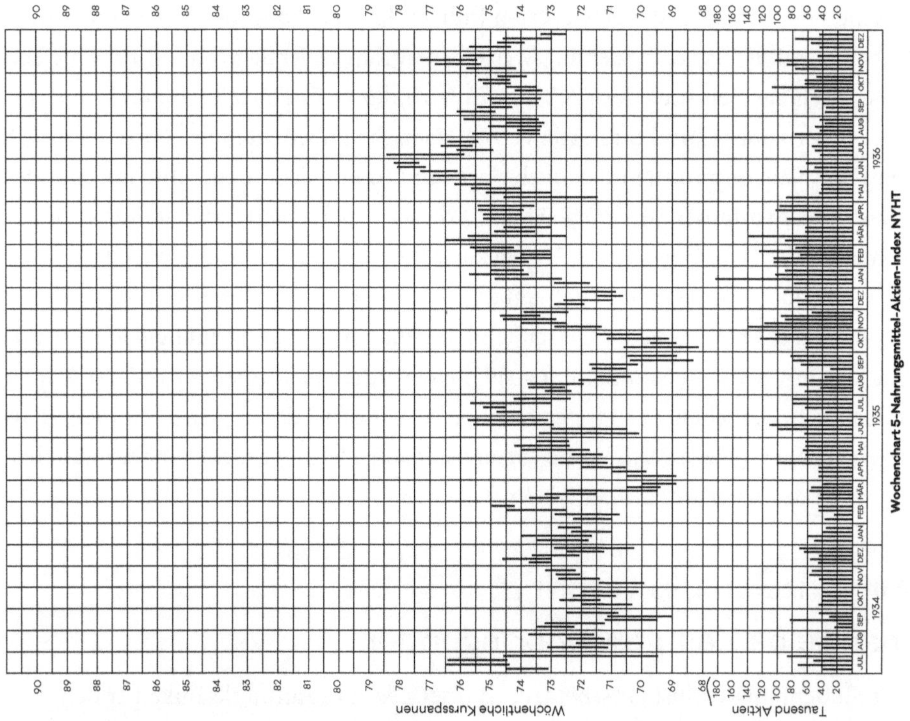

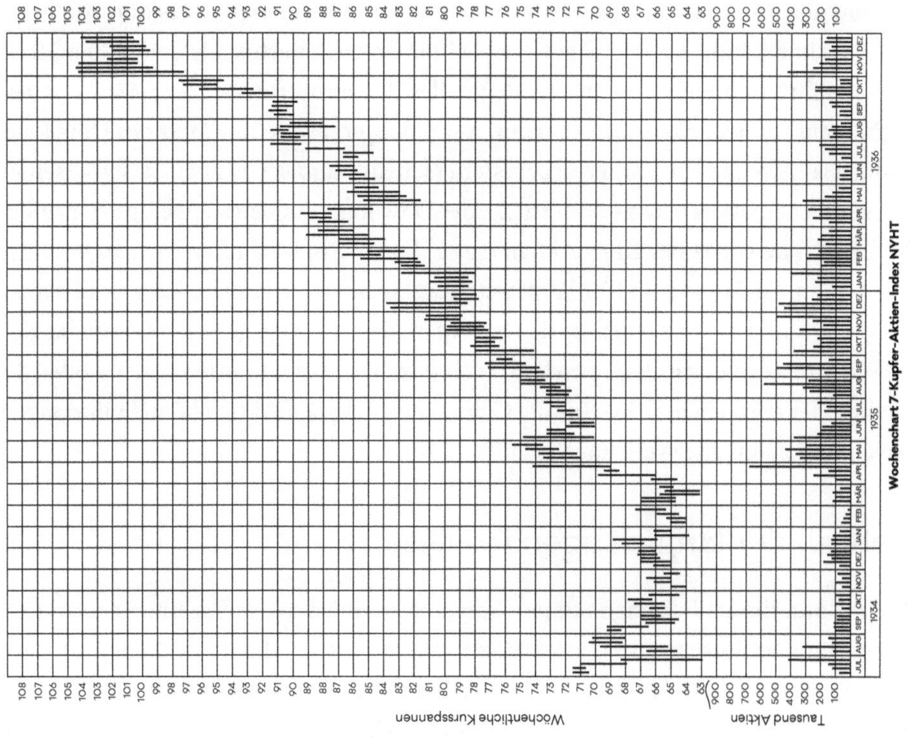

Ein Vergleich des Kursgeschehens bei zwei verschiedenen Branchenindizes ist in den Charts in Abbildung XI.3 zu sehen. Diese Charts zeigen die wöchentlichen Kursspannen und Umsätze der gewichteten Indizes der *New York Herald Tribune* aus fünf Nahrungsmittel-Aktien beziehungsweise sieben Kupfer-Aktien von Juli 1934 bis Ende 1936. In dieser Zeit stieg der Kurs des Kupferindex meistens schnell und stetig unter Rücksetzern oder Korrekturen von verhältnismäßig unbedeutenden Ausmaßen, während der Nahrungsmittelindex nach oben und unten ausschlug, ohne im Endeffekt groß voranzukommen. Auf lange Sicht ist dieser Unterschied frappierend, doch man sieht, dass der Nahrungsmittelindex bei kurzfristigeren Aktionen ebenso gute Trading-Gewinne bot (wenn wir zu Argumentationszwecken annehmen, man könnte den Index kaufen oder verkaufen). Tatsächlich hätte man mit Trading auf beiden Seiten des Marktes mit der Lebensmittelindustrie mehr verdienen können als mit der Kupferindustrie. In Branchencharts treten ebenso, wie wir es bei den allgemeinen Indexcharts gesehen haben, gelegentlich Vorhersagemuster auf, allerdings nicht annähernd so häufig wie in den Charts einzelner Aktien.

Mit Einzelcharts verbringt man seine Zeit gewinnbringender

Der Student muss selbst entscheiden, wie viel Zeit und Aufmerksamkeit er dem Führen und der Analyse von Charts von Indizes des allgemeinen Marktes und von Branchen widmen will. Wenn er die Charts einer diversifizierten Liste von 40 oder 50 Aktien führt, werden sie ihm in aller Regel alles Wissenswerte über „den Markt" sagen. Dabei muss er bedenken, dass er dann, wenn beispielsweise im Chart des Dow Jones Industrial Average ein Vorhersagemuster erscheint, und sei es noch so stark, seinen Broker nicht anweisen kann „100 Stücke des Dow Jones Industrial Average zu kaufen". Wenn sich im Chart der Kino-Aktien eine Schulter-Kopf-Schulter-Formation bildet, kann er an der Börse keine 50 „Unterhaltungs"-Anteile verkaufen. Kurz gesagt muss er sein Trading mit einzelnen Aktien besorgen, die sich zu gegebener Zeit in die gleiche Richtung und mit dem gleichen Tempo entwickeln wie ihre Branche oder der Markt oder eben auch nicht. Nur die Charts der einzelnen Aktien können ihm sagen, welche er kaufen oder verkaufen sollte.

Lehren der langfristigen Analyse

Da wir nun die analytischen Studien längerer Kursausschläge bei einzelnen Aktien, Branchen und Börsenindizes abschließen, können wir innehalten, um ein paar allgemeine Lehren zu betrachten, deren Beobachtung naheliegen mag. Zum einen können wir wiederholen, dass erfolgreicher praktischer Handel anhand des Chartgeschehens nicht darauf basiert, mit blindem und dogmatischem Vertrauen jeder technischen Andeutung zu folgen, die auftreten mag, sondern indem man vielmehr stets unvoreingenommen bleibt und die vielen einzelnen Chartfaktoren lediglich als Hilfestellung bei der allgemeinen Analyse nutzt.

Wir können auch die Vorteile betrachten, die es hat, auf den übergeordneten Trend zu setzen, sobald er definitiv bestätigt ist, und die intermediäre Marktposition stets den langfristigen Markttrend begünstigen zu lassen, wenn bezüglich der intermediären Bewegungen Zweifel bestehen.

Erfolgreicher praktischer Handel anhand des Chartgeschehens basiert darauf, die vielen einzelnen Chartfaktoren lediglich als Hilfestellung zu nutzen.

Das führt uns zu einer weiteren Regel, und zwar dass der Trader in fast allen Fällen Kompromisse zwischen seinen eigenen Meinungen, der Chartvorhersage und sämtlichen üblichen und normalen Hinweisen auf die Zukunft schließen sowie es vorziehen sollte, einen Mittelweg einzuschlagen, statt stürmisch von einem Extrem ins andere zu verfallen. Eine Begleiterscheinung dieser grundsätzlichen Theorie ist, dass bei rein langfristigem Handel sowohl Akkumulation als auch Distribution mit Mengenrichtlinien einhergehen sollten. Anders gesagt sollte man nach und nach verkaufen, wenn es scheint, als nähere sich das Ende einer bullishen Bewegung, und nach und nach kaufen, wenn es scheint, als nähere sich das Ende einer längeren bearishen Bewegung. Diese Regel gilt selbstverständlich in erster Linie für zyklische Transaktionen oder Transaktionen, die nur zum Teil ein Investment darstellen, nicht für das übliche Trading, für das sich – wie anzunehmen ist – die meisten Studenten dieses Kurses interessieren.

Kürzere Zeitintervalle für die Chartdarstellung

Ein weiterer grundsätzlicher Aspekt der Chartkunde, den wir bei der Abrundung unserer charttechnischen Ausbildung durchaus ansprechen können, ist die Anwendung von Chartformationen und Chartprinzipien auf alle zeitlichen Intervalle, die man sich aussuchen kann, um die ursprünglichen Handelsaufzeichnungen bildlich darzustellen. Den größten Teil unserer Studien haben wir anhand täglicher Kursspannen durchgeführt, weil sich das Tagesintervall als mit Abstand am praktischen und nützlichsten für die üblichen Transaktionen und die übliche Technische Analyse erwiesen hat.

Allerdings haben wir gesehen, dass sich dieses Tagesintervall auch auf Wochen-, Monats- oder gar Jahrescharts ausdehnen lässt, die jeweils gewisse Vorteile haben. Wir können aber auch anmerken, dass man andererseits den Tag als Intervall der Chartdarstellung in fast unendlich kleine Teile aufteilen kann, zum Beispiel mit Stundencharts, Bruchteilen der vollen Stunde und sogar bis hinab zu dem Extrem, jede Transaktion bei einer Aktie oder einer Branche darzustellen. In diesem Fall spricht man vom Transaktionschart oder Tickerchart.

Die Aufteilung des Tages in kleinere Intervalle

Die erste praktikable Aufteilung des Tages in Chartintervalle ist natürlich der Stundenchart. Der einzige technische Unterschied besteht bei einem solchen Chart darin, dass die einzelnen voneinander getrennten Intervalle der bildlichen Handelsaufzeichnungen Stunden statt Tage sind. Anders gesagt weist der Stundenchart für jede Handelsstunde eine Kurslinie und eine Volumenlinie auf, nicht für jeden Handelstag.

Zumindest theoretisch haben die Muster, die sich in einem Stundenchart bilden, die gleiche Bedeutung, die sie in einem Tageschart hätten, nur eben dass wir natürlich erwarten sollten, dass die Bewegungen, die sich daraus ergeben, im Verhältnis der Größe der Muster kleiner sind. Bei einem Phänomen der Kursgeschehens – beim Gap –, das bei der Vorhersage aufgrund von Tagescharts bestimmte Verwendungen hat, kann man getrost davon ausgehen, dass es nur einen geringen oder gar keinen Vorhersagewert hat, wenn es zwischen den Kursspannen zweier Stunden des gleichen Handelstags erscheint. Da es zu diesem konkreten Zeitpunkt auftritt, den wir zum Zweck der Chartdarstellung willkürlich gewählt haben, kann es natürlich mehr oder auch weniger bedeutsam sein als eine plötzliche Kursänderung, die zu einem beliebigen Zeitpunkt innerhalb eines Stundenzeitraums auftritt, die in unserem Chart nicht als Gap auftauchen würde. Eine über Nacht entstehende Kurslücke, die in einem Tages- oder in einem Stundenchart auftritt, repräsentiert nicht nur eine Akkumulation technischer Stärke oder Schwäche in der Zeit, in der die Börse geschlossen war, sondern hat auch einen psychologischen Einfluss. Hingegen haben Gaps, die in einem Stundenchart im Laufe eines Handelstags auftreten, keinen derartigen psychologischen oder akkumulativen Einfluss.

Allerdings brauchen wir der Betrachtung von Stundencharts keinen weiteren Platz einzuräumen. Dem Studenten muss ziemlich klar sein, dass sie dem durchschnittlichen Trader wenig oder nichts Wertvolles bieten. Der Scalper und der schnelle Umschichtungskünstler, der sich hauptsächlich für kleine Gewinne aus den kleineren Schwankungen im Laufe des Tages interessiert, mag einen Stundenchart in gewissem Maße hilfreich finden, doch dafür müsste er den ganzen Tag sowohl den Ticker als auch die Uhr beobachten, jede Transaktion in seiner Aktienliste notieren und am Ende jeder Stunde einen Eintrag im Chart vornehmen.

Der Ticker- oder Transaktionschart

Eine drastische Unterteilung des Zeitintervalls ist natürlich der Transaktions- oder Tickerchart, in dem die Transaktionen nicht nach Zeit gruppiert werden, sondern in dem jede Transaktion mit Kurs und Volumen in ihrem eigenen Raum dargestellt wird. Zwischen dem Stundenchart und dem Tickerchart stehen der Halbstundenchart, der 15-Minuten-Chart und jedes Zeitintervall, das man verwenden möchte, wobei die einzige Anforderung darin besteht, dass man in allen Einzelcharts das gleiche Intervall verwendet. Eine Abwandlung des Tickercharts ist der auf je 200 Aktien bezogene Transaktionschart, bei dem Transaktionen mit 100 Aktien ignoriert und nur diejenigen dargestellt werden, an denen mehr als diese Grundeinheit des Aktienhandels beteiligt sind. Daraus ergibt sich eine beträchtliche Einsparung von Zeit, Platz und Aufwand, er scheint aber theoretisch weder so präzise noch so nützlich zu sein wie der einfache Tickerchart.

Es leuchtet ein, dass die Unterteilungen des Tagesintervalls viel zusätzliche Arbeit mit sich bringen, vor allem wenn man bis hinunter zum Transaktions- oder Tickerchart geht, der jede einzelne Transaktion mit Kurs und Volumen verzeichnet. Eine grafische Aufzeichnung jeder Transaktion einer Aktie mag für den Spezialisten und für den theoretischen Forscher in gewissen Punkten von Interesse sein, jedoch kann er für den praktischen Trader sicherlich nur von geringem Wert sein.

Der Chart der untergeordneten Bewegungen

Eine weitere Alternative zum Tickerchart könnte man in dem Chart der untergeordneten Bewegungen sehen, weil er gewisse praktische Vorteile bei der Darstellung eines guten Bildes der untergeordneten Bewegungen im Laufe eines Tages bietet, ohne dass man so viel Geduld und Details wie beim Tickerchart braucht. Man erstellt ihn, indem man im Kurschart eine senkrechte Linie zieht, die das Ausmaß jeder untergeordneten Bewegung in beide Richtungen zeigt, bis der vom Ticker angezeigte Kurs die Richtung wechselt, indem er um eine gewisse Distanz zurück und weg vom Extrem der vorangegangenen Richtung läuft. Die Basis für eine Umkehr kann man beliebig wählen, wobei ein halber Punkt bis drei Punkte am gängigsten sind. Wenn sich die vorangegangene untergeordnete Bewegung auf diese Weise umkehrt, wird vom Extrem der vorigen Bewegung nach rechts eine waagerechte Linie bis zum nächsten vertikalen Raum gezogen. Dann wird die neue untergeordnete Bewegung in der entgegengesetzten Richtung durch eine weitere senkrechte Linie vermerkt, die in die entgegengesetzte Richtung zeigt, bis diese neue Bewegung ihrerseits wieder gewendet und der Charteintrag wiederholt wird.

Das heißt, wenn wir als Basis für eine untergeordnete Bewegung einen Punkt wählen, die betreffende Aktie den Tag bei 50 eröffnet und auf 49 fällt, dann ziehen wir eine senkrechte Linie von 50 auf 49. Wenn sie dann auf 49 7/8 steigt, tun wir im Chart nichts, weil die entgegengesetzte Bewegung vom vorangegangenen Extrem bislang noch kleiner ist als unsere gewählte Einheit von einem Punkt. Wenn jedoch die Aktie danach auf 48 1/8 fällt, verlängern wir unsere vertikale Linie bis zu diesem Kursniveau. Wenn sich die Aktie nun auf 49 1/8 erholt, hat sich hingegen unsere untergeordnete Bewegung umgekehrt. Dann ziehen wir vom Extrem bei 48 1/8 eine kurze waagerechte Linie durch den nächsten senkrechten Raum und dann unsere neue Linie für eine untergeordnete Bewegung von 48 1/8 bis 49 1/8 und so weiter. Diese Art des Charts untergeordneter Bewegungen liefert ein recht zutreffendes Bild der Bewegungen des Tages, eignet sich aber nicht für die Aufzeichnung des zeitlichen Elements und schließt die Darstellung des Volumens aus.

Der Chart der untergeordneten Trendlinien

Eine Variante des Charts der untergeordneten Bewegungen, der Kursbewegungen ebenfalls nur in einem vorher festgelegten Maß berücksichtigt, unterscheidet sich nur in der Methode, die verwendet wird, um die Linien zu zeichnen, die signifikante Kursänderungen bedeuten – man kann ihn als Chart der untergeordneten Trendlinien bezeichnen. Unter Verwendung der gleichen Daten wie im vorigen Abschnitt, um den Chart der untergeordneten Bewegungen zu erklären, würden wir den Chart bei 50 beginnen und eine diagonale Linie hinab auf 48 1/8 zum nächsten Schnittpunkt einer senkrechten Linie weiter rechts zeichnen, dann eine diagonale Linie von diesem Punkt bis auf 49 1/8 an der nächsten senkrecht schneidenden Linie und so weiter.

Der Chart der untergeordneten Bewegungen und der Chart der untergeordneten Trendlinien haben den gleichen beschränkten Einsatzbereich und für den Trader die gleichen entscheidenden Nachteile, abgesehen davon, dass sie es erforderlich machen, jeden Tag eine genaue Aufzeichnung aller Transaktionen mit allen darzustellenden Aktien zu erstellen oder zu kaufen.

Point-and-Figure-Charts

Eine weitere Abwandlung des Tickercharts ist dem Chart der untergeordneten Bewegungen recht ähnlich, nur dass die Symbole oder die tatsächlichen Kursangaben in den Chart selbst eingetragen werden, anstatt kurze senkrechte und waagerechte Linien zu ziehen. Diese Art von Chart hat viele Namen, doch gewöhnlich kennt man ihn als Figure-Chart oder Point-Chart. Das grundsätzliche Schema lässt sich in verschiedenen Details an den persönlichen Geschmack und an die Vorgehensweise anpassen, aber wenn wir das vorherige Beispiel übernehmen, nur Bewegungen um einen Punkt zu notieren, wie wir es beim Chart der untergeordneten Bewegungen gemacht haben, tragen wir ein beliebiges einheitliches Symbol oder den Kurs von 50 in die erste senkrechte Spalte auf dem Niveau der horizontalen Kursskala ein, die diesem Kurs entspricht. Wenn die Aktie auf 49 fällt, tragen wir die Zahl 49 auf dem passenden Niveau direkt unter der 50 ein.

Allerdings sollten wir das Symbol für 48 nicht in die gleiche senkrechte Spalte eintragen, weil der Kursrückgang bei 48 1/8 umgekehrt wurde, bevor das Niveau von 48 erreicht wurde. Wenn diese Umkehr stattfindet, können wir einfach im nächsten senkrechten Raum eine neue Spalte beginnen, die bei 49 beginnt und sie so lange mit den ganzen Zahlen des Anstiegs auffüllen, bis der nächste Wendepunkt erreicht wird.

Man kann Point-and-Figure-Charts für jeden Maßstab untergeordneter Bewegungen konstruieren, den man wählen möchte. Beispielsweise können wir als kleinste Einheit einen halben Punkt, einen ganzen Punkt, drei Punkte oder fünf Punkte nehmen, aber auch dieses Bild eignet sich nicht, um das Volumen oder die Zeit zu vermerken. Über einen ausreichend langen Zeitraum entwickeln sich einige unserer vertrauten technischen Formationen in solchen Charts recht zufriedenstellend und eignen sich für die üblichen Ableitungen zwecks Analyse und Vorhersage, nur dass wir dabei, wie bereits angemerkt, der äußerst wichtigen Hilfe des Volumenfaktors entbehren. Auch Gaps werden nicht angezeigt. Manchmal werden zur Vorhersage kurzfristiger Ausschläge gewisse spezielle Messformeln auf Point-and-Figure-Charts angewendet, aber diese Messformeln scheinen in der Praxis nicht ganz so exakt zu funktionieren wie die allgemeinen Messregeln, die wir oben im Zusammenhang mit den aus senkrechten Linien bestehenden Charts besprochen haben.

Grenzen des Point-and-Figure-Charts

Wie bei den anderen Typen von Charts für kleinere Bewegungen und kleinere Zeiträume, die wir in den vorigen Abschnitten besprochen haben, muss man auch für den Point-and-Figure-Chart alle Transaktionen der dargestellten Aktien vollständig dem Ticker entnehmen und aufzeichnen oder aber diese Daten Statistikunternehmen abkaufen, die mit ihrer Lieferung ein Geschäft machen. Da Point-and-Figure-Charts nur Kursbewegungen zeigen, die dem vorher als Grundlage für die Darstellung festgelegten Minimum entsprechen oder über es hinausgehen, zeigen sie in den meisten Fällen natürlich nicht alle täglichen Kursspannen. Wird ein Point-and-Figure-Chart beispielsweise auf 3-Punkte-Basis konstruiert, kann der Kurs um bis zu 2 7/8 über den letzten im Chart aufgezeichneten Punkt hinausreichen, ohne dass diese Bewegung darin überhaupt notiert wird. Ebenso wird im Chart mit einem Punkt als Einheit eine Bewegung um 7/8 ignoriert. Man kann argumentieren, dass Kursbewegungen, die geringer sind als die Bewegung, die als Basis für die Darstellung gewählt wurde, keine Bedeutung für die Interpretation des Marktes haben sollten, doch wir haben festgestellt, dass dem keineswegs immer so ist. Geringe Bewegungen können höchst signifikant sein, vor allem wenn man sie im Zusammenhang mit dem Volumen betrachtet, das damit einhergeht.

Abbildung XI.4

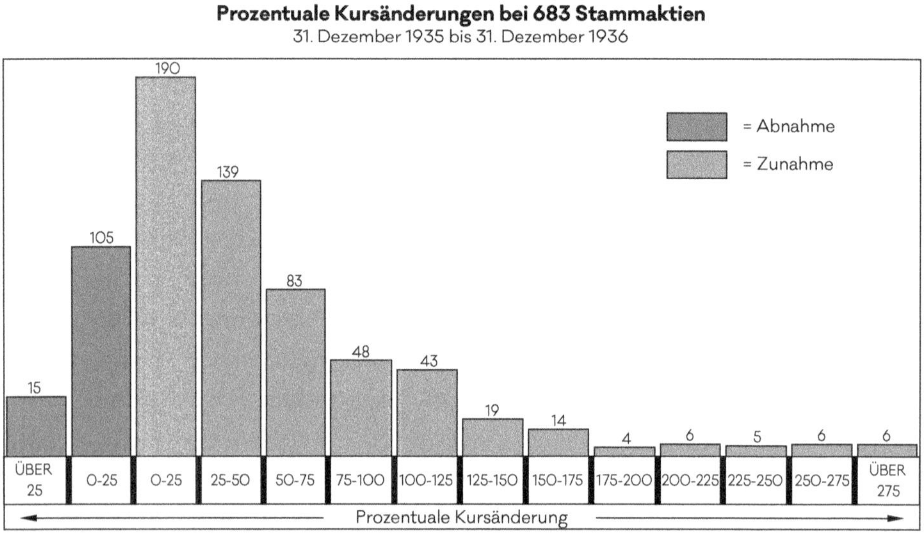

Der gesamte Marktwert aller an der New York Stock Exchange notierten Stammaktien stieg von Anfang bis Ende des Jahres 1936 um 29,4 Prozent. Allerdings gab es viele Aktien, deren Kurs fiel. Von den aktiveren an der Börse gelisteten Aktien wurden 683 während des ganzen Jahres 1936 gehandelt, nachdem all jene ausgeschlossen wurden, bei denen die Anzahl der Aktien durch nennenswerte Aktiendividenden, Splits und inverse Splits oder durch Umstrukturierungen beeinflusst wurde. Von Anfang bis Ende 1936 stiegen von diesen Aktien 563, und 120 von ihnen fielen.

Dabei war die Kursspanne groß. Manche Papiere fielen bis zum Jahresende auf Kurse, die nur ein Siebtel des Kurses zu Jahresanfang betrugen. Andere stiegen auf Kurse, die etwas mehr als das Vierfache des Kurses zu Jahresanfang betrugen. Die Anzahl der Aktien, die um mehr als 28,5 Prozent stiegen, war genauso groß wie die Anzahl derjenigen, die um weniger als 28,5 Prozent stiegen oder fielen. Ein Viertel der Aktien stieg um 66,7 Prozent oder mehr, ein Viertel von ihnen stieg um weniger als 7,7 Prozent oder fiel. Diese Zahlen bekräftigen, dass der Aktienmarkt kein einheitlicher Markt ist, sondern aus vielen Märkten mit höchst unterschiedlichen Kursentwicklungen besteht. Der Schwankungsbereich der einzelnen Kursänderungen ist im Vergleich zum durchschnittlichen Schwankungsbereich des Gesamtmarkts groß. Man kann daher nicht von der Annahme ausgehen, die Änderung des Marktwerts bestimmter Positionen laufe parallel zur Änderung des Marktwerts aller Aktien zusammengenommen. In dem Diagramm gibt die Höhe der Balken die Anzahl der Aktien an, deren Kursänderungen innerhalb der unten angegebenen prozentualen Grenzen lagen. So gab es beispielsweise 15 Aktien, deren Kurs um mehr als 25 Prozent fiel. Es gab 105 Aktien, deren Kursverluste zwischen 0 und 25 Prozent lagen. Auf der anderen Seite gab es sechs Aktien, die um mehr als 275 Prozent stiegen, und sechs Aktien, die um 250 bis 275 Prozent stiegen. Es gab mehr Aktien, deren Kurse von 0 bis 25 Prozent stiegen, als in allen anderen angegebenen 25-Prozent-Intervallen.

Nach einer recht aufwendigen Untersuchung und der Anwendung von Point-and-Figure-Charts sehen wir uns zu dem Schluss gezwungen, dass sie dem praktischen Trader keine Vorteile gegenüber dem Balkenchart bieten. In äußerst seltenen Fällen haben sie eine schnelle Wende signalisiert, die auf einen rasanten, fast senkrechten Anstieg von ungewöhnlichem Ausmaß folgte, der ohne die Entwicklung eines rechten Musters stattfand – vielleicht abgesehen vom Erschöpfungsvolumen im Tages-Balkenchart. Doch auch in diesen Ausnahmefällen hätte der Trader neben dem Ticker sitzen und bei jeder Transaktion, die er meldete, einen Charteintrag vornehmen müssen, um das Umkehrsignal rechtzeitig zu bekommen, damit er davon hätte profitieren können. Außerdem sind solche Bewegungen, so dramatisch sie auch in den wenigen Tagen sein mögen, innerhalb derer sie auftreten, für den durchschnittlichen Trader eher gefährliche Spielzeuge. Wenn sie bei einer Aktie stattfinden, auf die der Trader bereits eine Long-Position hat, bietet das besonnene Erhöhen der Stoppkurse während des Anstiegs reichlich Schutz für die Gewinne. Andererseits erscheinen in den Balkencharts ständig viele signifikante Phänomene mit Vorhersagewert, die in Point-and-Figure-Charts überhaupt nicht auftauchen.

Intraday-Charts sind nur von speziellem Nutzen

Dem durchschnittlichen technischen Studenten empfehlen wir die diversen Typen von Intraday-Charts und speziellen Charts zu untergeordneten Bewegungen nicht, es gehört lediglich zu seiner gründlichen Ausbildung, sie zu kennen und zu wissen, wie man sie konstruiert. Erstens sieht man gleich, dass sie nicht nur einen gewaltigen Aufwand an zusätzlicher Arbeit erfordern und sich der Chartist dafür den ganzen Tag über einen Ticker beugen oder zumindest über den Aufzeichnungen nach Handelsschluss brüten muss, um sich das Material für seinen ultradetaillierten Chart zu verschaffen.

Zweitens wissen wir aus Erfahrung, dass der durchschnittliche Student oder Trader von solchen Charts nicht viel hat und er dadurch gewiss keinen Nutzen erhält, der der zusätzlichen Zeit und den weiteren damit verbundenen Nachteilen entspräche. In speziellen Fällen kann sich der Intraday-Chart für sehr kurzfristige Vorhersagen oder für das Scalping als bedeutsam und wertvoll erweisen, aber für den durchschnittlichen Chart-Trader können sie genauso verwirrend wie nützlich sein – dadurch, dass sie die Bedeutung sehr kurzer intermediärer Bewegungen übertrieben vergrößern, fast ebenso irreführend wie die zuvor verurteilte Praxis, den Ticker selbst zu beobachten.

Und immer dann, wenn sie genutzt werden, ist es sehr wichtig, dass Intraday-Charts ausschließlich als Ergänzung zum Tageschart verwendet werden, denn dieser ist und bleibt die fundamentale Grundlage unserer praktischen Analyse technischer Bewegungen und eigentlich die einzige Grundlage, die man für das übliche Trading braucht.

Weitere spezielle Richtungen der Chartforschung

Wie sich der Leser wohl denken kann, ist der Aktienmarkt seit vielen Jahren Gegenstand intensiver Untersuchungen und Forschungen, die sich auf alle vorstellbaren grafischen und mathematischen Methoden zur Auslegung des dortigen Geschehens erstrecken. Wenn der Student es wünscht, findet er dort fast endlose Felder für die weitere Erkundung. Gleitende Durchschnitte, Oszillatoren, Kennzahlenberechnungen, Faktoren der Marktbreite und so weiter – sie alle haben ihre Verfechter. Die Beschäftigung mit ihnen ist für diejenigen, die dafür Zeit haben, interessant und sogar faszinierend, aber ihr praktischer Wert für den konkreten Handel ist gelinde gesagt sehr fragwürdig. Unserer Erfahrung nach führen sie fast immer eher zu Verwirrung und Unentschlossenheit als zu profitablem Handeln.

Wir haben uns in diesem Kurs auf praktische, gut nachgewiesene und leicht anzuwendende Methoden zur Interpretation des technischen Marktgeschehens konzentriert, die bei gewissenhafter Anwendung mit gesundem Menschenverstand und Urteilsvermögen angemessene, sichere Gewinne einbringen. Wir haben die unerprobten und rein akademischen Theorien weggelassen, die „interessant, wenn wahr" sind, also die mehr oder weniger esoterischen Studien, die keine rechtzeitigen praktischen Vorhersagen zulassen, die es ermöglichen würden, profitabel zu handeln. Für die hier gelehrten Methoden der Technischen Analyse braucht man keine Abonnements oder sonstigen Daten- oder Analysedienstleistungen. Sie verlangen vom Trader lediglich ein angemessenes Maß an Zeit und Überlegung – das, was er jeder ernstlichen Beschäftigung widmen sollte, die die gleiche Menge an Kapitalrisiko und Gewinnchancen mit sich bringt.

Die Chartdarstellung anderer Handelsgüter

Ganz zu Beginn unseres Kurses haben wir angemerkt, dass sich die meisten Regeln des technischen Geschehens zwar auf die vorliegende Studie anwenden lassen, aber auch auf andere Gebiete, sofern diese Regeln aus diversen Aspekten eines universellen Typs von Geschehen erwachsen, das aus den beiden entgegengesetzten Faktoren Angebot und Nachfrage resultiert.

Wahrscheinlich ist der Aktienmarkt das am stärksten spezialisierte praktische und profitable Gebiet für die Chartdarstellung und die Chart-Theorie, doch kann man ihre grundsätzliche Logik auch konsequent auf alle anderen Märkte anwenden, an denen die Kursbewegungen, die wir untersuchen möchten, das Ergebnis eines freien und offenen Handels sind, der den widerstreitenden Kräften freien Lauf lässt.

Der Anleihemarkt

So eignet sich beispielsweise der Anleihemarkt als recht zufriedenstellender Gegenstand von Charts und der Chart-Theorie, auch wenn der eingeschränkte Handel, die fehlenden spekulativen Transaktionen und professionellen Kampagnen sowie die verhältnismäßige Abwesenheit von Leerverkäufen die Wirksamkeit von Chart-Theorien hier auf ein substanzielles Minimum reduzieren. Diese Faktoren bewirken nicht nur, dass zu einfache Bilder und zu wenige Muster vorliegen, sondern sie begrenzen tendenziell auch die Ausschläge von Anleihekursen und führen zu einem geringeren Handelsvolumen als bei Aktien, was sich beides als nachteilig für das Arbeiten mit Charts erweist. Darüber hinaus ist natürlich auch die Anleihen an sich innewohnende größere Anlagestabilität ein beschränkender Faktor für große Kursausschläge und somit auch für potenzielle Marktgewinne.

Der Anleihemarkt eignet sich als recht zufriedenstellender Gegenstand von Charts und der Chart-Theorie.

Daher eignet sich der Anleihemarkt nicht annähernd so gut und ist auch nicht so profitabel für die Anwendung des technisches Chartgeschehens. Aber die zugrunde liegenden Prinzipien gelten trotzdem und Anleihecharts sind nicht nur praktikabel, sondern auch recht gängig und häufig höchst nützlich für den interessierten Trader sowie für den Anleihehändler und den Anleger. Die technischen Muster in Anleihecharts entwickeln sich deutlicher, was die Charts nützlicher macht, wenn man den Kursmaßstab größer wählt, als es im Chart einer Aktie, die auf dem gleichen Kursniveau gehandelt wird, praktikabel wäre. Der größere Maßstab gleicht die normalerweise engen Kursausschläge am Anleihemarkt aus.

Ein Beispiel für das Geschehen in Anleihecharts

In Abbildung XI.5 ist ein Chart der Kursbewegungen einer typischen mündelsicheren Eisenbahnanleihe dargestellt. Er zeigt das Kurs- und Volumengeschehen der 4 1/2-prozentigen „New York Central Refunding“-Anleihe mit der Nummer 2013 im zweiten Halbjahr 1936 auf einer Skala, die die Muster, die sich darin entwickelt haben, sehr klar abbildet. Ab dem 9. Juli stieg der Kurs in Form eines „Mastes“ von 87 auf 89 1/2, wo sich eine kompakte Stauzone aufbaute, wobei das Volumen tendenziell nachließ, sodass wir eine Halbmastformation hatten, die einen weiteren Anstieg auf circa 92 vorhersagte. Diese Vorhersage bewahrheitete sich tatsächlich in weniger als drei Wochen, und die Implikationen der Halbmastformation legten zumindest die Mitnahme eines Teils des Gewinns nahe. Die erste untergeordnete Trendlinie wurde durch den Rückgang am 21. August durchbrochen, aber das Kursgeschehen am 24. August hinterließ eine Inselformation, die eine Verlängerung des Aufwärtstrends vorhersagte und einen neuen Kauf empfahl, falls wir unsere vorherige Long-Position verkauft hatten. Das Kursgeschehen von 8. bis 16. September deutete eine Flagge an, auch wenn der Ausbruch nach oben am 17. November nicht mit einer Volumenzunahme einherging. Der nachfolgende Anstieg verschaffte der Flagge allerdings Gültigkeit und sagte eine weitere Unterbrechung bei rund 95 1/2 voraus (wieder durch Anwendung unserer Messregeln), und an dieser Stelle waren wieder Gewinnmitnahmen auf wenigstens einen Teil unseres Engagements angebracht.

Zwischenzeitlich hatte uns das Tief vom 22. August einen neuen Punkt beschert, durch den wir eine Trendlinie ziehen konnten, samt einer sekundären Trendlinie durch die vorangegangenen Hochs. Der Rückzug, der die Flagge bildete, berührte am 16. September die Trendlinie, jedoch ohne sie zu verletzen, die Kursspanne des 23. September berührte die obere Trendlinie und wurde von einer Reaktion gefolgt, die wir allein aufgrund des Trendgeschehens hätten vorhersehen können. Am 17. Oktober jedoch wurde die Trendlinie leicht durchstoßen, und der Kurs lief bis zum 21. Oktober seitwärts, als ein weiterer Rückgang anzeigte, dass der Trend eindeutig durchbrochen worden war.

Durch das Tief vom 26. Oktober wurde eine weitere Trendlinie gezogen, und als diese verletzt wurde, war das ein starker Hinweis auf eine Umkehr des übergeordneten Trends. Dieser Hinweis wurde noch durch die Tatsache bestätigt, dass es der Dezember-Rally nicht gelang, wieder um einen deutlichen Abstand über den dritten „Fächer" der Trendlinie zu steigen.

Chartdarstellung von Rohstoffmärkten

Die freieren Rohstoffmärkte sind ein viel fruchtbareres Terrain als der Anleihemarkt für die Anwendung von Charts und technischen Vorhersagemethoden. Diese Märkte kommen unserem Idealzustand freier und offener spekulativer Handelsplätze viel näher. Sie weisen das notwendige Wechselspiel widerstreitender Kräfte auf, das in schnelleren Kursbewegungen resultiert. Sie bieten eine viel breitere Sphäre spekulativer Interessen, sind offen für rein professionelle Transaktionen und spekulative Kampagnen, grundsätzlich sind Leerverkäufe zulässig, was das Agieren auf beiden Seiten des Marktes ermöglicht, und sie sind durch viel größere und profitablere Kursausschläge gekennzeichnet als der Anleihemarkt.

Weizen, Mais, Roggen, Hafer, Baumwolle, Wolle, Zucker, Kupfer, Kautschuk, Kaffee, Kakao – kurz gesagt die ganze Liste der am freien Markt gehandelten Rohstoffe – sind mehr oder weniger gut geeignete Felder für Chart-Transaktionen. Allerdings entscheidet nicht der einzelne Rohstoff an sich über die Praktikabilität der Anwendung von Charts, sondern vielmehr entscheiden der Charakter des Marktes für den konkreten Rohstoff, also die Art des Handels, die Aktivität, die Verfügbarkeit der erforderlichen

Abbildung XI.5

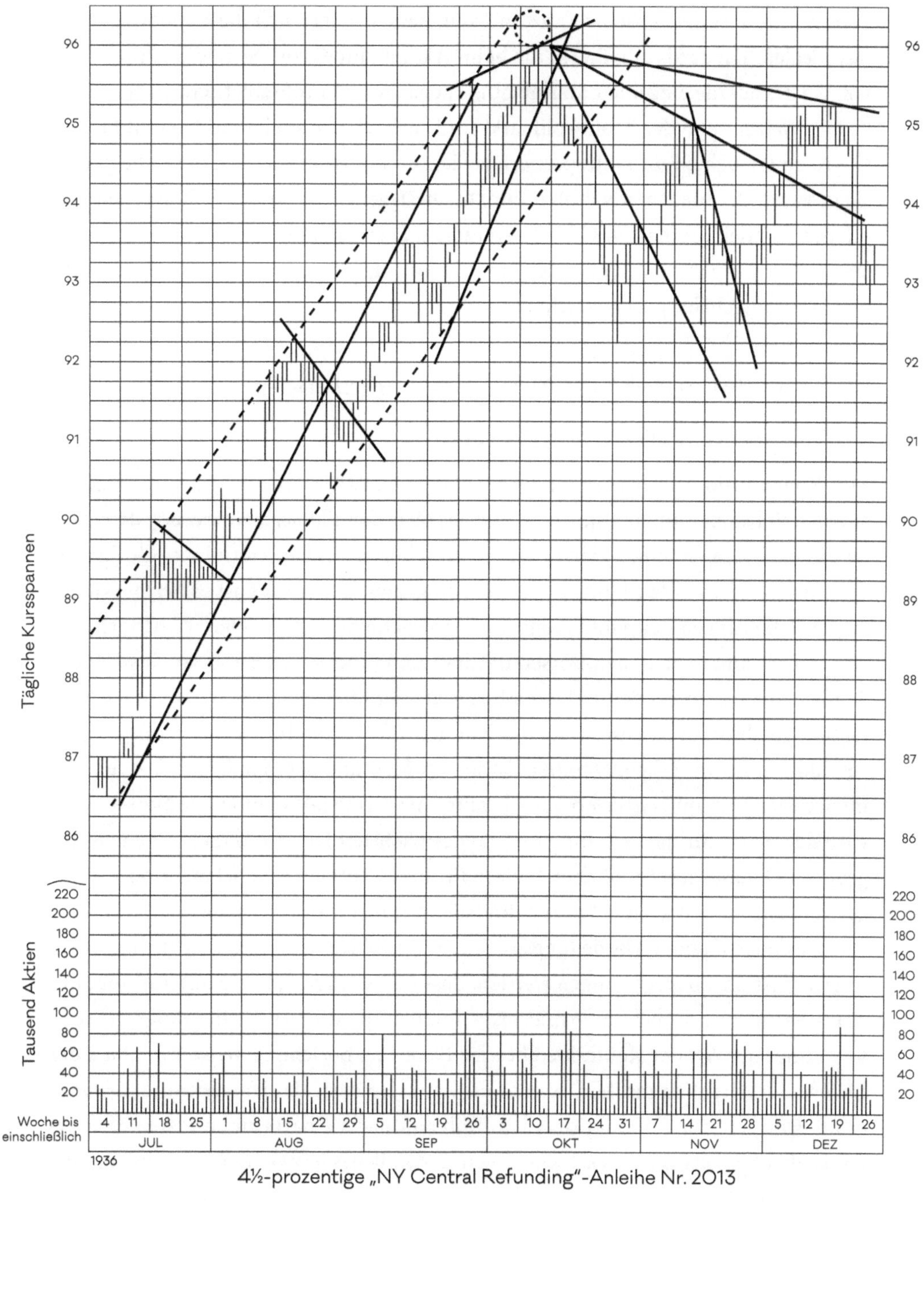

4½-prozentige „NY Central Refunding"-Anleihe Nr. 2013

Zahlen, das übliche Ausmaß großer Ausschläge und weitere recht naheliegende Überlegungen über den theoretischen Nutzen, den die Anwendung von Charts bringen könnte. Auch ist grundsätzlich anzumerken, dass, je enger sich diese Merkmale den fast idealen Standards annähern, die beim Aktienhandel vorliegen, die Anwendung von Charts auf die einzelnen Märkte umso genauer und profitabler sein wird.

Der Weizen- und der Baumwollmarkt sind vielleicht die am häufigsten mithilfe von Charts untersuchten und interpretierten Märkte, was hauptsächlich daran liegt, dass sie in vielen der soeben erwähnten Punkte überlegen sind. Sie beinhalten freien und offenen Handel, ein massives Handelsvolumen, Leerverkäufe, die Möglichkeit spekulativer Kampagnen, und schließlich sind sie im Allgemeinen durch weite und profitable Kursausschläge gekennzeichnet.

Charts, die durch die Nutzung verschiedener Optionen unterbrochen werden

Eine Komplikation, die bei der Chartdarstellung von Weizen, Baumwolle und manchen anderen Rohstoffen aufkommt, ergibt sich aus dem Konflikt beziehungsweise der Spanne zwischen den verschiedenen in der Zukunft liegenden Lieferterminen, die fast wie voneinander getrennte Märkte kommen und gehen. Bei Weizen ist es beispielsweise zu jedem beliebigen Zeitpunkt möglich, drei verschiedene „Optionen" zu handeln. Im November kann man an den Börsen in Chicago, Winnipeg oder Kansas City Weizen kaufen oder verkaufen, der im Dezember, Mai oder Juli geliefert wird. Wenn die Mai-Option geschlossen ist, also wenn der Handel von Weizen für die Lieferung im Mai geschlossen ist, wird die Dezember-Option eröffnet und der Handel mit Weizen, der im nächsten Dezember geliefert wird, beginnt. Wenn die Juli-Option geschlossen wird, wird der Markt für die Lieferung im Mai des nächsten Jahres eröffnet. Zu einem gegebenen Datum kann September-Weizen für fünf Cent den Scheffel mehr oder weniger verkauft werden als Juli-Weizen. Im Falle von Baumwolle wird der Handel mit elf verschiedenen Optionen beziehungsweise künftigen Lieferdaten gleichzeitig betrieben.

(Es muss davon ausgegangen werden, dass der Student Schritte unternimmt, um sich – wenn er noch nicht informiert ist – mit der Funktionsweise der Rohstoffmärkte und mit der Art der Kontrakte über die Lieferung beziehungsweise Annahme der Lieferung vertraut zu machen, welche die konkrete Basis des Handels sind, bevor er es unternimmt, für Transaktionen am Rohstoffmarkt Charts einzusetzen. Er muss etwas über Spreads, Squeezes, Switching und Ähnliches lernen. Doch für unsere Diskussion der Chartdarstellung und Chartanalyse ist dieses Wissen nicht erforderlich.)

Verschiedene Methoden für die Chartdarstellung der Optionen

Infolge der gleichzeitigen Handelsaktivität mit verschiedenen künftigen Lieferterminen steht der Chartist vor einem Problem, das bei der Chartdarstellung von Wertpapieren nicht auftritt. Die einfachste und häufig praktikabelste Methode der Chartpflege besteht darin, jede sich entwickelnde Option als eigenen separaten Markt zu betrachten. Dann läuft jeder Weizenchart je nach der Option nur sieben bis zehn Monate lang, man kann sich aussuchen, ob man gleichzeitig einen, zwei oder drei Charts führt, und man kann jeden von ihnen als einen anderen Handelsgegenstand betrachten, so, als wenn man die Charts von drei verschiedenen Aktien betrachten würde. Diese Vorgehensweise hat allerdings den Nachteil, dass sie nicht die langfristige Kontinuität bietet, deren großen Wert wir bei der Analyse von Aktiencharts festgestellt haben.

Einen ersten Schritt in Richtung dieser Kontinuität und des breiteren Blicks auf den Gesamtmarkt eines Rohstoffs wie Weizen gehen wir, indem wir die verschiedenen offenen und aktiven Optionen auf einem großen Blatt in verschiedenen Farben darstellen, um die verschiedenen Optionen unterscheiden zu können. Beispielsweise kann man Grün für den Mai verwenden, Rot für den Juli, Blau für den September und Schwarz für den Dezember. Jedes Mal, wenn eine alte Option beziehungsweise Spot-Option aus dem Bild herausfällt, wird die neue, am weitesten in der Zukunft liegende Option in den Chart aufgenommen. Aufgrund der technischen Einschränkung der Verwendung von Farben bei der Wiedergabe dieser Lektionen können wir hier keinen Chart dieser Art zeigen, aber wir halten die Methode für vollkommen verständlich.

Eine weitere, etwas weniger vollständige und nützliche, aber viel einfachere Methode besteht darin, immer nur eine Option gleichzeitig im Chart darzustellen – für gewöhnlich diejenige mit dem nächstliegenden Lieferdatum –, jeweils die alte Option am oder vor dem ersten Tag ihres Liefermonats fallen zu lassen und von diesem Punkt an mit der nächsten Option weiterzumachen. So kann man beispielsweise die Dezember-Lieferung von Weizen bis zum 30. November darstellen, dann die Mai-Lieferung bis 30. April und so weiter. Ein nach diesem Konzept erstellter Chart über die rund acht Monate vom 6. Juni 1936 bis zum 30. Januar 1937 ist in Abbildung XI.6 mit den Kursen und dem Transaktionsvolumen an der Chicago Board of Trade zu sehen. Die Kursdifferenzen oder Spreads zwischen zwei verschiedenen Optionen zu dem Zeitpunkt, zu dem im Chart der Wechsel von der einen zur anderen erfolgt, ist gelegentlich verwirrend oder unterbricht zu einem gewissen Grad die Kontinuität des Bildes, aber normalerweise ist der Spread klein, und die Umschichtungstransaktionen der Händler sowie die natürlichen Gesetze von Angebot und Nachfrage bringen meist eine enge Übereinstimmung hervor.

Abbildung XI.6

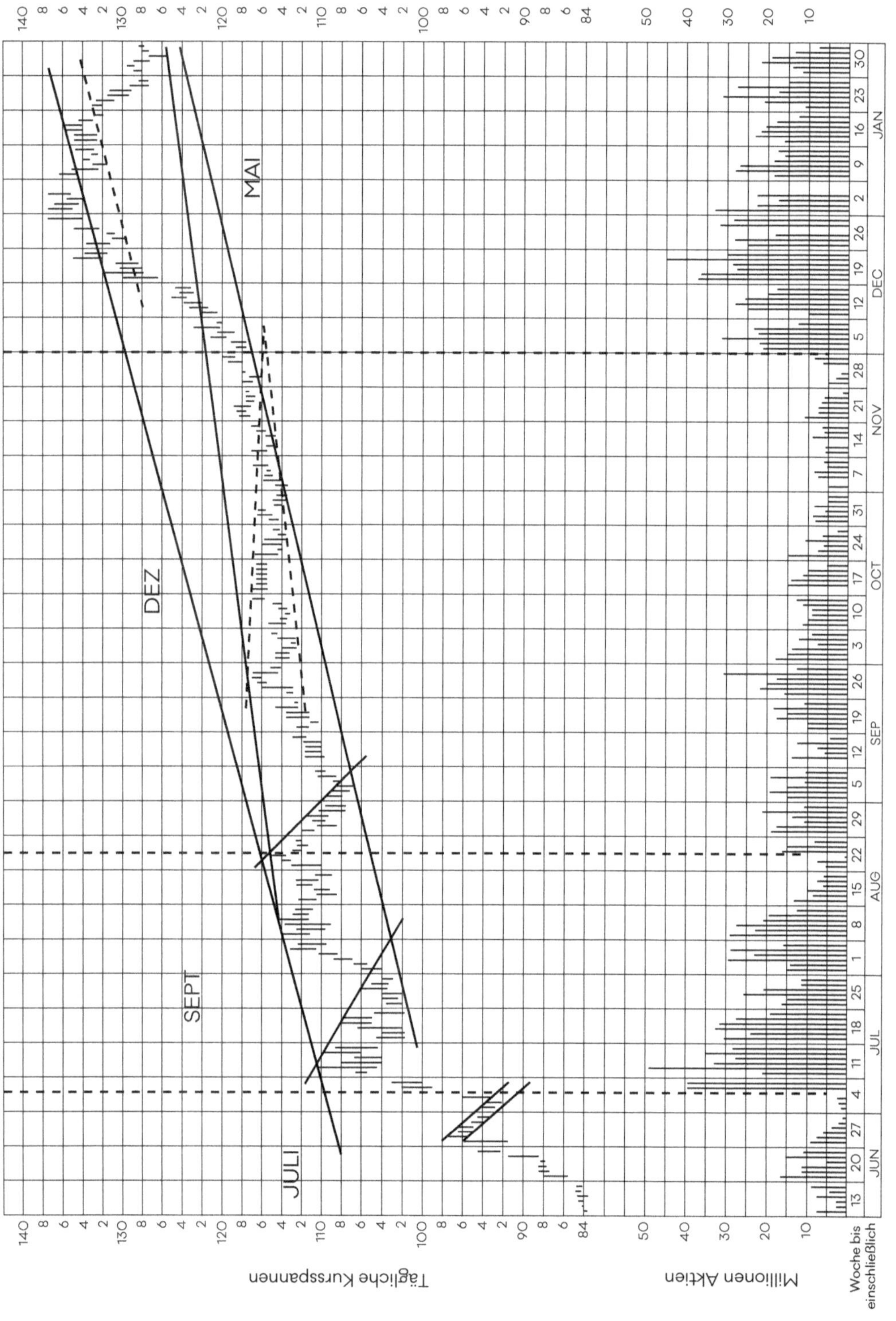

Weizenhandel

Durchschnittsbildung aus allen aktiven Optionen

Die wohl solideste aller Methoden – für diejenigen, die die Zeit und die Möglichkeiten sowie den Wunsch haben, den Markt intensiv zu untersuchen – besteht darin, einen Master-Chart der Kursbewegungen aller offenen und aktiven Terminoptionen anhand ihres Durchschnitts zu führen. Dieser Master-Chart bietet die für die praktische Untersuchung und für langfristigere Transaktionen gewünschte Kontinuität und lässt sich nicht nur als wertvolle Orientierung für die Beurteilung des Gesamtmarkts, sondern auch in Verbindung mit den kleineren, kürzeren Charts der einzelnen Optionen verwenden, die man gleichzeitig führt, solange sie noch bestehen.

Die Erstellung und Pflege eines solchen Master-Charts erfordert mehr Berechnung und Arbeit als der durchschnittliche Aktienchart, denn er muss aus so etwas wie einem laufenden Durchschnitt aus allen Optionen bestehen. Jedes Mal, wenn eine alte Option oder Spot-Option verfällt, wird die neue Option aufgenommen und ersetzt sie, sodass ein zufriedenstellender, kontinuierlicher Durchschnitt des Gesamtmarkts möglich und praktikabel wird.

Chartdarstellung verschiedener Märkte oder Börsen

Zusätzlich zu den Komplikationen durch den gleichzeitigen Handel mit verschiedenen künftigen Lieferterminen ist der Weizenhändler auch noch mit dem Problem konfrontiert, an wie viele und an welche der großen Getreidemärkte er sich halten soll. Weizen-Futures werden beispielsweise in den Vereinigten Staaten an freien Märkten in Chicago, Minneapolis, Duluth und Kansas City gehandelt. Davon ist die Terminbörse in Chicago (Board of Trade) die größte und bedeutendste. Kansas City gilt im Allgemeinen als zweitwichtigste Börse, vor allem als Kassamarkt. Die Terminbörse im kanadischen Winnipeg ist groß und aktiv, sie unterliegt weniger Beschränkungen und reagiert daher empfindlicher auf weltweite Einflüsse als unsere heimischen Börsen. Der größte Weizenmarkt der Welt ist Liverpool. Die meisten Trader betreiben ihre aktiven Transaktionen nur an einer dieser Börsen, finden es allerdings ratsam, sich auch an eine oder mehrere der anderen zu halten. Offizielle Angaben zum Handelsvolumen gibt es für gewöhnlich nur vom Markt in Chicago.

Enge Beziehungen zwischen den Kursen verschiedener Getreidesorten

Ebenso wie Aktien von allgemeinen finanziellen und industriellen Gezeiten beeinflusst sowie nach oben oder unten getragen werden können, so werden auch verschiedene Getreidesorten in gewissem Maße von den gleichen allgemeinen Bedingungen beeinflusst. Hinzu kommt, dass beispielsweise dann, wenn der Weizenkurs steigt, Mais gekauft wird und für viele Zwecke an seiner Stelle verwendet wird. Mangel bei einer Getreidesorte schlägt sich in größerer Nachfrage nach anderen Sorten nieder. Daher beeinflusst der Maismarkt den Weizenmarkt und umgekehrt, und beide können sich auf den Roggen- und den Hafermarkt auswirken, sofern man das eine Getreide statt des anderen verbrauchen kann. Daher findet es der aktive Weizenhändler gewöhnlich ratsam, auch das Geschehen bei Mais und anderen Getreiden zu verfolgen und die Entwicklungen in diesen Charts in seine Analysen des Weizencharts und in seine Vorhersagen einzubeziehen.

Im Weizenchart auftretende Formationen

Wenn wir nun auf den Weizenchart in Abbildung XI.6 zurückkommen, können wir darin einige vertraute Muster erkennen. Beachten Sie zunächst, dass unser Chart mit dem Handel der Juli-Option bis Ende Juni beginnt, dann folgt bis zum 19. August die September-Option, bis zum 28. Dezember die Dezember-Option und bis zum 30. Januar die Mai-Option. Das Handelsvolumen der einzelnen Optionen geht normalerweise zurück, wenn der Liefermonat näher rückt. Dieses übliche Verhalten muss man berücksichtigen, wenn man die Volumenaufzeichnungen interpretiert. Unser Chart wurde jedes Mal dann auf die nächste Option umgestellt, wenn der Handel mit dem nächstliegenden Lieferdatum relativ inaktiv wurde.

Zuerst haben wir von 23. bis 30. Juni eine gute Flaggenformation, deren Mast sich von circa 85 bis 97 erstreckte und auf die ein weiterer schneller Anstieg von 94 auf circa 110 folgte. Das Kursgeschehen von 13. bis 27. Juli verschaffte uns eine untergeordnete Abwärtstrendlinie, die am 29. Juli unter deutlich anziehendem Volumen nach oben durchbrochen wurde. An diesem Punkt gab es auch die Andeutung eines symmetrischen Dreiecks. Der Rückgang am 11. August traf auf dem Niveau des Hochs vom 16. Juli auf Unterstützung. Der Rückgang Ende August brachte den Kurs wieder herunter auf das Unterstützungsniveau aus dem Ausbruch Ende Juli, bevor er wendete und der Aufwärtstrend wieder aufgenommen wurde, der den Kurs am 24. September auf 117 trug.

Ein Fortsetzungsdreieck und ein Measuring Gap

Von diesem Datum bis zum 14. November haben wir ein langes und dünnes symmetrisches Dreieck und einen eindeutigen Ausbruch nach oben am 16. Dezember. Beachten Sie das erhöhte Volumen, das mit dem Ausbruch einherging, und auch die nachfolgende untergeordnete Reaktion unter schrumpfendem Volumen auf das Unterstützungsniveau der verlängerten Oberseite des Dreiecks, die an diesem Punkt mit der langfristigen Trendlinie eine Wiege bildete. Das Fortsetzungs-Gap vom 12. zum 14.

Dezember erlaubte die Anwendung unserer Formel für Measuring Gaps, die einen weiteren Anstieg in den Bereich 133-137 vorhersagte. Die Reaktion vom Top bei rund 137 Anfang Januar und die Tatsache, dass die nachfolgende Rally das vorherige Hoch nicht erreichte, verschaffte uns eine Schulter-Kopf-Schulter-Formation mit steigender Nackenlinie, die unter Volumenzunahme am 19. Januar durchbrochen wurde. Der darauffolgende Rückgang wurde allerdings an dem logischen Unterstützungsniveau durch das obere Ende des Gaps von Mitte Dezember gestoppt.

Die lange Aufwärtstrendlinie durch die Tiefs vom 18. Juli und vom 2. September waren bis zum Ende dieses Charts noch nicht durchbrochen worden. Danach bildete der Weizenkurs einen kleinen Schulter-Kopf-Schulter-Boden an der Trendlinie. Die Nackenlinie dieses Musters wurde unter steigendem Volumen am 3. Februar gebrochen, mit einem Breakaway Gap bei 128. Als diese Studie in Druck ging, war der Kurs auf 138 gestiegen.

Keine Änderung der grundlegenden Formationen und Interpretationen

Wir möchten den Leser nicht glauben machen, der soeben analysierte Weizenchart sei der Idealtyp, anhand dessen man an der Chicago Board of Trade handeln kann. Doch zweifellos hat er die Tatsache demonstriert, dass sich die gleichen Formationen, deren Vorhersagewert wir in Aktiencharts zu erkennen gelernt haben, auch in Charts vom Getreidemarkt entwickeln und dass sie die gleiche Bedeutung haben, da sie von dem gleichen freien Wechselspiel der Kräfte von Angebot und Nachfrage hervorgebracht werden. Die Faktoren, die am Aktienmarkt technische Veränderungen bewirken, sind in ähnlicher Weise an den Getreidemärkten am Werk und bringen in den Charts ähnliche Bilder hervor. Und ebenso wie es bei Aktien der Fall ist, stellen Getreidecharts ein zusammengesetztes Bild des Nettoergebnisses aller Meinungen, Hoffnungen, Befürchtungen und des Wissens (veröffentlicht und unveröffentlicht) bezüglich Angebot und Nachfrage dar, die die Kursentwicklung bestimmen. Wenn wir das Chartbild in eine vernünftige Vorhersage des wahrscheinlichen künftigen Trends übersetzen können, brauchen wir uns um die Grundursachen keine Gedanken zu machen, denn der Chart hat sie für uns bereits abgewogen und beurteilt.

Chartdarstellung des Baumwollmarkts

Grundsätzlich gelten die Methoden und Prinzipien, die wir im Zusammenhang mit dem Weizenmarkt besprochen haben, auch für die Technische Analyse des Baumwollmarkts. In diesem Land werden Kontrakte über die künftige Lieferung von Baumwolle an den Baumwollbörsen in New York und New Orleans gehandelt, in kleineren Mengen auch an der Chicago Board of Trade. Die größte Börse im Ausland ist die Liverpool Exchange. Dem durchschnittlichen amerikanischen Trader wird es reichen, nur einen Markt im Chart zu verfolgen – New York oder New Orleans, je nach seinem Wohnort und seiner persönlichen Vorliebe. Von keiner dieser Börsen werden offizielle Volumenangaben erfasst oder veröffentlicht, sodass wir zwangsläufig ohne dieses bei der Interpretation des Kursgeschehens sehr nützliche Hilfsmittel auskommen müssen.

Baumwolle kann man für die künftige Lieferung in jedem Monat des Jahres kaufen oder verkaufen, wobei der Markt für Januar des folgenden Jahres eröffnet wird, sobald der Spot-Markt für Januar des laufenden Jahres geschlossen wird. Somit bleibt jede einzelne Option elf Monate lang offen. Allerdings werden nicht alle Optionen der verschiedenen Monate aktiv gehandelt. Normalerweise sind die Lieferungen im Januar, März, Mai, Juli, Oktober und Dezember am wichtigsten für die spekulativen Transaktionen und Hedging-Transaktionen und in der Regel sind dies auch die einzigen, von denen in den Tageszeitungen vollständige Kursberichte veröffentlicht werden. Das letzte Lieferdatum für Futures-Kontrakte ist der siebte Geschäftstag vor Monatsende, und der Handel wird zum Kündigungsdatum geschlossen, das fünf Geschäftstage (einschließlich Samstag) vor dem Lieferdatum liegt.

Ein Beispiel für Baumwollcharts

Die verschiedenen Methoden für die Chartdarstellung des Gesamtmarkts, die wir im Zusammenhang mit Weizen vorgeschlagen haben, kann man auch bei Baumwolle anwenden. Der Chart in Abbildung XI.7 zeigt das Kursgeschehen von Baumwolle zur Lieferung im März, Juli und Januar 1937 im zweiten Halbjahr 1936 an der New York Exchange. Die Märzlieferung ist im oberen Bereich dargestellt, der Juli in der Mitte und der Januar unten, jeweils mit eigener Skala. Der Chart ist zu kurz, um irgendwelche Hinweise auf langfristige Trends zu liefern, aber die untergeordneten Trends erscheinen sehr klar definiert. Bei näherer Untersuchung wird der Student hier Inselformationen, Dreiecke und andere vertraute Muster finden.

Die enge Übereinstimmung zwischen den Trends der drei in diesem Chart dargestellten Optionen ist höchst auffallend. Aber damit sollte man natürlich auch rechnen, denn die einzige Hinsicht, in der sie sich voneinander unterscheiden, ist das Lieferdatum. Jede Tendenz der Kursentwicklung einer der Optionen, von der Übereinstimmung der anderen aktiven Optionen abzuweichen, sollte man mit Misstrauen betrachten. Anders gesagt sollte ein gesicherter Ausbruch aus einer Formation oder eine Trendwende einer der Optionen nur dann zur Grundlage für eine Prognose oder ein Engagement gemacht werden, wenn eine oder mehr andere Optionen dies durch einen ähnlichen Ausbruch oder eine ähnliche Wende bestätigen. Beachten Sie beispielsweise im Chart der Juli-Option das Dreieck, das sich durch die Kursspannen von 8. Septem-

Abbildung XI.7

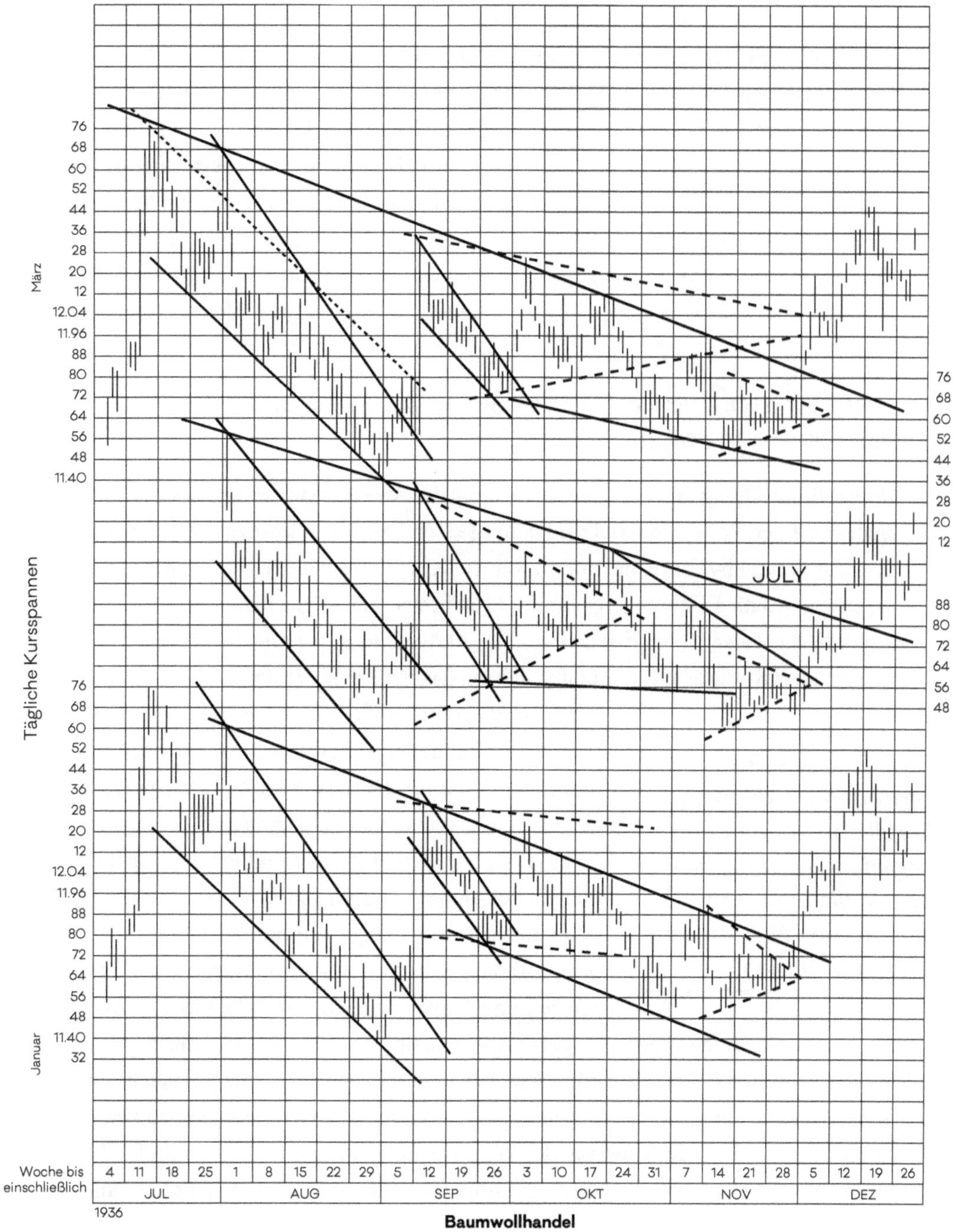

Baumwollhandel

ber bis 13. Oktober bildete und aus dem am 16. Oktober ein Ausbruch nach oben erfolgte. Wir hatten keine Volumenangaben, von denen wir uns bei der Beurteilung der Verlässlichkeit des Ausbruchs hätten leiten lassen können, aber auf jeden Fall trug er alle Merkmale einer echten Bewegung, die höhere Kurse vorhersagte. Doch beim Vergleich des Charts der Juli-Option mit den Charts für Mai und Januar konnten wir sehen, dass in keinem von beiden ein Kursanstieg signalisiert wurde. Daher besagte die logische Annahme, dass der Ausbruch im Juli-Chart als Fehlbewegung betrachtet werden sollte, zumindest bis zu einem Zeitpunkt, zu dem die anderen Optionen ihn bestätigen würden. Dieses Beispiel betont, welche Vorteile es hat, entweder einen Master-Chart aus dem Durchschnitt aller offenen Optionen eines bestimmten Rohstoffs zu führen, oder aber einzelne gleichzeitige Charts zumindest einiger aktiver offener Optionen.

Der Rohstoffhandel bringt seine ganz eigenen Herausforderungen mit sich

Unsere Besprechung und bildliche Darstellung der Anwendung der Technischen Chartanalyse auf den Rohstoffhandel sind dafür gedacht, das Grundprinzip herauszustellen, dass das Geschehen im Chart überall dort weitgehend der gleichen Interpretation unterliegt, wo die Faktoren Angebot und Nachfrage freies Spiel haben. Es wurde nicht versucht, die vielen Unterschiede zwischen Aktien und Rohstoffen in der Handelspraxis detailliert darzustellen. Wir hoffen jedoch, dass unsere kurze Betrachtung der Chartdarstellung von Rohstoffen für diejenigen, die sich aktiv im Rohstoffhandel engagieren wollen, als Einführung und Richtschnur für künftige produktive Nachforschungen und Untersuchungen im technischen Sinne dient.

Das Geschehen im Rohstoffchart unterliegt überall dort weitgehend der gleichen Interpretation, wo die Faktoren Angebot und Nachfrage freies Spiel haben.

Ein konkreter Unterschied zwischen den Kursbewegungen bei Aktien und Rohstoffen, der sich natürlich in den Charts niederschlägt, soll hier allerdings kurz erwähnt werden. Die Produktion von Agrarrohstoffen wie Weizen und Baumwolle wird unmittelbar vom Wetter und von anderen mehr oder weniger unberechenbaren Faktoren beeinflusst, die sich auf die Ernte auswirken. Rohstoffkurse reagieren viel empfindlicher auf Nachrichten als Aktienkurse. Eine plötzliche Meldung kann zwar auch am Aktienmarkt zu heftigem Wirbel führen, doch der dauert in der Regel nur einen oder zwei Tage, dann wird entweder der bisherige Trend wieder aufgenommen oder es folgt eine Stauphase und es wird ein technisches Muster aufgebaut, das uns eine Vorhersage des nächsten Trends liefert. Hingegen resultieren am Rohstoffmarkt viele untergeordnete Trendwenden aus Meldungen, die von keiner Bereichsformation vorhergesagt werden können.

Studie XII

Handelstaktiken

- Der praktische Handel anhand von Chartformationen
- Hilfestellungen für den praktischen Handel
- Die Auswahl geeigneter Aktien
- Streuung des Risikos
- Vergleich der Schwankungskraft (Volatilität) von Aktien
- Kapitalisierung und Fremdkapital
- Untersuchung der Gewohnheiten von Aktien
- Veranschaulichung der Beständigkeit von Schwankungsgewohnheiten
- Die relative Schwankungskraft zweier Eisenbahn-Aktien
- Für die Chartdarstellung schlecht geeignete Aktien
- Keine Chartbilder „erzwingen"
- Die ideale Situation abwarten
- Zu enger Kontakt mit dem Markt ist nicht ratsam
- Regelmäßige Zeiten für die tägliche Chartpflege
- Limit-Orders und Market-Orders
- Innere Stärke – ein Wort an die von Natur aus Vorsichtigen
- Der zu konservative Student
- Der vorsichtige und der übermäßig selbstbewusste Typ
- Die Gefahr der Sturheit
- Man gebe dem Markt die Chance, zu agieren
- Risiken im Voraus abwägen
- Hilfestellungen, um es nicht zu übertreiben
- Sich nicht zu sehr auf Rat von Dritten stützen
- Den Markt selbst Prognosen erstellen lassen
- Die Beurteilung der persönlichen Eignung für das Chart-Trading
- Paper-Trading

ZUSAMMENFASSUNG UND RÜCKBLICK

- Übersicht über die Familie der Umkehrformationen
- Übersicht über die Familie der Fortsetzungsformationen
- Andere spezielle Figuren und allgemeine Überlegungen
- Zu viel Theorie?
- Die Chartkunde ist vor allem ein Erfahrungskatalog
- Weshalb Charts nicht unfehlbar sind
- Von Akteuren inszenierte trügerische Charts

EIN PROGRAMM FÜR ANFÄNGER

1. Die Aktienliste zusammenstellen
2. Die Charts anlegen
3. Die Muster untersuchen
4. Die Kursbewegungen untersuchen
5. Auf dem Papier traden
6. Die Abschlussprüfung

Der praktische Handel anhand von Chartformationen

Durch die Anwendung unserer einzelnen Muster langfristigerer Bilder sind wir in unserer Studie der technischen Erforschung des Marktes von der getrennten Beobachtung grundlegender Bilder, Theorien und Regeln zu unserem Idealziel eines breiten Hintergrundwissens für die erfolgreiche Analyse der sich ständig weiterentwickelnden grafischen Aufzeichnungen und für die fortgeschrittenere Anwendung unseres Wissens im praktischen Handel am Markt gelangt.

Nachdem der Student diese Grundlagen beherrscht, liegt die Vervollständigung seiner Ausbildung in technischer Prognose und wissenschaftlichem Trading vor allem im Umfang seiner kontinuierlichen Eigeninitiative und seines Interesses sowie in der Erfahrung, die nur durch seine eigene gewissenhafte Anwendung, Beobachtung und Untersuchung zusätzlicher Charts zustande kommt.

Hilfestellungen für den praktischen Handel

Während wir uns darauf vorbereiten, den Leser sich selbst zu überlassen, können wir uns allerdings noch ein bisschen mehr Zeit nehmen, um einige der wichtigeren und profitableren Regeln und Theorien zu betrachten, die man direkt auf den praktischen Einsatz unserer Chartkenntnisse im konkreten Börsenhandel anwenden kann.

Eine der wichtigsten dieser praktischen Handelsregeln im Hinblick auf das Trading sowohl auf lange Ausschläge als auch auf kurzfristige Wenden mit Charts als umfassendem Hintergrund haben wir bereits formuliert. Für den Trader gilt die Regel, meistens mit dem bestätigten übergeordneten Trend zu traden, anstatt dauernd seine Position umzuschichten, um es mit jeder angedeuteten zwischenzeitlichen Bewegung entgegen diesem Trend zu versuchen. Daraus ergibt sich, dass man im Zweifel immer auf der Seite des übergeordneten Trends bleibt und sich geistig gegen die Versuchung wehrt, seine Wünsche einer größeren Wende vorwegzunehmen. Der Trader ist jederzeit berechtigt, kleine Gewinne mitzunehmen sowie mit Ein- und Ausstiegen in den Markt und wieder heraus zu spielen. Der entscheidende Punkt dabei ist jedoch, dass er bei diesem kurzfristigen Trading niemals die Richtung der übergeordneten Bewegung aus den Augen verlieren darf, denn in dieser Richtung liegen seine größten Gewinnchancen.

Man trade meistens auf der Seite des übergeordneten Trends und widerstehe der Versuchung, eine größere Wende vorwegzunehmen.

Für den auf lange Kursschwünge ausgerichteten Anleger besagt die Regel, Kompromisse zu schließen und nach und nach von seiner Linie abzuweichen. Hier ist es umso ratsamer, lieber entlang der Richtung des übergeordneten Trends zu agieren, anstatt zu versuchen, aus zwischenzeitlichen Korrekturbewegungen Vorteil zu ziehen. Der wichtigste Punkt ist allerdings die allmähliche Akkumulation und Distribution auf dem Weg nach unten oder oben und zumindest ein gewisser Respekt für die Theorie, dass auf lange Sicht weder Akkumulation noch Distribution jemals zu 100 Prozent abgeschlossen werden müssen.

Die Auswahl geeigneter Aktien

Die Auswahl der besten zu kaufenden und zu verkaufenden Aktien ergibt sich in der Regel aus Erfahrung und praktischer Beobachtung. Der Student wird merken, dass er aus verschiedenen Gründen gewisse Lieblingsaktien ansammelt, vielleicht weil sie seine längste Charthistorie verkörpern, vielleicht weil sie perfektere Muster aufweisen, vielleicht weil er sich für eine bestimmte Aktie schon immer interessiert hat oder seine Prognosen bei diesen Aktien besser funktioniert haben als bei anderen, mit denen er es probiert hat.

Dass sich eine solche Liste von Lieblingen ergibt, ist ganz logisch und richtig, sofern sie nicht zu Sturheit, ungedeckter Spekulation, mangelhafter Diversifizierung oder zu einem verengten Blick führt, der verhindert, gegenüber allen anderen Charts unvoreingenommen zu bleiben und sie eifrig heranzuziehen, oder einen davon abhält, anderswo stattfindende Entwicklungen zu beobachten.

Lieblingsaktien zu haben ist also in Ordnung, wenn man es weder hinsichtlich der Dauer noch hinsichtlich des Handelsvolumens übertreibt. Wird diese Neigung ins Extrem getrieben, wird der Student nicht nur bessere Gelegenheiten übersehen und sein Kapital in gewinnlosen Situationen binden, sondern er wird auch merken, dass er allmählich seiner Lieblingsaktien überdrüssig wird – woraus sich falsche Analysen und Verluste ergeben. Weshalb ein solcher Überdruss aufkommt, ist schwer zu erklären, aber jeder altgediente Trader hat das schon erlebt. Natürlich besteht das richtige Vorgehen dann darin, die Lieblingsaktien aus dem aktiven Handel zu nehmen, seine Aufmerksamkeit einer breiteren Aktienliste zuzuwenden und sich zumindest für eine Weile auf andere Aktien zu konzentrieren.

Streuung des Risikos

Auch die Streuung des Risikos ist beim praktischen Chart-Trading ein wichtiger Faktor. Es steht zu hoffen, dass der Leser zu diesem Zeitpunkt nicht nur von der Nützlichkeit von Chartmustern überzeugt ist, sondern sich auch ihrer Fehlbarkeit und der Möglichkeit plötzlicher Wenden bewusst ist. Eine geeignete und praktikable Möglichkeit, diese beiden entgegengesetzten Regeln gewinnbringend zu nutzen, ist die Diversifizierung und Begrenzung der Einzelrisiken. Der Durchschnittstrader täte trotz der höheren Gebühren und Steuern fast ausnahmslos besser daran, jeweils 25 Stücke von vier verschiedenen Aktien zu traden, als seine Transaktionen auf 100 Stücke einer einzigen Aktie zu beschränken. Und noch besser ist es, wenn man diese vier Aktien aus verschiedenen Branchen auswählt. Die Klugheit dieses Vorgehens liegt vollkommen auf der Hand, und doch ist es in der Praxis merkwürdig selten. Der Trader muss ständig gegen jede Neigung ankämpfen, den Handel mit einzelnen Aktien und am Gesamtmarkt zu übertreiben. Das entgegengesetzte Extrem, das natürlich ebenso vermieden muss, ist die Verwässerung des Trading-Kapitals und die Beachtung zu vieler verschiedener Papiere.

Vergleich der Schwankungskraft (Volatilität) von Aktien

Ein sehr nützlicher Faktor, den man bedenken muss, wenn man eine Liste von Aktien zusammenstellt, für die man Charts erstellt, mit denen man handeln will, sind die relativen Schwankungsgewohnheiten verschiedener Gruppen und der einzelnen darin enthaltenen Aktien. Die Tatsache, dass manche Aktien gewohnheitsmäßig dazu neigen, in größeren prozentualen Bewegungen nach unten und nach oben auszuschlagen als andere, ist erfahrenen Tradern wohlbekannt. Manche Aktien sind notorisch träge und enttäuschen mit ihren Kursbewegungen Jahr für Jahr, während andere höchst spektakulär nach oben und unten laufen. Doch nur wenige Trader wissen, wie bemerkenswert beständig Aktien in ihren Schwankungsgewohnheiten sind und wie genau sich ihre relative Schwankungskraft aus der Untersuchung ihrer Markthistorie über einen mehrjährigen Zeitraum berechnen lässt.

Eine sorgfältige Analyse der Schwankungsgewohnheiten vieler Aktien bringt häufig ziemlich überraschende Ergebnisse hervor. Daraus geht beispielsweise hervor, dass manche Aktien, von denen man glaubt, sie hätten charakteristisch weite und schnelle Ausschläge, in Wirklichkeit prozentual betrachtet weniger gewinnbringende Gelegenheiten bieten als andere, die gewöhnlich nicht viel öffentliche Aufmerksamkeit erregen. Andere hingegen, die allgemein als schlapp gelten, bieten in Wirklichkeit hervorragende prozentuale Bewegungen. Die Schwankungskraft einer Aktie hängt von einer Reihe von Faktoren ab, deren wichtigster die Art der Branche ist. Manche Branchen werden von den allgemeinen Konjunkturbedingungen vergleichsweise wenig beeinflusst. Andere fallen in die Kategorie „himmelhoch jauchzend oder zu Tode betrübt", in Zeiten allgemeiner Prosperität profitieren sie enorm, und wenn die Konjunktur schlecht läuft, erleiden sie genauso auffallende Defizite. Manchen Unternehmen gelingt es dank einer flexibleren Organisation, eines fähigeren Managements oder geringerer Fixkosten besser, sich an veränderte konjunkturelle Bedingungen anzupassen, als anderen. Bei manchen Unternehmen rufen saisonale konjunkturelle Trends ausgeprägte Gewinnzuwächse und Gewinnrückgänge hervor, und dies spiegelt sich in weiten Ausschlägen ihrer Aktien wider.

Kapitalisierung und Fremdkapital

Aktien, von denen vergleichsweise wenige Stücke im Umlauf sind, bewegen sich in der Regel schneller als solche, von denen mehr ausgegeben wurden. Zusätzlich wirkt sich der Streubesitz aus – die Anzahl der Aktien, die normalerweise an der Börse zum Kauf oder Verkauf zur Verfügung stehen. Auch der Faktor des Fremdkapitals ist von Bedeutung. Die Stammaktien einer Aktiengesellschaft, die keine Anleihen oder Vorzugsaktien ausgegeben hat, steigen oder fallen theoretisch exakt in dem Verhältnis, in dem die Ertragskraft der Gesellschaft zunimmt oder abnimmt. Wenn ein Unternehmen hingegen viele langfristige Verbindlichkeiten und Vorzugsaktien hat, auf die es zu festen Sätzen Zinsen und Dividenden bezahlen muss, bevor ein Gewinnanteil auf die Stammaktien entfällt, macht sich der Faktor der Fremdfinanzierung bemerkbar, und die Stammaktie fällt beziehungsweise steigt schneller als der Gewinn des Unternehmens.

Untersuchung der Gewohnheiten von Aktien

Doch über die natürlichen und mehr oder weniger vorhersagbaren Faktoren, die sich auf die Kursbewegungen von Aktien auswirken, gibt es hinsichtlich der Schwankungskraft Unterschiede zwischen einzelnen Aktien, die nur Trading-Gewohnheiten zuzuschreiben sind, die nicht recht greifbar sind. Wenn der Student die charakteristischen Bewegungen seiner Aktien gewissenhaft studiert, wird er mit der Zeit lernen, bei welchen von ihnen er sich darauf verlassen kann, dass sie ihm bei einem gewissen Investment mehr Gewinn einbringen.

Veranschaulichung der Beständigkeit von Schwankungsgewohnheiten

Abbildung XII.1 stellt die relative Schwankungskraft zweier Aktien aus der gleichen Branchengruppe grafisch dar. Die beiden Aktien, deren Gewinne und Verluste hier dargestellt werden, sind Otis Steel und United States Steel, und ihre Entwicklung wird mit der gleichzeitigen durchschnittlichen Entwicklung der aus 17 Aktien bestehenden Gruppe der Stahl-Aktien verglichen. Die aufeinanderfolgenden bedeutenden Kursanstiege und Kursrückgänge von US Steel von Juni 1932 bis Juni 1936 werden durch die durchgezogenen senkrechten Linien, die Anstiege und Rückgänge von Otis Steel durch die gestrichelten senkrechten Linien angegeben.

In diesem Chart gibt die Nulllinie das Kursniveau an, von dem aus der Gruppendurchschnitt die Aufwärts- und Abwärtsbewegungen im Betrachtungszeitraum begonnen hat. Die obere 100er-Linie gibt jeweils das Kursniveau an, das der Gruppendurchschnitt bei seinen Anstiegen erreicht hat, und die untere 100er-Linie das

Abbildung XII.1

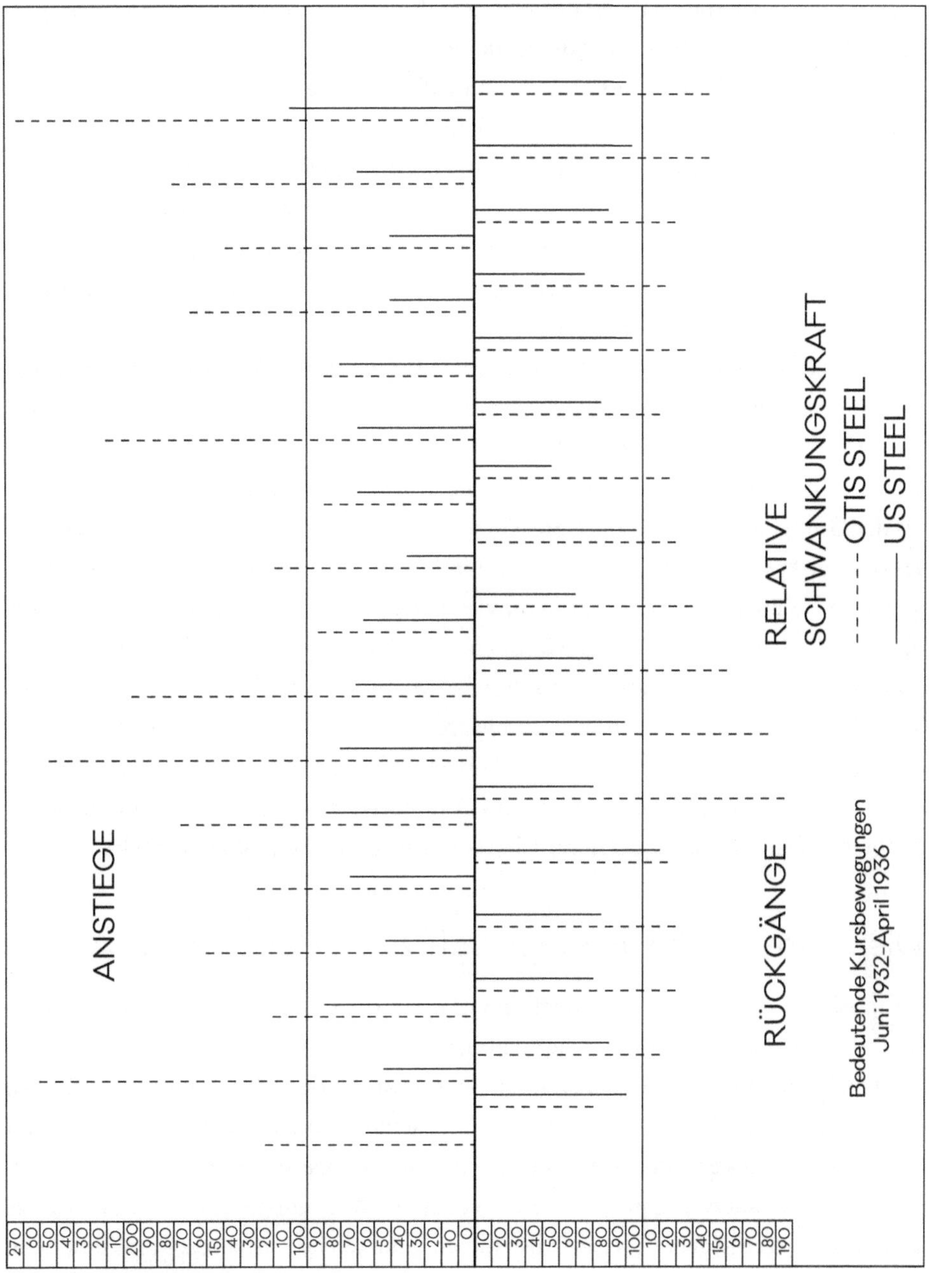

jeweilige Kursniveau, das der Gruppendurchschnitt bei seinen Rückgängen erreicht hat. Anders gesagt wird jede Bewegung des Durchschnitts als 100 Prozent betrachtet, und somit werden die relativen Bewegungen der beiden einzelnen Aktien direkt prozentual mit dem Geschehen bei der Gruppe verglichen.

So trug beispielsweise der erste Anstieg der Gruppe nach dem Juni 1932 ihren Durchschnittskurs auf 155 Prozent über dem Anfangsniveau. Dies wird zu Vergleichszwecken im Diagramm als 100 betrachtet. Gleichzeitig stieg US Steel von 21 auf 45, also vom Anfangsniveau aus um 114 Prozent. Otis Steel stieg von seinem Anfangsniveau aus um 192 Prozent und somit im Vergleich zum Gruppengeschehen um 124 Prozent. Darum reicht die durchgezogene Linie, die für US Steel steht, nur bis 73, während die gestrichelte Linie, die für Otis Steel steht, bis 124 reicht.

Die gleiche Methode wurde bei den Linien für alle nachfolgenden Rückgänge und Anstiege verwendet. Dabei fällt auf, dass die prozentuale Bewegung von Otis Steel in allen Fällen außer einem (dem ersten intermediären Rückgang) größer war als die von US Steel. Auch fällt auf, dass die Aktie außer bei vier der 34 Bewegungen besser war als der Gruppendurchschnitt. US Steel bewegte sich in allen Fällen prozentual weniger als der Gruppendurchschnitt. Diese Beständigkeit über 34 Kursanstiege und -rückgänge sowie über einen Zeitraum von vier Jahren mag den Studenten überraschen, aber sie ist keineswegs außergewöhnlich. Ähnliche Ergebnisse erhält man bei der Untersuchung fast aller Aktien, die schon lange genug an der Börse notieren, um eine statistische Berechnungsgrundlage zu bieten.

Natürlich deutet der Vergleich der relativen, auf die Kurse bezogenen Gewinn- und Verlustkraft der Aktien von US Steel und Otis Steel darauf hin, dass es für den Trader profitabler sein dürfte, zu Letzterer Charts zu führen und damit zu handeln.

Die relative Schwankungskraft zweier Eisenbahn-Aktien

Grundsätzlich scheint eine Korrelation zwischen dem Kursniveau und der Schwankungskraft zu bestehen. Aktien, die zu hohen Kursen gehandelt werden, bewegen sich tendenziell in einer prozentual engeren Spanne als Aktien, die zu niedrigen Kursen gehandelt werden. Dem oberflächlichen Beobachter fällt das nicht immer auf, wenn er beispielsweise sieht, dass Case innerhalb weniger Tage von 6 auf 10 Punkte steigt, und diese Kursänderung nicht in eine prozentuale Bewegung umrechnet. Allerdings gibt es von dieser Regel zahlreiche Ausnahmen. Eine solche Ausnahme ist in Abbildung XII.2 zu sehen, die die Kursbewegungen von Southern Railway und Canadian Pacific im Vergleich zu den durchschnittlichen Bewegungen ihrer Branchengruppe der Eisenbahngesellschaften zeigt. Die bedeutenden Anstiege und Rückgänge des Durchschnittskurses von 28 Eisenbahn-Aktien von Juni 1932 bis Juni 1936 werden jeweils als 100 genommen, und die Anstiege und Rückgänge, die Southern Railway und Canadian

Abbildung XII.2

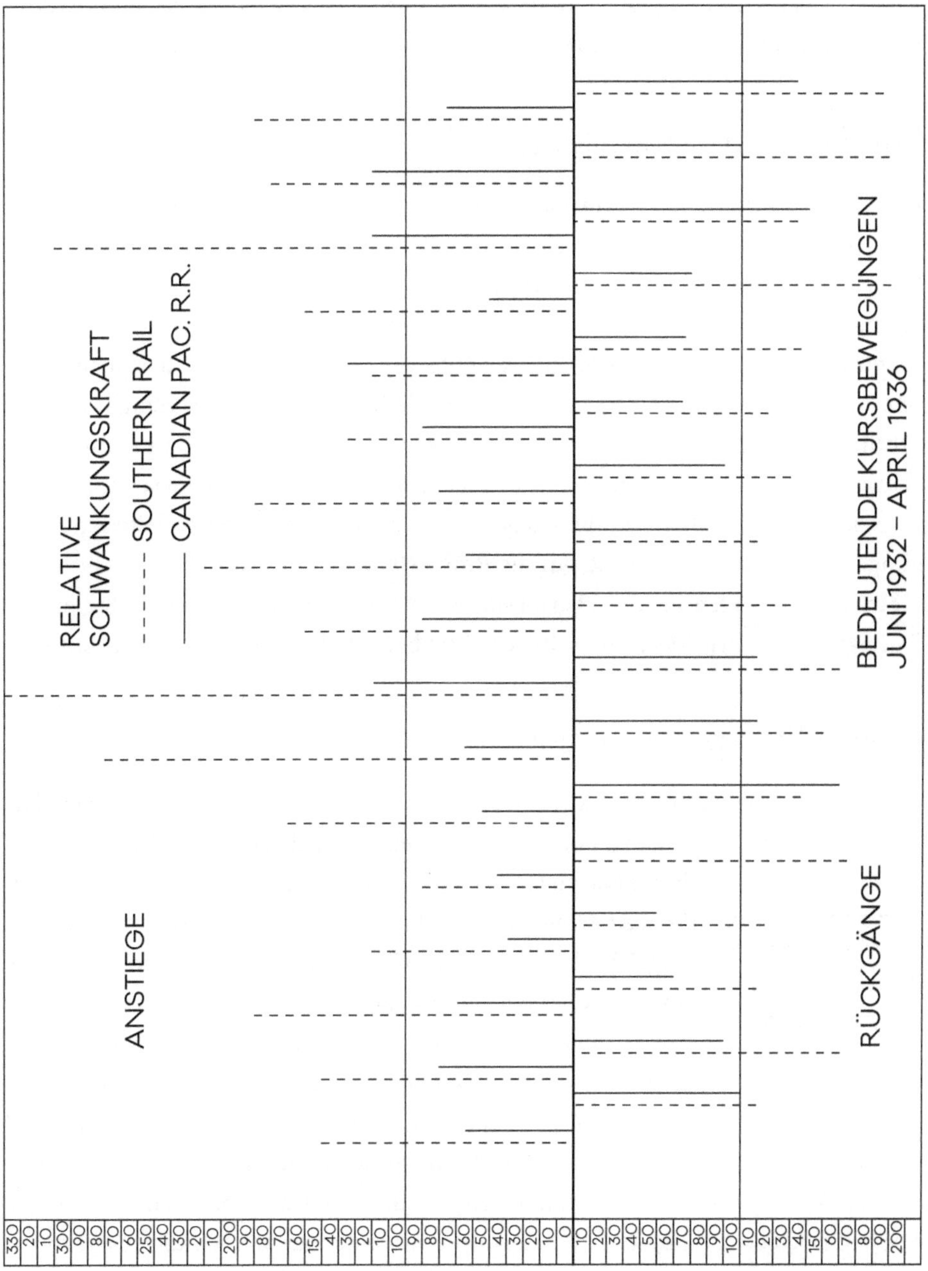

zur gleichen Zeit vollzogen, werden grafisch in Prozent der Gruppenbewegung dargestellt. Southern Railway wird durch eine gestrichelte, Canadian Pacific durch eine durchgezogene Linie dargestellt. In diesem Beispiel ist zu sehen, dass die teurere Aktie, Southern Railway, beständig eine größere Schwankungskraft aufweist.

Für die Chartdarstellung schlecht geeignete Aktien

Die Erfahrung im Führen von Charts wird dem gewissenhaften Studenten auch beibringen, welche Aktien nicht oft genug gute Muster hervorbringen, die sichere Richtlinien für den Handel bieten. Im Allgemeinen bilden dünn gehandelte Aktien mit geringem Streubesitz oder einem inaktiven Markt keine ausgeprägten Muster und lassen sich leichter von Insider-Akteuren entgegen den Indizien im Chart manipulieren. Außerdem neigen Aktien mit einem sehr hohen Kurs dazu, prozentual weniger profitable Bewegungen zu vollziehen, was wir oben bei unserer Besprechung der Schwankungskraft bereits erwähnt haben. Hingegen neigen Aktien mit sehr niedrigen Kursen zu prozentual sehr großen Tagesbewegungen, auf die längere Seitwärtsbewegungen folgen, die die Geduld auf die Probe stellen – eine Gewohnheit, die sie zu schlechten Subjekten für den chartorientierten Handel macht. Unter sonst gleichen Bedingungen liefern Aktien im mittleren Kursbereich die besten Chart-Ergebnisse.

Keine Chartbilder „erzwingen"

Nachdem er eine Reihe von Aktien ausgewählt und ein paar Monate im Chart dargestellt hat, neigt der Anfänger dazu, sich von seiner Begeisterung für die Sache dazu hinreißen zu lassen, technische Muster zu sehen, wo es in Wirklichkeit keine gibt. Dies bringt uns zu einer weiteren wichtigen Regel für den praktischen Charthandel: niemals dem Bild Zwang antun. Es besteht ständig die Versuchung, mehr oder weniger fantastische Analysen in sehr unregelmäßige und unvollkommene Formationen hineinzulesen. Der Student wird sich erinnern, dass wir manchmal eine beträchtliche Vorstellungskraft aufgebracht haben, um bei unseren bisherigen Betrachtungen konkreter Charts diverse, nicht klar definierte Muster anzudeuten, vor allem in den Monatscharts im vorigen Kapitel. Doch etwas anderes ist es, auf solche Andeutungen hin wirklich Geld zu riskieren.

Aktien im mittleren Kursbereich liefern die besten Chart-Ergebnisse.

Wenn unklare Muster nur die Prognose eines klaren Musters bestätigen, sind Trading-Engagements gerechtfertigt, aber der Student sollte nie auf der Grundlage von etwas wirklich traden, das leichte Ähnlichkeiten zu einer bestimmten Formation besitzt. Schon bei annähernd perfekten Mustern ist das Chart-Trading keineswegs unfehlbar, auch ohne dass das Risiko hinzukommt, das sich aus nachlässiger oder auf Wunschdenken basierender Analyse ergibt, zu der eine lebhafte Fantasie beiträgt.

Die ideale Situation abwarten

Dass man seine Vorstellungskraft einsetzt, ist bei der theoretischen Analyse ganz logisch, aber wenn praktische Trading-Engagements auf dem Spiel stehen, sollte der Student eine ideale Situation abwarten. So wird der praktische Student merken, dass in gewissen Einzelfällen Tage, Wochen und sogar Monate vergehen, ohne dass ein Chart ein Muster oder eine Formation aufweist, die eindeutig genug wären, um ein konkretes Trading-Engagement zu rechtfertigen. Somit wird seine Geduld manchmal hart auf die Probe gestellt, aber es versteht sich ja fast von selbst, dass Geduld eine Grundvoraussetzung ist und es viel besser ist, die Idealsituation abzuwarten, als sich mit echtem Geld in Engagements zu stürzen, nur weil man irgendetwas tun will, wenn die Situation weder stark noch bestimmt genug ist, um dies zu rechtfertigen.

Häufig sind praktische Gewinne möglich, während sich eine Formation aufbaut, aber die mit Abstand sichereren und größeren Gewinne erzielt man bei den schnellen Bewegungen in der Richtung des übergeordneten Trends, die zwischen diesen Bereichsformationen oder Vorbereitungsphasen stattfinden. Es ist viel besser, geduldig zu sein, seinen auf Gewinne gerichteten Ehrgeiz zu zügeln und sich vollständig aus dem Markt herauszuhalten, wenn eine Weile keine perfekten Muster erscheinen, als ungeduldig zu werden und in nicht ganz idealen Situationen enthusiastisch vorzupreschen. Zu hastiges Handeln führt oft dazu, dass man letztlich Gewinne, Kapital und Selbstvertrauen verliert. Denken Sie an das alte Trader-Sprichwort: „Es gibt drei Regeln, mit denen man an der Börse Geld verdient: erstens Geduld, zweitens Geduld und drittens noch mehr Geduld.“

Zu enger Kontakt mit dem Markt ist nicht ratsam

Aus unseren bisherigen gelegentlichen Hinweisen auf konkrete Schritte, die auf technische Prognosen hin am Markt unternommen wurden, lässt sich ableiten, dass alle Trades bei Handelseröffnung am Morgen nach dem Abschluss des Chartbilds oder nach der Trading-Entscheidung ausgeführt werden müssen. Für den durchschnittlichen Studenten, der traden möchte, ist dies fraglos die beste Vorgehensweise. Bei allen unseren Untersuchungen von Charts sind wir davon ausgegangen, dass der Student nicht den Ticker beobachtet, dass er sich nicht im Büro eines Brokers befindet und nicht einmal in direktem Kontakt mit seinem Broker steht. Der professionelle Trader, der schnelle Umschichtungskünstler und der Scalper – sie beobachten die untergeordneten Bewegungen des Marktes im Laufe des Handelstags und ziehen daraus Nutzen in Form besserer Gelegenheiten, um scharfe Ausschläge im Tagesverlauf auszunutzen, sobald sie sich anbahnen. Doch der durchschnittliche Chartstudent wird selten, wenn überhaupt jemals, viel verlieren, wenn er von der ständigen Kommunikation mit dem Ticker Abstand nimmt, und er hat wahrscheinlich mehr davon, wenn er sich von der Begeisterung, der Konversation, dem Klatsch, dem Ungestüm und der Nervenbelastung abschottet, die aus der Beobachtung der erratischen Schwankungen im Laufe des Handelstags vom Maklerbüro aus entstehen. Viele professionelle Akteure sind Meister der Kunst, ihre Orders dergestalt aufzuteilen oder zu bündeln, dass der Ticker zu einem bestimmten Zeitpunkt des Tages die von ihnen gewünschte Wirkung auf die Massen ausübt, die ihn im Büro beobachten.

Drei Regeln, mit denen man an der Börse Geld verdient: erstens Geduld, zweitens Geduld und drittens noch mehr Geduld.

Das Idealziel des Chartstudenten besteht darin, das Marktgeschehen für sich selbst sprechen zu lassen und eine Prognose seiner technischen Position abzugeben, und es ist überaus schwierig, die für dieses Ideal notwendige ruhige geistige Offenheit zu haben, wenn man den psychologischen Gezeiten des Brokerklatschs, den Nachrichten, Hoffnungen und Ängsten ausgesetzt ist.

Regelmäßige Zeiten für die tägliche Chartpflege

Wir haben bereits angemerkt (in Studie I), dass es gut ist, wenn der Student eine bestimmte, regelmäßige und gewohnte Zeit hat, zu der er jeden Tag seine Charts bearbeitet, vorzugsweise am Abend nach Handelsschluss. Dann kann er die Bewegungen des Tages mit Muße bewerten und dafür so viel oder so wenig Zeit aufbringen, wie es ihm angesichts der Bedeutung des Szenenwechsels notwendig erscheint. Und wenn er nicht in engem Kontakt zu seinem Broker steht, kann er seine Orders in aller Ruhe und Gelassenheit zusammenstellen und sie noch am gleichen Abend versenden, sodass sie am nächsten Morgen seinen Broker erreichen.

Limit-Orders und Market-Orders

Bei unseren praktischen Handelsbeispielen sind wir außerdem davon ausgegangen, dass die Orders als „bestens" beziehungsweise als Market-Orders aufgegeben werden, nicht als Limit-Orders. Wir vertreten diesbezüglich allerdings keine dogmatische Theorie und keine Regel. Es gibt zahlreiche Fälle, in denen es empfehlenswerter ist, Limit-Orders zu platzieren und das kleinere Risiko einzugehen, dass einem eine Ausführung entgeht, vielleicht sogar bei einer profitablen Bewegung, als das größere Risiko einzugehen, dass man von einem nächtlichen Kurssprung oder einem Gap erwischt wird. Natürlich sind Limit-Orders grundsätzlich im aufgeregten Handel ratsam, in dem Kursdifferenzen wahrscheinlich sind, oder wenn nach Handelsschluss wichtige Meldungen bekannt werden. Sie sind auch nützlich, wenn die gewohnheitsmäßige oder wahrscheinliche tägliche Kursspanne breit ist und es logisch erscheint, dass der Kurs im Laufe des nächsten Tages vorübergehend auf einem günstigeren Niveau stehen wird als bei Handelseröffnung.

Da diese Ausnahmen nicht besonders häufig sind, scheint es aber vorzugswürdig, mit Market- statt mit Limit-Orders zu traden. Auf lange Sicht machen die Enttäuschungen, die Verluste und die Beurteilungsfehler, die sich aus der Nichtausführung von Limit-Orders ergeben, die kleinen Vorteile mehr als wett, die sich daraus ergeben können. In der Mehrzahl der Fälle sollte der Trader überhaupt nicht traden, wenn er nicht die Wahrscheinlichkeit einer lohnenswerten Bewegung um mindestens vier oder fünf Punkte sieht.

Darum ist es offensichtlich töricht und unlogisch, das Risiko einzugehen, eine gewinnbringende Bewegung um viele Punkte zu verpassen, nur weil man vielleicht einen Bruchteil bis zu einem Punkt sparen kann, indem man eine Limit-Order statt eine Market-Order erteilt.

Innere Stärke – ein Wort an die von Natur aus Vorsichtigen

Zum Abschluss unserer Besprechung diverser praktischer Empfehlungen für den Einsatz unseres Grundwissens über Charts: Für den konkreten Handel dürfte ein Wort zum Thema „Nervenkostüm“ beziehungsweise zur inneren Stärke nicht unangebracht sein. Wir zögern allerdings, diesen Teil unserer Beobachtungen an die große Masse der durchschnittlichen Leser zu richten, denn in den meisten Fällen stellen wir fest, dass der durchschnittliche Student wohl eher Worte der Warnung und der Zurückhaltung braucht als die Ermunterung zum Handeln. Jedoch gibt es fast mit Sicherheit einen bestimmten Persönlichkeitstyp, der so vorsichtig ist, dass er ein Wort oder zwei zu Entschlossenheit, Initiative und Handeln benötigt. Ob nun zum Glück oder zum Unglück, jedenfalls ist diese Persönlichkeitsklasse in der Minderheit, doch es muss auch ganz offen gesagt werden, dass diese Klasse die meisten beständigen Erfolge mit technischem Chart-Trading erzielt.

Der Student, dessen Charakter für das profitable Chart-Trading von Natur aus am günstigsten ist, nimmt eine vorsichtige und skeptische Haltung gegenüber allen unseren Chartregeln ein und wird deshalb Angst haben, sich dahin zu begeben, wo andere – vielleicht weniger fähige – blind und sich selbst überschätzend letztlich in einen Verlust hineinrennen. Auch wenn die Menschen mit vorsichtigem und skeptischem Temperament in der Minderheit sind, so sind sie doch die erfolgreiche Minderheit, und unsere ständige wiederholte Betonung von Vorsicht, Konservatismus und Misstrauen gegenüber allen technischen Regeln und Theorien schlägt bei ihnen vielleicht eher eine Saite an als bei der Mehrheit derjenigen, an die sich diese Ermahnungen richten. Daher sollte diese kleine, konservative Klasse von Menschen vielleicht unseren abschließenden Empfehlungen besondere Aufmerksamkeit schenken, die das Evangelium des entschlossenen Handelns sind, wenn eine gewissenhafte Untersuchung zu konkreten und ernstlich begründeten Schlussfolgerungen geführt hat.

Der zu konservative Student

Der konservative Student wird aufgrund seines Charakters zuweilen zu vorsichtig sein. Zwar kann er mit dieser Eigenschaft langfristig erfolgreicher sein, doch muss er sich, so widersprüchlich das auch klingen mag, vor übertriebener Vorsicht, übergroßen Zweifeln und zu großer Schüchternheit hüten. Für diesen Persönlichkeitstyp ist das Zögern der größte Stolperstein. Er überlegt sich zunächst eine völlig unmissverständliche korrekte Situation für ein bestimmtes entschlossenes Handeln. Dann wägt er die entgegengesetzten Wahrscheinlichkeiten zu sorgfältig ab und beschließt, abzuwarten.

Seine Marktbewegung „entfernt sich von ihm". Sein Urteil war korrekt, aber je länger er das Handeln aufschiebt und je zögerlicher und unsicherer er wird, desto unwahrscheinlicher wird es, dass er aus seiner korrekten Analyse Profit schlägt. Das Ergebnis eines solchen Aufschiebens ist nicht nur psychische Verstimmung, sondern in nicht seltenen Fällen auch die Neigung, sich selbst zu zwingen, sich ohne die übliche sorgfältige Analyse und den üblichen gesunden Menschenverstand zu einem Zeitpunkt hineinzustürzen, zu dem die Bewegung, die vor einer gewissen Zeit mit sauberer Logik vorhergesagt war, gerade vorbei ist oder im Begriff steht, zumindest in Form einer technischen Korrektur zu wenden.

Der vorsichtige und der übermäßig selbstbewusste Typ

Der Leser muss selbst entscheiden, zu welcher Klasse er gehört, und es dürfte ihm nicht sehr schwerfallen, zu erkennen, ob dieser Ratschlag etwas für ihn oder für Leser mit einer vollkommen anderen Veranlagung ist. Wenn der Ratschlag etwas für ihn ist, dann sollte das Ziel des Lesers darin bestehen, den Ratschlag direkt und unverzüglich umzusetzen, sobald er ihn zu einer grundsätzlich vernünftigen Schlussfolgerung geführt hat.

Eine Person, die von Natur aus vorsichtig und berechnend ist, wird im Rückgriff auf die Stop-Loss-Order einen ganz besonderen Segen sehen. Indem sie diese Art von Schutz immer dann einsetzt, wenn sie befürchtet, dass eine gewissenhafte, gründliche Analyse auf dem Kopf gestellt wird, kann sie es gelassen wagen, ihrer Überzeugung entsprechend zu handeln, da sie exakt weiß, wie viel sie verlieren kann, wenn sich der Markt unerwartet entgegen den analytischen Schlussfolgerungen bewegt.

Wir wollen hier nicht den Eindruck erwecken, dass eine Person, die sich nicht ernsthaft in diese Klasse der konservativen oder vorsichtigen Trader einordnen kann, dazu verurteilt wäre, mit dem praktischen Chart-Trading zu scheitern. Weit gefehlt. Es ist bloß so, dass Vorsicht in mäßiger Dosierung eine für den Markterfolg günstige Eigenschaft ist, dass sie sich aber genauso wie Radikalität zu gewinnlosen Extremen treiben lässt. Eine gesunde Mischung aus Entschlossenheit und Vorsicht ist für den erfolgreichen Trader ideal, und das gilt auch für die meisten anderen Berufe.

Die Gefahr der Sturheit

Die Entschlossenheit, die wir dem zu vorsichtigen Trader als wünschenswerte Eigenschaft empfehlen, die er pflegen sollte, sollte allerdings nicht bis zum Extrem der Selbstüberschätzung oder des sturen Beharrens auf einer Entscheidung getrieben werden, die durch das nachfolgende Chartgeschehen widerlegt wurde. Wenn sich eine Aktie nicht gemäß der eigenen Analyse verhält, dann versucht der Markt, dem Trader zu sagen, dass er diese Analyse ändern muss.

Einer der schwersten grundlegenden Fehler, die der Chart-Trader begehen kann, besteht darin, anzunehmen, Erfolg oder Misserfolg hingen ausschließlich von seiner Analyse ab. Das mag vielleicht in hohem Maße gelten, ist aber eine gefährliche Einstellung, denn sie gibt dem Trader tendenziell das Gefühl, die Marktbewegungen würden auf ihm beruhen, auf seiner Analyse, auf seinen Gedanken über das, was in Zukunft geschehen sollte – und das führt sowohl zu Selbstüberschätzung als auch zu Sturheit. Dem erfolgreichen Trader muss klar sein, dass diese Analyse nicht unmittelbar etwas mit den Marktbewegungen zu tun hat. Es ist nicht so, dass der Trader dem Markt sagen würde, was er zu tun hat, sondern vielmehr sagt der Markt dem Trader, was er zu tun hat. Der Markt sagt andauernd etwas, und mithilfe der Technischen Analyse versucht der Trader, das Geschehen am Markt und dessen Ratschläge zu interpretieren und zu verstehen. Doch es ist wichtig, stets zu begreifen, dass der Markt seinen Umgangston jederzeit ändern kann und vorgefasste Meinungen, die auf vorherigem technischem Geflüster basieren, eindeutig fehl am Platz sind.

Nicht der Trader sagt dem Markt, was er zu tun hat, sondern der Markt sagt es dem Trader.

Wenn das Marktgeschehen letzte Woche die Grundlage einer technischen Prognose war, sich aber in der jetzigen Woche nicht an diese Prognose gehalten hat, dann muss man dem technischen Geschehen das Recht lassen, seine Meinung und somit auch die des Traders zu ändern, und man darf keine sture Haltung nach dem Motto einnehmen, die Analyse der Vorwoche – so ideal und gewiss sie auch gewesen sein mag – müsste ewig andauern.

Man gebe dem Markt die Chance, zu agieren

Auf der anderen Seite darf es dem technischen Chart-Trader nicht an Geduld fehlen. Sturheit und Selbstüberschätzung sind zu vermeiden, aber ebenso Ungeduld und Übereifer, schnell zu handeln. Es besteht keine Notwendigkeit, die Analyse der letzten Woche zu ändern, nur weil sie nicht so schnell funktioniert hat wie damals angezeigt. Es gibt keinen Grund, seine Meinung oder seine Marktposition allein aufgrund einer Verzögerung oder aufgrund von trägem oder inaktivem Marktgeschehen zu ändern, sondern nur auf der Grundlage von echtem, eindeutigem Geschehen, das der bisherigen Analyse direkt entgegengesetzt ist.

Eine Durchsicht unserer diversen Chartbeispiele, die wir in den vorigen Studien angeführt haben, bietet unzählige Beispiele, in denen die Analyse zutreffend war, jedoch die Hinweise frühzeitig innerhalb der technischen Formationen kamen und man beträchtliche Geduld brauchte, um die ursprüngliche Prognose erfolgreich zu verwirklichen. Wenn ein Engagement durch das Chartgeschehen gerechtfertigt ist, lohnt es sich, geduldig auf die Erfüllung der Prognose zu warten.

Risiken im Voraus abwägen

Ein weiteres Grundprinzip, das gewissermaßen mit allem Vorstehenden zusammenhängt, jedoch vor allem mit einer gesunden Vorsicht, ist die rationale Abwägung des Gesamtrisikos, das mit einem Engagement verbunden ist, und zwar bevor man das Engagement eingeht. Dieses Prinzip bringt es mit sich, dass der Trader vor dem Kauf oder Verkauf einer Aktie annimmt, dass sich seine Hoffnungen, seine Erwartungen, seine Pläne und seine Technische Analyse zu 100 Prozent als falsch erweisen können. Und wenn er das Verhalten seiner Aktie auf dieser Grundlage betrachtet, sollte er sich auch überlegen, wie er vorgehen würde, wenn dieses unglückliche Ereignis eintreten würde.

Das mag nach einer leichten, logischen und alltäglichen Angelegenheit klingen, aber in Wirklichkeit ist diese Abwägung unter den durchschnittlichen Tradern äußerst unüblich. Die Wahrheit ist, dass die meisten Börsenverluste vollständig vermieden werden könnten, wenn vorher ein solcher vorausschauender mentaler Prozess stattgefunden hätte. Der durchschnittliche Trader hat selbst dann, wenn er recht erfahren und fähig ist, einen Hang dazu, sich von seiner Analyse und von seinen Erwartungen, was mit dem Engagement geschehen wird, das einzugehen er im Begriff steht, dermaßen einwickeln zu lassen, dass er keinen Gedanken an die andere Seite des Bildes verschwendet, das sich möglicherweise entwickeln könnte, nachdem er das Engagement tatsächlich eingegangen ist.

Wenn ein Trader den Kauf einer Aktie bei rund 45 erwägt, vertraut er natürlich darauf, dass sie steigen wird, und ist von der angenehmen Vorstellung erfüllt, dass er sie später für rund 55 oder vielleicht auch 60 verkaufen wird. Seine Analyse mag durchaus zutreffend sein, aber es kann sich ja etwas ergeben, das sie vollständig auf den Kopf stellt. Er hintergeht also seine eigene Position, wenn er nicht die schwersten Folgen abwägt, die ihn in dem – wenn auch nur entfernt wahrscheinlichen – Fall betreffen würden, dass sein Urteil falsch ist oder dass sich der Markt unerwartet gegen ihn wendet.

Hilfestellungen, um es nicht zu übertreiben

Eine solche Abwägung aller Möglichkeiten, auch der schlimmsten, belohnt einen entweder, indem sie Verluste begrenzt, dadurch, dass man sich keine übertriebenen Sorgen zu machen braucht, oder häufiger dadurch, dass man garantiert gute Pläne für alle möglichen Eventualitäten hat. Die Betrachtung aller Möglichkeiten bringt eine gesunde Vorsicht mit sich und führt vielleicht dazu, dass man von dem geplanten Engagement Abstand nimmt, oder – noch besser – dazu, dass man einen konkreten oder mentalen Stopp setzt, bei dem der mögliche künftige Verlust begrenzt wird.

Wahrscheinlich ergibt sich daraus auch, dass man stufenweise tradet oder zumindest seine Trading-Einheiten auf konservativen Niveaus hält. Letzteres ist wichtig. Ungedeckte Spekulation ist finanziell und psychologisch eher verlustreich als vorteilhaft. Diese Aussage kann jeder Börsenanalyst und jeder Börsenberater aus seinem eigenen Erfahrungsschatz bestätigen, und vor seinem geistigen Auge ziehen viele lebhafte Beispiele für die Fehlschläge vorbei, die ursprünglich fast vollständig und unmittelbar aus ungedeckter Spekulation resultieren.

Ein solcher Fehler lag den meisten gewaltigen Verlusten und sogar Tragödien zugrunde, die 1929 auf die Hausse des „neuen Zeitalters" folgten. Die Gewinne schienen derart sicher zu sein, dass der durchschnittliche Trader nicht innehielt, um über Verluste nachzudenken. Solange er sich noch Geld leihen konnte, überlegte er sich nicht, wie viel er durch seine übertriebenen Einsätze verlieren konnte, wenn sein Urteil falsch war. Wenn er zuerst daran dachte, 20 Stücke einer bestimmten Aktie zu kaufen, rechnete er sich sofort den Gewinn aus, den ihm ein Anstieg um zehn Punkte bringen würde. Das waren aber nur 200 Dollar. Nicht genug. Nicht schnell genug. Die einfachste Möglichkeit, seine Gewinne schnell zu steigern, bestand schlicht darin, seinen Einsatz – auch mit einem kleinen Kredit – auf 100 Aktien und einen geistigen Gewinn von 1.000 Dollar oder auf 1.000 Aktien und einen geistigen Gewinn von 10.000 Dollar zu erhöhen.

Doch dabei vergaß er völlig, sich den potenziellen und möglichen Verlust in dem Fall zu überlegen, dass die Aktie nicht stieg, sondern fiel. Er vergaß völlig die trüben Aussichten langer Jahre der Sorgen, des Kämpfens und der Verzweiflung, die er damit verbringen müsste, sein Darlehen abzubezahlen und sein Kapital wieder hereinzuholen, wenn die Dinge nicht genau so liefen, wie er sich versessen vorstellte, dass sie laufen müssten.

Übertreiben Sie es mit Ihren Einsätzen nicht, und entscheiden Sie, bevor Sie den Markt betreten, wie viel von Ihrem Gesamtkapital Sie mit Ihren Handelsgeschäften riskieren wollen. Verausgaben Sie sich nicht zu sehr und behalten Sie für das Unerwartete immer etwas in Reserve.

Sich nicht zu sehr auf Rat von Dritten stützen

Und wenn wir dann alles, was wir in diesem Kurs, durch Erfahrung, durch fleißige Nachforschungen und durch alle anderen Kanäle gelernt haben, verdaut und zu einem Teil unseres praktischen Börsenwissens gemacht haben, sollten wir uns darauf besinnen, dass wir bezüglich unseres persönlichen Handelns am Markt unsere eigenen Herren sind. Wir sollten bedenken, dass niemand unfehlbar ist, dass unsere Charts nicht unfehlbar sind und dass niemand in der Lage ist, genau vorherzusehen, was eine Aktie tun wird.

Bedenken wir außerdem, dass wir innerhalb vernünftiger Grenzen sowie unter Vermeidung von Selbstüberschätzung und Selbstgenügsamkeit so ungefähr die gleiche Grundlage für Analysen haben wie die meisten anderen Trader; dass das Sammeln von diversen Gerüchten, Meinungen und eingebildeten Nachrichten wahrscheinlich unsere Aufmerksamkeit von einer grundsoliden und wissenschaftlichen Herangehensweise an unsere Problemstellung ablenkt und dass wir es – wenn wir die Absicht haben, das rein technische Geschehen zu analysieren – nicht nötig haben, unsere Vorstellungswelt mit allzu vielen äußeren Tatsachen anzureichern. Der Markt selbst wird alle Informationen für uns beurteilen, einschließlich der Insiderinformationen, die wir uns nicht selbst oder über unsere höchst vertrauenswürdigen Institutionen beschaffen könnten.

Das Sammeln von diversen Gerüchten, Meinungen und eingebildeten Nachrichten lenkt wahrscheinlich unsere Aufmerksamkeit ab.

Weder müssen wir unsere Augen vor Fundamentaldaten verschließen noch müssen wir unser Denken vor grundlegenden Trends und Zahlen verschließen, vor Geschäftsberichten, Bilanzen, konjunkturellen Aussichten, der Psychologie der Allgemeinheit und ähnlichen Hilfsmitteln. Unsere technischen Chartuntersuchungen werden durch solche Hilfestellungen nur ergänzt, sofern sie zuverlässig sind, angemessen beurteilt und vernünftig eingesetzt werden. Jedoch brauchen wir bei unserer Technischen

Analyse dem geschwätzigen Ticker, dem Brokerklatsch, den Ratschlägen, den Gerüchten, den unbestätigten Berichten und dem Hörensagen kaum Aufmerksamkeit zu widmen.

Den Markt selbst Prognosen erstellen lassen

Kurz gesagt reichen uns der Markt und unsere Analyse seines technischen Geschehens als unsere persönliche Richtschnur aus, was im geheimen Allerheiligsten des Vorstandszimmers, in den Auftragsbüchern des Unternehmens, in den Geheimkonferenzen der professionellen Akteure und den anderen unbestimmten Medien des Klatsches und der unbegründeten Gerüchte vor sich geht.

Wir brauchen nicht persönlich in die Nähe eines Maklerbüros zu kommen und gewiss nicht über dem Ticker zu brüten oder die aktuellen Meldungen zu verschlingen, die über die überhitzten Leitungen hereinkommen. Ohne sonstige grundlegende Nachrichten und bestätigte Informationen zu ignorieren, können wir uns stattdessen in unserem eigenen Büro oder Arbeitszimmer zurücklehnen, ohne anmaßend unser selbst sicher zu sein und ohne uns zufrieden selbst zu überschätzen, jedoch trotzdem der Tatsache gewiss, dass – wenn wir uns richtig vorbereitet haben, uns durch Fleiß, Geduld, harte Arbeit, Erfahrung und Verständnis eingestimmt haben – der Markt an sich beim praktischen Handeln unser treuester Freund ist, weil er für diejenigen, die seine Anzeichen und Signale erfolgreich lesen können, in der Gegenwart seinen wahrscheinlichen künftigen Gang vorzeichnet.

Die Beurteilung der persönlichen Eignung für das Chart-Trading

Selbstverständlich wird niemals jedermann für das Chart-Trading gleichermaßen besonders geeignet sein. Zum einen erfordert es in recht hohem Maße Zeit, Interesse und Geduld. Die wahrscheinlich wichtigsten Eigenschaften sind grundsätzliche Ernsthaftigkeit und der Wunsch, zu lernen, denn praktische Erfahrung ist der Schlüssel zum Erfolg. Und nur der tatsächliche Handel oder die Simulation des tatsächlichen Handels wird dem Neuling zeigen, wie gut er sich für den erfolgreichen und aktiven Börsenhandel eignet.

Es wäre schon ein bisschen vermessen, wenn sich ein unerfahrener Student sofort mit hartem und schwer verdientem Geld in den praktischen Handel stürzen würde, um seine Standhaftigkeit zu prüfen. Der geeignete Ersatz ist das Paper-Trading. Es ist ein angenehmes, schmerzloses und vergleichsweise einfaches Mittel, die Vorarbeiten, die Erfahrung und die praktischen Fähigkeiten an der Börse zu überprüfen, ohne unmittelbar Kapital aufs Spiel zu setzen.

Das Paper-Trading erfordert weder Geld noch ein Depot noch den überstürzten Sprung in den Mahlstrom des tatsächlichen Handels. Man braucht dafür lediglich eine passende Zusammenstellung von Charts und einen Notizblock. Wenn der Paper-Trader einen Monat bis ein Jahr lang regelmäßig und mit Durchhaltevermögen seine Charts studiert, seine Meinung über das angemessene Handeln formuliert und seine theoretischen Trades auf Papier notiert, wobei er das Trading mit echtem Geld originalgetreu simuliert und dies vor allem mit vollständiger Ernsthaftigkeit und Ehrlichkeit gegenüber sich selbst tut, dann dürfte er sehr schnell feststellen, ob es für ihn klug wäre oder nicht, sein technisches Trading damit fortzusetzen, dass er echtes Geld riskiert.

Paper-Trading

Wenn es mit den Buchgewinnen unter den Testbedingungen des Handels nicht klappt, braucht der Student noch nicht die Hoffnung zu verlieren, jedoch sollte er auf jeden Fall so lange davon Abstand nehmen, den Markt zu betreten, bis er verschiedene Methoden gefunden hat, die ihm beständig Gewinne bescheren. Es kann sein, dass er dafür aktiver traden muss, aber wahrscheinlicher ist, dass er dafür weniger aktiv handeln muss. Vielleicht ist er besser für das Trading auf längere Kursausschläge geeignet, für die zyklische Geldanlage oder nur für Engagements in bestimmten Bereichen.

Das Schlimmste, was passieren kann, sind auf jeden Fall Buchverluste, und wenn der Student ernstliches Interesse hat, dürften weitere Tests, mehr Erfahrung und eine gesunde Portion Geduld dazu führen, dass er letztlich mit den Grundlagen, die wir in unserer Studie vorzutragen versucht haben, zum Erfolg findet.

Zusammenfassung und Rückblick

In den ersten Kapiteln unseres Kurses haben wir versucht, einen ziemlich vollständigen Überblick über die einzelnen Chartmuster zu bieten, die sich bei unserer grundlegenden Untersuchung des technischen Geschehens am Aktienmarkt als hilfreich erweisen können. In den späteren Kapiteln haben wir versucht, dieses Material zu einer umfassenden Wissenschaft zu koordinieren. Auf dieser Basis kann der Student zu seiner eigenen Praxis und Erfahrung mit der Technischen Analyse fortschreiten.

Da wir nun zum Ende unseres Kurses kommen, dürfte es hilfreich sein, uns ein bisschen Zeit für eine allgemeine Zusammenfassung zu nehmen. Bei der Durchsicht unseres Katalogs der Formationen finden wir beispielsweise gewisse Chartmuster, die im Allgemeinen eine Umkehr der bisherigen Kursbewegung andeuten. Die meisten davon sind Bereichsformationen und nicht viel mehr als variable Bilder eines normalen und natürlichen Rundungsprozesses, während die umkehrende technische Kraft zunimmt, allmählich die technische Kraft der vorangegangenen Bewegung überwindet und eine Wende des Kurstrends bewirkt.

Übersicht über die Familie der Umkehrformationen

Wir haben somit die Schulter-Kopf-Schulter-Formation, den Common Turn, die Mehrfachformationen, die komplexen Formationen mit zweifachen Köpfen und zweifachen Schultern sowie das Broadening Top kennengelernt. Wir haben gesehen, dass Dreiecke entweder zu einer Umkehr oder zu einer Fortsetzung führen können, aber dass man auf sie wohl häufiger als Fortsetzungsformationen treffen wird. In der Gruppe der untergeordneten Umkehrformationen ging es außerdem um die Keilformation, das Rechteck und den Diamanten. Alle diese Umkehrformationen sind variable Bilder, die sich daraus ergeben, dass eine geradlinige Kursbewegung auf technische Stärke in der entgegengesetzten Richtung trifft und nach und nach von ihr überwunden wird. Mehr oder weniger eine Klasse für sich ist hingegen die Inselumkehr.

Gewisse Chartmuster deuten im Allgemeinen eine Umkehr der bisherigen Kursbewegung an.

Viele dieser verschiedenen Formationen neigen bei der tatsächlichen Chartbeobachtung dazu, ineinander überzugehen, aber das braucht uns kaum zu kümmern, denn das, was sie anzeigen, ist viel wichtiger als ein spezifisches Muster, dem wir den einen oder den anderen Namen geben können, sofern der Hinweis auf eine Umkehr der bisherigen Kursbewegung lautet. Die entscheidenden Linien – die Linien, deren Bruch zum Handlungssignal wird – sind meist unabhängig von der exakten Klassifizierung des Musters klar definiert, insbesondere wenn man sorgfältig auf die überaus wichtigen Volumenhinweise achtet.

Übersicht über die Familie der Fortsetzungsformationen

Bei der Klassifizierung der Fortsetzungsformationen steht wahrscheinlich das symmetrische Dreieck ganz oben auf der Liste. Dann begegneten uns die verschiedenen anderen Formen von Dreiecken, unter anderem der steigende und der fallende Typ, bei denen die Hypotenuse die Richtung der nachfolgenden Bewegung anzeigt. Als Nächstes haben wir die Rechtecke und die weniger definierten Muster kennengelernt, denen wir die Bezeichnung als Fortsetzungs-Schulter-Kopf-Schulter-Formation gegeben haben. Wir haben vermerkt, dass Flaggen und Wimpel besonders zuverlässige Fortsetzungsformationen sind. Dann haben wir Stauzonen wie hängende Böden und anziehende Spitzen, Hörner und untergeordnete Formationen wie die Zickzack-Formation, eintägige Out-of-line-Bewegungen, Muscheln und Ähnliches besprochen.

Andere spezielle Figuren und allgemeine Überlegungen

Neben diesen spezifischen Chartbildern haben wir noch von den zusätzlichen hilfreichen Hinweisen erfahren, die sich aus der Anwendung anderer, allgemeinerer Faktoren ergeben, zum Beispiel Widerstandsniveaus, Unterstützungsniveaus, vom Faktor des Umsatzvolumens im Verhältnis zur Kursbewegung und von dem höchst wichtigen Einfluss einzelner, paralleler, gefächerter und sich abflachender Trendlinien. Und dann haben wir eher als Klasse für sich von der gesamten Familie der Gaps gehört, deren Aussagen das allgemeine Muster ergänzen – vom Common Gap, dem Fortsetzungs-Gap, dem Breakaway Gap und dem Erschöpfungs-Gap sowie den Messtheorien, die auf einzelnen und mehrfachen Gaps basieren, um das mögliche Ausmaß der nachfolgenden Bewegung zu ermitteln.

Wir würden keinen Moment lang vom Studenten erwarten, dass er bei jeder Beobachtung des praktischen Chartgeschehens alle Muster, Chartformationen, Regeln, Theorien und Hypothesen verwendet, die in dieser Studie enthalten sind. Wir haben versucht, in unserem Katalog auf die wichtigsten Punkte aufmerksam zu machen, doch man muss bedenken, dass es eben trotzdem ein Katalog ist. Wir haben versucht, eine vollständige Untersuchung aller Chartformationen und Chart-Theorien vorzulegen, von denen sich erwiesen hat, dass sie einen Vorhersagewert besitzen, und um der Vollständigkeit willen haben wir auch viele Punkte von geringerer Bedeutung aufgenommen, die der durchschnittliche Leser wohl nur bei vergleichsweise wenigen Gelegenheiten in der konkreten Praxis wird einsetzen können.

Zu viel Theorie?

Wir sind auch sehr empfänglich für die mögliche Kritik vonseiten der Leserschaft, wir hätten zu viel Theorie präsentiert. Ein skeptischer Kritiker könnte vielleicht anmerken, dass zwar jede übergeordnete Kursbewegung, die ihre bisherige Richtung umkehrt, fast zwangsläufig irgendeine Art von Bild aufweist, das einer unserer vielen Umkehrformationen ähnelt, und dass dadurch, dass wir die Warnung ergänzen, sogar solche Muster seien häufig fehlbar und irreführend, sich unser gesamtes Konzept und unsere gesamten wissenschaftlichen Erkenntnisse in Allgemeinplätzen auflösen. Diese Art von Kritik ist ein derart krasses Missverständnis aller Behauptungen der Chart-Theorie, dass sie dem durchschnittlichen Leser oder dem erfahrenen Studenten wohl nie in den Sinn kommen würde. Es ist aber durchaus angebracht, den wenigen, denen der grundlegende springende Punkt unserer theo-

Wir haben die Aufmerksamkeit auf gewisse Gesetze und Regeln gelenkt, die seit eh und je funktionieren, jedoch nie klar definiert wurden.

retischen Wissenschaft und unserer Überlegungen entgangen ist, ihre Fehlerhaftigkeit darzulegen.

Der Verfechter der Chart-Theorie beansprucht nicht für sich, er habe irgendwelche neuen Prinzipien des grundsätzlichen technischen Geschehens aufgestellt, sondern nur, dass er die Aufmerksamkeit auf gewisse Gesetze und Regeln lenkt, die seit eh und je funktionieren, jedoch nie klar definiert, ausdrücklich anerkannt oder zu einer festgelegten wissenschaftlichen Routine katalogisiert wurden. Die einfache Logik, die hinter unseren diversen Chart-Theorien steht, ist nicht nur die Grundlage der oben erwähnten Kritik, sondern auch die beste Entgegnung darauf.

Die Chartkunde ist vor allem ein Erfahrungskatalog

Wir können zum Beispiel frank und frei zugeben, dass praktisch jeder Prozess einer technischen Marktwende von Natur aus und logischerweise unter eines unserer vielen Umkehrmuster fällt. Doch letztlich ist das auch alles, was wir behaupten oder behaupten müssen, um die Nützlichkeit solcher Muster zu beweisen. Die verschiedenen Muster sind schlicht eine praktische Hilfe, um die Entwicklung einer Kurswende zu erkennen. Unsere Definitionen aller dieser Muster und unsere verschiedenen technischen Bezeichnungen für sie sind lediglich eine Hilfestellung bei der Untersuchung von Gesetzen, die schon immer existiert haben. Durch die Katalogisierung und Definition werden sie nur umso einfacher, leichter verständlich, klarer bestimmt und praktikabler.

Die Wissenschaft der Astronomie nimmt nicht für sich in Anspruch, Einfluss auf die Umlaufbahnen der Planeten genommen zu haben, sondern nur, Tatsachen katalogisiert zu haben, die schon immer existiert haben, um die Untersuchung dieser Tatsachen zu erleichtern und uns so zu der Beobachtung weiterer Fakten und Gesetze hinzuführen. Daher stellt die Wissenschaft des technischen Chartlesens auch nicht die Behauptung auf, den Markt zu beeinflussen oder neue Gesetze zu entwickeln, an die sich der Markt halten muss, sondern nur, dass sie Fakten, Reaktionen, Gesetze und Theorien katalogisiert, die es schon immer gegeben hat, um bei der Untersuchung des Marktes Klarheit zu schaffen und es leichter zu machen, dem Wissen, aus dem unsere Wissenschaft besteht, weiteres Wissen hinzuzufügen.

Weshalb Charts nicht unfehlbar sind

Leider bewegen sich die Börse und unsere Aktiencharts nicht in so festen und exakten natürlichen Zyklen wie die Planeten, die von den Astronomen erforscht werden. Infolgedessen besteht bei unserem Studium des technischen Marktgeschehens immer die Gefahr von Fehlbewegungen und anderen irreführenden Phänomenen. Die Elemente der menschlichen Fehlbarkeit, des Aufkommens unvorhersehbarer Nachrichten, plötzlicher Katastrophen, plötzlicher Verbesserungen und daraus resultierender schneller Veränderungen der Massenpsychologie – all das macht unsere normalen Regeln des technischen Marktgeschehens anfällig für Fehler, für Fehlbarkeit und plötzliche Änderungen der Prognose. Doch zur weiteren Verteidigung der Chart-Theorien soll lediglich erwähnt werden, dass vielleicht in der Mehrzahl der Fälle nicht so sehr die fundamentalen Hinweise des Charts auf Abwege geraten sind, sondern vielmehr die Pläne der Trader und Anleger, deren Aktionen zu einer eindeutigen Prognose und zu einer Bewegung hingeführt haben.

Der durchschnittliche Anleger weiß, wie oft sich seine Haltung gegenüber dem Markt oder gegenüber einer bestimmten Aktie über Nacht ändert, sei es aufgrund einer bestimmten Meldung oder einfach wegen eines psychologischen Sinneswandels. Doch nur der Insider weiß, wie oft professionelle Akteure von ihren sorgfältig niedergelegten Plänen zum Narren gehalten werden, wie oft sie eine Aktienposition aufstocken oder gerade bereit dafür sind, während der Chart bereits die geplante Aufwärtsbewegung anzeigt, wenn der Markt zu schwach wird, wenn andere Faktoren dazwischenkommen, wenn es aus irgendwelchen anderen Gründen plötzlich nicht mehr praxisgerecht ist, die ursprünglichen Pläne durchzuführen, und die Aktie in der Panik, sie loszuwerden, selbst mit einem massiven Verlust für die Insider abgestoßen wird. Solche Entwicklungen können vom Aktienchart ebenso wenig vorhergesehen werden wie von den Akteuren, deren Trading die Prognose des Charts beeinflusst.

Von Akteuren inszenierte trügerische Charts

Es ist keineswegs so, als wären sich die Insider und die professionellen Trader des wachsenden allgemeinen Interesses an Chart-Theorien und Chartmustern und ihrer zunehmenden Kenntnisse nicht bewusst. Im normalen Handel gibt es sicherlich nicht so viele Chart-Trader, dass es sich für die Profis lohnen würde, gegen sie statt gegen die Allgemeinheit zu spielen, doch haben wir gelernt, dass die Profis, um Geld zu verdienen, gegen irgendjemanden spielen müssen. Daher kann man sich ganz gut vorstellen, dass die Insider ab und zu die Chart-Trader ins Visier nehmen und dann bei den Aktien, die Gegenstand ihrer Kampagnen sind, bestimmte Chartmuster arrangieren, die je nach ihrer Wahl eine gewisse Menge an Kauf- oder Verkaufstätigkeit auf sich ziehen könnten, die ihre eigene Position stärken soll.

Diese Theorie schreibt den Profis vielleicht viel mehr Macht zu, als sie tatsächlich besitzen, aber es handelt sich eben nur um eine Theorie. Die beste Verteidigung des Studenten und jedenfalls seine beste Vorgehensweise besteht darin, eine ordentliche Anzahl einzelner Charts zu führen und zu beobachten. Der Profi kann sich ja wohl für kaum mehr als eine Handvoll seiner Lieblingsaktien entscheiden, und erst recht nicht für den Gesamtmarkt. Das irreführende Geschehen in wenigen einzelnen Charts wird häufig durch die gegenteiligen Anzeichen in vielen anderen Charts aufgedeckt.

Und dann steht uns natürlich stets der Schutz durch Stop-Loss-Orders zur Verfügung, sodass wir Situationen hinter uns lassen, die nicht richtig funktionieren, und auch die unvermeidliche Entwicklung neuer technischer Hinweise, die dem Studenten helfen, seine Vorhersage und seine Position zu revidieren. Man kann mit einer gewissen Sicherheit sagen, dass selbst die mächtigsten und finanzstärksten Akteure nicht lange verhindern können, dass der Chart das wahre technische Bild zeigt.

Ein Programm für Anfänger

Nachdem der Student diesen Kurs abgeschlossen hat, ist er nun bereit, sich selbst zu testen und seine neu erworbenen theoretischen Kenntnisse auf tatsächliches Handeln am Markt anzuwenden. Wenn er bereits ein Trader mit einer gewissen Erfahrung war, hat er zweifellos bereits Aktiencharts geführt und einige seiner technischen Theorien auf sie angewandt – und vielleicht sogar schon ein paar Trades auf Grundlage des technischen Geschehens getätigt. Und der Neuling hat in seiner ganz natürlichen Ungeduld, zu handeln, wahrscheinlich bereits begonnen, zumindest ein paar Charts zu führen, und seine neuen Prognoseregeln daran ausprobiert. Trotzdem dürfte es für beide eine Hilfe sein, wenn wir ein halbwegs vollständiges Handlungsprogramm skizzieren – die praktischen Schritte, die der Anfänger jetzt unternehmen sollte, um seine Studien profitabel zu nutzen. Wenn wir dieses Programm skizzieren, tragen wir einfach die detaillierten Verfahrensempfehlungen zusammen, die wir in diversen Kapiteln unseres Kurses gegeben haben – indem wir sie allerdings zu einem klaren Arbeitsplan zusammenstellen.

Dem Studenten, der bereits auf irgendeine Art und Weise angefangen hat (womit, wie wir bereits gesagt haben, wohl in der Mehrzahl der Fälle zu rechnen ist), wird dieses Programm als Mittel dienen, seine Technik zu überprüfen, es wird seine Aufmerksamkeit vielleicht auf gewisse Punkte lenken, die er übersehen haben könnte, oder ihm gewisse Änderungen seines derzeitigen Vorgehens nahelegen, von denen er es zumindest vorteilhaft finden mag, sie auszuprobieren. Indes ist unser Programm lediglich ein Vorschlag; jeder Trader muss in seiner abschließenden Analyse selbst die Methoden entdecken, die am besten zu seinen Fähigkeiten sowie zu der Zeit und dem Geld passen, das er gefahrlos für seine Trading-Aktivitäten aufbringen kann.

1. Die Aktienliste zusammenstellen

Der erste logische Schritt in unserem Programm ist die Auswahl der Liste von Aktien, zu denen Charts geführt werden sollen, in der Absicht, mit manchen von ihnen zu handeln, wenn sich von Zeit zu Zeit profitable Gelegenheiten entwickeln. Die wichtigsten Punkte, die beim Zusammenstellen dieser Liste zu beachten sind, wurden in den Studien I und XI besprochen. Wir fassen sie hier kurz zusammen.

A. Anzahl der Aktien

Hier ist die Zeit der begrenzende Faktor. Im Allgemeinen erzielt man die besten Ergebnisse, indem man so viele Aktien darstellt, wie man jeden Tag verwalten und gründlich studieren kann. 50 ist eine gute Zahl. Weniger als 25 liefern wohl kaum den für Vergleiche oder für eine zuverlässige Auslegung der allgemeinen Markttrends nötigen Hintergrund. Mit ein bisschen Übung ist das Eintragen der Daten zwar einfach und leicht, aber versuchen Sie nicht, mehr Charts zu führen, als Sie können oder für deren Analyse und Interpretation Sie Zeit finden. Je mehr Charts Sie führen, desto mehr gute und klare Trading-Gelegenheiten werden Sie natürlich entdecken, doch bedenken Sie, dass Sie sie selbst entdecken müssen und dass das bloße Führen einer großen Masse unverdauter Chart-Aufzeichnungen sie nicht unbedingt in Ihre Aufmerksamkeit rückt. Und schließlich verschwenden Sie nicht Ihre Zeit, indem Sie Charts von Aktien führen, mit denen Sie eigentlich nicht traden wollen.

B. Diversifizierung

Da manche Branchen florieren, während andere zurückgehen, und da sich die Aktien mancher Branchen am Markt bewegen, während andere stillstehen, ist es am besten, für die Chartdarstellung eine breit gestreute Liste auszuwählen. Nehmen Sie aus jeder bedeutenden Branchengruppe mindestens eine oder zwei gut handelbare Aktien aus. Darüber hinaus mögen Ihre persönlichen Vorlieben über ein vernünftiges Spektrum entscheiden.

C. Kursniveau und Kapitalisierung

Von gewissen Ausnahmen abgesehen eignen sich Aktien, deren Kurs im mittleren Kursbereich liegt, am besten für die technische Untersuchung und für das technische Trading. Meiden Sie „billige“ Aktien – etwa solche, die unter 10 gehandelt werden –, außer wenn Sie einen sehr guten persönlichen Grund haben, eine oder zwei derartige Aktien zu verfolgen. Konzentrieren Sie sich auf Aktien im Bereich zwischen 15 und 60. Wählen Sie aktiv gehandelte Aktien aus, von denen eine ausreichend große Anzahl von Stücken im Umlauf sind, aber auch hier ist wieder der Mittelweg am besten. Aktien mit sehr geringem Streubesitz lassen sich leicht manipulieren und sind anfällig für sprunghafte Bewegungen, ohne dass sich gute Chartmuster entwickeln. Auf der anderen Seite ist das Marktgeschehen bei in extrem hoher Zahl gehandelten Aktien für gewöhnlich schleppend, und sie bieten von einer sehr langfristigen Basis abgesehen nur begrenzte Trading-Gewinne. Und natürlich gibt es von beiden Regeln Ausnahmen.

D. Schwankungskraft

Dieses Kriterium für die Auswahl von Aktien zum Zweck der Chartdarstellung und des Tradings bringt eine Untersuchung der Vorgeschichte mit sich. Wenn Wochen- oder Monatscharts der Vergangenheit – vorzugsweise Erstere über einen Zeitraum von mehreren Jahren – für die Analyse zur Verfügung stehen, zeigen sie grafisch, welche von zwei Aktien gewöhnlich größere und darum profitablere Ausschläge vollführt. Wenn keine Charts verfügbar sind, liefert die durchschnittliche prozentuale Differenz zwischen den Jahrestiefs und Jahreshochs über mehrere Jahre, die in vielen Statistikdiensten und Brokerbulletins veröffentlicht werden, einen brauchbaren Hinweis auf die Schwankungsgewohnheiten.

E. Branchenindizes und allgemeine Marktindizes

Unser Rat ist, sich um beide nicht zu kümmern, Wie bereits gesagt, sind beide für den durchschnittlichen Trader wahrscheinlich eher verwirrend als hilfreich. Wenn Sie jedoch denken, Sie sollten sie beobachten: Charts des Gesamtmarkts werden in vielen Zeitschriften und Zeitungen veröffentlicht, wo man sie verfolgen kann. In manchen Wochen- und Monatszeitschriften werden auch Branchencharts veröffentlicht. Wenn Sie zu bestimmten Branchenindizes selbst Charts führen wollen, dann dürften für alle praktischen Trading-Zwecke Wochencharts ausreichen.

F. Änderungen der Liste

Diese Frage wird natürlich erst aufkommen, nachdem Sie bereits eine Weile Charts geführt haben. Hier wird sie nur angesprochen, um den allgemeinen Rat zu geben, eine Aktie nicht ohne guten Grund aus Ihrem Chartportfolio zu werfen. Ein Chart kann monatelang ein uninteressantes und sogar ermüdendes Bild der Inaktivität bieten, aber das ist noch kein Grund, ihn zugunsten einer anderen Aktie einzustellen, die zu der Zeit durch ihr spektakuläres Geschehen das öffentliche Interesse auf sich zieht. Die Chancen stehen gut, dass irgendwann die inaktive Aktie an die Reihe kommt, und wenn das passiert, werden Sie froh sein, die vollständigen Aufzeichnungen und somit Informationen aus erster Hand über ihre Bewegungen zu haben.

2. Die Charts anlegen

Wenn wir die Liste der Aktien ausgewählt haben, zu denen wir Charts führen und studieren wollen, besteht der nächste Schritt natürlich darin, die Charts anzulegen. Die Fragen, welches Papier, welche Skalen für Zeit und Kurs, welche Datenquellen und so weiter man verwenden sollte, wurden in Studie I detailliert behandelt (Seiten 42–50), und es ist wohl kaum nötig, dies hier nochmals durchzugehen. Fangen Sie gleichzeitig an, Tagescharts der gesamten Liste zu führen, und fangen Sie mit Wochencharts an, sobald sich genug Daten ansammeln und die Zeit es zulässt.

Allerdings gibt es einen wichtigen Schritt im Zusammenhang mit der konkreten Chartdarstellung, den Sie zu diesem Zeitpunkt unternehmen sollten. Beschaffen Sie sich oder erstellen Sie die Wochencharts der von Ihnen dafür ausgewählten Aktien mindestens bis zurück zum Beginn des letzten abgeschlossenen zyklischen Trends. Analysieren Sie diese vergangenen Wochencharts sorgfältig, um die wahrscheinlichen Unterstützungs- und Widerstandsniveaus herauszufinden, die im aktuellen Trend erscheinen könnten (siehe Studie IX). Vermerken Sie diese Niveaus in den neu angelegten laufenden Charts. Analysieren Sie auch die jüngere Vorgeschichte in den Wochencharts, um zu ermitteln, ob Trendlinien, die sich im Wochenchart entwickelt haben, in die laufenden Tagescharts übertragen werden sollten.

Diese Untersuchung der Trends versetzt Sie nicht nur in die Lage, Linien zu planen, die in Ihren neuen Charts vielleicht bedeutsam werden können, sondern damit ermitteln Sie in den meisten Fällen auch die grundsätzlichen Trends, in denen sich Ihre Aktien bewegen. Sie werden diese Informationen später nutzen, wenn Sie Ihre allgemeinen Trading-Richtlinien erstellen, wobei Sie sich an die Regel halten, so weit wie möglich stets mit dem übergeordneten Trend zu traden.

3. Die Muster untersuchen

Nachdem Sie die Vorgeschichte studiert und in Ihre neuen Tagescharts übertragen haben, sofern sich dies für die laufende Interpretation anbietet, sollte Ihr nächster Schritt darin bestehen, nach signifikanten Mustern oder sonstigem Kurs- und Volumengeschehen mit Vorhersagewert Ausschau zu halten und es aufzudecken. Sie werden dies wohl erst dann mit großem Zutrauen schaffen, wenn Sie mindestens einen Monat lang tägliche Aufzeichnungen geführt haben; fangen Sie dann aber an, (mit sehr dünnem Bleistift) alle Linien einzuzeichnen, die die möglicherweise erscheinenden untergeordneten Trend und Stauzonen begrenzen. Dann wird sich sehr schnell ergeben, dass manche dieser Linien keine anhaltende Bedeutung haben; Sie sollten sie ausradieren oder zumindest missachten. Andere Linien müssen leicht abgeändert werden, während das Kursgeschehen weiterläuft. Ein Punkt, den der Anfänger häufig vergisst, ist, dass

Trendlinien und Begrenzungslinien von Mustern durch etablierte Wendepunkte gezogen werden. Um eine gute Chartlinie zu definieren, braucht es mindestens zwei solche Punkte. Erst wenn eine Kursbewegung wirklich gewendet hat, ist ein Umkehrpunkt etabliert. Die Umkehr braucht weder hinsichtlich des Ausmaßes noch hinsichtlich der Dauer bedeutend zu sein. Es kann sich um eine kleinere Schwankung handeln, die nur zwei oder drei Tage dauert und sich nur über eine Spanne von zwei oder drei Punkten erstreckt, aber sie muss nichtsdestotrotz wirklich stattgefunden haben, bevor der Umkehrpunkt bekannt ist und für die Technische Analyse verwendet werden kann.

Verfolgen Sie gleichzeitig genau das Volumengeschehen und achten Sie dabei besonders auf das Kursgeschehen, wenn das Volumen tendenziell abnimmt und wenn es plötzlich zunimmt.

Vergleichen Sie die Kursniveaus, auf denen sich Muster oder Stauzonen entwickeln, mit den Unterstützungs- und Widerstandsniveaus, die die Vorgeschichte nahelegt. Untersuchen Sie das Kursgeschehen bei Annäherung an diese Niveaus und nachdem sie durchstoßen wurden.

Vergleichen Sie Muster, die sich in verschiedenen Charts gleichzeitig bilden, und erstellen Sie vorläufige Prognosen der relativen Gewinnchancen, die sie darstellen, und berücksichtigen Sie dabei das Trendgeschehen, die Unterstützungs- und Widerstandsniveaus sowie andere Messhinweise, sofern welche vorliegen (siehe Studie X). Überprüfen Sie Ihre Vorhersagen anhand des nachfolgenden Kursgeschehens.

4. Die Kursbewegungen untersuchen

Wenn eine profitable Kursbewegung stattfindet – vielleicht unerwartet –, blicken Sie zurück, um zu sehen, aus welchen Mustern oder Grundlagen sie hervorgeht und welches Ausbruchssignal gegeben wurde. Wenn der Tageschart nichts aufweist, was nach einer angemessenen Grundlage der Bewegung aussieht, blicken Sie im Wochenchart zurück, um zu sehen, ob dort ein Vorhersagemuster erschienen ist.

Achten Sie auf Ausbrüche und untersuchen Sie das Ausmaß der Kursbewegung sowie das damit einhergehende Volumengeschehen. Beachten Sie die Schlusskurse. Untersuchen Sie das Kursgeschehen und die Reaktionen nach Ausbrüchen.

5. Auf dem Papier traden

Nachdem Sie zu Ihren Aktien mindestens ein paar Monate lang Charts geführt haben und durch Versuch und Irrtum gelernt haben, welche Muster und Trendlinien wohl am zuverlässigsten sind, und nachdem Sie eine Anzahl vorläufiger Prognosen erstellt sowie sie anhand der nachfolgenden Ereignisse überprüft habe, können Sie anfangen, auf dem Papier zu traden.

Führen Sie Ihr Paper-Trading exakt so durch, als würden Sie ein echtes Depot mit echtem Geld verwalten. Führen Sie über jede Kauf- und Verkaufsorder exakt Buch, über jede Stop-Loss-Order und über die Ergebnisse jedes Trades sowie über die Brokergebühren und die Steuern. Halten Sie Ihre Engagements innerhalb der Grenzen Ihres angenommenen Trading-Kapitals. Halten Sie sich nicht selbst zum Narren, indem Sie annehmen, Sie hätten etwas getan, von dem sich später herausstellt, dass Sie es hätten tun sollen, das Sie aber in Wirklichkeit zum damaligen Zeitpunkt gar nicht getan haben. Wenn Sie ernstlich vorhaben, Ihr Urteilsvermögen und Ihre Technik zu verbessern, spielen nachträgliche Gedanken keine Rolle.

Ärgern Sie sich nicht über Gelegenheiten, die Ihnen entgangen sind, weil Sie sie zum betreffenden Zeitpunkt nicht gesehen haben oder weil Ihr Kapital bereits anderweitig gebunden war. Befassen Sie sich lieber damit, Ihre Fehler und deren Gründe zu erkennen. Bedenken Sie, dass Ihre Fehler für Ihren letztendlichen Erfolg wertvoller sein werden als Ihre zutreffenden Prognosen. Lernen Sie, Verluste zu vermeiden, dann werden die Gewinne schon für sich selbst sorgen.

Bedenken Sie aber auch, dass es unweigerlich immer gewisse Verluste geben wird, also lassen Sie sich nicht übermäßig davon erschüttern, wenn gelegentlich ein Plan misslingt. Lernen Sie, Stop-Loss-Orders korrekt einzusetzen, um Ihre Verluste zu begrenzen, wenn das Unerwartete geschieht.

6. Die Abschlussprüfung

Wenn Sie ein paar Monate lang auf dem Papier getradet haben und zu Ihrer vollen Zufriedenheit gründlich demonstriert haben, dass Ihre Vorhersagen profitabel funktionieren, dann und erst dann machen Sie die Abschlussprüfung. Setzen Sie einen Teil Ihres Trading-Kapitals tatsächlich an der Börse ein. Nun werden Sie vielleicht merken, dass Sie von ganz neuen Problemen heimgesucht werden – Ängsten, Zweifeln und Versuchungen, die Sie beim Paper-Trading nicht geplagt hatten. Vielleicht klappen Ihre ersten Trades mit echtem Geld nicht. Doch verlieren Sie Ihre Zuversicht nicht: Lassen Sie sich nicht zu panischen Änderungen Ihrer Taktik verleiten. Hören Sie ebenso wenig auf Tipps und Gerüchte wie zuvor. Befolgen Sie die gleichen Methoden wie bei Ihrem erfolgreichen Paper-Trading. Analysieren Sie Ihre Fehler und finden Sie heraus, wie Sie die Neigungen überwinden können, die Sie daran gehindert haben, die Theorie erfolgreich in die Praxis umzusetzen. Kehren Sie eventuell zum Paper-Trading zurück, um sich noch einmal zu schulen, und probieren Sie es dann noch einmal.